AF639880

Zeitenwende im Schach

Matthew Sadler and Natasha Regan

Zeitenwende im Schach

AlphaZero's bahnbrechende Strategien und die Verheißungen der KI

New In Chess 2019

© 2019 New In Chess

Veröffentlicht von New In Chess, Alkmaar, Niederlande
www.newinchess.com

Alle Rechte vorbehalten. Ohne vorherige schriftliche Genehmigung des Verlags darf weder dieses Buch noch Teile daraus in irgendeiner Form elektronisch, mechanisch, fotografisch, digital oder sonstwie vervielfältigt oder in Speichermedien irgendeiner Art übertragen werden.

Übersetzt aus der englischen Ausgabe *Game Changer, AlphaZero's Groundbreaking Chess Strategies and the Promise of AI* (New In Chess, 2019) von Harald Keilhack.

Umschlaggestaltung: Buro Blikgoed
Koordination: Peter Boel
Lektorat: Maaike Keetman
Produktion: Joop de Groot, Anton Schermer

Haben Sie Fehler in diesem Buch gefunden? Bitte senden Sie Ihre Hinweise an editors@newinchess.com. Wir werden alle relevanten Korrekturen auf der „Errata"-Seite auf unser Webpräsenz www.newinchess.com sammeln und sie in einer möglichen Neuauflage berücksichtigen.

ISBN: 978-90-5691-885-9

Inhalt

Zeichenerklärung

Das Schachbrett und seine Koordinaten:

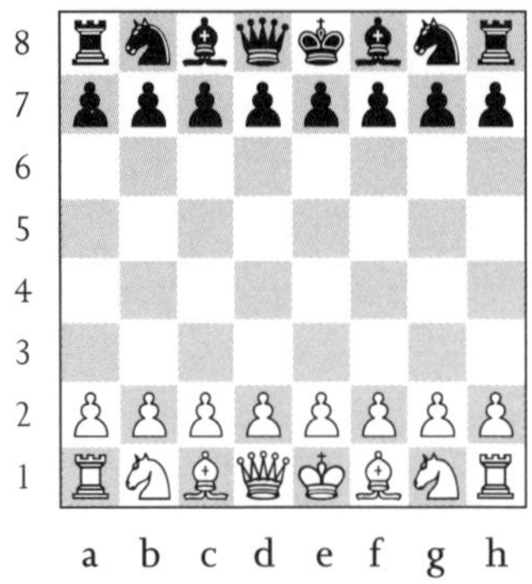

- □ Weiß am Zug
- ■ Schwarz am Zug
- ♔ König
- ♕ Dame
- ♖ Turm
- ♗ Läufer
- ♘ Springer

⩲	Weiß steht etwas besser
⩱	Schwarz steht etwas besser
±	Weiß steht besser
∓	Schwarz steht besser
+–	Weiß hat entscheidenden Vorteil
–+	Schwarz hat entscheidenden Vorteil
=	Die Stellung ist ausgeglichen
!	Starker Zug
!!	Glanzzug
?	Schlechter Zug
??	Grober Fehler
!?	Beachtlicher, interessanter Zug
?!	Zweifelhafter Zug

VORWORT VON GARRI KASPAROW

AlphaZero und die Wissensrevolution

Das altehrwürdige Brettspiel Schach hat in der Geschichte der künstlichen Intelligenz stets eine bedeutende Rolle gespielt, wenn auch meist als Chimäre. Gründervätern der Computertechnik wie Alan Turing oder Claude Shannon war bewusst, dass ein einfacher Algorithmus eine gute Partie spielen könnte, wie 1948 durch das berühmte Lochkartenprogramm von Turing und David Champernownes bekannt wurde.

Da die ersten Computer so langsam waren, musste sich eine Maschine in ihren Vorstellungen, um jemals zu einer Konkurrenz für Meister zu werden, dem Schach auf menschliche Weise nähern, indem sie selektive, wissensbasierte Algorithmen einsetzte. Die Brute-Force-Methode, bei der jeder Zug – bis weit in die Millionen von Möglichkeiten nach nur wenigen Zügen – geprüft werden muss, war offenkundig zu langsam.

Natürlich konnten diese Lichtgestalten nicht ahnen, dass die Prozessorgeschwindigkeit der Computer mit dem Aufkommen der integrierten Schaltungen bald exponentiell ansteigen würde. Gordon Moore hätte dann 1965, zwölf Jahre nach Turings tragischem und vorzeitigen Tod, gewiss nicht das nach ihm benannte Moore'sche Gesetz formuliert.

Ebenso wie es innerhalb der engen Grenzen eines Sonetts oder Haikus große Schönheit geben kann, zwangen die Grenzen der frühen Computer die Programmierer zur Kreativität und Experimentierfreude. Sie formulierten Fragen der KI, die viel weitreichender waren als das bescheidene Spiel, das sie zu meistern versuchten. Kann ein Programm aus seinen Fehlern lernen, anstatt jedes Mal dieselben Fehler zu wiederholen? Kann einer Maschine eine Form von Intuition eingebaut werden? Kommt es bei der Antwort auf die Frage, ob es sich um Intelligenz handelt, auf das Ergebnis an oder auf die Methode, mit der es erzielt wurde? Wenn das menschliche Gehirn nur ein sehr schneller Computer ist, was passiert dann, wenn ein Computer schneller sein würde als das Gehirn?

Nebenbei bemerkt, ist die Rolle des Schachs als Symbol für die Verbreitung der Computertheorie des Geistes (Computational Theory of Mind, CTM) von Interesse. 1997 war die mit dem Computer bereits vertraute Öffentlichkeit nicht mehr erstaunt, dass Deep Blue Schach auf Weltmeisterniveau spielen konnte. Sie waren eher erstaunt, dass ein Mensch vielleicht doch noch bei einer Beschäftigung mit der Maschine mithalten konnte, von der die meisten glaubten, dass sie eine Aufgabe der Rechenfertigkeit sei. Mir wurden übermenschliche, „computerähnliche" Fähigkeiten zugeschrieben, obwohl menschliche Meisterschaft im Schach eher auf Mustererkennung und räumlicher Vorstellungskraft beruht als auf Rechnen oder anderen Stärken von Computern.

Leider stellte sich heraus, dass die Antworten auf all diese tiefgreifenden Fragen obsolet waren, um eine Maschine zu entwickeln, die den Schachweltmeister besiegen würde. Bereits Ende der Siebziger Jahre waren die Top-Programme alle nach derselben Methode aufgebaut: nach Shannons „Typ A“ mit der Brute-Force-Suche und dem Minimax-Algorithmus und mit all der Geschwindigkeit, die die CPUs jener Tage bieten konnten.

Die Programmierergemeinde war mit dem raschen Spielstärkefortschritt zufrieden, aber ernüchtert von der Schlichtheit, mit der dieser erzielt wurde. Es war, als ob das Ziel, einen Roboter-Bergsteiger auf den Mount Everest zu hieven, durch einen riesigen Panzer bewältigt würde, der eine gerade Schneise nach oben pflügte. Als Ken Thompsons hardwarebasierte Maschine Belle 1983 das Meisterniveau erreichte, standen die Zeichen an der Wand geschrieben – auch wenn viele von uns das noch ein Jahrzehnt lang verleugnen würden.

Dies soll nicht die Leistung des Deep Blue-Teams oder der Generationen von brillanten Schachprogrammierern und Erfindern schmälern, die davor kamen – sondern nur in historischer Perspektive relativieren. Es ist eine wichtige Erkenntnis, dass unsere ursprünglichen Vorstellungen angesichts der von den Maschinen produzierten praktischen Ergebnisse oft weit daneben liegen. Unsere intelligenten Maschinen müssen uns keineswegs nachahmen, um unsere Leistungen zu übertreffen. Sie müssen auch nicht perfekt sein, um nützlich zu sein, sondern nur bei einer gegebenen Aufgabe besser als ein Mensch; sei es, ob es darum geht Schach zu spielen oder eine Krebs-Tomographie zu interpretieren.

Mit dem Ende der Ära Mensch gegen Maschine erfand ich 1998 *Advanced Chess*, um das Potenzial von Mensch plus Maschine zu ergründen. Einmal mehr erwies sich das Schachspiel als passendes Labor für Experimente, die später viel breitere Anwendungen fanden. Die Erkenntnis war, dass die bestmögliche Koordination wichtiger war als die Stärke des Menschen oder der Maschine für sich. In einem kleinen, geschlossenen System wie dem Schach, wo sich die Maschinen immer mehr der Perfektion nähern, hat diese Formel offenkundig ein Verfallsdatum. Doch in der realen Welt, etwa bei der Wertpapieranalyse, Investment oder Unternehmenssoftware, steht die Konzentration auf die Verbesserung der Schnittstellen inzwischen überall im Fokus.

Bis 2017 standen dann die Ratings der besten Schachprogramme zu Magnus Carlsen im selben Verhältnis wie von diesem zu einem starken Vereinsspieler. Sie verwenden riesige Eröffnungsbücher, Terabytes große Endspieldatenbanken und Mehrkern-Prozessoren, dank derer Ihr iPhone schneller ist als Deep Blue. Es war schwer vorstellbar, dass mein geliebtes Schachspiel in seiner alten Rolle als Versuchslabor für die Kognition noch etwas zu bieten hatte, und die KI-Spieleprogrammierer waren zu Videospielen und zum Go übergegangen; einem Spiel, das mathematisch schwieriger für Maschinen zu knacken war.

Tatsächlich war es dann ein Go-Programm, das dafür sorgte, dass Schach wieder ins Rampenlicht der KI trat. DeepMinds AlphaGo hat sich weit über das mit der Brute-Force-Methode Mögliche entwickelt, um mit den weltbesten Go-Spielern mitzuhalten und sie zu schlagen. Die größere Überraschung war eine AlphaGo Zero genannte generische Version, die ihren Vorgänger mit Leichtigkeit übertraf, indem sie auf eingebettetes menschliches Wissen verzichtete und sich selbst lehrte, besser zu spielen, indem sie gegen sich selbst antrat.

Nachdem ich von diesem wichtigen Ereignis Kenntnis erlangt hatte, musste ich natürlich Demis Hassabis von DeepMind fragen, wann er seine Maschine auf unser Lieblingsspiel loslassen will. Im Go sind Mensch wie Maschine aufgrund dessen Komplexität relativ schlecht. Gab es im Schach noch viel Raum für Verbesserungen? Wäre ein autodidaktischer Algorithmus, nachdem jahrzehntelang so viel menschliches Schachwissen wie möglich in den Programmcode gepackt worden ist, in der Lage, mit den besten traditionellen Programmen zu konkurrieren?

Wie wir nun wissen, und wie in diesem Buch im Detail beschrieben wird, war die Antwort ein klares „Ja". AlphaZero dominierte das stärkste traditionelle Programm der Welt, Stockfish 8, in zwei Matches, obwohl es weitaus weniger Stellungen berechnete.

AlphaZeros Stärke ist beeindruckend, aber die Methode dahinter ist viel bedeutsamer. AlphaZero nutzt nicht einfach menschliches Wissen und pflügt sich durch Milliarden von Stellungen, um seine Züge zu finden – nein, es schafft sich zunächst sein eigenes Wissen. Und angesichts seiner Ergebnisse und meiner Beobachtungen ist dieses Wissen, das es sich selbst geschaffen hat, einzigartig und überlegen. Wir erzielen nicht einfach nur schnellere Ergebnisse wie mit einem Taschenrechner. Anstelle einer Postkarte aus einem fernen Land ist es wie ein Teleskop, das die Voraussetzungen schafft, das wir selbst dieses Land betrachten können.

Wenngleich der Schachstil für die KI-Gemeinde kaum von großem Interesse sein dürfte, war ich doch erfreut, AlphaZeros dynamischen, opferorientierten Stil zu sehen. Nicht nur, weil dies meinen eigenen Stil widerspiegelt, sondern auch, weil es möglich war, gegen ein Spitzenprogramm so zu spielen und dabei erfolgreich zu sein. Anstatt mit mühseligen und schwer nachvollziehbaren Manövern etwas herauszuschinden, bevorzugt AlphaZero Figurenaktivität und Angriffschancen.

Natürlich hat eine autodidaktische Maschine keinen Sinn für solch menschliche Begrifflichkeiten, obwohl wir selbst auf diese zurückgreifen müssen, wenn wir sein Spiel analysieren. Es denkt nicht in Form von Opfern oder so etwas. Es spielt einfach das, was am besten funktioniert, genau wie jedes andere Programm. Der Unterschied ist der Weg, den es dorthin beschreitet, und die objektive Überlegenheit seines Outputs. AlphaZero destilliert das Wesentliche in wenigen Stunden, unvoreingenommen von den Vorurteilen jahrhundertealten menschlichen Schachwissens.

Einer der Spitznamen des großen Capablanca war „die Schachmaschine", was von seiner unübertrefflichen Beständigkeit zeugt. Vielleicht wird man in der AlphaZero-Zukunft bei einem Spieler, der „wie eine Maschine" spielt, eher an jemanden wie Aljechin denken, mit seinen schillernden Opfern und seiner Vorliebe für unausgewogene Positionen!

Die Auswirkungen eines solchen Systems auf andere Bereiche sind schwerlich zu überschätzen – freilich erneut mit dem Vorbehalt, dass Schach ein geschlossenes System ist, in dem alle Informationen bekannt sind und keine neuen hinzukommen können. Dennoch ist die Virtualisierung von Daten eine enorme Erleichterung. AlphaZero muss nicht mühsam Millionen menschlicher Partien analysieren, wenn es in wenigen Stunden mehr Spiele gegen sich selbst spielen kann, als je zuvor in der Menschheitsgeschichte aufgezeichnet worden sind.

Eine Implikation ist, dass von Menschen erhobene Daten sowie Fachwissen an Bedeutung verlieren werden, insbesondere in geschlossenen Systemen und in offenen Systemen soweit, wie diese effektiv auf geschlossene Systeme heruntergebrochen werden können. Beispielsweise haben die selbstfahrenden Autos von Google Millionen zurückgelegter Straßenkilometern zu verzeichnen, aber Milliarden virtueller Kilometer. Tesla stellt Digitalkünstler und Videospiel-Designer ein, um ihre simulierten Fahrumgebungen zu verbessern, in welchen sie ihren Autopiloten trainieren. Und obwohl sie kein perfekter Ersatz für die Wirklichkeit sind, werden die Simulationen immer besser, und die Geschwindigkeit, mit der sie absolviert werden, wird weiter zunehmen.

Wenn Maschinen intelligenter werden, werden wir unsere Paranoia und Vorurteile überwinden müssen. Dies ist die nächste Phase der Zusammenarbeit zwischen Mensch und Maschine, in der wir akzeptieren müssen, dass das Wissen und die Einschätzungen von Maschinen unserer eigenen überlegen sein können. Anstatt Maschinen lediglich als Werkzeuge zu verwenden – das „Zentaur-Modell" – werden die Maschinen zu den Experten, und der Mensch wird sie überwachen – ich nenne das das „Hirtenmodell".

Maschinelle Lernsysteme wie AlphaZero sind auch nicht perfekt, und das ist vielleicht das am schwierigsten zu überwindende Vorurteil: unser Anspruch, dass unsere Maschinen völlig fehlerfrei und nicht nur besser sein sollen. Zum Beispiel zeigen Studien, dass Menschen die Diagnose eines menschlichen Arztes der Diagnose eines Computers vorziehen, auch wenn ihnen gesagt wird, dass die Maschine genauer sei.

Dies ist nicht gänzlich irrational, denn es wird ein paar seltene Fälle geben, in denen KI-Systeme die Ausnahmen von ihren Regeln nicht erkennen, während Menschen kreativ und situationsorientiert denken können. Und wir dürfen die Kraft des Mitgefühls und die Bedeutung der menschlichen Beziehungen beim Aufbau einer besseren Gesellschaft nicht unterschätzen. Technologie ist ein Mittel zum Zweck und kein Selbstzweck. Der Mensch kann durch Dogmatismus gleichfalls blinde Flecken haben oder Objektivität mangeln lassen, deshalb sollten wir darauf achten, den digitalen Kreationen nicht unsere eigenen Vorurteile weiterzugeben. Es hat wenig Sinn, eine Künstliche Intelligenz zu schaffen, die dieselben Fehler macht wie wir, nur schneller.

Das Schachspiel wurde von AlphaZero bis auf seine Grundfesten erschüttert, aber dies ist nur ein kleines Beispiel dafür, was die Zukunft bringen wird. Rückwärtsorientierte Disziplinen wie Pädagogik und Medizin werden ebenso, wenn auch langsam, durch die verbesserten Ergebnisse der KI-Analyse erschüttert werden, sofern wir dies zulassen. Auch wenn AlphaZero einmal mehr wie die Endstation für das Schach als Forschungsobjekt wirkt, bin ich sehr gespannt, wohin das alles führen wird.

Garri Kasparow
New York, im Dezember 2018

Einführung von Demis Hassabis

Schach ist für mich weit mehr als nur ein Spiel, es war schon immer ein Teil von mir.

Ich begann zu spielen, als ich vier Jahre alt war, und als ich im englischen Jugendschach die Sprossen erklamm, träumte ich davon, Weltmeister zu werden. Das Spiel schon in so jungen Jahren ernst zu nehmen, war eine äußerst prägende Erfahrung. Es lehrte mich, wie man Probleme angeht, wie man Pläne macht und Strategien entwirft, wie man mit intensivem Wettbewerbsdruck umgeht und wie man sich ein zukünftiges Geschehen im Geiste vorstellt und visualisiert. Im Wesentlichen lehrte mich Schach, wie man denkt. Aber während ich mich als Schachspieler verbessern wollte, begann ich, tief in mich hineinzublicken und mir Fragen über die Natur des Denkens *an sich* zu stellen. Wie kam mein Gehirn auf all diese Züge und was steckt hinter diesem Phänomen, das wir Intelligenz nennen?

Diese Fragen führten zu meiner lebenslangen Faszination über die Funktionsweise des Gehirns mitsamt der Philosophie und der Neurowissenschaften, aber ein bestimmter Moment sollte schließlich großen Einfluss auf die Richtung haben, die ich für mein weiteres Leben einschlug. Ich war elf Jahre alt und befand mich bei einem großen internationalen Turnier in Liechtenstein inmitten einer zermürbenden achtstündigen Auseinandersetzung mit einem altgedienten dänischen Meister. Wir hatten ein äußerst ungewöhnliches Endspiel erreicht, das ich in dieser Art zuvor nicht gesehen hatte – ich hatte nur meine Dame, und mein viel erfahrenerer Gegner hatte einen Turm, Läufer und Springer. Damit war er materiell im Vorteil, aber wenn ich seinen König mit meiner Dame in Schach halten könnte, könnte ich ein Remis erreichen. Stunden vergingen, während er seine Figuren herumschob und versuchte, mich zu überlisten, und der riesige Turniersaal leerte sich allmählich, derweil alle anderen Partien beendet wurden. Doch plötzlich, nach Dutzenden von Zügen, während derer er keine Fortschritte erzielt hatte, gelang es ihm doch, meinen König zu stellen, womit scheinbar ein Matt im nächsten Zug nicht mehr abzuwenden wäre. Sichtlich schockiert und erschöpft gab ich auf.

Sofort stand er verwirrt auf. Lachend gestikulierte er, wie ich mit einem Damenopfer ein Patt erzwingen und so doch noch das Remis sichern konnte. Er hatte schlichtweg den letzten billigen Trick versucht, und der hatte funktioniert! Mir drehte sich der Magen. Am nächsten Tag dachte ich über das Geschehene nach, und als ich so über die vollgepackte Halle mit all den brillanten Köpfen schaute, fragte ich mich – wie ich mich lebhaft entsinnen kann –, was man mit all dieser kollektiven mentalen Anstrengung erreichen könnte, wenn man diese, anstatt sie in ein Spiel zu kanalisieren, auf wichtige Bereiche der Wissenschaft oder Medizin lenken könnte?

Diese Erleuchtung markierte den Anfang vom Ende meiner Karriere als Turnierspieler, säte aber auch den ersten Samen für das, was schließlich DeepMind, das von mir 2010 mitbegründete Forschungsunternehmen für Künstliche Intelligenz (KI), werden sollte. Und obwohl ich letztlich nicht Weltmeister oder auch nur Profispieler geworden bin, haben die durch das Schachspiel erworbenen übertragbaren Fähigkeiten bis heute alle Aspekte meines Lebens beeinflusst und inspiriert. Deshalb engagiere ich mich dafür, dass Kindern im Rahmen des schulischen Lehrplans Schach gelehrt werden soll.

Tatsächlich war sogar ein schachlicher Kontakt mit verantwortlich dafür, dass wir unseren ersten Großinvestor gewinnen konnten. Damals im Jahr 2009 war KI nicht das aktuelle Thema, das es heute ist, und wir versuchten, ein Treffen mit einem bekannten Wagniskapitalgeber aus dem Silicon Valley zu organisieren, um DeepMind zu präsentieren. Nach vielen Bemühungen schafften wir es schließlich, eine Einladung zu erhalten, auf einer KI-Konferenz vorzusprechen. Dort hatten wir die Möglichkeit, ihn kurz zu treffen. Leider gab es auch Hunderte andere, die ihre Geschäftsidee vorstellen wollten. Mir war klar, dass wir etwas Einzigartiges bieten mussten, um aus der Masse herauszustechen, aber ich wusste nicht was. Während meiner Recherchen zum Hintergrund der Person hatte ich gelesen, dass er ein starker Schachspieler war, und als wir endlich an der Reihe waren, kurz mit ihm zu sprechen, entschied ich mich, auf Details bezüglich der zu gründenden Firma zu verzichten, um stattdessen über Schach zu diskutieren. Ich erzählte ihm, dass es meiner Meinung nach die eigentümliche Balance zwischen Läufer und Springer war, die trotz ihrer sehr unterschiedlichen Bewegungsweise die dynamische Spannung im Spiel erzeugt. Das war eine sehr gewagte Geschäftsstrategie, aber sein Interesse war geweckt; wir bekamen die Einladung zu einem persönlichen Gespräch am nächsten Tag, und dies war der Ausgangspunkt dafür, dass er in unser Unternehmen investiert hat!

Unser Bestreben bei DeepMind ist es, intelligente Systeme zu entwickeln, die lernen können, jede komplexe Aufgabe selbstständig zu lösen, und diese Technologie dann dazu nutzen, um Lösungen für einige der größten Herausforderungen und offenen Fragen der Gesellschaft zu finden. Anders ausgedrückt, wir wollen das Problem der Intelligenz entschlüsseln und diese dann nutzen, um alle anderen Fragen damit ebenso zu beantworten. Auf dem Weg zu diesem großen Ziel hin setzen wir, was sich vielleicht überraschend anhören mag, auf Spiele.

Spiele sind so konzipiert, dass sie für den Menschen eine Herausforderung darstellen und oft auch interessante Aspekte der realen Welt verkörpern.

Wir denken, dass sie die ideale Plattform darstellen, um Ideen für KI-Algorithmen zu entwickeln und zu testen. Es ist sehr effektiv, Spiele für die KI-Entwicklung zu verwenden, da man Tausende von Experimenten auf parallel geschalteten Computern in der Cloud oft schneller als in Echtzeit durchführen und so viele Erfahrungswerte erzeugen kann, die die Systeme benötigen, um daraus zu lernen. Praktischerweise haben Spiele auch in der Regel ein klar definiertes Ziel bzw. eine Punktebewertung, so dass es leicht ist, den Fortschritt der Algorithmen zu messen und zu sehen, ob sie sich im Laufe der Zeit schrittweise verbessern, und somit, ob die Forschung in die richtige Richtung geht.

Mit diesem Ansatz hatten wir bereits viele bemerkenswerte Erfolge, darunter DQN, ein lernender Algorithmus, der bei einer Reihe von klassischen Atari-Spielen mit nur den rohen Bildschirmpixeln als Input Expertenniveau erreichte; sowie AlphaGo, Vorgänger von AlphaZero, und das erste Computerprogramm überhaupt, dem das Kunststück gelang, in dem komplexen altehrwürdigen Go einen professionellen Spieler zu bezwingen – was nach Ansicht vieler dem Stand der Forschung ein Jahrzehnt voraus war. Das Match 2016, das AlphaGo gegen den legendären Go-Champion Lee Sedol aus Südkorea gewann, erwies sich dann als wichtiger Meilenstein für die KI. Aber es war die originelle Art und Weise, wie AlphaGo spielte, was die Experten am meisten verblüffte.

Die bekannteste dieser neuartigen Ideen war der Zug 37 in der zweiten Partie, der wahrscheinlich in die Go-Geschichte eingehen wird. Es war ein Zug, der dermaßen weit außerhalb des Vorstellbaren lag, dass einige der weltbesten Go-Spieler beim Livekommentar dachten, dies müsse eine Art Programmfehler gewesen sein. Doch mehr als hundert Züge später erwies sich genau dieser Stein als strategisch perfekt postiert, um den Ausgang des Spiels maßgeblich zu beeinflussen. Nach der Partie sagte Lee Sedol: „Als ich diesen Zug sah... dachte ich, ok, AlphaGo ist bestimmt sehr kreativ“. Dieses Motiv und viele andere Ideen, die AlphaGo enthüllte, haben in der Folge jahrhundertealte Erkenntnisse über den Haufen geworfen, und viele Experten glauben, dass damit eine neue Ära im Go eingeleitet ist.

Auf dem Erfolg von AlphaGo aufbauend, begannen wir 2017 mit der Arbeit an unserem neuesten und ambitioniertesten Projekt, das zugleich das Thema dieses Buches ist, nämlich AlphaZero. Wir bei DeepMind glauben, dass einer der Schlüssel zur KI das Konzept der Allgemeingültigkeit ist, bei dem ein einziges System in der Lage ist, ähnlich wie das menschliche Gehirn bei einer Vielzahl verschiedenartiger Aufgaben gut zu funktionieren. AlphaZero war unser Versuch, AlphaGo zu verallgemeinern, um *jedes* Spiel zweier Parteien mit vollständiger Information zu meistern. Und natürlich war es naheliegend, es zuerst mit Schach zu versuchen!

Die Beziehung zwischen Schach und KI ist so alt wie die Informatik selbst. Die frühen Giganten der Informatik, darunter einige meiner wissenschaftlichen Idole – Turing, Shannon, von Neumann –, versuchten alle, Schachprogramme zu schreiben. Aus persönlicher Sicht fühlte es sich auch wie eine Art Heimkehr an und brachte mich zurück zu dem Spiel, das meine Neugierde bezüglich der Intelligenz geweckt hatte. Aber ich hatte auch Zweifel.

Im Gegensatz zu Go hatte natürlich IBMs bahnbrechendes Programm Deep Blue längst bewiesen, dass Schach von Computern beherrscht werden kann. In der Folge sind die zahlreichen Nachfolger, darunter Stockfish, Komodo und Houdini, außerordentlich stark geworden. Aber all diese Programme basieren auf Tausenden von fest programmierten Regeln und Heuristiken, die in jahrelanger Arbeit von menschlichen Experten sorgfältig handgefertigt wurden. AlphaZero ist dagegen ganz anders als diese Programme. Es ist völlig autodidaktisch und lernt Schach von den Grundzügen an selbstständig. AlphaZero beginnt mit völlig zufälligem Spiel und verbessert sich allmählich durch ein ausgeklügeltes System von Versuch und Irrtum, indem es mehrere Millionen Partien gegen sich selbst spielt und schrittweise aus seinen Fehlern lernt.

Als wir mit dem AlphaZero-Projekt begonnen hatten, war es alles andere als klar, ob ein solches Programm mit den spezialisierten handgefertigten Schach-Engines mithalten können würde, die die jahrzehntelangen Anstrengungen von einigen der weltbesten Informatiker und Schachgroßmeister auf sich vereinen. Ich entsinne mich, dass ich genau diese Frage mit Murray Campbell, einem der Ingenieure von Deep Blue, auf einer Konferenz Anfang 2016 erörtert hatte; vor dem Match gegen Lee Sedol und bevor wir das Projekt AlphaZero gestartet hatten. Hatten moderne Schach-Engines bereits die absolute Obergrenze von dem erreicht, wie Schach gespielt werden kann – könnten sie geschlagen werden? Gab es genug Raum für Verbesserungen oder eine neue Dimension im Spiel? Wir beide waren uns bezüglich der Antworten nicht sicher, und nach meiner Erfahrung sind genau diese Art von wissenschaftlichen Fragestellungen die ergiebigsten, bei denen jedes der möglichen Ergebnisse aufschlussreich ist.

Unglaublicherweise stellte sich heraus, dass die Antwort auf diese Fragen ein klares Ja sein sollte! Und nach nur wenigen Stunden an Training (wenn auch mit einem großen Verbund von Computern) hat AlphaZero die phänomenale Stärke erreicht, die Sie anhand der Partien in diesem Buch zu sehen bekommen werden, um so zum wohl stärksten Schachprogramm der Geschichte zu werden. Als ich zum ersten Mal einige der Partien von AlphaZero zu Gesicht bekam, war ich von der Art und Weise begeistert, in der sie gespielt wurden, und ich hoffe, dass auch Sie das so empfinden werden. Von Beginn an war klar, dass AlphaZero ganz anders spielt als herkömmliche Schach-Engines, mit einem flüssigen, menschenähnlichen Angriffsstil. Für mich als Schachliebhaber war es äußerst erbaulich, diesen dynamischen und ästhetisch ansprechenden Spielstil zu erleben, der auch zeigt, dass unserem Spiel noch viele Geheimnisse zu entlocken sind.

In diesem Buch ist es Matthew und Natasha gelungen, den einzigartigen Spielstil von AlphaZero auf hervorragende Weise zu verdeutlichen. Sie enthüllen faszinierende neue Einblicke in alle Facetten des Schachspiels, von der Figurenbeweglichkeit über die Königssicherheit bis hin zu gewagten Opfern und vielem mehr, von dem ich hoffe, dass es für Schachspieler aller Kategorien von Interesse sein wird. Aus den ausführlichen Gesprächen mit den Forschern, die die dem System zugrunde liegenden Techniken des Maschinenlernens entwickelt haben, haben Matthew und Natasha ein tiefes Verständnis dafür gewonnen, wie AlphaZero „denkt", und ich war beeindruckt von der Klarheit und Einfachheit ihrer Darstellung der Technologie. Sie haben die neuen schachlichen Konzepte auch sehr trefflich in den historischen Kontext gestellt, indem sie dem Leser faszinierende Analogien zu den Stilen der großen Meister der Vergangenheit bieten.

Ich hoffe, dass die Partien und Analysen in diesem Buch ihren Beitrag dazu leisten werden, eine neue Ära der Kreativität im Schach zu begründen, und dass Schachspieler nicht nur einige dieser Ideen in ihre eigenen Partien integrieren, sondern auch inspiriert werden, eigene neue Stile zu finden. Ich kann mit Gewissheit bestätigen, dass durch dieses Projekt meine eigene Leidenschaft für das Schachspiel neu entfacht wurde, und es hat mir große Freude bereitet, alte Gefilde wiederaufzusuchen, die ich einst so gut kannte, jetzt aber aus völlig neuer Perspektive wahrnehme.

Natürlich geht es in diesem Buch nicht nur um die Schönheit des Schachspiels, sondern auch um das unglaubliche der KI innewohnende Potenzial. Ich hoffe, dass Sie nach der Lektüre ein Gefühl für einige dieser Wunder bekommen und nachempfinden können, wie es uns dabei ergeht, die wir jeden Tag über diese spannenden Themen nachdenken und daran arbeiten. AlphaZero ist für uns erst der Anfang. Ich hoffe, es verschafft Ihnen einen Einblick in eine großartige Zukunft, in der wir eine Vielzahl von AlphaZero-artigen lernenden Systemen haben werden, die uns als Gesellschaft dabei helfen werden, Durchbrüche in Schlüsselbereichen der Wissenschaft und der Medizin zu finden, so wie ich es mir einmal als kleiner Junge in einem riesigen Schachsaal vor einem halben Leben erträumt hatte.

Demis Hassabis
London, im Oktober 2018

Vorwort der Autoren

In diesem Buch geht es um einen außergewöhnlichen Schachspieler; um einen Spieler, von dem während des Schreibens dieses Buches erst zehn Partien veröffentlicht waren, doch dessen Name bereits zum Synonym für den Gipfel schachlichen Könnens wurde. Ein machtvoller Angreifer, der imstande ist, die besten handgefertigten Schach-Engines mit brillanten Opfern und originellen Strategien zu besiegen; zugleich ein Spieler, der seinen kreativen Stil einzig durch Spielen gegen sich selbst entwickelt hat.

Dieser Spieler ist AlphaZero, ein völlig neuartiger Schachcomputer, entwickelt von der britischen KI-Firma (Künstliche Intelligenz) DeepMind.

Derweil wir mehr über AlphaZero lernen, können wir uns die neuen Einblicke, die AlphaZero bei unserem wundervollen Schachspiel zutage gefördert hat, zunutze machen, um darauf aufbauend unser menschliches Wissen und Können zu erweitern. Wir reden mit den Menschen, die AlphaZero erschaffen haben, und erfahren von den Kämpfen, die brillante Köpfe auf der Jagd nach zuvor unerreichten Zielen ausgetragen haben.

Wir als Autoren fühlen uns außerordentlich geehrt, dass wir bei diesem Projekt mit den Schöpfern von AlphaZero zusammenarbeiten durften. Wir betrachten dies als einen historischen Moment, an welchem wir direkt der Entwicklung einer Spitzentechnologie beiwohnen, die einen tiefgreifenden Einfluss auf alle Gebiete des menschlichen Lebens haben wird.

Unsere Zusammenarbeit entstand in Folge der Veröffentlichung von zehn AlphaZero-Partien im Dezember 2017 während der London Chess Classic. Im Jahr zuvor hatten Matthew und Natasha den Book of the Year-Award der Englischen Schachföderation (ECF) für *Chess for Life* gewonnen; einer Zusammenstellung von Interviews mit Ikonen des Schachs, die Themen und Kernkonzepte ihrer Partien erläutert haben. Uns war bewusst, dass wir bei AlphaZero einen vergleichbaren Ansatz nutzen konnten, indem wir einen unentbehrlichen Einblick in die Art und Weise geben, wie die KI denkt und spielt, und die wesentlichen Erkenntnisse daraus mit der Schachgemeinde teilen.

Wer sollte dieses Buch lesen?

• *Begeisterte Schachspieler, die nach neuen Strategien Ausschau halten*

AlphaZeros Schachverständnis ist vollständig selbsterlernt und stammt aus Millionen von Partien gegen sich selbst. Vieles in seinem Spiel steht im Einklang mit anerkanntem menschlichen Wissen, das sich über die letzten zweihundert Jahre angesammelt hat, wodurch AlphaZeros Spiel so intuitiv wirkt, was wiederum den Menschen erlaubt, von ihm zu lernen. Dieses Buch stellt AlphaZeros vorzügliche Handhabung der Aktivität und Figurenbeweglichkeit heraus, wobei Matthew uns durch den einfachen, logischen und schematischen Weg lotst, auf dem AlphaZero Angriffe gegen den gegnerischen König aufbaut. Wir glauben, dass dieser Ansatz Profis wie Vereinsspieler gleichermaßen inspirieren wird.

- *KI-Begeisterte*

Wie Demis Hassabis, der Chef von DeepMind, erläutert, ist der Einsatz Künstlicher Intelligenz bei Spielen kein Selbstzweck, sondern ein Mittel für etwas Größeres: „Wir tun das nicht, um einfach nur Spiele zu lösen, auch wenn dies ein unterhaltsames Unterfangen ist. Diese Spiele bieten einen anspruchsvollen und geeigneten Maßstab, um unseren Fortschritt zu messen. Letztlich dienen sie uns als Sprungbrett, um universelle Algorithmen zu entwickeln, die auf alle mögliche Weisen und auch allen möglichen Gebieten eingesetzt werden können, letztlich zum Nutzen der Gesellschaft."

Unsere Interviews mit den kreativen Menschen, die AlphaZero entwickelt und gebaut haben, geben zahlreiche Einblicke darüber, wie durch den beispielhaften Umgang mit Schach die durch die KI gestellten Herausforderungen und Möglichkeiten besser verstanden werden können.

- *Schachfans*

Das Buch stellt nicht nur umfangreiches Lehrmaterial zur Verfügung, es ist zugleich auch eine faszinierende Sammlung von Partien erstaunlich hoher Qualität, die blitzschnelle Angriffe, unverhoffte Strategien, wundersame Rettungen und verrückte Opfer beinhalten. Matthew verglich das Durchspielen durch diese Partien mit dem Auffinden eines verlorenen Notizbuches eines großen Angriffsspielers der Vergangenheit wie etwa seines großen Helden Alexander Aljechin, in welchem sich Hunderte zuvor unveröffentlichter Ideen finden.

Wie man dieses Buch lesen sollte

Der schachliche Inhalt des vorliegenden Buches ist in eigenständige Kapitel aufgeteilt und so gestaltet, dass er in beliebiger Reihenfolge gelesen werden kann. Man kann sich also durchaus ein Thema heraussuchen, das einen interessiert, und mitten im Buch anfangen. Ein Partienverzeichnis findet sich, damit Sie Ihre Lieblingspartien auch schneller finden können, am Ende des Buches. Der schachliche Inhalt ist nicht zu überfrachtet, mit einem Schwerpunkt auf Erläuterung anstelle von Varianten. Wir würden Ihnen empfehlen, die Partien auf einem richtigen Schachbrett nachzuspielen. Unserer Ansicht nach ergibt sich so ein angemessenes Lesetempo, was dem bestmöglichen Lerneffekt förderlich ist.

Danksagungen

Wir danken hiermit DeepMind und insbesondere Demis Hassabis für die wunderbare Gelegenheit, die Partien von AlphaZero zu studieren, und für Demis' persönlichen Einsatz, um dieses Projekt zum Erfolg zu bringen. Wir danken Dave Silver, Forschungschef bei AlphaZero, wie auch Thore Graepel, Matthew Lai, Thomas Hubert, Julian Schrittwieser und Dharshan Kumaran für ihre ausführlichen technischen Erläuterungen und ihre Unterstützung bei

Testpartien und Teststellungen mit AlphaZero. Eine besondere Erwähnung verdient Nenad Tomasev für die Begutachtung des schachlichen Inhalts, er hat uns großartiges Feedback gegeben!

Große Dankbarkeit schulden wir Lorrayne Bennett, Sylvia Christie, Jon Fildes, Claire McCoy, Sarah-Jane Allen und Alice Talbert für ihre fantastische Arbeit, um dieses Projekt am Laufen zu halten und uns mit allen benötigten Dingen zu helfen (wobei wir von manchen gar nicht wussten, dass wir sie benötigen würden!). Wir danken zugleich allen von DeepMind, die uns bei unseren Besuchen im Londoner Büro so herzlich willkommen geheißen haben.

Ein Dank ist ebenso Allard Hoogland und seinem Team bei New in Chess geschuldet, die dieses Buch veröffentlicht haben. Sie haben unser einzigartiges Projekt unterstützt und dafür Sorge getragen, dass sich dieses Buch so herrlich präsentiert.

Wir danken unseren Familien für ihre Begeisterung und Unterstützung und, im Falle von Matthew Selby, für seine technische Expertise, dank derer wir aus unseren Dateien all das herauslesen konnten, nach was wir gesucht hatten.

All diese tollen Menschen haben zu diesem wahnsinnig aufregenden und denkwürdigen Projekt beigetragen.

Einführung

Am 5. Dezember 2017 veröffentlichte die in London ansässige KI-Firma DeepMind „Mastering Chess and shogi by Self-Play with a General Reinforcement Learning Algorithm" (zu deutsch: „Schach und Shogi durch einen unspezifischen selbstbestärkenden Lernalgorithmus meistern"). In dem Paper wurde beschrieben, wie die selbstlernende KI AlphaZero innerhalb von nur 24 Stunden, beginnend mit Zufallszügen und ohne fachspezifisches Wissen außer den Regeln ausgestattet, in den Spielen Schach, Shogi (Japanisches Schach) wie auch Go ein übermenschliches Spielniveau erreichte. Es besiegte die jeweiligen Weltmeisterprogramme überzeugend. Im Falle von Schach war das Stockfish[1].

Es war das erste Mal, dass ein Schachcomputer völlig selbstlernend übermenschliche Stärke erreichte. Dies ist insofern bedeutsam für Schachspieler, als dass wir zum ersten Mal von einer leistungsfähigen Intelligenz lernen können, die ihre eigene Schachstrategie unabhängig von unserer reichen schachlichen Entwicklungsgeschichte entwickelt hat. Auch für KI-Entwickler impliziert es weitreichende Konsequenzen, wie AlphaZero innerhalb von Stunden übermenschliche Stärke erreichte, ohne dass das Team fachspezifisches Wissen hätte zur Verfügung stellen müssen. Damit eröffnet sich die Möglichkeit, diese KI-Techniken für Anwendungsbereiche zu nutzen, in denen menschliches Fachwissen nur beschränkt vorhanden ist.

In einem später in diesem Buch folgenden Interview erläutert Demis Hassabis, wie der Erfolg von AlphaZero auf DeepMinds früherer Schöpfung AlphaGo aufbaut, einem auf neuronalen Netzen basierenden System, das mittels tiefgehenden Lernens 2016 die Go-Legende Lee Sedol besiegte, und wie beide Projekte Meilensteine auf dem Weg von DeepMinds Mission des Einsatzes von KI zum Nutzen der Menschheit sind. Unter anderem ist man bestrebt,

- die Probleme betreffs Klimawandel und Energieversorgung anzugehen;
- Fortschritte in der medizinischen Diagnostik zu ermöglichen, um mehr Menschen erstklassige medizinische Versorgung verfügbar zu machen;
- wissenschaftliche Forschung zu beschleunigen, um rascher zu Lösungen zu kommen, die für das Wohlbefinden der Menschheit entscheidend sind.

Die Bedeutung der AlphaZero-Story reicht weit über das Geschäftsfeld von DeepMind heraus. Nachdem sie die Erfolge des Maschinenlernens im Bereich von Schach und Go erlebt haben, waren Entwickler auf der ganzen Welt animiert, andere Gebiete mit ähnlichen Techniken zu beackern. Inzwischen

1 Der Weltmeister 2016 der Top Chess Engine Championship (TCEC) Saison 9.

wurde bereits die Methode adaptiert, mit der DeepMinds AlphaGo geschaffen wurde, um auf Profiniveau spielende kommerziell verfügbare Go-Maschinen zu entwickeln; dies wurde immer als entscheidende Wende in Richtung allgemein verfügbarer KI angesehen. In den letzten Monaten wurde auf Grundlage des AlphaZero-Papers das quelloffene Programm Leela Chess Zero entwickelt, das sich inzwischen zu einem Herausforderer für die traditionellen „Großen Drei" mausert: Die Engines Stockfish, Houdini und Komodo. Natürlich kommt es für uns Schachspieler (die wir immer gewusst haben, dass unser Spiel in gewisser Weise von einzigartiger Bedeutung ist) wenig überraschend, dass das Schach bei der Entwicklung einer solch entscheidenden Technologie eine gewichtige Rolle spielen würde!

Dieser neuartige Ansatz des eigenständigen Lernens einer Maschine hat uns einen starken Schachspieler mit neuen Konzepten und Stil beschert, und das ist die Crux von diesem Buch. AlphaZero hat ganz unabhängig Strategien entwickelt, die viele Ähnlichkeiten mit dem menschlichen Erfahrungsschatz aufweisen, dazu viele, die eine Weiterentwicklung darstellen oder Situationen zeigen, in denen unsere wohletablierten positionellen „Regeln" gebrochen werden können.

Im Jahr 2018 kann uns AlphaZero seine Erkenntnisse noch nicht selbst erläutern (wenngleich Demis zuversichtlich ist, dass eine Reihe von Technologien und Werkzeugen, die von DeepMind und anderen Teams entwickelt werden, dies in der Zukunft möglich machen werden). Statt seiner geleitet uns der Spitzengroßmeister Matthew Sadler auf dem Weg, auf dem die Hauptunterschiede von AlphaZeros Spiel zur Praxis im derzeitigen menschlichen Topschach erläutert werden. Dies geschieht auf der Grundlage detaillierter Erläuterungen illustrativer Partien aus AlphaZeros Match gegen Stockfish, wobci zugleich gezeigt wird, wie man AlphaZeros Ideen ins eigene Spiel einbauen kann.

In diesem Buch werden die folgenden schachstrategischen Themen beleuchtet:

- **Stützpunkte (Kapitel 7)**: Dort untersuchen wir, auf welche Weise sich AlphaZero wertvolle Posten für seine Figuren sichert, vom Springer und Läufer bis hin zum König selbst.
- **Aktivität (Kapitel 8)**: AlphaZero ist äußerst bewandert darin, die Beweglichkeit seiner eigenen Figuren zu erhöhen und die der gegnerischen Figuren einzuschränken. Spezielle Aufmerksamkeit schenken wir der Art und Weise, wie AlphaZero den gegnerischen König einengt.
- **Der Marsch des Randbauern (Kapitel 9)**: AlphaZero stößt im Rahmen seines Angriffsspiels häufig seinen Randbauern vor und pflanzt diesen in unmittelbarer Nähe des gegnerischen Königs ein.
- **Felderkomplexe derselben Farbe (Kapitel 10)**: Matthew erklärt AlphaZeros Vorliebe für Stellungen mit ungleichfarbigen Läufern.
- **Opfer für Zeit, Raum und Strukturschäden (Kapitel 11)**: AlphaZero bringt häufig brillante Opfer für langfristige positionelle Vorteile.

- **Entgegengesetzte Rochaden (Kapitel 12)**: Wir betrachten einige mitreißende Beispiele, in denen die lange Rochade den Auftakt zu einem gefährlichen Angriff darstellte.
- **Verteidigung (Kapitel 13)**: Wir erfahren etwas über die unterschiedlichen Verteidigungstechniken von AlphaZero und Stockfish.

Zusätzlich dazu sehen wir uns an, auf welche Weise sich der Denkprozess von AlphaZero von Schach-Engines wie Stockfish unterscheidet, und welche Auswirkungen das auf sein Spiel hat. Dies wird für jeden von unschätzbarem Wert sein, der bei seinen schachlichen Untersuchungen regelmäßig mit Enginebewertungen arbeitet. Wir untersuchen, wie sich AlphaZeros probabilistischer Ansatz der Stellungsbewertung (der ihn unserer Ansicht nach in die Lage versetzt, nach allgemein aussichtsreichen Stellungen zu streben, was zu einem Stil führt, der aus menschlicher Sicht intuitiv wirkt) auf seine Zugwahl auswirkt. Die von uns gesammelten Einblicke haben uns zugleich einige Eigenheiten von Engine-Analysen offenbart, derer wir uns zuvor nicht völlig bewusst waren (z.B. das Überhandnehmen der 0,00-Bewertungen bei der Analyse mit Stockfish und anderen Engines), und mit diesem Wissen ausgestattet sollte es Engineusern leichter fallen, diese Bewertungen zu verstehen.

Beim Schreiben dieses Buches hatten wir Zugang zu zuvor unveröffentlichten Partien und Bewertungen von AlphaZero[2]. Wir glauben, dass dieses Buch so voller neuer wie lehrreicher Materialien ist, dass Ihnen das Lesen und das Ausprobieren in eigenen Partien viel Freude bereiten wird.

Matthew Sadler und
Natasha Regan
London, im November 2018

2 Nähere Details bezüglich der Partien, die wir erhalten haben, sowie der für die Matches verwandten Einstellungen finden sich im Kapitel 18, Technische Anmerkungen.

TEIL I

Die Geschichte von AlphaZero

KAPITEL 1

Eine rasche Übersicht über Computerschachwettbewerbe

Gönnen wir uns, bevor wir ins Schachtraining unseres KI-Helden AlphaZero für das Match gegen seinen formidablen Gegner Stockfish einsteigen, einen Moment Zeit, um an die Anfänge des Computerschachs zu erinnern und auch daran, wie weit sich dieses in der jüngsten Vergangenheit entwickelt hat.

Spiele – und insbesondere Schach – haben eine lange und illustre Verbindung zur Entwicklung der künstlichen Intelligenz. 1950 veröffentlichte Claude Shannon, der weithin als Begründer der Informationstheorie anerkannt ist, das Papier „Programmierung eines Computers zum Schachspielen".

1951 verfasste Alan Turing – der Vater der theoretischen Informatik – den Code, der es einer Maschine der Zukunft ermöglichen sollte, Schach zu spielen (der ehemalige Weltmeister Garri Kasparow hat 2012 sogar eine Partie gegen eine Rekonstruktion dieser Engine gespielt).

Michail Botwinnik, der in der Zeitspanne von 1948 bis 1963 die meiste Zeit Weltmeister und von Beruf Ingenieur war, war an der Entwicklung von Schachcomputern interessiert. Er war seiner Zeit wohl voraus, da die Hardware nicht gut genug war, um seinen Ansatz zu stützen, und er arbeitete viele Jahre lang erfolglos daran, ein starkes Computerprogramm zu entwickeln, das nicht auf die Brute-Force-Methode setzt. Am Ende wurde sein Programm „Pioneer" stattdessen für die Wartung des Kraftwerksparks der UdSSR eingesetzt!

Im Jahr 1974 – dem Geburtsjahr von Matthew – gab es mit der ersten Computer-Weltmeisterschaft in Stockholm, Schweden, einen Sprung nach vorne. Dreizehn Engines traten gegeneinander an, und das Programm Kaissa ging als Sieger hervor. Ich (Matthew) habe vor kurzem eine Partie gesehen, die vom Sieger dieser Meisterschaft gespielt wurde, und das Niveau war herrlich schrecklich. Recherchen auf der Website chessgames.com brachten diese Partien zutage, eine unterhaltsame Angelegenheit!

Kaissa
Chaos

Computerweltmeisterschaft Stockholm 1974

1.e4 c5 2.♘f3 ♞c6 3.c3 d5 4.exd5 ♛xd5 5.d4 ♝g4 6.♗e2 e6 7.0-0 ♞f6 8.♗e3 cxd4

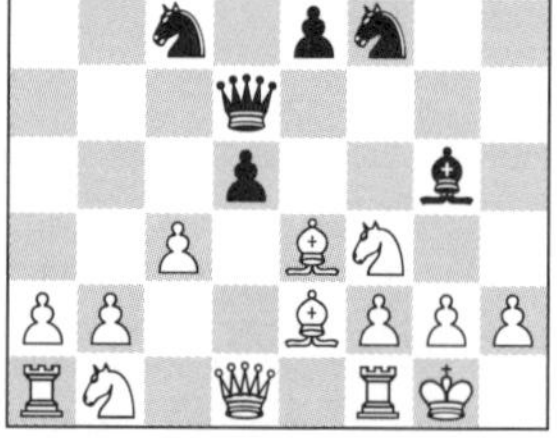

9.♗xd4

Nach einer gut gespielten Eröffnung der erste merkwürdige Zug: die

Hauptfortsetzungen waren entweder 9.cxd4 (um ♘c3 mit Angriff auf die schwarze Dame folgen zu lassen) oder 9.♘xd4 (was eine Reaktion von Schwarz angesichts des aufgedeckten Angriffs auf den Läufer g4 erzwingt). 9.♗xd4 fördert die weiße Entwicklung in keiner Weise.

9...e5

Ein taktischer Schnitzer...,

10.h3

... den Weiß nicht ausnutzt. 10.♘xe5 ♘xe5 11.♗xe5 ♕xe5 12.♗xg4 hätte einen Bauern gewonnen.

10...exd4 11.hxg4 ♗d6 12.cxd4

12.g5 macht einen stärkeren Eindruck. Dies bereitet das Schlagen des Bauern auf d4 vor, ohne die schwarze Dame nach h5 zu lassen.

12...♘xg4 13.♘c3 ♕h5 14.g3

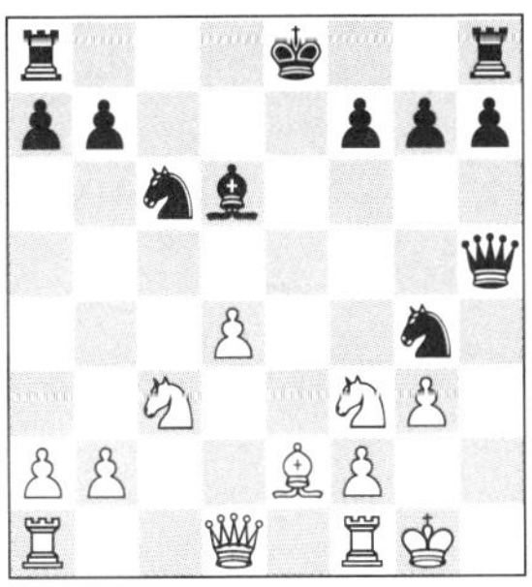

Ein kritischer Moment. Vernünftig war nun die kurze Rochade, mit ausgeglichenem Spiel. Stattdessen dreht Schwarz durch!

14...♔d7 15.♘h4 f5

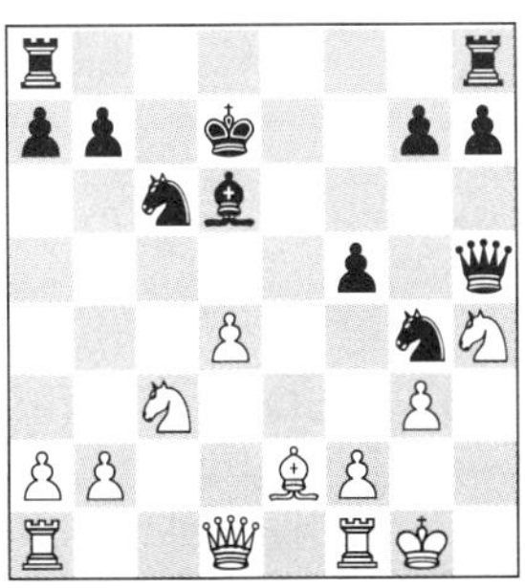

Moderne Engines sind in dieser Stellung bereits auf +5 – das ist mehr als ich wahrhaben wollte.

16.♕b3 war scheußlich für Schwarz, nach 16...♖ab8 17.♘b5 sieht er sich allen möglichen unangenehmen Drohungen gegenüber. Kaissa geht es beschaulicher an.

16.d5 ♘ce5 17.♕c2 ♖hf8 18.♗d3

Ein langsamer Zug, der Schwarz Möglichkeiten für einen Gegenangriff gibt.

18...♘xd3 19.♕xd3 ♖ae8

19...g5 20.♘f3 ♕h3 wäre gefährlicher für Weiß, mit der Drohung 21...♗xg3, was ein Remis erzwingen würde.

20.♘b5

Ein guter Zug, der den schwarzen König weiter exponiert.

20...f4 21.♘xd6 ♔xd6 22.♕a3+ ♔c7 23.♕xa7

Kaissa findet nicht den schnellsten Gewinn, doch der volle Punkt steht nie in Frage.

23...♕f7 24.♖fc1+ ♔d6 25.♕c5+ ♔e5 26.d6+ ♔e6 27.♖e1+ ♘e3 28.gxf4 ♕d7 29.f5+ ♔f6 30.♖xe3 ♖d8 31.♖e7 ♕a4 32.♕e5+ ♔g5 33.♘f3+ ♔g4 34.♖xg7+ ♔h5 35.♕h2+ ♕h4 36.♕xh4# 1:0

Nicht schlecht für 1974!

1985 habe ich bereits regelmäßig Schach gespielt, und käufliche Kleincomputer hatten etwa Elo 1800[3] erreicht, was für mich damals genau richtig war. Als Kind verbrachte ich viele Stunden beim Spielen auf dem wundervollen Holzbrett

3 Ein System, das die relative Stärke von Spielern in Spielen wie Schach misst.

der Modular-Serie von Mephisto! Natasha arbeitete eine Zeitlang für „Countrywide Computers" und produzierte Werbematerialien mit kommentierten Partien, die sie ohne Vorgabe gegen die damals topmodernen Mephisto Lyon und Mondial Dallas gespielt hatte.
Wodurch haben sich Schachcomputer verbessert? Es war eine Kombination aus schnellerer Technologie und besseren Programmen. Mit der Zeit haben Schachcomputer immer mehr positionelle Merkmale in Rechnung gezogen und dadurch Stellungen viel präziser eingeschätzt. Starke Spieler haben mit Entwicklern zusammengearbeitet. Diese Feinabstimmung (bzw. „Handarbeit") erlaubte eine regelmäßige Verbesserung der Spielstärke, indem verschiedene Einstellungen getestet wurden. Wir ergründen die Art, wie Computer denken, näher in den Kapiteln „Wie AlphaZero denkt" und „AlphaZeros Stil – man trifft sich in der Mitte".
Viele Jahre lang waren die Fortschritte im Computerschach den Supercomputern vorbehalten. So gewann etwa Cray Blitz, ein Programm, das auf dem Supercomputer Cray lief, die Computerweltmeisterschaft in den Jahren 1983 und 1986, während Deep Thought, der Vorgänger von Deep Blue, 1989 siegte. Die längste Zeit meiner Karriere als Schachprofi (die 1990 begann) ging ohne Computerhilfe vonstatten.
Ich erinnere mich, wie ich 1996 mit dem französischen Spitzenspieler Joel Lautier zusammenarbeitete. Als Profi durch und durch war Joel stets auf der Höhe der neuesten Entwicklungen, und er entwickelte ganz stolz sein persönliches Notizbuch mit ChessBase auf einem Notebook (Laptop). Ich arbeitete damals noch mit einem Notizbuch auf Papier, mit handgeschriebenen Anmerkungen. Ich war mir sicher, dass ich schneller meine Analysen wiederfinden würde als er! Um 1997 änderte sich das jedoch auch für mich, ich rüstete mich mit einem Laptop mit einem Pentium I 166Mhz Prozessor aus. Ich entdeckte, dass die Engine Fritz in taktischen Stellungen ein erstaunliches Niveau hatte! Als ich 1998 meine Profikarriere beendete, war einer der Gründe hierfür – wenngleich bestimmt nicht der einzige –, dass Computer im Begriff waren, in absehbarer Zeit stärker als Menschen zu werden, und dass sich mithin niemand mehr für Schach interessieren würde.
Ein Teil meiner Prophezeiung wurde war: Nach dem bahnbrechenden Erfolg des IBM-Computers Deep Blue gegen Kasparow in einem Match über sechs Partien 1997 bröckelte der menschliche Widerstand allmählich; und Mensch-Maschine-Zweikämpfe kamen praktisch zum Erliegen, nachdem 2006 Deep Fritz den Weltmeister Wladimir Kramnik mit 4:2 besiegte. Glücklicherweise wurde der zweite Teil meiner Prophezeiung nicht war, das Spitzenschach blüht. Was nicht zu einem geringen Teil daran liegt, dass bei Liveübertragungen von Partien aus Eliteturnieren Engines in Echtzeit die Stellungsbewertung mitliefern, wodurch der zuschauende Durchschnittsschachspieler nicht mehr so sehr im Dunkeln tappt. Der Umstand, dass Engines heutzutage stärker als alle Menschen sind, hat

das Interesse an den Duellen der weltbesten menschlichen Spieler anscheinend nicht geschmälert.

Menschen und Engines

Schach lernen bedeutet Lernen über die Vergangenheit. Ein menschlicher Spieler kann unmöglich allein mit Erfindungsgeist durch die Unzahl von Möglichkeiten navigieren. Hunderte von Jahren aufgezeichneter Partien haben uns eine Fundgrube an Plänen, Schemata und Bewertungen hinterlassen. Die Vertrautheit mit diesem Wissen ermöglicht es dem erfahrenen Spieler, ohne viel rechnen zu müssen einen Plan zu finden, oder den des Gegners vorherzusehen. Sogar heutzutage, wo die Kommentare starker Spieler von konkreten engineunterstützten Varianten durchsetzt sind, ist es nicht unüblich, einen Plan mittels des Verweises auf eine vor 50 oder 100 Jahren gespielte Musterpartie zu rechtfertigen.

Eine weitere altehrwürdige Quelle der Inspiration ist der Stil der weltbesten Spieler, typischerweise des Weltmeisters. Die messerscharfe Eröffnungsvorbereitung und das aggressive, dynamische Mittelspiel von Garri Kasparow prägte während der fünfzehn Jahre seiner Regentschaft (1985-2000) das Spiel einer ganzen Generation, während der Kampfgeist, die Flexibilität in der Eröffnung sowie die Endspieltechnik von Magnus Carlsen dies für die heutigen Spieler tut.

Doch seit Beginn dieses Jahrhunderts prägt etwas Anderes die Art, wie wir über Schach denken: die handelsübliche Schach-Engine mit übermenschlicher Stärke.

Die Rechenkraft der stärksten Engines hat die Grenzen dessen, was wir als „gutes“ Schach empfinden, neu gezogen. Diese Rechenpower manifestiert sich bemerkenswerterweise am meisten in extremen Verteidigungsfertigkeiten. Wieder und wieder zeigte sich, dass die am meisten bedroht wirkenden Stellungen mit „hässlichen“ Zügen und fortgesetzter übermenschlicher Präzision zusammengehalten werden können. Auf diese Weise wurden zahlreiche scharfe Eröffnungsvarianten durch genaue Berechnungen der Maschinen neutralisiert, und die brillantesten Angriffe der Vergangenheit und Gegenwart haben der Prüfung durch Engines nicht standgehalten.

Da Schach-Engines heutzutage für jeden Amateur verfügbar sind, sind Spieler aller Klassen mit dieser Macht konfrontiert. Der moderne Spieler ist gegenüber Opferangriffen immer skeptischer geworden, während das Eröffnungsspiel der Topspieler in Richtung unforcierter Varianten tendiert, wo die erste Konfrontation der Kräfte aufs Mittelspiel verschoben wird (außerhalb der Reichweite enginegestützter Vorbereitung). Der Nachteil in Bezug aufs Spitzenschach ist, dass Konfrontationen zwischen gut entwickelten Kräften höchstwahrscheinlich im Remis enden.

Die Einstellung der Menschen gegenüber den Engines ist hin zu allgemeiner Akzeptanz gereift. Die ehemalige Top-Ten-Spielerin Judit Polgar erklärte dies bei einem Interview für unser früheres Buch *Chess for Life* sehr schön:

„So um 2003 oder 2004 wurde mir klar, dass es keinen anderen Weg gab. Ich gestand mir ein, dass ich für meine Vorbereitung aktiv Engines einsetzen muss. Dies war etwas, was für mich sehr schwierig war, und für einige Zeit widersetzte ich mich. Ich denke, das liegt zu einem großen Teil daran, dass mein Spiel äußerst kreativ ist: ich bin gerne kreativ, mag es, die Dinge aufzumischen und sehe alles unter kreativen Aspekten. Gegen Computer ist das nicht sehr erfolgversprechend.
Das war mein innerer Kampf, doch dann sagte ich mir, das ist so in Ordnung, das ist moderne Vorbereitung; es ist besser, Engines einzusetzen. Doch dann wurden die Engines immer stärker, noch dazu gibt es verschiedene Engines – die eine ist in diesem Stellungstyp stärker, die andere in jenem. Man hat nicht mehr die Wahl: ob es einem gefällt oder nicht, es ist so, und man muss sie einsetzen."

Wie Judit es ausdrückt, Spieler ihrer Generation zucken mit den Schultern und sagen sich, „wenn du sie nicht schlagen kannst, verbünde dich mit ihnen", derweil ihnen ein leicht nostalgisches Gefühl für die gute alte Zeit bleibt, als man eine Stellung zwei Wochen lang analysieren konnte und immer noch nicht wusste, wie sie einzuschätzen ist! Junge Spieler halten einen für verrückt, wenn man von diesen Tagen schwärmt: sie kennen es nicht anders, und starke Engines waren bei ihnen von Beginn an integraler Bestandteil der Vorbereitung.

Das soll freilich nicht heißen, dass starke menschliche Spieler den Engines blind vertrauen würden. Während kein Mensch mehr eine der stärkeren Engines in eine Serie praktischer Partien bezwingen kann, sollte der Ansicht der Engine bezüglich des besten Zuges in einer Stellung nicht ohne Zweifel geglaubt werden. Mein allgemeiner Eindruck ist, dass zwei Minuten einer Stellungsanalyse mit Stockfish ein oder zwei Stunden Analyse mit einem starken Spieler entsprechen. Innerhalb weniger Sekunden ist eine Engine wie Stockfish in der Lage, die taktischen Details einer Stellung mit einer Präzision aufzudröseln, die einen starken menschlichen Spieler viel Zeit kosten würde. Dennoch würde ich sechs Stunden der Analyse und Diskussion über eine Stellung mit einem starken menschlichen Spieler einer sechsstündigen tiefen Engineanalyse stets vorziehen!

Dies unterstreicht die grundsätzlichen Schwierigkeiten, die Menschen mit Engines als Lernmittel haben. Die Engine kann einem die Züge zeigen, die sie spielen würde, und einen damit bezwingen, doch klare Leitlinien über die Stellung erhält man damit nicht unbedingt.

Ein anderes bekanntes Problem ist der Wert einer Stellungseinschätzung für einen menschlichen Spieler. Eine Stockfish-Bewertung von +1,00 mag auf einen eindeutigen und stabilen Vorteil hindeuten, aber auch auf den ersten Schritt auf einem verworrenen taktischen Pfad, wo alles am seidenen Faden hängt. Ersteres ist für den Menschen zu bewältigen, Letzteres ist viel schwieriger.

Engines gegen Engines

Seit 2010 hat sich das Augenmerk bei den Computerschachwettbewerben

allmählich von der Computerweltmeisterschaft zur TCEC (Top Chess Engine Championship, Meisterschaft der Top-Engines) verschoben, die nun von der Webseite Chessdom gesponsort wird. Während die Top-Engines nicht regelmäßig bei der Computerweltmeisterschaft dabei sind, sind Stockfish, ein Held dieses Buches, wie auch die anderen großen Nummern wie etwa Houdini oder Komodo ständige Gäste der TCEC. Dreißig Engines mit einer Elozahl über 2800 nehmen an diesem Wettbewerb teil, der in fünf Ligen unterteilt ist (mit Auf- und Abstieg), und es gibt ein Superfinale zwischen den beiden besten Engines der obersten Liga. Alle Engines laufen auf identischer hochkarätiger Hardware, und das Superfinale ist ein Marathon über 100 Partien, die mit einer Zeitkontrolle von 120 Minuten für die Partie zuzüglich 15 Sekunden Inkrement gespielt werden. Eine interessante Eigentümlichkeit des Superfinales ist, dass 50 Eröffnungsstellungen vorausgewählt werden und jede Engine die Gelegenheit erhält, diese Stellung einmal mit Weiß und einmal mit Schwarz zu spielen.
In Saison Elf wurde das TCEC-Superfinale (ausgetragen von März bis April 2018) zwischen Stockfish, Version vom 26.3.2018 (Elo: 3546) und Houdini 6.03 (Elo: 3489) bestritten.

Das Superfinale der Saison Elf: Stockfish gegen Houdini

Schachpartien zwischen Computern stehen mitunter im Ruf, lang, langweilig und schwer nachvollziehbar zu sein. Dies nicht ganz zu Unrecht, da in vielen Partien mit blockierten Strukturen oft über lange Zeit (49 Züge, um genau zu sein) nur Klötzchen hin und her geschoben werden, bevor eine Seite einen Bauernzug wagt, um der 50-Züge-Regel zuvorzukommen... wonach es dann wieder von vorne losgeht!
Und das Match zwischen Stockfish und Houdini sah tatsächlich solche Episoden. Es gab jedoch auch einige sehr interessante Partien. In diesem Zweikampf schien Stockfish rascher als Houdini aus den Startlöchern zu kommen, indem es dynamische Pläne erdachte und durchführte und Houdini in die Defensive drängte. Im Gegensatz dazu schien Houdini bei umgekehrten Vorzeichen mit vertauschten Farben zu zaudern und erlaubte es Stockfish, das Fahrwasser zu stabilisieren.

Die folgende, in einer frühen Phase des Finales gespielte Partie illustriert dies trefflich:

Stockfish 260318 3546
Houdini 6.03 3489
TCEC Saison 11 – Superfinale 2018 (5)

1.d4 ♘f6 2.c4 g6 3.♘c3 ♗g7 4.e4 d6 5.f3 0-0 6.♗e3 e5 7.d5 ♘h5 8.♕d2 ♕h4+ 9.g3 ♘xg3 10.♕f2 ♘xf1 11.♕xh4 ♘xe3

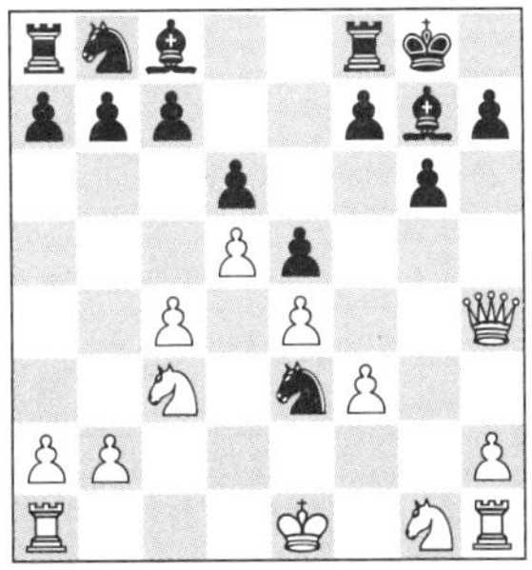

Diese geistreiche Erfindung des großen russischen Spielers David Bronstein steht heutzutage in einem schlechten theoretischen Ruf. Mithin war sie eine interessante Wahl als Ausgangsstellung für diese TCEC-Partie.
Schwarz hat für die Dame zwei Figuren und zwei Bauern bekommen; das Läuferpaar und eine geschmeidige Bauernstruktur (im Gegensatz zur zerklüfteten Bauernstruktur von Weiß). Schwarz hinkt jedoch mit der Entwicklung hinterher, und der plündernde Springer kann selbst zur Zielscheibe werden.
Weiß muss zügig handeln, solange die schwarzen Kräfte unentwickelt und unkoordiniert sind. Wenn Weiß zu lange zuwartet, kann die schwarze Stellung zu einer schwer zu knackenden Nuss werden.

12.♕f2

Hier bereits eine unübliche Wahl. 12.♔e2 ♘xc4 13.♖c1 ♘a6 14.♘d1 ♘b6 15.♘e3 ist ein starker Plan, der von Karpow wie auch von Kasparow angewandt wurde. Der Springer steht nach weiterer Vorbereitung für den Satz nach f5 bereit.
Doch auch Stockfishs Variante ist sehr stark.

12...♘xc4 13.h4 h5

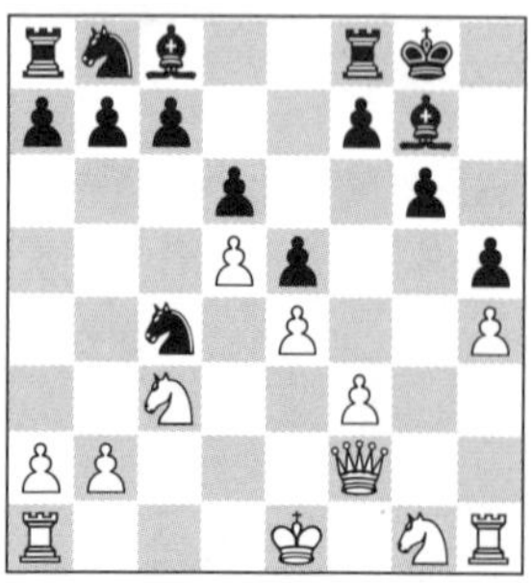

Die Einschaltung von h2-h4 und ...h7-h5 hält Schwarz davon ab, mit ...f7-f5 rasches Gegenspiel zu suchen: der Bauer g6 wäre schwach, daneben würde Weiß das starke Springerfeld g5 erhalten.

14.♕e2 ♘b6 15.♘b5

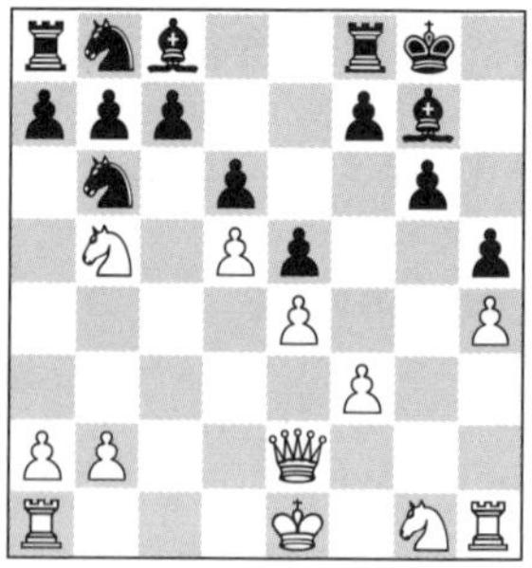

Wenngleich mit einer etwas anderen Zugfolge, folgt Stockfish einem von dem russischen Großmeister und Trainer Juri Rasuvajew gespielten Plan. Das Ziel von Weiß ist, Zugeständnisse zu erzwingen, indem er drei verwundbare Punkte im schwarzen Lager unter Druck setzt:

1. Den Bauern g6 (dem Weiß bereits das Zugeständnis ...h7-h5 mit einem möglichen guten Springervorposten auf g5 abgerungen hat). Man beachte auch, dass dem Schwarzen, nachdem er ...h7-h5 gespielt hat, nicht mehr die Springerroute nach f4 via d7-f6-h5 für den Springer b6 zur Verfügung steht.
2. Den Bauern auf c7, der verwundbar gegen den Druck eines weißen Springers auf b5 und einer Schwerfigur auf der halboffenen c-Linie ist.
3. Den Springer auf b6, der noch immer keinen guten Rastplatz gefunden hat und der im Falle einer Umgruppierung über d7 die Entwicklung der restlichen Truppe behindern wird.

15.♘h3 ♘a6 16.♘g5 ♗h6 17.♖g1 ♗d7 18.a4 ♖ae8 19.a5 ♘c8 20.♕c4 ♖e7 21.b4 ♗e8 22.♖a2 ♗g7 23.♔d1 ♘b8 24.♘b5 c6 25.♘c3 a6 26.♖c2 ♔h8 27.♔c1 ♖g8 28.♔b1 ♗h6 29.f4 exf4 30.♕f1 ♗g7 31.♕xf4 ♘d7 32.dxc6 bxc6 33.♘d5 cxd5 34.♖xc8 ♘e5 35.exd5 ♖b7 36.♖d1 ♗d7 37.♖xg8+ ♔xg8 38.♔a2 ♗f5 39.♘e4 ♖c7 40.♘xd6 ♖c2+ 41.♔b3 ♗d3 1:0 geschah in einer Partie Rasuvajew - Tschekatschew, Saragossa 1996.

15.0-0-0 a5 war Houdinis Wahl in seiner Partie mit Weiß. Dies wurde zwar auch von einem starken Großmeister gespielt, trifft aber den Nagel nicht ganz auf den Kopf. Stockfish nützt die Chance, eine solide Formation am Damenflügel zu errichten, wonach Weiß es sehr schwer hat, Fortschritte zu erzielen: 16.♘h3 ♗d7 17.♔b1 ♘a6 18.♖h2 ♘a4 19.♘xa4 ♗xa4, wonach Stockfish keine Probleme hatte und in Houdinis Zeitnot sogar einem Gewinn nahe kam.

15...♘a6 16.♘h3 ♗h6

Verhindert 17.♖c1.

17.a4

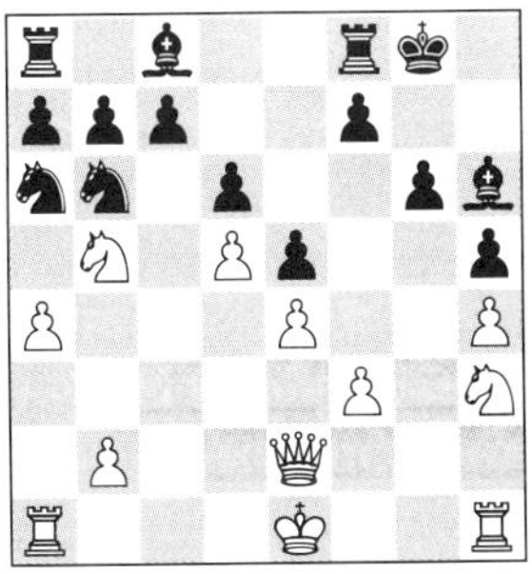

Dieser energische Zug, der den Springer b6 aufs Korn nimmt, trifft hingegen auf den Punkt. Um seine Entwicklungsprobleme zu überwinden und dem Auftauchen des Springers auf g5 zuvorzukommen, fühlt sich Houdini genötigt, das Läuferpaar aufzugeben. Weiß braucht nun eine Öffnung der Stellung viel weniger zu befürchten als zuvor, da seinem Gegner eine wichtige Angriffswaffe fehlt: das Läuferpaar.

17...♗xh3 18.♖xh3 ♘d7 19.a5 ♘dc5 20.♕c4

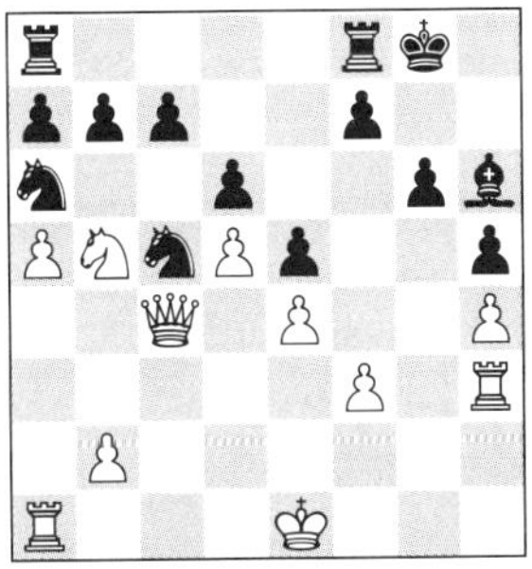

Mit sehr ähnlichen Ideen wie in der Rasuvajew-Partie. Wenn Schwarz stillhält, wird Weiß ♔e2 und b2-b4 spielen, wonach Schwarz völlig gebunden wäre. Houdini bringt etwas Gegenspiel zustande, doch Stockfish hat eine fabelhafte Zugfolge im Sinn.

20...f5 21.♔f1

Peinlich wäre 21.b4 ♘xb4.

21...fxe4 22.b4 ♘d7 23.♘c3

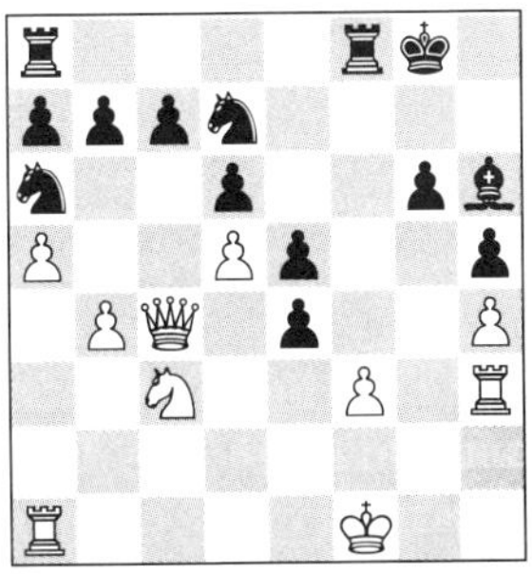

Ein toller Zug! Sobald der Springer auf e4 auftaucht, wird Schwarz vor neuen Problemen am Damenflügel stehen: ♕b5, was den Springer auf d7 und den Bauern b7 angreift, wird sehr lästig sein. Sobald der Bauer b7 fällt, wird auch der Springer auf a6 in Schwierigkeiten sein. Diese Zentralisierung hat Weiß jedoch weitere zwei Bauern gekostet!

23...exf3 24.♘e4 ♘f6

24...♖f4 schien mir sehr verlockend, doch Stockfish bleibt ungerührt: 25.♖g3 ♔h7 26.♕b5 ♖d8 27.♖e1, und Weiß schlägt sich mit ♕xb7 und ♕xa7 durch.

25.b5 ♘c5 26.♘xc5 dxc5 27.d6+ ♔h7 28.dxc7 e4

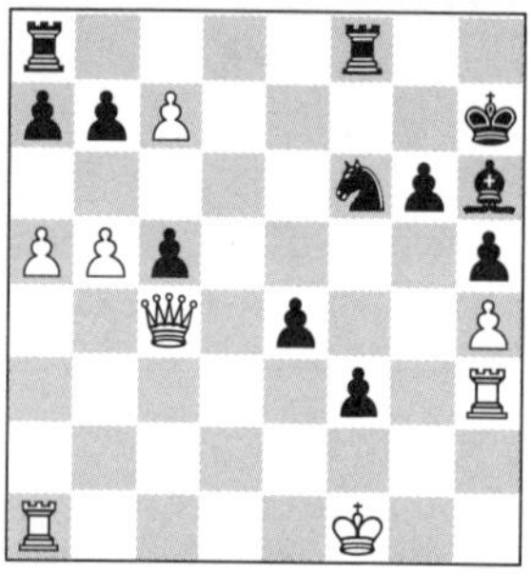

Dies sieht sehr bedrohlich aus, doch nicht für ein Rechenmonster wie Stockfish!

29.♖e1 ♖ae8 30.♖xf3 ♖c8

30...exf3 31.♖xe8 ♖xe8 32.♕f7+ ♗g7 33.♕xe8 gewinnt für Weiß.

31.♖f2 ♖xc7 32.♔e2 e3 33.♖f3 ♗g7 34.♖ef1 ♖d7 35.♖d1 ♖e7 36.♖f4 ♘e4

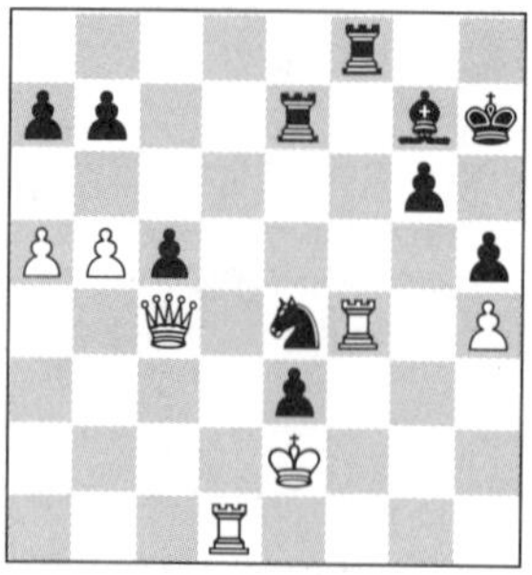

Ein fantastisches Verteidigungskonzept. Ich habe die Idee dahinter erst begriffen, als die folgenden Züge auf dem Brett standen!

37.♖xe4 ♖f2+ 38.♔xe3 ♖ef7

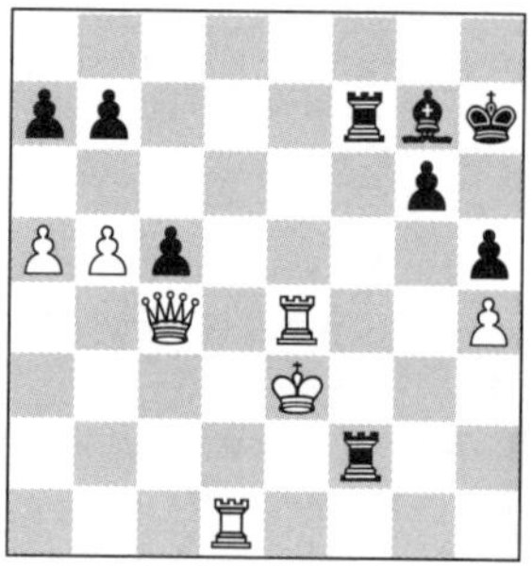

Droht 39...♖7f3 matt. Viel zu schön um wahr zu sein... und das ist es auch nicht!

39.♖e8 ♖7f3+ 40.♔e4 ♖f4+ 41.♔d5 ♖xc4 42.♔xc4 ♖c2+ 43.♔d3 ♖a2 44.♖e7 ♔h6 45.♖f1 c4+ 46.♔xc4 ♖a4+ 47.♔c5 ♗d4+ 48.♔d5 ♗c3 49.♖xb7 ♖d4+ 1-0

Eine fantastische Partie von Stockfish.

Damit sind wir so in etwa auf dem Stand bis Dezember 2017, als die Schachwelt erstmals von einem neuen Konzept im Computerschach hörte – die erfolgreiche Einführung einer sehr starken und völlig autodidaktischen Maschine. AlphaZero, treten Sie ein.

KAPITEL 2

ZeroZeroZero

Ende 2017 wurden zehn Partien eines Matches zwischen den beiden besten, übermenschlich starken Engines veröffentlicht – Stockfish und DeepMinds AlphaZero. Das Duell war ein voller Erfolg für AlphaZero. Doch noch mehr als das Ergebnis verblüffte die Art und Weise, auf welche AlphaZero seine Siege herausspielte. Und zum ersten Mal erreichte ein Computer dieses Niveau, indem er sich selbst lehrte – ohne auf bewährtes menschliches Wissen über Schachstrategie zurückzugreifen. Und AlphaZeros Spiel erinnerte an die glorreichen Tage Kasparows, wobei es so aussieht, als würde der gegnerische König direkt aus der Eröffnung heraus aufs Korn genommen und freigiebig Material für Angriffszwecke geopfert. Was bei Schachspielern den verlockenden Gedanken weckte, dass ein ganz neuer Spielstil entdeckt worden sein könnte – oder präziser ausgedrückt vielleicht, dass ein existierender Spielstil runderneuert und ausgeweitet worden wäre, mit welchem die außerordentlichen Berechnungs- und Defensivkünste der bis dato besten Engines überwunden werden können. Wenn sich dies als wahr herausstellen würde, müssten auch die gegenwärtigen Einschätzungen einiger komplizierter Eröffnungsvarianten und Mittelspielstellungen überarbeitet werden, da diese überwiegend auf dem Ergebnis von Analysen von Engines wie Stockfish beruhen. Doch mit nur zehn Partien als Arbeitsgrundlage war es schwer, definitive Rückschlüsse zu ziehen.

Anfang 2018 wurde ich in die Büros von DeepMind in St. Pancras in London eingeladen, um die 210 Partien aus der jüngsten Matchserie zwischen Stockfish und ApHaZero zu studieren. Ich würde meine Verfassung an diesem Tag als euphorisch, aber auch etwas bange beschreiben. Als Schachfan hoffte ich, etwas Außergewöhnliches und Fantastisches zu entdecken; als starker Spieler war ich darauf eingestellt, vom Spielstil womöglich ein wenig enttäuscht zu sein. Ich hatte voll und ganz damit gerechnet, eine kleine Anzahl starker (Angriffs-) Partien zu sehen, doch ich war gleichermaßen überzeugt, dass viele Partien von begrenztem Interesse sein würden (was viele Matches zwischen starken Schach-Engines gemein haben).

Mir wurden zwei Dateien gegeben: eine Datei mit 110 ohne Eröffnungsbuch aus der Ausgangsstellung gespielten Partien und eine Datei mit 100 aus verschiedenen vorgegeben Eröffnungsstellungen gespielten Partien (die Positionen, die bei der TCEC-Weltmeisterschaft 2016 zur Anwendung kamen). Die Partien in jeder Datei waren nach der Farbe sortiert, so dass ich zunächst AlphaZeros Schwarzpartien durchspielte und anschließend seine Weißpartien. Ich spiele gern Partien mit gedrückter Taste für den Schnelldurchlauf durch, was bedeutet,

dass eine komplette Partie in zehn bis fünfzehn Sekunden vor meinen Augen vorbeiflimmert. Das genügt, um einen Überblick über die Konturen des Spiels zu bekommen sowie ein Gefühl dafür, ob sich hier etwas Außergewöhnliches ereignet hat.
Aus den Partien, die aus der normalen Ausgangsstellung begonnen wurden, wurde aus jeder spezifischen, über 30 Halbzüge reichenden Abfolge von Eröffnungszügen eine Partie zufällig ausgewählt; ebenso wurden alle Niederlagen von AlphaZero eingeschlossen. Aus dem TCEC-Match wurde aus jeder der Eröffnungsstellungen je eine Partie mit Weiß und mit Schwarz zufällig herausgepickt.
Ich flitzte durch die ersten zehn Partien und gewöhnte mich allmählich an das Spiel der beiden Kontrahenten. Ich nahm einige unerwartete Bauernvorstöße am Königsflügel sowie subtile Springermanöver von Seiten AlphaZeros zur Kenntnis, doch nichts ließ mich wirklich innehalten. Die elfte und die zwölfte Partie taten dies dann. Als die elfte Partie vor meinen Augen vorbeihuschte, nahmen diese plötzlich zur Kenntnis, dass AlphaZero mit Schwarz bereits drei Bauern geopfert hatte und gerade einen ruhigen Zug am Königsflügel wie 22…h6 spielte.

Partie: „Starrende Läufer“

Stockfish 8
AlphaZero
London 2018 (11)

1.e4 e5 2.♘f3 ♘c6 3.♗c4 ♘f6 4.♘g5 d5 5.exd5 ♘a5 6.♗b5+ c6 7.dxc6 bxc6 8.♗d3 ♘d5 9.♘f3 ♗d6 10.0-0 ♘f4 11.♖e1 ♘xd3 12.cxd3 0-0 13.♘xe5 c5 14.♘c3 ♗b7 15.b3 ♖e8 16.♘c4 ♘xc4 17.♖xe8+ ♕xe8 18.bxc4 ♕e6 19.♗b2 ♖b8 20.♘b5 ♕g6 21.♕f1 ♗f4 22.♘xa7 h6

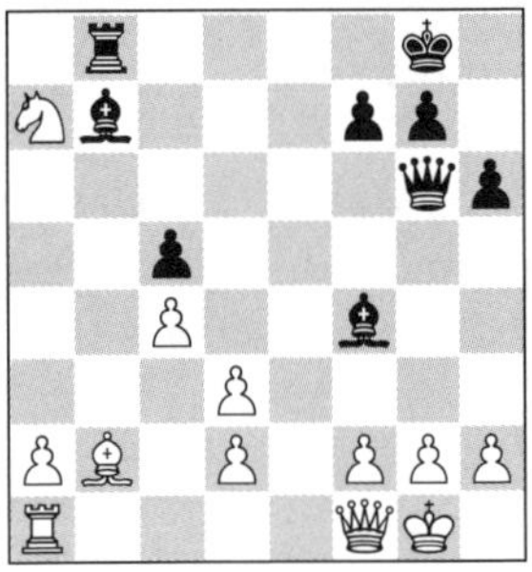

Ich habe das Ergebnis gecheckt: AlphaZero gewann nach 48 Zügen! Im 25. Zug flüchtete sich Stockfish mit 25.♕d1 in ein verlorenes Endspiel, anstatt mit 25.♘b5 an seinem Mehrbesitz festzuhalten, doch war mir nicht klar warum … und auch keine meiner Engines half mir bei dieser Frage weiter.
23.♗c3 ♕h5 24.h3 ♖a8

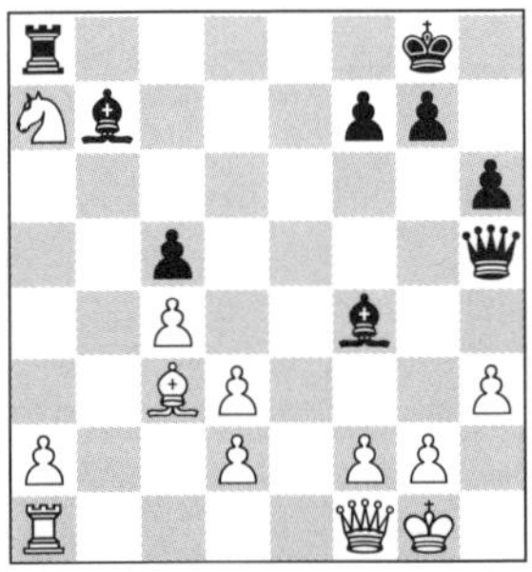

25.♕d1 ♕xd1+ 26.♖xd1 ♖xa7 27.♖a1 ♗c6 28.a4 ♖xa4 29.♖xa4 ♗xa4 30.♔f1 ♗b3 31.♔e2 ♗d6 32.♔e3 ♗e7 33.♗e5 f6 34.♗c7 ♔f7 35.♗b6 ♔e6 36.♔e2 ♔d7 37.♔e1 ♔c6 38.♗a5 h5 39.♔f1 ♔d7 40.♗b6 ♗c2 41.♔e2 ♔c6 42.♗a5 ♗d6 43.d4 cxd4 44.d3 ♗a4 45.h4 ♔b7 46.♔f1 ♗d7 47.♔e2 ♔a6 48.♗d8 ♗f5 0:1

Interessant und irritierend gleichermaßen! Wenn Sie Ihre taktischen Fähigkeiten testen wollen, dann versuchen Sie doch, die schwarze Fortsetzung nach 25.♘b5 auszuarbeiten. Die Antwort finden Sie in den Anmerkungen zur Partie ***„Starrende Läufer"*** im Kapitel „Opfer für Raum, Zeit und Strukturschäden." Ich legte die Partie im Geiste zwecks späterer genauerer Ansicht erst einmal zur Seite und machte mit der 12. Partie weiter. Beim 17. Zug brach ich lauthals in Lachen aus: „Dieses AlphaZero ist völlig irre!"

Partie: „Schlag' meinen Springer!"

Stockfish 8
AlphaZero
London 2018 (12)

1.e4 e5 2.♘f3 ♘c6 3.♗c4 ♗c5 4.d3 a6 5.♘g5 ♘h6 6.0-0 d6 7.a4 ♗g4 8.♘f3 0-0 9.h3 ♗h5 10.c3 ♔h8 11.♗xh6 gxh6

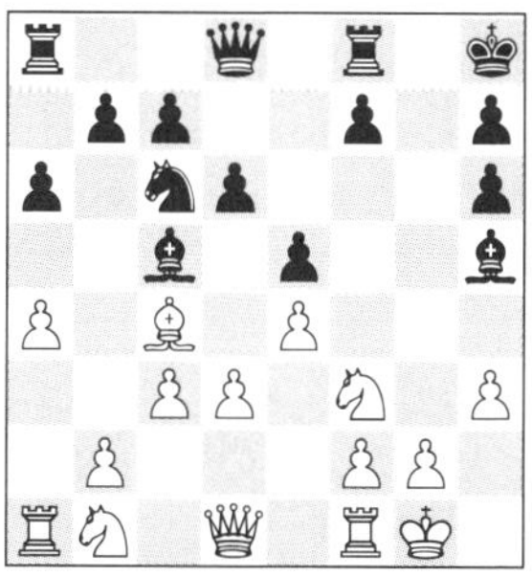

12.♘bd2 ♗a7 13.♗d5 ♘e7

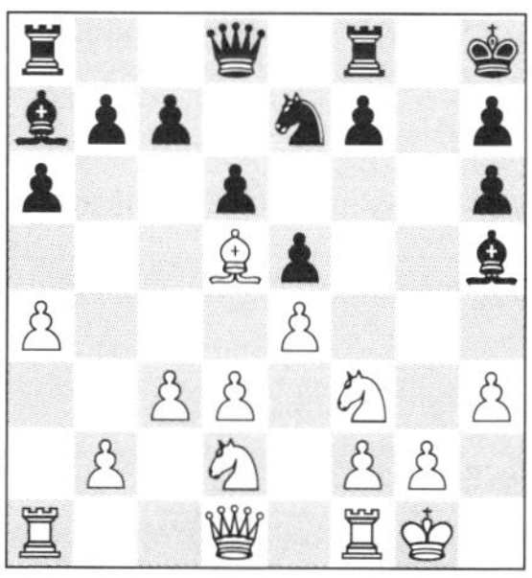

14.♗xb7 ♖b8 15.♗xa6 f5 16.♔h1 ♘g6 17.exf5 ♘f4

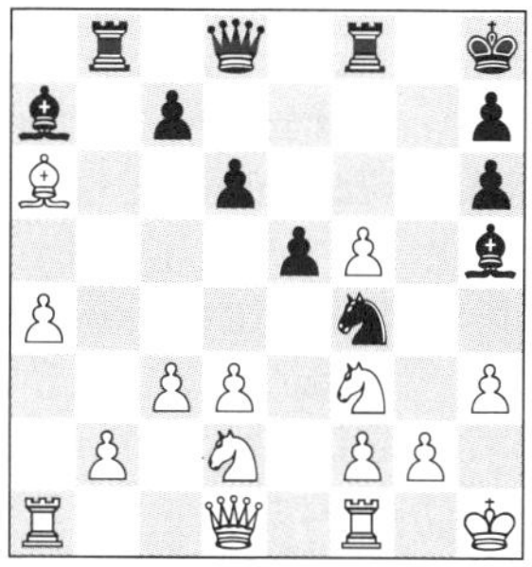

Als Schwarzer in einem Giuoco Piano (wörtlich „Ruhiges Spiel"; im Englischen noch die Hauptbezeichnung für die Italienische Eröffnung mit 4.d3 – der Übers.) hat AlphaZero innerhalb der ersten 17 Züge alles geopfert – drei Bauern und die Struktur am Königsflügel –, um auf dem ganzen Brett Linien zu öffnen.

18.d4 ♖xf5 19.♕c2 ♖f8 20.♖ae1 ♕f6 21.♖e3 ♕g7 22.♖g1 ♘d5 23.♗b5 ♗g6 24.♕c1 ♘xe3 25.fxe3 ♗f7 26.♖f1 ♗d5 27.♗c4 ♗a8 28.a5 e4 29.♘h2 ♕g5 30.b4 ♕xe3 31.♘g4 ♕g5 32.♕e1 h5 33.♘e3 h4 34.♗e6 ♗c6 35.♗c4 d5 36.b5 ♗b7 37.♗b3 ♖bc8 38.a6 ♗a8 39.♗a4 ♗b6 40.♔g1 ♕g3 41.♕xg3 hxg3 42.♖a1 ♖f2 43.♘df1 ♖e2 44.♘f5 ♖g8 45.♘1xg3 ♖d2 46.♖f1 ♗a5 47.♖f2 ♖xf2 48.♔xf2 ♗xc3 49.h4 ♖f8 50.♔e3 ♗e1 51.♔e2 ♗xg3 52.♘xg3 ♖g8 53.♔f2 ♖g4 54.♗d1 e3+

Stockfish hat verteidigt, wie nur Stockfish es vermag, doch am Ende setzte sich die Aktivität durch. AlphaZero vollstreckte in 97 Zügen.

Der Gesamteindruck dieser ersten 110 Partien war überwältigend. Zum Ersten wurde ich Zeuge einer ganzen

Serie großartiger Partien, gespielt in einem unverwechselbar individuellen Stil, der großen Reiz auf mich ausübte. Zum Zweiten sah ich, als ich Schlüsselstellungen mit meiner üblichen Analyseengine überprüfte, dass AlphaZeros Einschätzungen anders als die jener Engine waren. Tatsächlich waren AlphaZero Einschätzungen näher an meinem intuitiven (menschlichen) Gefühl für die Stellung. Die Grundzutaten für das Angriffsspiels, offene Linien und Diagonalen gegen den König, gepaart mit einem Entwicklungsvorsprung, schienen ihre Bedeutung wiedererlangt zu haben. Und die Angriffe waren plötzlich nicht mehr durch eine Serie hässlicher, aber präziser Züge oder durch eine wundersame, aber unverdiente taktische Ressource zu neutralisieren.
Dieses zweifache Gefühl – dass es so viel von AlphaZero zu lernen gibt, und dass AlphaZeros Spielstil intuitiv von Amateuren wie Profis erfasst und auf ihrem jeweiligen Niveau adaptiert werden kann – war ein Beweggrund für dieses Buch.
Wie kommt es, dass sich AlphaZeros Spiel so sehr von dem anderer Engines unterscheidet? Die Anhaltspunkte hierfür liefert seine Erschaffung, und wir werden den Zusammenhang zwischen Erschaffung und Spielstil genauer im Kapitel „AlphaZeros Stil – man trifft sich in der Mitte“ untersuchen.

Im vorliegenden Kapitel beschäftigen wir uns mit einem rätselbehafteten Aspekt der Computerbewertungen, der mir an dem Tag, als ich erstmals mit AlphaZero analysierte, erstmalig bewusst wurde.

0,00

Vor ein paar Monaten rezensierte ich ein hervorragendes Mittelspielbuch über äußerst komplizierte Stellungen, geschrieben von einem Weltklassegroßmeister. Der Autor erwähnte ein paarmal, dass, wenn die Spannung einer Stellung am Höhepunkt angekommen war, diese von den Engines regelmäßig mit 0,00 bewertet wurde. Seinen Kommentaren nach zu urteilen, war er sich nicht sicher, was von solchen Einschätzungen zu halten sei, die nicht immer mit seiner intuitiven oder praktischen Einschätzung der Stellung übereinstimmten.
Dieses Szenario wird jedem Schachspieler, der schon einmal ernsthaft komplizierte Stellungen mit einer Engine im Hintergrund analysiert hat, bekannt vorkommen. Sie lassen Ihrem Genie freien Lauf, denken sich ein brillantes doppeltes Bauernopfer aus... und Ihre Engine quittiert das mit einer Bewertung von 0,00, wobei Sie in der besten Variante eine bizarre Zugwiederholung erzwingen sollen. Und es ist nicht nur eine Engine: alle schreien sie danach, dass Sie doch eine Zugwiederholung forcieren mögen (wobei die Wege sich freilich oftmals unterscheiden). Das ist vielleicht das irritierendste und hinderlichste Verhalten, dass diese sonst so fantastischen Engines während der Analyse an den Tag legen. Wenn eine Engine erst einmal zu der Überzeugung gelangt ist, dass eine Zugwiederholung das Beste sei, wird sie keine weiteren interessanten Vorschläge mehr beisteuern. Es liegt nun ganz bei Ihnen, sich etwas einfallen zu lassen, um Ihre Engine

aus der Reserve zu locken und sie zu zwingen, abseits ihrer vernagelten Wege zu denken.
Die Bedeutung dieser 0,00-Bewertungen ist etwas schleierhaft.
An diesem Punkt, an dem die Möglichkeiten endlos sein sollten, soll plötzlich ein Remis durch Zugwiederholung die beste Möglichkeit darstellen. Wenn man dann jedoch versucht, es selbst mit der Engine aufzunehmen und ihr nachzuweisen, dass sie falsch liegt, verliert man meist am Ende … oder entdeckt noch mehr Zugwiederholungen. Die Engines sind einfach zu stark, und sie können so Ihre Bedenken nach Belieben wegwischen.
Sie können sich nun vorstellen, wie fasziniert ich war, als ich beim Durchspielen der Partien zwischen AlphaZero und Stockfish zahlreiche dieser 0,00-Bewertungen an meinen Augen vorbeihuschen sah, derweil meine Engines im Hintergrund analysierten. Noch interessanter war es, dass AlphaZero in der Regel als einziger widersprach: in Stellungen, die von den Engines mit 0,00 eingeschätzt wurden, war seine Bewertung oftmals für sich selbst vorteilhaft.
Zusammen mit der Bilanz, die AlphaZero aus derartigen Stellungen erzielte, fragte ich mich, ob nicht diese ganze Geschichte mit den 0,00-Stellungen neu aufgerollt werden müsste.

Auf jeden Fall schien es mir äußerst angebracht, einige dieser Positionen zusammenzustellen, um herauszufinden, was wir von AlphaZero und den anderen Engines hieraus lernen können.
Wir werden also eine Serie von Stellungen untersuchen, in denen die Einschätzungen von AlphaZero sowie die von Stockfish und anderen Engines signifikant voneinander abweichen. In jeder Stellung werden wir die Gründe für die Bewertung der beiderseitigen Chancen zu verstehen suchen, dann selbst versuchen, die Stellung einzuschätzen (sowohl objektiv wie auch aus menschlicher Perspektive), und anschließend darüber sinnieren, welche Bedeutung die Stellungsbewertung für den weiteren Spielverlauf haben mag.
Bevor wir nun anfangen, ein paar Worte dazu, wie AlphaZero eine Stellung einschätzt. Anstatt einen Vorteil in einer entsprechenden Anzahl von Bauern auszudrücken (wie es die traditionellen Engines tun), bewertet AlphaZero eine Stellung, indem es den Erwartungswert abschätzt (wobei Gewinne als 1 zählen und Remis als 0,5). In unseren Anmerkungen drücken wir dies als eine Prozentzahl zwischen Null und Hundert aus.
Eine AlphaZero-Bewertung von 50% würde also bedeuten, dass ein Sieg ebenso wahrscheinlich wie eine Niederlage ist (und natürlich auch Unentschieden möglich sind).

Abschnitt A – 0,00 und der Zeitlupenangriff

Unser erstes Beispiel wird auch im Kapitel „AlphaZeros Stil – man trifft sich in der Mitte" gezeigt.

Partie: „Die Würgeschlange"

AlphaZero
Stockfish 8
London 2018

1.d4 ♘f6 2.♘f3 e6 3.c4 b6 4.g3 ♗b7 5.♗g2 ♗b4+ 6.♗d2 ♗e7 7.♘c3 c6 8.♗f4 0-0 9.e4 d5 10.e5 ♘e4 11.cxd5 cxd5 12.0-0 ♘xc3 13.bxc3 ♗a6 14.♖e1 ♘c6 15.h4 ♖c8 16.♖e3 ♖c7 17.♘g5 h6 18.♘h3

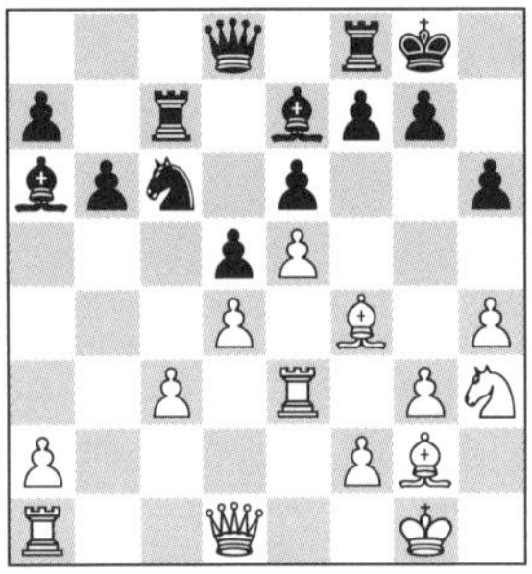

Beginnen wir mit der Einschätzung der Stellung. Weiß hat dank der Bauernkette c3/d4/e5 einen Raumvorteil im Zentrum. Der Bauer e5 verschafft Weiß einen Vorposten auf d6 und nimmt zugleich den schwarzen Figuren das Verteidigungsfeld f6.
Wenn wir die Verteilung der Kräfte auf dem Brett betrachten, so sehen wir, dass Weiß fünf Figuren in Reichweite des Königsflügels hat: Die Dame, einen Turm, zwei Läufer und einen Springer. Der einzige Wermutstropfen unter Angriffsgesichtspunkten ist, dass sich der weißfeldrige Läufer nicht auf der Diagonalen b1-h7 befindet; und angesichts des schwarzen Läufers auf a6, der ♗f1-d3 verhindert, wird sich dieser Umstand auch nicht so schnell ändern.
Schwarz verfügt nur über zwei Verteidiger am Königsflügel: den Läufer auf e7 und den Turm auf f8. Die Vorzeichen sind klar: Weiß wird am Königsflügel angreifen!
Da das Zentrum blockiert ist, wird sich Schwarz am Damenflügel nach Gegenspiel umsehen. Hier ist die Situation nicht schlecht für ihn: Die weiße Struktur am Damenflügel ist beschädigt, und der Bauer auf c3 – rückständig und auf einer halboffenen Linie befindlich – ist ein schöner Ansatzpunkt, um die weiße Verteidigung hier aufzudröseln. Schwarz sollte jedoch nicht zu lange zaudern, zumal Weiß schon angefangen hat, mit dem Manöver ♘f3-g5-h3 die schwarzen Bastionen am Königsflügel zu lockern.
Es scheint eigenartig, den Springer nach h3 zu stellen, doch Weiß hat damit die Angriffsmarke h6 herausgekitzelt und für die Dame den Weg zum Königsflügel über die Diagonale d1-h5 geräumt. Darüber hinaus winkt dem Springer auf h5 (via f4) ein guter Posten. Ein solches Springermanöver, mit dem Zeit aufgewandt wird, um den Springer näher an den gegnerischen König heranzuführen, ist ein Markenzeichen von AlphaZeros Angriffsspiel.
Ich gebe jetzt eine Zusammenfassung der Hauptvarianten und Einschätzungen von fünf Engines. Jeder Engine wurde eine Minute zur Analyse der Stellung gegeben. Die Ergebnisse waren wie folgt:

Houdini 6.02: Die drei Topvarianten nach einer Minute Rechenzeit		**Bewertung**
Erste Variante	18...♖e8 19.♖f3 ♘a5 20.♗d2 ♕d7 21.♘f4 ♖ec8 22.a4 ♘c4 23.♗c1 ♘a5 24.♗d2	0,00
Zweite Variante	18...♕d7 19.♕g4 ♔h7 20.♕h5 ♗d8 21.♕d1 ♔g8 22.♖f3 ♘e7 23.♗d2 ♘g6	0,00
Dritte Variante	18...♔h7 19.♕h5 ♖c8 20.♘g5+ ♔g8 21.♘h3	0,00

Stockfish 8: Die drei Topvarianten nach einer Minute Rechenzeit		**Bewertung**
Erste Variante	18...♖e8 19.♖f3 ♘a5 20.♗d2 ♕d7 21.g4 ♕b5 22.g5 hxg5 23.♖xf7 ♔xf7 24.♕h5+ ♔f8 25.♕h8+ ♔f7 26.♕h5+	0,00
Zweite Variante	18...♘a5 19.♕h5 ♔h7 20.♘g5+ ♔g8 21.♘h3	0,00
Dritte Variante	18...♔h7 19.♕h5 ♘a5 20.♘g5+ ♔g8 21.♘h3	0,00

Stockfish 9: Die drei Topvarianten nach einer Minute Rechenzeit		**Bewertung**
Erste Variante	18...♖e8 19.♖f3 ♘a5 20.♕c2 ♗f8 21.♗d2 ♗b5 22.♘f4 ♕d7 23.a4 ♗c4 24.♖b1 ♕e7 25.♗c1 ♗a6 26.♗d2 ♖ec8 27.♗h3 ♘c4	-0,14
Zweite Variante	18...♕d7 19.g4 ♗d8 20.h5 ♘e7 21.♖b1 ♗c4 22.♖b2 ♗a6 23.♖b1	0,00
Dritte Variante	18...♕e8 19.♖f3 ♘a5 20.♗xh6 gxh6 21.♖f6 ♗xf6 22.exf6 ♔h7 23.♕c2+ ♔h8 24.♕d2 ♔h7 25.♕c2+	0,00

Komodo 11.2.2: Die drei Topvarianten nach einer Minute Rechenzeit		**Bewertung**
Erste Variante	18...♖e8 19.♖e1 ♕c8 20.♕g4 ♔h8 21.♗d2 ♘a5 22.♕f3 ♗f8 23.♘f4 ♘c4 24.♗c1 ♘a3 25.♗xa3 ♗xa3 26.c4 ♗b2 27.cxb5 ♗xa1	-0,43
Zweite Variante	18...♔h8 19.♕h5 ♔h7 20.♘g5+ ♔g8 21.♘h3 ♕d7 22.♗xh6 gxh6 23.♕xh6 ♖fc8 24.♖f3 ♗f8 25.♕g5+ ♗g7 26.♘f4 ♕e7 27.♕g4	0,00
Dritte Variante	18...♘a5 19.♕h5 ♔h7 20.♘g5+ ♔g8 21.♘h3	0,00

Komodo 11.3.1: Die drei Topvarianten nach einer Minute Rechenzeit		**Bewertung**
Erste Variante	18...♕d7 19.♕g4 ♔h7 21.♕h5 ♗d8 21.♗g5 ♘a5 22.♘f4 ♘c4 23.♖ee1 ♘a3 24.♖ac1 ♗c4 25.♗f1 ♗xf1 26.♖xf1 ♘c4 27.♗xd8	-0,31
Zweite Variante	18...♗b5 19.♕g4 ♔h7 20.♕d1 ♗c4 21.♖e1 ♗a3 22.♗d2 ♕e7 23.♕c2+ ♔g8 24.♘f4 ♖fc8 25.♘h5 ♗a6 26.♘f4 ♘a5 27.♖ab1 ♕f8	-0,28
Dritte Variante	18...♖e8 19.♖f3 ♘a5 20.♕c2 ♖f8 21.♗c1 ♕d7 22.♘f4 ♖fc8 23.a4 ♘c6 24.♕d2 ♗f8 25.♕d1 ♗c4 26.♕c2 ♕e8 27.♗d2 g6 28.♗c1	-0,22

Die drei Topvarianten sind mit der jeweiligen Stellungsbewertung angegeben.
Dies ist reichlich viel Information, so dass ich einige Kernpunkte herausgreife:

1. Houdini und Stockfish scheinen beweisen zu wollen, dass am Ende vieler Varianten ein forciertes Remis durch Zugwiederholung steht.
2. Nur Komodo wirft einen Blick auf das reale Geschehen am Brett und sieht eine Seite (nämlich Schwarz) im Vorteil.
3. Viele der vorgeschlagenen Varianten hinterlassen einen etwas seltsamen Eindruck.

Die Varianten kamen mir recht merkwürdig vor, mit vielen rätselhaften Zugwiederholungen und Rückzügen. Stockfish und besonders Houdini sind begnadete Angreifer: Doch wo ist hier die Kraft und die Überzeugung, irgendetwas zum Laufen zu bringen, jenseits fadenscheiniger Zugwiederholungen oder Opfer, die zum Dauerschach führen? Im kritischen Augenblick scheinen diese Engines auf halbem Wege stehenzubleiben, anscheinend ohne jeden Glauben, dass da am Königsflügel was geht.
Diese Bewertungen ändern sich auch nicht wesentlich, wenn man die Engines länger rechnen lässt. Nach einer sechsstündigen Sitzung mit einer tiefen Analyse der Stellung endeten die Hauptvarianten von Stockfish und Komodo immer noch mit 0,00, während sich Houdini dem Trend ein wenig widersetzte und 0,14 anzeigte.
Sehen wir nun AlphaZeros Bewertung bei Zug 18: Eine Gewinnerwartung von 66,5% für Weiß, was deutlich positiver ist als 0,00.
Wer hat nun Recht? Die Stellung erinnert mich an den Königsindischen Angriff gegen die Französische Verteidigung, den ich oft mit Weiß spiele.
Königsindischer Angriff: 1.e4 e6 2.d3 d5 3.♘d2 c5 4.g3 ♘c6 5.♗g2 ♘f6 6.♘gf3 ♗e7 7.0-0 0-0 8.♖e1 b5 9.e5 ♘d7 10.♘f1.

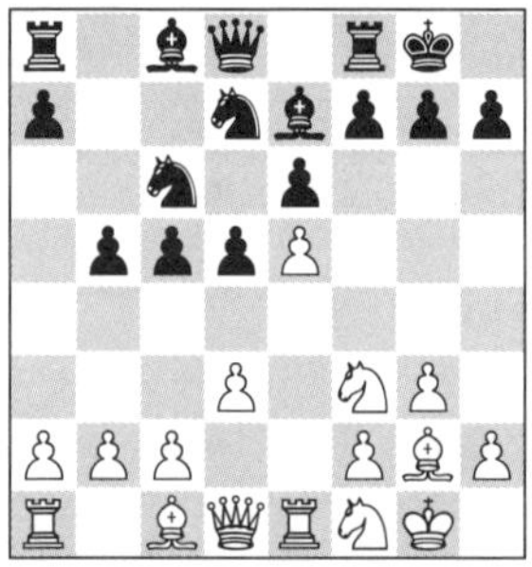

Hier sehen Sie eine ganz ähnliche Struktur wie in der vorgestellten Partie. Weiß hat einen Bauern auf e5 festgesetzt, im Zentrum passiert nicht viel, die schwarzen Stärken liegen auf dem Damenflügel. Objektiv sind die Chancen in dieser Variante ausgeglichen. Der Umstand jedoch, dass sich der weiße Angriff gegen den schwarzen König richtet und dass der weiße König selbst vor jedem Angriff sicher ist, bringt es mit sich, dass die Sache riskanter für Schwarz und in der praktischen Partie auch schwerer zu spielen ist.
Zurück zu unserer Partie, wo dasselbe zutrifft. Es würde mich nicht wundern, wenn Schwarz in der Lage wäre, das weiße Potenzial am Königsflügel mit einer präzisen Serie von Figurenmanövern am Damenflügel völlig zu neutralisieren. Der Weg dorthin ist jedoch voller

Gefahren und überdies viel schmaler, als es die Bewertungen mit 0,00 suggerieren. Remisvarianten mit Zugwiederholungen sollten Ihren Verdacht erregen.
Zuvor war ich geneigt zu glauben, dass a) in solchen Stellungen ein einziger schmaler Pfad existiert, und b) die Engines diesen finden würden, und die Bewertung mit 0,00 die präzise Einschätzung dieser Stellung widerspiegelt. Die Partien zwischen AlphaZero und Stockfish haben aber zumindest in meinen Augen einige Zweifel im Hinblick auf diese Schlussfolgerung gesät.
Wenn man sieht, wie ungestüm und mit welchem Elan AlphaZero seine Figuren auf dem Königsflügel ins Spiel bringt, und demgegenüber die ziemlich farblosen Varianten betrachtet, die von anderen Engines in diesen Stellungstypen produziert werden, hinterlässt es den Eindruck, als seien die langfristigen Angriffsmöglichkeiten für den Kontrahenten damit nicht recht gewürdigt. Es würde nicht überraschen, wenn ein gewisser Prozentsatz dieser schmalen, mit 0,00 bewerteten Pfade doch tatsächlich für den Angreifer vorteilhaft wären, und nicht wie angenommen haltbar für den Verteidiger. Doch wie es aussieht, braucht es schon ein AlphaZero, um dies nachzuweisen!
Aus menschlicher Perspektive würde sich am ehesten ein Plan wie 16...♗c4 (anstelle von 16...♖c7) gefolgt von ...b5-b4, gegebenenfalls kombiniert mit Sicherungszügen am Königsflügel wie ...♖e8 und ...♗f8, aufdrängen, womit auch dafür gesorgt wäre, dass das schwarze Gegenspiel am Damenflügel die dortige Struktur von Weiß anknabbert. Indem sie nur mit Figuren herumziehen, riskieren die Engines mit ihren Varianten nur großen Zeitverlust, falls sich das auf Kante genähte Verteidigungskonzept letztlich als unbefriedigend erweist.
Spulen wir die Partie um 15 Züge vorwärts, so stellt sich die Frage, ob Stockfish während dieses Zeitraums abgeschaltet war: AlphaZero hat sein Potenzial am Königsflügel wesentlich verbessert, während Stockfishs Gegenspiel kaum in die Gänge gekommen ist. Dieses Szenario kommt in den Partien zwischen AlphaZero und Stockfish öfters vor, und wir haben es „Zeitlupenangriff“ getauft.
18...♔h7 19.♖f3 ♘a5 20.♕c2+ ♔g8 21.♖e1 ♔h8 22.♕d1 ♘c6 23.♗e3 ♗c4 24.♕d2 ♔h7 25.♘f4 ♕e8 26.g4 ♖h8 27.♘h5

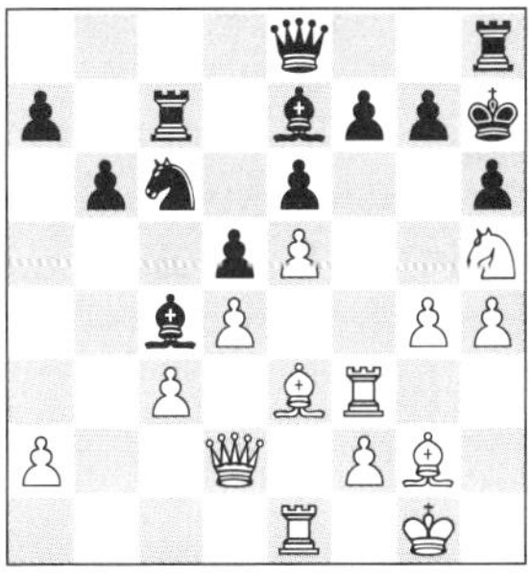

AlphaZero hat eine Gewinnerwartung von 85,2% erreicht. Stockfish 8 beginnt mit 0,00, was nach anderthalb Minuten zu einem weiterhin wenig besorgten 0,27 wird (wobei es die Partiefortsetzung anzeigt). Aus menschlicher Perspektive ist klar, dass eine Seite dabei ist, große Fortschritte zu machen: seit dem 18. Zug hat Stockfish vier Königszüge gemacht sowie seinen Springer nach a5 und zurück nach c6 gezogen, wohingegen

AlphaZeros Sturm am Königsflügel anschwillt!

27...♔g8

27...♗xh4 28.♖h3 ♕d8 29.♗xh6 gxh6 30.♘f6+ führt umgehend in die Katastrophe.

28.♖h3 ♖b7 29.♗f4 ♗f8 30.♕d1 ♘e7 31.♗c1 b5 32.f4

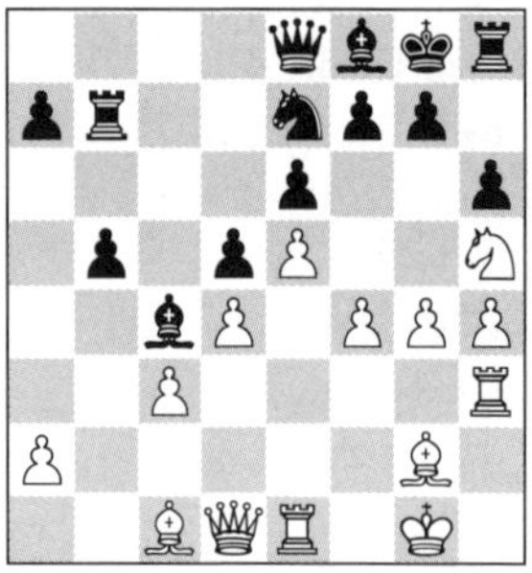

Ein Heureka-Augenblick für mich. Ich habe in Trainingspartien gegen Stockfish eine Anzahl ähnlicher Stellungen aus dem Königsindischen Angriff gespielt, in denen ich eine starke Angriffsformation am Königsflügel aufbauen konnte, während sich Stockfish mit einem sorgenfreien Lächeln auf den Lippen zurücklehnte und verschmitzt die Stirn runzelte.

Der ursprüngliche Plan von Weiß – sofern Schwarz nichts unternimmt – war der Durchbruch mit g4-g5. Indes hat Stockfish prophylaktische Maßnahmen ergriffen, indem es seinen Turm nach h8 gestellt hat. Und sobald g4-g5 geschieht, wird Schwarz einige Kraft auf der h-Linie entfalten, was der weißen Initiative entgegenwirkt. Knapp an Bedenkzeit, den Druck spürend; in der Hoffnung (wider besseres Wissen), es genau in dieser Partie dem Computer für die vielen Niederlagen heimzahlen zu können, drücke ich in solchen Situationen nichtsdestotrotz g4-g5 durch. Und auf unfassbare Weise werde ich dann immer 15 Züge später auf der h-Linie mattgesetzt!

AlphaZeros Methode, solche Stellungen zu verwerten, ist äußerst lehrreich. Anstatt zu versuchen, die Partie mit einem Mattangriff zu beenden, stellt es den passiven Turm auf h8 in den Mittelpunkt seiner Strategie und schwenkt darauf um, sicherzustellen, dass diese Figur nie wieder ziehen kann. AlphaZero wird alle aktiven Figuren von Schwarz abtauschen und dann gewinnen, indem es einfach einen Turm mehr hat. Eine sehr kontrollierte Art zu gewinnen, die Stockfish keine Chance gibt, seine ungeheuren Fähigkeiten taktischer Verteidigung in verzweifelten Situationen zu demonstrieren.

32...♖b6 33.♗a3 ♘g6 34.♗xf8 ♘xf8 35.♕d2 ♕c8 36.♖f3 ♕d8 37.♕f2 b4 38.cxb4 ♖xb4 39.f5 ♕c7 40.♖d1 ♕b7 41.♖d2 ♕c7 42.♕g3 ♗b5 43.♔h2 ♗d7 44.♕f2 ♖b6 45.♖c2 ♖c6 46.♖b2 ♖b6 47.♗f1 ♕b8 48.♖xb6 axb6 49.f6 g6 50.♘g3 ♗e8 51.♕b2 ♕d8 52.h5 ♘d7 53.♔g2 g5

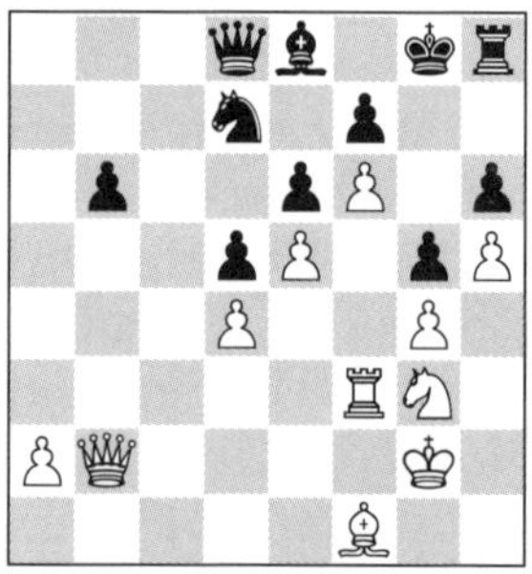

Da wären wir! Am Ende bestand der Sinn von AlphaZeros Bauernsturm am Königsflügel darin, die schwarzen Figuren einzukerkern ... und man kann durchaus sagen, dass es damit Erfolg hatte. Indem er vermied, g4-g5

zu spielen, hat Weiß die h-Linie geschlossen gehalten und den schwarzen Turm auf h8 nutzlos in der Ecke verhungern lassen. Weiß könnte sich nun eine Zigarette anzünden und entspannt zurücklehnen, da Schwarz kaum einen Zug hat. AlphaZeros nächster Zug ist etwas befremdlich, da er ein verzweifeltes Figurenopfer erlaubt, das Schwarz etwas Luft zum Atmen gibt. Das reicht jedoch nicht für Schwarz, um die unweigerliche Niederlage abzuwenden.

54.♖c3 ♘xf6 55.exf6 ♕xf6 56.♖f3 ♕d8 57.♕b4 ♔g7 58.♗e2 ♗c6 59.♖b3 ♗d7 60.♕d6 ♗a4 61.♕xd8 ♖xd8 62.♖xb6 ♔f8 63.♔f2 ♖c8 64.♖a6 ♗d7 65.♖a7 ♔e8 66.♗d3 ♖c3 67.♔e2 ♔d8 68.♔d2 ♖c7 69.♖xc7 ♔xc7 70.♔c3 ♗a4 71.♔b4 ♗d1 72.♗e2 ♗c2 73.♘f1 1:0

Abschnitt B – 0,00 und offene Linien

Unser nächstes Beispiel wird uns im Kapitel „Felderkomplexe derselben Farbe“ wiederbegegnen.

Partie: „Die Matrix“

AlphaZero
Stockfish 8
London 2018

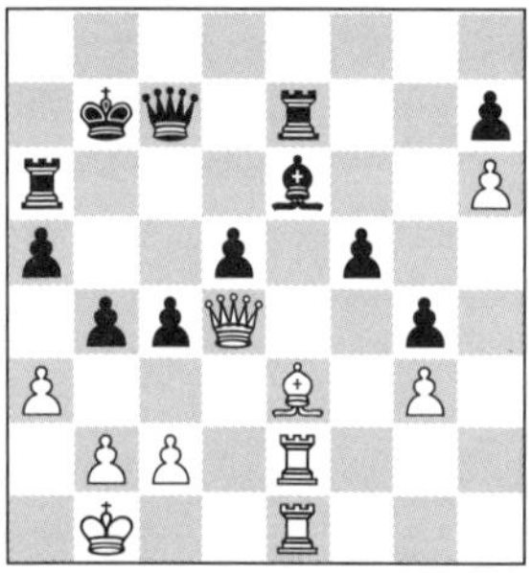

Fangen wir mit der Stellungseinschätzung an: es ist verrückt! Schwarz hat zwei Bauern mehr, aber eine Menge ernster Probleme:

1. Passive Figuren:
   a) Der Damenturm muss auf a6 verharren, um das Eindringen der weißen Dame auf b6 oder a7 zu verhindern.
   b) Der Läufer ist auf e6 festgenagelt, um das Eindringen der weißen Türme auf der e-Linie zu blockieren.
   c) Zwei schwarze Schwerfiguren sind an die Verteidigung des Läufers auf e6 gebunden.
2. Verwundbarer König: Die gesamte Bauernstruktur von Schwarz besteht aus einer Menge von Löchern, was bedeutet, dass der schwarze König nirgendwo auf dem Brett eine sichere Zuflucht findet. Der schwarze König muss sich bei seiner Verteidigung voll und ganz auf seine Figuren verlassen, da die Bauern bereits von zu Hause ausgerückt sind!
3. Weiße Einbruchsfelder: Durch den Vorstoß seines Randbauern nach h6 hat Weiß sich ein Einbruchsfeld mit ♕g7 verschafft (Weiß mag sogar Manöver wie ♖h1-h5-g5-g7! in Betracht ziehen). In Verbindung mit den auf der e-Linie verdoppelten Türmen, die den Läufer auf e6 angreifen, bereitet ♕g7 dem Schwarzen einige Sorgen.

Und trotz alledem ist Schwarz keineswegs verloren. Weiß verfügt über keinen simplen Weg, um die Stellung weiter zu öffnen. Am Damenflügel wäre ein Zug wie b2-b3 möglich, doch Weiß muss auch auf seine eigene Königssicherheit bedacht sein.
Ein typisches Vorgehen mit Weiß wäre, den König zum Königsflügel zu überführen – zum Beispiel nach g1 –, wonach es leichter fiele, die Bauern am Damenflügel vorzurücken. Doch dies müsste gut organisiert durchgeführt werden, und natürlich ist der Königsflügel – mit dem exponierten Bauern auf h6 – auch alles andere als völlig sicher! Einstweilen verfügt Schwarz über hinreichende Ressourcen, um sein ausgedehntes Territorium zu verteidigen.

Sehen wir, was die Engines denken:

Houdini 6.02: Die drei Topvarianten nach einer Minute Rechenzeit		**Bewertung**
Erste Variante	55...♖e8 56.♗f4 ♕d7 57.♕g7 ♔c8 58.♕d4 ♔b7	0,00
Zweite Variante	55...bxa3 56.bxa3 c3 57.♔a1 ♕c4 58.♕f6 ♖f7 59.♖b1+ ♔a8 60.♕h8+ ♕c8 61.♕e5 ♕c7 62.♕h8+ ♕c8	0,00
Dritte Variante	55...♕d7 56.♗f4 ♖e8 57.♕g7 ♔c8 58.♕d4 ♔b7	0,00

Stockfish 8: Die drei Topvarianten nach einer Minute Rechenzeit		**Bewertung**
Erste Variante	55...bxa3 56.bxa3 f4 57.gxf4 ♗f7 58.♗g1 ♖xe2 59.♖xe2 c3 60.f5 ♔c8 61.♔a1 ♕c4 62.♖e7 ♖f6 63.♕xf6 ♕f1+ 64.♔a2 ♕c4+ 65.♔a1	0,00
Zweite Variante	55...♖e8 56.♗f4 ♕d7 57.♕g7 ♔c8 58.♕e5 ♖b6 59.a4 ♔b7 60.♕g7 ♖e7 61.♕f8 ♕e8 62.♕f6 ♕d7 63.♕f8	0,00
Dritte Variante	55...♕d7 56.♗d2 bxa3 57.bxa3 ♔a8 58.♔a2 ♕c8 59.♗f4 ♖b7 60.♕f6 ♖bb6 61.♗e3 ♖b7 62.♗f4	0,00

Stockfish 9: Die drei Topvarianten nach einer Minute Rechenzeit		**Bewertung**
Erste Variante	55...♕d7 56.♗d2 ♖e8 57.axb4 axb4 58.♗xb4 ♖ea8 59.♔c1 ♖c8 60.♖e3 ♖c7 61.♔b1 ♕a4 62.♗a3 ♕d7 63.♗b4	0,00
Zweite Variante	55...♖e8 56.♗f4 ♕d7 57.♕g7 ♔c8 58.♕e5 ♖b6 59.axb4 axb4 60.b3 ♔b7 61.♕g7 ♖e7 62.♕f8 ♖e8 63.♕g7	0,00
Dritte Variante	55...bxa3 56.bxa3 c3 57.♔a1 ♕c4 58.♕f6 ♖f7 59.♖b1+ ♔a8 60.♕h8+ ♕c8 61.♕e5 ♖b7 62.♖xb7 ♕xb7 63.♕xc3 ♖c6 64.♕xa5+ ♕a6	0,00

Komodo 11.2.2: Die drei Topvarianten nach einer Minute Rechenzeit		**Bewertung**
Erste Variante	55...bxa3 56.bxa3 ♔a8 57.♔a2 ♕c8 58.♗f4 c3 59.♖b1 ♖b7 60.♖xb7 ♔xb7 61.♕h8+ ♔a7 62.♕d4+ ♕b6 63.♕g7+ ♕b7 64.♕d4+	0,00
Zweite Variante	55...♕d7 56.♗f4 ♖e8 57.♖e3 ♔a8 58.♕g7 ♖e7 59.♕e5 ♖e8 60.♕d4 ♕b7 61.♕f6 ♕d7 62.♖d1 ♕c6 63.♖de1 ♕c8 64.♕d4 ♕b7	0,00
Dritte Variante	55...♖e8 56.♗f4 ♕d7 57.♖e3 ♔a8 58.♕g7 ♖e7 59.♕e5 ♖e8 60.♕d4 ♕b7 61.♕f6 ♕d7 62.♖d1 ♕c6 63.♖de1 ♕c8 64.♕d4 ♕b7	0,00

Komodo 11.3.1: Die drei Topvarianten nach einer Minute Rechenzeit		**Bewertung**
Erste Variante	55...bxa3 56.bxa3 ♔a8 57.♔a2 ♕c8 58.♗f4 c3 59.♖b1 ♖b7 60.♖xb7 ♕xb7 61.♕h8+ ♔a7 62.♕d4+ ♔a8	0,00
Zweite Variante	55...♕d7 56.♗f4 ♖e8 57.♖e3 ♔a8 58.♕g7 ♖e7 59.♕d4 ♕c8 60.♖xe6 ♖exe6 61.♕xd5+ ♔a7 62.♗e3+ ♔b8 63.♗f4 ♔a7	0,00
Dritte Variante	55...♕c8 56.♗g5 ♖c7 57.a4 ♔a8 58.♖e5 ♖b7 59.♗f4 ♖c6 60.♖5e2 ♖e7 61.♗g5 ♖b7 62.♖e5 ♖bb6 63.♗e3 ♖b7 64.♗f4 ♖d6	0,00

Einmal mehr habe ich aus all diesen Varianten die wichtigsten Informationsbrocken herausgezogen:

1. Die Engines schätzen zwei grundlegend verschiedene Optionen auf dieselbe Weise ein: nämlich die Öffnung des Damenflügels mit 55...bxa3 wie auch das Geschlossenhalten des Damenflügels mit 55...♕d7 oder 55...♖e8.
2. Stockfish hat etwas Konkretes gegen 55...bxa3 56.bxa3 in petto.
3. Keine der Engines erkannte AlphaZeros (phänomenale) aktive Idee 56.♔a2 in Antwort auf 55...bxa3 (siehe das Kapitel „Felderkomplexe derselben Farbe", wo diese fantastische Idee gründlich beleuchtet wird).

Einmal mehr waren die Ergebnisse nach sechs Stunden tiefer Analyse ganz ähnlich: Die Hauptvariante wurde sowohl von Stockfish 9 wie auch von Komodo 11.3.1 mit 0,00 bewertet, während Houdini sich mit -0,14 dem Trend ein wenig widersetzte.

Beginnen wir mit dem letzten Punkt. AlphaZeros Antwort auf Stockfishs 55...bxa3 in der Partie (56.♔a2) hat mich völlig vom Sockel gehauen; es ist also nicht so sonderlich bemerkenswert, dass Engines eine solche Idee nicht binnen einer Minute Rechenzeit finden. Der erste Punkt hat mich jedoch sehr verblüfft. Die Engines ziehen zwei grundverschiedene Spielansätze in Betracht: 55...bxa3 öffnet auf der Suche nach Gegenspiel gegen den weißen König den Damenflügel, legt aber auch Linien gegen den schwarzen König frei: es ist eine hochriskante Fortsetzung. 55...♖e8 und 55...♕d7 halten den Status quo aufrecht und überlassen Weiß die Beweislast, einen Weg zu finden, wie man die schwarze Stellung aufbrechen kann – dies sind die konservativen Optionen.

Ist es nicht erstaunlich, dass die Engines zwei so radikal verschiedene Ansätze für gleichwertig erachten? Die weiße Kompensation für die zwei Bauern wird durch die enorme Aktivität, die Passivität der schwarzen Figuren sowie die Verwundbarkeit des schwarzen Königs gewährleistet. Aus menschlicher Sicht ist es schwer zu glauben, dass Schwarz in solch einer Situation einen so großen Handlungsfreiraum haben soll!

Mit Blick auf die Sichtweise einer Engine fragt man sich, ob folgende zwei Dinge passieren können:

1. Eine Engine könnte die Stellung eine Zeitlang geschlossen halten und sich dann unvermittelt für die Öffnung entscheiden: Wenn alles gleich ist, welchen Unterschied macht es dann schon?
2. Eine Engine könnte riskant spielen und ihrem Gegner die Chance geben, ein Loch bzw. eine unerwartete Ressource in einer auf Kante genähten Analyse zu finden – anstatt die Räume eng zu machen und den Gegner zu zwingen, einen Durchbruch zu finden.

Und das ist in der Tat, was in der Partie geschehen ist: Bei dem riskanten 55...bxa3 hat Stockfish eine konkrete Idee im Hinterkopf, mit welcher es das mit der Öffnung der b-Linie gegen den eigenen König verbundene Risiko zu rechtfertigen glaubt. AlphaZero betrachtet die Position jedoch mit einer auf Angriff gerichteten Einstellung: das Material kümmert nicht beim Bestreben, zusätzlich zur totalen Kontrolle über die Diagonale a7-g1 noch eine gegen den feindlichen König gerichtete offene Linie zu bekommen. Dazu das unbändige Verlangen, maximale Aktivität zu entfalten und zugleich jegliche gegnerische Aktivität völlig zu vereiteln. Diese Einstellung versetzt es in die Lage, eine unerwartete Ressource aufzuspüren.

Die Partie ist damit noch längst nicht zu Ende – tatsächlich fällt AlphaZeros Bewertung sogar ein wenig von 62,9% nach 55.♗e3 auf 60,0% nach 56.♔a2, wo sie auch bis zu 67.♗g1 verweilt, von wo an sie dann bis zum Ende beständig steigt. Doch in jedem Fall stellt 56.♔a2 sicher, dass Stockfish nicht das konkrete, forcierte Spiel erhält, nach welchem es beim Schlagen auf a3 Ausschau gehalten hatte. Und es gestaltet damit die Verteidigungsaufgabe sehr viel gefährlicher.

Aus meiner Perspektive und nachdem ich gesehen habe, was passiert, wenn AlphaZero offene Linien bekommt, hätte ich immer solide Züge wie 55...♕d7 oder 55...♖e8 vorgezogen. Mit Stockfish auf der schwarzen Seite ist zwar nach 55...bxa3 noch nichts entschieden. Doch AlphaZero ist in seinem Element. Der Rest der Partie ist ausgiebig kommentiert im Kapitel „Felderkomplexe derselben Farbe“ zu finden.

Abschnitt C – 0,00 und ruhige Stellungen

Die nachfolgende Partie zeigt einen weiteren epischen Kampf. Unglückseligerweise schien AlphaZero seine Stellung zwischendurch ein wenig zu sehr zu genießen, so dass es von unmittelbaren Aktionen absah, was die Partie recht lang geraten ließ! Wir analysieren die Partie im Kapitel „Stützpunkte“ eingehend, so dass wir uns hier auf die wichtigsten Ereignisse beschränken.

Wir beginnen mit einer Serie von Stellungsbildern aus der Partie. Stockfish ist Weiß, AlphaZero ist Schwarz. Bei jeder Stellung stellen wir uns die folgenden Fragen:

1. Hat jemand Fortschritte gemacht? Wenn ja, wer?
2. Wie ist AlphaZeros Stellungsbewertung?
3. Wie sind die Bewertungen von Stockfish 8, Stockfish 9 und Houdini 6.02?

Partie: „Die Linie, die wirklich zählt“

Stockfish 8
AlphaZero
London 2018

Nach dem 36. Zug von Schwarz:

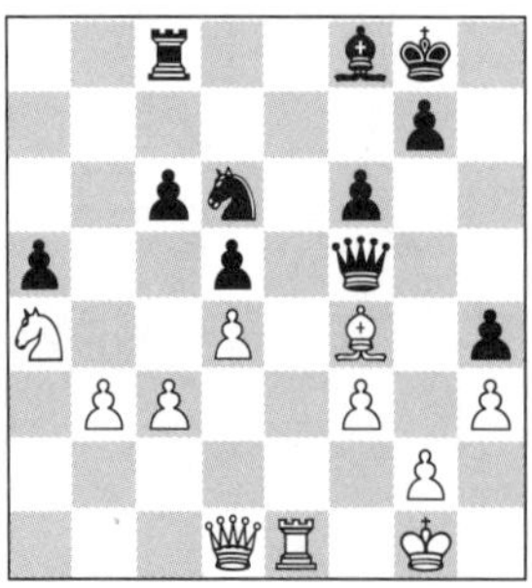

Nach dem 41. Zug von Schwarz:

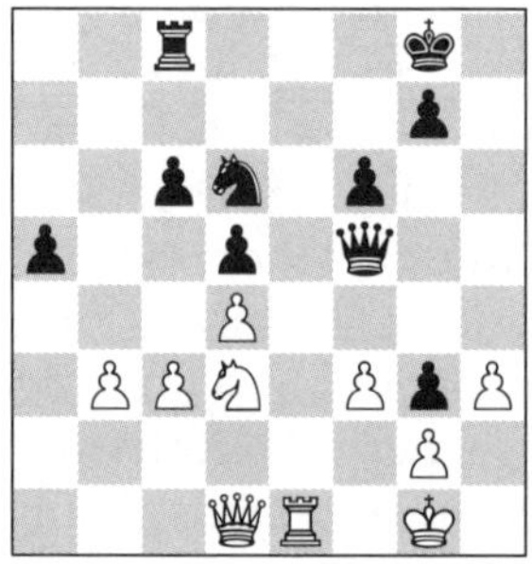

Nach dem 70. Zug von Weiß:

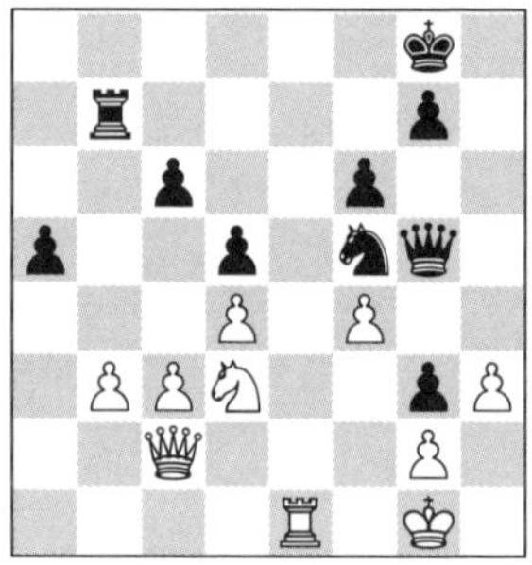

Nach dem 75. Zug von Schwarz:

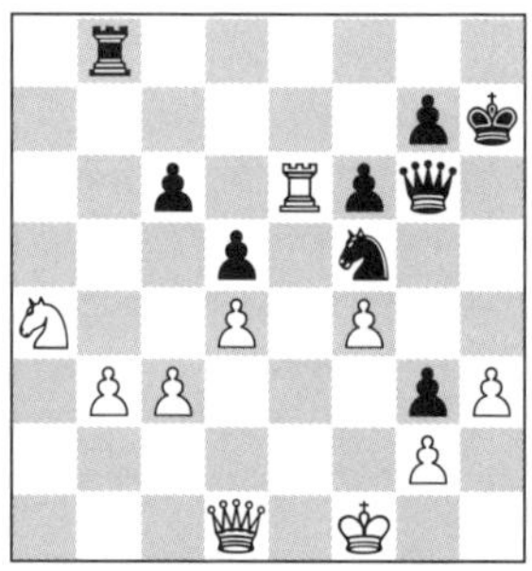

Was meinen Sie? Dies waren unsere Ergebnisse:

[siehe die Tabelle auf der nächsten Seite]

Zug	**36**
Menschliche Einschätzung	Die Stellung ist ausgeglichen.
Houdini 6.02	0,00 (erste drei Linien)
Stockfish 8	0,00 (erste drei Linien)
Stockfish 9	0,00 (erste drei Linien)
AlphaZero	Ein Erwartungswert von 53,4% für Schwarz
Zug	**41**
Menschliche Einschätzung	Das Geschehen hat sich zugunsten von Schwarz entwickelt. Weiß trägt das größere Risiko, da der Bauer g3 den weißen König in seiner Bewegungsfreiheit einschränkt.
Houdini 6.02	0,00 (erste drei Linien)
Stockfish 8	0,00 (erste drei Linien)
Stockfish 9	0,00 (erste drei Linien)
AlphaZero	Ein Erwartungswert von 59,8% für Schwarz
Zug	**70**
Menschliche Einschätzung	Schwarz ist klar obenauf nach dem schrecklichen Zug 70.f4, der dem Gegner das Feld e4 überlasst und die Diagonale c1-h6 versperrt (was dem gegnerischen König ein sicheres Feld auf h6 gibt).
Houdini 6.02	0,00 (erste drei Linien)
Stockfish 8	0,00 (erste drei Linien)
Stockfish 9	0,00 (erste drei Linien)
AlphaZero	Ein Erwartungswert von 63,2% für Schwarz
Zug	**75**
Menschliche Einschätzung	Ich habe eine Weile gebraucht, um das Bauernopfer 74...a4 zu verstehen, denke aber, dass es sehr stark war. Weiß scheint so überdehnt (aufgrund des schwachen Zuges 70.f4), dass er zwangsläufig einen Bauern verliert.
Houdini 6.02	0,00 (erste drei Linien)
Stockfish 8	0,00 (erste drei Linien)
Stockfish 9	-0,68 in der ersten Linie, mit einer Variante, die AlphaZeros Fortsetzung ähnlich ist
AlphaZero	Ein Erwartungswert von 67,7% für Schwarz

Wie hieraus zu folgern, war mein Gefühl beim Nachspielen dieser Partie, dass Schwarz beständig Fortschritte erzielte. Ich spürte zwar, dass AlphaZero stark spielte, hatte aber auch das Gefühl, dass die Fortschritte durch unnötige Zugeständnisse seitens Stockfish zustande kamen. Auch wenn die Stellungen nach Zug 41 (als Schwarz den weißen König mit dem Bauern auf g3 auf der Grundreihe festgenagelt hatte) und Zug 70 (womit Weiß das Feld e4 dem schwarzen Springer überlassen hatte) objektiv ausgeglichen sein sollten (was ich bezweifle), birgt die weiße Stellung doch wesentlich größere Risiken als bei Zug 36 (wo mir AlphaZeros Vorliebe für Schwarz doch mehr Prahlerei als objektiver Tatbestand zu sein schien). Interessanterweise war Stockfish 9 der Erste, der merkte, dass es in Probleme gerät (obgleich auch ein wenig zu spät).

Ich hatte eine Weile über diese Niederlage von Weiß nachgedacht, da ich nicht recht glauben mochte, dass AlphaZero imstande sei, Stockfish aus einer solch ausgeglichenen Stellung heraus zu besiegen. Es war erstaunlich, dass eine weitere Engine von übermenschlicher Stärke Stockfishs Einschätzung der Stellung haargenau teilte. Irgendwie hatte ich das Gefühl, dass die Bewertung so vieler verschiedener Varianten mit 0,00 Stockfish vom Weg abbringen ließ und es womöglich dazu brachte, aus den angebotenen „ausgeglichenen" Varianten die schwächeren herauszupicken.
Doch das schien noch nicht alles zu sein. Beim Blick auf die Hauptvarianten von Stockfish und Houdini kam mir plötzlich in den Sinn, dass AlphaZero etwas Außergewöhnliches getan haben könnte.
Houdini sowie Stockfish 8 und 9 erwarten von Schwarz die ganze Partie über, dass er um die einzige offene Linie auf dem Brett – die e-Linie – kämpfen würde, was zu einem Abtausch der Türme sowie – aufgrund des reduzierten Materials – zu einer Verringerung der Gefahren für den weißen König führen würde. Doch genau dies ist das Letzte, was AlphaZero täte; in der Annahme, dass es später in der Partie die Türme sehr gut anderswo gebrauchen könnte (es wird später mit ...a5-a4 den a-Bauern opfern, um eine weitere offene Linie zu schaffen). In unserem Kapitel „AlphaZeros Stil – man trifft sich in der Mitte" stellen wir die Vermutung auf, dass sich das „autodidaktische" AlphaZero leichter damit tun könnte, allgemeine Regeln zu brechen (wenn dies angemessen und gut ist) als handgefertigte Engines wie Stockfish, und hier mag ein solcher Fall vorliegen.
Ich glaube, Stockfishs 0,00-Bewertung beruht zu großen Teilen auf seiner Beherrschung und Kontrolle der e-Linie (mitsamt dem Zugang zu dem vorgerückten Stützpunkt e6 auf dieser Linie), und dies trübt seine Aufmerksamkeit bezüglich der Zugeständnisse, die es macht.
Für mich liegt der Grund für Stockfishs Niederlage irgendwo in dieser Gegend. AlphaZero war imstande, eine nützliche allgemeine Regel (die Besetzung einer offenen Linie) in einer konkreten Situation beiseitezulegen, augenscheinlich

mit weitem Vorausblick für das, was in der Partie geschehen könnte (ich vermute, stark getrieben von der eingeengten weißen Königsstellung nach 41…hxg3). Stockfish scheint hingegen unablässig von einem Tausch der Türme ausgegangen zu sein, was die Gefahren seiner Stellung minimiert hätte, und wurde hierdurch auf dem falschen Fuß erwischt. Schließlich musste es Zugeständnisse machen, die sich mit den Türmen auf dem Brett als sehr schmerzhaft erwiesen.

Der wesentliche Punkt dieser Beobachtungen ist, dass Stellungen mit 0,00 nicht nur im Computerschach vorkommen: Die Bewertung 0,00 tritt recht häufig bei der Engineanalyse komplizierter menschlicher Gefechte zutage, oder bei der Vorbereitung auf einen anstehenden Gegner. Der folgende mitreißende Kampf vom 2018er Kandidatenturnier in Berlin ist ein typisches Beispiel:

Wladimir Kramnik 2800
Levon Aronjan 2794
Kandidatenturnier Berlin 2018 (10)

1.e4 e5 2.♘f3 ♘c6 3.♗c4 ♗c5 4.♘c3 ♘f6 5.d3 a6 6.♘d5 ♘xd5 7.♗xd5 d6 8.♗e3 ♗xe3 9.fxe3 0-0 10.0-0 ♘b8 11.b4 ♘d7 12.♕d2 c6 13.♗b3 a5 14.a3 ♘f6 15.h3 h6 16.♖ab1 b5 17.♕c3 ♗d7 18.♖f2 ♕b6 19.♖e1 ♖fe8 20.♘h4 c5 21.♖ef1 cxb4 22.♕e1 d5

Nach einer ruhigen Eröffnung von Kramnik führt Aronjans ehrgeiziges Spiel am Damenflügel zur Eskalation.

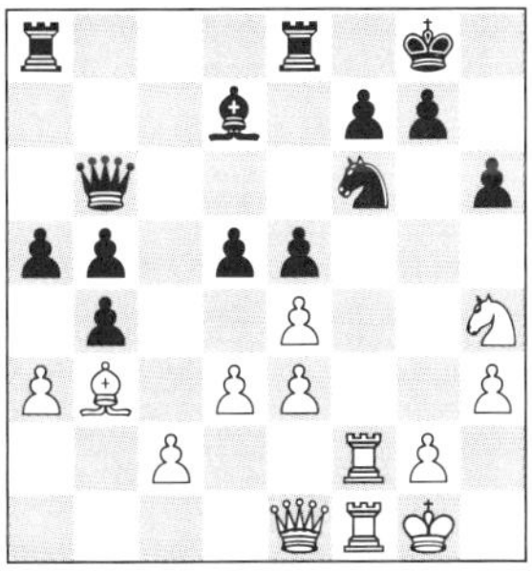

Auffällig war, dass die Online-Bewertungen der Computer die ganze Partie über – bis zu Aronjans Schnitzer 36…♕c7 – bei 0,00 oder nahe daran standen. Zunächst einmal ließ ich all meine Engines sich für zwölf Stunden über die Stellung nach dem 23. Zug vertiefen, und fragte anschließend AlphaZero nach seiner Meinung. Die Ergebnisse waren sehr aufschlussreich.

23.axb4 dxe4 24.bxa5 ♖xa5 25.♘g6

Kramniks Zug wird von AlphaZero nicht ernsthaft in Betracht gezogen. Es konzentriert sich stattdessen auf 25.dxe4 sowie auf das unmittelbare Qualitätsopfer auf f6. Die Mehrzahl meiner Engines folgt nach stundenlanger Analyse AlphaZeros Ansatz. 25.♖xf6.

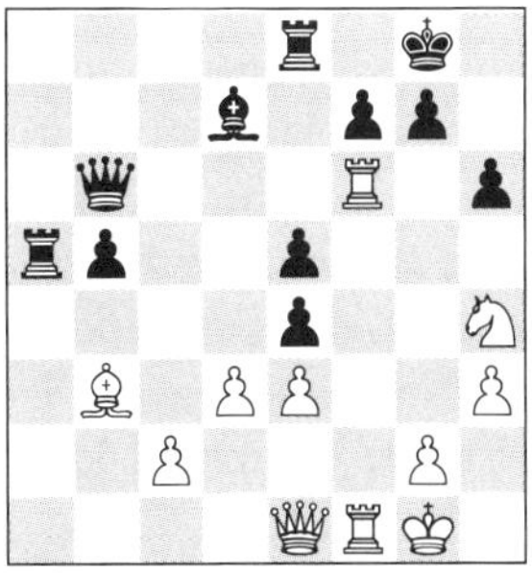

Mit einer Gewinnerwartung von 62,8% für Weiß gespielt. 25…gxf6 26.dxe4 ♔f8 (26…♖a6 27.♔h2 ♔f8 leitet zur Hauptvariante über; 26…♖a7 über die Zugfolge 25.dxe4

♖a7 26.♖xf6 gxf6 ist Stockfishs Wahl nach sechs Stunden Analyse: 27.♖f3 ♔f8 28.♕b4+ ♖e7 29.♗d5 ♔e8 30.♔h2 ♖a6 31.♕e1 ♕c5 32.♕g3 ♔f8 33.♕f2, was es mit 0,00 einschätzt!) 27.♔h2 ♖a6 28.♕e2 f5 (28...♖e7 29.♕f3 ♕d6, und hier endet AlphaZeros Variante mit einer Gewinnerwartung von 62,9% für Weiß) 29.♘xf5 ♗xf5 30.♖xf5 ♖e7,

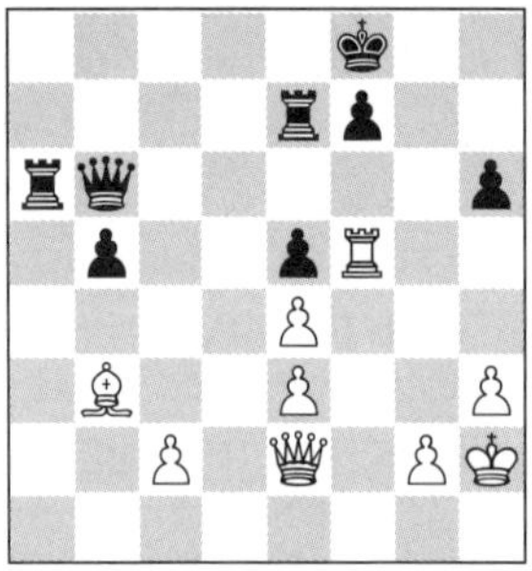

und der letzte Zug von AlphaZeros Variante endet mit einer Gewinnerwartung von 61,9% für Weiß. Der Vergleich der Analysen dieser starken Engines mit der von AlphaZero bringt zutage, dass das „Rohmaterial" – die Ideen – in dieser Stellung praktisch identisch ist, doch die Bewertung sich signifikant unterscheidet. Aus den Einschätzungen der Engines würde ich schließen, dass die Stellung einfach ausgeglichen sei und Versuche sich nicht lohnten; AlphaZeros Bewertung hingegen ermutigt Weiß definitiv, sich auf diese Variante einzulassen. Wer hat nun Recht? Während ich mir gut vorstellen könnte, dass das korrekte Ergebnis bei bestem Spiel ein Remis ist, denke ich doch, dass AlphaZeros Einschätzung das beiderseitige Chancenverhältnis nach dem Qualitätsopfer besser widerspiegelt: die weiße

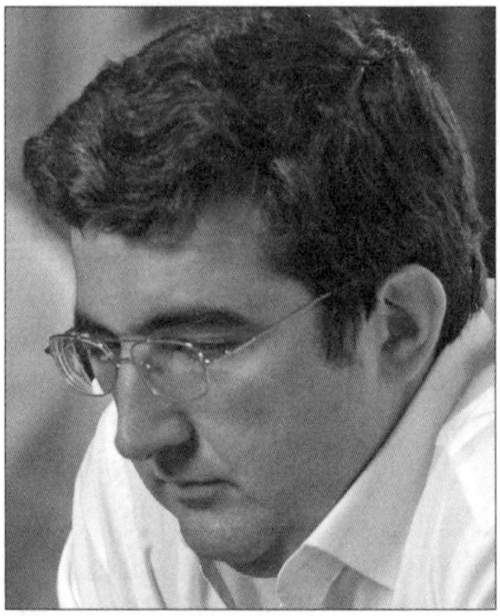

Wladimir Kramnik: ein mitreißendes Duell mit Levon Aronjan beim Berliner Kandidatenturnier.

Königsstellung ist uneinnehmbar und es gibt für Schwarz kaum Chancen auf Gegenspiel, während Weiß seine Figuren umherziehen, Raum gewinnen und darauf hoffen kann, einen Fehler auszunutzen, der Schwarz mit seinen schwachen Bauern, dem offenen König und den etwas passiven Schwerfiguren leicht einmal unterläuft.

25...♗e6 26.♘xe5 exd3 27.♖xf6 gxf6 28.♖xf6 d2 29.♕g3+ ♔f8 30.♖f1 ♖a7 31.♘g6+ ♔g7 32.♘f4+ ♔h8 33.♘h5 f6 34.♘xf6 ♖f8 35.♕f4 ♖h7 36.♕e5

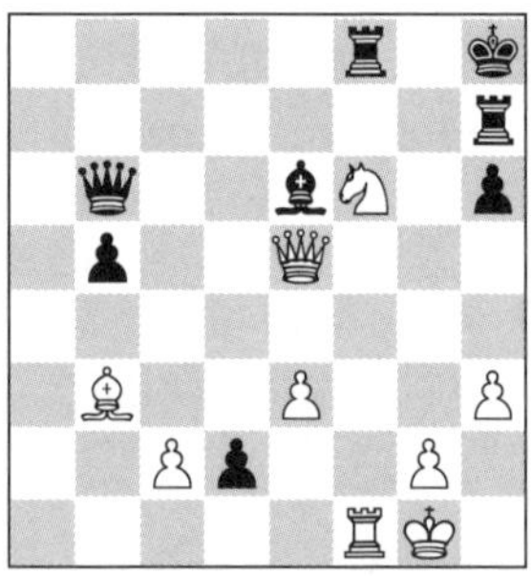

36...♕c7

Es ist sehr schade, dass eine mit solchem Einfallsreichtum beider

Akteure gespielte Partie mit einem groben Schnitzer endet.
Zwar ist die Lage äußerst angespannt für Schwarz, doch der folgende Enginevorschlag behauptet eine Bewertung von – ja, Sie haben es erraten – 0,00! 36...♖g7 37.♗xe6 ♕c6 38.e4 ♖g5 39.♘d7+ ♖xe5 40.♖xf8+ ♔h7 41.♖f7+ ist eine Beispielvariante für ein Remis durch Dauerschach, die mir sehr gefällt!

37.♘e8+ 1:0

... war der dramatische Abschluss.

KAPITEL 3

Demis Hassabis, DeepMind und die KI

DeepMind wurde aufgebaut, um das Problem der Intelligenz zu lösen, und alle anderen Fragen auch. Die Autoren waren während der Zeit, die sie mit dem DeepMind-Team verbrachten, äußerst beeindruckt von der Tiefe und Vielfalt der Herausforderungen, die die Firma bewältigte. Wir beide kannten den DeepMind-Chef Demis Hassabis ursprünglich als Nachwuchstalent aus der englischen Jugendschachszene und als regelmäßigen Medaillengewinner bei der Londoner Denksportolympiade, einem internationalen Festival mit Wettbewerben in über 60 Brettspielen. Diese frühen Erfahrungen sollten letztlich den Ausgangspunkt für eine der beeindruckendsten modernen Wissenschaftskarrieren darstellen.

Nach einem Informatik-Diplom aus Cambridge und verschiedenen erfolgreichen Projekten in der Entwicklung von Computerspielen – darunter Mitarbeit bei der Programmierung und Gestaltung des Bestsellers Themenpark sowie Aufbau der Elixir Studios, einem Videospielentwickler – machte Demis am University College London (UCL) seinen Doktortitel in Neurowissenschaften und setzte seine Forschungstätigkeit in Spitzenlaboren wie dem Massachusetts Institute of Technology oder Harvard fort. Im Jahr 2010, nachdem er alle relevanten Fähigkeiten in den Neurowissenschaften, der Informatik sowie in der Geschäftsführung erworben hatte, gründete er schließlich DeepMind.

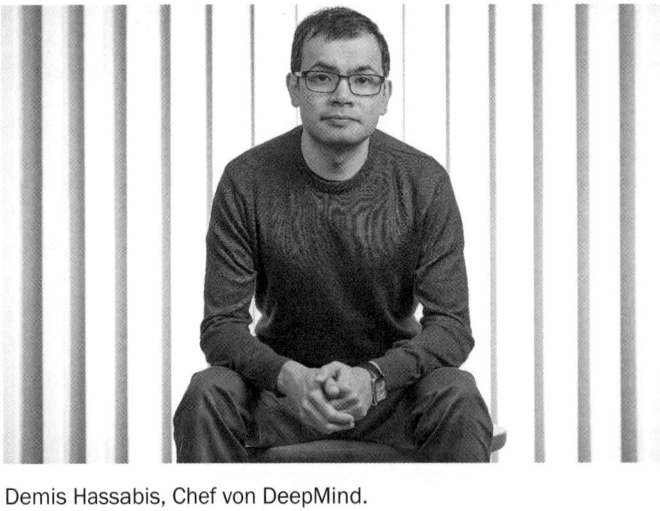

Demis Hassabis, Chef von DeepMind.

Hier nun erzählt uns Demis über seinen einzigartigen Weg, die Ursprünge von AlphaZero, die dahinterstehenden Gedanken, und wie es eines Tages der Menschheit vielleicht bei wichtigen wissenschaftlichen Entdeckungen helfen könnte.

Wann begann Dein Weg, der Dich schließlich zum Vorstandsvorsitzenden von DeepMind machte?
Wenn ich zurückdenke, so war Schach stets auf viele Arten ein wesentlicher Teil meiner Identität. Wie bei vielen Schachspielern, die jung angefangen haben (ich war etwa vier), wurde Schach ein Schlüsselelement in der Art, wie ich denke und Probleme angehe. Ich war ein recht introvertiertes Kind, das wie etliche andere Jugendspieler auch viel Zeit damit verbrachte, mich im Schach zu verbessern. Ich mochte den Wettbewerbscharakter beim Gewinnen von Turnieren, doch am meisten Befriedigung brachte es, die eigenen Fortschritte zu beobachten; zu sehen, wie weit man kommen kann, wenn man sein wahres Potenzial entfaltet.
Doch zugleich verbrachte ich viel Zeit damit, darüber nachzudenken, was mein Gehirn eigentlich tut. Während einer Partie fragte ich mich oft: „Wic macht mcin Gchirn das? Wic kommt es jetzt mit diesen Plänen daher? Wie ist der Denkprozess?" Daher rührte mein Interesse am Gehirn – dem Muskel, den wir für das Schachspielen verwenden –, wie es arbeitet, wie es sich verbessern lässt. Ich glaube, wenn man es versucht, kann man diesen Prozess mechanistisch nachvollziehen.
Dann bekam ich etwa im Alter von acht meinen ersten Computer, einen ZX Spectrum 48k, und ich liebte ihn von dem Moment an, als ich das Paket auspackte. Selbst das hatte indirekt mit Schach zu tun. Ich kann mich nicht entsinnen, dass einer meiner Freunde damals einen Computer hatte, und meine Eltern sind völlig technophob, mithin weiß ich gar nicht mehr, wie ich auf diese Idee kam. Aber ich hatte beschlossen, dass ich gern einen Computer hätte, und meine Eltern konnten nicht widersprechen, da ich für den Kauf das Geld verwendet habe, dass ich mit dem Gewinn eines U10-Turniers gewonnen hatte – er hatte ein paar Hundert Pfund gekostet. Ich kaufte ein paar Bücher über das Programmieren und fing damit an, die auf dem Computer installierten Spiele zu spielen und zu modifizieren.

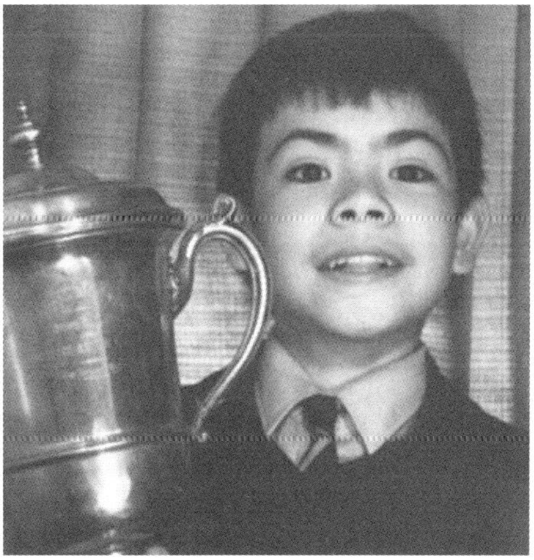

Wann verschob sich Dein Interesse auf Computer?
Es begann sich damals rasch zu wandeln. Zu dieser Zeit war ich gleichermaßen von Schach wie Computern besessen. Ich brachte mir das Programmieren mit Büchern selbst bei. Zu dieser Zeit war der Programmcode der Spiele noch einfach zugänglich, so dass man leicht daran herumbasteln konnte – sich zusätzliche Leben geben, die Grafik verändern, und solche Dinge –, und bevor man sich versah, hatte man ein völlig neues Spiel vor sich.

Von da war es nur noch ein kleiner Weg, um von Grund auf eigene Spiele zu entwickeln.

Was waren Deine ersten Schritte mit KI?
Ich begann meine Reise in die Welt der KI, als ich etwa 12 war. Ich kaufte einen Commodore Amiga 500; eine tolle Maschine, auf der man viel kompliziertere und anspruchsvolle Programme schreiben konnte.
Ich erhielt mein erstes Buch über KI, das *Computer Chess Handbook* von David Levy, das Konzepte wie die Alpha-Beta-Suche und Bewertungsfunktionen erklärte, und ich nutzte die Ideen um meinem Amiga Othello[4] beizubringen.
Ich testete es an meinem Bruder George, und es konnte ihn schlagen. Zugegebenermaßen war er damals auch erst etwa sechs! Trotzdem war es eine große Sache, und ich begann über das Potenzial der KI an sich nachzudenken wie über Spiele als Versuchsfeld für diese.
Als ich mich allmählich immer mehr zur Programmierung von Computerspielen hingezogen fühlte, verschwand mein Bestreben, professioneller Schachspieler zu werden. Ich liebe es, Schach zu spielen, und tue es noch immer, doch ich fühlte, es wäre zu schmalspurmäßig, meine ganze berufliche Karriere dem Schach zu widmen. Es gibt so viele interessante Dinge im Leben zu entdecken, zu lernen und zu beherrschen! Selbst ausgeklügelte Spiele mit brillantem Design und Eigenleben gibt es mehr als genug. Viele meiner Schachfreunde kennen nur Schach, wohingegen mir stets eine ganze Reihe von Spielen wie Go, Shogi, Diplomacy, Poker oder Siedler von Catan gefielen, bis hin zu Computerspielen wie Civilization und Starcraft … bis jetzt ist mir noch kein gutes Spiel über den Weg gelaufen, dass mir nicht auch gefallen hatte!
Mit 16 bekam ich dann meinen ersten Job als Programmierer bei Bullfrog Productions, wobei man sagen kann, dass das damals Europas führender Computerspieleentwickler war. Themenpark war mein erstes großes Spiel, und es wurde ein Nr.-1-Bestseller und ein großer kommerzieller Erfolg. Ich schrieb unter anderem die KI, die die Simulation und die Charaktere verwaltete. Das Ziel des Spiels besteht darin, dass man einen großen Vergnügungspark baut und Tausende kleiner Leute dann ihren Fahrtobolus entrichten würden. Wenn es ihnen Freude macht, würden sie es ihren Freunden weitererzählen, was mehr Besucher und mehr Einnahmen zur Folge hätte, womit man dann wiederum noch größere Parks mit noch tolleren Attraktionen bauen könnte. Dabei spielt man selbst ganz in der Art, wie man es mag, und das Spiel stellt sich dann auf einen ein. Und es war gewissermaßen magisch, weil jedes Spielerlebnis für jeden einzelnen Spieler anders sein würde, auch wenn für alle das gleiche Programm lief. Ich fand dies äußerst interessant im Hinblick auf die Schaffung von Simulationen durch KI.

4 hierzulande auch als Reversi bekannt.

Wie hast Du Deine Karriere geplant?
Meine Zeit bei Bullfrog war recht prägend, es gab dort eine interessante Mischung talentierter Menschen mit den verschiedensten kulturellen und geistigen Hintergründen, angeführt von dem weltbekannten, etwas launischen Spieleerfinder Peter Molyneux.
Zur selben Zeit verschlang ich eifrig Bücher wie *Gödel, Escher, Bach* von Douglas Hofstadter oder den *Foundation*-Zyklus von Isaac Asimov und den *Kultur*-Zyklus von Iain Banks, die mich allesamt sehr beeinflussten. Zu dieser Zeit entschied ich mich, mein Berufsleben der KI zu widmen; ich könnte mir nichts Wichtigeres oder Interessanteres vorstellen, und ich hatte bereits das Konzept für das, was schließlich DeepMind sein würde.
Ansonsten ging es in meinen frühen Berufsjahren darum, mir das Wissen und die Erfahrung anzueignen, das für ein ehrgeiziges Projekt wie DeepMind vonnöten sein würde.
Dies führte zu einem Informatik-Abschluss in Cambridge, und nach dem Abschluss gründete ich meine eigene Spielefirma, Elixir Studios, was mir die unschätzbare Erfahrung brachte, in jungen Jahren ein Ingenieursteam zu leiten, Geschäfte zu verwalten, Gelder einzusammeln und mit großen Verlagshäusern zusammenzuarbeiten. Anschließend machte ich eine Doktorarbeit in Neurowissenschaften, um besser zu verstehen, wie unser Gehirn arbeitet, und um davon inspiriert zu werden. Als Ausgangspunkt für die Probleme, die wir mit KI lösen wollten, und weil es mich bereits faszinierte, als ich als Kind Schach spielte.

Um was ging es bei Deiner Doktorarbeit?
Ich arbeitete an einem kleinen, aber wichtigen Teil des Gehirns, der Hippocampus genannt wird. Wir wissen seit den Fünfziger Jahren, dass er ausschlaggebend für das episodische Gedächtnis ist – der Teil vom Gedächtnis, der uns hilft, Ereignisse aus dem Alltagsleben in Erinnerung zu behalten. Doch ich entschied mich, zu erforschen, ob er auch in die Entwicklung der Vorstellungskraft und in die Zukunftsplanung einbezogen ist. Überraschend zeigte sich, dass er es war, was dann eine herausragende Entdeckung in Bezug auf den Hippocampus und die Gedächtnisforschung war, zugleich aber auch die Vorstellungskraft (oder „mentale Simulation“) zum legitimen wissenschaftlichen Untersuchungsgegenstand in den Neurowissenschaften machte.
Unsere Arbeit zeigte eine systematische Verknüpfung zwischen dem rekonstruierenden Prozess, wenn man sich etwas in Erinnerung ruft, und dem konstruktiven Prozess der Vorstellungskraft; sowie den Umstand, dass beides auf demselben zugrundeliegenden Mechanismus beruht – den schnellen Verknüpfungsfähigkeiten des Hippocampus.
Ich hatte mich entschieden, dass Gedächtnis und die Vorstellungskraft zu untersuchen, da es sich hier um zwei Schlüsselkomponenten der Intelligenz zu handeln scheint. Nichtsdestotrotz tappen wir derzeit bei der Frage im Dunkeln, wie wir diese Fähigkeiten in unsere KI-Systeme integrieren sollen. Zusätzlich zu Erkenntnissen über das Gehirn, und wie diese zu neuartigen

Algorithmen inspirieren können, lernte ich auch die praktische Anwendung wissenschaftlicher Methoden: wie man eine Hypothese entwickelt und testet, wie man Experimente mit einem korrekten Kontrollmechanismus so konzipiert, dass man korrekte Schlussfolgerungen ziehen kann, wie man sich am wissenschaftlichen Diskurs beteiligt, die Literatur begutachtet, Papiere veröffentlicht und auf Konferenzen präsentiert. Wenn man solch ein vielschichtiges Forschungsprogramm leiten will, wie wir es hier bei DeepMind haben, muss man mit all diesen Prozessen völlig vertraut sein.
Ich versuche stets, Dinge aus mehreren Gründen zu tun: das Leben ist so kurz, idealerweise sollten die eigenen Aktivitäten daher mehr als einem Zweck dienen. Meine Doktorarbeit ist hierfür ein gutes Beispiel – man lernt über Neurowissenschaften, um das Gehirn besser zu verstehen; man lernt aber auch, wie eine gute Forschungsarbeit durchzuführen ist.
Und während dieser ganzen Zeit machte ich mir gedanklich Notizen über all die tollen Leute, denen ich begegnet war: wer davon hatte welche Kenntnisse und Fähigkeiten sowie das Interesse für ein eines Tages stattfindendes KI-Abenteuer – Neurowissenschaftler, Ingenieure, Spieleentwickler –, und wir brachten sie bei DeepMind dann alle zusammen.

War die Entwicklung eines starken Schachcomputers etwas, worüber Du lange Jahre nachgedacht hattest?
Während meiner frühen Berufsjahre hatte ich geglaubt, dass Schach aufgrund von DeepBlues Erfolgen in den späten Neunziger Jahren „erledigt" sei. Aber über das Go-Spiel habe ich viel nachgedacht. Es bot eine einzigartige Herausforderung. Wir sahen, dass die Methode, die beim Schach erfolgreich war – eine fest programmierte Heuristik, kombiniert mit einer Brute-Force-Suche –, beim Go wegen dessen unglaublicher Komplexität und auch esoterischen Charakters einfach nicht funktionierte.
Dave Silver (der Forschungschef bei AlphaGo) und ich hatten darüber bereits ausgiebig diskutiert, als wir bei Elixir Spiele machten (tatsächlich hatten wir am Abend damals häufig Go gespielt!). Die Möglichkeiten faszinierten uns; wir erkannten die Grenzen der handcodierten Brute-Force-Methode, und wir spürten, dass man, um Go zu knacken, unbedingt ein paar völlig neuartige Algorithmen erfinden müsste, was zugleich auch ein Schritt voran zu einer flexiblen und anwendungsbreiten KI sein könnte. Schließlich sollte es weitere zwanzig Jahre dauern – und eine entsprechend lange wissenschaftliche Odyssee –, bevor wir spürten, dass wir zu solch einer immensen Herausforderung bereit wären. Doch im Hinterstübchen war die Idee ständig präsent und hatte nur auf den richtigen Zeitpunkt und die richtige Kombination von Ideen gewartet.

Wie hast Du Dein Go-Projekt aufgebaut?
Nachdem DeepMind Anfang des Jahres 2014 von Google akquiriert wurde, hielt ich vor dem Führungsstab von Google einen Vortrag über DQN – ein System, das jedes Atari-Spiel einfach durch Beobachtung

der Pixel auf dem Bildschirm lernen konnte. Einer aus dem Stab fragte mich dann, ob wir diese Technik auf Go übertragen könnten, und wie lange es dauern würde, bis man den Weltmeister schlagen könnte. Ohne nachzudenken antwortete ich, das könnte zwei Jahre dauern.
Man kann gewissermaßen sagen, dass dieser Ausspruch den Startschuss für jenes Projekt gab, das als AlphaGo bekannt werden sollte – das erste Computerprogramm, das einen professionellen Go-Spieler bezwingen konnte.
Als ich zurückkam, habe ich mit Dave und einigen anderen Teammitgliedern über das Gesagte gesprochen. Es herrschte allgemein das Gefühl, dass wir vielleicht gerade jetzt, fast zwanzig Jahre nachdem wir davon geträumt hatten, endlich die richtigen Ideen hatten, um diese unglaubliche Herausforderung anzugehen. Wir kamen zu dem Schluss, dass nun der richtige Zeitpunkt sei, um der Welt zu zeigen, dass es tatsächlich möglich ist, ein System zu bauen, das lernt wie man Go spielt und meistert.
Zunächst begannen wir das Projekt mit einem sehr kleinen Team; nur mit Dave, Aja Huang als leitendem Programmierer und Experten für Computer-Go und einem Praktikanten, Chris Maddison. Zuerst wollten wir lediglich herausfinden, ob es überhaupt möglich ist, ein neuronales Netzwerk – später als „Richtliniennetzwerk“ bezeichnet – dazu zu trainieren, um vorherzusagen, was der nächste Zug eines starken Spielers in einer vorgegebenen Brettstellung sein könnte.

Das Spiel Go

Go ist ein ebenso schönes wie elegantes Strategiespiel, das vor etwa 3000 Jahren in China entstand. Die Spieler setzen abwechselnd schwarze und weiße Steine auf einem 19x19-Brett; im Bemühen, mehr unbesetzten Raum zu umzingeln als der Gegner. Trotz der simplen Regeln ist Go außerordentlich komplex, mit mehr als 10 hoch 170 (eine Eins gefolgt von 170 Nullen) möglichen Brettstellungen – mehr als es Atome im gesamten Universum gibt.
Go-Spieler werden nach Kyü- und Dan-Graden eingeteilt; demselben System, das auch bei den Kampfsportarten angewandt wird. Anfänger hangeln sich durch die Kyü-Grade, welche mit wachsendem Spielniveau niedriger werden, bis der Spieler den 1. Kyü erreicht. Darauf folgen die Dan-Grade der Amateure, die vom 1. Dan bis zum 6. oder 7. Dan reichen. Professionelle Go-Spieler haben ein eigenes Ranglistensystem, das vom 1. (Profi-) Dan bis zum 9. Dan geht.

Ende 2014, nach rund sechs Monaten Arbeit, haben wir unser erstes großes Ergebnis erzielt. Das Netzwerk erriet den Zug eines professionellen Spielers mit einer Wahrscheinlichkeit von etwa 55%; es war also alles andere als perfekt, aber sehr vielversprechend. Das war aufregend, da es uns unseren ersten empirischen Beweis dafür lieferte, dass ein Ansatz mit einem neuronalen Netz im Go wirklich funktionieren könnte. Und wir wussten aus langjähriger Erfahrung beim Aufbau solcher selbstlernenden Systeme, dass man, wenn man einmal in solcher Weise Fuß gefasst hatte, diese in der Regel durch sorgfältige Optimierung, bessere Algorithmen, mehr Training und größere Rechenleistung schnell skalieren und verbessern könnte.

Was hat das AlphaGo-Projektteam gemacht?
Nach diesem Erfolg haben die Dinge an Fahrt aufgenommen. Etwa fünfzehn weitere Personen, hervorragende Spezialisten mit einem breiten Spektrum an Fähigkeiten, bei denen sie teilweise zu den Weltbesten zählen, haben sich zu einem von uns so bezeichneten „Strike-Team" zusammengefunden. Dabei werden übergreifende Berichtswege erstellt, so dass jede Person speziell für dieses Projekt aus ihrem normalen Team berichtet. Es ist dasselbe wie bei der Einführung eines Produkts, obgleich es immer noch Forschung ist. Wenn ein solches Projekt erst einmal in Gang kommt, ist die Dynamik, die es entfaltet, unglaublich, und es war wirklich eine sehr kreative Zeit.
Es werden Meilensteine gesetzt und man führt Ranglisten, um zu verfolgen, wie hoch die geschätzte Stärke des Programms (Elo-Rating) bei jedem einzelnen Schritt ist.
Der erste Meilenstein war, die aktuell besten handgefertigten Go-Programme zu übertreffen: Zen und Crazy Stone. Beide Programme hatten gutes Amateurniveau (etwa 5. Amateur-Dan), aber beide waren nicht auf Profiniveau. Tatsächlich hatte keine Maschine jemals beim Go einen Profi geschlagen. Der letzte große Fortschritt im Computer-Go hatte ein Jahrzehnt vorher stattgefunden, mit der Verwendung der Monte-Carlo-Baumsuche anstelle der Alpha-Beta-Suche, aber sie verwendeten immer noch handgefertigte Bewertungsfunktionen und verbesserten sich in den letzten Jahren nur sehr langsam. Unsere nächste Innovation war die Entwicklung eines zweiten neuronalen Netzwerks, des so genannten „Bewertungsnetzwerkes", das durch Erfahrung lernt, die Gewinnwahrscheinlichkeit in einer vorgegebenen Stellung abzuschätzen. Wir haben das Richtliniennetzwerk und das Bewertungsnetzwerk mit der Monte-Carlo-Baumsuche zusammengebracht, um unser erstes voll funktionsfähiges Go-Programm zu erschaffen.
Zu unserer angenehmen Überraschung erreichten wir den ersten Meilenstein nur sechs Monate nach unseren ersten Ergebnissen, so dass wir zu diesem Zeitpunkt das weltweit stärkste Go-Programm hatten. AlphaGo verbesserte sich mit weiterem Training rasant und konnte bald Aja schlagen, der selbst etwa den 6. Amateur-Dan hat. Dies war ein besonders bewegender Moment für Aja, weil er sich seinen lebenslangen Traum erfüllt hatte, ein Go-Programm zu schreiben, das ihn besiegen konnte!
Wir waren nun für unseren zweiten Meilenstein bereit, wo die Herausforderung lautete, das erste Programm zu sein, das einen Profispieler schlägt. Wir

kontaktierten den dreifachen Europameister Fan Hui per e-Mail. Dieser sollte sich als ein wahrhaft wundervoller und warmherziger Mensch erweisen, der schließlich Berater für unser Team wurde. Er war in Frankreich ansässig, und somit konnte er leicht zu uns herüberkommen, und wir konnten erst einmal hinter verschlossenen Türen gegen ihn spielen. Wir haben dieses Match mit 5:0 gewonnen und hatten somit das erste Programm, das jemals beim Go einen Profi besiegt hat. Wie Sie sich vorstellen können, war das ein toller Moment – ein Moment, der in die Geschichte eingehen würde, und zudem hatten wir beim Wissenschaftsjournal Nature ein Papier eingereicht, in welchem wir unsere bisherigen Ergebnisse dokumentierten. Anschließend wandten wir uns dem dritten und letzten Schritt zu und versuchten, einen Weltmeister zu schlagen. Wir suchten jemanden, der sich seit langem in der Weltspitze etabliert hatte, aber noch immer auf der Höhe seines Könnens befand. Am Ende entschieden wir uns dafür, den legendären südkoreanischen Großmeister Lee Sedol herauszufordern, der im Besitz des 9. Dans ist, 18 Weltmeistertitel gewann und als herausragender Spieler der letzten zehn Jahre betrachtet wird. Wir wollten das Match zeitgleich mit der Veröffentlichung des Nature-Papiers ankündigen, aber das war ein großes Risiko, da wir zum Zeitpunkt der Ankündigung wussten, dass AlphaGo noch deutlich schwächer als Lee Sedol ist, aber es nur noch etwa drei Monate dauern würde. Die Leistungskurve stieg jedoch unaufhörlich an, und wenn sie sich nicht aus irgendeinem Grund als asymptotisch erweisen sollte, konnten wir die Voraussage wagen, dass sie noch vor dem Match gegen Lee Sedol dessen Niveau überbieten würde.

Der Verlauf der Geschichte hat gezeigt, dass sich dieser Anstieg fortgesetzt hat, aber wie habt Ihr die Chancen von AlphaGo vor dem Match eingeschätzt?

Lee Sedol war recht zuversichtlich und sagte einen 5:0- oder 4:1-Sieg für sich voraus, weil er die Partien gegen Fan Hui gesehen hatte, die wir in Nature veröffentlicht hatten. Im Dokumentarfilm – *AlphaGo* –, der über das Match gedreht wurde, hatte er gemeint, dass seiner Ansicht nach die menschliche Intuition noch immer „zu hoch entwickelt sei, als dass eine KI das aufholen könnte". Zu diesem Zeitpunkt war AlphaGo stärker als ein 2-Dan-Profi, aber nicht annähernd so stark wie er. Fan Hui ist ein Top-500-Spieler. Lee Sedol ist ein 9-Dan-Profi und einer der größten Spieler aller Zeiten; er hätte die Version von AlphaGo, die wir gegen Fan Hui spielen ließen, verprügelt. Ich schätze, er dachte ganz vernünftig: „Um wieviel kann es in nur drei oder vier Monaten verbessert worden sein?" Vielleicht um ein paar Grade, doch sicherlich nicht um sieben Dan-Ränge! Wir unsererseits waren zuversichtlich, aber auch nervös. Zum Zeitpunkt des Matches sagten uns unsere internen Tests, dass das Programm insgesamt stärker sein sollte als Lee Sedol, aber es gab ein hohes Maß an Unsicherheit. AlphaGo wurde bewertet, indem

es gegen frühere Versionen von sich selbst getestet wurde. In Bezug auf maschinelles Lernen könnte es damit übertrainiert sein, d.h., es hätte lernen können, sich selbst auf besonders effektive Weise zu schlagen, doch diese Fähigkeiten würden nicht unbedingt gegen einen völlig neuen Gegner zur Geltung kommen, noch dazu gegen einen, der für seine Kreativität und seinen Kampfgeist berühmt war.
Noch beunruhigender war, dass wir zudem wussten, dass AlphaGo unter gewissen „Wahnvorstellungen“ litt. Wir wussten nicht genau, woran es lag, aber in bestimmten hochkomplexen Kampfsituationen, in denen präzises Timing in einer sehr langen Abfolge von Zügen wichtig war, hat das System manchmal die Position falsch bewertet: es glaubte, gut zu stehen, obwohl es völlig verloren war.
Wir haben Dutzende von Dingen versucht, um das Problem zu beheben, aber wir konnten es nicht rechtzeitig vor dem Match schaffen (es ist uns gelungen, dieses Problem in späteren Versionen von AlphaGo zu lösen). Unsere Tests zeigten, dass diese Art von Stellungen in etwa einem von fünf Spielen auftauchen würde, und so rechneten wir auf dieser Grundlage mit einem 4:1-Sieg. Und unglaublicherweise ist genau das passiert, als es Lee Sedol gelang, Spiel Vier zu gewinnen, indem er einen genialen Zug spielte, der so unerwartet kam, dass er eine dieser Fehleinschätzungen auslöste.
Und so hatten wir diese historische Begegnung gewonnen, wobei verwunderte KI- und Go-Experten kundtaten, dass wir mit diesem Erfolg der Zeit „ein Jahrzehnt voraus“ seien. Natürlich war der Sieg das Hauptziel, aber das Bedeutendste war die *Art und Weise*, wie AlphaGo gewann. Durch das Match hindurch spielte AlphaGo viele äußerst originelle, kreative und schöne Züge – der bekannteste davon ist Zug 37 aus der zweiten Partie –, mit denen vielfach jahrhundertealte Erkenntnisse über den Haufen geworfen wurden. Es ging eben nicht nur darum, menschliches Wissen zu rekultivieren oder zu kopieren.
In der Folge haben uns Fan Hui und unsere vielen Freunde aus der Go-Welt erzählt, dass dies die Spielweise beim Go revolutioniert hätte, und viele Bücher sollen inzwischen über den einzigartigen Spielstil von AlphaGo geschrieben worden sein.

Das hört sich so an, als sei bei der Entwicklung von AlphaGo alles recht glatt verlaufen?
Im Nachhinein wirkt oft jeder Fortschritt einfach, aber während des Prozesses war jeder Schritt von Unwägbarkeiten behaftet.
Ich erinnere mich, dass ich Aja gegenüber nach ein paar Monaten Projektlaufzeit erwähnt hatte, dass wir darauf abzielen sollten, einen 9-Dan-Profi herauszufordern, und er glaubte, ich hätte völlig den Verstand verloren! Aber so ist es wirklich bei der modernen Forschung: wenn man sich sicher ist, was am Ende herauskommt, handelt es sich nicht wirklich um Forschung. Genau darum ist echte wissenschaftliche Forschung so spannend, weil man jeden Tag aufwacht und einen Schritt ins Ungewisse macht.

Hat sich Dein Ansatz in Bezug auf die KI in der Zeit zwischen der Entwicklung von AlphaGo und AlphaZero verändert?

Es ist immer sehr aufschlussreich, wenn man zurückschaut und den ganzen Prozess überblickt. Zuerst haben wir mit AlphaGo angefangen und versucht, dieses Spiel zu bezwingen, das als unüberwindliche Hürde für die KI galt. Dann, nachdem wir das erreicht hatten, haben wir versucht, das System schrittweise effizienter und allgemeiner zu gestalten.

Das ursprüngliche AlphaGo wurde zunächst mit Hunderttausenden von Partien menschlicher Amateure gefüttert, um ein Verständnis dafür zu entwickeln, wie vernünftiges menschliches Spiel aussieht. Wir haben auch eine sehr kleine Menge an Go-spezifischen Informationen eingebaut, keine großen Dinge wie Regeln oder Heuristiken, sondern recht abstrakte Dinge wie die vierfache Symmetrie des Bretts.

AlphaGo Zero war die nächste Entwicklungsstufe, die man sich als AlphaGo vorstellen kann, doch ohne diese Krücken. Wir haben jegliches Fachwissen entfernt und ein System aufgebaut, das selbst lernt, wie man das Spiel spielt, beginnend mit völlig zufälligem Spiel und ohne menschliche Partien als Eingabe. Erstaunlicherweise funktionierte das auch, also war der nächste Schritt der Aufbau von AlphaZero, das ebenso aus Zufallspartien gegen sich selbst lernt, das seine Fähigkeiten aber neben Go auf alle Spiele mit vollständiger Information[5] anwenden kann, natürlich einschließlich Schach!

Als Du Dich entschieden hast, AlphaZero – ein allgemeineres System als AlphaGo – zu bauen, hattest Du da mehr Selbstvertrauen, wie man so etwas anpackt? Oder hast Du auf dem Weg dorthin ein paar neue Techniken entdeckt?

Beides trifft zu. Etwas nachzumachen ist immer leichter als etwas zu erfinden. Wenn erst einmal jemand auf dem Mond gelandet ist, ist es für andere einfacher, das zu wiederholen. In der Wissenschaft ist es ähnlich: Dinge funktionieren nie beim ersten Mal. Die Frage ist dann: muss ich mich noch mehr anstrengen, oder ist das eine Sackgasse? Wenn es schon jemand vor einem getan hat, dann ist es nur eine Frage der Anstrengungen, der Entbehrungen und des Willens, es zu schaffen, dann man weiß ja bereits, dass es im Grunde möglich ist.

Umgekehrt, wenn etwas unergründet ist, ist es nicht nur eine Frage des Willens. Denn manchmal ist es das Richtige, aufzuhören und etwas anderes zu versuchen. Wenn man sich in etwas verbeißt, kann man dreißig Jahre lang auf der falschen Spur sein und am Ende nichts erreichen.

Ohne Überzeugung und Ausdauer kann man in der Wissenschaft nichts erreichen, aber man muss auch

5 Als Spiele mit vollständiger Information werden Spiele bezeichnet, in denen jeder Spieler vollständig über das bisherige Geschehen informiert ist, einschließlich der Ausgangssituation. Hierunter fallen beispielsweise Go, Schach, Shogi und Backgammon.

wissen, wann man in die falsche Richtung geht. Das ist etwas, was ich bei meinen früheren beruflichen Erfahrungen gelernt habe. Man kann das schwer jemanden beibringen. Es ist wie ein Gefühl oder ein Geschmack, den man bekommt. Ja, man sagt oft über Wissenschaftler: Die besten haben einen wirklich guten Geschmackssinn. Was damit gemeint ist, ist, dass sie wissen, welches Problem man als nächstes anpackt, und wie komplex dieses sein darf. Sie wissen, welche Fragen man stellen muss.

Deine Spielprogramme sind bekannt für ihren originellen und aggressiven Stil. Was für ein Spielertyp bist Du?
Ich bin heutzutage eher ein Allround-Spieler. Wenn man mit vielen Spielen vertraut ist, erkennt man Strategien und Motive wieder, und man beginnt, die Gemeinsamkeiten zu sehen, was hilfreich sein kann. Es bringt auch mit sich, dass man neue Spiele sehr schnell lernen kann.
In den meisten Spielen habe ich einen ruhigen, kontrollierten Stil, und ich habe immer gern etwas in Reserve, falls etwas Unerwartetes geschieht!

Können Spiele Menschen mit realem Leben helfen?
Das ist die andere tolle Sache bei den Spielen. Man kann sie sich als Fitnessstudio für den Geist vorstellen. Im Leben stehen wichtige Entscheidungen nur selten an, aber wenn, dann sind sie sehr bedeutsam. Wo kann man üben, unter Druck Entscheidungen zu treffen? Im Leben bekommt man normalerweise keine zweite Chance. Spiele bieten ein sicheres Trainingsfeld, bei dem man sofort über seine Leistung Bescheid bekommt und diese dann verbessern kann. Man kann dann auf diese Erfahrungen zurückgreifen, wenn man im Leben mit echten Ereignissen konfrontiert ist.
Ich pflegte immer zu scherzen, dass, wenn ich einen MBA-Kurs (Master of Business Administration; etwa Betriebswirt, der Übersetzer) entwerfen sollte, ich diesen um Spiele herum gestalten würde, bei denen man bei jedem der bedeutendsten Spiele einen Experten von Weltrang zur Seite gestellt bekommt und man die Metafähigkeiten lernt, die bei diesen Spielen trainiert werden.

Können Menschen von AlphaZero unterrichtet werden?
Es gibt bestimmte Dinge, die Computer auf eine Weise tun, dass man davon nichts lernen kann. Es hängt davon ab, warum sie in diesen Dingen besser sind. Nehmen wir zum Beispiel einmal Schachcomputer. Die Spitzenprogramme sind allesamt stärker als der beste menschliche Spieler. Wir können so viele ihrer Partien studieren wie wir wollen, doch wir werden darum noch längst nicht genauso gut. Der Grund dafür, dass sie stärker sind, ist, dass sie mehr Varianten berechnen und keine taktischen Fehler machen. Wir menschlichen Schachspieler machen ja nicht bewusst taktische Fehler, es ist einfach so, dass unser Gehirn nicht für diese Art von Berechnungen entwickelt ist. Diese Lösungen helfen uns also nur bedingt.
Was wir bei AlphaZero jedoch herausfanden, ist, dass einige

der Verbesserungen oder Weiterentwicklungen tatsächlich strategischer Natur sind, und das ist etwas, was wir unter Umständen in unser eigenes Spiel einbauen können. Go-Spieler haben mit AlphaGo bereits diese Erfahrung gemacht und einige seiner Strategien in ihr eigenes Spiel integriert. Ich denke, dasselbe wird mit AlphaZero und Schach passieren. Vielleicht ist dieses Buch der Startschuss dazu!
In diesem Zusammenhang versuchen wir auch, Analyse- und Visualisierungswerkzeuge zu entwickeln, die einen Einblick in die Entscheidungsfindung dieser Systeme geben und uns ermöglichen, besser zu verstehen, welche Faktoren sie dabei abwägen. Die Arbeiten in diesem Bereich befinden sich noch im Anfangsstadium, aber ich denke, wir werden in den nächsten Jahren hier große Fortschritte erzielen und damit auch die Systeme besser verstehen.

Ist es schwierig, die Ergebnisse (z.B. von AlphaZero) zu analysieren, weil die Systeme so komplex sind?
Es ist sehr schwierig, aber sicherlich nicht schwieriger als beim Gehirn. Wahrscheinlich sogar wesentlich weniger kompliziert, da diese Systeme in Bezug auf die Anzahl der Neuronen und Verknüpfungen noch deutlich kleiner sind.
Wir haben ja auch jederzeit vollen Zugang und Kontrolle darüber, was die Maschine macht, was wir bei einem Gehirnscan nicht haben. Wir sollten also die Systeme mindestens ebenso gut verstehen können wie das Gehirn, und wegen der zusätzlichen Kontrollen eigentlich sogar besser.

Was sind die Hauptunterschiede in der Art und Weise, wie Menschen Schach lernen und wie AlphaZero es lernt?
Menschen können abstraktes Wissen aus verschiedenen Quellen verwerten, darunter Büchern, Lernen von Lehrmeistern oder sogar Zusehen bei AlphaZero.
Eine Person muss nicht Millionen von Partien spielen, um zu lernen, aber diese Rohmasse an Erfahrung ist der einzige Weg, auf dem AlphaZero lernen kann. Es kann nicht unterrichtet werden und es kann keine Bücher lesen, es muss von der Pike auf lernen. Aber wir versuchen, Maschinen zu bauen, die in der Lage sind, Konzepte oder abstraktes Wissen zu begreifen. Das ist bislang niemandem auf der Welt gelungen und ist eine der nächsten großen Herausforderungen der KI.

Sind die bei AlphaZero erprobten Techniken auch in anderen Bereichen einsetzbar?
Letztendlich geht es bei der Entwicklung fächerübergreifend lernender Systeme wie AlphaZero darum, dass sie auf alle mögliche Weise eingesetzt werden können, um Lösungen für Probleme der realen Welt zu finden, die für jeden in der Gesellschaft von Nutzen sein werden. Spiele sind eine sehr geeignete Plattform, um die KI zu testen. Meiner Meinung nach sind sie das perfekte Versuchsgelände für die Entwicklung und den Test von KI-Algorithmen, und deshalb verwenden wir sie hierfür gerne – von Brettspielen über Computerspiele bis hin zu virtuellen Umgebungen. Solch eine allgemeine KI wird letztlich sehr vielfältig anwendbar sein, aber meine persönliche Vorliebe

wäre, diese Art von KI-Systemen zu nutzen, um Wissenschaftlern zu helfen, schneller zu wichtigen Entdeckungen und Durchbrüchen in der Forschung zu gelangen, in Bereichen wie der Klimaforschung, den Materialwissenschaften und der Arzneimittelentwicklung, wo wir dringend Fortschritte erzielen müssen. Ich glaube, dass das maschinelle Lernen und die KI einen großen Anteil bei der Beschleunigung der Wissenschaft haben werden, und wir wollen hier an vorderster Front dabei sein.

Was für Möglichkeiten gibt es, KI in anderen Bereichen einzusetzen?
Es gibt so viele Möglichkeiten, KI in bestimmten Bereiche anzuwenden. Man denke an Dinge wie das Gesundheitswesen, Logistik, Energie, Transport, Bildung, Versicherungen, Robotertechnik und viele mehr.
Ich glaube, dass mit der Verknüpfung von sektorspezifischer Expertise und relativ handelsüblicher KI milliardenschwere Geschäftsideen möglich sind.
Wir selbst setzen solche Techniken bereits sehr erfolgreich ein. Zum Beispiel verwenden wir ein ähnliches Konzept wie das von AlphaZero zur Kühlung von Googles riesigen Rechenzentren, wodurch wir deren Energieverbrauch stark einschränken können, was natürlich viel Geld spart, aber auch der Umwelt nützt.

Welche Möglichkeiten stehen einem Enthusiasten offen, um in die KI einzusteigen?
Es gibt eine große Open-Source-Gemeinschaft, und man kann fast alle Programmbibliotheken, die von den großen Unternehmen entwickelt wurden, kostenlos herunterladen und damit gleich tolle Sachen anstellen. Es gibt auch gute Bücher und Tonnen von großartigen Online-Kursen. Wenn man hinreichend motiviert ist und über gute Mathematik- und Programmierkenntnisse verfügt, dann kann man darin eintauchen – Natascha, Du könntest es bei Deinen Versicherungssachen versuchen! Es gibt viel zu tun – es ist eine sehr aufregende Zeit!

Wenn Du etwas Bestimmtes mit KI erreichen könntest, was wäre das dann?
Ich denke, dass die KI, der ich mein Lebenswerk gewidmet habe, zur wichtigsten technologischen Erfindung werden wird, die die Menschen jemals gemacht haben. Die Welt steht zurzeit vor vielen unlösbaren Problemen, angefangen vom Klimawandel über Erkrankungen wie etwa Alzheimer bis hin zu makroökonomischen Fragen. Wo wir auch hinsehen, steht die Gesellschaft vor großen und komplexen Herausforderungen, und die Geschwindigkeit, mit der wir diese anpacken, bestimmt über das Leben und das Wohlbefinden von Milliarden von Menschen.
In dieser Beziehung kann – und wird – die KI der menschlichen Gesellschaft sehr dienlich sein.
KI ist die Metalösung für all diese Probleme. Allgemeine KI wird zu einem Werkzeug werden, das den menschlichen Einfallsreichtum multipliziert und uns gestattet, bei diesen schwierigen Herausforderungen mit einer nie für möglich gehaltenen Geschwindigkeit Fortschritte zu erzielen.

TEIL II

Über AlphaZeros Innenleben

KAPITEL 4

Wie AlphaZero denkt

AlphaZeros autodidaktisches Konzept unterscheidet sich von handgefertigten Engines wie z.B. Stockfish. In diesem Kapitel werfen wir einen Blick auf AlphaZeros Denkmechanismen, wie es trainiert und wie es spielt. Das Kapitel verwendet Informationen aus einer wissenschaftlichen Publikation von DeepMind, die im Dezember 2018 in der Zeitschrift *Science* veröffentlicht wurde: „A general reinforcement learning algorithm that masters chess, shogi, and Go through self-play“[6] (zu deutsch: „ein unspezifischer und selbstbestärkender Lernalgorithmus, der Schach, Shogi und Go durch Spiel gegen sich selbst meistert“). **David Silver**, Forschungschef bei AlphaZero, erläutert, wie AlphaZero im Inneren funktioniert; der Forscher **Thore Graepel** und der Versuchsingenieur **Matthew Lai** waren zur Stelle, um unsere Fragen zu beantworten.

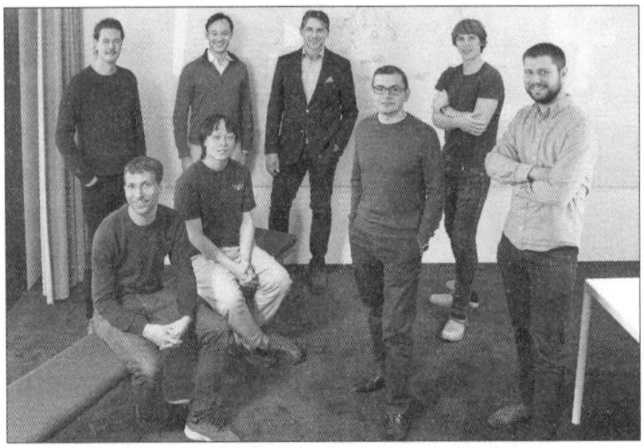

Das AlphaZero-Team (v.l.n.r.): Tim Lillicrap, David Silver, Matthew Lai (vorne) Thomas Hubert (hinten), Thore Graepel, Demis Hassabis, Julian Schrittwieser, Ioannis Antonoglou.

Nicht auf dem Bild: Arthur Guez, Marc Lanctot, Laurent Sifre, Dharshan Kumaran und Karen Simonyan.

Verschiedene Kreise werden vom Verständnis des Denkprozesses von AlphaZero profitieren, darunter:

Professionelle Schachspieler: Professionelle Schachspieler nützen Engines für die Vor- und Nachbereitung ihrer Partien, wobei sie je nach untersuchtem Stellungstyp häufig die Engines wechseln. Indem sie die speziellen Fähigkeiten jeder Engine besser verstehen, können sie diese gezielter einsetzen. Das Verständnis von AlphaZeros Denkprozess kann neue Einblicke in die Stärken und Schwächen traditioneller Engines verschaffen und so den Umgang der Profis mit ihnen optimieren.

---

6 Von David Silver, Thomas Hubert, Julian Schrittwieser, Ioannis Antonoglou, Matthew Lai, Arthur Guez, Marc Lanctot, Laurent Sifre, Dharshan Kumaran, Thore Graepel, Timothy Lillicrap, Karen Simonyan und Demis Hassabis. *Science*, 7. Dezember 2018, Band 362, Ausgabe 6419, S. 1140-1144, Digitaler Objektbezeichner: 10.1126/science.aar6404.

Schachamateure: AlphaZeros Denkprozess ist menschenähnlicher als der traditioneller Engines, und von der Art, wie es seine Entscheidungen trifft, können wir viele Tipps erhaschen.

Entwickler von Schachprogrammen: Das Verständnis von AlphaZeros Denkprozess gibt Hinweise, wie traditionelle Engines verbessert werden können. Darüber hinaus experimentieren Entwickler immer mehr mit KI.

KI-Entwickler: AlphaZeros Architektur ist unspezifisch, und seine Verknüpfung von computertypischer mit intuitiver Denkweise lässt sich auf viele wichtige Fragestellungen weit über das Schach hinaus ausdehnen.

In diesem Kapitel illustrieren wir AlphaZeros Denkprozess mit einem Blick unter die Haube bei dessen Analyse eines kritischen Moments einer Partie – wie weit und wie tief es sucht, welche Züge es in Betracht zieht, und wie es die entstehenden Positionen bewertet.

Im nächsten Kapitel, „AlphaZeros Stil – man trifft sich in der Mitte", setzen wir das Design von AlphaZero mit seinem Spiel in Bezug und entwickeln verschiedene Hypothesen zu AlphaZeros Spielstil und Einschätzungen. Wir versuchen dann, diese Thesen durch Beobachtungen bei AlphaZeros Partien gegen Stockfish zu erhärten.

Wie AlphaZero funktioniert – die Theorie

AlphaZeros Architektur ist durch vier Grundprinzipien geprägt, die DeepMinds Ansatz bei der Entwicklung Künstlicher Intelligenz insgesamt leiten:

1. Lernen anstatt programmiert zu werden
Der Algorithmus lernt seine Strategie durch Beispiele anstatt durch Rückgriff auf vorgefertigtes menschliches Expertenwissen.

2. Lieber allgemein-übergreifend als speziell
Der Algorithmus wendet allgemeine Prinzipien an, die mithin in verschiedenen Bereichen angewandt werden können, z.B. Shogi, Go und Schach.

3. Lieber geerdet als Logik-basiert
Lernen basiert auf konkreten Beobachtungen anstatt auf vorgefassten logischen Regeln.

4. Lieber aktiv als passiv
Die Maschine erforscht das Spiel, anstatt durch Menschen unterrichtet zu werden.

Indem es all diese vier Anforderungen erfüllt, unterscheidet sich AlphaZero erheblich von herkömmlichen Spielprogrammen.

Thore Graepel beschreibt die Architektur von AlphaZero wie folgt: „Mit etwa 10^{47} verschiedenen Schachstellungen würde es zu viel Rechenzeit kosten, jeden

Zug ausgiebig zu untersuchen, sowie jede anschließend darauf mögliche Abfolge von Zügen. Mithin kombinieren die meisten Schach-Engines – AlphaZero eingeschlossen – einen Suchalgorithmus mit einer Bewertungsfunktion, die eine Schätzung liefert, wie gut die Stellung an jedem Punkt der Partie ist.
Herkömmliche Schach-Engines verwenden Variationen einer Alpha-Beta-Baumsuche, verbessert durch Dutzende spielspezifischer Suchverfahren, und kombinieren diese mit einer von Schachexperten entworfenen Bewertungsfunktion.
Im Gegensatz dazu lernt AlphaZero ganz auf sich allein gestellt und verwendet eine **Monte-Carlo-Baumsuche** (MCTS, Monte Carlo tree search) – eine leistungsstarke Alternative zur Alpha-Beta-Baumsuche, die den zusätzlichen Vorteil hat, dass vorausgehendes Wissen darüber, welche Züge aussichtsreich sind und welche nicht, berücksichtigt werden kann. Dadurch kann sich die Suche auf die aussichtsreichsten und relevantesten Varianten konzentrieren. Des Weiteren ist die MCTS tolerant in Bezug auf Ungenauigkeiten der Bewertungsfunktion, da sie die Bewertung über viele verschiedene Positionen mittelt.
Woher aber kommt das vorausgehende Wissen? Hier kommt AlphaZeros **neuronales Netzwerk** – ein Computersystem, das ganz grob nach den Verknüpfungen und Neuronen des menschlichen Gehirns modelliert ist – ins Spiel. Das neuronale Netzwerk begreift die aktuelle Partiestellung als Eingabe und gibt für jeden möglichen Zug die **Wahrscheinlichkeit**, dass dies der stärkste Zug ist, aus (mitunter wird dies als „Richtliniennetzwerk“ bezeichnet); zusammen mit einer **Bewertungsabschätzung** für die aktuelle Stellung (mitunter „Bewertungsnetzwerk“ genannt).
Dieser Ausstoß leitet die Monte-Carlo-Baumsuche auf die aussichtsreichsten Segmente des Partiebaums. Indem die Anzahl der in jeder Stellung betrachteten Züge reduziert wird, beschneidet die Funktion der Zugwahrscheinlichkeit die **Breite** der Suche. Dadurch, dass auf diese Weise der Wert von nicht endgültig determinierten Stellungen abgeschätzt werden kann, reduziert sich die **Tiefe** der notwendigen Suche im Baum, weil der Wert für den Ausgang einer bestimmten Variante bestimmt werden kann, bevor das Ende des Spiels erreicht ist.
Wesentlich ist, dass derselbe Algorithmus imstande ist, in ganz verschiedenen Spielen übermenschliche Stärke zu entwickeln, ohne dass die Architektur für jedes Spiel angepasst werden müsste.
Anders ausgedrückt, das System verkörpert einen gewissen Grad der Allgemeingültigkeit: derselbe Prozess einer Monte-Carlo-Baumsuche, geleitet durch ein neuronales Netzwerk, trainiert durch selbstbestärkendes Lernen beim Spiel gegen sich selbst, erweist sich in verschiedenen Bereichen als effektiv, ohne dass spielspezifische Einstellungen oder Modifikationen vonnöten wären.“

Nun sehen wir uns AlphaZeros Training für sein Aufeinandertreffen mit Stockfish genauer an, wobei wir den Prozess mit einigen einfachen praktischen Beispielen veranschaulichen.

Wie AlphaZero trainiert

Großmeister mögen für einen bevorstehenden Wettkampf trainieren, indem sie sich viele Stunden und Tage mit den neuesten Trends in den Eröffnungen wie im Schach im Allgemeinen befassen, streng auf ihre Ernährung achten und Sport treiben. Daneben werden sie sich speziell auf die zu erwartenden Gegner vorbereiten. Diese spezielle Vorbereitung umfasst das Sammeln aller Partien der künftigen Gegner, wobei riesige Datenbanken mit Turnierpartien aus aller Welt zum Einsatz kommen. Dabei wird nach Schwächen im Spiel des Gegners gesucht, speziell in ihren Eröffnungssystemen.

In den letzten etwa zwanzig Jahren oder so kommt dabei dem Gedächtnis von Topgroßmeistern eine viel größere Bedeutung zu als früher, da diese die Notwendigkeit verspüren, ein breites Spektrum von Eröffnungen anzuwenden, um einer gegnerischen Vorbereitung zuvorzukommen.

Im Gegensatz dazu dauerte AlphaZeros Training vor dem Stockfish-Match gerade einmal neun Stunden. Es begann sein Training mit einem unbeschriebenen Blatt, mit keinerlei Schachwissen neben der Kenntnis der Regeln, und es hat sich auch die Partien von Stockfish nicht angeschaut. AlphaZero verwandte auch keinerlei bekanntes Eröffnungswissen und arbeitete stattdessen seine eigenen Eröffnungen aus, indem es beim Spiel gegen sich selbst trainierte.

Zu Beginn dieser entscheidenden neun Stunden spielte AlphaZero zwar Schach, aber nicht in der Art, wie wir es kennen. Wie jeder weiß, der schon einmal kleine Kinder Schach gelehrt hat, führt zufälliges Herumziehen beim Schach zu nichts.

Um endlose Zufallspartien zu vermeiden, wurden diese frühen Partien nach einer bestimmten Zügezahl abgebrochen und als remis erklärt. Hin und wieder aber endeten ein paar Zufallspartien mit dem Sieg einer Seite, und diese seltenen Indizien ermöglichten es AlphaZero, sein Bewertungsnetzwerk (wie gut ist die aktuelle Stellung?) und sein Richtliniennetzwerk (als wie stark ist jeder Zug einzuschätzen?) zu entwickeln. Ganz intuitiv adjustiert das System die Parameter des neuronalen Netzwerk dergestalt, dass die von der Siegerpartei gespielten Züge eine höhere Zugwahrscheinlichkeit bekommen, und es bewertet die Stellungen, denen es unterwegs begegnete, als vorteilhaft für die Gewinnerseite.

Während dieser neun Stunden hat AlphaZero insgesamt 44 Millionen Partien gegen sich selbst gespielt – mehr als 1000 Partien pro Sekunde. Zugleich hat es beständig die Parameter seine neuronalen Netzwerke justiert, um die Erkenntnisse aus den Zügen und Ausgängen der zuletzt gegen sich selbst gespielten Partien einzubauen. Bei jedem während des Spiels gegen sich selbst ausgeführten Zug hat das MCTS 800 „Simulationen" durchgeführt, wobei jede von ihnen die aktuelle Suche um einen Zug ausgedehnt hat, während der Wert der resultierenden Stellung abgeschätzt wurde.

Beispielsweise konnte AlphaZero damit anfangen, die Grundstellung wie folgt zu analysieren:

Schritt im Denk-prozess	Knoten	Bewertung dieses Knoten
Simulation 1	1.d4	56,8% (Weiß)
Simulation 2	1.d4 ♘f6	43,1% (Schwarz)
Simulation 3	1.♘f3	56,8% (Weiß)
Simulation 4	1.d4 ♘f6 2.c4	56,7% (Weiß)
Simulation 5	1.d4 d5	43,1% (Schwarz)
Simulation 6	1.d4 ♘f6 2.♘f3	56,6% (Weiß)
Simulation 7	1.d4 ♘f6 2.c4 e6	42,8% (Schwarz)
Simulation 8	1.e4 e5	44,9% (Schwarz)

Wir haben in der obigen Tabelle acht Simulationen gezeigt. Als AlphaZero die 800 Simulationen abgeschlossen hat, die für jede Position während der blitzschnellen Trainingsspiele verwendet wurden, hatte es ein paar Schritte tief nach den plausibelsten Linien gesucht. Die Suche im Training ist jedoch viel flacher als bei einem Turnierspiel.

Wenn AlphaZero eine Variante zur genaueren Betrachtung auswählt, geschieht dies stets auf der Grundlage dreier Kriterien:

1. wie plausibel der Zug in dieser Art von Stellungen ist (bestimmt vom Richtliniennetzwerk);
2. wie vielversprechend diese Variante im Ergebnis ist (bestimmt vom Bewertungsnetzwerk); und
3. wie oft diese Variante während der Suche erwogen wurde.

Wenn eine bestimmte Variante zuvor noch nicht so oft betrachtet wurde, der Zug aber plausibel und die Variante aussichtsreich erscheint, dann wird AlphaZero dazu tendieren, diese Variante und ihre Fortsetzung für die Simulation auszuwählen. Die Bewertung der Ausgangsstellung ist dann der Durchschnitt aller Stellungsbewertungen aus jeder der 800 Simulationen.

Es sei darauf hingewiesen, dass sich dieses Vorgehen stark von der Stellungsbewertung der aktuellen Engines unterscheidet. Anstatt einen Durchschnitt aller betrachteten Linien anzugeben, stützt sich eine Engine wie Stockfish bei ihrer Bewertung auf die sogenannte Hauptvariante, d.h. die gemäß dem augenblicklichen Suchbaum beste Linie für beide Seiten. Wir glauben, dass dies einer der Gründe ist, warum sich AlphaZeros Stil stark von dem traditioneller Schachengines unterscheidet und es häufig einen intuitiveren Ansatz verfolgt. Wir werden dies im nächsten Kapitel näher untersuchen.

AlphaZero unterscheidet sich von traditionellen Schachengines wie Stockfish auch in seiner Bewertungsfunktion, was weitere stilistische Unterschiede erklären mag. Die Bewertungsfunktion von Stockfish ist eine Kombination positioneller Merkmale. Ein Beispiel dafür, wie Stockfish eine vorgegebene Stellung bewertet, lässt sich in seiner Online-Dokumentation finden. Aus einer Beispielstellung lassen sich die folgenden Werte ableiten (unter Verwendung von Online-Quellen, siehe https://hxim.github.io/Stockfish-Evaluation-Guide/):

Gruppe	Weißes Mittelspiel	Weißes Endspiel	Schwarzes Mittelspiel	Schwarzes Endspiel	Insgesamt Mittelspiel	Insgesamt Endspiel
Ungleich-gewichte	-11	-11	0	0	-11	-11
Initiative	0	28	0	0	0	28
König	-49	2	-128	-16	79	18
Material	8599	9187	8651	9493	-52	-306
Beweglichkeit	147	297	151	280	-4	17
Freibauern	0	0	0	0	0	0
Bauern	20	-36	48	0	-28	-36
Figuren	-61	-90	-87	-105	26	15
Raum	40	0	55	0	-15	0
Drohungen	114	118	117	126	-3	-8
Insgesamt	8799	9495	8807	9778	-8	-283

Im obigen Beispiel schätzt Stockfish die Stellung ein, indem es eine Bewertungsfunktion nutzt, die eine lineare Kombination von Merkmalen darstellt – mit zwei verschiedenen Werten für das jeweilige Gewicht, einmal für das Mittelspiel und einmal für das Endspiel. Stockfish bewertet eine Anzahl von Faktoren für Weiß wie für Schwarz (die obige Liste zeigt beispielsweise Material und Beweglichkeit als relevante Faktoren), und die Gesamtbewertung ergibt sich aus der gewichteten Summe der verschiedenen Bestandteile. Es sei angemerkt, dass es neben dieser Gruppe von Faktoren eine viel detailliertere Liste mit einzelnen Merkmalen gibt, wobei Stockfish Hunderte von positionellen Faktoren in seine Bewertung einbezieht.
AlphaZero hat gleichfalls eine Bewertungsfunktion. Doch ungleich der traditionellen Engines der letzten fünfzig Jahre, die handgefertigte, von Großmeistern erstellte Funktionen verwenden, die sich als lineare Kombination positioneller Merkmale darstellen, hat sich AlphaZero seine Bewertungsfunktion selber beigebracht. Dieses als „Bewertungsnetzwerk“ bezeichnete neuronale Netz ist darauf trainiert, das Partieergebnis auf Grundlage einer Rohdarstellung von Schachpositionen vorherzusagen. Dadurch ist AlphaZero weder durch menschliche Eingaben noch durch mangelnde Vorstellungskraft eingeschränkt und genießt völlige Freiheit bei der Auswahl der Merkmale, die es bei der Bewertung einer vorgegebenen Stellung berücksichtigen will.
Doch wie das Bewertungsnetzwerk von AlphaZero arbeitet, bleibt ein wenig schleierhaft und lässt sich nicht mit einfachen Regeln erklären, wie z.B. dass ein Springer etwa drei Bauern wert ist. Vermutlich ist AlphaZeros Bewertungsnetzwerk

flexibler und bewertet dadurch eher situationsabhängig.
So ist AlphaZero nicht beschränkt auf eine Bewertungsfunktion, die etwa Einzelelemente wie Material oder Beweglichkeit zusammenzählt, sondern kann auch das Zusammenspiel verschiedener Faktoren berücksichtigen, z.B. wie sich Figurenbeweglichkeit auf den Wert des Materials auswirkt. Diese Flexibilität kann sehr nützlich sein, um die Gesamtposition zu verstehen und könnte erklären, wie AlphaZero positionelle Motive so perfekt kombiniert (vgl. Kapitel 10 zu den „Felderkomplexen derselben Farbe"). Wenngleich wir nicht genau verstehen können, wie AlphaZero denkt, können wir untersuchen, wie AlphaZero seine innovativen und aktiven Pläne kreiert, und wir können seine wilden Angriffspartien analysieren.

Wir haben **David Silver** gebeten, etwas genauer zu erklären, wie der Trainingsprozess funktioniert und voranschreitet:

Wie bestimmt das neuronale Netzwerk von AlphaZero den Wert für eine Stellung?
AlphaZero sieht das Schachbrett als ein 8x8-Raster von Zahlenwerten. Diese Werte werden durch die Schichten des neuronalen Netzwerks mit einer Reihe von Berechnungsschritten verarbeitet. Jede Schicht übernimmt die vorherige 8x8-Brettdarstellung und entwirft ein neues 8x8-Brett, das ausgeklügeltere Merkmale repräsentiert. Dieser Prozess wird über viele Schichten wiederholt, um immer leistungsfähigere Abbilder des Bretts zu erhalten. Die Beschaffenheit jeder Schicht wird durch Millionen von abstimmbaren Gewichtungen charakterisiert, wodurch das System selbst lernen kann, welche Merkmale es wie bewertet. Schließlich kombiniert AlphaZero alle diese Merkmale, wobei noch eine weitere Gewichtung vorgenommen werden kann, um zu einer endgültigen Bewertung der Stellung zu gelangen.

Stockfish sagt also vielleicht, man hat eine offene Linie, verdoppelte Bauern und ungleichfarbige Läufer, und man addiert dann die entsprechenden Werte, um zu eine Punktzahl zu erhalten. Schafft sich AlphaZero eine eigene Bewertungsfunktion und hat diese dieselben positionellen Merkmale im Blick?
Der wesentliche Unterschied besteht darin, dass AlphaZero seine eigenen Bewertungsmerkmale erarbeitet, indem es die Verknüpfungen seines neuronalen Netzwerks optimiert. Während AlphaZero also im Prinzip ein Merkmal wie „eine Linie öffnen, auf der sich Doppelbauern befinden" lernen könnte, kann es die Position genauso gut auf eine ganz andere Art und Weise sehen und vielleicht komplexe Merkmale erlernen, die für eine Maschine nützlich sind, aber für den Menschen zu schwer zu deuten wären.

Wie verbessert sich AlphaZero während des Trainingsprozesses?
Wenn es ein Spiel gewinnt (oder verliert), werden die Verknüpfungen im Bewertungsnetzwerk aktualisiert, um jeder in dieser Partie vorgekommenen Stellung

einen höheren (oder niedrigeren) Wert beizumessen. Zugleich werden die Verknüpfungen im Richtliniennetzwerk verstärkt, um nach langem Nachdenken bei der Monte-Carlo-Baumsuche häufiger den von AlphaZero selbst empfohlenen Zug zu spielen. AlphaZero spielt millionenfach gegen sich selbst und lernt, bessere Zugvorschläge zu machen (über das Richtliniennetzwerk) und Stellungen zuverlässiger zu beurteilen (über das Bewertungsnetzwerk) – im Grunde entwickelt es damit so etwas wie eine „Intuition" dafür, wie man Schach spielt. Dieser Prozess des Lernens von sich selbst, allein aus seinen eigenen Interaktionen, wird als „Selbstbestärkendes Lernen" bezeichnet.

Wenn Ihr AlphaZero sehr lange mit sich selbst trainieren lassen würdet, würde es sich dann immer weiter verbessern?
Als wir AlphaZero in Go trainierten, sahen wir, wie sich seine Leistung über eine sehr lange Trainingszeit kontinuierlich verbessert. Das Schachtraining von AlphaZero scheint jedoch einen abnehmenden Grenznutzen zu haben, vielleicht aufgrund der großen Anzahl von Unentschieden beim Spiel gegen sich selbst.

Matthew Lai erläutert das Wesen dieser Trainingspartien:

Wie funktioniert das mit diesen Trainingspartien? Sind das einfach sehr schnelle Partien?
Jede Trainingspartie wird äußerst rasch gespielt, wobei 40 Millisekunden Bedenkzeit pro Zug für die Ausführung eines Monte-Carlo-Suchbaums aufgewandt werden, der aus 800 Simulationen besteht.

Endeten beim Training von AlphaZero gegen sich selbst viele Partien mit einem Remis?
Zu Beginn endeten fast alle Partien durch die 50-Züge-Regel remis (kein Bauernzug und kein Schlagfall während 50 Zügen), weil das Spiel fast völlig zufällig war. Gegen Ende des Trainings sahen wir eine Remisrate ähnlich der anderer Top-Engines beim Spiel gegen sich selbst – etwa 70-80%. Dies steigt auf über 90% bei einer Turnierbedenkzeit.

Bekommst Du einen Eindruck davon, wie sich das Spiel von AlphaZero während des Trainings entwickelt?
Während des Trainings machen wir regelmäßig Schnappschüsse und spielen einige der Partien durch, wobei wir AlphaZero bei jedem Trainingsstand kontrollieren. Wir nehmen dabei nicht die Trainingspartien selbst, da sie mit etwa 40 Millisekunden pro Zug gespielt werden, sondern machen einen Schnappschuss von seinem Entwicklungsstand und spielen längere Partien, um den Fortschritt zu sehen. Eine interessante Sache, die uns dabei aufgefallen war, ist, dass AlphaZero Eröffnungszugfolgen wiederentdeckt, die auch von menschlichen Spielern oft gespielt werden. Was wir am erstaunlichsten fanden, ist, dass AlphaZero im Laufe seines Trainings oft diese bekannten Varianten verwirft, weil es Wege findet, sie zu widerlegen!

Uns scheint, dass AlphaZero guten Gebrauch von der Figurenbeweglichkeit macht und ein fantastischer Angreifer ist. Glaubst Du, dass es diese Konzepte auf andere Weise sieht als Stockfish, womöglich mathematischer?
Das sind in der Computerschachliteratur bekannte Konzepte, aber in traditionellen Schach-Engines werden sie normalerweise nicht oder nur wenig selektiv angewandt. Daher müssen sie gering gewichtet werden, damit sie keinen zu starken Einfluss ausüben, wenn ihre Anwendung nicht gerechtfertigt ist. Im Falle von AlphaZero bringt es die stark nichtlineare Natur seiner neuronalen Netze mit sich, dass es in der Lage ist zu lernen, sie viel selektiver und mit höherem Einfluss in solchen Situationen anzuwenden, wo es glaubt, dass die entsprechenden Merkmale bedeutsam sind. Da AlphaZero den Erwartungswert maximiert, ist es nicht so sehr an die Behauptung des materiellen Gleichgewichts gebunden.

Ist die Geschwindigkeit der Trainingspartien eine Sache, die Du vielleicht gern geändert hättest? Man hätte mehr Zeit geben können?
Ja. Es ist eine Frage der Abwägung, wie gut die Züge sein sollen und wie viele verschiedene Partien man für das Training haben will. Und je mehr Partien das System sehen kann, desto besser kann es die Regeln finden, die es über diese Partien hinweg verallgemeinern kann und desto weniger wird es die Besonderheiten einer einzelnen Partie überbewerten.

Es ist wichtig, auf den erheblichen Unterschied zwischen der Hardware, die für das Training von AlphaZero verwendet wurde, und der beim Match verwendeten Hardware hinzuweisen. Während des Trainings wurden 5000 TPUs der ersten Generation zum Erzeugen der Partien gegen sich selbst verwendet, und 16 TPUs der zweiten Generation zum Trainieren der neuronalen Netze. Diese Computerressourcen minimieren den Zeitaufwand für die Durchführung des Trainings. Im Gegensatz dazu verwendete AlphaZero beim Spiel gegen Stockfish eine einzige Maschine mit 4 TPUs der ersten Generation.

AlphaZeros Matchspiel

Einige Spiel-Computer simulieren die Ergebnisse während des Spiels (z.B. das Backgammon-Programm Jellyfish). AlphaZero simuliert Millionen von Spielen während des Trainings, wendet aber während der Partie nicht die Technik der Simulation bis zum Spielende (Rollouts – „zufälliges Auswürfeln“) an. Nach Abschluss des Trainings von AlphaZero kommen die aktuellsten neuronalen Netze für die Richtlinien (welche Züge man auswählt) und Bewertung (wie die Stellung einzuschätzen ist) beim Matchspiel zum Einsatz. Wie Matthew Lai uns erklärte, führten die früheren Versionen von DeepMinds AlphaGo während des Spiels zufällige Rollouts durch. Dies ist für AlphaZero nicht notwendig, da sein Bewertungsnetzwerk so weit ausgereift ist, dass ein zusätzliches Ausspielen von Stellungen während der Partie keinen Nutzen bringen würde. Dadurch ist jedoch während der Partie keinerlei Zufallsfaktor bei AlphaZero eingebaut.

Wir haben **Matthew Lai** gefragt, ob AlphaZero zweimal dieselbe Partie spielen würde:

Hat AlphaZero beim Spielen irgendeinen Zufallsfaktor?
Wenn AlphaZero während des Trainings gegen sich selbst spielt, ist es sehr wichtig, dass wir eine Vielzahl von Stellungen und Zügen zu sehen bekommen. Dies haben wir dadurch erreicht, dass wir ausdrücklich einen gewissen Zufallsfaktor hinzugefügt haben. Beim Matchspiel nach dem Training ist durch die parallel geschaltete Hardware immer noch ein gewisser Zufall gegeben; daneben haben wir mitunter speziell in der Eröffnung für eine etwas unstete Stellungsbeurteilung gesorgt, um einen Zufallsfaktor zu generieren.

AlphaZeros Denkprozess – eine detaillierte Darstellung anhand eines einzelnen Zuges

Wir illustrieren AlphaZeros Denkprozess in einer Matchsituation (anders ausgedrückt, nachdem es sein Training abgeschlossen hatte), indem wir uns eine bestimmte Stellung aus dem Match gegen Stockfish detailliert ansehen. Begeben wir uns nun also in die Fußstapfen von AlphaZero, wie es nachdenkt und sich für seinen nächsten Zug entscheidet. Die ausgewählte Stellung entstammt der Partie **„*Genau so muss man angreifen*“**; eine fabelhafte entschiedene Partie, auf die wir mehrmals in diesem Buch zurückkommen werden.
Die ausgewählte Stellung entstand nach dem 29. Zug von Schwarz:

AlphaZero
Stockfish 8
London 2018

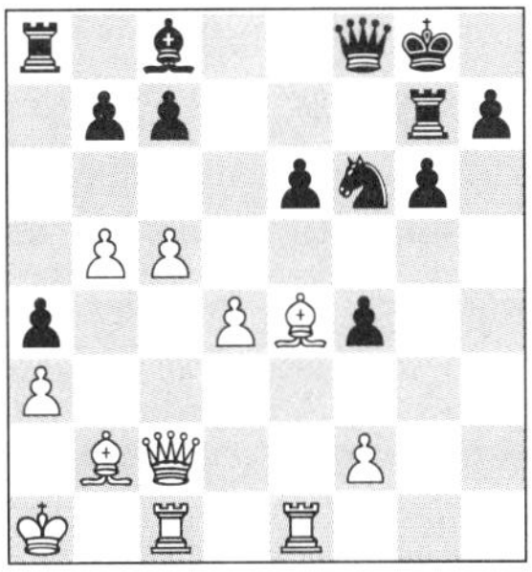

In der Eröffnung opferte AlphaZero zwei Bauern am Königsflügel (den g- und den h-Bauern), nachdem es das Läuferpaar erlangt hatte. Ich hätte damit gerechnet, dass AlphaZero alle seine Figuren auf eine dieser Linien stellen würde, doch stattdessen widmete AlphaZero seine Aktivitäten der Öffnung des Zentrums; mit dem Ziel, Diagonalen für seine Läufer zur Unterstützung der Königsflügeloffensive zu öffnen. Wir schalten uns der Partie im kritischen Augenblick zu.

Auf den folgenden Seiten werden wir Schnappschüsse von AlphaZeros Gedanken an verschiedenen Punkten des Denkprozesses präsentieren, vom Anfang – als es erst wenige Verzweigungen seines Variantenbaums abgesucht hatte – bis zum Ende seines Denkprozesses, als es sich für einen Zug entschieden und seine Einschätzung der Stellung verfeinert hatte.

Zu unserer Unterstützung hat uns Matthew Lai mit einem Baum von Zügen, die AlphaZero erwogen hatte, versorgt, gepaart mit zusätzlichen

Informationen wie etwa der Bewertung der Züge.
Im obigen Diagramm überlegt sich AlphaZero seinen 30. Zug mit Weiß.

Wir präsentieren hier den ersten Baum, nach nur 64 Knoten Suche, und hangeln uns durch die Züge und die gezeigte Information:

Erster Baum – 64 Knoten

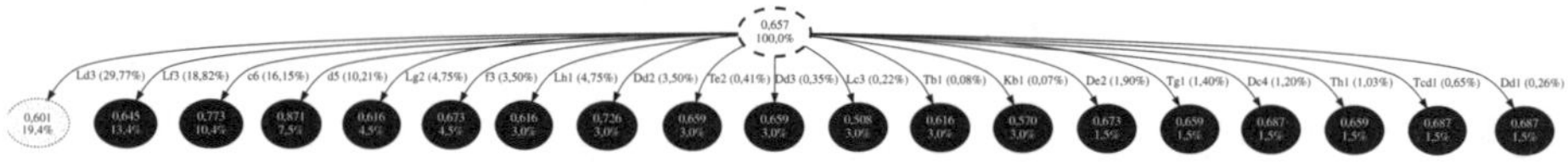

Das sieht gruselig aus, nicht wahr? Genau das waren auch meine Gedanken, als ich das sah, doch einige Erläuterungen von Matthew Lai wie auch meiner Ko-Autorin Natasha haben mir sehr weitergeholfen. Sehen wir uns Teile des Baums unter der Lupe an:

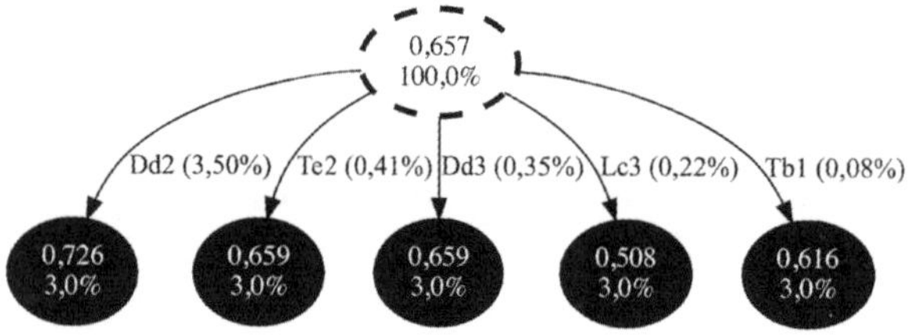

Wir zeigen hier die Wurzel des Baumes (die gepunktete Linie) sowie fünf der 19 im Baum dargestellten Möglichkeiten.

Der Wurzelknoten

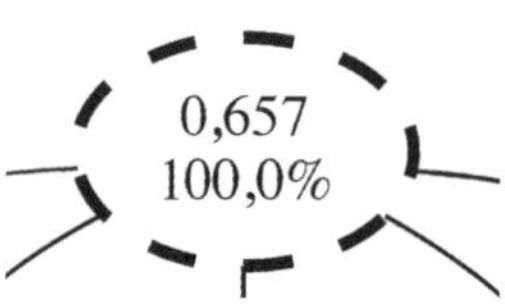

1. AlphaZeros Stellungsbewertung
The oberste Ziffer (0,657) ist AlphaZeros Stellungseinschätzung aus der Sicht von Weiß. 0,657 bedeutet eine Ergebniserwartung von 65,7%, d.h. besser für Weiß. Dieser Erwartungswert ergibt sich aus einer Kombination von Siegen, Unentschieden und Niederlagen (auch wenn wir die genaue Zusammensetzung nicht kennen).

Zum Beispiel würden 65,7% Siege, keine Unentschieden und 34,3% Niederlagen einen Erwartungswert von 65,7% ergeben, ebenso wie 31,4% Siege, 68,6% Unentschieden und keine Niederlagen.

2. Der Gesamtprozentsatz der Knotensuche
100% bedeutet, dass 100% der Knotensuche von Alpha-Zero verwendet wurden, um dieses Ergebnis zu erhalten. Wir werden oben im Baum (beim Wurzelknoten) immer 100% sehen. Während AlphaZero weiter unten im Baum die Zweige absucht, teilt es die verfügbare Zeit und Energie zwischen

denjenigen Zügen und Varianten auf bzw. verwendet den Großteil der Zeit für die Züge, die es für am wichtigsten hält.
Wenn wir uns die einzelnen Verzweigungen anschauen, werden wir Prozentsätze von kleiner als 100% sehen, was den Anteil der Zeit angibt, die AlphaZero für diese Möglichkeit aufgewendet hat.

Züge und Zugwahrscheinlichkeiten

„♕d2 (3,50%)“
Der nächste Schritt, den wir sehen, zeigt fünf Züge, mit einem Prozentwert neben jedem von ihnen. Der Prozentsatz stellt die A-priori-Wahrscheinlichkeit des Zuges dar, und wie wir in unseren weiteren Bäumen sehen werden, wird sich diese Zahl bei einer gegebenen Stellung nie ändern.
Die Prozentzahl gibt an, wie wahrscheinlich es für AlphaZero am Anfang seines Denkprozesses ist, dass es letztlich diesen Zug wählen wird. Es ist, als würde man einem Großmeister eine Stellung zeigen und ihn fragen, welche Züge auf den ersten Blick plausibel sind und welche am besten sein könnten. Der Großmeister mag mit vier oder fünf Züge ankommen und diese von am meisten bis am wenigsten wahrscheinlich anordnen. Genau das tut AlphaZero, um Prioritäten für seine Analyse zu setzen.
Konkret am Schachbrett:

AlphaZero
Stockfish 8
London 2018

30.♕d2

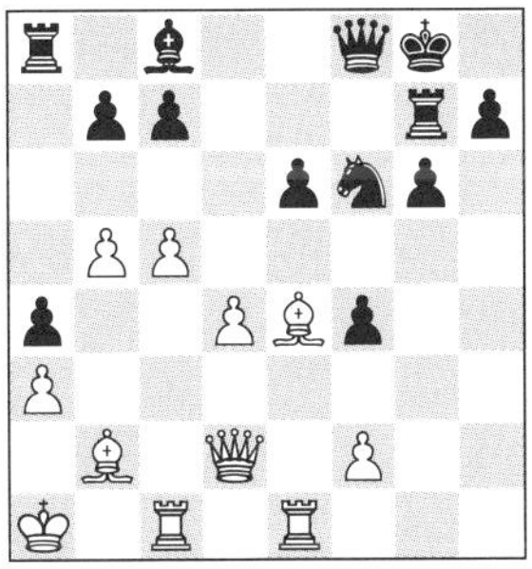

AlphaZero glaubt, dass ♕d2 zu 3,50% seine Wahl in dieser Stellung sein wird. Mithin nicht sehr wahrscheinlich, aber nicht unmöglich. Man vergleiche dies mit dem unverständlichen und unlogischen 30.♗c3, dem AlphaZero nur eine Chance von 0,22% gibt, ausgewählt zu werden (Gott sei Dank!).

Bewertung der Verzweigung und die für diesen Zug aufgewandten Ressourcen

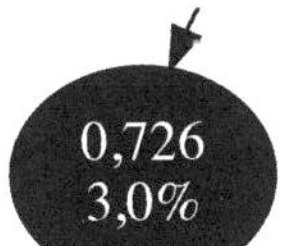

AlphaZeros Bewertung der Stellung nach diesem Zug (30.♕d2) ist 0,726 (Erwartungswert 72,6%), und es investierte 3,0% seiner gesamten Knotensuche für diesen Zug. In menschlichen Begriffen hat AlphaZero einen kurzen Blick auf 30.♕d2 geworfen, und der erste Eindruck war positiv.

Um es zu rekapitulieren, wir sehen von oben nach unten:

1. AlphaZeros Gesamteinschätzung der Stellung;

2. die Züge, die es sich angesehen hat, und für wie wahrscheinlich sie (bei seinem ersten Eindruck) seine Wahl sein werden;
3. AlphaZeros Einschätzung der Stellung nach jedem der Züge;
4. wie viel Zeit (als Prozentsatz bei diesem Schritt) AlphaZero jedem der Züge gewidmet hat.

Dem aufmerksamen Leser werden bereits ein paar interessante Dinge aufgefallen sein:

1. *Die Prozentsätze auf jeder Ebene des Baumes addieren sich nicht zu 100%.*
Das liegt daran, dass wir nicht alle von AlphaZero erwogenen Züge aufgelistet haben (der leichteren Lesbarkeit halber).

2. *Die Gesamteinschätzung der Stellung (0,657 = Erwartungswert 65,7%) entspricht nicht der Bewertung irgendeines einzelnen Zuges.*
Eine Engine wie Stockfish arbeitet auf der Grundlage, dass die Bewertung des besten Zuges die Bewertung der ganzen Stellung bestimmt. Wenn Stockfish also die beste Variante mit +0,38 Bauerneinheiten bewertet (man denke daran, Stockfish bewertet in Bauern, nicht in Prozent der erwarteten Punktzahl), dann ist dies zugleich auch Stockfishs Bewertung der Stellung.

AlphaZero nimmt eine eher probabilistische Sichtweise ein. AlphaZero bewertet die Stellung letztlich im Ganzen, indem es die Bewertungen aller betrachteten Züge berücksichtigt, dabei aber den häufiger betrachteten Zügen ein höheres Gewicht verleiht.

Im nächsten Kapitel („AlphaZeros Stil – man trifft sich in der Mitte“) werden wir die Vor- und Nachteile dieses Ansatzes erörtern und einige praktische Beispiele geben. Generell könnte ein solcher Ansatz jedoch dazu führen, dass die menschliche Intuition nachgeahmt wird, mit deren Hilfe die Spieler auf Stellungen zusteuern, „die sich gut anfühlen“, und erst dann, wenn die Stellung auf dem Brett steht, eine konkrete Variante ausarbeiten.

Die oberste Ebene des obigen Baumes ist sehr breit, wobei AlphaZeros 19 Möglichkeiten für den ersten Zug angezeigt werden. Wir haben die Ergebnisse in einer Tabelle zusammengefasst, um die Lesbarkeit zu erleichtern:

[siehe nächste Seite]

Zug	Zugwahrscheinlichkeit	Tatsächliche % der diesem Zug gewidmeten Knotensuche	Einschätzung (Erwartungswert)	Rang bei der Zugwahrscheinlichkeit	Rang bei der Knotensuche	Rang bei der Bewertung
30.♗d3	29,77	19,4	0,601	1	1	17
30.♗f3	18,82	13,4	0,645	2	2	13
30.c6	16,15	10,4	0,773	3	3	2
30.d5	10,21	7,5	0,871	4	4	1
30.♗g2	4,75	4,5	0,616	5	5	14
30.f3	3,5	4,5	0,673	7	5	7
30.♗h1	4,75	3	0,616	5	7	14
30.♕d2	3,5	3	0,726	7	7	3
30.♖e2	0,41	3	0,659	14	7	9
30.♕d3	0,35	3	0,659	15	7	9
30.♗c3	0,22	3	0,508	17	7	19
30.♖b1	0,08	3	0,616	18	7	14
30.♔b1	0,07	3	0,57	19	7	18
30.♕e2	1,9	1,5	0,673	9	14	7
30.♖g1	1,4	1,5	0,659	10	14	9
30.♕c4	1,2	1,5	0,687	11	14	4
30.♖h1	1,03	1,5	0,659	12	14	9
30.♖cd1	0,65	1,5	0,687	13	14	4
30.♕d1	0,26	1,5	0,687	16	14	4
Stellungseinschätzung insgesamt			**0,657**			

In diesem sehr frühen Stadium des Denkprozesses ist AlphaZeros Suche recht breit angelegt, und es hat sich einige Zeit mit Zügen beschäftigt, die es für sehr unwahrscheinlich hält und deren Bewertungen nicht sonderlich hoch sind.

Aus seiner A-priori-Erwartung rechnet AlphaZero damit, dass 30.♗d3 der wahrscheinlichste Zug ist, aber seine Intuition wird nicht durch die Bewertung des Zuges gestützt. Sein viertwahrscheinlichster Zug – 30.d5 – stürmt an die Spitze der Bewertungstabelle!

AlphaZero
Stockfish 8
London 2018

30.d5

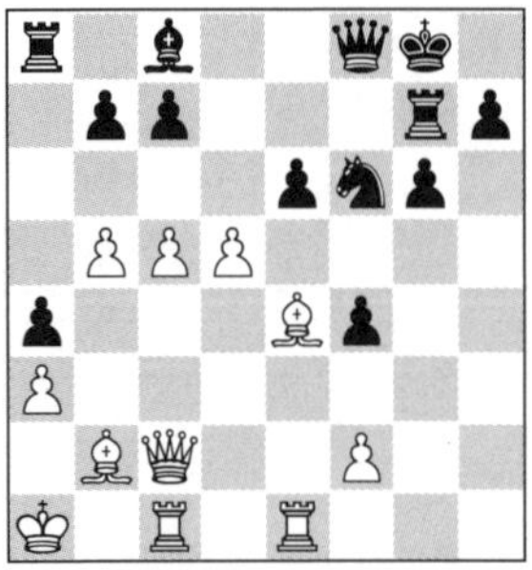

Das ist ein weiteres Bauernopfer, zusätzlich zu den beiden Bauern, die AlphaZero bereits gegeben hat! Wird AlphaZero dieses Opfer immer noch gefallen, wenn es sich die Stellung genauer angesehen hat, oder wird es dann auf etwas Solideres umschwenken?
Schauen wir gemeinsam mit AlphaZero etwas näher hin …

Zweiter Baum – 256 Knoten

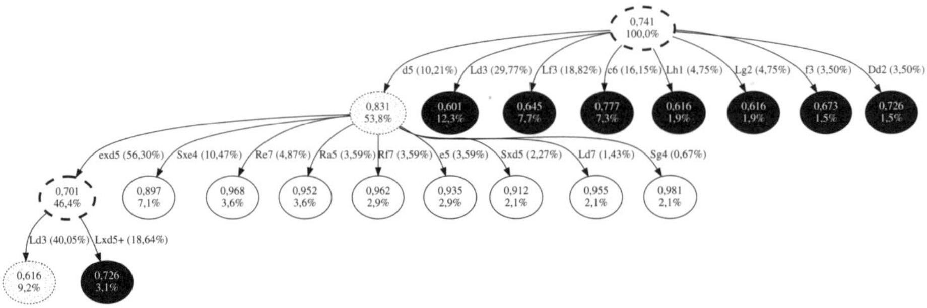

Zug	Zugwahrscheinlichkeit	Tatsächliche % der diesem Zug gewidmeten Knotensuche	Einschätzung (Erwartungswert)	Rang bei der Zugwahrscheinlichkeit	Rang bei der Knotensuche	Rang bei der Bewertung
30.♗d3	29,77	12,3	0,601	1	2	8
30.♗f3	18,82	7,7	0,645	2	3	5
30.c6	16,15	7,3	0,777	3	4	2
30.d5	10,21	53,8	0,831	4	1	1
30.♗g2	4,75	1,9	0,616	5	5	6
30.f3	3,5	1,5	0,673	7	7	4
30.♗h1	4,75	1,9	0,616	5	5	6
30.♕d2	3,5	1,5	0,726	7	7	3
Stellungseinschätzung insgesamt			**0,741**			

Wie zu sehen, hat sich die Anzahl der Möglichkeiten, auf die AlphaZero signifikant Zeit verwendet, enorm verringert: acht anstelle von 19 Möglichkeiten beim ersten Baum. Dies hat folgende Auswirkungen:

1. Der Baum wird schmaler und tiefer: AlphaZero untersucht die Stellung detaillierter und konzentriert sich dabei im Wesentlichen auf die aussichtsreichsten Varianten. Auf 30.d5 – was AlphaZero mit dem astronomischen Wert von 0,831 einschätzt (Erwartungswert 83,1%) – entfielen 53,8% der gesamten Knotensuche.
2. Da weniger, dafür aber aussichtsreichere Varianten betrachtet werden, steigt der gewichtete Durchschnitt der Stellungsbewertung (zu dem jetzt vielversprechende Varianten mehr und weniger aussichtsreiche Abspiele weniger beitragen).

Die hohe Bewertung von 0,831 für 30.d5 ergibt sich aus einer Variante (30...exd5), in der Weiß seinen Erwartungswert auf etwa 70% schätzt, zusammen mit einer Reihe anderer Verteidigungen, bei denen der Wert für Weiß bei etwa 90% oder sogar höher liegt. Bei diesem Durchgang bewertet AlphaZero die Stellung aufgrund des gewichteten Durchschnitts, und wenn AlphaZero dann näher hinschaut, konzentrieren sich die Kräfte auf die Variante 30.d5 exd5, um deren Bewertung zu bestätigen.

Dritter Baum – 1024 Knoten

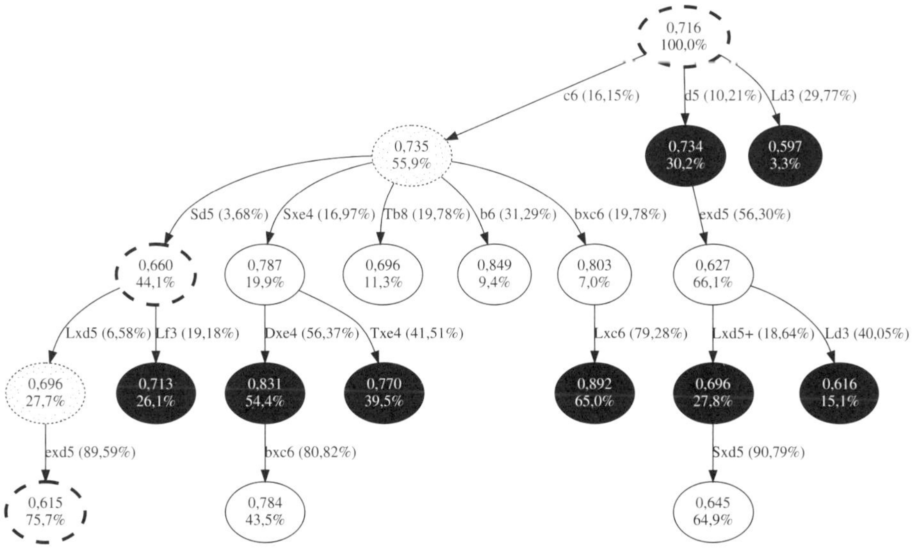

Zug	Zugwahrscheinlichkeit	Tatsächliche % der diesem Zug gewidmeten Knotensuche	Einschätzung (Erwartungswert)	Rang bei der Zugwahrscheinlichkeit	Rang bei der Knotensuche	Rang bei der Bewertung
30.♗d3	29,77	3,3	0,601	1	3	3
30.c6	16,15	55,9	0,735	2	1	1
30.d5	10,21	30,2	0,734	3	2	2
Stellungseinschätzung insgesamt			**0,716**			

Zeit, uns dem Schachbrett zuzuwenden! Es ist etwas passiert. Zunächst einmal ist AlphaZero nicht mehr so wahnsinnig auf 30.d5 erpicht. Es denkt nun, dass 30.c6 der rechte Weg ist.

AlphaZero
Stockfish 8
London 2018

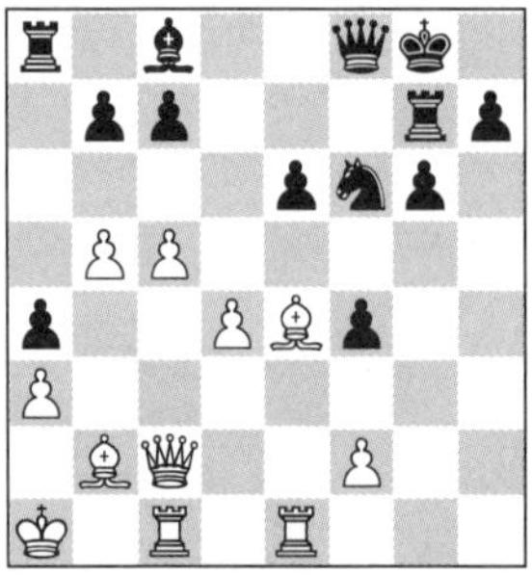

30.c6
Tatsächlich ist AlphaZeros Bewertung für 30.d5 wie auch für 30.c6 gefallen, doch 30.d5 hat den tieferen Fall gesehen. Und zwar hauptsächlich darum, weil AlphaZero sich jetzt viel sicherer ist, dass 30...exd5 die beste Verteidigung auf 30.d5 darstellt, und dass die Position dem Weißen nur eine Gewinnerwartung von 0,627 verspricht (d.h., AlphaZero hat nun weiter analysiert und betrachtet einige der minderwertigen Verteidigungen auf 30.d5 als wenig realistische Möglichkeiten).
30...♘d5 31.♗xd5 exd5

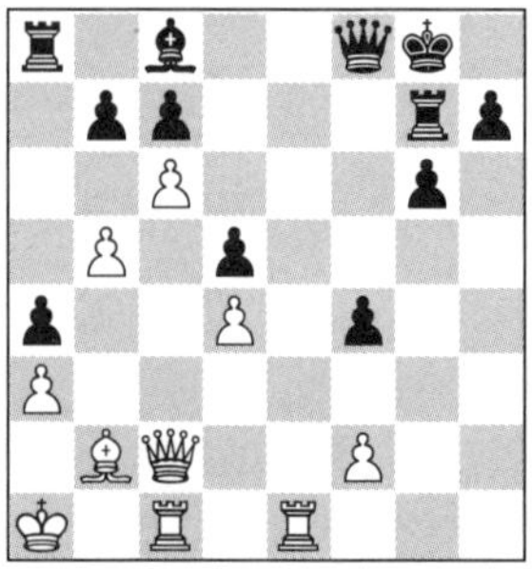

AlphaZero schwankt zwischen 30.c6 und 30.d5, doch nach Durchsuchen von 65 536 Knoten wird AlphaZeros Weg klar.

Vierter Baum – 65 536 Knoten

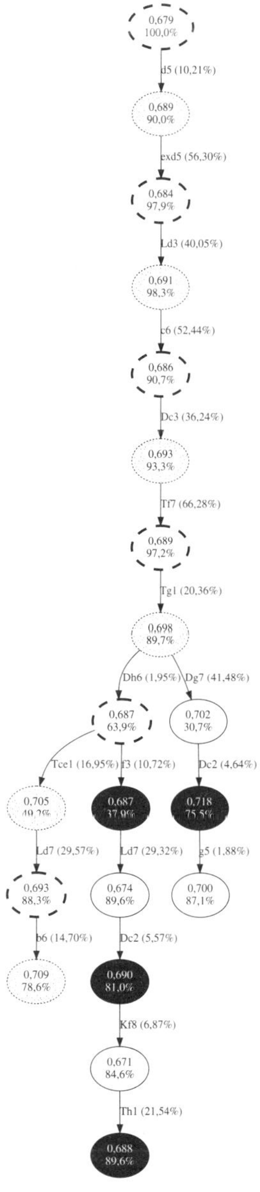

AlphaZeros Analyse hat sich erneut auf 30.d5 konzentriert. Wie man aus den Werten der durchsuchten Knoten sehen kann, hat AlphaZero zu diesem Zeitpunkt einen hohen Prozentsatz seiner Ressourcen (etwa 90%) 30.d5 gewidmet – einer messerscharfen Variante, die mit einem dritten Bauernopfer zwecks Öffnung von Linien für den schwarzfeldrigen Läufer einhergeht:

AlphaZero
Stockfish 8
London 2018

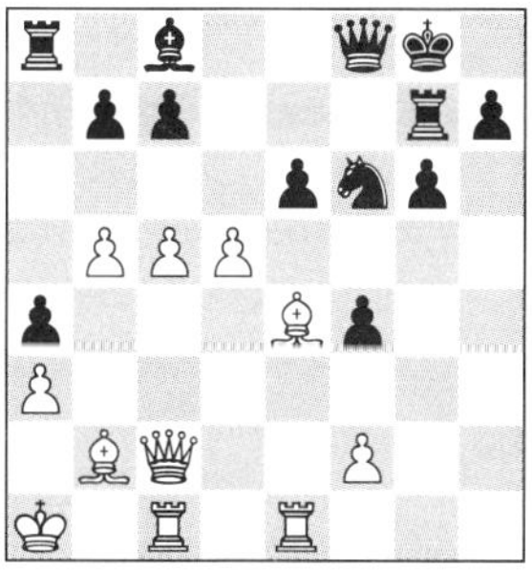

30...exd5 31.♗d3 c6 32.♕c3 ♖f7 33.♖g1 ♕h6 34.♖ce1 ♗d7 35.b6

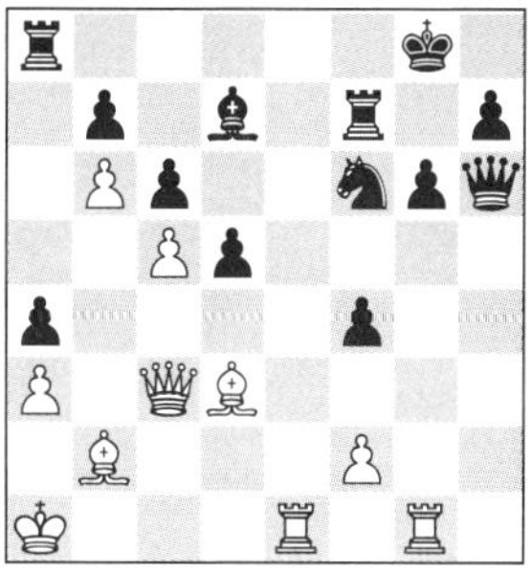

... ist zu diesem Zeitpunkt AlphaZeros Hauptvariante.

Fünfter Baum – 4 194 304 Knoten
Der letzte uns vorliegende Baum, mit dem AlphaZero über diese Stellung nachdenkt, ist ein wenig zu lang, um bequem auf eine Seite zu passen. Er endet allerdings mit 30.d5, einer Stellungseinschätzung von 0,735 (ein Erwartungswert von 73,5%) und folgender Variante:

[siehe nächste Seite]

AlphaZero
Stockfish 8
London 2018

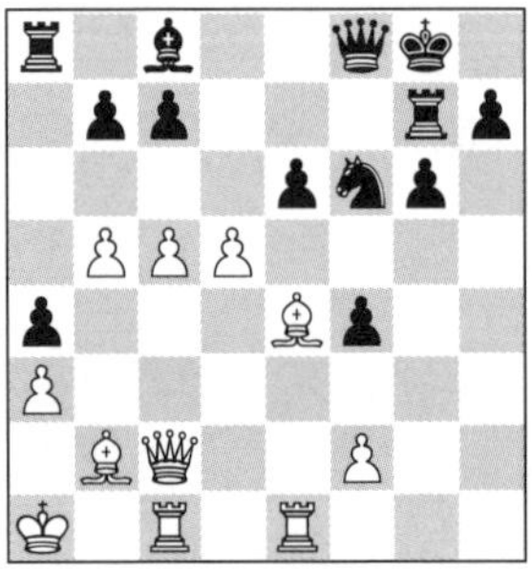

30...exd5 31.♗d3 c6 32.♕c3 ♖f7 33.♖g1 ♕g7
Ersetzt 33...♕h6, was AlphaZero zuvor als beste Verteidigung für Schwarz erachtete.
34.♕c2 ♔f8 35.b6 d4

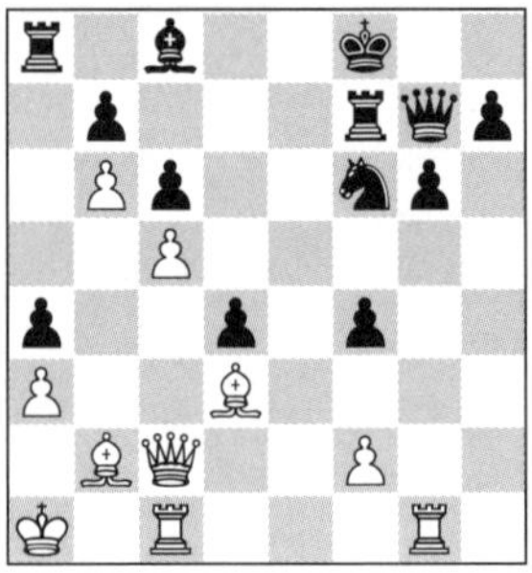

Schlussfolgerungen
Was können wir aus alledem lernen? Zunächst einmal ist es faszinierend, AlphaZeros erlernte Funktion der Stellungsbewertung in Aktion zu sehen, und wie diese zu seinem intuitiven und dynamischen Spiel beiträgt. Im Besonderen war ich überrascht und zugleich begeistert, wie schnell sich AlphaZero auf eine Variante konzentriert, die es spielen will – sogar eine derart scharfe Variante, die das Opfer eines dritten Bauern beinhaltet –, und wie es ihm gelingt, so viele seiner Ressourcen der Analyse dieser einen Möglichkeit zu widmen.

Für einen menschlichen Spieler ist es ein Traum, so wenig wie möglich zu berechnen; nur die Züge, die für die Stellung wirklich relevant sind. Diesem Baum nach zu urteilen, wie auch anderen, die ich gesehen habe, gelingt dies AlphaZero sehr gut (wobei es natürlich, im Unterschied zu Menschen, nie Angst zu haben braucht, dass ihm die Kraft zum Rechnen ausgeht!).

Ich denke, das erklärt auch, warum AlphaZero gelegentlich eine ungewöhnliche, „unfaire“ taktische Möglichkeit übersieht. Da AlphaZero die Variantenbäume so früh und unbarmherzig beschneidet, mag es einen ungewöhnlichen Zug verwerfen, bevor es die Tiefe erreicht, bei der die verborgene Stärke eines solchen Zuges zum Vorschein käme.

Das ist eine Abwägung, die Menschen in einer praktischen Partie gleichermaßen machen müssen, und die Besten liegen hier gelegentlich daneben, sogar AlphaZero! Hier jedenfalls entschied sich AlphaZero, nachdem es ein wenig mit 30.c6 herumspielte, für das Bauernopfer 30.d5 und gewann eine feine Opferpartie.

KAPITEL 5

AlphaZeros Stil – man trifft sich in der Mitte

Eine bemerkenswerte Facette von AlphaZeros Schach ist – ebenso sehr wie seine phänomenale Stärke – sein Stil. Man kann durchaus sagen, dass die ursprünglich im Dezember 2017 veröffentlichten zehn Partien für kein derartiges Aufsehen unter den Schachspielern gesorgt hätten, hätte AlphaZeros Stil dem der anderen Schach-Engines geähnelt. Die schneidigen Angriffspartien sowie die langfristigen Figurenopfer erweckten indes die Hoffnung, dass etwas Neues und Aufregendes entdeckt worden wäre; eine Hoffnung, die die Partien aus diesem Match gewiss nicht enttäuscht haben.

Ein Großteil vom Rest dieses Buches wird der Beschreibung dessen gewidmet, wie AlphaZero **spielt**. Durch Beobachtung seines Spiels und seiner Einschätzungen sowie durch die Analyse von Alternativen zu seinen Zügen und denen des Gegners ziehen wir Schlussfolgerungen über seine bevorzugten Schemata sowie seine Stärken und seine Schwächen.

Im vorhergegangenen Kapitel untersuchten wir, wie AlphaZero **denkt**. Als lernende Mehrzweck-Maschine ist sein Lernen in völlig anderer Weise strukturiert als bei jedem früheren Schachprogramm.

Im ersten Teil des Kapitels wagt Natasha, unterstützt vom DeepMind-Team, auf Grundlage von AlphaZeros Denkprozess einige Spekulationen darüber, wie wir denken, dass AlphaZero spielen würde, oder warum es so spielt wie es tut. Während unserer Herleitungen zitieren wir aus Interviews mit Demis Hassabis, Matthew Lai, Thore Graepel und David Silver.

Matthew wird von der anderen Ecke aus anfangen und Beobachtungen zu AlphaZeros Spiel aus dessen Match mit Stockfish machen. Unser Ziel ist es, uns dann in der Mitte zu treffen und unsere Herleitungen und Voraussagen mit den Beobachtungen aus AlphaZeros praktischem Spiel in Beziehung zu setzen.

Abschnitt A – AlphaZeros Design, Training und Spiel

Wir haben verschiedene Merkmale von AlphaZeros Design und Training ausgemacht, die Einfluss auf sein Spiel haben könnten:

1. Es lernt ohne fachspezifisches (in Bezug auf Schach) bzw. menschliches Wissen. Im Besonderen:
   a) wurden ihm keine positionellen Ideen oder Schachstrategien beigebracht;
   b) hat es einzig gegen sich selbst trainiert;
   c) spielt es ohne Endspieldatenbanken (z.B. Tablebases);
   d) spielt es ohne Eröffnungsbuch.
2. Es bewertet Stellungen probabilistisch (basierend auf der von ihm angenommenen Chance auf Sieg oder Unentschieden), anstatt einen Vorteil in umgerechneten Bauerneinheiten einzuschätzen.
3. Seine Gesamtbewertung ergibt sich aus dem Durchschnitt aller wahrscheinlichen Zugfolgen anstatt aus der Bewertung der Stellung am Ende der vorausgesagten Zugfolge (laienverständlich ausgedrückt: es strebt nach Stellungen, die ganz allgemein aussichtsreich sind, anstatt eine einzelne beste Variante aufzuspüren).
4. Seine Bewertungsfunktion hat eine flexible Struktur, was ihm erlaubt zu berücksichtigen, wie verschiedene positionelle Merkmale zusammenwirken.

In den folgenden Abschnitten beschreiben wir den Einfluss, den AlphaZeros Denkprozess auf seinen Spielstil haben könnte.

1. AlphaZero lernt ohne fachspezifisches (in Bezug auf Schach) bzw. menschliches Wissen

a) Ihm wurden keine positionellen Ideen oder Schachstrategien beigebracht

DeepMind hat bei der Gestaltung von AlphaZero eine bewusste Wahl getroffen, indem es ihm nur die Regeln der verschiedenen Spiele (Schach, Go und Shogi) mitgab und die Maschine ihre Strategien eigenständig ausarbeiten ließ.
Dies steht in Einklang mit den Entwicklungsprinzipien von DeepMind und ermöglicht es, die für AlphaZero verwendete Technik zu verschiedensten Zwecken einzusetzen.
Im Ergebnis ist das Spiel von Alpha-Zero in vielerlei Hinsicht beeindruckend. Es ist das erste Mal, dass ein Computer ein derartiges Niveau erreicht hat, ohne die bekannte Schachstrategie gelehrt zu bekommen.
DeepMind hat gezeigt, dass es für Computer jetzt möglich ist, derartige Herausforderungen von den Anfangsgründen weg selbstständig zu bewältigen und übermenschliche Ergebnisse zu erzielen.
Für Schachspieler gleichermaßen faszinierend ist AlphaZeros Stil, da er an menschliches Spiel zu erinnern scheint. Während wir dieses Buch

schrieben, durfte Matthew einmal gegen AlphaZero antreten, und er sagte, dass er allein den Zügen nach zu urteilen nicht imstande gewesen wäre zu sagen, dass er gegen einen Computer gespielt hätte.

Zum ersten Mal erreichte ein Computer ein derartiges Niveau, ohne dass ihm bekanntes schachstrategisches Wissen beigebracht worden wäre.

Wie wurde AlphaZero derart stark? In diesem Buch macht Matthew zahlreiche Positionen ausfindig, in denen er von AlphaZeros Stellungseinschätzung mehr überzeugt ist als von der anderer Engines.
Computer sind gut darin, Zahlenoperationen sehr schnell durchzuführen, doch traditionell weniger gut darin, Stellungen zu „sehen" und einzuschätzen, ob eine Stellung gut aussieht. Wir werden sehen, dass AlphaZeros probabilistischer Ansatz es ihm ermöglicht, ein Gefühl für die Stellung zu erlangen. Zusätzlich ermöglichen es Techniken des bestärkenden Lernens der KI, gestützt auf Millionen von Partien seine Bewertungsfunktion zu verfeinern.
Hans Moravec und andere KI-Entwickler stellten in den Achtziger Jahren das Paradoxon heraus, dass es „vergleichsweise einfach ist, Computer dazu zu bringen, Leistungen auf Erwachsenenniveau bei Intelligenztests oder beim Damespielen zu erbringen, und schwierig oder gar unmöglich, ihnen die Fähigkeiten eines Einjährigen in Bezug auf Wahrnehmung und Mobilität zu vermitteln."
Wir fragten **Demis** nach seiner Meinung bezüglich des Moravec'schen Paradoxons:

DH: „Über das Moravec'schen Paradoxon wird häufig gesprochen, als sei es eine Art großes Mysterium. Der Umstand, dass Dinge, die für Menschen ‚schwierig' sind, sagen wir, Schach zu spielen, Computern relativ leicht zu einprogrammieren sind; und umgekehrt Sachen, die für Menschen recht ‚einfach' sind, wie etwa das Sehen, sich als äußerst schwierig zu programmieren erweisen, scheint äußerlich betrachtet schon ein wenig paradox.
Doch es gibt, so denke ich, eine recht einfache Erklärung hierfür, und daran ist gar nichts paradox. Eine Reihe von Aufgaben, die Menschen als ‚schwierig' empfinden, setzt bewusste Anstrengungen voraus, wobei gewöhnlich jahrelanges Training vonnöten ist, um schließlich gut zu werden, wie etwa in der Mathematik, Logik oder im Schach. Im Gegensatz dazu können wir die Informationen in unserem Gesichtsfeld ganz ohne bewusste Anstrengung verarbeiten. Natürlich haben wir seit der Geburt buchstäblich Jahre gebraucht – und durch die Evolution hindurch zur Entwicklung des Sehzentrums –, um die visuelle Welt rund um uns herum zu erfassen. Doch zu diesem impliziten Wissen haben wir keinen bewussten Zugang, und wenn wir als Erwachsene über ein ausgebildetes Sehsystem verfügen, scheint es so einfach und mühelos. Und doch ist es so unglaublich schwierig,

einer Maschine das ‚Sehen' zu programmieren.
Der Grund für dieses scheinbare Paradoxon ist, wie ich meine, dass der Vorgang des Programmierens selbst eine explizite Aufgabe ist, die unglaubliche bewusste Anstrengungen verlangt – man muss die Lösung für ein Problem tief verstehen, bevor man sie manuell kodifizieren kann. In den Achtzigern, als Moravec hierüber geschrieben hatte, bastelten die meisten KI-Forscher an handgefertigten, auf simpler Logik beruhenden Systemen, und versuchten die Lösung für KI-Probleme direkt zu formulieren (mitunter als gute altmodische KI oder GOFAI bezeichnet). Natürlich ist es mit diesem GOFAI-Ansatz (Good Old-Fashioned Artificial Intelligence) ‚leichter', Probleme anzugehen, für die man eine bestimmte Lösung beschreiben kann (oder zumindest glaubt beschreiben zu können), was dann natürlich genau diese ‚schweren' Aufgaben sind, wo wir uns dessen bewusst sind, was wir tun, etwa Schach spielen. Im Gegenzug sind diejenigen Dinge, die wir nur intuitiv bewältigen, wie etwa das Sehen, ganz schwierig in einen logisch exakten Algorithmus zu fassen.
Der neue Ansatz des lernenden Systems, der in jüngster Zeit die KI revolutioniert hat und den wir für AlphaZero benutzten, funktioniert eher wie das Gehirn, indem es sich Wissen implizit durch Erfahrung aneignet – es spiegelt tatsächlich das, was wir als intuitive Vorgänge wahrnehmen, viel besser wider. Dadurch sind die Systeme besser geeignet für die Handhabung chaotischer Problemstellungen aus der realen Welt, weil sie auf dieselbe Weise wie unser Gehirn trainiert sind, nämlich durch Erfahrung.
AlphaZeros Leistung deutet interessanterweise auf einen weiteren wichtigen Punkt hin: selbst bei jenen Aufgaben, bei denen wir unseren eigenen Denkprozess gut genug verstehen, um eine feste Lösung zu programmieren, etwa bei der Bewertung einer Schachposition, stellt sich heraus, dass unsere selbstbeobachteten Fähigkeiten nur einen schwachen Abklatsch der realen Faktoren liefern, die unser Gehirn bei der Entscheidungsfindung zugrunde legt.
Ich glaube mithin, dass dieses Paradoxon tatsächlich nur darauf herausläuft, eine Bildstörung bei der traditionellen Weise der KI-Programmierung aufzuzeigen, wo wir handgefertigte Lösungen auf der Grundlage einer fehleranfälligen Selbstwahrnehmung geschrieben haben."

In Abwesenheit fachspezifischen Wissens ist AlphaZero frei, schachliche Probleme auf seine eigene Weise anzugehen. Indem es sich ähnliche Merkmale von erfolgreichen Zügen oder Partien herauspickt (gemessen an seinem jeweiligen Wissensstand), verfeinert AlphaZero seine Klassifizierung und Bewertung von Schachstellungen. Dies kann zu gänzlich neuen Einsichten oder aber besseren bzw. präziseren Durchführung bekannter Schachideen führen.
Zusätzlich könnte AlphaZero in der Lage sein, betreffs solcher Faktoren wie Beweglichkeit, Einfluss oder Initiative mehr als jeder Mensch

einen numerischen Ansatz „von unten nach oben“ umzusetzen. AlphaZero könnte Dinge gefunden haben, die es als Teil seiner Bewertung, sagen wir, der Mobilität, durchzählen will (z.B. Anzahl verfügbarer Züge, Kontrolle über Schlüsselfelder usw.). Dies würde sehr präzise Möglichkeiten bieten, um zu prüfen, wie sich die Mobilität im Laufe einer einer plausiblen Zugfolge verändert. Ein menschlicher Großmeister wird mehr zu einer Beurteilung „von oben herab“ neigen, basierend auf dem Großen und Ganzen der Stellung, da es nicht praktibal für ihn oder sie ist, sich auf detaillierte Rechenoperationen einzulassen.

Die Abwesenheit von Handgefertigtem kann für oder gegen AlphaZero arbeiten. Es ist denkbar, dass es Lücken in AlphaZeros Wissen geben könnte. Beispielsweise könnte es in seinen Trainingspartien nicht mit bestimmten Situationen konfrontiert worden und damit außerstande sein, gewisse Schlussfolgerungen zu ziehen. Andererseits mag AlphaZero, frei von durch konventionelles Wissen verursachten Urteilstrübungen, in der Lage sein, neue, nie zuvor gesehene Strategien zu entdecken oder die Einschätzung einiger bekannter Regeln umzustürzen.

Ein Kennzeichen wahrer Meisterschaft ist zu wissen, wann man die üblichen Regeln anwenden muss und wann man diese zur Seite zu legen hat. Da AlphaZero keine menschlichen Regeln einprogrammiert wurden, könnte es sich leichter tun, Ausnahmen zu den Regeln zu finden und bei Bedarf atypische Ideen zu nutzen.

Im weiteren Verlauf des Kapitels werden wir AlphaZeros Spiel nach Belegen jede der folgenden Thesen durchforschen:

I. AlphaZero könnte allgemein anerkannte menschliche Regeln nicht erfasst haben.

II. AlphaZero könnte neue Strategien entdecken, an die Menschen nicht gedacht haben.

III. Es könnte AlphaZero leichter fallen, Ausnahmen von den Regeln zu erkennen.

IV. AlphaZero könnte es gelingen, über einen zahlenmäßigen Ansatz zu einer besseren Bewertung positioneller Faktoren zu gelangen.

Wir haben **Matthew Lai** von DeepMind bezüglich unserer Theorie befragt, ob AlphaZero in Ergänzung zu seiner Anwendung positioneller Merkmale nach etwas Zahlenmäßigem Ausschau halten könnte.

NR: *Es wäre doch wahrscheinlich, dass es etwas mehr Zahlenmäßiges tun würde als die anderen Engines, nicht wahr?*
ML: Beim Verarbeiten einer gegebenen Schachstellung wandeln die neuronalen Netzwerke von AlphaZero die Position in einen langen Vektor von Zahlen um. Diese Zahlen werden dann in den vielen Schichten des neuronalen Netzwerkes verarbeitet. So gesehen handelt es sich also ausschließlich um Zahlen. Für den Zweck der Stellungsbewertung ermöglicht dieses Konstrukt dem System gewiss die Verwendung von Grautönen sowie das Abwägen verschiedener positioneller Merkmale in Abhängigkeit von der Stellung.

NR: *Vielleicht hat es ja jedem Feld einen Wert zugeordnet, wobei dieser sich mit der Nähe zum gegnerischen König erhöhen würde.*
ML: Ich denke, so machen es die traditionellen Engines – ich glaube, dieses Konzept wird als Königs-Tropismus bezeichnet. Wenn man etwa Stockfish nimmt, so ordnet es jeder Figur einen Wert mit Blick auf das gegnerische Königspaar zu. Sowie eine Punktzahl für den Wert der Figur in Abhängigkeit zu ihrem Abstand zum gegnerischen König. Verwendet AlphaZero ähnliche Kriterien? Aller Wahrscheinlichkeit ja, doch das ist schwer genau zu sagen. Es wäre äußerst interessant, wenn man eine entsprechende Serie von Testpositionen erstellen würde, um besser zu verstehen, was unter der Haube vorgeht!

b) AlphaZero trainierte nur gegen sich selbst

AlphaZero brachte sich eigenständig auf sein derzeitiges schachliches Niveau, indem es Millionen blitzschneller Partien gegen sich selbst spielte. Genau wie ein Anfänger begab es sich nur mit grundlegendem Regelwissen ausgestattet (wie die Figuren ziehen und wie eine Partie endet) auf seinen Weg. Im Unterschied zu einem normalen Anfänger hatte es aber keinen hilfreichen Großvater, große Schwester oder begeisterten Freund zur Seite, um ihm beim Erlernen der Grundlagen von Strategie und Taktik beim Schach zu helfen.
Unter der Vorgabe, dass AlphaZero autodidaktisch lernt, fragten wir **Thore Graepel**, welche Art von Einfluss und Wahlmöglichkeiten das DeepMind-Team hatte.
NR: *Es bringt sich selber alles bei, welche Art von Wahl haben Sie dann noch bei der Gestaltung des Programms?*
TG: Es gibt drei Hauptkomponenten, die das System ausmachen und über die wir als Entwickler die Kontrolle haben: als Erstes wäre da der Lernprozess, als zweites die Architektur der neuronalen Netzwerke, und als Drittes der Algorithmus zur Baumsuche.
NR: *So wäre der Lernprozess – Sie bringen ihm die Regeln bei und sagen ihm dann, „spiele jetzt viele Male gegen dich selbst!"*
TG: Ja, so in etwa, doch die Gestaltung des Lernprozesses beinhaltet Entscheidungen wie die, wie viel Zeit für jede Trainingspartie aufgewendet werden soll, wie jüngere gegen zahlreichere Erkenntnisse gegeneinander aufgewogen werden, und welche Lernregeln zur Anwendung kommen sollen.
NR: *Und was ist mit der Architektur der neuronalen Netzwerke?*
TG: Manche Leute behaupten, dass das Training von neuronalen Netzwerken eher eine Kunst denn eine Wissenschaft sei! Wir hatten freilich einige echte Spezialisten für neuronale Netzwerke im Team, und die Gestaltungsmöglichkeiten bezüglich der neuronalen Netze beziehen sich auf die Anzahl, Art und Größe der Schichten, Auswahl angemessener Funktionen für die Fehlerrückführung, Optimierung der Trainingsalgorithmen und die Abstimmung anderer Netzwerkparameter.
NR: *Und die Baumsuche, war die vorgegeben?*
TG: Nicht wirklich, nein. Die Wahl der Monte-Carlo-Baumsuche war entscheidend, wenn wir aus den neuronalen Netzwerke einen Nutzen

ziehen wollten, und es ergeben sich weitere Wahlmöglichkeiten bezüglich der Kriterien zur Auswahl von Stellungen, bei denen der Baum weiter ausgedehnt werden soll, und wie die Bewertung in Richtung des Baumstammes aggregiert werden soll.
NR: *Kann das irgendjemand richtig machen?*
TG: Grundsätzlich ja (lacht). Natürlich sind wir in der glücklichen Lage, über ein engagiertes Team von Spezialisten in neuronalen Netzwerken, bestärkendem Lernen, Baumsuchalgorithmen und Großgerätesystemen zu verfügen, zusammen mit der technischen Infrastruktur! Bemerkenswerterweise war die einzige Qualifikation, die nicht unbedingt notwendig war, die, einen herausragenden Kenner des betreffenden Spiels dabei zu haben. Als Beleg hierfür, AlphaZero ist zugleich eine sehr starke Shogi-Engine, und keiner von uns spielt Shogi. Demis früher einmal, er hat aber seit zwanzig Jahren nicht mehr gespielt.

c) Es spielt ohne eine Endspiel-datenbank (z.B. Tablebases)

Es gibt eine Lücke zwischen Alpha-Zero und den Standardengines bezüglich des Endspielwissens. Beispielsweise verwendet AlphaZero keine Tablebases, die derzeit die exakten Bewertungen aller Endspiele mit sieben und weniger Steinen enthalten.
AlphaZero trainierte gegen sich selbst, ohne vorheriges Endspielwissen. Der Mangel an Endspielwissen könnte dazu führen, dass AlphaZero ein paar bekannte Endspielgewinne verpasst. Doch wie wir später sehen werden, scheint dies kein großes Problem für AlphaZero zu sein, da es diese Endspiele größtenteils selbst ausgearbeitet hat. Die Autoren glauben indes, dass dieser Ansatz nichtsdestotrotz einen Einfluss auf AlphaZeros Stil haben könnte. Unsere Theorie ist, dass dies AlphaZeros Vorliebe für den direkten Königsangriff erklären könnte. Je tiefer im Training und in der Analyse eine sichere Endspielbewertung verborgen ist, desto eher wird AlphaZero sich alternativ für eine vorteilhafte Mittelspielvariante entscheiden. Ohne Tablebases könnte AlphaZero (bei seinem Training) gewonnene Endspiele, die tief im Analysehorizont auftauchen, nicht eindeutig bewerten und stattdessen auf Varianten zusteuern, die die Chance auf ein rasches Matt verheißen.
Dies könnte die folgenden Möglichkeiten begründen:

V. AlphaZero könnte gelegentlich ein Endspiel misshandeln oder die Chance einer Überleitung in ein vorteilhaftes Endspiel verpassen.

VI. AlphaZero könnte mehr motiviert sein, Matts aufzuspüren als eher strategische Gewinne im Endspiele.

d) AlphaZero spielt ohne ein Eröffnungsbuch

Dies ist wohl die mutigste Wette beim Verzicht auf jedwedes menschliche Wissen! Es besteht das Risiko, dass eine obskure Variante mit einer Eröffnungsfalle unter dem Radar von AlphaZeros Positionsspiel verborgen bleibt. Wir können DeepMinds Herangehensweise hier aber sehr gut nachvollziehen. Es war eine bewusste Entscheidung, bei der Konstruktion von AlphaZero auf menschliches

Wissen völlig zu verzichten. Die Eröffnungstheorie wird ohnehin beständig verfeinert, und der Start auf einem leeren Blatt Papier prädestiniert AlphaZero dafür, einige Neuerungen und Verbesserungen aufzuspüren und das Spiel in Richtung von Stellungen zu leiten, in denen es die besten Erfolgschancen zu haben glaubt. Wir halten nach Evidenz für das Folgende Ausschau:

VII. *AlphaZero könnte einige innovative neue Ideen in der Eröffnung entdecken. Es könnte auch geneigt sein, das Spiel stets in sein bevorzugtes Fahrwasser (den Angriff auf den König) zu lenken.*

VIII. *AlphaZero könnte gelegentlich in eine bekannte Eröffnungsfalle tappen.*

2. AlphaZero bewertet Stellungen probabilistisch (basierend auf der von ihm angenommenen Chance auf Sieg oder Unentschieden), anstatt einen Vorteil in umgerechneten Bauerneinheiten einzuschätzen

AlphaZeros Methode der Stellungseinschätzung ist für einen an Standardengines gewohnten Schachspieler der augenscheinlichste Unterschied. Standardengines bewerten die Stellung auf Grundlage eines in Bauerneinheiten umgerechneten Vorteils in der beiderseits besten Variante. Eine Bewertung von +1,19 bedeutet, dass der beste Zug von Weiß einen Vorteil von etwas mehr als einem Bauern gibt. Der Nachteil dieser Bewertungsmethode ist, dass er die Komplexität der Stellung bzw. auch das mit der „stärksten“ Fortsetzung verbundene Risiko nicht abbildet. AlphaZero mildert diesen Umstand ein wenig, indem es alle betrachteten Varianten berücksichtigt (nicht nur die „beste“). Damit wird indirekt auch die Komplexität der Stellung ein wenig berücksichtigt, da eine komplizierte Stellung im Fortlauf einer Variante größere Bewertungsschwankungen beinhaltet. Menschliche Spieler sollten freilich beachten, dass AlphaZeros Wahrscheinlichkeiten vom Spiel gegen sich selbst ausgehen; wir können also nicht davon ausgehen, dass wir aus einer gegebenen Stellung denselben Erwartungswert erreichen würden.

IX. *AlphaZero könnte das Spiel in einer Gewinnstellung vereinfachen, um seine Chancen zu maximieren.*

Genau wie ein disziplinierter menschlicher Spieler könnte AlphaZero den sichersten Gewinn dem genauesten vorziehen. Seine Bewertungsfunktion basiert auf seinem Erwartungswert und nicht auf dem aktuellen Materialverhältnis oder darauf, wie schnell es gewinnt. Dies wird besonders deutlich, wenn wir im Vergleich dazu AlphaGos Spiel in Gewinnstellungen heranziehen (AlphaGo war der Go-spielende Vorgänger von AlphaZero). Im Go wird der Gewinner durch den Besitz des größeren Territoriums bestimmt. In der Konsequenz hatte AlphaGo die Tendenz, mit sehr kleinem Vorsprung zu gewinnen, bis hin zu dem Umstand, dass es Punkte verschenkte, weil es nichts am Spielausgang ändern würde.

X. *AlphaZero könnte nach Komplikationen streben, wenn es glaubt, schlechter zu stehen.*

Bei der Verteidigung könnte AlphaZero Stellungen, dic ungewiss sind, denjenigen vorziehen, in denen es sich sicher ist, einen niedrigen Erwartungswert zu haben. Die Unsicherheit könnte sich auf die Art und die Komplexität der Stellung beziehen – in einer komplizierten Stellung hat der Gegner die Möglichkeit fehlzugreifen, was AlphaZero dazu verleiten könnte, nach Komplikationen Ausschau zu halten, um den Spieß ggf. umzudrehen, anstatt zu versuchen, die Stellung auf dem gegenwärtigen ungünstigen Bewertungsniveau zu halten. Wenn wir unsere Hypothese weiter ausdehnen, könnte AlphaZero eine Stellung auch dann als ungewiss betrachten, wenn es die Fortsetzungen noch nicht völlig ausanalysiert hat. Diese Theorie wurde Natasha von Andrew Simons, einem von Englands führenden Go-Spielern, nahegebracht. Er glaubt, dass einige der ungewöhnlichen (und im Prinzip schlechten) Züge, die AlphaGo spielte, wenn es zurücklag, darum ausgewählt wurden, weil AlphaGo die plausibelsten Fortsetzungen tief analysiert und gesehen hatte, dass sie ihm einen niedrigen Erwartungswert versprachen. Um dem auszuweichen, griff AlphaGo nach Andrews Theorie auf Varianten zurück, die es kaum analysiert hatte (wie es Menschen mitunter auch tun) und die auf den bloßen Verdacht hin gespielt wurden, dass die Chance bestand, dass sie besser sein könnten!

3. AlphaZero sucht nach von ihm als aussichtsreich eingeschätzten Zügen, und seine Bewertung ergibt sich aus dem Durchschnitt einer großen Anzahl wahrscheinlicher Zugfolgen, anstatt nach einer einzelnen Variante mit dem besten Spiel zu suchen

AlphaZeros Stellungsbewertung beruht nicht auf einer einzelnen Variante, in der beide Spieler die jeweils besten Züge machen, sondern sie ergibt sich als Durchschnitt der Bewertungen aller Stellungen, die es bei seiner Analyse erwogen hat. Wenn es sich näher in eine Stellung vertieft, wird es im weiteren Verlauf am häufigsten die für beide Farben aussichtsreichsten Varianten analysieren und sich dann für den Zug entscheiden, der alles in allem den höchsten Erwartungswert verspricht. Man könnte auch sagen, dass AlphaZeros Stellungsbewertung auch den „Gesamteindruck" einer Position in Betracht zieht, nicht nur den Wert der Stellung nach dem besten Zug. Dies führt uns zu unserem nächsten Satz von Hypothesen:

XI. *AlphaZero könnte das Spiel in Richtung von Stellungen führen, die „ganz allgemein" aussichtsreich sind.*
Da AlphaZero einen Durchschnitt erwarteter Ausgänge nimmt, ist es recht gut imstande, „unklare" Stellungen mit langanhaltenden Verwicklungen zu handhaben. Dies deshalb, da es nicht darauf angewiesen ist, eine einzelne beste Variante bis zur finalen Einschätzung zu identifizieren und eher nach einer guten gefühlsmäßigen Erfassung der Stellung strebt, um seine Gewinnchancen einzuschätzen. Dies spiegelt den menschlichen Denkprozess wider, wo man etwa meint, „es sieht so aus, als habe ich hier alle Chancen – da muss es einfach etwas Gutes geben", ohne alles bis zum Schachmatt zu berechnen.

Anders ausgedrückt, wir erwarten, dass AlphaZero Stellungen anstrebt, die „leicht zu spielen“ sind, bzw. die die Wahl zwischen mehreren guten Zügen lassen und dem Gegner genug Möglichkeiten für Fehler einräumen. Dies könnten Stellungen sein, in denen es angreift und der gegnerische König sich in Gefahr befindet.
Dies entspricht der menschlichen Intuition, nach Möglichkeit heikle Situationen zu vermeiden.

XII. *AlphaZero könnte dem Gegner die Möglichkeit einräumen, danebenzugreifen.*
Vorausgesetzt, es gibt zwei Möglichkeiten, davon 1) eine, die eine bestimmte Variante X erzwingt, und 2) eine andere, die eine Überleitung zur Variante X anbietet, zusätzlich aber noch den gleichwertigen oder schlechteren Zug Y ermöglicht, dann würden wir davon ausgehen, dass AlphaZero sich normalerweise für 2) entscheiden würde, da dies tendenziell den besseren Erwartungswert verspricht (es besteht eine gewisse Chance, dass sich der Gegner für die schwächere Variante entscheidet).
Dies ist ein unterschiedlicher Akzent im Vergleich zum menschlichen Schach, wo man eher gelehrt wird, dem Gegner nicht die Wahl zu lassen (für den Fall, dass man sich verrechnet hat und der Gegner etwas sieht, was einem entgangen ist).
Dies ist gleichfalls für das Endspiel relevant, und wir würden erwarten, dass AlphaZero eine Weile manövriert und Stellungen wiederholt, bevor es zu entscheidenden Aktionen übergeht; für den Fall, dass der Gegner in der Zwischenzeit danebenlangt.

XIII. *AlphaZero könnte eine bestimmte einzelne Variante übersehen, die eine insgesamt aussichtsreiche Stellung auf den Kopf stellt.*
AlphaZero könnte sich insofern als verwundbar erweisen, als dass es eine bestimmte konkrete Variante übersehen könnte, die eine Stellung widerlegt, die ansonsten recht aussichtsreich wäre. Insbesondere rechnen wir damit, dass falls tief in einer ansonsten trostlosen Variante ein unwahrscheinlich anmutender Rettungszug verborgen sein sollte, dieser von AlphaZero übersehen werden könnte.

4. AlphaZeros Bewertungsfunktion hat eine flexible Struktur, was ihm erlaubt zu berücksichtigen, wie verschiedene positionelle Merkmale zusammenwirken

Wie wir im vorigen Kapitel gesehen haben, schauen Standardengines auf verschiedene positionelle Merkmale und addieren diese, um zu einer Bewertung zu gelangen. AlphaZero stützt sich auf neuronale Netzwerke, was ihm erlaubt, komplexere Funktionen als simples Aufaddieren durchzuführen und so auf ausgefeiltere Weise zu bewerten, wie verschiedene positionelle Merkmale zusammenwirken.
Dies könnte besonders mit Blick auf Merkmale wie Königssicherheit und Figurenmobilität bedeutsam sein, wo die Kombination diverser Pluspunkte den Unterschied machen kann, ob der Angriff durchschlägt oder nicht.
Auch wenn sich das jetzt ein wenig geheimnisvoll anhört, so denken und bewerten Menschen noch viel mehr in dieser Weise. Ein

Mensch kann Ihnen vielleicht die positionellen Faktoren aufzählen, die er in Betracht gezogen hat, doch er würde sie niemals in formaler Weise aufaddieren, um zu einer Gesamtbewertung zu gelangen. Wir haben **Matthew Lai** gefragt, auf welche Weise er AlphaZeros Bewertungsnetze (neuronale Netzen) verbessert hat.

ML: Um zu möglichst allgemeingültigen Lösungen zu gelangen, mit denen sich das System auf eine höhere Intelligenz zubewegen kann, haben wir uns selbst auf Änderungen im Trainingsprozess sowie die Architektur der verwendeten neuronalen Netzwerke beschränkt.
MS: *Man kann also nicht einfach Zusatzwissen etwa über eine bestimmte Bauernstruktur hineinträufeln.*
ML: Der Weg, zusätzliches Wissen in ein neuronales Netzwerk einzuträufeln, ist, es mit eingegebenen Besonderheiten zu versorgen, die dieses Wissen repräsentieren. Das neuronale Netzwerk entscheidet dann während des Lernprozesses, auf welche Weise es diese Besonderheiten in seine Berechnungen einbezieht. Wenn das Wissen sich als nützlich erweist, wird das neuronale Netzwerk es verwenden, anderenfalls wird es das ignorieren. In unserem generalistischen Ansatz haben wir uns jedoch dagegen entschieden, spielspezifisches Wissen einzubauen und überlassen es den neuronalen Netzwerken selbst, die Dinge zu ergründen – ausgehend von nichts anderem als dem nackten Brett und Figuren.

Ein anderer Weg, Wissen einzuflößen, ist durch die Architektur des neuronalen Netzwerks, welches seinen induktiven Bias bestimmt. Wenn wir zum Beispiel glauben, dass das neuronale Netzwerk eine mehr ganzheitliche Sicht auf das Brett entwickeln soll, können wir die Größe seiner rezeptiven Felder erhöhen, seiner untergeordneten Musterdetektoren. Das Netzwerk wird dann in der Lage sein, größere Muster auf dem Brett leichter zu erkennen.
NR: *Wodurch ist seine Kapazität beschränkt?*
ML: Die größte Beschränkung ist vielleicht die Trainingszeit. Ein größeres neuronales Netzwerk verfügt über mehr Parameter und benötigt mehr Daten und Trainingszeit. Doch während des Spiels kann die Netzwerkgröße auch Probleme bereiten. Ein größeres Netzwerk braucht mehr Zeit für die Bewertung, und dadurch gibt es einen Zielkonflikt zwischen der Netzwerkgröße und der Zahl der Bewertungen, die in einer gegebenen Zeitspanne bewältigt werden können.
NR: *Ja – das hört sich gut an. Doch was denken Sie, hätte es mit handgefertigten Funktionen stärker werden können?*
ML: Das Hinzufügen handgefertigter Funktionen hätte vielleicht geholfen, die Trainingszeit zu verkürzen, doch auf lange Sicht wäre es kaum ein Unterschied gewesen. Wir haben wieder und wieder herausgefunden, dass das neuronale Netzwerk unter der Voraussetzung hinreichender Kapazitäten und Trainingszeit schließlich selbst herausfindet, welche Muster effektiv sind und welche nicht.

Abschnitt B – Wie spielt AlphaZero?

In diesem Abschnitt beschreiben wir – auf Grundlage unserer Beobachtungen und Analysen der Partien –, wie AlphaZero nun tatsächlich spielt.

Hier vorweg die Hauptpunkte, die wir in den kommenden Abschnitten noch vertiefen, aufgeteilt in B1 – AlphaZeros Spiel im Mittelspiel, und B2 – AlphaZeros Eröffnungsspiel.

1. AlphaZero nimmt gern den gegnerischen König ins Visier.
2. AlphaZero vermeidet gern Gefahren für den eigenen König.
3. AlphaZero stellt sicher, dass die Situation im Zentrum stabil ist, bevor es die eigene Struktur am Königsflügel schwächt, um Linien gegen den gegnerischen König zu öffnen.
4. Bevor AlphaZero einen Flügelangriff vom Stapel lässt, stellt es stets sicher, dass es entweder selbst das Zentrum kontrolliert, oder aber dass das Zentrum so stabil oder festgelegt ist, dass der Gegner dort kein Gegenspiel initiieren kann.
5. AlphaZero scheut sich nicht, in einer frühen Spielphase Material zu opfern (in der Regel einen oder zwei Bauern), um Linien oder Diagonalen gegen den gegnerischen König zu öffnen.
6. AlphaZero hält danach Ausschau, eine auf den gegnerischen König gerichtete offene Linie mit einer offenen Diagonale zu ergänzen.
7. AlphaZero liebt es, mit ungleichfarbigen Läufern anzugreifen.
8. AlphaZero macht großartige Stützpunkte für seine Springer aus und scheut sich auch nicht, Material zu opfern, um Zeit für den Transfer dorthin zu gewinnen.
9. AlphaZero zeichnet sich durch Flügelangriffe gegen den gegnerischen König bei festgelegtem Zentrum aus.
10. AlphaZero gewinnt Partien häufig dadurch, dass es einige gegnerische Figuren passiv stellt und dann dessen aktive abtauscht.
11. AlphaZero verteidigt sich, indem es Verwirrung stiftet und taktische Motive ins Geschehen einführt.
12. AlphaZero scheut sich nicht, die Besetzung offener Linien herauszuschieben, wenn es glaubt, es könne andernorts eine Linie gegen den feindlichen König öffnen.
13. AlphaZero hält stets nach Möglichkeiten Ausschau, die Bewegungsfreiheit des gegnerischen Königs einzuschränken. Es baut diesen Faktor sowohl in seine Mittelspiel- wie auch seine Endspielpläne ein.
14. AlphaZero hat stets ein wachsames Auge dafür, um auf Königsangriff umzuschalten. Wenn die gegnerischen Figuren Koordinationsschwächen haben, wird es so rasch wie möglich Handlungen am Königsflügel einleiten.

B1 – AlphaZeros Spiel im Mittelspiel

AlphaZeros Spielstil ist der Angriff. Um es genauer zu fassen, beeinflusst der Standort des gegnerischen Königs – in den Spielen gegen Stockfish typischerweise der Königsflügel – ganz wesentlich AlphaZeros Focus während der Partie.

Der AlphaZero-Stil

1. *AlphaZero nimmt gern den gegnerischen König ins Visier.* Die denkwürdigsten Partien des Zweikampfes wurden am Königsflügel entschieden. So ist etwa die Partie **„Genau so muss man angreifen"**, die im Kapitel Felderkomplexe derselben Farbe analysiert wird, ein wundervolles Beispiel für das konzertierte Vorgehen gegen einen gegnerischen König. Mit einem Bauernopfer im 10. Zug wurde ein Angriff eingeleitet, der sich dann über weitere 35 Züge erstreckte.

Hier diese Partie mit ein paar ausgewählten Diagrammen.

Partie: „Genau so muss man angreifen"

AlphaZero
Stockfish 8
London 2018

1.♘f3 ♘f6 2.c4 e6 3.♘c3 ♗b4 4.♕c2 0-0 5.a3 ♗xc3 6.♕xc3 a5 7.b4 d6 8.e3 ♘e4 9.♕c2 ♘g5 10.b5 ♘xf3+ 11.gxf3 ♕f6 12.d4 ♕xf3 13.♖g1

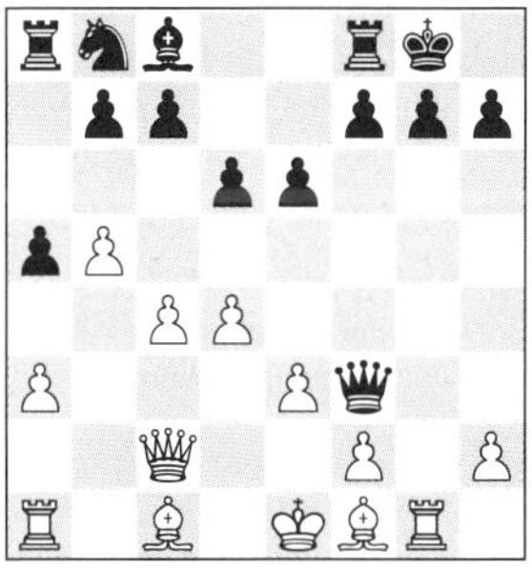

13...♘d7 14.♗e2 ♕f6 15.♗b2 ♕h4 16.♖g4 ♕xh2 17.♖g3 f5 18.0-0-0 ♖f7 19.♗f3 ♕h4 20.♖h1 ♕f6 21.♔b1 g6 22.♖gg1 a4 23.♔a1 ♖g7 24.e4

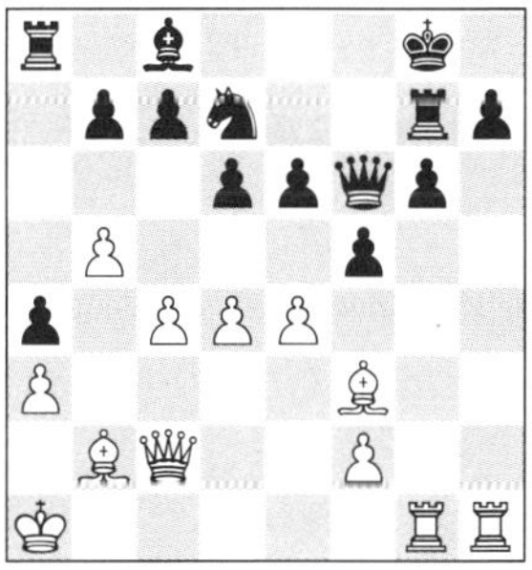

24...f4 25.c5

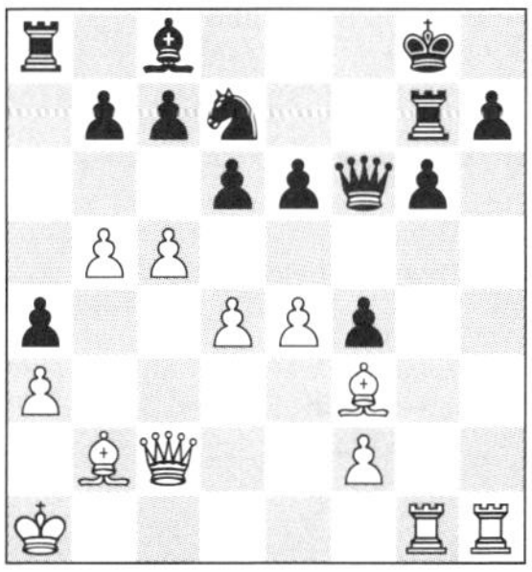

25...♕e7 26.♖c1 ♘f6 27.e5 dxe5 28.♖he1 e4 29.♗xe4 ♕f8 30.d5

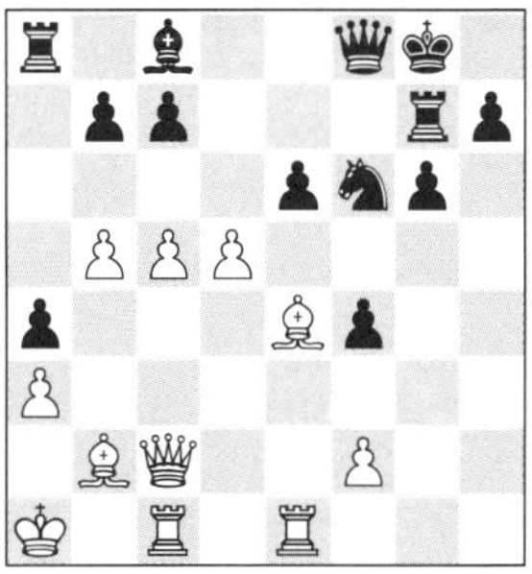

30...exd5 31.♗d3 ♗g4 32.f3 ♗d7 33.♕c3 ♘h5 34.♖e5 c6 35.♖ce1 ♘f6 36.♕d4 cxb5 37.♗b1 ♗c6 38.♖e6 ♖f7 39.♖g1 ♕g7 40.♕xf4 ♖e8 41.♖d6 ♘d7 42.♕c1 ♖f6 43.f4

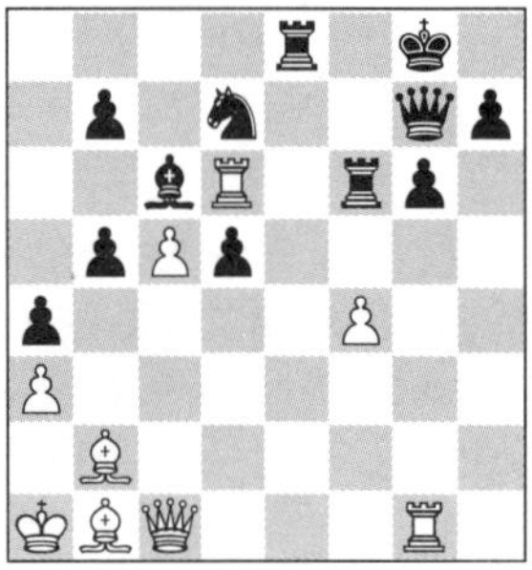

Man könnte meinen, dass dem Weißen nach dieser Serie von Opfern die Bauern ausgegangen sein sollten. AlphaZero wirft nun seinen letzten Königsflügelbauern in die Waagschale, um eine weitere Einheit in den Kampf zu schicken und damit schließlich den schwarzen Widerstand zu brechen. Man sehe, wie zielstrebig es alle Kräfte auf den schwarzen Königsflügel konzentriert hat.

43...♕e7 44.♖xf6 ♘xf6 45.f5 ♕e3

Es gelingt Stockfish, den Angriff um den Preis einer Figur zu brechen, doch derweil verliert er selbst auch zu viele Bauern. Weiß steht auf Gewinn.

46.fxg6 ♕xc1 47.gxh7+ ♔f7 48.♖xc1 ♘xh7 49.♗xh7

Und Weiß gewann im 67. Zug.

Ein logisches Gegenstück zu AlphaZeros Aufmerksamkeit für den gegnerischen König ist sein Bewusstsein für die Sicherheit des eigenen Königs. Es kommt selten vor, dass AlphaZeros König im Mittelspiel gefährlich exponiert steht.

Der AlphaZero-Stil

2. AlphaZero vermeidet gern Gefahren für den eigenen König.

AlphaZero ist indes äußerst flexibel. Es wird seine Bedenken bezüglich der eigenen Königssicherheit zurückstellen, falls sich nur so die Möglichkeit ergibt, den gegnerischen König zu attackieren! Dies ist eines der vielen Beispiele, in denen AlphaZero es erlaubt – ja, sogar ermutigt –, dass seine Struktur am Königsflügel beschädigt wird, um Linien gegen Stockfishs König zu öffnen.

Partie: „AlphaZeros neuer Spielansatz im Karlsbader“

AlphaZero
Stockfish 8
London 2018

1.d4 ♘f6 2.c4 e6 3.♘c3 d5 4.cxd5 exd5 5.♗g5 c6 6.e3 ♗d6 7.♗d3 0-0 8.♘f3 ♖e8 9.0-0 ♗g4 10.♕b3

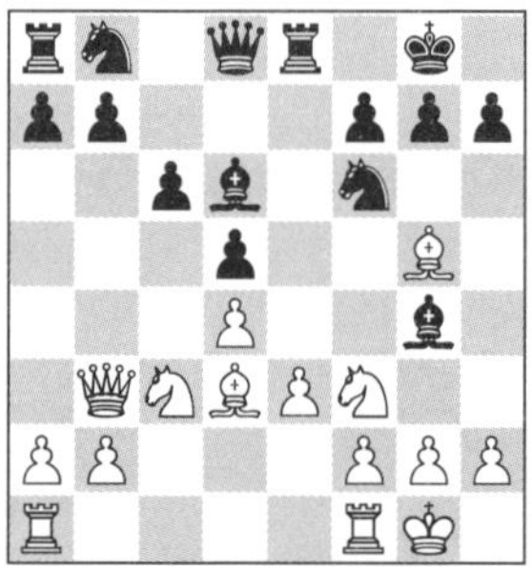

Verlockt Schwarz dazu, die weißen Königsflügelbauern zu verdoppeln – eine Versuchung, der Stockfish dann einen Zug später nachgibt.

10...♘a6 11.♖fe1 ♗xf3 12.gxf3

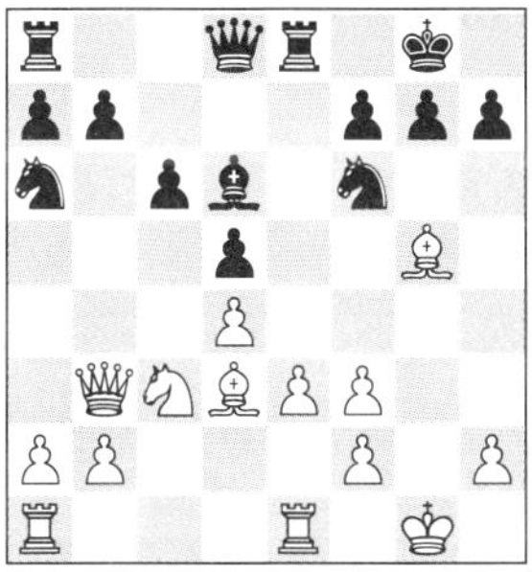

12...♖b8 13.♕d1 ♘c7 14.f4 ♗e7 15.♕f3 ♘d7 16.♗xe7 ♖xe7 17.♕h3 ♘f6 18.♔h1 ♕d7 19.♗f5 ♕d6 20.♖g1 ♔h8 21.♗d3 ♖g8 22.♕h4 ♘ce8 23.♖g5 h6 24.♖ag1

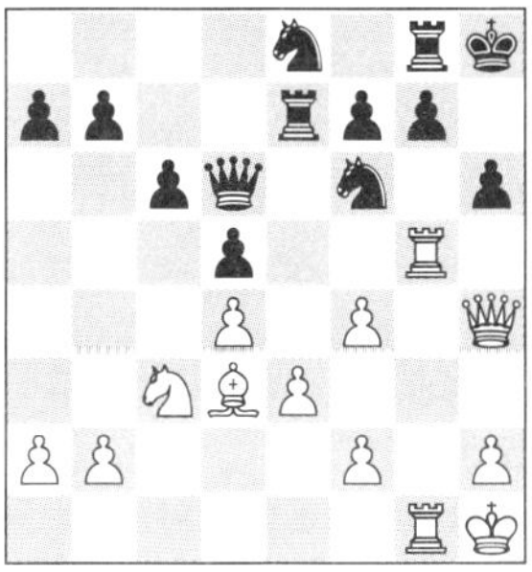

AlphaZeros Plan ist perfekt aufgegangen: die durch 11...♗xf3 geöffnete g-Linie hat sich zu einem großartigen Angriffskanal für Weiß gemausert. AlphaZero gewann bald einen Bauern und brachte die Partie in 89 Zügen heim.

Wie zu sehen, ist AlphaZero bereit, den Schutz um seinen eigenen König zu lockern, um Linien gegen den gegnerischen König zu öffnen; doch dies geschieht stets wohlerwogen und mit einer gehörigen Portion Vorsicht. Wenngleich das Wiederschlagen mit g2xf3 die weiße Königsstellung schwächt, nimmt es auch zentrales Territorium unter Kontrolle – in Form des Feldes e4 – und hält Schwarz so davon ab, dieses Feld (beispielsweise mit ...♘e4) als Basis für Operationen gegen den weißen Königsflügel zu nutzen. AlphaZero stellt sicher, dass die Situation im Zentrum äußerst stabil ist.

Der AlphaZero-Stil

3. AlphaZero stellt sicher, dass die Situation im Zentrum stabil ist, bevor es die eigene Struktur am Königsflügel schwächt, um Linien gegen den gegnerischen König zu öffnen.

Dies ist das erste Mal, dass ich das Zentrum erwähne, doch es wird nicht das letzte Mal sein. AlphaZero führt viele großartige Flügelattacken durch (insbesondere gegen den gegnerischen König), doch niemals ohne hinreichende Stärke im Zentrum. Dies kann eine blockierte oder stabile zentrale Bauernstruktur sein, oder eine Zentrumsstruktur, bei der wenig passieren kann.

Der AlphaZero-Stil

4. Bevor AlphaZero einen Flügelangriff vom Stapel lässt, stellt es stets sicher, dass es entweder selbst das Zentrum kontrolliert, oder aber dass das Zentrum so stabil oder festgelegt ist, dass der Gegner dort kein Gegenspiel initiieren kann.

Im Bezug auf Angriffstechniken können wir einige starke Tendenzen in AlphaZeros Spiel festmachen:

- Material wird geopfert, um Linien oder Diagonalen gegen den gegnerischen König zu öffnen

Materielle Opfer kommen in AlphaZeros Partien regelmäßig vor (wir haben in diesem Kapitel bereits einige gesehen). Das bemerkenswerteste Kennzeichen der Opfer von AlphaZero ist, dass diese langfristiger Natur sind. Es gibt kein unmittelbares Matt oder forcierte Sequenzen zum Rückgewinn von Material. AlphaZero glaubt an den langfristigen Wert offener Linien und Diagonalen, die auf den gegnerischen König zielen, und es ist gewillt, für diese Vorzüge Material herzugeben.

Der AlphaZero-Stil

5. AlphaZero scheut sich nicht, in einer frühen Spielphase Material zu opfern (in der Regel einen oder zwei Bauern), um Linien oder Diagonalen gegen den gegnerischen König zu öffnen.

- offene Linie gegen den gegnerischen König + offene Diagonale gegen den gegnerischen König + eingeengter gegnerischer König = Vorteil

Wir werden viele Beispiele sehen, in denen AlphaZero einem festen Schema zu folgen scheint, um die gegnerische Stellung unter Druck zu setzen. Im Grunde handelt es sich auch hier um eine langfristige Stellungseinschätzung: wenn AlphaZero eine auf den gegnerischen König gerichtete offene Linie und eine ebensolche Diagonale hat und der gegnerische König in der „Todeszone“ festhängt, wie der dänische GM Jacob Aagaard diese so einprägsam benannt hat, dann geht AlphaZero davon aus, dass es auch irgendeinen Weg durch die Befestigungen finden wird.

Und wenn man einen Blick auf die Ergebnisse wirft, kann man dem nicht widersprechen:

Partie: „Die Matrix“

AlphaZero
Stockfish 8
London 2018

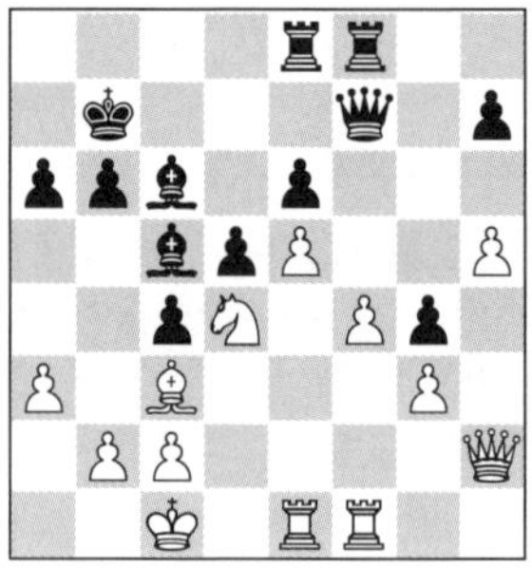

Diese brillante Partie zeigt wundervoll, wie zielstrebig AlphaZero beim Öffnen von Linien und Diagonalen gegen einen in die Enge getriebenen König vorgeht. Den Auftakt macht ein Hebel am Königsflügel.
38.f5 ♗xd4 39.♗xd4 exf5 40.♕g1 b5

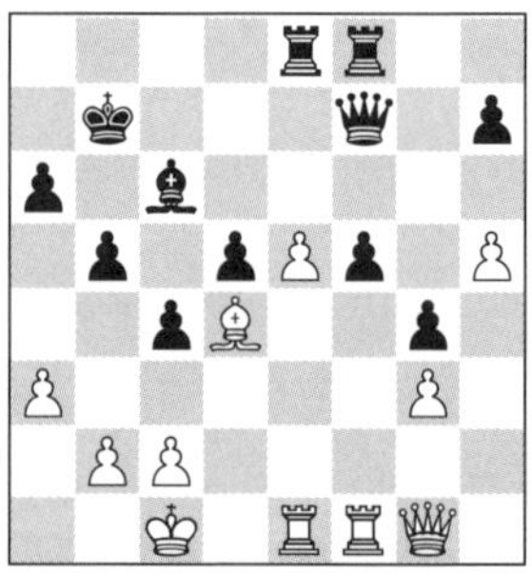

Damit wäre ein schwache Diagonale, nämlich g1-a7, in unmittelbarer Nähe des schwarzen Königs geschaffen. AlphaZero manövriert seine Dame vor den Läufer, um die Schwäche der Diagonale maximal auszunützen.
41.♗c5 ♖g8 42.♕d4 ♕e6 43.♗b4 ♗d7 44.♗d2 ♕c6 45.e6

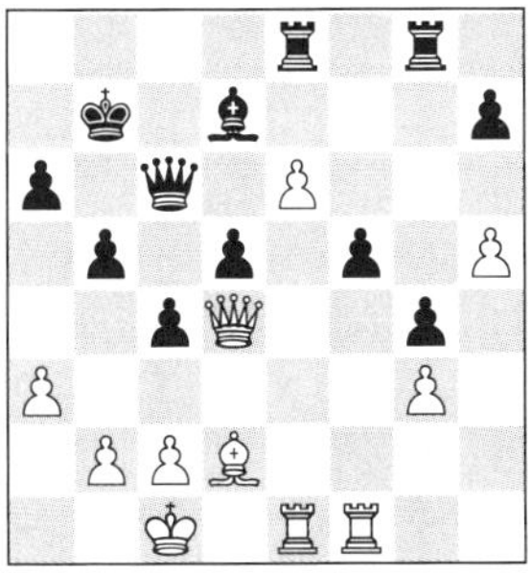

Die Kontrolle der Diagonale g1-a7 allein wird nicht für den Partiegewinn reichen. AlphaZero will auch eine offene Linie haben. Das zweite Bauernopfer öffnet die e-Linie, auf welcher es seine Türme verdoppeln wird.

45...♗xe6 46.♗e3 ♖a8 47.♗f2 a5 48.♖e2 ♖a6 49.♖fe1 ♖e8 50.h6 ♕d7 51.♕g7 ♖e7 52.♕f6 b4 53.♕d4 ♕d6

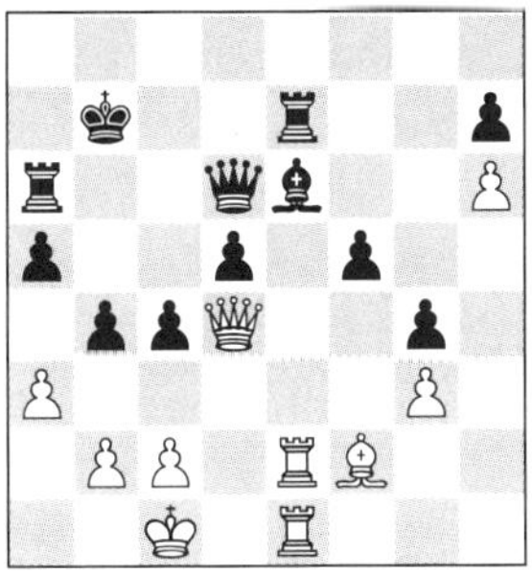

Stockfish ist es gelungen, die e-Linie zu verbarrikadieren sowie einige Einbruchsfelder der weißen Dame auf der Diagonalen g1-a7 (a7 und b6) zu überdecken, zum Preis einer reichlich passiven Figurenstellung. AlphaZero manövriert weiter, und Stockfish erspäht eine Chance, zu einer aktiven Verteidigung überzugehen.

54.♔b1 ♕c7 55.♗e3 bxa3

Die b-Linie zu öffnen ist eine sehr riskante Entscheidung – und genau das, was AlphaZero will. Doch Stockfish hat eine taktische Idee.

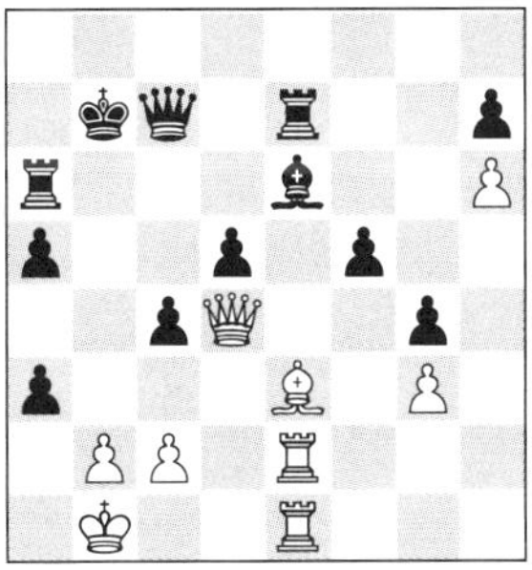

Es wollte 56.bxa3 mit 56...f4 erwidern, mit Blick auf 57.♗xf4 ♕b6+, wonach der Damentausch die schwarze Verteidigung sehr erleichtern würde. AlphaZero ist jedoch willens und in der Lage, alles zu tun, um die Damen auf dem Brett zu halten.

56.♔a2 ♔a8 57.♖b1 ♕c8 58.c3

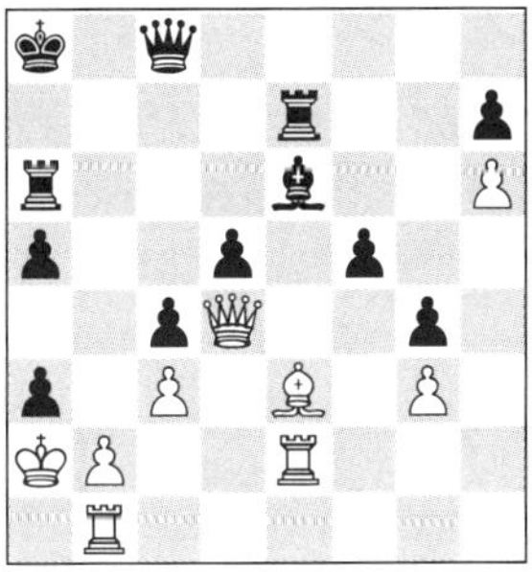

Eine wundervolle Zugfolge: 58...axb2 kann nun mit 59.♖exb2 beantwortet werden, und wie von Zauberhand wären die weißen Türme auf der frisch geöffneten b-Linie verdoppelt! Und Stockfish hatte keine Möglichkeit, ...c4-c3 nebst ...♕c4+ einzuschieben (56...c3 wäre mit 57.b3 beantwortet worden, wonach der schwarze Bauer c3 rasch unter Feuer geraten würde).

58...♖b7 59.bxa3 ♖b3 60.a4

Verhindert, dass Schwarz seinen Turm mit 60...a4 verankert. Die nächsten Züge sind sehr schwer nachzuvollziehen, doch AlphaZero geht unbeirrt seinen Weg und

Stockfish fühlt sich zum Turmtausch auf der b-Linie genötigt.

60...♗d7 61.♖d2 ♖xb1 62.♔xb1 ♗xa4 63.♖a2 ♕e8 64.♕xd5+ ♗c6 65.♕c5 ♕e4+ 66.♔a1 ♕h1+ 67.♗g1 ♕xh6 68.♖h2 ♕e6 69.♗e3 ♕d7 70.♖d2 ♕e8

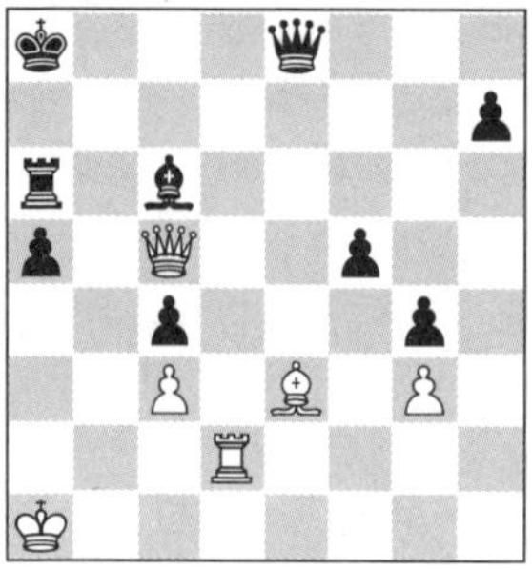

Stockfish hat sich sogar noch auf h6 einen weiteren Bauern einverleibt, doch dies ändert die langfristige Situation nicht: Der schwarze Turm ist an die Verteidigung von a7 gebunden, um das drohende Matt zu verhindern, während die schwarze Dame auf Dauer außerstande ist, ein Eindringen des (von der fantastisch platzierten Dame unterstützten) weißen Turms auf einer der drei offenen Linien (b-, d- oder e-) zu verhindern.

71.♖d6 ♔b7 72.♔b2 ♕b8 73.♔a2 ♕c8 74.♖d2 ♕e8 75.♔a3

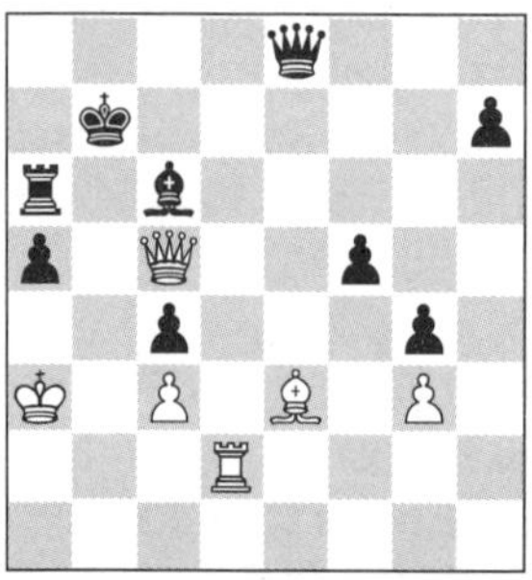

Wie wir bereits erwähnt haben, ist sich AlphaZero seiner eigenen Königssicherheit sehr bewusst, und dieses ist eines von mehreren Beispielen, in denen AlphaZero – nachdem es bereits Bauern für die Initiative geopfert hat – die Sicherheit seines Königs maximal verbessert, bevor es zum finalen Schlachtfest ansetzt.

75...♔a8 76.♗g5 ♕e1 77.♔a2 ♕e4 78.♗e3 ♕e8 79.♖d6 ♔b7 80.♔a3 ♕h8 81.♗d4 ♕e8 82.♖f6

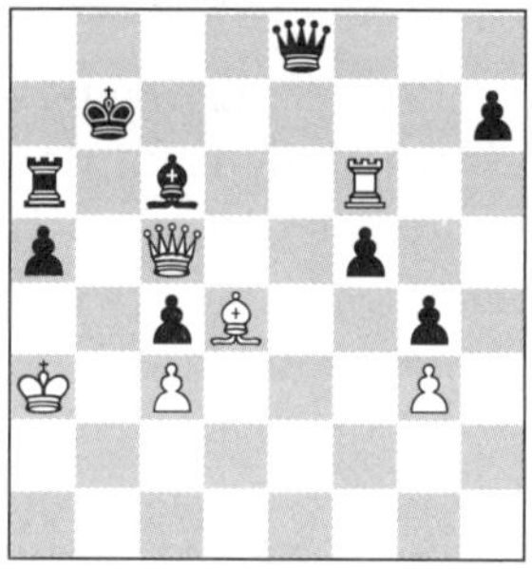

Und jetzt ist es soweit: Über die e-Linie hinweg hat der weiße Turm die f-Linie betreten, und er wird mit entscheidender Wirkung auf der achten Reihe eindringen. Was bleibt, ist nur die computertypische Verzweiflung!

82...f4 83.gxf4 ♕d7 84.♖d6 ♕c7 85.f5 ♗d7 86.♕xc7+ ♔xc7 87.♖xa6 ♗xf5 88.♖f6 ♗c2 89.♔b2 1:0

Der AlphaZero-Stil

6. AlphaZero hält danach Ausschau, eine auf den gegnerischen König gerichtete offene Linie mit einer offenen Diagonale zu ergänzen.

- Ungleichfarbige Läufer

Dass ungleichfarbige Läufer ein machtvolles Angriffsinstrument sein können, ist in der Schachliteratur wohlbekannt, doch selten habe ich dieses Thema so wirkungsvoll in Szene gesetzt gesehen wie in AlphaZeros Partien. Das eben gesehene Beispiel ist sicherlich das spektakulärste, doch wir werden viele weitere im Kapitel über „Felderkomplexe derselben Farbe“ zu sehen bekommen. Der Nutzen ungleichfarbiger Läufer ist, dass sie einen Angriffskanal bereitstellen, auf dem sich der Verteidiger nicht entgegenstellen kann. In der obigen Partie war der schwarzfeldrige Läufer von Weiß genau darum so mächtig, weil Schwarz ihm keinen eigenen Läufer entgegenstellen konnte.

Der AlphaZero-Stil

7. AlphaZero liebt es, mit ungleichfarbigen Läufern anzugreifen.

- Einsatz des Randbauern zum Angriff auf die gegnerische Königsstellung

Dies war eines der ersten Angriffsmuster, das mir bei AlphaZeros Partien ins Auge fiel. Gegen einen zum Königsflügel rochierten schwarzen König stößt AlphaZero gern seinen h-Bauern den ganzen Weg nach h6 vor, wo er schwarzfeldrige Schwächen schafft, ein Mattfeld auf g7 kreiert und den schwarzen König stark einengt. Dies trifft selbst im Endspiel noch zu:

Partie: „Den König in einen Käfig stecken“

AlphaZero
Stockfish 8
London 2018

1.d4 ♘f6 2.c4 g6 3.♘c3 d5 4.cxd5 ♘xd5 5.♘f3 ♗g7 6.e4 ♘xc3 7.bxc3 c5 8.♗e3 ♕a5 9.♕d2 ♘c6 10.♖b1 a6 11.♖c1 cxd4 12.cxd4 ♕xd2+ 13.♔xd2 e6 14.♗d3 ♗d7 15.e5 0-0 16.♖b1 b5
Dies ist eine meiner (vielen) Lieblingspartien von AlphaZero.

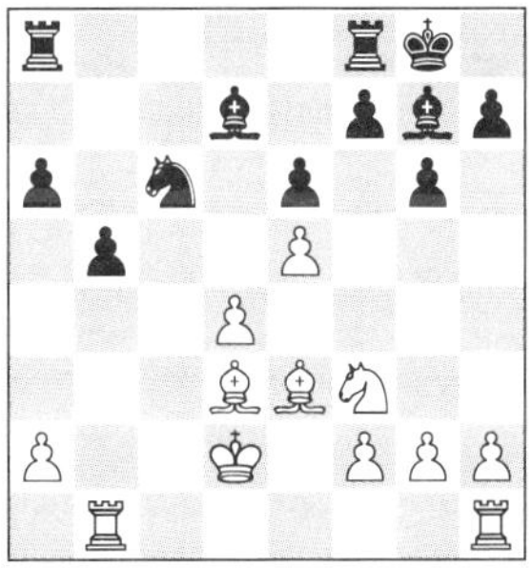

AlphaZero startet einen typischen Überfall auf den schwarzen Königsflügel und führt ihn mit einzigartigem Stil und Elan.
17.h4 ♘e7 18.h5 ♗c6 19.h6

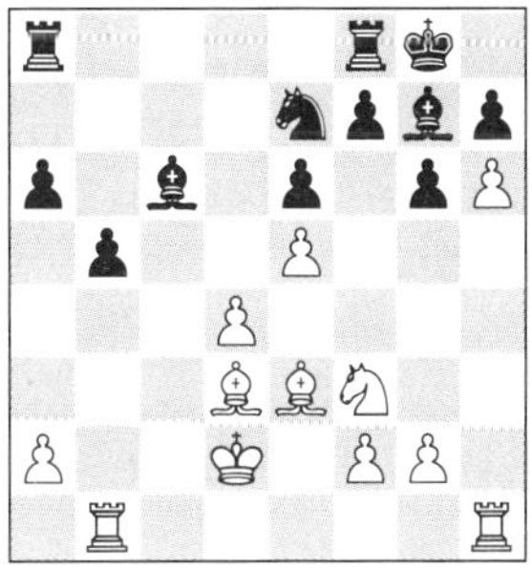

Menschliche Spieler sind solchen Zügen häufig abgeneigt. Sie wollen die Option zur Öffnung der Linie möglichst lang offenhalten. AlphaZeros Konzeption ist recht andersartig: Der Bauer auf h6 hemmt den weißen König und beschränkt – gemeinsam mit den Bauern auf d4 und e5 – die Aktivität des schwarzfeldrigen Läufers von Schwarz. Es gibt freilich eine Wolke am Horizont: Stockfish wird im nächsten Zug ...f7-f6 spielen, damit den Bauern e5 angreifen und sich so von den Fesseln befreien, die AlphaZero ihm anzulegen versucht.
19...♗h8 20.♘g5
Hier werden wir Zeuge, wie AlphaZeros Unbekümmertheit mit Hinblick auf das materielle Gleichgewicht voll zum Ausdruck kommt.

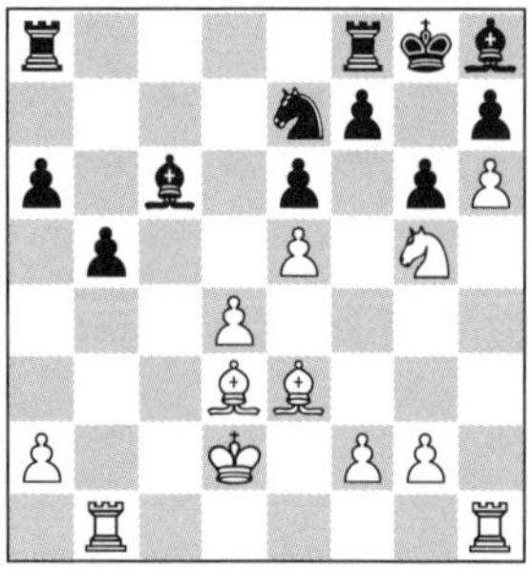

Ihm ist bewusst, dass das schwarze Gegenspiel über ...f7-f6 läuft, also spielt es 20.♘g5, um dies zu verhindern (e6 würde hängen). Dass dies einen Bauern kostet, ist irrelevant: Das oberste Ziel ist die Einengung der schwarzen Figuren, und dieses Ziel verlangt volle Konzentration.

20...♗xg2 21.♖hc1 ♗d5 22.♖c7 ♘f5 23.♘e4

Mit dem schwarzen 22...♘f5 sind zwei Bauern bedroht: der auf a2 und der auf h6. AlphaZero ist natürlich nur an einem dieser beiden interessiert: der Angriffseinheit auf h6, und erlaubt mithin Schwarz, den ersteren zu schlagen.

Beobachten Sie nun den Springer e4. Sie mögen glauben, dass g5 ein ideales Feld war, doch AlphaZero erspäht ein noch besseres und entwickelt unglaubliche Vorstellungskraft.

23...♖fc8 24.♖bc1 ♖xc7 25.♖xc7 ♗xa2 26.♘c5 ♗d5 27.♘d7

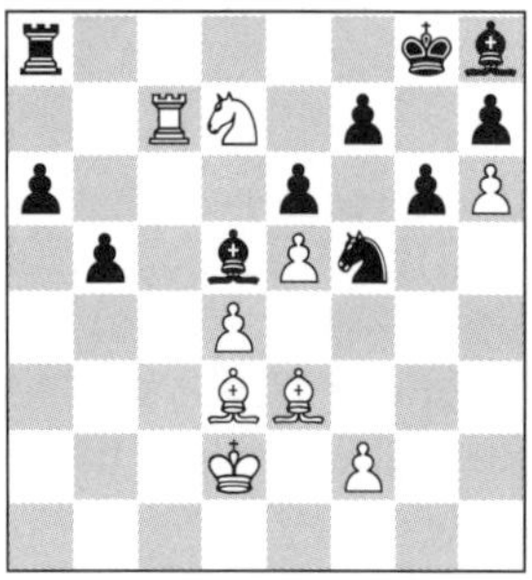

Was für ein Feld: der Springer hält den König auf g8 gefangen und verhindert zugleich den Befreiungszug ...f7-f6. Der Springer beeinträchtigt sogar die Aktivität des schwarzen Turmes, da diesem b8 genommen und bei Bedarf ♘b6 möglich ist.

27...♘xe3 28.♘b6 ♖b8 29.fxe3 ♖e8 30.♘d7 ♗f3 31.e4 ♖a8 32.♖b7 ♗g4 33.♗b1 ♗h3 34.♔e2

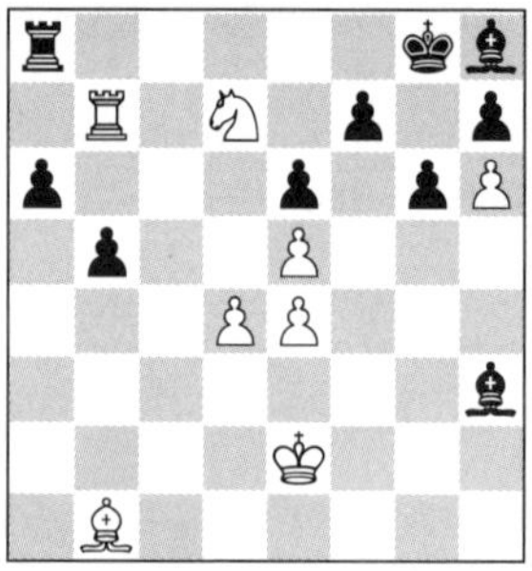

Über kurz oder lang wird Weiß unter günstigen Umständen zu d4-d5 kommen. Stockfish beginnt seine Stellung zu schwächen, um sich irgendwie freizukämpfen, doch ohne Erfolg.

34...g5

34...a5 35.♖xb5 a4 36.♖b7 a3 37.♗a2 ist überhaupt kein Problem für Weiß.

35.♗d3 ♗g4+ 36.♔e3 ♗d1 37.d5 exd5 38.exd5 ♖e8 39.♗e4 ♗g4 40.♘f6+ ♗xf6 41.exf6 b4 42.d6 b3 43.♔d4 ♖d8 44.♔e5 ♖e8+ 45.♖e7 ♖f8 46.♗d5 b2 47.♖b7 ♖e8+ 48.♔d4 1:0

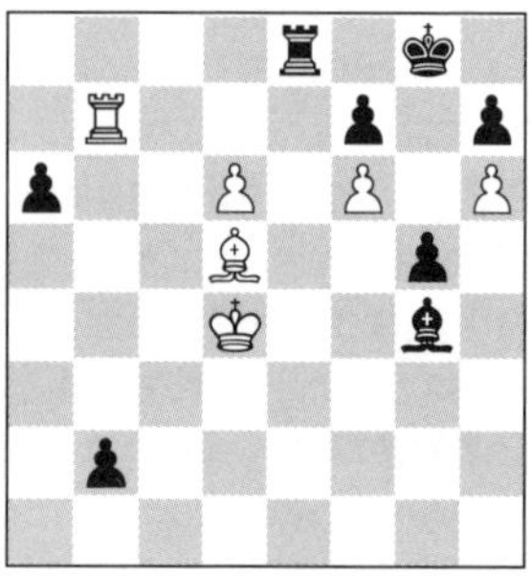

Weiß sammelt b2 auf, kehrt dann auf die siebte Reihe zurück und wandelt den d-Bauern um. Man sehe den Unterschied in der Aktivität der Könige!
Es ist interessant festzustellen, dass AlphaZero die Idee des Randbauernvormarsches auch durchführt, wenn es selbst kurz rochiert hat, am häufigsten geschieht dies in Fianchettostellungen.

- Den Springer in die Nähe des Königs bringen

In der letzten Partie sahen wir AlphaZero einen Bauern opfern, um den Springer zunächst nach g5 (nicht weit weg vom schwarzen König auf g8) und später auf ein noch besseres Feld nach d7 zu manövrieren. Als Kurzschrittler sind Springer auf zentralen Posten, nahe dem Lager des Gegners, am stärksten. AlphaZero setzt seine Springer virtuos ein, und sobald es Linien und Diagonalen geöffnet hat, wird man AlphaZero häufig dabei beobachten, wie es einige Zeit (und oft auch Material) aufwendet, um den Springer zu einem Vorposten nahe dem gegnerischen König zu führen.
Man beachte die Bedeutung zuverlässig gesicherter Felder für Springer: da es einige Züge dauert, diese von einem Stützpunkt zu einem anderen zu überführen, wäre es eine ernsthafte Zeitverschwendung, wenn der Springer leicht wieder vom angesteuerten Stützpunkt zu vertreiben wäre.

Der AlphaZero-Stil
8. AlphaZero macht großartige Stützpunkte für seine Springer aus und scheut sich auch nicht, Material zu opfern, um Zeit für den Transfer dorthin zu gewinnen.

- Lang andauernde Angriffe („in Zeitlupe")

Wir haben die langfristige Strategie hinter AlphaZeros linien- und diagonalenöffnenden Opfern bereits erwähnt, und diese Beschreibung trifft auch auf viele seiner Angriffe zu. Wir haben einige Partien gesehen, in denen es AlphaZero gelingt, Angriffe in solch einer Weise zu entfalten, dass Stockfish die Gefahr nicht erkennt, bevor es zu spät ist. Die folgende Partie ist das plastischste Beispiel hierfür:

Partie: „Die Würgeschlange"

AlphaZero
Stockfish 8
London 2018

1.d4 ♘f6 2.♘f3 e6 3.c4 b6 4.g3 ♗b7 5.♗g2 ♗b4+ 6.♗d2 ♗e7 7.♘c3 c6 8.♗f4 0-0 9.e4 d5 10.e5 ♘e4 11.cxd5 cxd5 12.0-0 ♘xc3 13.bxc3 ♗a6 14.♖e1 ♘c6 15.h4 ♖c8 16.♖e3 ♖c7 17.♘g5

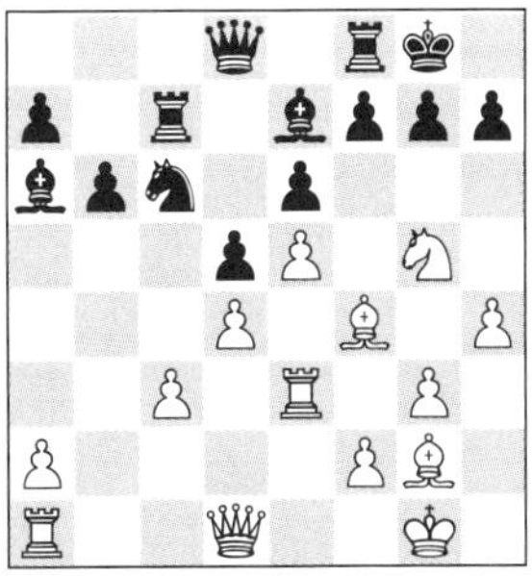

Indem es das Zentrum fixiert hat, hat AlphaZero die Schlacht an entgegengesetzten Flügeln als Skizze für den folgenden Kampf entworfen: AlphaZero wird versuchen, etwas aus

seinem Raumvorteil und den vom Bauern e5 spendierten Vorposten auf d6 und f6 zu machen, indem es am Königsflügel angreift; Stockfish sollte versuchen, die Gefahr am Königsflügel zu minimieren und zugleich gewisses Gegenspiel am Damenflügel zu initiieren, wobei der Bauer c3 der Ansatzpunkt wäre.
Wie zu sehen sein wird, bewertet und behandelt AlphaZero solche Stellungen weitaus besser als Stockfish. Scheinbar ohne jede Eile macht AlphaZero enorme Fortschritte am Königsflügel, während Stockfishs Spiel am Damenflügel kaum einen Eindruck macht.
17...h6 18.♘h3 ♔h7 19.♖f3 ♘a5 20.♕c2+ ♔g8 21.♖e1 ♔h8 22.♕d1 ♘c6 23.♗e3 ♗c4 24.♕d2 ♔h7 25.♘f4 ♕e8 26.g4 ♖h8 27.♘h5 ♔g8 28.♖h3 ♖b7 29.♗f4 ♗f8 30.♕d1 ♘e7 31.♗c1 b5 32.f4 ♖b6 33.♗a3 ♘g6 34.♗xf8 ♘xf8 35.♕d2 ♕c8 36.♖f3 ♕d8 37.♕f2 b4 38.cxb4 ♖xb4 39.f5

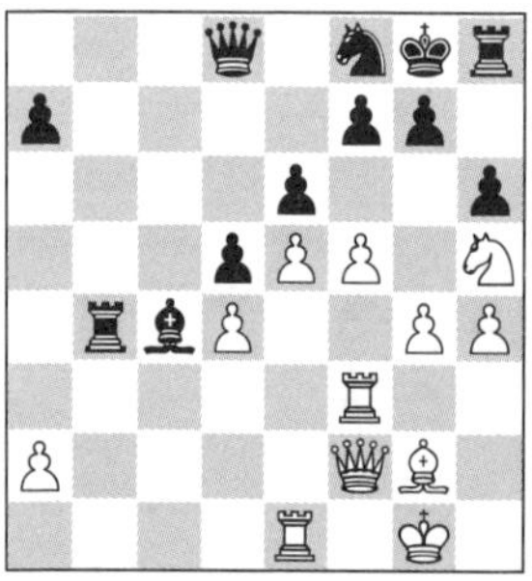

20 Züge seit dem letzten Diagramm, und es gibt keinen Zweifel, wer mehr aus dieser Zeit gemacht hat.
39...♕c7 40.♖d1 ♕b7 41.♖d2 ♕c7 42.♕g3 ♗b5 43.♔h2 ♗d7 44.♕f2 ♖b6 45.♖c2 ♖c6 46.♖b2 ♖b6 47.♗f1 ♕b8 48.♖xb6 axb6 49.f6 g6 50.♘g3

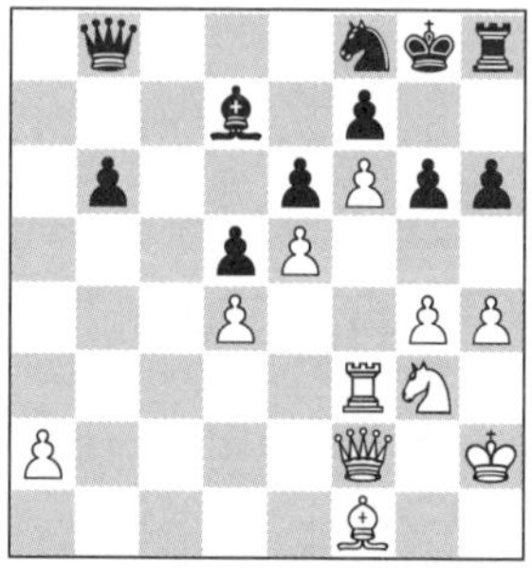

Die letzten drei Züge von AlphaZero sind typisch für sein Spiel und zugleich eine gute Demonstration dafür, warum es gegen Stockfishs blitzschnelle Gegenattacken so immun ist (im Gegensatz zu mir). Stockfish hat seinen Turm nach h8 gestellt, um maximalen Widerstand gegen einen weißen Durchbruch am Königsflügel mit g4-g5 zu leisten. AlphaZero versucht erst gar nicht, um jeden Preis mit dem Angriff durchzudringen, sondern schließt stattdessen (beginnend mit 49.f6) den Königsflügel, womit es Stockfishs Turm in der Ecke auf h8 verrotten lässt (das nachfolgende 52.h5 öffnet die Diagonale b1-h7, so dass Schwarz außerstande ist, den Turm mittels ...♔h7 zu befreien).
Zugleich tauscht AlphaZero die aktivste Figur von Schwarz – den Damenflügelturm –, um sicherzustellen, dass Schwarz nur mit passiven Figuren verbleibt.
Die Partie sollte dann durch das Eindringen von Dame und Turm am Damenflügel entschieden werden – ironischerweise an dem Flügel, an welchem Schwarz überlegen sein sollte.
50...♗e8 51.♕b2 ♕d8 52.h5 ♘d7 53.♔g2 g5 54.♖c3 ♘xf6 55.exf6 ♕xf6

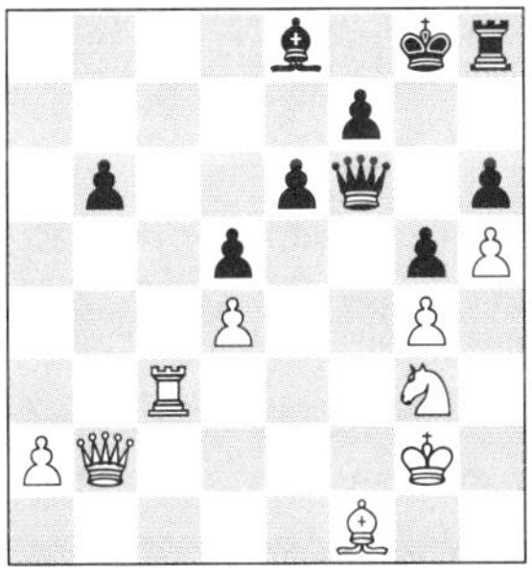

Dieses verzweifelte Opfer löst keines der Probleme. AlphaZero gewann nach weiteren 20 Zügen.

Der AlphaZero-Stil
9. AlphaZero zeichnet sich durch Flügelangriffe gegen den gegnerischen König bei festgelegtem Zentrum aus.

Der AlphaZero-Stil
10. AlphaZero gewinnt Partien häufig dadurch, dass es einige gegnerische Figuren passiv stellt und dann dessen aktive abtauscht.

Nachdem wir so viel über Angriff gesprochen haben, ist es an der Zeit, uns der Verteidigung zuzuwenden. Hier können wir tatsächlich viel von Stockfish lernen, das einen großen Teil des Matches mit dem Vollbringen heldenhafter Verteidigungsleistungen verbracht hat. Es lohnt sich, zunächst rasch Stockfishs Verteidigungstechnik zu ergründen, da dies verdeutlicht, welch erstaunliche Widerstände AlphaZeros Angriffskünste überwinden mussten.

Stockfishs Verteidigungsspiel beinhaltet die folgenden drei Techniken:

1. Weglenken oder -locken der gegnerischen Angriffsfiguren von ihren optimalen Standorten;
2. Einsatz seiner aktiven Figuren, um Verwirrung im gegnerischen Lager zu stiften;
3. Provozieren von Schwächen in der gegnerischen Königsstellung, um Gegenspiel zu erlangen.

Partie: „Nutzung einer Linie am Damenflügel zur Verteidigung des Königsflügels“

AlphaZero
Stockfish 8
London 2018

1.d4 ♘f6 2.c4 e6 3.♘f3 b6 4.g3 ♗e7 5.♗g2 0-0 6.♘e5 c6 7.♘c3 ♗a6 8.0-0 d5 9.♖e1 ♗xc4 10.♘xc4 dxc4 11.e3 ♘d5 12.a4 ♘a6 13.♗f1 ♘ab4 14.♗xc4 ♘f6 15.e4 ♕d7 16.e5 ♘fd5 17.♘xd5 ♘xd5 18.♕g4 g6 19.♗h6 ♖fc8 20.h4 ♗f8 21.♗g5 h5 22.♕f3 ♗e7 23.♗xd5 cxd5 24.g4

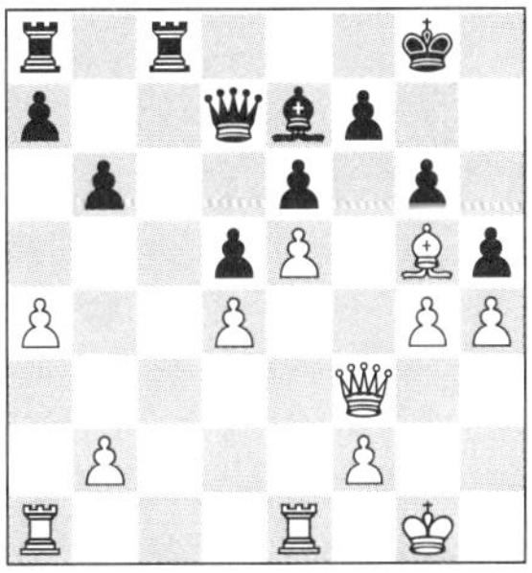

Im Kapitel „Verteidigung“ werfen wir einen genaueren Blick auf diese Partie. Der weiße Angriff ist überraschend gefährlich. Die schwarze Stellung hat zweierlei Probleme:

1. Weiß hat zahlreiche Möglichkeiten, um seine Türme zum Königsflügel zu überführen und den Druck zu erhöhen;
2. Wenn Schwarz sich auf eine Invasion auf der h-Linie einstellt,

könnte Weiß stattdessen über die c-Linie einmarschieren.

24...♗xg5

Die Variante 24...hxg4 25.♕xg4 ♔g7 26.♕f4 ♖h8 27.♗f6+ ♗xf6 28.exf6+ ♔g8 29.♖ac1 illustriert das zweite Problem von Schwarz trefflich. Stockfish findet ein großartiges Manöver. Zunächst wird die Dame zum Damenflügel geschickt, um die weiße Kräftekoordination zu stören. Insbesondere will Schwarz die weißen Türme daran hindern, sich so ohne weiteres zum Königsflügel zu begeben.

25.hxg5 ♕e7 26.♕f4 ♕b4 27.gxh5

27.♖a3 ♕xe1+; 27.♖e3 ♕xb2 28.♖ae1 hxg4 29.♔g2 ♖c1, was die weißen Angriffskräfte durch Abtausch schwächt: 30.♕xg4 ♖ac8 31.♕f4 ♖xe1 32.♖xe1 ♕c2 33.♖h1 ♕e4+, und vom weißen Angriff ist nichts übriggeblieben. Diese Variante zeigt auch, wie die luftige weiße Königsstellung Möglichkeiten zum Gegenspiel für Schwarz schafft.

27...gxh5 28.♖e2 ♖c4 29.♖d2

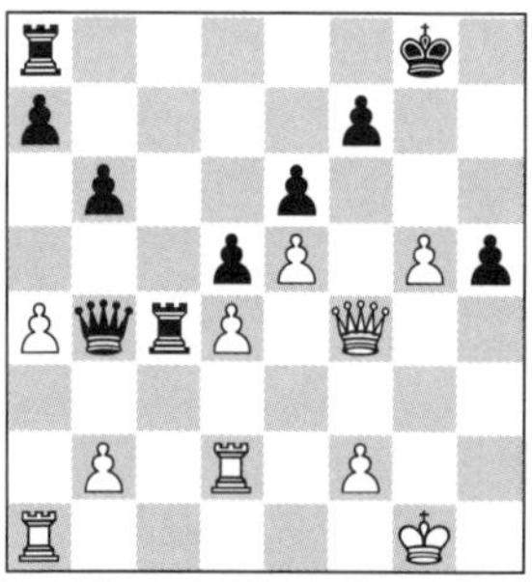

AlphaZero hat seine Stellung gegen den schwarzen Angriff auf die sensiblen Punkte b2 und d4 konsolidiert und steht nun bereit, seinen Damenturm zum Königsflügel zu überführen, z.B. mit ♔g2 und ♖h1.

29...♕f8

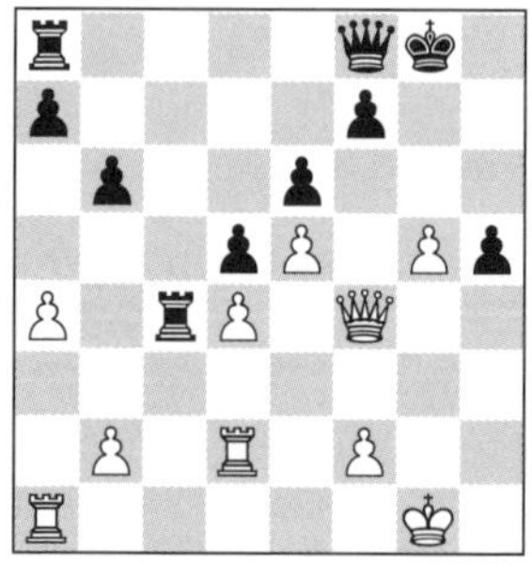

Eine erstaunliche Idee: nachdem sie die weiße Koordination gestört hat, begibt sich die Dame zurück nach g6, von wo aus sie den schwarzen Königsflügel (die Bauern f7 und h5) verteidigt und ein Auge auf das Feld e4 wirft. Beim Gegenspiel wird sie auch mit den verdoppelten schwarzen Türmen auf der c-Linie zusammenwirken.

30.♖d3

30.♖a3 ♕g7 31.♖h3 ♖c1+ 32.♔g2 ♕g6 33.♕f3 ♕b1 34.♖xh5 ♖g1+ 35.♔h2 ♖c8 36.♖d3 ♖cc1 ist eine herrliche Demonstration der letztgenannten Idee von Schwarz – das kombinierte Spiel auf der c-Linie mit einer aktiven Dame, das auf die eigenen Königsflügelschwächen von Weiß zielt.

30...♕g7 31.♖f3 ♕g6 32.♖e1 ♖ac8

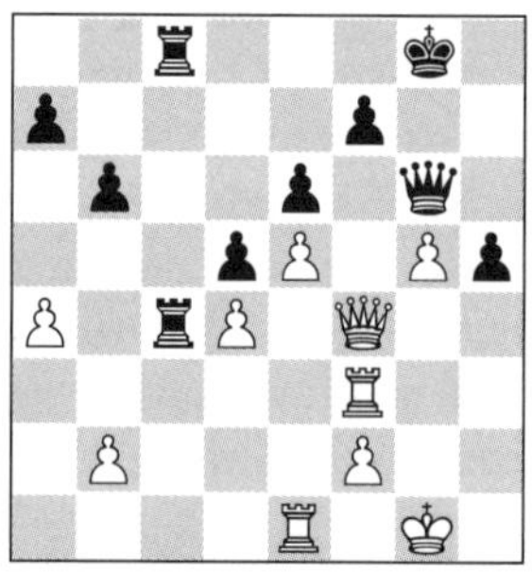

Schwarz schwebt noch immer in großer Gefahr, doch seine Figuren sind wunderbar für einen Gegenangriff auf die weiße Stellung koordiniert.

33.♔h2 ♖8c7 34.♖g1 ♖xa4 35.♕h4 ♖ac4 36.♖f6 ♕e4 37.♖f4 ♕g6 38.♖f6 ♕e4 39.♕xh5 ♕xd4 40.g6 ♕h4+

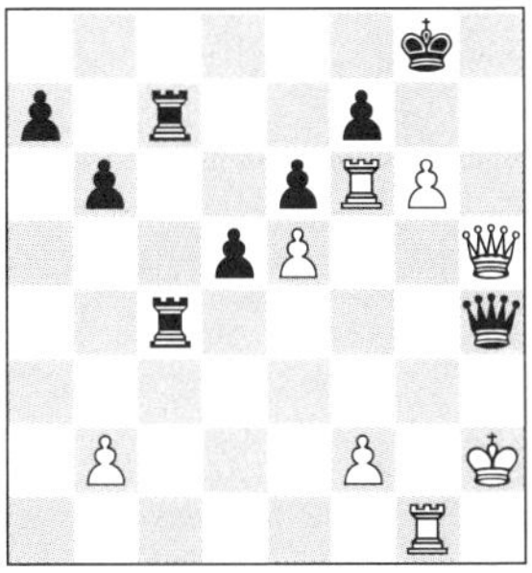

Die luftige Königsstellung von Weiß räumt Schwarz die rettende Möglichkeit des Damentauschs ein. **41.♕xh4 ♖xh4+ 42.♔g3 ♖b4 43.♔h3 fxg6 44.♖gxg6+ ♖g7**

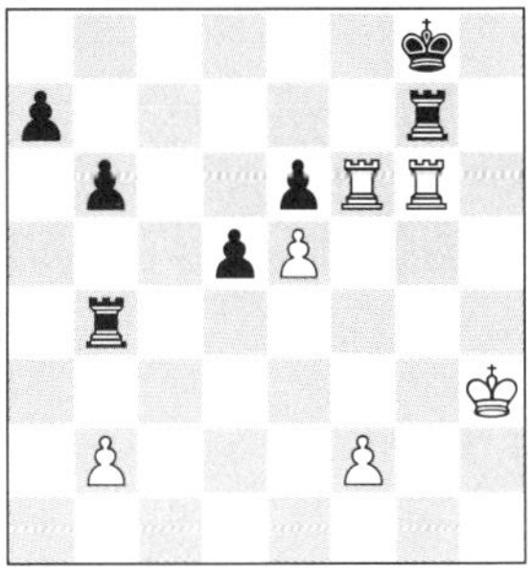

Und Stockfish remisierte schließlich. Eine sehr beeindruckende Verteidigung: der Kernpunkt war das Manöver 26...♕b4, mit dem Schwarz sein Bestes tat, die weiße Kräftemassierung am Königsflügel zu behindern und so die nötige Zeit für sein eigenes Gegenspiel zu finden. All das scheint nicht so besonders, wenn man die Partie nur rasch durchspielt, doch diese Verteidigungsidee ist weder leicht zu erkennen noch durchzuführen!

AlphaZeros Defensivkünste in Antwort auf direkte Angriffe kommen nur in der Serie der aus den TCEC-Stellungen gestarteten Partien zum Vorschein. Aus diesen Ausgangspositionen erhält AlphaZero nicht unbedingt die Art von Stellungen, die ihm aus der Eröffnung vorschweben, und es muss mithin improvisieren und verteidigen. Wo Stockfish ein Meister der Ablenkung, der Verlangsamung und des Auffangens gegnerischer Angriffe ist, hält sich AlphaZero an den Ansatz der … Verwirrung. Sobald ihm seine Stellung missfällt, hält es so rasch wie möglich nach aktivem Spiel Ausschau – selbst auf Kosten von Material. Gelegentlich kippt dabei sein Spiel von der anhaltenden Aggression zum Grotesken über. Man sehe die folgende Partie!

Partie: „Ein Königreich für offene Linien!“

Stockfish 8
AlphaZero
London 2017

1.e4 d6 2.d4 ♘f6 3.♘c3 g6 4.f4 ♗g7 5.♘f3 0-0 6.♗d3 ♘a6 7.0-0 c5 8.d5

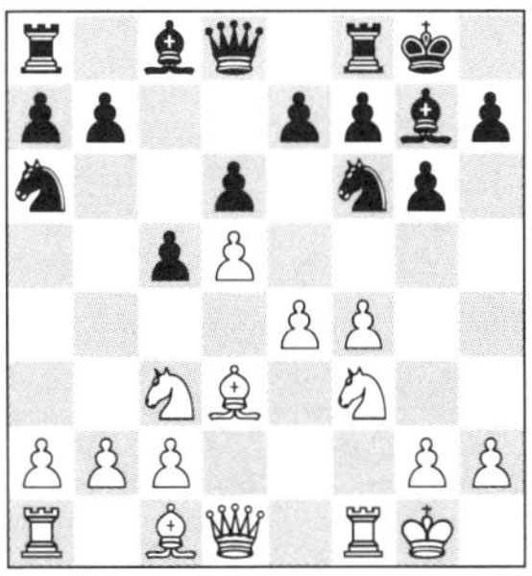

Das TCEC-Buch endete hier. AlphaZero war augenscheinlich nicht sehr glücklich mit seiner Eröffnungsstellung, wenn man nach seiner Gewinnerwartung von 31,2% geht.

Anstelle der normalen Züge 8...♗g4 oder 8...♘c7 entschied es sich für drastische Gegenmaßnahmen!

8...c4 9.♗xc4 b5

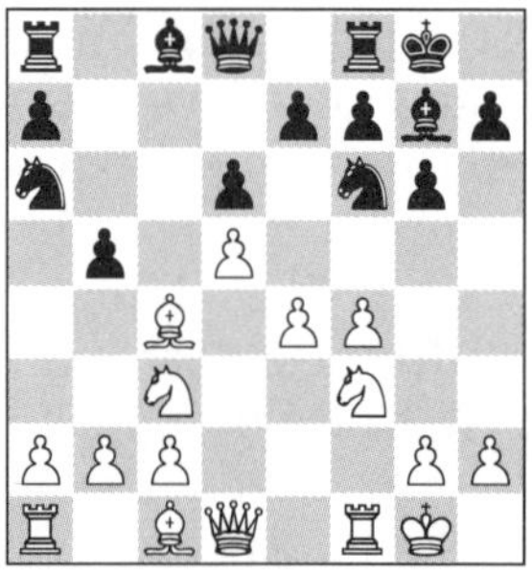

10.♘xb5

10.♗xb5 ♘xe4.

10...♘xe4

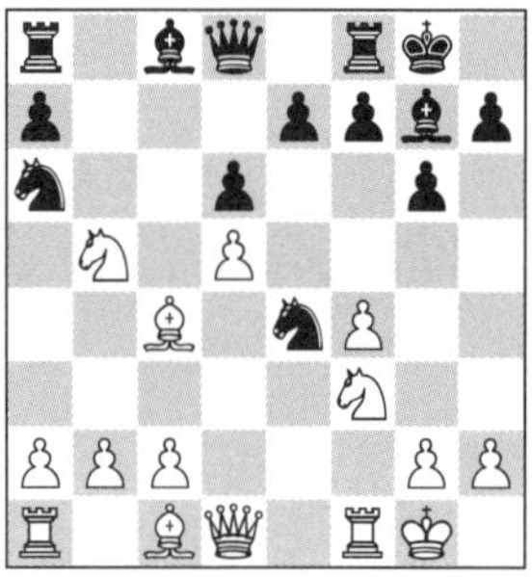

Ich bewundere zwar die Kreativität, doch augenblicklich hat Schwarz einfach einen Bauern weniger für wenig Kompensation. AlphaZero hat mehr Freiraum für seine Figuren als zuvor, und ich kann mir vorstellen, dass ihn dies zu dieser Idee animierte. AlphaZero gelang es, sich nach 89 Zügen zu halten – und sogar die Rollen zu vertauschen –, doch ich bezweifle, dass diese Eröffnungsidee Schule machen wird!

Der AlphaZero-Stil

11. AlphaZero verteidigt sich, indem es Verwirrung stiftet und taktische Motive ins Geschehen einführt.

Das äußere Kennzeichen von AlphaZeros Stil ist seine Vorliebe für Königsangriffe, doch diese Geradlinigkeit wird durch etwas Grundlegendes gestützt, und dies ist die wundersame Fähigkeit, die Aktivität der eigenen wie der gegnerischen Figuren einzuschätzen und entsprechend zu handeln. In den folgenden Partien sehen wir, wie AlphaZero drei seiner Figuren einsetzt – den Springer, den Turm und den König.

a) Der Springer

Wie wir bereits angemerkt haben, hat AlphaZero großes Geschick beim Aufspüren starker Stützpunkte für seine Springer und scheut sich auch nicht, erhebliche Zeit zu investieren, um diese gut zu postieren. Die folgende Partie ist das spektakulärste Beispiel hierfür:

Partie: „Der tapfere Sir Lancelot"

AlphaZero
Stockfish 8
London 2018

1.d4 ♘f6 2.c4 e6 3.♘f3 b6 4.g3 ♗b7 5.♗g2 ♗e7 6.♘c3 0-0 7.0-0 ♘e4 8.♗d2 d5 9.cxd5 exd5 10.♕b3 c5 11.♗f4 ♘a6 12.♖fd1 c4 13.♕c2 ♘b4 14.♕c1 ♕d7 15.h4 ♖ac8 16.a3 ♘xc3 17.bxc3 ♘c6 18.♕b1 ♖ce8 19.♖e1 ♘a5 20.♘g5 f5 21.♘f3 ♗f6 22.♖a2 h6 23.a4 ♕e6

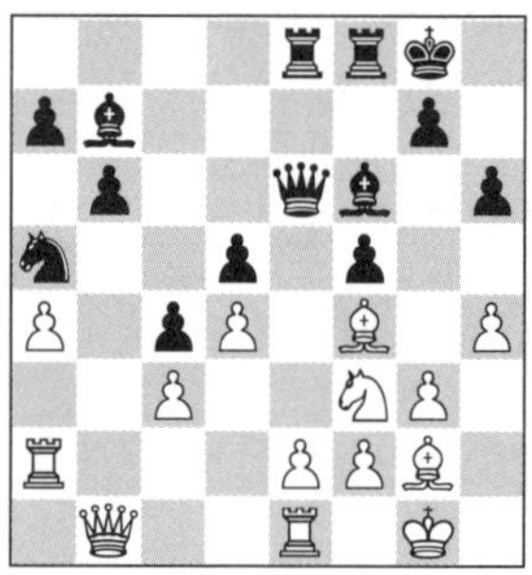

Man sehe einfach zu, wie Weiß nun seinen Springer auf den Vorposten g6 überführt.

24.♔h2 ♗c8 25.♖h1 ♘c6 26.h5

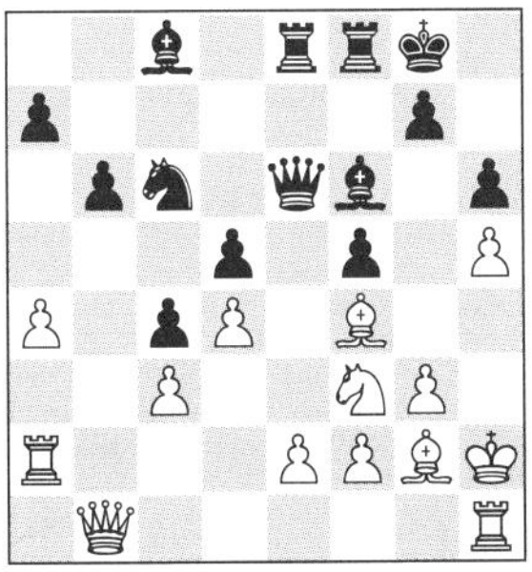

24.♔h2 hat h1 für den Turm geräumt, der den Bauern h5 stützen soll – der seinerseits dem Springer auf g6 Halt gibt.

26...♔h8 27.♘g1

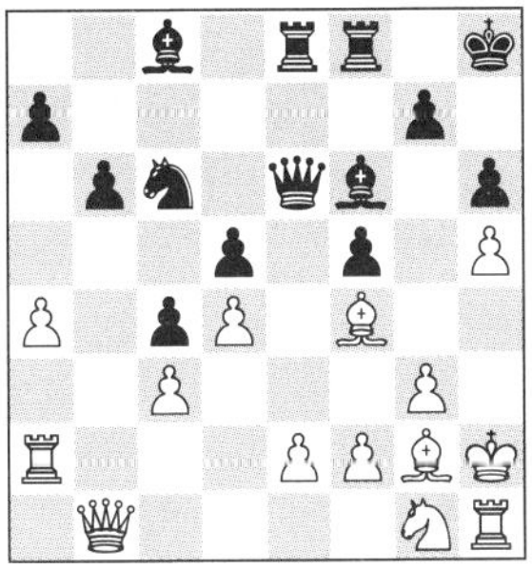

24.♔h2 hat zugleich g1 für den Springer geräumt!

27...♕f7 28.♗f3 ♖d8 29.♘h3 ♔g8 30.♗c1 ♖fe8 31.♕b5 ♗b7 32.♖d1 ♘a5 33.♕b1 ♗c8 34.♘f4 ♗g5 35.♘g6

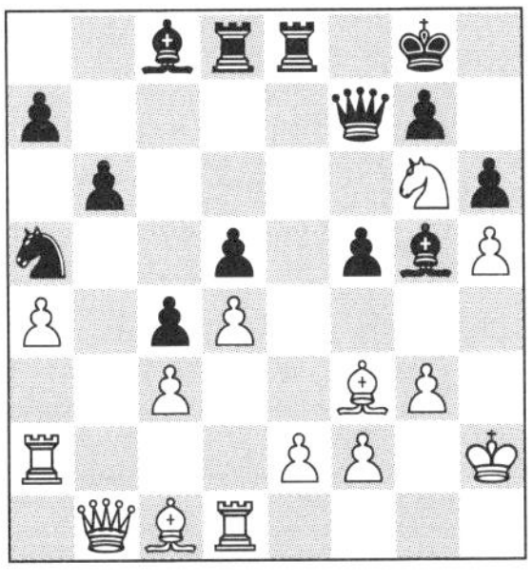

... angekommen!

35...♗xc1 36.♕xc1 ♗e6 37.♘e5 ♕c7 38.♖b2 ♘b7 39.♖b5 ♘a5 40.♕f4 ♘b3 41.♘g6

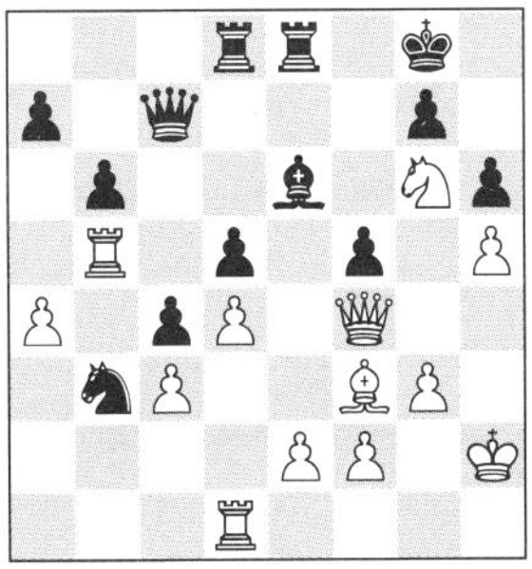

Pendelt mit dem Springer ganz nach Bedarf zwischen den zwei starken Stützpunkten.

41...♕c6 42.♕e5 ♕d7 43.e3 ♘a5 44.♗g2 ♘b7 45.♖a1 ♔h7 46.♘f4 ♗g8 47.♖xd5 ♗xd5 48.♕xd5 ♘d6 49.♗h3 ♖e7 50.♘g6 ♖f7 51.♘e5 ♕b7 52.♗g2 ♕xd5 53.♗xd5 ♖c7 54.♔g2 ♘e4 55.♗xe4 fxe4 56.f3 exf3+ 57.♔xf3 ♖e7 58.♘g6

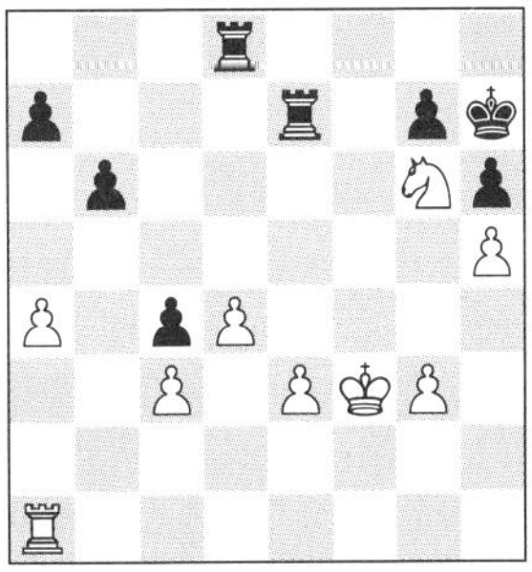

Wieder hat der Springer zwischen e5 und g6 gewechselt. Ich war mir nicht sicher, wie gut die Position für Weiß ist, doch sie scheint sehr stark zu sein: die weißen Zentrumsbauern brechen durch!

58...♖b7 59.e4 b5 60.axb5 ♖xb5 61.♘f4 ♖b3 62.♘e2

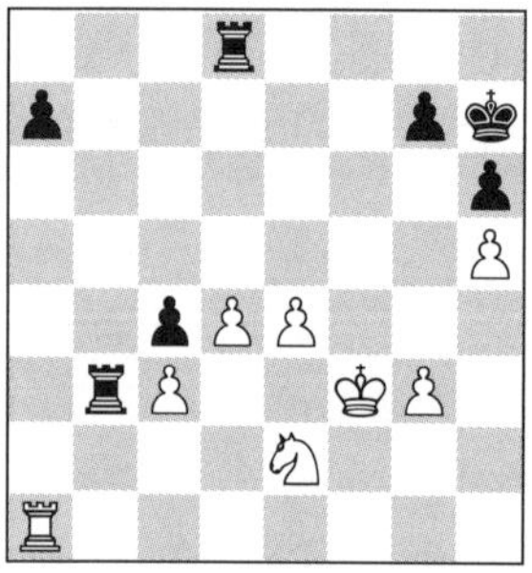

Ein überraschender Einfall – der Springer wird zum Schutz des Bauern c3 von seinem Vorposten zurückbeordert. Ohne Gegenspiel gegen den Bauern c3 hat Schwarz keine Möglichkeit, den Marsch des d- und e-Bauern aufzuhalten.

62...♖a8 63.e5 a5 64.d5 a4 65.d6 a3 66.d7 ♔g8 67.♖d1 ♖bb8 68.e6 ♔f8 69.♘d4

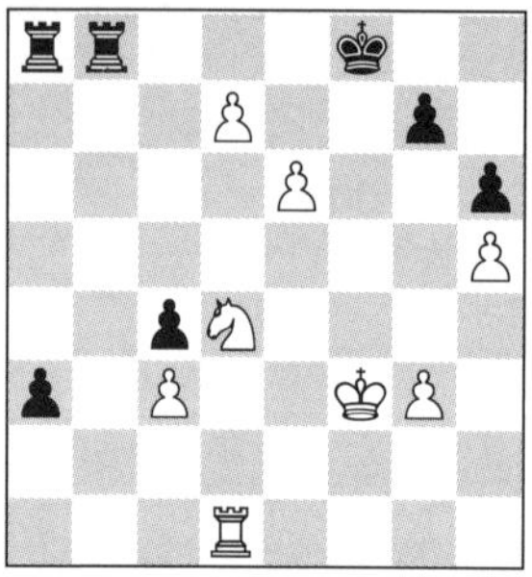

Schwarz gab auf.
Ganz passend beendet der Springer die Partie, indem er den schwarzen König an der Blockade der Bauern hindert. Wundervolle langfristige Planung und riesige Beweglichkeit des weißen Springers.

Im Gegensatz dazu fiel mir eine Anzahl von Partien auf, die Stockfish mit einem „gestrandeten" Springer beendete: einem Springer, der nichts zum Spielverlauf beigetragen hat.

Partie: „Am Damenflügel antäuschen, am Königsflügel zuschlagen!"

Stockfish 8
AlphaZero
London 2018

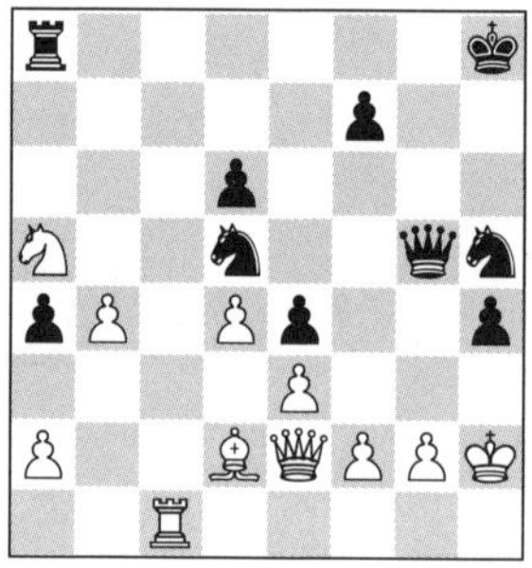

34...♖g8
AlphaZero hat den weißen Springer früh in der Partie mit 13...b5 nach a5 getrieben, was scheinbar einen Stützpunkt auf c6 einräumt. AlphaZero hat freilich verstanden, dass dieser Stützpunkt längst nicht so gefährlich ist wie er aussah, und 20 Züge später hätte Stockfish den Springer wirklich zur Verteidigung seines Königs gebraucht!

35.f4 ♕g3+ 36.♔g1 ♕f3 37.♕xf3 exf3 38.g4 ♘g3 39.♔f2 ♘e4+ 40.♔xf3 ♘xd2+ 41.♔e2 ♘e4 0:1

b) Der Turm

AlphaZeros Handhabung des Turmes ist insbesondere in Bezug zu seiner Einstellung zur Besetzung von offenen Linien interessant. In vielen Beispielen hat AlphaZero offene Linien mit seinen Türmen besetzt. Doch AlphaZero ist gleichfalls in der Lage, diese allgemeine Regel sehr effektvoll zu brechen, wenn es erkennt, dass eine andere – meist gegen den feindlichen König gerichtete – Linie geöffnet werden kann. In diesem Fall stellt AlphaZero den Kampf um die offene Linie zurück – der leicht zu einem Generalabtausch führen könnte – und spart sich seine Feuerkraft für den Angriff auf den gegnerischen König auf.

Partie: „Unerwartete Gefahr auf der h-Linie“

AlphaZero
Stockfish 8
London 2018

1.d4 ♘f6 2.♘f3 e6 3.c4 b6 4.g3 ♗b7 5.♗g2 ♗b4+ 6.♗d2 ♗e7 7.♘c3 c6 8.♗f4 d5 9.cxd5 ♘xd5 10.♘xd5 cxd5 11.0-0 0-0

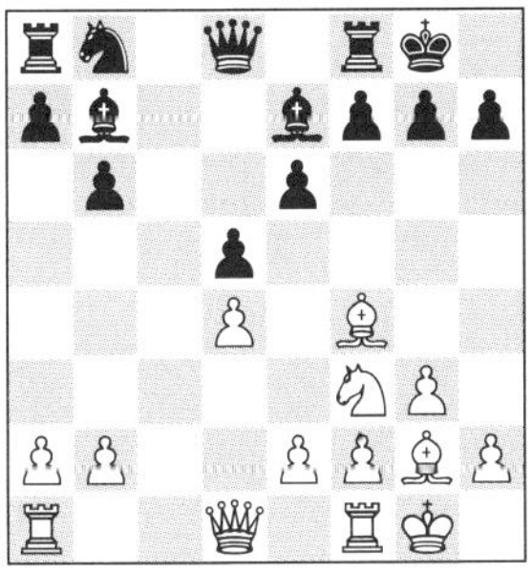

In dieser Stellung wäre es für beide Seiten natürlich, die Türme auf die einzige offene Linie – die c-Linie – zu stellen, was zum Abtausch beider Turmpaare führen könnte. AlphaZero wirft stattdessen einen Blick auf den schwarzen Königsflügel, um zu sehen, ob sich dort eine Schwäche herauskitzeln lässt.
12.h4 ♘c6 13.♕d3 ♕d7 14.♘g5 g6
Diese Schwäche ermutigt AlphaZero, so dass es die Besetzung der offenen Linie weiter verschiebt und den Druck auf den schwarzen Königsflügel erhöht.

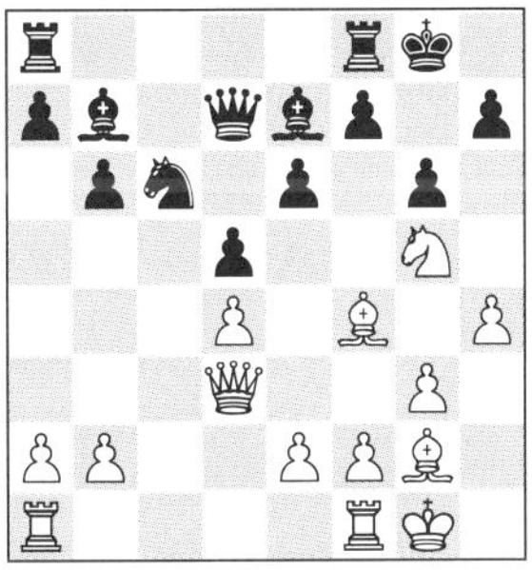

15.♘f3 ♖fc8 16.h5 ♕d8 17.♕e3
AlphaZero macht sich weiterhin keine Sorgen über einen eventuellen Schaden, den Stockfish auf der c-Linie anrichten könnte.
17...gxh5

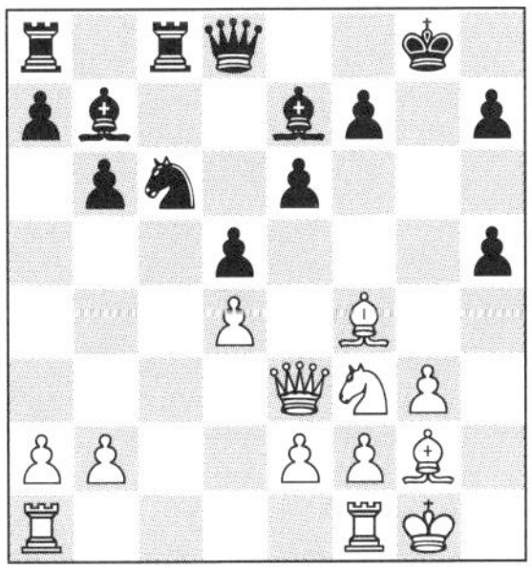

Ein typischer Computerzug: Weiß übt Druck auf den Königsflügel von Schwarz aus, der dafür gewillt ist, eine Schwächung zu akzeptieren, um den Druck abzuschütteln. Wobei es innerhalb seines Rechenhorizonts keinen Weg für Weiß gibt, diese auszunützen.
AlphaZeros Herangehensweise fällt jedoch völlig aus dem Blickfeld all meiner Engines. Diese Manier ist mit AlphaZeros einstweiliger Weigerung, um die c-Linie zu kämpfen, verbunden: es hält sein Pulver für einen anderen Angriffskanal trocken. Nun hat AlphaZero die Chance zu beweisen, dass es damit Recht hatte.
18.♔h2 ♗f8 19.♖h1

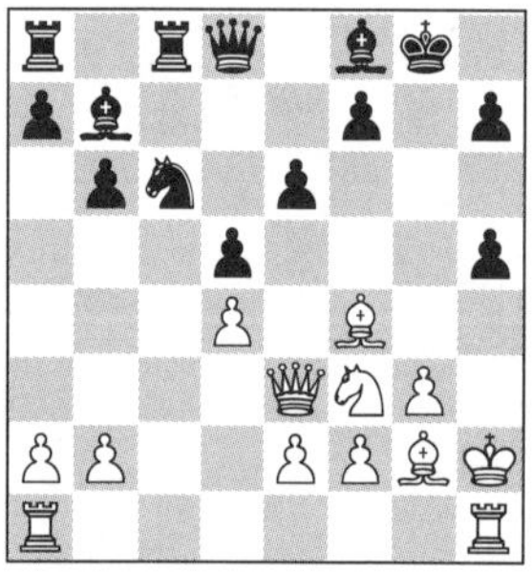

Erstaunlich! Der weiße Turm wird auf der h-Linie hundertmal gefährlicher sein als auf der c-Linie.

19...♕e7 20.♔g1

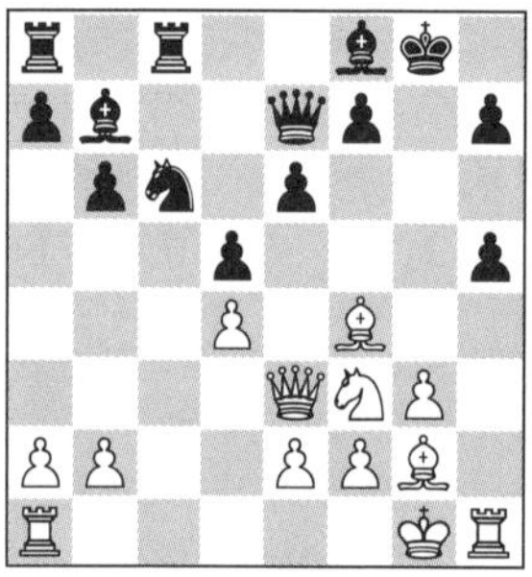

Mit gefährlicher Initiative, die AlphaZero später in einem langen Endspiel nach 105 Zügen verwertete.

Der AlphaZero-Stil

12. AlphaZero scheut sich nicht, die Besetzung offener Linien herauszuschieben, wenn es glaubt, es könne andernorts eine Linie gegen den feindlichen König öffnen.

c) Der König

Das vielleicht eindrucksvollste Element von AlphaZeros Verständnis der Figurenbeweglichkeit ist der hohe Wert, den es der Einengung des gegnerischen Königs beimisst. Ein bestimmtes Angriffsmotiv – der Marsch des Randbauern über das ganze Brett, um ihn so nah wie möglich beim gegnerischen König einzupflanzen – ist besonders eng mit dieser Idee verbunden. Es scheint dies mit einem großen Plus in der Bewertung zu versehen und als integralen Teil seines Planes, im Mittel- wie auch im Endspiel, zu betrachten.

Mein Lieblingsbeispiel zu diesem Thema ist das folgende fantastische Berliner Endspiel.

Partie: „Endspiellektion“

Stockfish 8
AlphaZero
London 2018

1.e4 e5 2.♘f3 ♘c6 3.♗b5 ♘f6 4.0-0 ♘xe4 5.d4 ♘d6 6.♗xc6 dxc6 7.dxe5 ♘f5 8.♕xd8+ ♔xd8 9.♖d1+ ♔e8 10.♘c3 ♗e7 11.b3 ♘h4 12.♘xh4 ♗xh4 13.♗e3 ♗e7 14.♘e2 h5

Ein neuer Zug in dieser Stellung, doch typisch für AlphaZero: Schwarz gewinnt durch den Vormarsch des Randbauern Raum und bereitet die Entwicklung des Königsturmes via h5 vor.

15.c3 h4 16.♖d2 ♖h5 17.h3 a5 18.♖e1 ♗e6 19.f4 a4 20.♘d4 ♗d7 21.b4 c5 22.bxc5 ♗xc5 23.♘c2 ♗e7 24.♖b1 b6 25.♘b4 ♗e6 26.♘c6 a3 27.♔h2 f6 28.♖e1 f5 29.♘d4 ♗d7 30.♗f2 ♖d8 31.♖ee2

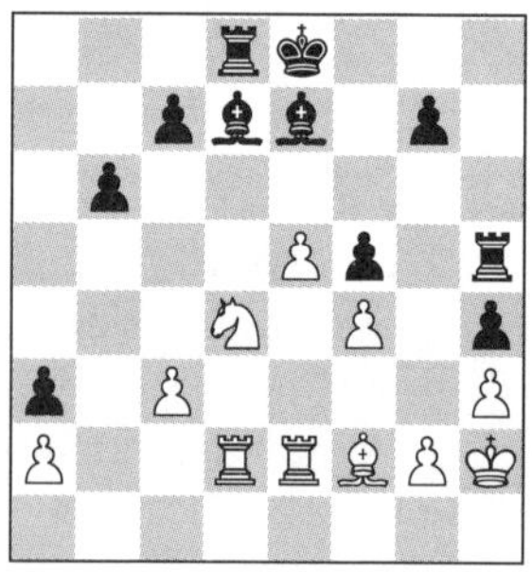

In dieser Stellung hätte ich damit gerechnet, dass Schwarz versuchen würde, auf d4 den weißen Springer und die Türme abzutauschen und dann gegen die Schwäche a2 zu spielen, die Schwarz mit seinem eigenen Bauern auf a3 festgelegt hat. AlphaZeros Plan hat mich völlig überrascht.

31...c5 32.♘c2 g5

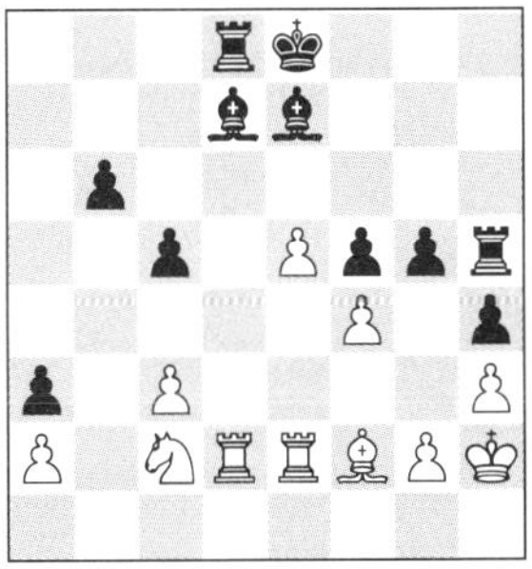

Schenkt den Bauern a3 her, der – in meinen Augen – einer der größten Trümpfe von Schwarz war! AlphaZero gibt diesen Trumpf allerdings für eine Anzahl anderer dynamischer Vorteile her.

33.♘xa3 g4 34.♔g1 g3

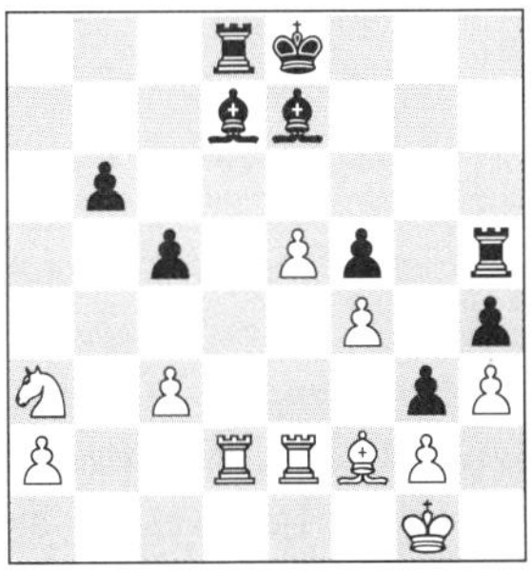

Mit diesem Manöver hat Schwarz weiteren Raum am Königsflügel gewonnen und somit die Bewegungsfreiheit des weißen Königs empfindlich eingeengt. Daneben hat Schwarz durch das Opfer des Bauern a3 eine weitere mögliche Einflugschneise in die weiße Stellung geöffnet: die a-Linie. Mit dem schwarzen Bauern auf g3 würde ein auf der Grundreihe landender Turm den weißen König in größte Panik versetzen.

35.♗e3 ♖a8 36.♘c4 ♖h6 37.♖b2 ♖a6 38.♗c1 b5 39.♘e3 ♖a4 40.c4

40.♘d5 ♗d8 41.♘f6+ ♗xf6 42.exf6+ ♔d8 43.f7 ♖f6 44.♖e5 ♖xf7 45.♖xc5 ♖e7 46.♖e5 ♖e4, und die weiße Lage ist aufgrund der Schwäche der Grundreihe weiterhin problematisch: 47.♔f1 ♖7xe5 48.fxe5 ♗e6, und der König entkommt nicht: ...♗c4+ folgt unweigerlich.

40...bxc4 41.♘d5 c3 42.♘xc3 ♖c4 43.♗d2 ♖c6 44.♔f1 ♗e6 45.♖b1 ♖b4 46.♖ee1 ♗c4+

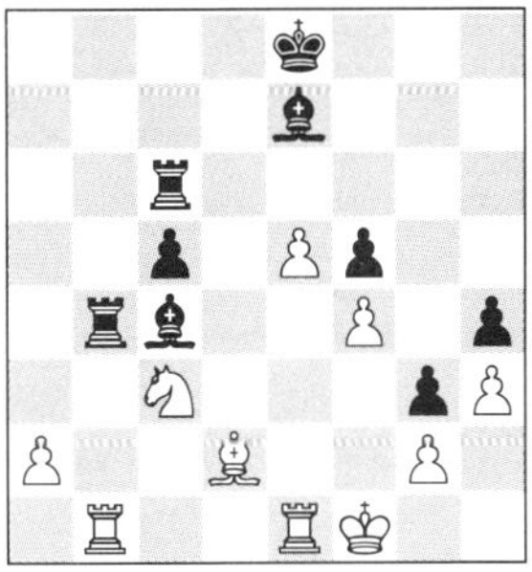

Schließt den weißen König in seinem Verlies am Königsflügel ein: der Läufer verhindert ein Entkommen via f1-e2, während der g3-Bauer f2 und h2 kontrolliert.

47.♔g1 ♖c8 48.♖bc1 ♗d3 49.♘d5 ♖b2 50.♗c3 ♖xa2 51.♖a1 ♖xa1

Typisch AlphaZero – es tauscht die aktivste Figur des Gegners ab, um ihn nur auf passiven Figuren sitzenzulassen.

52.♗xa1 c4 53.♘f6+ ♔d8 54.♗c3 ♖b8 55.♗d4 ♗b4 56.♖d1 ♖b5 57.♔h1 ♗c5

Und Weiß gab auf.

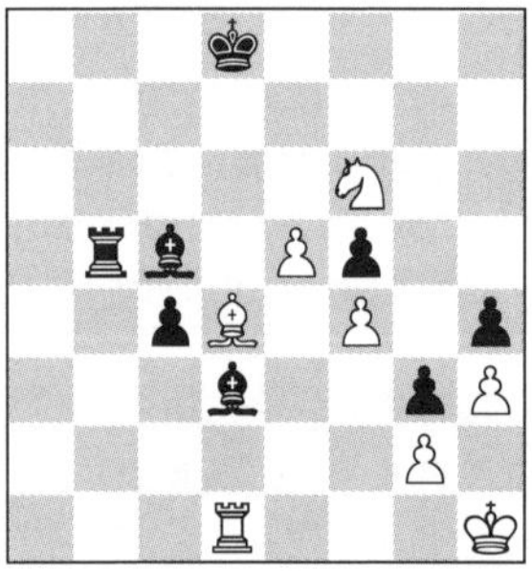

Diese Stellung versinnbildlicht, wie sehr sich der einsame Springer verlaufen hat. Es ist zugleich eine eindrückliche Illustration eines eingesperrten Stockfish-Königs. Weiß ist außerstande, den schwarzen c-Bauern von der Umwandlung abzuhalten. Nach 58.♗xc5 ♖xc5 59.♔g1 ♔e7 60.♔h1 gewinnt 60...c3.

Der AlphaZero-Stil

13. AlphaZero hält stets nach Möglichkeiten Ausschau, die Bewegungsfreiheit des gegnerischen Königs einzuschränken. Es baut dieses Motiv sowohl in seine Mittelspiel- wie auch seine Endspielpläne ein.

Der AlphaZero-Stil

14. AlphaZero hat stets ein wachsames Auge dafür, auf Königsangriff umzuschalten. Wenn die gegnerischen Figuren Koordinationsschwächen haben, wird es so rasch wie möglich Handlungen am Königsflügel einleiten.

B2 - AlphaZeros Eröffnungsspiel

AlphaZeros Eröffnungsspiel mit beiden Farben ist strikt klassisch. Es bevorzugt Zentrumskontrolle und eine geradlinige Entwicklung. All seine Systeme können als Hauptvarianten betrachtet werden, und viele dieser Systeme sind derzeit im Spitzenschach äußerst beliebt.

AlphaZero mit Schwarz

AlphaZero weigert sich, als Weißer 1.e4 zu ziehen, und dies ganz eindeutig wegen der Antwort 1...e5, die AlphaZero beständig spielt. Nach 1.e4 e5 sieht AlphaZero die schwarze Gewinnerwartung bei 44,9%. Man vergleiche dies mit 1.d4 ♘f6, wo AlphaZero dem Schwarzen nur 43,1% zubilligt!
In 26 Partien, in denen AlphaZero mit 1.e4 konfrontiert war, spielte AlphaZero 26 Mal 1...e5. Stockfish wählte entweder die Spanische Eröffnung 2.♘f3 ♘c6 3.♗b5 – auf die AlphaZero unablässig mit der Berliner Verteidigung 3...♘f6 antwortete, der Remiswaffe der Wahl auf Eliteniveau – oder 3.♗c4, was zu wilderen Partien und einigen tollen Siegen für AlphaZero führte.

Wahl von SF	Wahl von AZ	Partien-anzahl	SF gewinnt	SF remisiert	SF verliert
3.♗b5	3...♘f6	18	2	13	3
3.♗c4	3...♘f6	2	0	1	1
3.♗c4	3...♗c5	6	0	5	1
Insgesamt		**26**	**2**	**19**	**5**

Gegen 1.d4 tendiert AlphaZero zur Ragosin-Variante (1.d4 ♘f6 2.c4 e6 3.♘f3 d5 4.♘c3 ♗b4), wenngleich das nicht seine einzige Wahl war. Wenn ich verlangt habe, dass Stockfish eine Partieserie mit 1.d4 eröffnet, fiel die Wahl auch einige Male auf Slawisch (1.d4 d5 2.c4 c6).
Wenn ich eine Partieserie sehen wollte, in der Stockfish mit 1.c4 begann, antwortete AlphaZero unabänderlich mit 1...e5, was die prinzipiellste Antwort ist. Schwarz kämpft um die zentralen dunklen Felder, nachdem Weiß es versäumt hat, diese mit 1.d4 in Besitz zu nehmen.

AlphaZero mit Weiß

AlphaZero ist ein 1.d4-Spieler, wobei gelegentlich einmal 1.♘f3 eingeflochten wird. Tatsächlich war es mit 1.♘f3 sehr erfolgreich und hat einige atemberaubende Siege mit der Anti-Nimzoindisch-Variante 1.♘f3 ♘f6 2.c4 e6 3.♘c3 ♗b4 4.♕c2 erzielt.
Seine Lieblingsvariante gegen Systeme mit ...♘f6 und ...e7-e6 ist unzweifelhaft Damenindisch mit 4.g3 (1.d4 ♘f6 2.c4 e6 3.♘f3 b6 4.g3), womit es eine unglaublich gute Bilanz hat und einige äußerst glanzvolle Partien gewann:

Wahl von AZ	Partien-anzahl	AZ gewinnt	AZ remisiert	AZ verliert
4.g3	31	11	20	0

Trotz seiner klassischen Vorlieben scheut sich AlphaZero auch nicht, in der frühen Eröffnungsphase den Stier bei den Hörnern zu packen, wenn es das Gefühl hat, die Situation verlange danach. Dies wird durch seine Bereitschaft belegt, sich auf alle möglichen scharfen Gambitspiele im semislawischen Komplex einzulassen, so etwa auf das Botwinnik-System (1.d4 d5 2.c4 c6 3.♘f3 ♘f6 4.♘c3 e6 5.♗g5 dxc4) und die Anti-Moskau-Variante (1.d4 d5 2.c4 c6 3.♘f3 ♘f6 4.♘c3 e6 5.♗g5 h6 6.♗h4 dxc4 7.e4 g5 8.♗g3 b5). In beiden Fällen hat AlphaZero einige überzeugende Siege errungen.

Abschnitt C – Die Fäden werden verknüpft

Es ist nun an der Zeit, im Einzelnen unsere Hypothesen darüber, wie AlphaZero aufgrund seines Designs spielen könnte, mit unseren Beobachtungen aus seinen tatsächlich gespielten Partien zu vergleichen.

I. AlphaZero könnte allgemein anerkannte menschliche Regeln nicht erfasst haben. Dafür haben wir bislang keinerlei Beleg gesehen, doch wir werden es auf zwei Weisen testen.

Springer am Rand bringt Kummer und Schand'

Eine Regel, die alle Anfänger lernen, ist ein Aphorismus des großartigen Spielers und Lehrmeisters des 19. Jahrhunderts, Siegbert Tarrasch: „Springer am Rand bringt Kummer und Schand'". Dies bezieht sich auf den Umstand, dass Springer im Allgemeinen am Rande des Brettes sehr viel weniger effektiv sind als im Zentrum. Wir entschieden uns, dies zu prüfen: wie oft hat AlphaZero in den Partien aus der Grundstellung seinen Springer (mit Weiß) nach a3, a4, h3 oder h4 gestellt, bzw. wie oft (mit Schwarz) nach a6, a5, h6 oder h5? Man sehe die obere rechte Tabelle.

Hat AlphaZero gelernt, seine Springer zu zentralisieren?

Diese Zahlen deuten keineswegs darauf hin, dass AlphaZero nicht gelernt haben sollte, seine Springer zu zentralisieren. Beim Blick auf die entsprechenden Partien sah ich auch, dass sich Springer zu einem bestimmten Zweck am Rande befanden, in der Regel auf ihrem Weg zu einem besseren Feld – so landeten zum Beispiel die Springer von h5 recht rasch auf f4 (nahe dem weißen König). Anders ausgedrückt scheint AlphaZero diese Regel durch sein Selbsttraining verinnerlicht zu haben. Wir geben zum Vergleich die Statistiken von Stockfish. Man sehe die zweite Tabelle.

Farbe von AZ	Springer-stellung	Partien-anzahl	Von gesamt
Weiß	♘a3	1	80 Partien
Weiß	♘a4	6	80 Partien
Weiß	♘h3	4	80 Partien
Weiß	♘h4	7	80 Partien
Schwarz	♘a6	1	30 Partien
Schwarz	♘a5	3	30 Partien
Schwarz	♘h6	4	30 Partien
Schwarz	♘h5	2	30 Partien

Farbe von SF	Springer-stellung	Partien-anzahl	Von gesamt
Weiß	♘a3	3	30 Partien
Weiß	♘a4	2	30 Partien
Weiß	♘h3	2	30 Partien
Weiß	♘h4	3	30 Partien
Weiß	♘a6	14	80 Partien
Schwarz	♘a5	12	80 Partien
Schwarz	♘h6	1	80 Partien
Schwarz	♘h5	14	80 Partien

Der Minoritätsangriff

Damit ist eine Standardmethode gemeint, die schwarze Stellung in einer bekannten Struktur (der sogenannten Karlsbader Struktur) anzugreifen, die regelmäßig im Orthodoxen Damengambit vorkommt:

Die Karlsbader Struktur

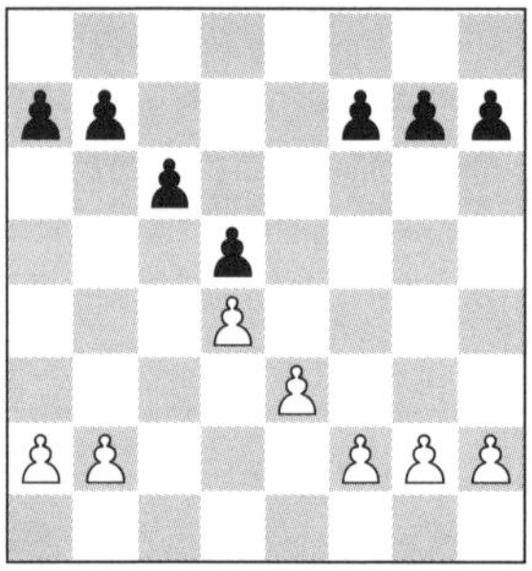

In dieser Struktur hat Weiß eine Bauernmehrheit am Königsflügel und Schwarz eine am Damenflügel. Mit dem „Minoritätsangriff" ist ein klassischer Plan gemeint, in dem Weiß seinen b-Bauern über das Brett marschieren (auf dem Gebiet, auf dem er prinzipiell eigentlich schwächer ist) lässt und ihn gegen den schwarzen c-Bauern abtauscht.

Minoritätsangriff (1)

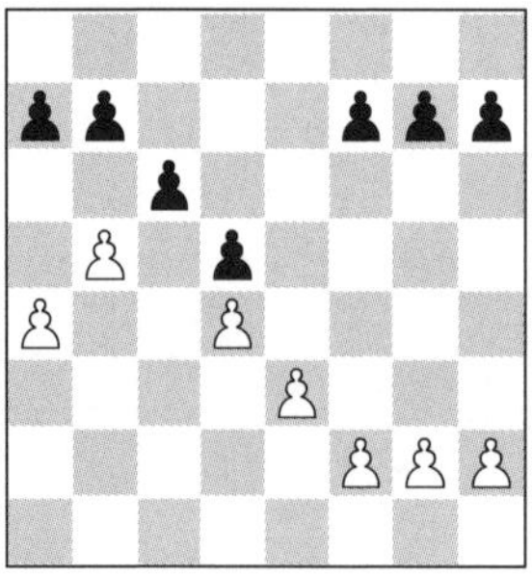

Minoritätsangriff (2)

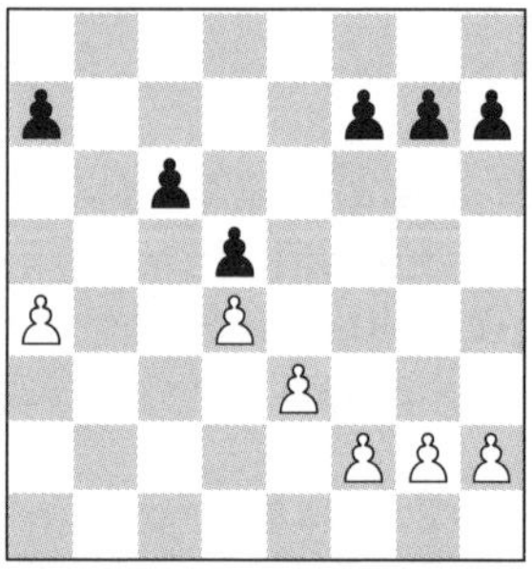

Die entstehende Struktur ist sehr angenehm für Weiß, der auf der halboffenen c-Linie den ungeschützten Bauern c6 mit seinen Schwerfiguren ins Visier nehmen kann. Wir sind neugierig, ob AlphaZero diesen klassischen Plan entdeckt hat, und wie häufig es ihn in seinen Partien anwandte. Das Rohmaterial für diese Analyse waren 800 Partien, die von AlphaZero und Stockfish mit der Ausgangsstellung 1.♘f3 ♘f6 bzw. 1.d4 d5 gespielt wurden. Aus diesen Partien habe ich die Anzahl ermittelt, in der AlphaZero und Stockfish die Karlsbader Struktur jeweils mit Weiß erreicht und wie oft davon sie jeweils den Zug b4-b5 gespielt haben. Das Ergebnis war äußerst interessant:

Weiß	Partienanzahl mit der Karlsbader Struktur	Die Anzahl, wie oft davon b4-b5 gespielt wurde
AlphaZero	59	2
Stockfish	128	76

Stockfish hat sogar noch mehr Minoritätsangriffe mit b2-b4 vom Stapel gelassen, schaffte es aber nicht immer, auch b4-b5 folgen zu lassen. Ich denke, das zeigt eindrücklich,

wie einer autodidaktische Engine bezüglich eines Plans, den Menschen – und mithin auch menschenprogrammierte Engines – beinahe automatisch spielen, die Kenntnis fehlen/sie ihn ignorieren/ sie ihn grundlegend anders einschätzen kann.
Sollten wir AlphaZero vielleicht für die Unkenntnis dieses strategischen Standardwissens bedauern? Hm … werfen wir einen Blick auf die Ergebnisse:

Weiß	Partienanzahl mit der Karlsbader Struktur	AZ gewinnt	AZ remisiert	AZ verliert
AlphaZero	59	20	39	0
Stockfish	128	4	122	2

Wenn Sie neugierig sind, wie AlphaZero die weiße und schwarze Seite dieser Eröffnung so erfolgreich gespielt hat, dann werfen Sie einen Blick auf das „Karlsbad“-Kapitel später im Buch!

II. AlphaZero könnte neue Strategien entdecken, an die Menschen nicht gedacht haben.
Beim Blick auf AlphaZeros Partien bin ich nicht geneigt zu behaupten, dass AlphaZero völlig neue Regeln gefunden hat: schließlich kann das Schach auf eine vierhundertjährige, gut dokumentierte Geschichte zurückblicken, so dass die meisten Pläne in dieser Zeit einmal vorkamen. Wenn man allerdings einen Blick auf das „Karlsbad“-Kapitel wirft, sieht man, wie eindrucksvoll AlphaZero bekannte Schemata umsetzt, mit kaum jemals gesehener Kraft und Konzentration. Dabei entschleiert es förmlich das dynamische Potenzial, welches bis heute in vielen Stellungen brach lag, und verändert die Bewertung dieser Schemata. Im Besonderen ist die Weise, wie es Angriffsmotive verknüpft, äußerst gewaltig.

III. Es könnte AlphaZero leichter fallen, Ausnahmen von den Regeln zu erkennen.
Den Partien nach zu urteilen ist dies zutreffend. Das beste Beispiel hierfür ist AlphaZeros Handhabung offener Linien. AlphaZero scheint in der Lage zu sein, sich mit Leichtigkeit zwischen der Besetzung einer offenen Linie und deren zeitweises Ignorieren zu entscheiden; in der Absicht, auf der entgegengesetzten Brettseite eine andere Linie zu öffnen.

IV. AlphaZero könnte es gelingen, über einen zahlenmäßigen Ansatz zu einer besseren Bewertung positioneller Faktoren zu gelangen.
In gewisser Weise ist dies sicherlich wahr – AlphaZero hat einen „Strauß von Zahlen“ generiert, der es ihm ermöglicht, Schachstellungen und ihr innewohnendes Potenzial feinsinnig zu erfassen. AlphaZeros ziemlich einzigartiges Verständnis der Figurenaktivität (seiner eigenen wie der des Gegners) und wie diese für (wesentliche) materielle Defizite kompensieren kann, hat uns veranlasst, einen genaueren Blick auf die Mobilität zu werfen, und ob ein rechnerisches Verfahren (wie etwa das Maximieren der Möglichkeiten für jede Figur) dem zugrunde liegt.

Während unseres Interviews machte Demis eine interessante Bemerkung über Spiele im Allgemeinen:
„Ein wichtiger Bestandteil von Spielen ist es – und ich denke, das trifft auf Schach im gleichen Maße zu –, sich Aktivposten zu sichern, dann auszuarbeiten, welche davon im gegebenen Moment wichtig sind und wie man sie am effizientesten einsetzen kann. Optionalität – das Maximieren der verfügbaren Auswahlmöglichkeiten – ist natürlich auch ein Aktivposten."

Um ein erstes Gefühl für AlphaZeros Beweglichkeitskonzept zu bekommen, haben wir Schaubilder erstellt, die die Anzahl legaler Züge während einer typischen AlphaZero-Partie anzeigen. Während dies eine sehr simplifizierende Untersuchung ist, waren die Ergebnisse recht bemerkenswert.
Wir betrachteten alle verfügbaren Partien aus der Grundstellung und alle Partien aus dem TCEC-Zweikampf (wo die ersten Züge der Eröffnung durch die Wettkampfregeln vorgegeben waren). Wir haben dann die Durchschnittsanzahl legaler Züge für Weiß und Schwarz bei jedem Zug aufgetragen (der Durchschnitt über alle Partien, die zu diesem Moment noch liefen).

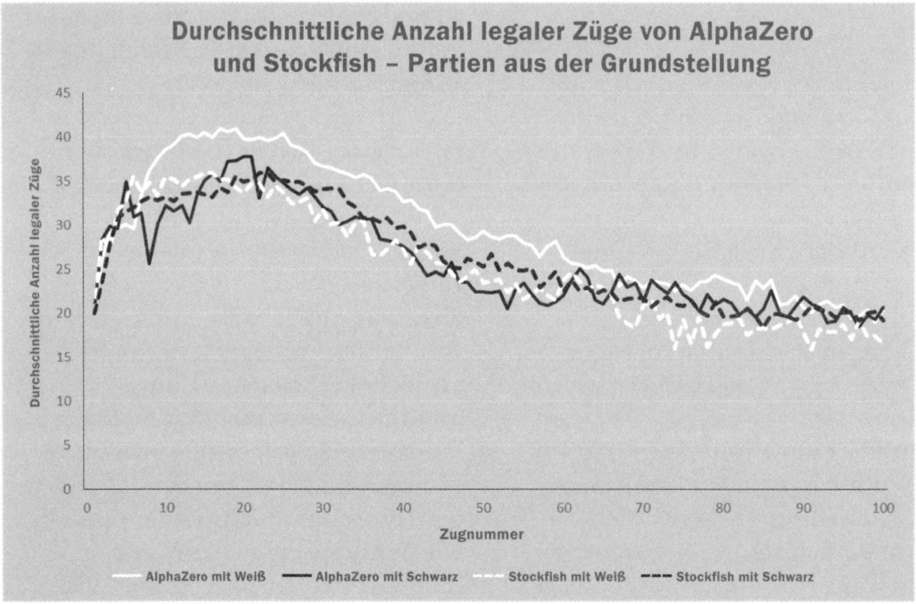

Datenbank mit Partien aus der Grundstellung: AlphaZero hatte 80 Weiß- und 30 Schwarzpartien

Die durchgezogenen weißen und schwarzen Linien in der vorstehenden Grafik zeigen die Durchschnittsanzahl legaler Züge für AlphaZero mit Weiß und Schwarz. Die gepunkteten Linien zeigen die Durchschnittsanzahl legaler Züge für Stockfish. Was sofort ins Auge sticht ist, dass die durchgezogene Linie von Beginn an bis zu Zug 70 oder so deutlich über den anderen Linien liegt – das ist, wenn AlphaZero mit Weiß spielt. Das ist recht durchgängig so – im Durchschnitt (der über 80 Partien gebildet wurde) hat AlphaZero bei jedem Zug, von der frühen Eröffnungsphase bis ins Endspiel, eine zehn bis zwanzig Prozent größere Auswahl. Dies lässt vermuten, dass AlphaZero ein Eröffnungs- und Mittelspielschema gefunden hat, das die Beweglichkeit betont und das es in seinen Weißpartien äußerst wirkungsvoll anzuwenden vermag. Wenn wir die TCEC-Partien betrachten, gibt es bezüglich der verfügbaren legalen Züge in der Eröffnungsphase wenig Unterschiede zwischen AlphaZero und Stockfish. Hier sind es die vorher festgelegten Eröffnungen incl. Grünfeld-Indisch, Sizilianisch, Französisch usw.

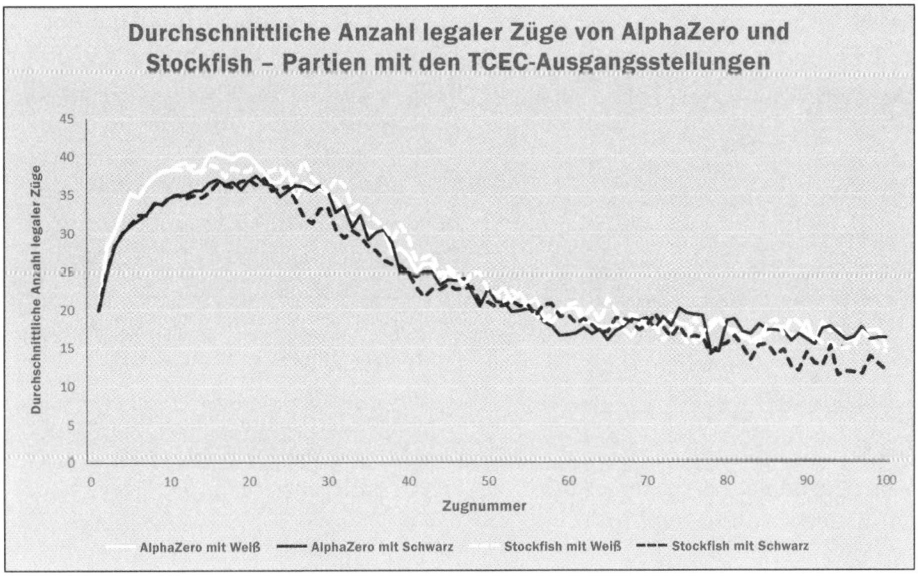

Die Datenbank mit den TCEC-Ausgangsstellungen: AlphaZero hatte 50 Weiß- und 50 Schwarzpartien

In diesen TCEC-Partien können wir in der Eröffnung und im Mittelspiel kein klares Plus für AlphaZero bezüglich der Anzahl legaler Züge ausmachen. Wir sehen eine größere Beweglichkeit für AlphaZero mit Weiß wie mit Schwarz, wenn wir die Grafik in das späte Endspiel ausdehnen. Dies beruht jedoch auf einer abnehmenden Anzahl von Partien und ist damit nicht beweiskräftig.

Insgesamt lassen diese Ergebnisse vermuten, dass AlphaZero Optionalität – wie viele Wahlmöglichkeiten es haben wird – berücksichtigt, wenn es die Partie in Richtung seiner Lieblingsstellungen lenkt. Dies kommt am deutlichsten in seinen Weißpartien aus der Grundstellung zum Ausdruck, und wenn es auf Bewegungsfreiheit des Königs achtet (siehe das Kapitel zur „Aktivität“).

V. AlphaZero könnte gelegentlich ein Endspiel misshandeln oder die Chance einer Überleitung in ein vorteilhaftes Endspiel verpassen.
Hierfür habe ich kein Beispiel gefunden. Beim Durchspielen in halsbrecherischer Geschwindigkeit sind mir zwei Endspiele mit Dame und b-Bauer gegen Dame aufgefallen. Mit dem Mehrbauern remisierte AlphaZero:

AlphaZero
Stockfish 8
London 2018

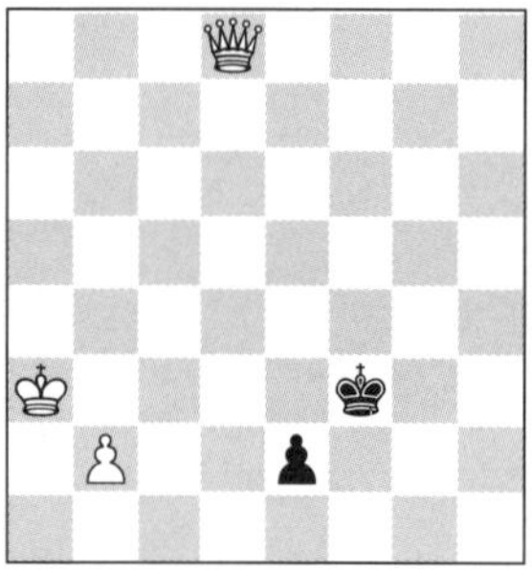

81...e1♛
„... wohingegen es das Endspiel mit einem Bauern weniger verlor:

Stockfish 8
AlphaZero
London 2017

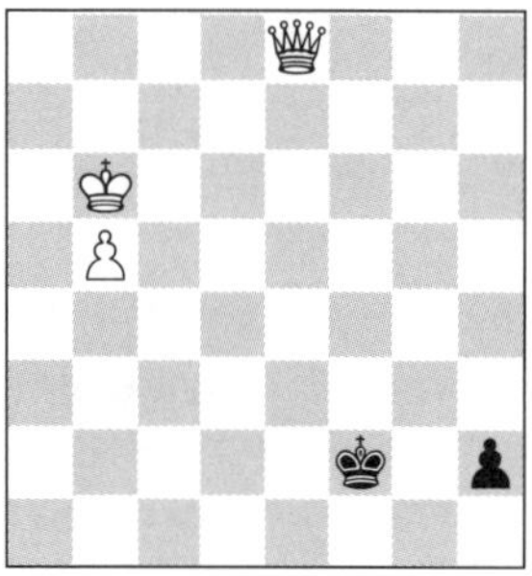

64...h1♛

Die Endspiel-Tablebases verraten uns jedoch (und Stockfish weiß dies auch), dass die erste Stellung zum Remis ausgearbeitet ist, die zweite hingegen zum Gewinn! Die Ergebnisse waren genau wie zu erwarten!

VI. AlphaZero könnte mehr motiviert sein, Matts aufzuspüren als eher strategische Gewinne im Endspiele.
Wie bereits erwähnt, ist AlphaZero zu erheblichen Materialopfern willens, um sein Ziel der Maximierung der Figurenaktivität zu erreichen. Unter diesen Umständen ist ein ruhiger strategischer Gewinn weniger wahrscheinlich als ein Schachmatt. Fairerweise wären auch einige Beispiele für die exzellenten strategischen Künste von AlphaZero zu erwähnen, doch stets in Verbindung mit einem kleinen Drall Richtung gegnerischer König!

VII. AlphaZero könnte einige innovative neue Ideen in der Eröffnung entdecken. Es könnte auch geneigt sein, das Spiel stets in sein bevorzugtes Fahrwasser (den Angriff auf den König) zu lenken.
Wie wir in dem Abschnitt über Eröffnungen diskutiert haben, sind AlphaZeros Entscheidungen bei der Eröffnungswahl sehr vernünftig und flexibel. Ich würde sagen, wenn ich noch einmal meine Zeit als 1.d4-Spieler haben könnte, wäre dies genau das Eröffnungsrepertoire meiner Wahl. AlphaZero demonstriert verblüffende Fähigkeiten, aus den solidesten Eröffnungen wie dem Dameninder mit 4.g3 Angriffsstellungen hervorzuzaubern.

VIII. AlphaZero könnte gelegentlich in eine bekannte Eröffnungsfalle tappen.
Dies ist erstaunlich selten passiert, doch es gab eine Partie, die mir ins Gesicht sprang. Im Jahr 2012 gewann Gata Kamsky diese brillante Partie gegen Yasser Seirawan:

Gata Kamsky 2741
Yasser Seirawan 2643
St. Louis US-Meisterschaft 2012 (9)

1.e4 c6 2.d4 d5 3.♘c3 dxe4 4.♘xe4 ♗f5 5.♘g3 ♗g6 6.h4 h6 7.♘f3 ♘d7 8.h5 ♗h7 9.♗d3 ♗xd3 10.♕xd3 e6 11.♗d2 ♘gf6 12.0-0-0 ♗e7 13.♘e4 ♘xe4 14.♕xe4 ♘f6 15.♕d3 0-0 16.♔b1 c5 17.g4 ♘xg4 18.♕e2 ♔h8 19.♖hg1 ♘f6 20.dxc5 ♕c7 21.♘e5 ♗xc5 22.♗xh6

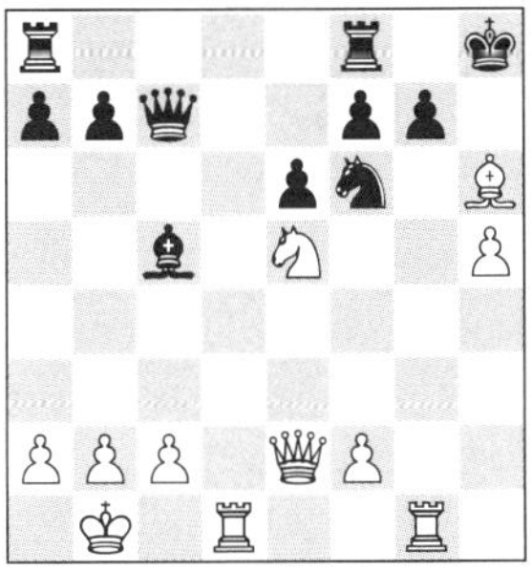

Eine erstaunliche Idee.
22...gxh6 23.♖d7

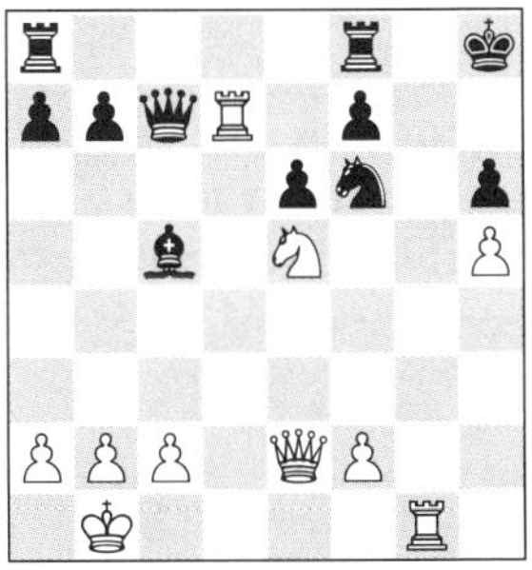

Kamsky sprüht vor glänzenden taktischen Einfällen!
23...♕xd7

23...♘xd7 24.♕d2 ♔h7 25.♘g4, und das Matt kann nicht verhindert werden.
24.♘xd7 ♘xd7 25.♕d2 ♔h7 26.b4 ♖ad8 27.bxc5 ♘f6 28.♕f4 ♘e8 29.♕e4+ ♔h8 30.♕xb7 ♘g7 31.♕xa7 ♖c8 32.♖d1 ♘f5 33.♖d7 ♔g7 34.a4 ♔f6 35.a5 1:0

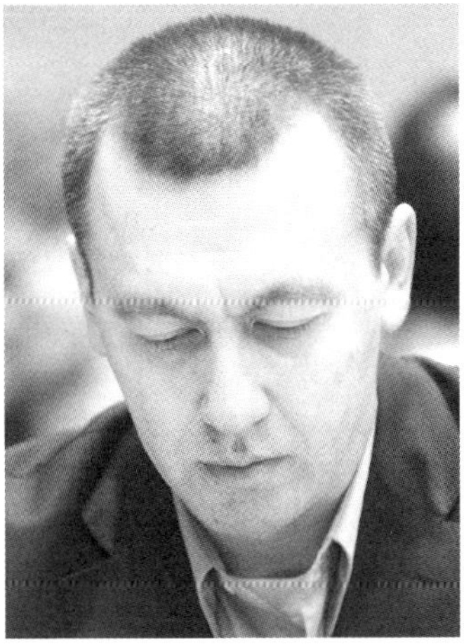

Gata Kamsky: eine brillante Partie.

Und nun stellen Sie sich meine Überraschung vor, als ich die folgende Partie zu sehen bekam! Die Eröffnung 1.e4 c6 war für beide Seiten vorgegeben, und AlphaZero war auf sich selbst gestellt!

Stockfish 8
AlphaZero
London 2018

1.e4 c6 2.d4 d5 3.♘c3 dxe4 4.♘xe4 ♗f5 5.♘g3 ♗g6 6.♘f3 ♘d7 7.h4 h6 8.h5 ♗h7 9.♗d3 ♗xd3 10.♕xd3 e6 11.♗d2 ♗e7 12.♘e4 ♘gf6 13.0-0-0 0-0 14.♘xf6+ ♘xf6 15.♔b1 c5 16.g4 ♘xg4 17.♕e2 ♘f6 18.dxc5 ♕c7 19.♖hg1 ♔h8 20.♘e5
Mit einem Zug weniger haben Stockfish und AlphaZero die Stellung nach dem 21. Zug von Weiß

aus Kamsky - Seirawan erreicht! AlphaZero vermeidet zwar das Schlimmste, doch die Stellung ist bereits sehr schwierig für Schwarz. **20...♕xc5 21.♗c3 ♘d5 22.♗d4 ♕c7 23.c4 ♘f4 24.♕e4 ♗g5 25.♗e3 f6 26.♗xf4 fxe5 27.♗xe5 ♕f7 28.f4 ♗f6 29.♗xf6 ♕xf6 30.♖d7 ♖f7 31.♕xb7 ♕f5+ 32.♔a1 ♖af8 33.♕xa7 ♕xf4 34.a3 e5 35.♖xf7 ♖xf7 36.♕a8+ ♔h7 37.♕d5 e4 38.♔a2 e3 39.♕d3+ ♔g8 40.♖e1 ♖e7 41.b4 ♔h8 42.♔b3 ♕g3 43.♖e2 ♕f3 44.♔c2 ♕f7 45.♔c3 ♕e8 46.b5 ♖e4 47.♔b3 ♖e7 48.a4 ♖e5 49.a5 ♕g8 50.♔b4 ♕e8 51.a6 1:0**
Eines der wenigen Beispiele, in denen ein Eröffnungsbuch AlphaZero vor Kummer bewahrt hätte!

IX. AlphaZero könnte das Spiel in einer Gewinnstellung vereinfachen, um seine Chancen zu maximieren.
Die Go-Welt war wie hypnotisiert, als AlphaGo (der Vorgänger von AlphaZero) es mit dem Champion Lee Sedol aus Korea aufnahm und überzeugend gewann. Die Profis waren von AlphaGos Endspielbehandlung jedoch belustigt wie verwirrt zugleich. Ein Kommentator brach lauthals ins Lachen aus, als AlphaGo einen Zug spielte, der kaum Raum gewann, während es viele „fette" Möglichkeiten gab. AlphaGo war aber zuversichtlich. Es verspürte keine Notwendigkeit, mit großem Vorsprung zu gewinnen: ein sicherer und knapper Erfolg war völlig ausreichend. Genau wie AlphaZero bewertet AlphaGo Stellungen unter dem Aspekt der Gewinnwahrscheinlichkeit und nicht nach Gebietsverhältnissen (mit Blick auf Go die Entsprechung der Bewertung nach Gewinnwahrscheinlichkeit anstatt nach Bauerneinheiten).
In den Schachpartien aus dem Match gegen Stockfish ist uns nichts Ähnliches aufgefallen. Dies ist nachvollziehbar, da AlphaZeros Spiel stets derart unternehmungslustig war, dass es kaum einmal die Chance hatte, auf sichere technische Siege zu spielen: es musste schon aufgrund der gemachten materiellen Investitionen stets im großen Stil gewinnen.
Doch einige äußerst eindrückliche Elemente seines Spiels und seiner Vorteilsverwertungstechnik rufen das Konzept des sicheren Gewinnens in Erinnerung. Es gibt ein paar Beispiele, in denen AlphaZero einige der gegnerischen Figuren wirkungslos stellte und anschließend die aktiven Figuren des Gegners abtauschte, um diesen hilflos zu lassen.
Ich durfte diese sanfte Art der Vorteilsverwertung von AlphaZero auch einmal am eigenen Leibe erfahren, nämlich bei meiner Schnellpartie gegen AlphaZero am 20. April 2018. Es wirkt, als würde AlphaZero dadurch so sicher gewinnen, dass es die gegnerischen Kräfte maximal einschränkt und dessen stärkste Figur dann per Abtausch eliminiert. Im Go hat diese Art zu spielen sehr lässig gewirkt, im Schach hingegen gemahnt es an die meisterhafte Strategie eines Karpow oder Carlsen!

X. AlphaZero könnte nach Komplikationen streben, wenn es glaubt, schlechter zu stehen.
Das scheint erneut völlig zutreffend: wir haben bereits ein Beispiel

gesehen, bei welchem AlphaZero in der Eröffnung zu einem wilden Bauernopfer griff, als es glaubte, schlechter zu stehen.
Für gewöhnlich glückte es auch, dass AlphaZero durch aktives Spiel Remis hielt. Bevor ich diese Varianten selber spielen würde, würde ich sie lieber aber noch einer genaueren Prüfung unterziehen!

XI. AlphaZero könnte das Spiel in Richtung von Stellungen führen, die „ganz allgemein“ aussichtsreich sind.
Das ist ein Hauptmerkmal von AlphaZeros Spiel und zugleich der Grund dafür, warum sein Spiel so natürlich und intuitiv wirkt. Indem es darauf achtet, welche Varianten ganz allgemein aussichtsreich sind, lenkt AlphaZero sein Spiel in Richtung gesunder Fortsetzungen und weg von positionell hässlichen Zügen, die aufgrund taktischer Implikationen unmöglich erschöpfend analysiert werden können.
Dies spiegelt sich in den von AlphaZero bevorzugten Stellungstypen wider: Stellungen, in denen es die Initiative hat und in denen sich der gegnerische König ständigen Gefahren ausgesetzt sieht.

XII. AlphaZero könnte dem Gegner die Möglichkeit einräumen, danebenzugreifen.
Statt einfach die beste Variante auszuwählen, macht AlphaZero seine Bewertung am gewichteten Durchschnitt wahrscheinlicher Varianten fest.
Als Natasha prophezeite, dass AlphaZero seinem Gegner zusätzliche Optionen einräumen würde, vorausgesetzt diese wären minderwertig, war ich diesbezüglich extrem skeptisch.
Und dann stolperte ich über diesen Partieausschnitt:

AlphaZero
Stockfish 8
London 2018

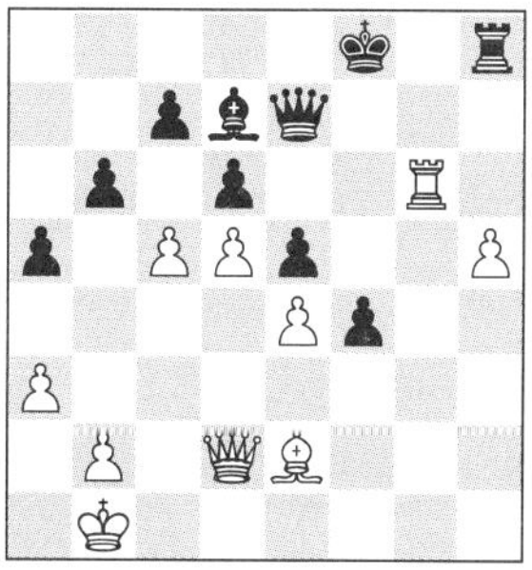

35...♗e8
Nach einem frühen Bauernopfer zwecks Öffnung von Linien gegen den schwarzen König drückte AlphaZero nach Kräften, doch Stockfish war erfinderisch wie stets.
In dieser Stellung hat Weiß zwei Möglichkeiten zur Wahl: 36.cxd6, was 36...cxd6 erzwingt, oder 36.cxb6, was sowohl 36...cxb6 (was zur selben Stellung wie nach 36.cxd6 cxd6 führt) als auch 36...♗xg6 mit chaotischen Verwicklungen erlaubt.
Aus menschlicher Perspektive (und offenkundig auch aus der der Mehrzahl meiner Engines) ist 36.cxd6 die rationale Wahl, da man nur eine Alternative berechnen muss, um zur Hauptstellung zu kommen, wohingegen 36.cxb6 die Berechnung zweier Möglichkeiten erfordert.
Ein Mensch würde nur 36.cxb6 wagen, wenn er die Würfel werfen oder Verwirrung stiften möchte!
AlphaZero spielte indes 36.cxb6, und Stockfish schluckte den Köder mit dem äußerst riskanten 36...♗xg6 !

36.cxb6 ♗xg6 37.b7 ♕d8 38.hxg6 ♕b8 39.♗a6 ♔g7 40.♕c3 ♔xg6 41.♕f3 a4 42.♕g4+ ♔h6 43.♔a1 ♕a7 44.♕c8 ♕b8

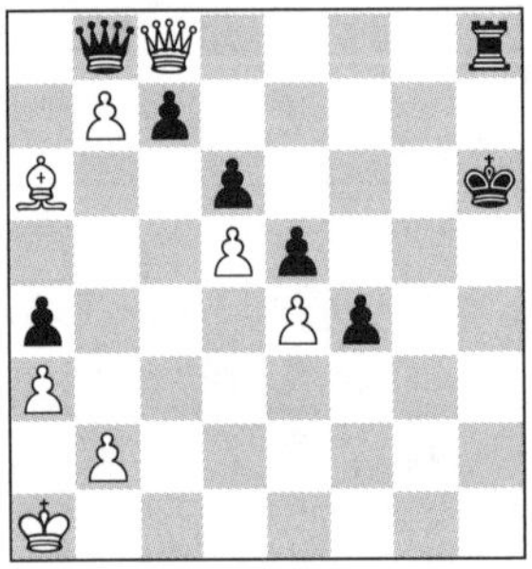

Die Partie endete nach 236 Zügen mit einem ereignisreichen Unentschieden, wobei AlphaZero dem Gewinn sehr nahe kam!
Ein Beispiel belegt natürlich noch keine Hypothese, doch die Wahl von 36.cxb6 kam sehr überraschend für mich!

XIII. *AlphaZero könnte eine bestimmte einzelne Variante übersehen, die eine insgesamt aussichtsreiche Stellung auf den Kopf stellt.*
AlphaZero hat nur eine kleine Anzahl von Partien gegen Stockfish verloren, und diese Niederlagen fallen in zwei Kategorien:

1. Überziehen der Stellung, wobei verzweifelt um jeden Preis ein Remis vermieden wurde.
2. Grobe Fehler wegen übersehener taktischer Motive.

Hier ein Beispiel für Letzteres:

Stockfish 8
AlphaZero
London 2018

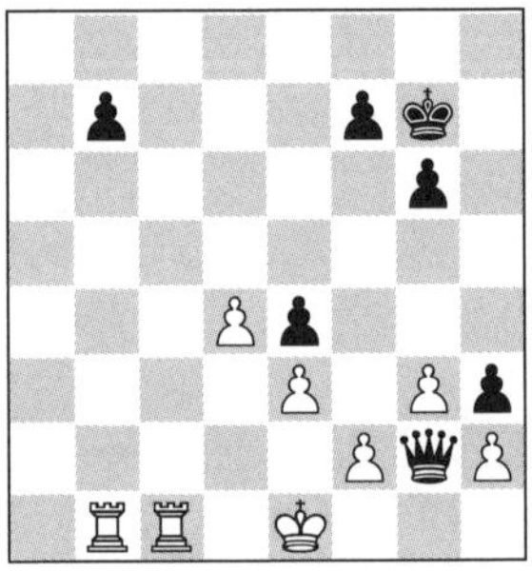

41.♔e2
Ein weiterer wilder Königsangriff in einer Karlsbad-Struktur des Orthodoxen Damengambits. AlphaZero hat eine ausgeglichene Stellung erreicht. Sein nächster Zug war indes tragisch.
41...♕xh2 42.♖g1 b5 43.♔f1

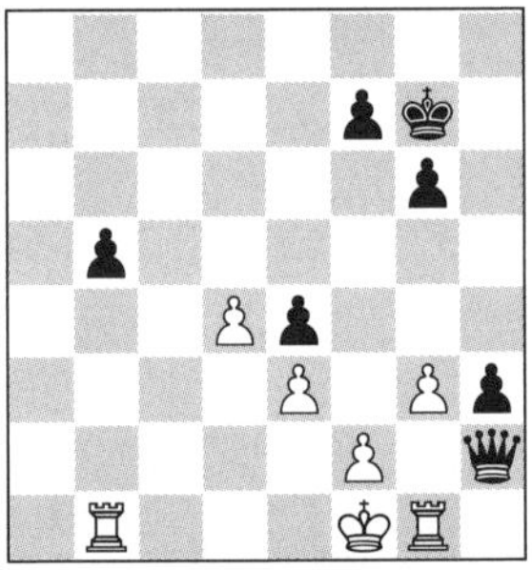

Die Dame ist gefangen. Weiß wird sie abholen, indem er den b-Bauern schlägt und dann ♖b2-e2 nebst f2-f3 folgen lässt.
43...♔f6 44.♖xb5 ♔e7 45.♖b2 1:0

TEIL III

Themen in AlphaZeros Spiel

KAPITEL 6

Einführung zu unseren ausgewählten AlphaZero-Themen

1890 begann ein per Fernschreiber gespieltes Match über zwei Partien zwischen Weltmeister Wilhelm Steinitz und seinem zweimaligen Herausforderer Michail Tschigorin. Die Partien starteten aus zwei Eröffnungsstellungen, die zum Zankapfel zwischen den Spielern geworden waren. Steinitz hatte einen Bauern mehr, Tschigorin als Kompensation hierfür offene Linien sowie Figurenaktivität. Steinitz verkaufte das Match als Wettbewerb zwischen den taktischen und strategischen Leitlinien der Alten Schule, deren stärkster lebender Vertreter Tschigorin sei, und den modernen Spielprinzipien, für die Steinitz zu stehen glaubte. Die (damals) Moderne Schachschule glaubte, dass Opfer früh in der Partie, auch wenn sie vom Anziehenden gebracht würden, überwiegend inkorrekt seien oder allenfalls nur in der Konsequenz von Zügen der Gegenseite, die als Verstoß gegen die Entwicklungsprinzipien gebrandmarkt werden können, zum Erfolg kommen können. Steinitz bekundete vor Matchbeginn, dass er in jeder dieser Partien einen Bauern mehr und damit, sollte er diesen behaupten, jeweils eine theoretisch gewonnene Partie habe.

Der Zweikampf war eines der ersten Duelle – wenn nicht *das* erste – zwischen einem großartigen Verteidiger (Steinitz) und einem ebenso großartigen Angreifer (Tschigorin), das mit dem einzigen Zweck ausgetragen wurde, die Überlegenheit der jeweiligen Spielauffassung zu demonstrieren; ja um die Frage zu klären, wie Schach richtig gespielt werden sollte. Für dieses Mal siegte der Angreifer (Tschigorin) im großen Stil.

Die prächtigen Partien, die Tschigorin gewann, sind den Siegen von AlphaZero auf merkwürdige Weise ähnlich. Sowohl Tschigorin wie auch AlphaZero missachteten das materielle Gleichgewicht völlig, sie opferten Figuren und Bauern, sobald dies geeignet schien, um den Spielraum der eigenen Figuren zu erhöhen und die Aktivität der gegnerischen Figuren zu begrenzen. Beide demonstrierten auch ihre außergewöhnliche Gabe bei der Umgruppierung und Überführung ihrer Figuren für eine neue Angriffswelle, oftmals durch zeitweilige Rückzüge. Sowohl Steinitz wie auch Stockfish bewiesen außergewöhnlichen Einfallsreichtum in der Verteidigung, nahmen hässliche und verkrampfte Stellungen in Kauf und brachten dabei verborgene und unerwartete taktische Ressourcen zum Einsatz, um im Angesicht eines fürchterlichen Sturms des Gegners ihr Gleichgewicht zu halten.

Sehen wir ein paar Beispiele, beginnend mit Tschigorin - Steinitz.

Michail Tschigorin
Wilhelm Steinitz

Telegraphischer Zweikampf 1890

1.e4 e5 2.♘f3 ♘c6 3.♗c4 ♗c5 4.b4 ♗xb4 5.c3 ♗a5 6.0-0 ♕f6 7.d4 ♘h6 8.♗g5 ♕d6 9.d5 ♘d8 10.♕a4 ♗b6 11.♘a3 c6 12.♗e2

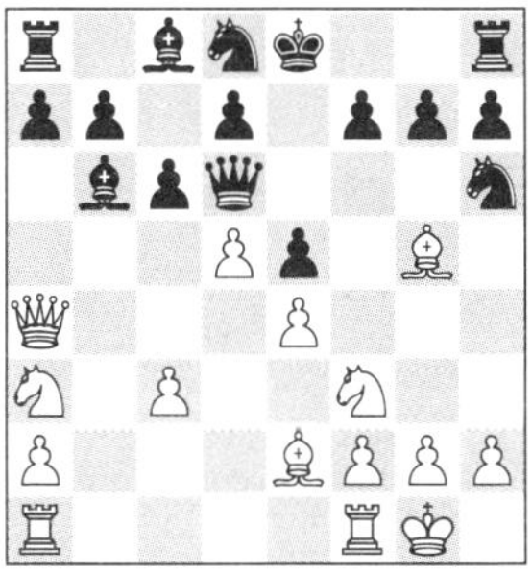

Ein erster großartiger Läuferrückzug, der das Feld c4 für den Springer räumt.

12...♗c7 13.♘c4 ♕f8 14.d6

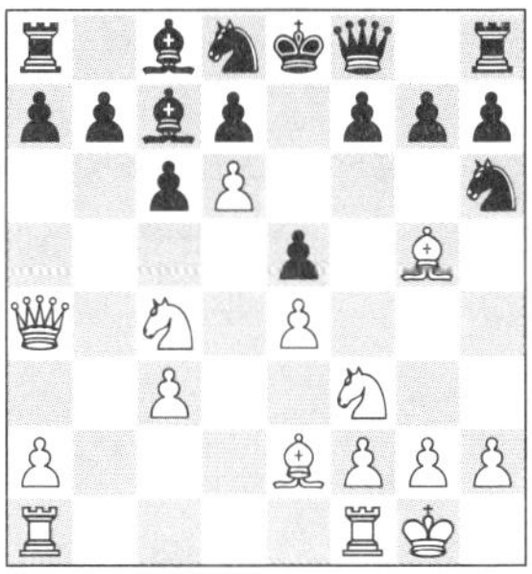

Ein zeitweiliges Opfer, das den schwarzen Läufer vor seinen d-Bauern befördert und damit die natürliche Entwicklung von Schwarz mit ...d7-d6 und ...♗d7 verhindert.

14...♗xd6 15.♘b6 ♖b8 16.♕xa7 ♘e6 17.♗c1

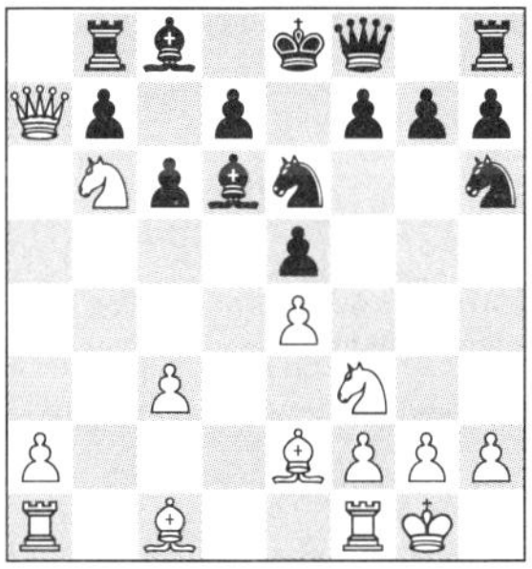

Bewundernswerte Vorstellungskraft. Der Läufer strebt nach a3, samt Überlastung des Läufers auf d6, der den Turm b8 schützt.

17...♘g8 18.♗a3 c5 19.♖ad1 ♘f6 20.♗c4 ♗c7 21.♘d5 ♗d6 22.♘h4

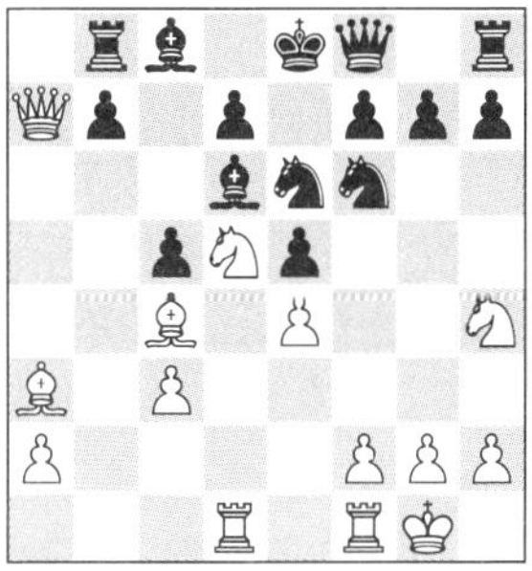

Tschigorin war für die Handhabung seiner Springer berühmt, und hier macht er zwei großartige Vorposten für seine Figuren aus. Der Druck wird zu groß, und Schwarz verliert Material.

22...♘xd5 23.♘f5 g6 24.♘xd6+ ♕xd6 25.♗xd5 ♕c7 26.♗xe6 fxe6 27.♗xc5 ♖a8 28.♕xa8 ♕xc5 29.♕a4 ♔d8 30.♖d2 ♔c7 31.♖b1 ♖d8 32.♖b5 ♕c6 33.♕b4 d6 34.a4 ♕e8 35.♖b6 ♕f8 36.♕a5 d5 37.exd5 ♔b8 38.d6

Schwarz gab auf.

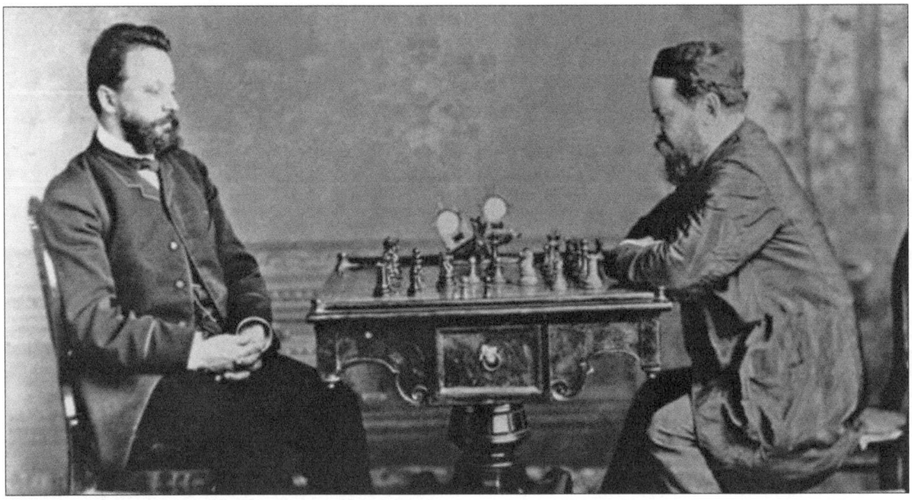

Michail Tschigorin (links) und Wilhelm Steinitz während ihres Rückkampfes zur Weltmeisterschaft, Havanna 1892.

Nun ist es Zeit für AlphaZero gegen Stockfish, mit einer der zehn im Dezember 2017 veröffentlichten Partien. Der entscheidende Teil der Partie spielte sich ab Zug 36 ab:

AlphaZero
Stockfish 8
London 2017

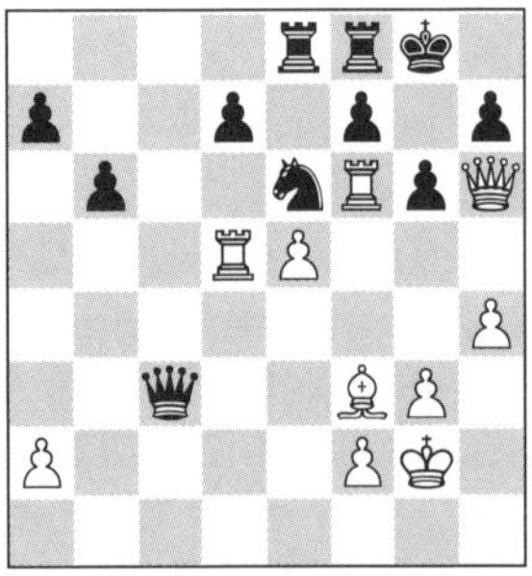

AlphaZero hat in der Eröffnung einen Bauern geopfert, um Schwarz auf die ersten drei Reihen zurückzudrängen. Genau wie Tschigorin scheut sich AlphaZero nicht vor Rückzügen, um seine Figuren für die nächste Angriffswelle umzugruppieren. 37.♗d1 und 38.♗b3 erinnern an Tschigorins 17.♗c1 und 18.♗a3, um die schwarze Stellung aus einem neuen Angriffswinkel anzugreifen.

36.h5 ♖e7 37.♗d1 ♕e1 38.♗b3

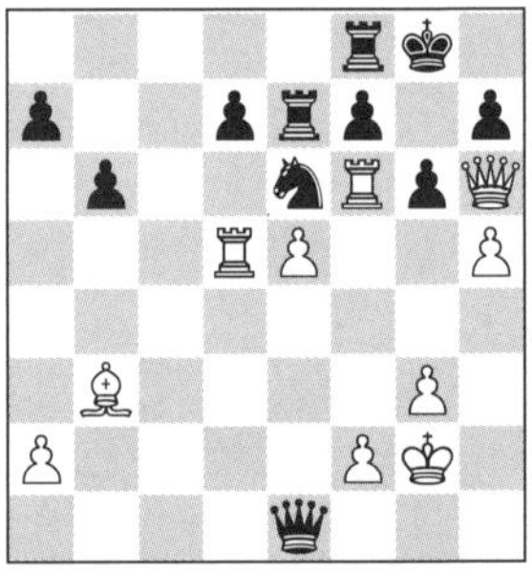

38...♖d8 39.♖f3 ♕e4 40.♕d2

AlphaZero geht mit dem Rückzug zweier Schwerfiguren (39.♖f3 und 40.♕d2) sogar noch weiter, um mit 42.h6 der Angriffsformation ein neues Gesicht zu verleihen.

40...♕g4 41.♗d1 ♕e4 42.h6 ♘c7 43.♖d6 ♘e6 44.♗b3 ♕xe5 45.♖d5 ♕h8 46.♕b4 ♘c5 47.♖xc5

Material spielt bei AlphaZeros Vorstellungen vom Angriffsspiel keine Rolle, es wird zunächst ein

Zentrumsbauer (44...♕xe5) und dann eine Qualität (47.♖xc5) angeboten, um neue Angriffswege (die Diagonale a1-h8) zu öffnen und schwarze Verteidigungsfiguren aus dem Weg zu räumen.

47...bxc5 48.♕h4 ♖de8 49.♖f6 ♖f8 50.♕f4 a5 51.g4

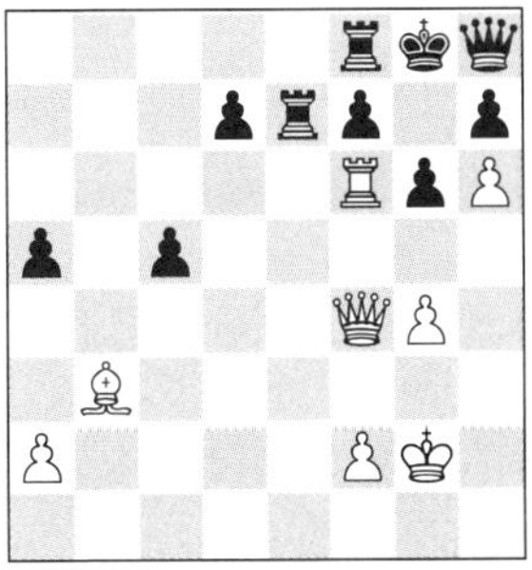

Stockfishs auf h8 eingekerkerte Dame muss sich noch unglücklicher fühlen als die von Steinitz auf f8.

51...d5 52.♗xd5 ♖d7 53.♗c4 a4 54.g5 a3 55.♕f3 ♖c7 56.♕xa3 ♕xf6 57.gxf6 ♖fc8 58.♕d3 ♖f8 59.♕d6 ♖fc8 60.a4 1:0

Es sieht so aus, als ob die bei Steinitz und Tschigorin begonnene Debatte über die richtige Art, Schach zu spielen, bis auf den heutigen Tag und auf allerhöchstem Niveau fortgesetzt wird. Nur dass es diesmal nicht Menschen, sondern menschengeschaffene Kreationen untereinander ausmachen!
AlphaZeros Stil zeichnet sich durch zwei wesentliche Facetten aus: Die ständige Aufmerksamkeit für den gegnerischen König, die sich in unerwarteten und heftigen Attacken manifestiert, und die fantastische Fähigkeit, das Maximum an Aktivität aus den eigenen Figuren herauszuholen und dabei zugleich die gegnerischen Figuren passiv zu halten. AlphaZero verschmilzt anerkannte Grundlagen der Schachstrategie mit neuen oder aufpolierten Techniken, die es sich selbst beibrachte (der zügige Aufmarsch eines Randbauern zwecks Einleitung eines Flügelangriffs ist hierfür ein gutes Beispiel).
Vielleicht am eindrucksvollsten ist AlphaZeros eiserne Konsequenz, mit der es seine (Angriffs-)Pläne durchzieht. Das macht AlphaZeros Partien so lehrreich und attraktiv. Oft genug baut AlphaZero seine Angriffskräfte ebenso geradlinig wie konsequent auf. In den folgenden Kapiteln sezieren wir AlphaZeros Spielweise und heben dabei die Themen heraus, welche Techniken zeigen, die AlphaZero wiederholt anwendet, Ferner erklären wir, wie wir diese Techniken in unser eigenes Spiel einbauen können.

Wir haben drei bestimmte Wege ausgemacht, auf denen AlphaZero über das anerkannte Wissen bzw. über die Spielmethoden der Spitzenspieler hinausgeht:

- Ausnahmen zu den Regeln finden

Menschliche Spieler mögen gewisse Entscheidungen routinemäßig treffen, während handgefertigte Engines ihre Heuristiken zu engstirnig anwenden könnten. In beiden Fällen könnten unerwartete strategische Möglichkeiten übersehen werden. AlphaZero scheint einen ausgesprochen guten Riecher dafür zu haben, wann man von der Routine abweichen soll – so z.B., wann es Sinn macht, den Kampf um eine offene Linie aufzugeben, um die Kräfte am anderen Flügel zu konzentrieren.

- Das Verbinden bekannter Ideen, um einen schlüssigen langfristigen Plan zu entwickeln

AlphaZero verbindet einzelne bekannte Angriffs- bzw. strategische Techniken zu einem Schema bei der Vorbereitung des Sturms auf die gegnerische Stellung. AlphaZero hat einige herrliche Partien gespielt, bei denen es ganz absichtsvoll sowohl eine Linie wie auch eine Diagonale gegen den feindlichen König geöffnet und dann den Springer auf einen aggressiven Posten überführt hat, auch auf Kosten erheblicher materieller Zugeständnisse.

- Effizientere Umsetzung

Dies wird am deutlichsten im Kapitel „Aktivität" gezeigt. Menschen würden natürlich bereitwillig zustimmen, wenn man ihnen sagt, dass eine größere Figurenbeweglichkeit eine gute Sache ist. Es kann jedoch für Menschen als schwierig erweisen, bei der Entscheidung zwischen verschiedenen Varianten rasch die relative Figurenbeweglichkeit zu ermitteln. AlphaZero scheint im Vergleich zu Stockfish einen klaren Vorteil in puncto Figurenbeweglichkeit zu haben, so dass wir vermuten, dass es besonders effiziente Parameter für die Bewertung der Beweglichkeit gefunden hat (man sehe die Schaubilder im Kapitel „Aktivität"). In den nächsten Kapiteln werden wir einige von AlphaZeros entscheidenden Stärken beschreiben und untersuchen. Wir haben diese Themenbereiche in zwei große Kategorien geteilt:

Figurenbeweglichkeit
THEMA: Stützpunkte (Kapitel 7)
THEMA: Aktivität (Kapitel 8)

Königsangriff
THEMA: Der Aufmarsch des Randbauern (Kapitel 9)
THEMA: Kontrolle eines Farbkomplexes in der Nähe des gegnerischen Königs (Kapitel 10)
THEMA: Opfer für Zeit, Raum und Strukturschäden (Kapitel 11)
THEMA: Entgegengesetzte Rochaden (Kapitel 12)
THEMA: Verteidigung (Kapitel 13)

Jedes Thema wird aus zwei Perspektiven geprüft:
1. Beschreibung des Themas
Unter Verwendung von Beispielen aus AlphaZeros Spiel beschreiben wir jedes Thema detailliert und stellen die Voraussetzungen dar, unter denen es bestmöglich in der Praxis angewandt werden kann.
2. Der historische Blick
Wir haben menschliche Partien der Vergangenheit und Gegenwart mit ähnlichen Ideen ausgesucht – bekannte wie weniger bekannte –, um das aus den Partien von AlphaZero vermittelte Ideenarsenal noch zu erweitern.

KAPITEL 7

Figurenbeweglichkeit: Stützpunkte

In diesem Kapitel untersuchen wir, auf welche Weise sich AlphaZero wertvolle Posten für seine Figuren sichert, vom Springer und Läufer bis hin zum König selbst!

Kapitel 7 – Figurenbeweglichkeit: Stützpunkte – Kernpunkte

Thema	Techniken und Manöver, um sich wertvolle Posten für seine Figuren zu sichern.
Zweck	Verbessern der Stellung der vorhandenen Figuren, Erhöhung der eigenen Aktivität.
Was sind die Voraussetzungen?	Zentrale Stützpunkte mag AlphaZero ganz besonders. Es sichert sich stets eine feste Präsenz im Zentrum, zwecks Unterstützung für seine Figuren (mit Schwarz zum Beispiel unterstützt ein Zentrumsbauer auf e5 einen aggressiven Springer auf f4).
Was sind die Risiken?	AlphaZero ist bereit, viel Zeit aufzuwenden (besonders für die Springer), um Figuren auf starke Felder zu überführen. Solch langwierige Manöver können dem Gegner Zeit für einen Gegenangriff geben.
Einzigartige Umsetzung durch AlphaZero	AlphaZero führt langfristige Manöver dadurch so erfolgreich durch, dass es zunächst die Beweglichkeit der gegnerischen Figuren einschränkt. Dem Gegner mangelt es an Aktivität, um die allmähliche Verbesserung von AlphaZeros Stellung zu vereiteln.
Komplexität der entstehenden Stellungen	Niedrig. Sobald eine Figur auf einem tollen Stützpunkt angekommen ist, sieht auch der Rest der Stellung gleich viel besser aus!
Irgendwelche Tipps?	Sehen Sie sich auch die Kapitel zu „Felderkomplexen derselben Farbe" und „Aktivität" an. Diese Themen überschneiden sich häufig in AlphaZeros Partien.
An welchen Spieler erinnert uns das?	Anand.

AlphaZeros kreatives Angriffsspiel ist der augenfälligste Bestandteil seiner Spielweise, doch sein strategisches Spiel ist, wenngleich äußerlich weniger spektakulär, so doch genauso bemerkenswert. AlphaZero demonstriert verblüffende Fähigkeiten, um sichere und starke Stützpunkte für seine Figuren auszumachen und dann Pläne zu finden, um diese dorthin zu führen. Dies trifft besonders für seine Handhabung der Springer zu, doch auch für diejenige der Läufer, Türme, der Dame und sogar des Königs. In diesem Kapitel untersuchen wir AlphaZeros Handhabung der einzelnen Figuren der Reihe nach.

Abschnitt A – AlphaZeros Springer

AlphaZero erhöht beim Aufbau seines Angriffs gern kontinuierlich den Druck. Wenn die grundlegende Angriffsformation aufgebaut ist und AlphaZero noch irgendwo einen Springer übrig hat, ist es geneigt, viel Zeit (und gelegentlich sogar Material) aufzuwenden, um diesen näher an den gegnerischen König heranzubringen.
Wir demonstrieren dies anhand von ein paar Beispielen:

I AlphaZeros Springer im Angriff

Partie: „Schlag' meinen Springer!"
Wir haben in Kapitel 2 auf diese Partie hingewiesen. Es war die Partie, die mich davon überzeugte, dass AlphaZero ein irrwitziger Angreifer ist!

Themen der Partie:

1. Die Preisgabe der Struktur, um offene Linien gegen den gegnerischen König zu öffnen [11...gxh6]
2. Langwierige Springermanöver [13...♘e7]

Stockfish 8
AlphaZero
London 2018

1.e4 e5 2.♘f3 ♘c6 3.♗c4 ♗c5 4.d3
Stockfish eröffnet mit der ruhigen, aber flexiblen Italienischen Partie. Weiß hat eine Vielzahl an Plänen zur Verfügung:

1. Sich im Zentrum mit c2-c3 und d2-d4 ausdehnen.
2. Die Rochade hinausschieben und den Damenspringer mit dem Manöver ♘b1-d2-f1-g3 zum Königsflügel überführen. Weiß kann dies mit Angriffsideen wie dem Vorstoß des g-Bauern und eventuell sogar der langen Rochade verbinden. Dieser Plan wurde häufig von dem russisch-holländischen Großmeister Sergei Tiviakov angewandt, und ich hatte damit auch einigen Erfolg.

4...a6
Eine ungewöhnliche Zugfolge (normal ist 4...♘f6), die Stockfish dazu verführt, umgehend mit 5.♘g5 den Bauern f7 ins Visier zu nehmen. Nach 5...♘h6 haben wir bereits eine sehr originelle und unerforschte Stellung!
5.♘g5 ♘h6 6.0-0 d6 7.a4 ♗g4 8.♘f3 0-0 9.h3 ♗h5 10.c3 ♔h8 11.♗xh6 gxh6 12.♘bd2 ♗a7 13.♗d5

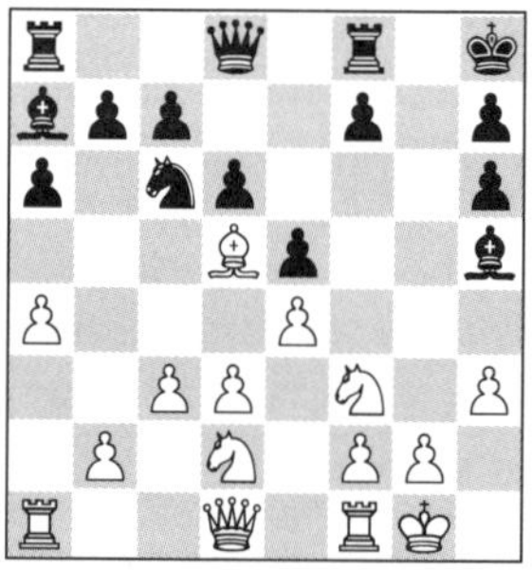

Der schwarze Angriff steckt noch in seinen Kinderschuhen, doch die Konturen von AlphaZeros typischem Schema mit der Kombination einer Linie und einer Diagonalen sind bereits erkennbar:

1. Die g-Linie ist geöffnet (AlphaZero hat Weiß im Gegenzug dafür erlaubt, ihm seine Struktur am Königsflügel zu ruinieren).

2. Der Läufer a7 nimmt aus der Ferne den weißen König ins Auge.

Echte Gefahren für Weiß scheinen noch in weiter Zukunft zu liegen. AlphaZero kommt zu dem Schluss, dass es mehr Kräfte am Königsflügel benötigt, und erspäht ein verlockendes Feld auf f4 für den Springer.

Das einzige Problem mit dem Springer auf c6 ist der Röntgenangriff des ♗d5 auf den Bauern b7. In AlphaZeros Welt werden solche Probleme jedoch per Opfer gelöst. Im Nachhinein würde ich einen vorsichtigen Zug wie 13.♔h1 empfehlen, um 13...♘e7 mit 14.g4 zu beantworten. Dies zwingt den Läufer zurück nach g6 und verhindert sowohl ...f7-f5 wie auch ...♘g6.

13...♘e7 14.♗xb7 ♖b8 15.♗xa6

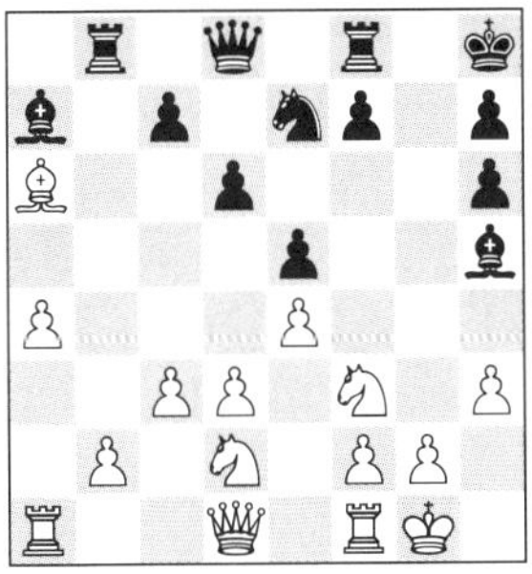

Man würde erwarten, dass Schwarz sich mit 15...♖xb2 einen der geopferten Bauern zurückholt. Doch dies war nicht die vorrangige Absicht bei AlphaZeros Opfer. Nach 15.♗xa6 ist der schwarze Springer einen Schritt näher an f4, der Läufer d5 wurde von der Diagonale a2-g8 vertrieben (von wo er die schwarzen Pläne, mit dem Turm die g-Linie zu besetzen, stören könnte), und Schwarz hat ein Tempo für seinen Angriff gewonnen.

15...f5 16.♔h1 ♘g6 17.exf5 ♘f4

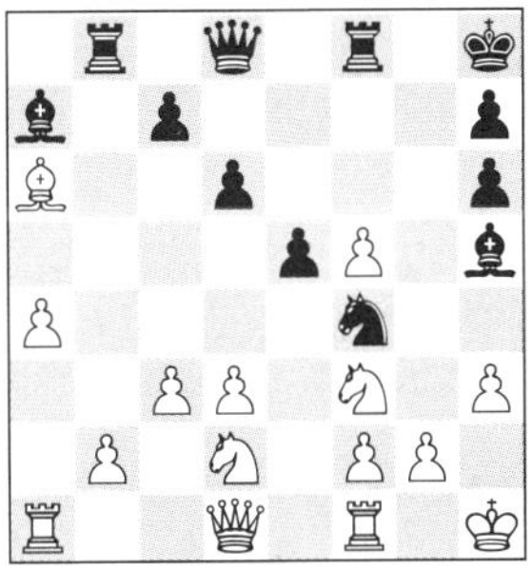

Noch vor vier Zügen wirkte der Springer alles andere als bedrohlich. Der Springer steht auf f4 auch insbesondere deshalb so stark, weil Weiß h2-h3 gespielt hat, wodurch der Springer nicht mehr mit g2-g3 vertrieben werden kann (h3 würde hängen).

18.d4 ♖xf5 19.♕c2 ♖f8 20.♖ae1 ♕f6 21.♖e3 ♕g7

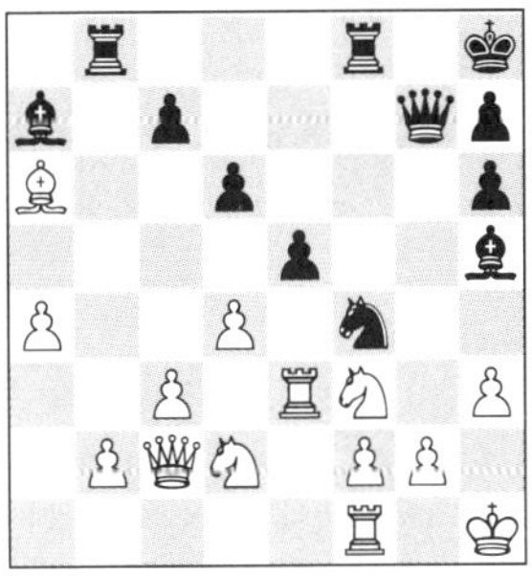

Für die zwei Bauern hat Schwarz eine starke Angriffsstellung, nicht zuletzt dank des Springers f4. AlphaZero siegte in einem harten Kampf nach 97 Zügen.

Partie: „Kein Minoritätsangriff für AlphaZero!“

Wie wir im „Karlsbad“-Kapitel erörtern werden, wendet AlphaZero den klassischen Plan des Minoritätsangriffs nicht an: Seine Damenflügelbauern vorzustoßen, um eine kleine Bauernschwäche auf c6 zu erzeugen, die dann in einem langen Endspiel ausgebeutet werden könnte

– nein, das ist nicht AlphaZeros Stil! In Natashas Sichtweise spielt AlphaZero wie ein dickköpfiger Jugendlicher, der nur so vor Eifer brennt, matt zu setzen. Ich konnte mich vor Lachen nicht zurückhalten, als ich folgenden Kommentar zum Minoritätsangriff in Schereschewskis kürzlich erschienem Buch *The Shereshevsky Method* las:
„Der Minoritätsangriff ist ein exzellenter Plan, doch Schwarz hat Wege sich zu verteidigen. Ich kann mir einen ironischen Kommentar von Meister Oleg Dementjew, dem Trainer von Arshak Petrosjan, nicht verkneifen: ‚Wenn Du Deine besten Jahre mit dem Angriff eines Bauern auf c6 verbringst, was wirst Du dann erst machen, wenn Du alt bist?' Ich teile die Ansicht, dass junge Spieler in der Karlsbader Struktur Pläne anwenden sollten, die strategisch breiter gefächert sind als der Minoritätsangriff."
Vielleicht hat Natasha recht: AlphaZero macht in seinen Partien einen sehr jugendlichen Eindruck!

Themen der Partie:

1. Öffnung einer Linie zwecks Unterstützung des Angriffs auf einer Diagonale [12.gxf3]
2. Abtausch von Verteidigern eines Felderkomplexes [17.♗xf6]
3. Langwierige Springermanöver [26.♘b1]

AlphaZero
Stockfish 8
London 2018

1.d4 d5 2.c4 e6 3.♘c3 ♘f6 4.cxd5 exd5 5.♗g5 c6 6.e3 ♗d6 7.♗d3 0-0 8.♘f3 ♖e8 9.0-0 ♗g4 10.♕b3

Eine scharfe neue Idee von AlphaZero. In einer früheren Partie folgte der Standardzug 10.♖b1, der b2-b4 unterstützt.

10...♘a6 11.♖fe1

11.♕xb7 ♘b4 wäre eine Hiobsbotschaft für die weiße Dame!

11...♗xf3 12.gxf3

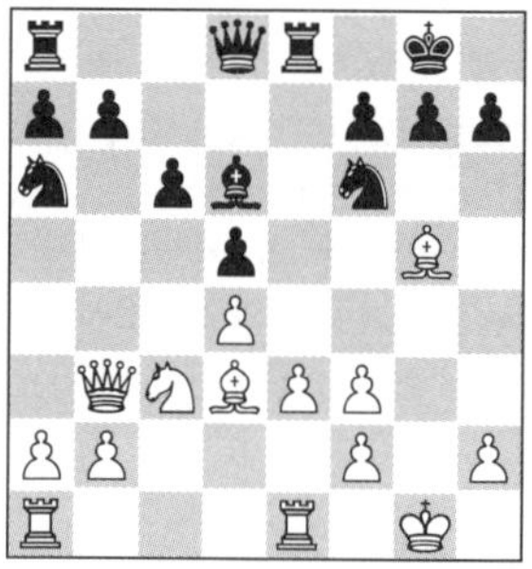

AlphaZero nimmt eine gewisse Schwächung seiner Königsstellung in Kauf, um die g-Linie gegen den gegnerischen König zu öffnen.

12...♘c7 13.♔h1 g6 14.f4

Trotz des Doppelbauern ist die weiße Königsstellung nicht angriffsgefährdet. Einstweilen verhindert der Bauer f4 jedweden Druck entlang der Diagonalen b8-h2; später wird dieser nach f5 vorrücken, um beim Angriff auf den schwarzen Königsflügel mitzuwirken.

14...♖b8 15.♖g1

Der weiße Turm steht auf der halboffenen g-Linie, und der weißfeldrige Läufer zielt von d3 aus nach g6.
Doch die schwarze Struktur am Königsflügel ist solide, also braucht Weiß weitere Kräfte, um am Königsflügel Eindruck zu machen.

15...♘e6 16.♗h4 ♗e7 17.♗xf6 ♗xf6 18.f5

Verstärkt den Druck auf den Bauern g6, den am meisten exponierten Punkt am schwarzen Königsflügel.

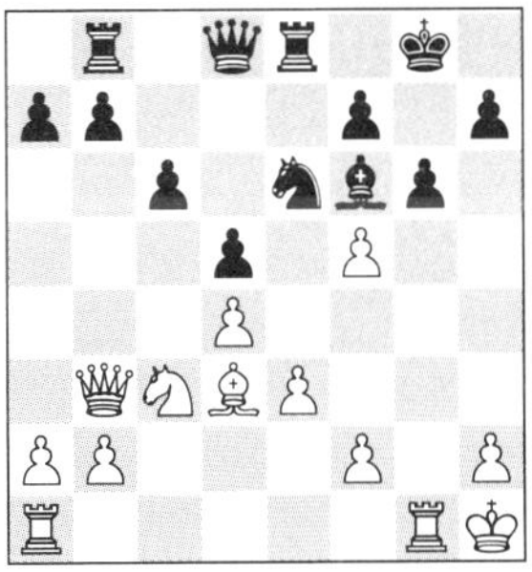

17.♗xf6 hat einen Verteidiger der hellen Felder am schwarzen Königsflügel vernichtet, der nach e4 springen und die Diagonale b1-h7 verstopfen hätte können. AlphaZero hatte den Springer f6 erst abgetauscht, nachdem Schwarz ...♗e7 gespielt hatte. Nach ♗xf6 ...♗xf6 zielt der schwarze Läufer auf der Diagonalen h8-a1 auf den weißen Damenflügel, anstatt auf der Diagonale b8-h2 auf den weißen König. Dies vermeidet jede Gefahr für Weiß, wenn er die Diagonale b8-h2 mit f4-f5 wieder öffnet.

18...♘g7 19.♕d1

Die Dame wird zum Königsflügel überführt.

19...♗h4 20.♕f3 ♕f6 21.♖g4

Bereitet die Turmverdopplung auf der g-Linie vor und erhöht damit den Druck auf g6 weiter. Weiß visiert auch den Läufer auf h4 an, welchem die Felder ausgehen, und bringt die versteckte Drohung e3-e4 ins Spiel.

21...h5

Schwächt g6, doch Schwarz hat berechnet, dass er den Bauern f5 neutralisieren kann, bevor Weiß fxg6 taktisch zuwege bringt. Eine andere Idee war 21...g5, was den Bauern auf ein gut gedecktes Feld vorrückt. Doch abgesehen davon, dass dies den Läufer h4 vom Rest der Truppen abschneiden würde, erlaubt es auch dem Weißen, die starke Stellung des ♖g4 zu demonstrieren: 22.e4 ♕xd4 23.f6 ♘e6 24.exd5 mit aufgedecktem Angriff des Turm g4 auf die schwarze Dame: 24...♘f4 25.♖xh4 mit Gewinn.

22.♖g2 ♔f8

Tritt aus der Fesselung auf der g-Linie.

23.♖ag1 ♘xf5 24.♕h3

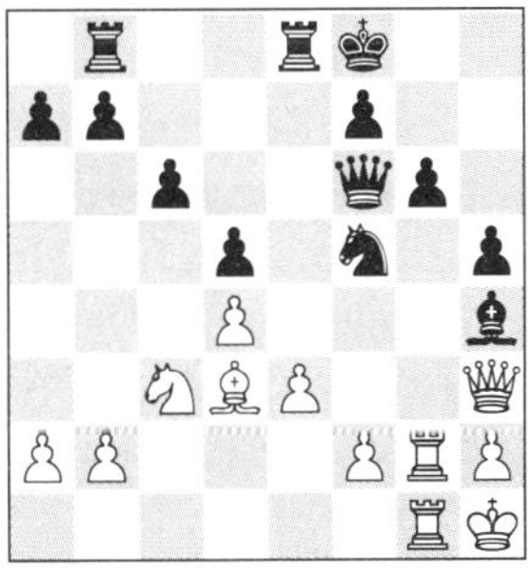

Schwarz hat mit dem Gewinn des Bauern f5 den unmittelbaren Angriff auf seinen Bauern g6 abgewehrt. Die schwarze Stellung macht einen sicheren Eindruck, und Sorgen scheint nur die ungeschickte Lage des Läufers auf h4 zu machen. AlphaZero hat jedoch erkannt, wie schwer es Schwarz fällt, seine Stellung zu entknoten. Um den Läufer von h4 zurück ins Spiel zu bringen, müsste die schwarze Dame von f6 wegziehen. Doch bevor Schwarz seine Dame ziehen kann, müsste er den Springer von f5 zurückziehen. Dieser erfüllt jedoch eine wichtige Verteidigungsfunktion: er schirmt den Bauern g6 vom weißen Läufer ab. Ein gewöhnlicher Rückzug wie 24...♘d6 lässt AlphaZero aus seiner auf den Königsflügel gerichteten Artillerie Kapital schlagen: 25.♗xg6 fxg6 26.♖xg6, und Schwarz wird nicht lange überleben.
Der einzige Rückzug des Springers, der g6 weiter gedeckt hält, ist 24...♘e7. Dies bringt jedoch den

Schwarzen seinem Ziel, den Läufer h4 in Sicherheit zu bringen, keinen Schritt näher, da nunmehr ein Rückzug der Dame vom Springer auf e7 verhindert ist! Der schwarze Figurenknoten am Königsflügel scheint mithin wie gelähmt.
Um den Druck auf die schwarze Stellung zu erhöhen, hat AlphaZero den unbeholfenen Läufer auf h4 mit 24.♕h3 aufs Korn genommen. Dies droht zunächst ♗xf5, wonach Schwarz zum Zurückschlagen mit ...gxf5 gezwungen wäre, was seine f-Bauern verdoppeln und Weiß ungehinderten Zugang zur g-Linie verschaffen würde.
Doch die letztere Drohung scheint im Moment von begrenzter Stärke: ♖g8+ wird mit ...♔e7 beantwortet, und der schwarze König ist in Sicherheit. AlphaZero hat jedoch eine kräftige Idee im Hinterkopf. Nehmen wir an, dass Weiß am Zug wäre: Wie könnte er verhindern, dass der schwarze König flieht, so dass Weiß auf der g-Linie matt setzen kann?
Lassen wir Schwarz einen Zug aussetzen, so sehen wir, dass [24...--] 25.♗xf5 gxf5 26.e4 der prächtige taktische Kniff ist, der stark e4-e5 droht: 26...dxe4

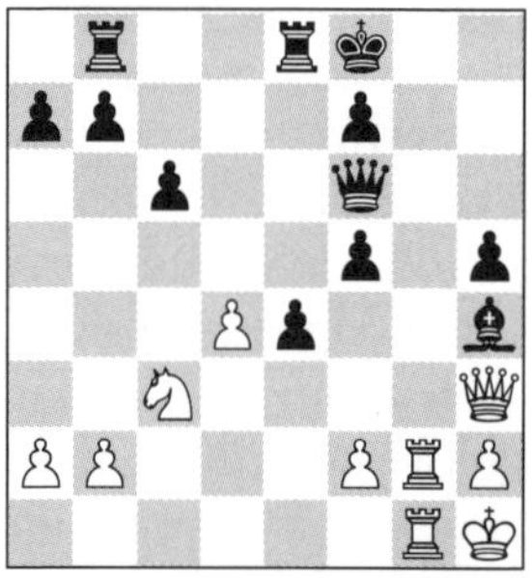

27.♘d5 (erstaunlich, und ein eigenes Diagramm wert) 27...cxd5 28.♕a3+ ♕e7 29.♖g8#.

Anders ausgedrückt, der weiße Druck mit verdoppelten Türmen auf einer gegen den schwarzen König gerichteten Linie schafft zusammen mit einem Läufer auf einer offenen Diagonale wirklich ernste Gefahren.

24...♘e7

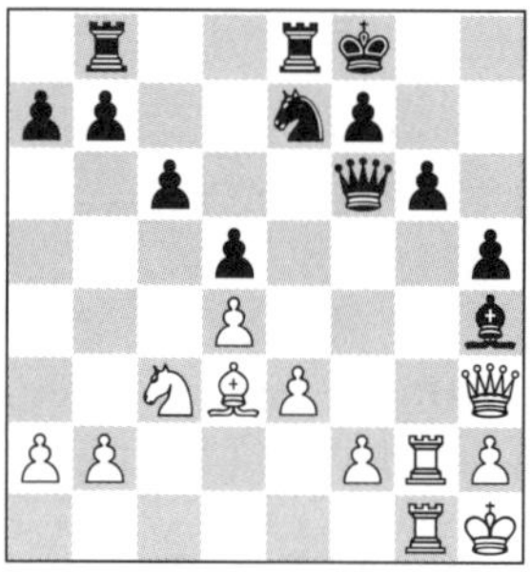

Schwarz pariert die Drohung 25.♗xf5, indem er seinen Springer zurückzieht, wobei er achtsam g6 geschützt hält. Die Figuren von Schwarz sind schlecht koordiniert und stehen sich gegenseitig im Weg, doch trotz alledem – er hat die erste Angriffswelle überlebt, und eine zweite steht nicht unmittelbar bevor. AlphaZero findet nun ein fantastisches Manöver, mit dem es den Druck erhöht, indem es seinen Springer näher an den schwarzen König bringt.

25.f4

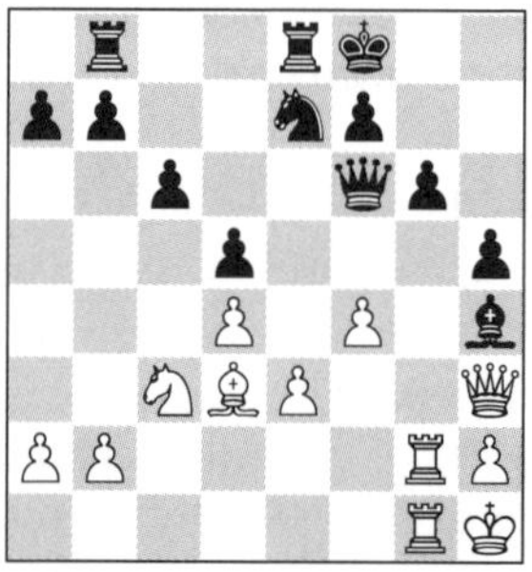

Damit verbindet Weiß neben der Drohung, ein zweites Mal f4-f5 zu spielen, eine diabolische Idee.

25...♖bd8 26.♘b1

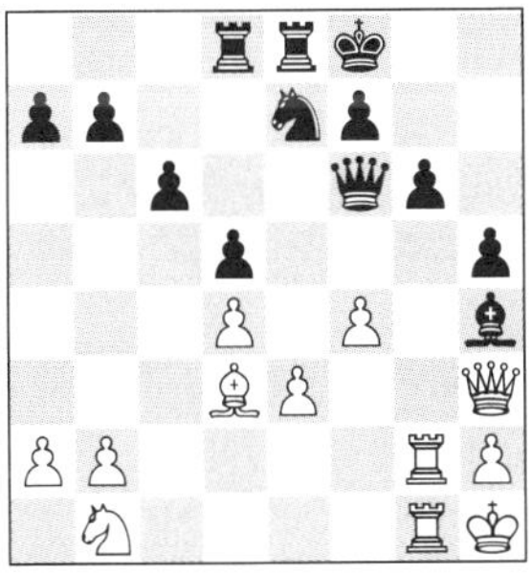

Ein großartiger Zug: Der Springer strebt nach f3 (von wo aus er den Läufer h4 angreifen wird) und danach wahrscheinlich nach e5, wonach entweder f4-f5 oder ein Opfer auf g6 die Stellung des schwarzen König freilegen wird. Dieser Plan wirkt zwar sehr langsam, doch wie so oft hat AlphaZero eine Stellung herbeigeführt, in der die gegnerischen Figuren schlecht koordiniert sind. Womit es alle Zeit der Welt hat, seinen Springer ins Spiel zu bringen.

26...♖d6 27.♘d2 ♘g8 28.♖e2

Um ♘f3 zu ermöglichen, ohne den e-Bauern zu verlieren.

28...♕e7 29.♘f3 ♗f6 30.f5 ♕d7 31.♕g3 g5 32.♘xg5 ♗xg5 33.e4 ♖xe4

Bei 33...dxe4 wäre 34.♕xg5 gleich doppelt wirksam, da der König die Flucht über die e-Linie versuchen wird: 34...♘f6 35.♗c4 ♔e7 36.♗xf7 mit Gewinn.

34.♗xe4 dxe4 35.h4

Hindert den Springer, sich auf f6 niederzulassen!

35...♘h6

Oder auch 35...♘f6 36.hxg5 ♘g4 37.♖xe4 ♖xd4 38.♕b8+, und Weiß gewinnt.

36.♕xg5 ♕xf5 37.♕xf5 ♘xf5 38.♖xe4

Und AlphaZero verwertete seinen Vorteil nach 71 Zügen:

38...♖d5 39.♖f4 ♘xd4 40.♖g6 ♘f5 41.♖g5 ♖d1+ 42.♔h2 ♖d2+ 43.♔h3 ♖d3+ 44.♔g2 ♖d2+ 45.♔f3 ♘g7 46.♖g6 ♘e8 47.♖g2 ♖d6 48.♖f5 ♘f6 49.♔e2 ♖e6+ 50.♔d2 ♖d6+ 51.♔c1 ♖e6 52.♖g3 b6 53.b4 ♔e7 54.♖gf3 ♖d6 55.a3 ♖e6 56.♔d2 ♖d6+ 57.♖d3 ♖e6 58.♖e3 ♔d6 59.♔e2 ♘d5 60.♖xe6+ ♔xe6 61.♖g5 ♘f6 62.♔f3 a6 63.♔f4 ♘d5+ 64.♔g3 ♘f6 65.♔f3 b5 66.♖g7 ♔e7 67.♔f4 ♘d5+ 68.♔g5 ♘f6 69.♔f5 ♘d5 70.♖h7 ♔f8 71.♖xh5 1-0

II AlphaZeros langwierige Springermanöver

Wenden wir uns nun AlphaZeros weitläufigen Springermanövern zu, bei denen AlphaZero ein großartiges Feld für seinen Springer ausmacht und dann die ganze Stellung zur Disposition stellt, nur um seinen Springer dorthin zu bekommen. Türme, Dame und sogar Könige müssen Platz machen, um dem Springer beim Erreichen seines Ziels zu helfen. Schon bei den zehn ursprünglichen im Dezember 2017 veröffentlichten AlphaZero-Partien gab es hierfür einige schöne Beispiele, doch die folgende Partie stellt diesbezüglich alles in den Schatten.

Partie: „Der tapfere Sir Lancelot"

Mit dem Manöver 20.♘g5, vorbereitet durch 15.h4 und 18.♕b1, beginnt AlphaZero die schwarze Königsstellung aufzudröseln, was zunächst 20...f5 (blockiert die Diagonale b1-h7, schwächt aber das Feld e5) und 22...h6 (verhindert ♘g5, schwächt aber das Feld g6) provoziert. Diese zwei geschwächten Felder – e5 und g6 – werden zum Dreh- und Angelpunkt des weißen

Spiels für die nächsten 35 Züge. Unter Ausnutzung des Umstandes, dass die schwarze Stellung doch recht steif ist, initiiert AlphaZero einen verblüffend langfristigen Plan zur Ausnutzung der Schwäche des Feldes g6 durch seinen Springer. Nachdem es sich die feste Kontrolle über die Stellung gesichert hat, zerstört AlphaZero mit einem feinen Qualitätsopfer das schwarze Zentrum, um dann seine eigenen Zentrumsbauern das Brett hochklettern zu lassen. Stilgerecht setzt der Springer den Todesstoß – 69.♘d4 –, indem er den schwarzen König hindert, die weißen Zentrumsfreibauern aufzuhalten.

Themen der Partie:

1. Festlegung des Zentrums [9.cxd5]
2. Mit Hilfe des Randbauern wird ein Springerstützpunkt etabliert [15.h4]
3. Kombinierter Angriff von Dame und Springer auf den Randbauern [18.♕b1, 20.♘g5]
4. Sofortige Umgruppierung, nachdem das Ziel erreicht ist [21.♘f3]
5. Langwierige Springermanöver
6. Vorposten für den Turm [39.♖b5]
7. Vorposten für die Dame [42.♕e5]
8. Aufbrechen der Festung mittels eines Opfers [47.♖xd5]

AlphaZero
Stockfish 8
London 2018

1.d4 ♘f6 2.c4 e6 3.♘f3 b6 4.g3 ♗b7 5.♗g2 ♗e7 6.♘c3 0-0 7.0-0 ♘e4 8.♗d2 d5 9.cxd5 exd5

Diese Partie zeigt eine andere Variante des Dameninders mit 4.g3, den AlphaZero so stark behandelt. In solchen Stellungen mag AlphaZero den frühen Abtausch auf d5, der das Zentrum stabilisiert und seinen Springern ermöglicht, rund um diese festgelegte Zentrumsbauernstruktur herumzuturnen.

10.♕b3 c5

AlphaZeros 10.♕b3 war ungewöhnlich – normalerweise wird 10.♖c1 gespielt –, und Stockfishs 10...c5 ist gar ganz neu. Eine hochkarätige Vorgängerpartie ging weiter mit 10...♘xd2 11.♘xd2 c6 12.♖fd1 f5 13.f4 ♘d7 14.♘f3 ♔h8 15.♖ac1 ♘f6 16.♘e5 ♗d6 und einer ausgeglichenen Stellung in Iwantschuk - Korobow, Schnellschach Berlin 2015.

11.♗f4 ♘a6 12.♖fd1 c4 13.♕c2 ♘b4 14.♕c1 ♕d7 15.h4

Einer von AlphaZeros Lieblingszügen, mit dem oft die Idee des Vorstoßes bis nach h6 verbunden wird, samt Schwächung der dunklen Felder am schwarzen Königsflügel. Hier unterstützt h4 einen Springervorposten auf g5. In Verbindung mit der Dame auf der Diagonalen b1-h7 wird sodann eine Schwächung der schwarzen Königsstellung herausgekitzelt.

15...♖ac8 16.a3 ♘xc3 17.bxc3

Das Zurückschlagen mit dem Bauern anstatt mit der Dame stärkt das Zentrum und öffnet die b-Linie für das weiße Spiel am Damenflügel.

17...♘c6 18.♕b1 ♖ce8 19.♖e1 ♘a5 20.♘g5

Das mit 15.h4 und 18.♕b1 vorbereitete Szenario. Weiß greift h7 an und erzwingt ein Zugeständnis von Schwarz. Stockfish verhindert auf radikale Weise das Aufbrechen des Zentrums mit e2-e4.

20...f5

Die erste Schwäche von Schwarz.

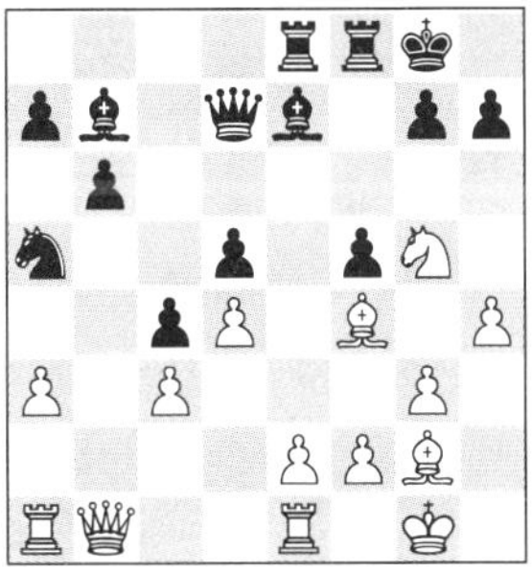

21.♘f3

Typisch AlphaZero: Der Springer hat seine Aufgabe auf g5 erfüllt und bricht umgehend zu neuen Ufern auf.

21...♗f6 22.♖a2 h6 23.a4

Ein weiterer typischer AlphaZero-Zug, der den kurzen Moment der Ruhe nutzt, um sich mit dem Randbauern ein kleines Stückchen mehr Raum zu sichern. Später wird sich dieser Zug als nützlich erweisen.

23...♕e6

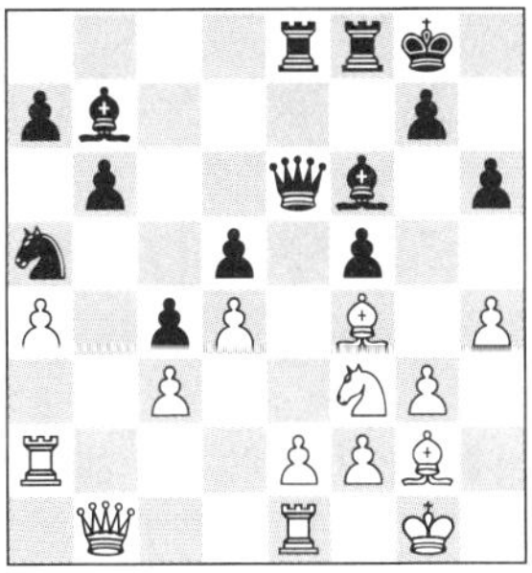

Der nächste Zug von Weiß bereitet ein langwieriges Springermanöver vor mit dem Ziel, diesen auf g6 einzupflanzen. Ein fantastisches Konzept!

24.♔h2

Schon in früheren Partien leitete AlphaZero mit diesem Zug eine Umgruppierung seines Springers ein.

24...♗c8 25.♖h1 ♘c6

Stockfish ist nicht gewillt, das Feld e5 den weißen Figuren zu überlassen und greift zu einer Abwartestrategie. Ein menschlicher Spieler hätte vielleicht mit 25...♘b3 nebst ...a7-a6 und ...b6-b5 auf Gegenspiel am Damenflügel spekuliert.

26.h5

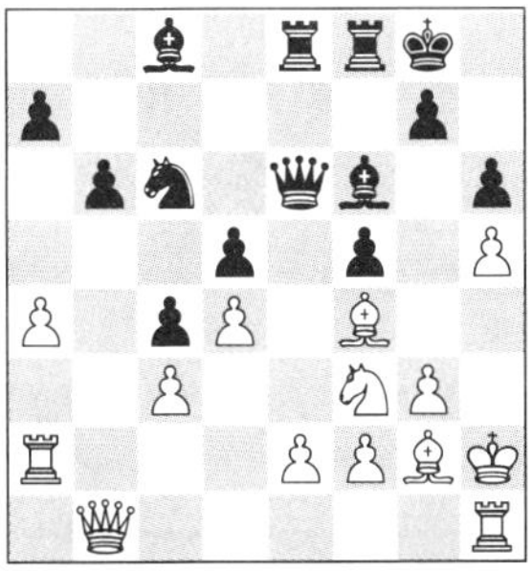

24.♔h2 hat h1 für den Turm zwecks Unterstützung des Bauern h5 geräumt, der seinerseits den Springer auf g6 stützen wird.

26...♔h8 27.♘g1

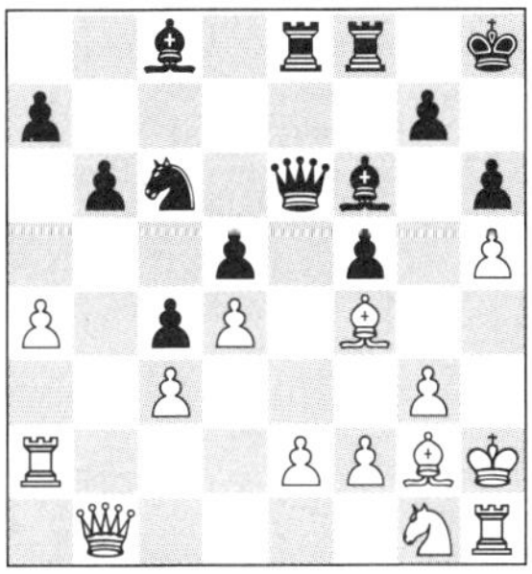

Zugleich hat 24.♔h2 das Feld g1 für den Springer geräumt. Sehen Sie die Springerroute?

27...♕f7 28.♗f3

Der Springer räumte f3 für den Läufer, was Weiß erlaubt, den h- und den e-Bauern zuverlässig zu decken.

28...♖d8 29.♘h3 ♔g8 30.♗c1

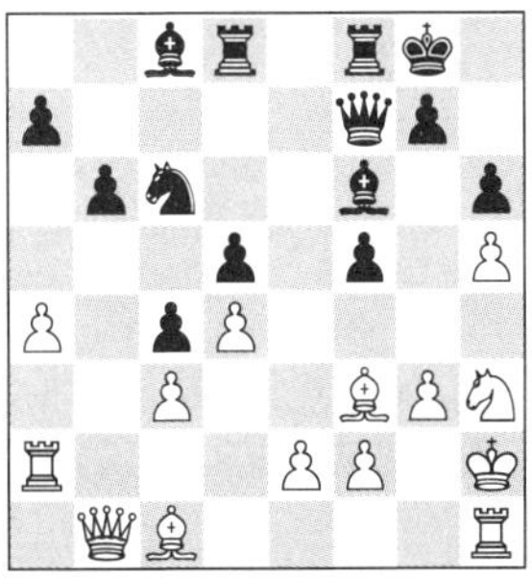

Räumt f4 für den Springer. Dank des Zuges 23.a4 kann der Läufer bei Bedarf auch auf die Diagonale a3-f8 umgruppiert werden.

30...♖fe8 31.♕b5 ♗b7 32.♖d1 ♘a5 33.♕b1 ♗c8 34.♘f4 ♗g5 35.♘g6

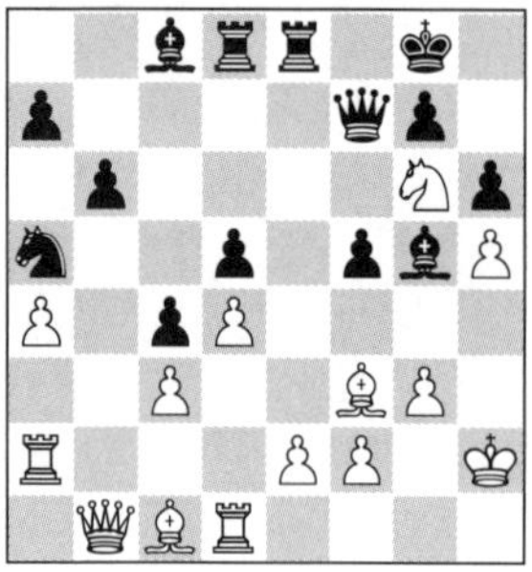

... und da ist er! Viele Figuren von Weiß – beide Läufer, der Königsturm, der König selbst sowie auch der bescheidene Randbauer auf h5 – haben zur Umgruppierung des Springers auf diesen Vorposten beigetragen.

In der nächsten Partiephase schwirrt Weiß um die augenfälligste Schwäche von Schwarz: den Bauern d5. Der weiße Springer trampelt weiter auf der schwarzen Stellung herum, indem er zwischen g6, e5 und f4 herumzieht.

35...♗xc1 36.♕xc1 ♗e6 37.♘e5 ♕c7 38.♖b2 ♘b7 39.♖b5

Implantiert den Turm auf einem starken Stützpunkt, von dem aus er d5 anvisiert. Der Bauer a4 erweist sich als nützlich, indem er den Turm auf b5 deckt und die schwarzen Damenflügelbauern im Zaum hält. Nur äußerst ungern würde Schwarz den Turm mit ...a7-a6 vertreiben, da der Bauer b6 dann schwach und außerstande vorzurücken wäre.

39...♘a5 40.♕f4 ♘b3 41.♘g6 ♕c6 42.♕e5

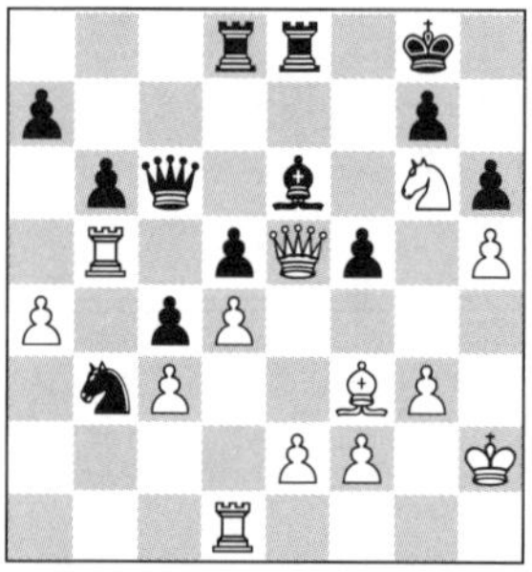

Ein erstaunlicher Zug! Die Dame ist wunderbar zentralisiert, scheint aber verletzlich gegen Angriffe durch die schwarzen Türme. Indes visiert die Dame die schwachen Bauern von d5 und f5 an und ist erstaunlich schwer zu vertreiben. Wenn der Läufer zieht, wird eine der beiden Schwächen fallen. All dies erlaubt AlphaZero, sich auf die größte Schwäche von Schwarz zu konzentrieren: den Bauern d5.

42...♕d7 43.e3 ♘a5 44.♗g2 ♘b7 45.♖a1 ♔h7 46.♘f4 ♗g8 47.♖xd5

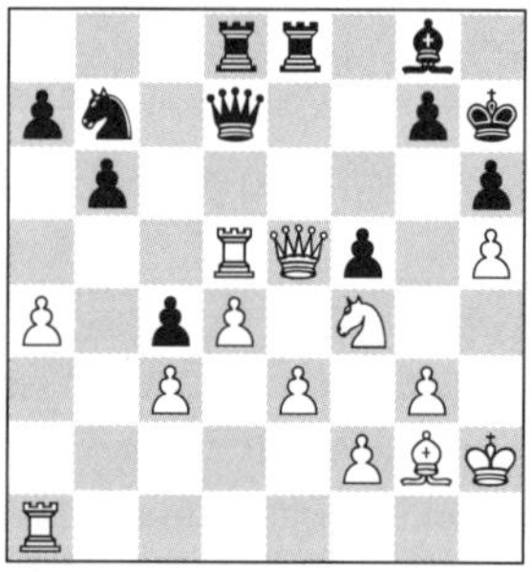

Gut berechnet und genau zur rechten Zeit! Wir werden dieses charakteristische Strategem von AlphaZero im Kapitel „Aktivität“ untersuchen: mittels eines Qualitätsopfers eine statische „Festung“ des Gegners aufzubrechen.

47...♗xd5 48.♕xd5 ♘d6 49.♗h3 ♖e7 50.♘g6 ♖f7 51.♘e5 ♕b7 52.♗g2 ♕xd5 53.♗xd5 ♖c7 54.♔g2

Ich war mir gar nicht sicher, ob diese Stellung so großartig für Weiß ist, doch AlphaZero steht bei einer Gewinnerwartung von 86,7%, während meinen Engines die weiße Stellung ebenfalls sehr gefiel (Werte zwischen 0,7 und 1,0). Die Türme von Schwarz haben wenig Raum, viele seiner Bauern sind schwach, und das weiße Zentrum ist ein langfristiger Trumpf.

54...♘e4 55.♗xe4 fxe4 56.f3 exf3+ 57.♔xf3 ♖e7 58.♘g6 ♖b7 59.e4

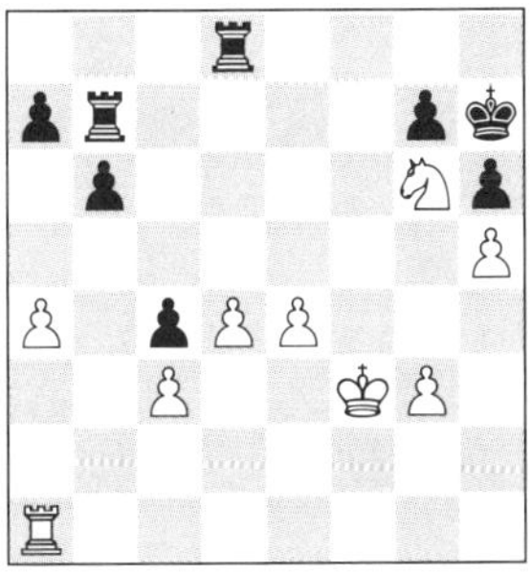

... und da kommen sie auch schon!

59...b5 60.axb5 ♖xb5 61.♘f4

Aus menschlicher Sicht ein weiterer verblüffender Zug: AlphaZero gruppiert seinen Springer von dem wunderbaren Vorposten g6 auf das Verteidigungsfeld e2 um, um ein schwarzes Gegenspiel gegen c3 zu vereiteln. Anschließend werden die Zentrumsbauern zu ihrem Durchmarsch ansetzen!

61...♖b3 62.♘e2 ♖a8 63.e5 a5 64.d5 a4 65.d6 a3 66.d7 ♔g8 67.♖d1 ♖bb8 68.e6 ♔f8 69.♘d4 1:0

HISTORISCHES GEGENSTÜCK

Anands wundervoller spanischer Springer

Diese langwierigen Springermanöver, in denen AlphaZeros Springer durch die Stellung geistern und die anderen Figuren artig zur Seite treten, erinnern mich an eine klassische Partie der lebenden Legende Vishy Anand – vielfacher Weltmeister und mit 49 Jahren immer noch ganz oben zu finden. Sein Gegner war der Amerikaner Gata Kamsky – Karpows Herausforderer beim WM-Kampf 1996. In dieser Partie wird Anands Damenspringer zum Star des Abends, wobei dieser sich erst zum Königsflügel aufmacht, um Zugeständnisse (23...h5) einzufordern, bevor er dann zum Damenflügel zurückkehrt und die Schwächen ausnützt, die sich Schwarz beim Versuch, Gegenspiel zu erlangen, zugefügt hat.

Viswanathan Anand 2715
Gata Kamsky 2710
Las Palmas PCA-WM Kandidatenfinale 1995 (9)

1.e4 e5 2.♘f3 ♘c6 3.♗b5 a6 4.♗a4 ♘f6 5.0-0 ♗e7 6.♖e1 b5 7.♗b3 d6 8.c3 0-0 9.h3 ♖e8 10.d4 ♗b7 11.♘bd2 ♗f8 12.a4 h6 13.♗c2 exd4 14.cxd4 ♘b4 15.♗b1 ♕d7

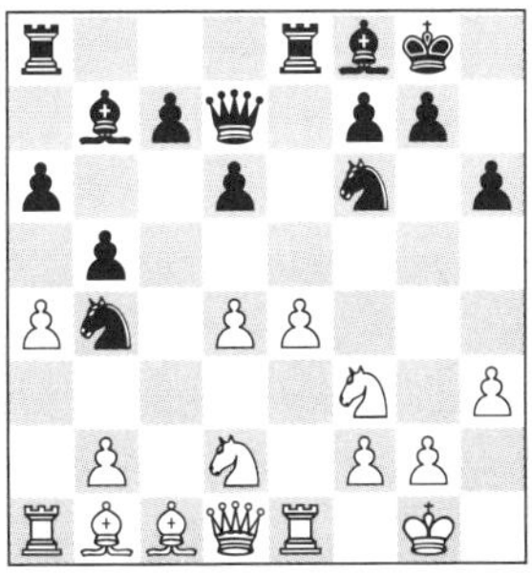

Anand wurde in diesem Zweikampf mit verschiedenen Abspielen der Spanischen Eröffnung konfrontiert, die jedoch alle zur selben unsymmetrischen Bauernstruktur führten, in der Schwarz den Zentrumspunkt e5 aufgibt, dafür aber das weiße Bauernpärchen im Zentrum unter das Feuer seiner Figuren nimmt. Die weiße Entwicklung am Damenflügel wird vom Springer auf b4 behindert, doch auch Schwarz hat Probleme, den Druck auf die weiße Stellung zu verstärken. Der Zug 15...c5, um die schwarze Bauernmehrheit am Damenflügel in Bewegung zu setzen, sieht verlockend aus. Doch die Antwort 16.d5 würde den Druck des schwarzen Läufers auf b7 gegen den Bauern e4 neutralisieren und damit den weißen Figuren – insbesondere dem Springer auf d2 – Aktionsfreiheit geben.

16.b3 g6 17.♗b2 ♗g7 18.♕c1

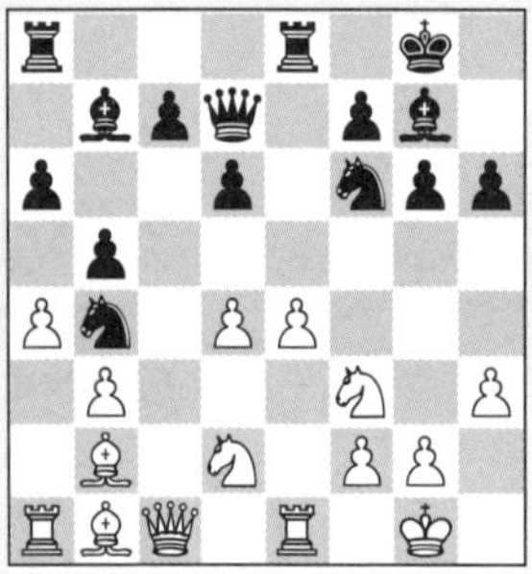

Dieses Entwicklungsschema war zuvor unbekannt. Indem er den Springer b4 mit ♗c3 angreift, erzwingt Anand ...c7-c5, wonach d4-d5 den weißfeldrigen

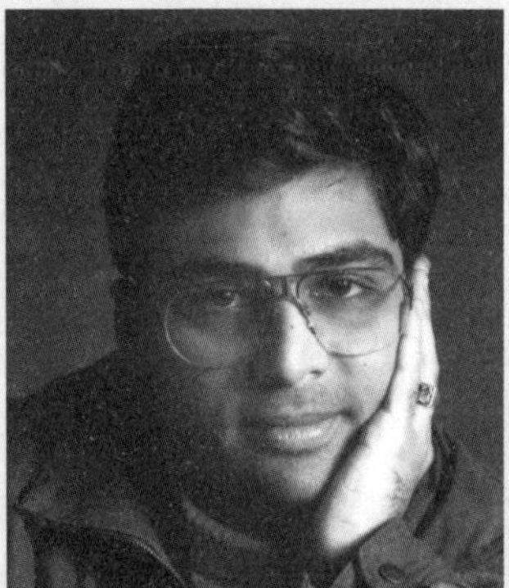

GERARD DE GRAAF

Viswanathan Anand ist äußerst geschickt bei Springermanövern.

Läufer auf b7 aussperren wird. Der Angriff auf den Springer hält Schwarz ferner davon ab, seine Damenflügelmehrheit mit ...c5-c4 weiter zu aktivieren. Darüber hinaus steht die weiße Dame bereit, sich mit dem Läufer c3 zusammenzutun und Druck auf der Diagonale a1-h8 auszuüben (die nach d4-d5 geöffnet wird). Alles in allem eine geistreiche Art, den weißen Damenflügel zu entwickeln.

18...♖ac8 19.♗c3 c5 20.d5 ♕e7 21.♘f1

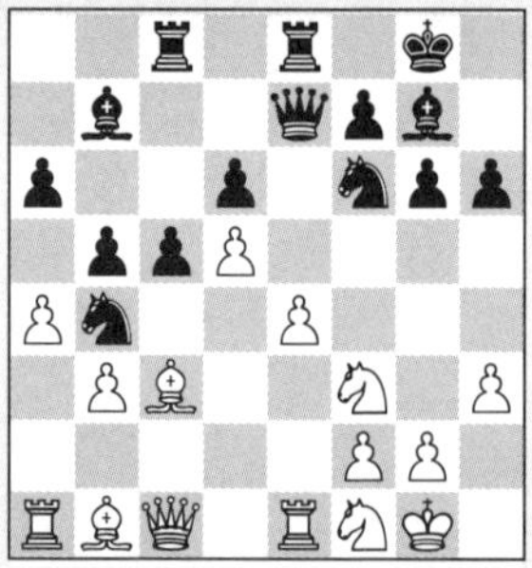

Der weiße Springer setzt seine Reise fort.

21...♘h7 22.♗xg7 ♔xg7 23.♘e3

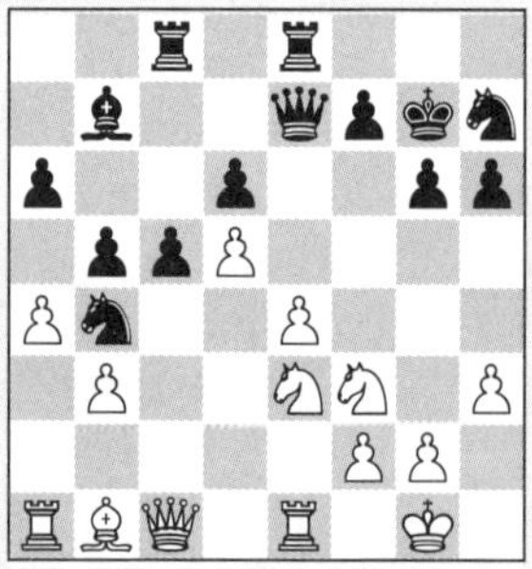

Ein ausgezeichneter Zug. Mit ♘g4 plant Weiß einen kombinierten Angriff von Dame und Springer gegen die durch den Abtausch des Königsläufers geschwächten dunklen Felder am schwarzen Königsflügel. Nach ♘g4 bedroht Weiß nicht nur den Bauern h6, sondern er droht auch mit einem sehr störenden Schach auf der Diagonale a1-h8.

23...h5

Schwarz verhindert 24.♘g4, doch seine dunklen Felder am Königsflügel sind nun viel luftiger.

24.♕d2 ♔g8 25.axb5 axb5 26.♘d1

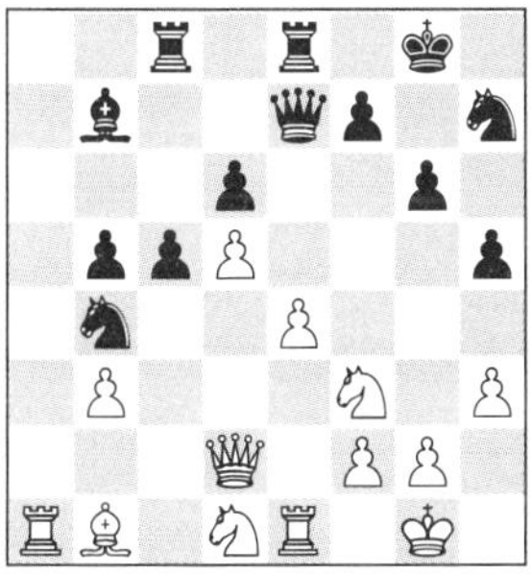

Ein fantastischer Zug, der Weitblick über das ganze Brett verrät. Viele Spieler (einschließlich mir selbst!) wären mit der Stellung des Springers auf e3 zufrieden gewesen! Doch nachdem er eine Schwäche am Königsflügel herausgekitzelt hat, macht Anand eine neue Schwäche aus – den Bauern b5 –, und erneut kommt dem Damenspringer die Glanzrolle beim Angriff auf selbige zu! Man beachte auch, dass durch den Wegzug des Springers von e3 der Turm wieder den e-Bauern unterstützt, was Weiß unter Umständen die Möglichkeit zum Zentrumsdurchbruch e4-e5 gibt. Zuallerletzt ist auch dem schwarzen Vereinfachungsversuch mit 26...♘g5 vorgebeugt.

26...♘a6 27.♘c3 b4

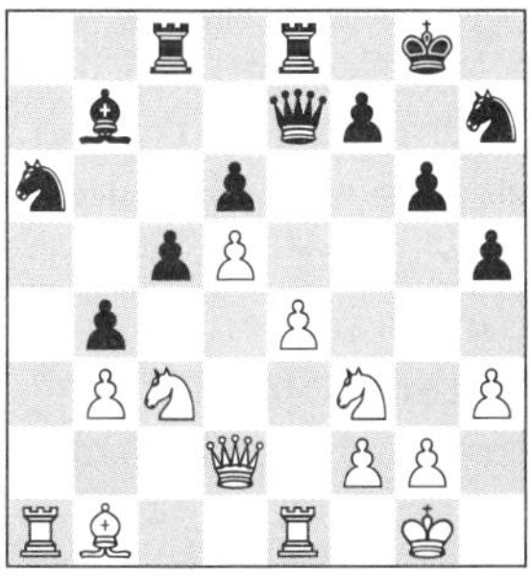

Schwarz kann den Bauern nicht auf b5 halten und muss ihn nach b4 vorrücken. Seine Damenflügelstruktur büßt dadurch ihre Elastizität ein, und dieser Umstand erhöht die Aktivität einer bislang tatenlosen Figur von Weiß erheblich.

28.♘b5 ♘c7 29.♗d3 ♘xb5 30.♗xb5 ♖ed8 31.♗c4

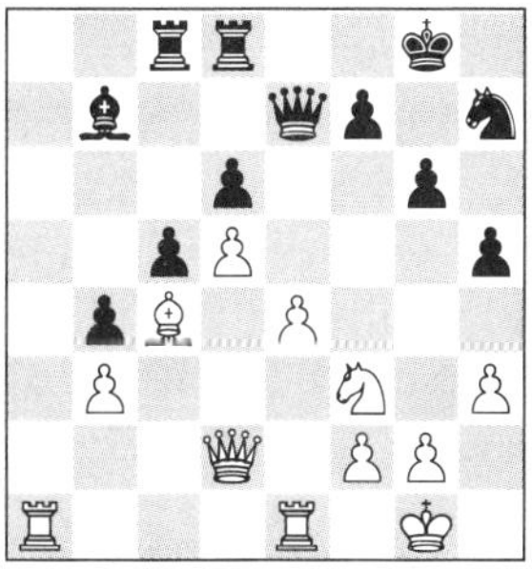

Der Läufer fühlt sich bereits wohler! Er schützt d5 und unterstützt damit den Durchbruch mit e4-e5.

31...♘f6 32.♕h6 ♕f8 33.♕g5 ♕g7 34.♖a7

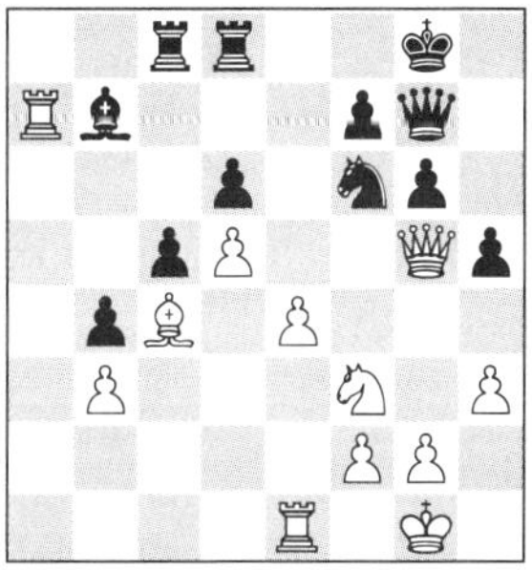

Wie von Zauberhand erscheint die schwarze Stellung von allen Seiten zugänglich. Zunächst marschierte die weiße Dame am Königsflügel auf, nun ist der Turm am Damenflügel auf die siebte Reihe eingedrungen.
Man beachte auch, wie passiv die schwarze Dame im Vergleich zur weißen ist – ein Thema, das in vielen Partien zwischen AlphaZero und Stockfish wiederkehrt.

34...♖c7 35.♗a6 ♖b8 36.e5

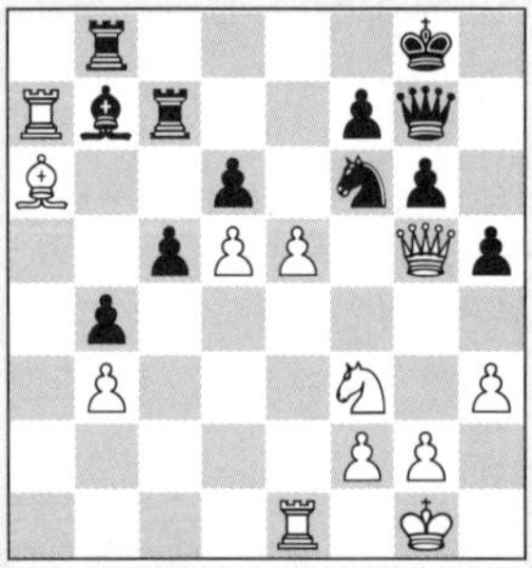

Die Metarmorphose ist perfekt: der Bauer e4, der im Zug 15 noch aus allen Richtungen unter Beschuss lag, entscheidet nun die Partie!
36...♘e8 37.♖xb7 ♖cxb7 38.♗xb7 ♖xb7 39.♕d8 ♕f8 40.♖a1 ♘c7 41.♕d7 ♕b8 42.♕xd6 c4 43.bxc4 b3 44.♖b1 b2 45.♕c5 ♖b3 46.♕d4 ♕b4 47.♘g5 ♖c3 48.♕f4 f6 49.exf6 ♘xd5 50.f7+ 1:0

III AlphaZeros Springer auf g5

Der Springervorposten auf g5, durch einen Bauern auf h4 bereitgestellt und unterstützt durch die Dame auf der Diagonalen b1-h7, ist ein wiederkehrendes Strategem in AlphaZeros Partien.

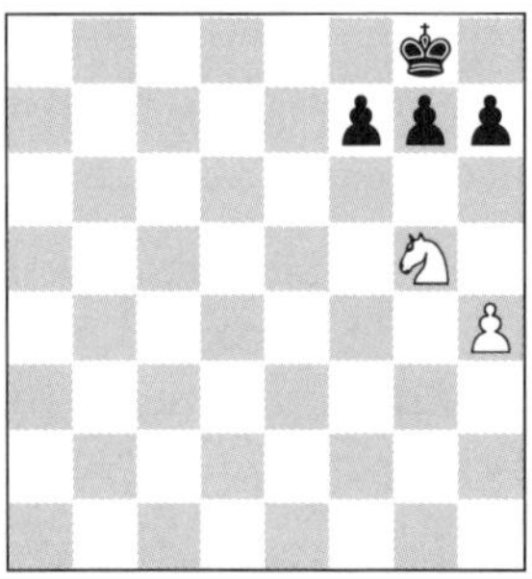

Was verspricht sich Weiß von dieser Formation?:

1. Weiß greift zwei Punkte in unmittelbarer Nähe des schwarzen Königs an: f7 und h7.
2. Mit der Unterstützung einer weißfeldrigen Figur (einem Läufer oder einer Dame auf der Diagonale b1-h7) kann Weiß ernste Drohungen gegen diese Punkte schaffen.

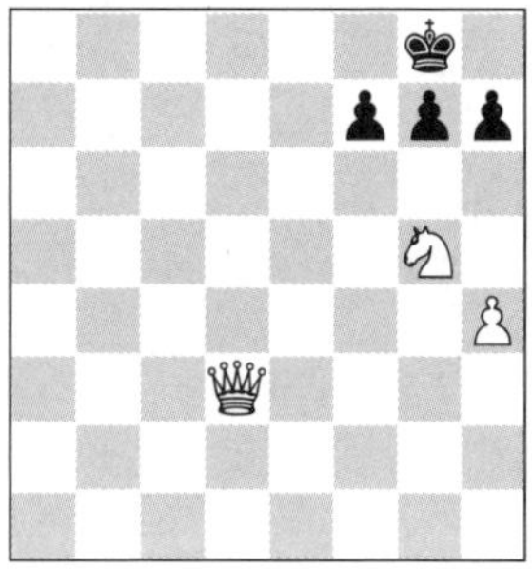

Man beachte, dass h7 normalerweise schwächer ist als f7: f7 ist meist durch einen Turm auf f8 geschützt (der von Weiß schwer zu vertreiben ist), wohingegen h7 üblicherweise von einem Springer auf f6 verteidigt wird, der näher zum weißen Lager steht und mithin leichter angreifbar ist, z.B. durch einen Bauern auf e5:

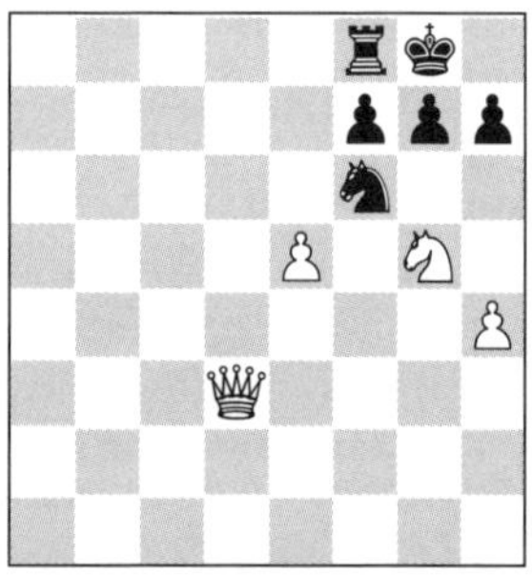

3. Wenngleich Weiß liebend gern auf h7 matt setzen würde, kann man nicht davon ausgehen, dass der Gegner dies einfach geschehen lässt. Weiß darf sich glücklich schätzen, wenn er mit dem Manöver h2-h4+♘g5+♕d3 eine Schwächung des schwarzen Königsflügels wie etwa ...g7-g6 herauskitzeln kann.

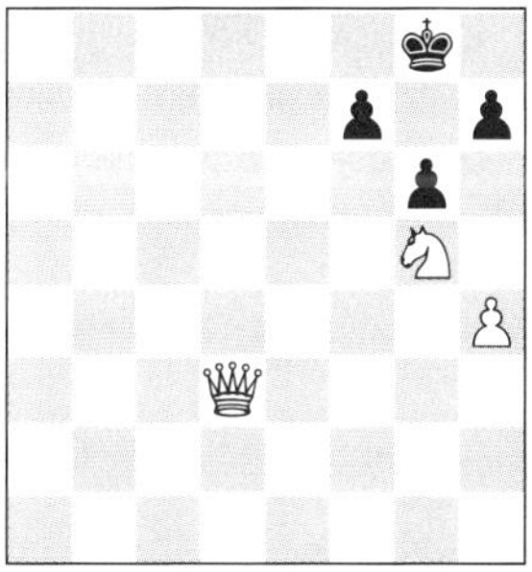

Warum ist g6 eine Schwächung? Hierfür gibt es zwei Gründe:

a) Der Bauer verteidigt nicht mehr wie von g7 aus die Felder f6 und h6, was bedeutet, dass der schwarzfeldrige Felderkomplex (eine Ansammlung von Feldern gleicher Farbe) geschwächt wurde.
b) Mit …g7-g6 verlässt der schwarze g-Bauer die Reihe seiner Kollegen auf f7 und h7 und steckt seinen Kopf auf der Brüstung heraus. Dies bringt ihn einen Schritt der weißen Stellung näher, womit er leichter von Weiß angreifbar wird. Im vorliegenden Fall ist der weiße h-Bauer bereits in Aktion und kann durch h4-h5 den Druck auf den schwarzen Königsflügel weiter erhöhen.

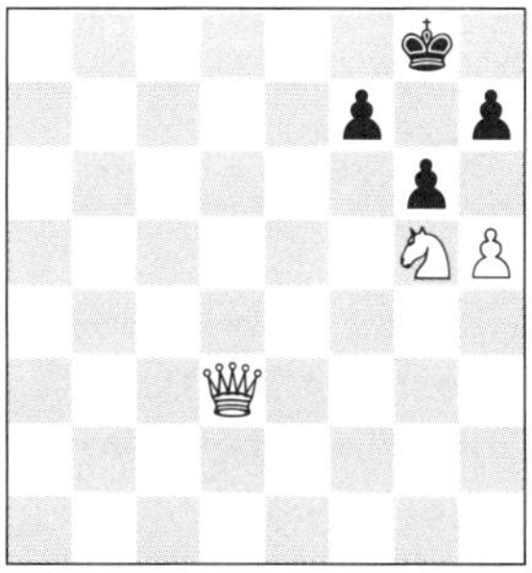

Partie: „Unerwartete Gefahr auf der h-Linie"

Sowohl AlphaZero wie auch Stockfish beginnen ruhig: AlphaZero fianchettiert seinen Königsläufer, während Stockfish einen soliden Wall mit Zentrumsbauern errichtet. AlphaZeros Entscheidung, das Zentrum mit Abtäuschen auf d5 festzulegen, scheint nicht gerade dazu geeignet, das Spiel zu beleben. Doch beginnend mit dem zwölften Zug (12.h4) investiert AlphaZero Zeit in sein Spiel am Königsflügel und testet ab, ob dort Initiative zu erlangen ist. Stockfish spielt schablonenhaft bis sorglos, in der Annahme, dass das weiße Spiel wenig Gefahr ausstrahlt. Das verblüffende Manöver 18.♔h2 und 19.♖h1 – das von keiner meiner Engines gesehen wird – lässt überraschend auch den Turm an der Party am Königsflügel teilhaben, wonach die Gefahr sehr real wird. Stockfish schleppt sich in ein schlechtes Endspiel, verliert aber in einer langen Partie.

Themen der Partie:

1. Festlegung des Zentrums [9.cxd5, 10.♘xd5]
2. Vereinter Angriff von Dame und Springer auf den h-Bauern [12.h4, 13.♕d3, 14.♘g5]
3. Sofortige Umgruppierung, nachdem das Ziel erreicht ist [15.♘f3]
4. Die automatische Besetzung einer offenen Linie wird vermieden [kein ♖ac1/♖fc1]
5. Einsatz des h-Bauern zur Schwächung der gegnerischen Königsstellung [16.h5]

AlphaZero
Stockfish 8
London 2018

1.d4 ♘f6 2.♘f3 e6 3.c4 b6 4.g3 ♗b7 5.♗g2 ♗b4+ 6.♗d2 ♗e7 7.♘c3 c6 8.♗f4 d5

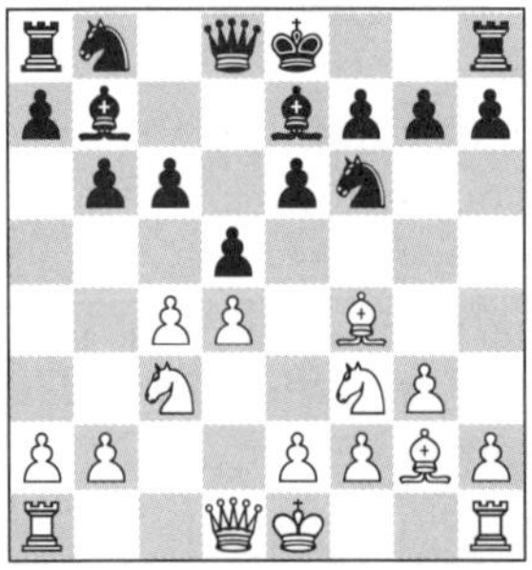

Beide Seiten haben die Eröffnung solide gestaltet. Der Versuch von Weiß, mit 4.g3 und 5.♗g2 Einfluss auf die lange Diagonale zu gewinnen, wurde mit dem Aufbau der granitähnlichen schwarzen Zentrumsformation Bauer c6/Bauer d5 gekontert. Herkömmlicherweise sollte man von Weiß erwarten, Spiel im Zentrum (etwa mit Zügen wie ♘e5 und e2-e4) und am Damenflügel (zumal beide Läufer von ihm in diese Richtung zielen) zu suchen.

9.cxd5 ♘xd5

Die aufregende Partie Bacrot - Iwantschuk, Linares 2006, war die einzige frühere Erfahrung mit 9.cxd5. In der Partie folgte 9...cxd5 10.♘b5 ♘a6 11.0-0 0-0 12.♖c1 ♘e4 13.h4 ♘d6 14.a4 ♘c4 15.♘e5 ♘a5 16.♗h3 ♕e8 17.h5 ♘c6 18.h6 g5 19.e4 mit einer wilden Stellung.

10.♘xd5 cxd5

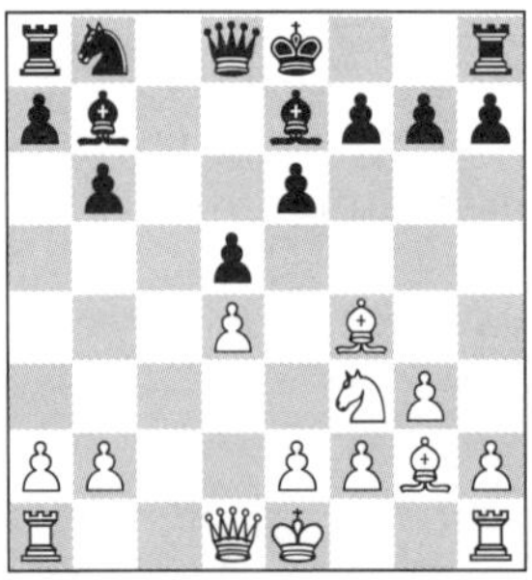

Beim Durchspielen haben mich der 9. und 10. Zug von Weiß überrascht. Ich hätte es für das Beste gehalten, die Ungewissheit so weit wie möglich in der Stellung zu halten: In diesem Fall durch Bewahrung der Spannung zwischen den Bauern auf c4 und d5. Beide Seiten müssen dann zwei Szenarien im Auge behalten: Die gegenwärtige Situation wie auch die nach einer jederzeitig möglichen Auflösung der Spannung.

Der Spieler mit mehr Raum (hier Weiß) kann leichter für beiderlei Situationen nützliche Züge finden als derjenige mit der verkrampfteren Stellung (in diesem Falle Schwarz). So würde der Nachziehende etwa, falls Weiß nicht 9.cxd5 gespielt hätte, seine Damenflügelentwicklung normalerweise mit ...♘bd7 oder ...♘a6 abschließen.

Nach der frühzeitigen Spannungsauflösung durch Weiß kann Schwarz seinen Springer umgehend auf sein natürlichstes Feld stellen: c6.

Man beachte, wie AlphaZero auf einer festgelegten Zentrumsstruktur beharrte. Nach 9.cxd5 hatte Schwarz mit 9...♘xd5 die Beibehaltung einer flexiblen Zentrumsstruktur angeboten, doch Weiß ging mit 10.♘xd5 unbeirrt seines Weges.

Der Sinn von AlphaZeros Spiel tritt bald zutage. Belassen wir es im Moment bei dem Hinweis, dass der Springerabtausch einen Verteidiger des Bauern h7 beseitigt hat, und dass Schwarz nicht mehr das Zentrumsfeld e4 mit einem Springer besetzen kann ...

11.0-0 0-0 12.h4

Ein Zug, der mich beim schnellen Durchschieben der Partien an jenem Januartag im Büro von DeepMind aus dem Trott gebracht hat. Ich konnte mir zwar die Idee dahinter denken, war aber dennoch sehr überrascht!

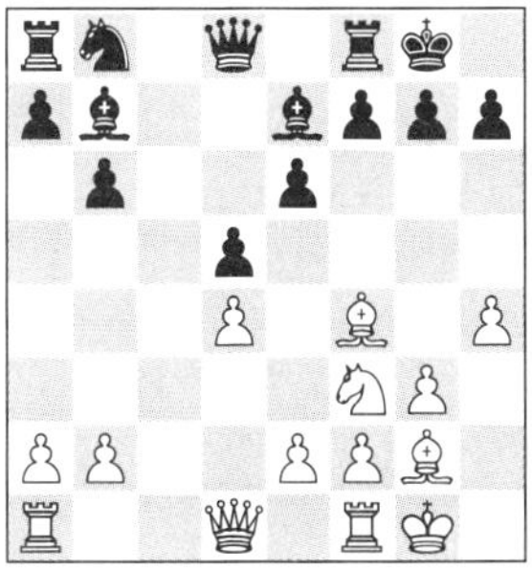

Die weißen Läufer zielen auf den Damenflügel, wo AlphaZero zwei Züge mit dem Öffnen der c-Linie verbracht hat. Ein Turm auf c1 würde zusammen mit dem Läufer auf f4 das Feld c7 angreifen und eine Einbruchsdrohung schaffen (die Schwarz zugegebenermaßen leicht parieren kann).
Stattdessen beginnt AlphaZero den Königsflügel zu sondieren.

12...♘c6 13.♕d3

Nach der Einleitung könnten Sie ahnen, was Weiß beabsichtigt. Ja, richtig geraten: 14.♘g5 !
Fassen wir zusammen, was AlphaZero durch die Stabilisierung des Zentrums mit 9.cxd5 und 10.♘xd5 erreicht hat. Weiß tauschte mögliche Vorteile in einer unsicheren Situation im Zentrum gegen die Möglichkeit, seine Pläne am Königsflügel ohne eventuelle Ablenkungen im Zentrum umzusetzen.
Eine alte Schachweisheit besagt, dass man Demonstrationen am Flügel mit einer Aktion im Zentrum beantworten solle. Wenn das Zentrum allerdings statisch festgelegt ist, ist dies nicht möglich. Man muss dann die Aktionen an dem Flügel, an dem man schwächer ist, abwehren, und zugleich Gegenspiel am anderen Flügel entwickeln.
Diesbezüglich hat AlphaZero einen Vorteil: Es schafft sich Spiel an dem Flügel, auf dem der gegnerische König steht, und plant dafür, den entgegengesetzten Flügel – der sich in weiter Ferne zum eigenen König befindet – dem Gegner zu überlassen. Wenn AlphaZero dabei Erfolg hat, wird es nicht bloß einen Bauern gewinnen: Es wird den König fangen und damit die Partie gewinnen.
AlphaZero bewertet die Stellung mit einer Gewinnerwartung von 58,8%, ein kleiner Gewinn im Vergleich zu seiner Einschätzung der Ausgangsstellung. Meine drei Engines sind recht gleichgültig mit Werten zwischen 0,05 und 0,20, was innerhalb der Schranken zum Ausgleich liegt. Um ehrlich zu sein, ist das auch meine Einschätzung der Stellung, doch angesichts von AlphaZeros Erfindungsreichtum ist das alles nicht so einfach. In den nächsten Zügen agiert Stockfish ein wenig sorglos, was AlphaZero die Möglichkeit zum Strippenziehen am Königsflügel gibt.

13...♕d7 14.♘g5 g6

Es fällt mir schwer, einen natürlichen Zug wie 13...♕d7 als Fehler zu bezeichnen, doch er ermöglicht Weiß, mit 14.♘g5 seinen Plan durchzuziehen und eine Konzession am Königsflügel zu erzwingen.
Schwarz möchte nicht 14...♗xg5 spielen, was dem Gegner das Läuferpaar überlassen und – noch wesentlicher – die Möglichkeit des Zurückschlagens mit dem h-Bauern einräumen würde.
14...♗xg5 15.hxg5 zeigt einen weiteren Vorteil der Angriffsformation

h4+♘g5. Weiß bräuchte nur die eine oder andere Schwerfigur auf die h-Linie zu bringen, und schon wäre der schwarze h-Bauer eine festgebundene Zielscheibe. Und wenn Schwarz zu ...g7-g6 genötigt ist, um den Druck auf der Diagonalen b1-h7 abzuwehren, werden die dunklen Felder am Königsflügel (f6, h6, e7, g7) ernsthaft schwach – zumal eingedenk des Umstandes, dass der Nachziehende, ganz im Unterschied zu seinem Gegner, nicht mehr über seinen schwarzfeldrigen Läufer verfügt.
In einer anderen Partie gab Stockfish 13...♘b4 14.♕d2 ♘c6 den Vorzug. Dies schützt den Königsflügel, indem es die Dame von d3 vertreibt, und impliziert ein Remisangebot durch Zugwiederholung. Außerstande, eine Schwäche am Königsflügel zu schaffen, verband AlphaZero eine Expansion am Königsflügel mit Spiel am Damenflügel – 15.♖ac1 ♕d7 16.g4 ♗a6 17.g5 ♖ac8 18.♗h3, was zu leichtem Vorteil und einem Sieg nach achtzig Zügen führte.

15.♘f3

Die nächste Idee von AlphaZero ist, die mit 14.♘g5 erzeugte Schwäche durch Vorrücken des Randbauern nach h5 aufs Korn zu nehmen. Dabei muss Weiß schon ein wenig umsichtig vorgehen, denn das sofortige 15.h5 könnte mit 15...f6 oder 15...h6 nebst ...g6-g5 beantwortet werden, womit Schwarz etwas Raum am Königsflügel gewinnen und die dortige Bauernstruktur festlegen würde, Aus diesem Zug zieht Weiß den Springer nach f3 zurück (wo er nicht vom schwarzen f- oder h-Bauern bedroht werden kann), bevor er mit h4-h5 fortsetzt. Es ist charakteristisch für AlphaZero, dass es sofort mit der Umgruppierung einer Figur beginnt, nachdem diese ihre von ihm gestellte Aufgabe erfüllt hat.
Wir untersuchen den Rest der Partie näher im Kapitel über „Aktivität“. Doch wenn wir zum 20. Zug vorspulen, werden Sie mir gewiss beipflichten, dass AlphaZeros Plan der Schaffung und Ausbeutung einer Schwächung am Königsflügel perfekt aufging!

15...♖fc8 16.h5

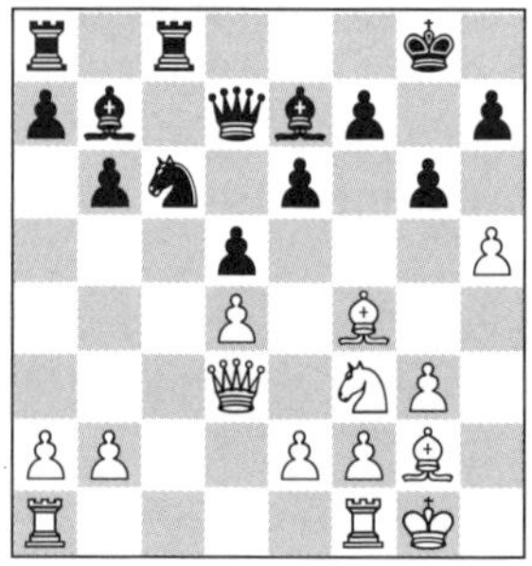

16...♕d8 17.♕e3 gxh5 18.♔h2

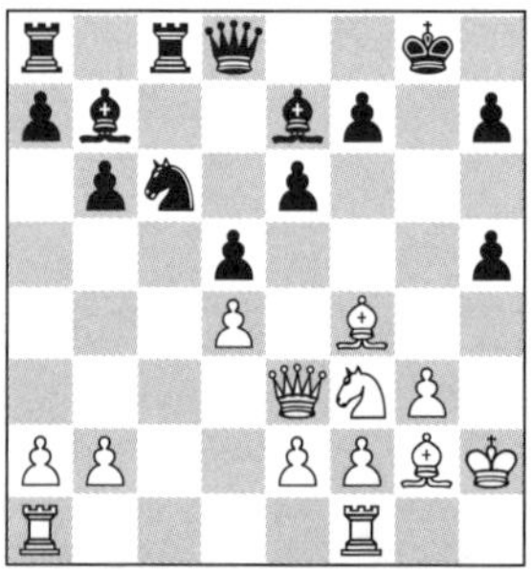

Die Idee ♔h2 zwecks Erhöhung der Figurenbeweglichkeit sahen wir bereits in einer früheren Partie. Auch hier tritt der König zur Seite, um einer Figur von Weiß zu ermöglichen, ihre Aktivität dramatisch zu erhöhen. Doch diesmal ist es nicht der Springer auf f3!

18...♗f8 19.♖h1

Sondern der Turm!

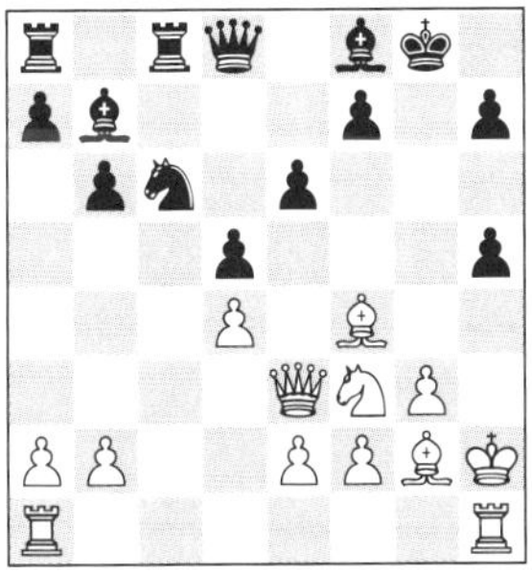

Nach dem folgenden 20.♔g1 sind die weißen Angriffskräfte am Königsflügel, bislang bestehend aus der Dame und drei Leichtfiguren, um eine Schwerfigur stärker. Man sehe dem gegenüber die magere schwarze Verteidigung.

19...♕e7 20.♔g1

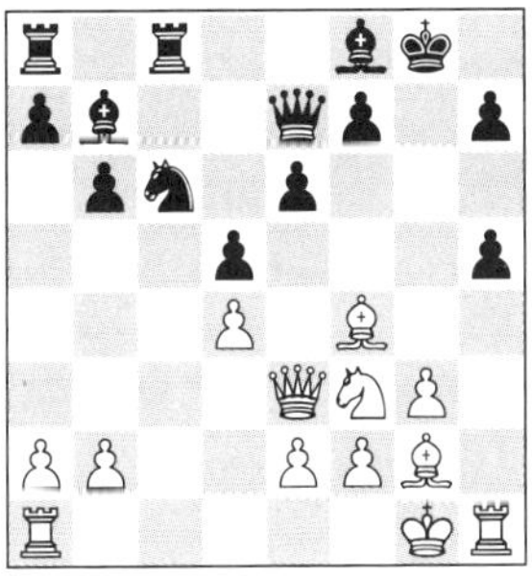

, ... und wir sehen, dass der Plan von Weiß hervorragend funktioniert hat. Der Rest der Partie ist für unser Thema weniger wichtig. Stockfish nimmt sich nun seiner zahlreichen Schwächen an, um das unmittelbare Desaster zu vermeiden, wird jedoch in einer langen Partie von AlphaZero niedergerungen.

20...f6 21.♘e1 ♖e8 22.♗f3 e5 23.♗xd5+ ♔h8 24.dxe5 ♘xe5 25.♗xb7 ♕xb7 26.♗xe5 ♖xe5 27.♕d3 ♕d5 28.♕xd5 ♖xd5 29.♘d3 ♖e8 30.♖c1 ♗d6 31.♖c2 ♔g7 32.♖h4 b5 33.♔f1 ♔f7 34.b3 ♖e7 35.♔g2 a5 36.♔f3 ♖c7 37.♖xc7+ ♗xc7 38.♖h1 ♔e6 39.♖c1 ♔d7 40.♔e4 ♖g5 41.♖h1

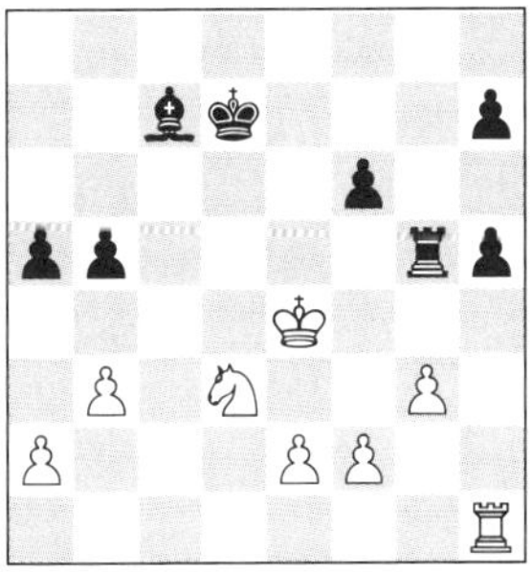

Und AlphaZero gewann in 105 Zügen.

Abschnitt B – AlphaZeros Läufers

Wir werden viele solcher in die gegnerische Stellung starrender Läufer von AlphaZero im Kapitel über „Felderkomplexe derselben Farbe" sehen. Hier konzentrieren wir uns auf ein bestimmtes Szenario: AlphaZero schwächt zunächst den gegnerischen Königsflügel mit seinem Randbauern, den Stockfish aufzuhalten sucht, indem es seinen eigenen h-Bauern um ein Feld vorrückt. Dies führte in einer Reihe von Partien zu einer Schwächung des Feldes g3 bzw. g6, was dann von AlphaZero lehrreich durch Einpflanzen einer diagonal ziehenden Figur (Läufer, Dame oder Bauer) ausgenutzt wurde. AlphaZero stellt gern diagonal ziehende Steine (wie eben Läufer, Dame oder Bauern) auf solch vorgerückte Stützpunkte; meiner Ansicht nach, weil diese den gegnerischen König am meisten einengen.

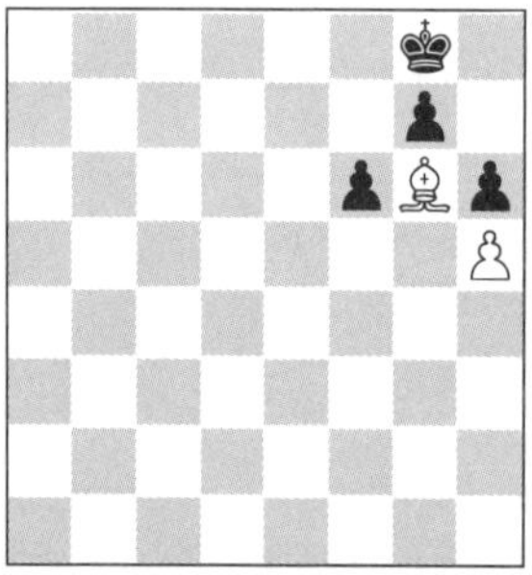

Partie: „Die Linie, die wirklich zählt"

Als ich die folgende Partie durchspielte, hatte ich sofort das Gespür, eine großartige Partie gesehen zu haben, doch ich konnte nicht recht sagen warum. Nach doch einiger Analyse denke ich aber, ich kann es! Die Eröffnung ist eine solide Anti-Berliner-Variante mit einer symmetrischen Bauernstruktur und bestenfalls dem Hauch einer Initiative für Weiß. Zwischen Zug 25 und 34 bringt AlphaZero Ungleichgewichte ins Spiel: Weiß erhält einen Stützpunkt für seinen Springer auf c5, die Kontrolle der offenen e-Linie, ein Einbruchsfeld auf e6 sowie eine geschwächte gegnerische Damenflügelstruktur mit Bauern auf a5 und c6.
Und dennoch wickelt AlphaZero seinen Gegner langsam ein. Es schafft zunächst eine schwarzfeldrige Schwäche am weißen Königsflügel, auf der sich dann ein weit vorgepreschter Bauer niederlässt (41...hxg3). Stockfish lässt all dies geschehen, es schätzt die Stellung danach ganz genau wie zuvor ein (0,00). Der Bauer g3 schränkt die Bewegungsfreiheit des weißen Königs ein, und AlphaZero macht sich dies zunutze, indem es die weiße Stellung bis zum Zerreißen spannt. Hierfür wird eine weitere Linie – die a-Linie – geöffnet und die weißen Damenflügelbauern aufs Korn genommen, bis die weiße Stellung schließlich zusammenbricht.

Themen der Partie:

1. Vermeiden der automatischen Besetzung einer offenen Linie [Schwarz hat nie ...♖e8 gespielt]
2. Einsatz des Randbauern zur Schwächung der gegnerischen Königsstellung [35...h4]
3. Tiefer Läufervorposten [39...♗g3]
4. Verbessern der eigenen Königsstellung vor der nächsten Angriffswelle [76...♔h6]

Stockfish 8
AlphaZero
London 2018

1.e4 e5 2.♘f3 ♘c6 3.♗b5 ♘f6 4.0-0 ♘xe4 5.♖e1 ♘d6 6.♘xe5 ♘xe5 7.♖xe5+ ♗e7 8.♗f1 0-0 9.d4 ♗f6 10.♖e1 ♖e8 11.c3 ♖xe1 12.♕xe1 ♘e8 13.♗f4 d5

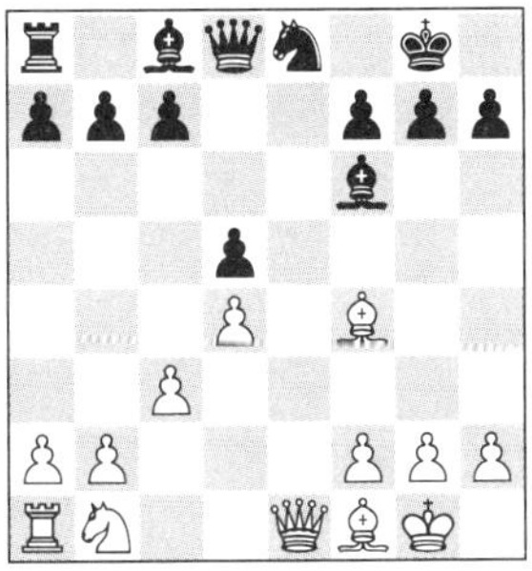

Eine bekannte Theoriestellung im Anti-Berliner, in der Schwarz sehr zufriedenstellend punktet. Der Hauptzug ist 14.♗d3, doch weder dies noch Stockfishs Zug hat Schwarz vor ernsthafte Probleme gestellt.

14.♘d2 ♗f5 15.♕e3 ♘d6 16.♘f3 a5

AlphaZero gewinnt auch am anderen Flügel gern einmal ein wenig Raum durch einen Aufzug des Randbauern!

17.♖e1 c6 18.a4 h6 19.♕c1 ♗e7 20.b3 ♘e8 21.♕e3 ♗f8 22.♗d3 ♕f6 23.♘e5 ♘d6 24.f3 ♗xd3 25.♘xd3 h5

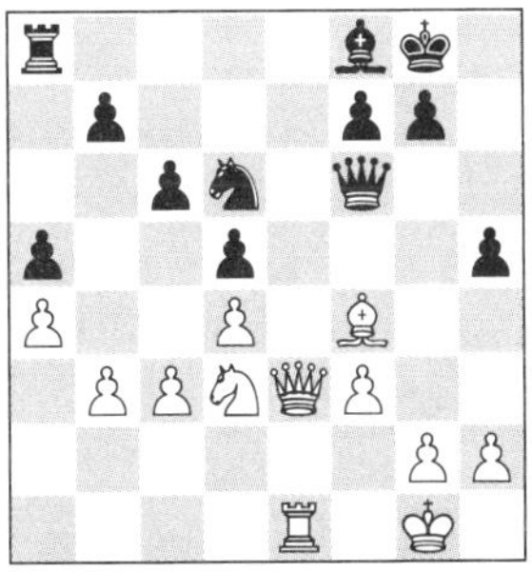

Der AlphaZero-typische Vorstoß, hier um der Dame das Feld f5 zu sichern und Weiß von einem Raumgewinn durch g2-g4 abzuhalten.

26.♕d2 b5

Ein couragierter Zug, der auf Kosten einer Schwächung des Feldes c5 Spannung am Damenflügel erzeugt. Wenn Weiß auf b5 tauscht, schlägt Schwarz mit dem Bauern zurück und verschafft sich so die Möglichkeit, einen entfernten Freibauern auf der a-Linie zu bilden. Wenn Weiß stillhält und das Schlagen auf a4 gestattet, erhält Schwarz das Springerfeld c4. Wie wir jedoch sehen werden, hat Schwarz keine Eile, auf a4 zu schlagen. Dies vermutlich, da der weiße Läufer die Diagonale h2-b8 mitsamt des Feldes b8 kontrolliert, was alle Versuche von Schwarz, auf der b-Linie einzudringen, vereiteln wird. Einstweilen hält Schwarz also den Status quo aufrecht.

27.♕d1 ♖c8

Verteidigt den nunmehr geschwächten Bauern c6 gegen einen künftigen Angriff und stellt sicher, dass im Falle von axb5, ...cxb5 der Turm den Bauern c3 angreift.

28.♗e5 ♕g5 29.♗f4 ♕f6 30.♗e5 ♕g5 31.♗f4 ♕f5

Weicht dem Remis durch Zugwiederholung aus.

32.♖e5 ♕g6 33.♘c5 bxa4 34.♘xa4 f6

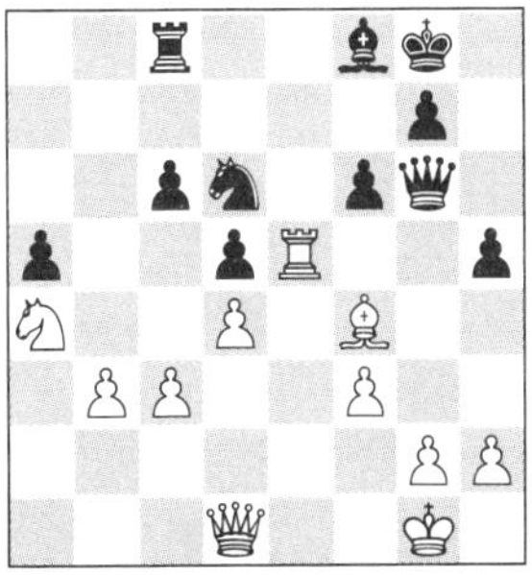

In Verbindung mit 26...b5 und 33...bxa4 eine recht schwer

nachvollziehbare Zugfolge. Es macht den Eindruck, als ob Schwarz alles hergibt. 26...b5 gab das Feld c5, wobei der weiße Springer auf d3 schon bereitsteht, diese neugeschaffene Schwäche auszunutzen. Indem er das Schlagen auf a4 aufgeschoben hatte, bis Weiß ♘c5 spielte, hat Schwarz dem Gegner ermöglicht, auf a4 mit dem Springer zurückzuschlagen und so die Integrität seiner Bauernkette am Damenflügel zu wahren. Sobald der Springer nach c5 zurückkehrt, wird dieser zugleich b3 gegen alle Angriffe verteidigen. Mit seinem letzten Zug 34...f6 schwächt Schwarz seine Kontrolle über e6 – ein Feld, das ein natürliches Ziel für einen gegnerischen Springer auf c5 darstellt. Obendrein verzichtet Schwarz auf den Kampf um die e-Linie, was bedeutet, dass Weiß den Springer auf e6 mit einem Turm auf der e-Linie unterstützen kann.

Wie der nächste Zug zeigt, hat Schwarz ganz andere Ziele im Kopf. Eingeleitet durch den Vormarsch beider Randbauern, initiiert Schwarz ein Spiel auf beiden Flügeln.

Am Damenflügel hat Schwarz den Hebel ...a5-a4, der dazu genutzt werden kann, entweder die b-Linie zu öffnen oder aber den weißen Springer vom Königsflügel abzulenken. Am Königsflügel zielt Schwarz auf die Schaffung von Schwächen, die dann den Kampf im Verlauf der nächsten 40-50 Züge beeinflussen werden. Schwarz verfügt über zwei starke Figuren: Die Dame auf g6, die auf der Diagonalen h7-b1 tief ins weiße Lager blickt, sowie den Springer d6, der Zugang zum Feld f5 hat und von dort zwei unter Umständen äußerst verwundbare dunkle Felder (e3 und g3) im weißen Lager angreift. Diese Schwächen sind jetzt noch nicht sichtbar. Das Ziel von Schwarz in den nächsten Zügen ist es, diese freizulegen.

35.♖e1 h4

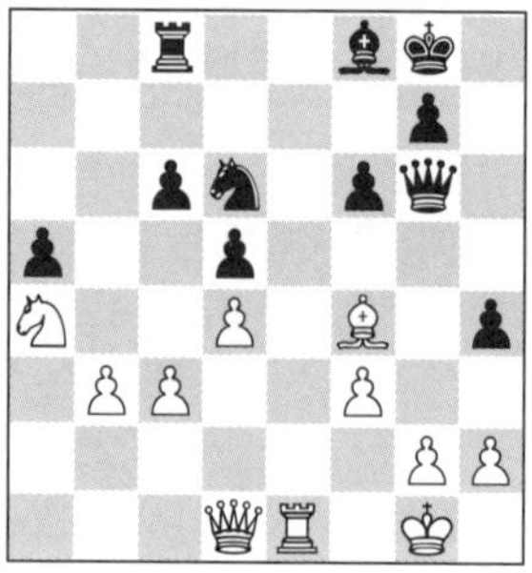

AlphaZero setzt seinen furchtlosen h-Bauern in Marsch; mit der Aussicht, mittels ...h4-h3 g2 anzugreifen. Das möchte Stockfish nicht erlauben, und er stoppt diesen Bauern mit seinem eigenen h-Bauern. An sich keine schlechte Entscheidung, doch man sehe, dass auf g3 nun ein großartiger Stützpunkt für eine schwarze Figur entstanden ist. Es wäre natürlich, den schwarzen Springer von d6 (via f5) dorthin zu überführen, doch AlphaZero hat ehrgeizigere Ziele. Auf Stützpunkten nahe des gegnerischen Königs hat er gerne diagonal ziehende Steine: einen Läufer, eine Dame oder einen weiteren Bauern.

36.h3

Zu erwägen wäre 36.g4 nebst ♔f2. Auch wenn dies die weiße Königsstellung lockert, bliebe danach das Schlüsselfeld f5 den schwarzen Figuren verwehrt. Das Schlagen im Vorübergehen mit ...hxg3, hxg3 exponiert den schwarzen König ebenso sehr wie den weißen.

36...♕f5 37.♗e3

Von hier an laufen die Dinge für Weiß verkehrt. Der Läufer zieht

sich nach f2 zurück, was Schwarz einen enormen Zuwachs an Aktivität beschert: Der Läufer f8 nimmt die Diagonale b8-h2 in Besitz, und seine Türme gelangen auf die b-Linie.
Der beste Zug von Weiß war 37.♗h2, was den Läufer aktiv auf der Diagonalen h2-b8 hält.

37...♘f7 38.♗f2

Dieser natürliche Angriff auf den Bauern h4 ermöglicht eine unangenehme Riposte.

38...♗d6

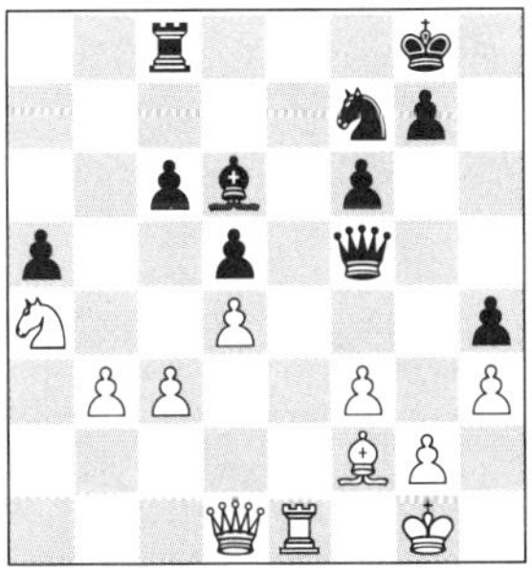

39.♘b2

39.♗xh4 wäre äußerst riskant: 39...♕f4 40.♗f2 ♕h2+ 41.♔f1 ♕h1+ 42.♗g1 ♗g3. Neben ...♗xe1 droht Schwarz auch, seinen Springer mittels ...♘g5xh3, ...♘d6-f5 oder sogar ...♘d6, ...f6-f5 und ...♘e4 einzubeziehen. Aus praktischer Sicht lohnt es sich einfach nicht, so zu spielen.
Hat Stockfish, als es 38.♗f2 spielte, übersehen dass 38...♗d6 möglich war? Ich denke, das ist nicht die ganze Geschichte. Der wunde Punkt ist, dass es in keiner Variante irgendeine Gefahr ausmacht. Es bewertet die Stellung nach 36...♕f5 mit 0,00, und ebenso die Stellung nach 39...♗g3 mit 0,00. Anders ausgedrückt, es scheint nicht glauben zu wollen, dass Schwarz irgendwelche Fortschritte gemacht hat, was für menschliche Augen schwer nachvollziehbar ist. Doch AlphaZero fühlt dies eindeutig, seine Bewertung ist von 53,4% nach 36...♕f5 auf 56,5% nach 39...♗g3 angestiegen. Nachdem Stockfish im 41. Zug auf g3 schlägt, steigt AlphaZeros Bewertung weiter auf 59,8% für Schwarz, während die von Stockfish festgewurzelt bei 0,00 verharrt. Tatsächlich teilen all meine Engines Stockfishs Einschätzung. Irgendetwas lullt Engines in dieser Art von Stellungen völlig ein, so dass sie sich in einem falschen Gefühl von Sicherheit wiegen. Der Verdacht fällt hier auf die e-Linie! Während der nächsten dreißig Züge spukt der Zug ...♖e8 andauernd durch die Enginevarianten. Indes weigert sich AlphaZero standhaft, diesen Zug zu spielen, und fasst stattdessen eine Invasion über der ersten oder zweiten Reihe ins Auge, wozu es beide Schwerfiguren benötigt.
Warum wäre diese Invasion so stark? Eine Antwort hierfür liefert der Blick auf den weißen König im weiteren Verlauf! Sobald Schwarz einen Läufer oder Bauern nach g3 befördert, ist der weiße König furchtbar eingeengt: Sobald Schwarz mit seinen Schwerfiguren in die weiße Stellung eindringt, werden durch die Mattdrohungen auf der Grundreihe dem Weißen unweigerlich Handschellen angelegt.
Einmal mehr habe ich das Gefühl, dass AlphaZero ein ganz anderes Verständnis der Stellung zutage legt als meine Engines. AlphaZero sieht den eingeschnürten König auf g1 und manövriert so lange, bis es einen Weg gefunden hat, die weiße Verteidigung so weit zu überdehnen, dass ein Eindringen mit seinen Schwerfiguren

möglich wird – selbst wenn dies einen Bauern kostet. Es legt alles darauf an und gesteht Weiß sogar die e-Linie mitsamt dem Vorposten auf e6 zu, nur um sich genug Feuerkraft für jenes ins Auge gefasste Szenario zu bewahren. Die Engines scheinen die Schwäche des weißen Königs nicht in derselben Weise wahrzunehmen und erwarten daher, dass Schwarz kontinuierlich darauf hinarbeiten würde, den größten Trumpf von Weiß – die offene e-Linie – zu neutralisieren, anstatt sich auf seine eigenen Trümpfe zu konzentrieren.

39...♗g3

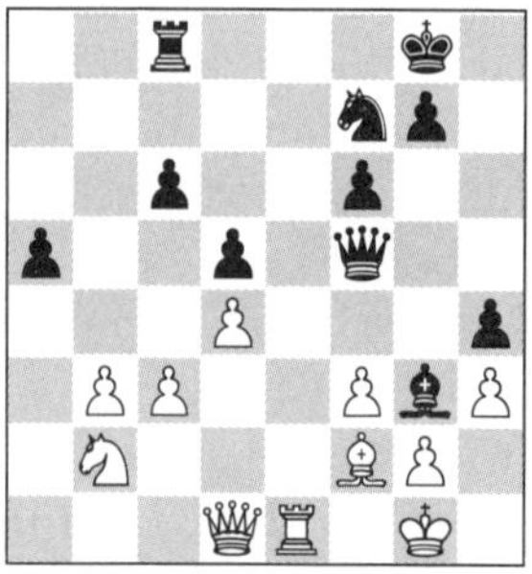

40.♘d3 ♘d6 41.♗xg3 hxg3

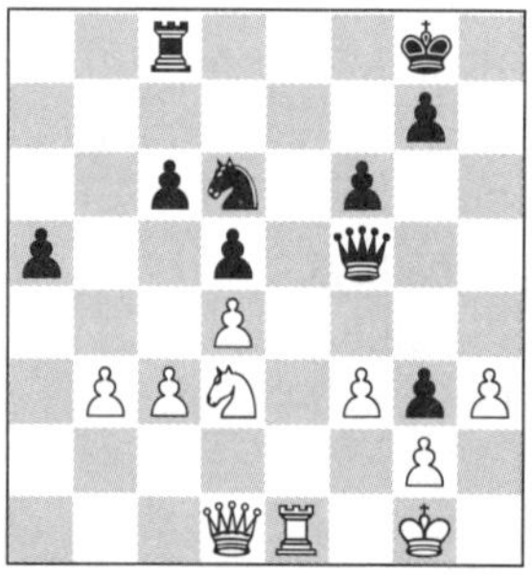

42.♘c5 ♕g5 43.♔f1 ♘f5 44.♕e2 ♖b8 45.♘e6 ♕h6

Schwarz ist beständig auf der Hut, nicht den weißen Springer nach f4 zu lassen.

46.♘c5 ♔h7 47.♕e6 ♘h4 48.♕e2 ♕g5 49.♕d1 ♔g8 50.♘d7 ♖c8 51.♘c5 ♖b8 52.♖e2 ♕g6 53.♘d3 ♕f5 54.♕c2 ♕g5 55.♔g1 ♔f7 56.♔f1 ♖h8 57.♔e1 ♖d8 58.♔f1 ♖h8 59.♔e1 ♖a8 60.♔f1 ♕f5 61.♖e3 ♖b8 62.♕a2 ♔g8 63.♕c2 ♔f7 64.♕a2 ♕g5 65.♖e1 ♔g8 66.♕c2 ♘f5 67.♔g1 ♘h4 68.♔f1 ♘f5 69.♔g1 ♖b7

Nach all der Manövriererei werden die Dinge jetzt dramatisch!

70.f4

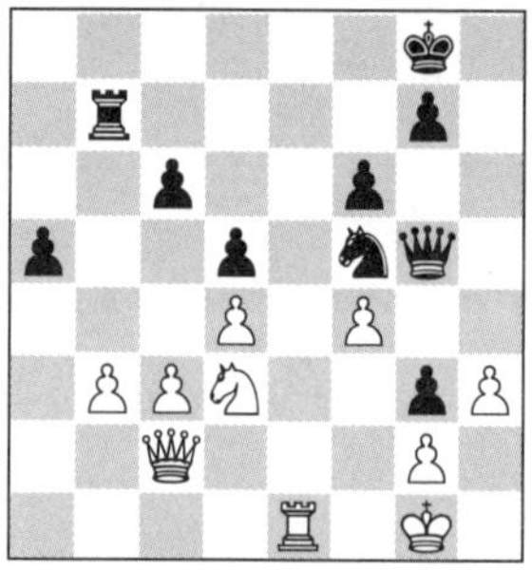

Keine Reaktion der Engines, die Bewertung verharrt auf 0,00 (ebenso nach 70.♕d1), und auch AlphaZeros Bewertung ändert sich nicht wesentlich (62,1% zuvor und jetzt 63,2%). Für mich macht 70.f4 einen schrecklichen Eindruck: Es überlässt dem Gegner e4, nimmt den eigenen Figuren (speziell dem Springer) f4 und erhöht die Sicherheit des schwarzen Königs, indem es die Diagonale c1-h6 verstellt.

70...♕h5 71.♘c5 ♖b8 72.♔f1 ♔h7 73.♖e6 ♕g6 74.♕d1

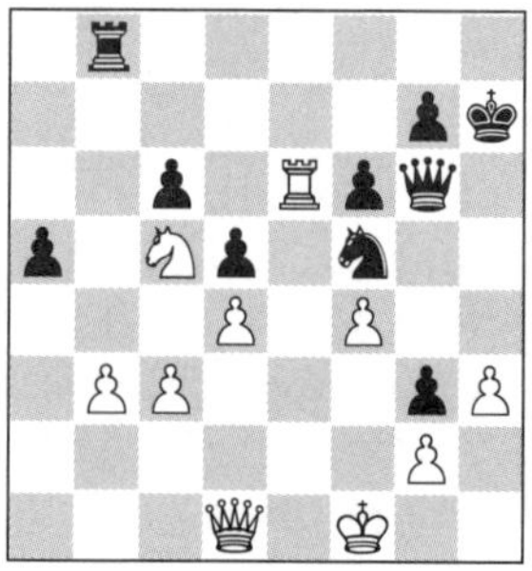

74...a4

Danach beginnt AlphaZeros Bewertung zu steigen: 67,7% Gewinnerwartung für Schwarz. Ich gähnte vor Begeisterung, als ich das sah, insbesondere nach AlphaZeros beschaulicher Fortsetzung! Was ist der Sinn des Ganzen?

75.♘xa4 ♕f7 76.♖e1 ♔h6

Nachdem es einen Bauern geopfert hat, gönnt sich AlphaZero eine kleine Auszeit und macht seinem König ein sicheres und schönes Nest!

77.♔g1 ♕a7 78.♔h1 g6

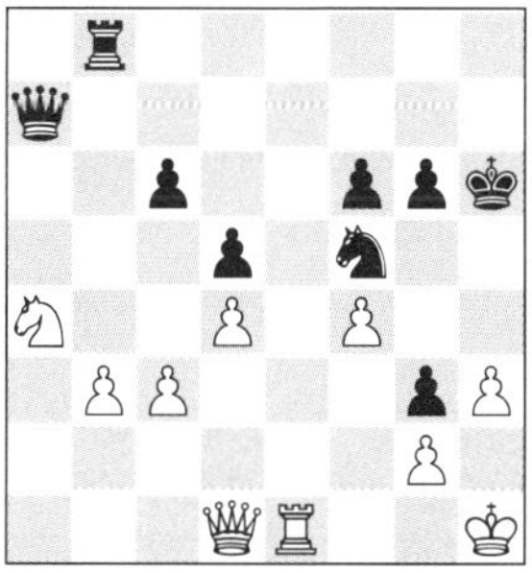

Schwarz schafft sich eine sichere Königsstellung; begünstigt durch den Umstand, dass 70.f4 die Diagonale c1-h6 verstellt hat. Die einzige Figur, die dem schwarzen König unter diesen Umständen gefährlich werden könnte, der Springer, befindet sich in weiter Ferne auf a4.

79.♔g1

Diesen Zug hatte ich zunächst nicht verstanden, da er zwangsläufig einen Bauern kostet. Dann versuchte ich einen Zug für Weiß zu finden – ohne Erfolg. Seit 74...a4, womit Schwarz einen Bauern zwecks Öffnung der a-Linie gibt, ist Weiß schlichtweg überdehnt! Die Dame wird zum Schutz von b3 gebraucht, während der Turm aufgrund der Gabel ...♘e3 nicht von f1 aus f4 decken kann. Der Springer vollbringt auf a4 keine Heldentaten, wird dort aber gebraucht, um das Eindringen von Dame oder Turm zu verhindern. 79.♘c5 wäre für Weiß doppelt so schmerzhaft. Meine Engine gibt das hübsche 79...♖a8 80.♘a4 ♕b8. Ein köstlicher Weg, schnell den b- und den f-Bauern zu gewinnen!

In der Partie erhält Schwarz seinen Bauern zurück, wobei Weiß mit einem schrecklichen König verbleibt und sein einstiger Stolz – die offene e-Linie – von einem Monsterspringer auf e4 blockiert wird.

79...♕c7 80.♘c5 ♕xf4 81.♘d3 ♕g5 82.♖e6 ♖b7 83.♕c2 ♖a7 84.♕b2 ♔h7 85.♖e2 ♘d6 86.♖e1 ♘e4

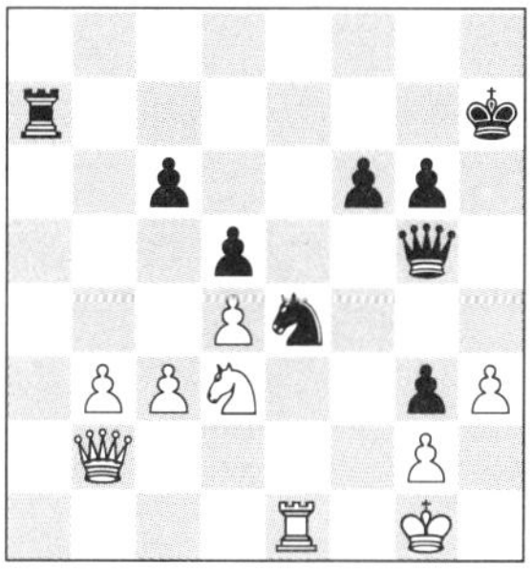

87.♘b4 ♖b7 88.♘d3 ♔h6 89.♖e2 ♔g7 90.♖e1 ♕d2 91.♕xd2 ♘xd2 92.♘c5 ♖a7

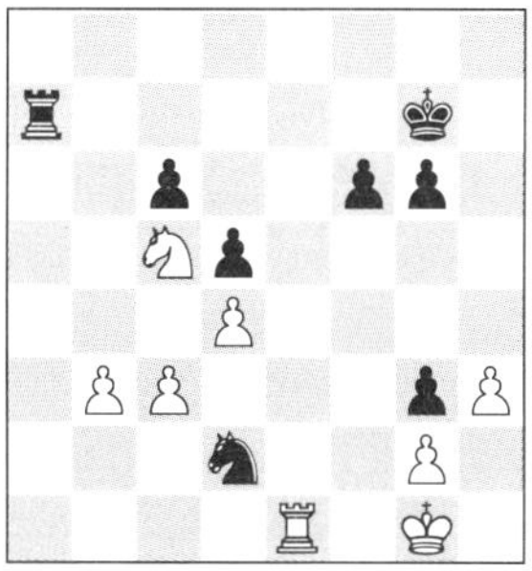

Das Endspiel ist schrecklich für Weiß: Der Turm ist an die erste Reihe gebunden, da sein König vom Bauern g3 (und dem Springer auf d2!) eingekerkert ist.

93.c4 dxc4 94.bxc4 ♘xc4 95.♘e4 ♖a3 96.♖c1 ♘b6 97.♘xg3 ♖xg3

98.♖xc6 ♖b3 99.♖d6 ♔f7 100.♖d8 ♖e3 101.♔f2 ♖e7 102.♖b8 ♘d5 103.♖d8 ♘b6 104.♖b8 ♘c4 105.♖h8 ♔g7 106.♖c8 ♘d6 107.♖d8 ♘f7 108.♖d5 ♖a7 109.h4 ♖b7 110.♔f3 ♖e7 111.♖a5 ♖d7 112.♖a4 ♖b7 113.♖a5 ♖d7 114.♖a4 ♘d6 115.g4 ♘b5 116.♔e3 ♔f7 117.♖b4 ♘c3 118.♔f3 ♘d5 119.♖b1 ♘e7 120.♖d1 ♘d5 121.♖b1 ♖a7 122.♖b3 ♘e7 123.♖d3 ♘d5 124.♖b3 ♘e7 125.♖d3 ♘c6 126.♔e4 ♖d7 127.♖d1 ♖a7 128.♖d3 ♖e7+ 129.♔f3 ♖e1 130.♖d2 ♖b1 131.♔f4 ♖b4 132.♔e4 ♖b1 133.♔f4 ♖h1 134.♔g3 ♖c1 135.♔f4 ♖b1 136.♔g3 ♖b4 137.♖c2 ♘xd4 138.♖c7+ ♔f8 139.♖a7 ♘c6 140.♖a6 ♖c4 141.♔f2 ♔f7 142.♔e2 ♘e7 0:1

Abschnitt C – AlphaZeros Dame

Man redet gemeinhin nicht von Stützpunkten für Damen, da diese im Mittelspiel wegen ihres hohen Werts normalerweise leicht vertrieben werden kann. Dennoch hatte ich in einigen Partien den Eindruck, als würde AlphaZero ganz bewusst mit einem Bauern Felder im gegnerischen Lager unter Kontrolle nehmen, um daselbst die Dame einzupflanzen.

Partie: „Vorposten für die Dame“

Stockfish neutralisiert wirkungsvoll AlphaZeros Eröffnung, und mehrere mögliche Gelegenheiten für ein Remis durch Zugwiederholung verstreichen, bevor sich AlphaZero entscheidet, Schwarz mit dem Bauernvorstoß 38.h5 ein wenig am Königsflügel zu necken, als nächstes wird die Dame auf einem tiefen Vorposten eingepflanzt (40.♕g6). Um dem durch die Dame ausgeübten Druck zu entkommen, muss Stockfish einen Bauern auf g6 zulassen, welcher seinen König einengt. Stockfish wartet freilich gelassen ab und hält das Remis.

AlphaZero
Stockfish 8

London 2018

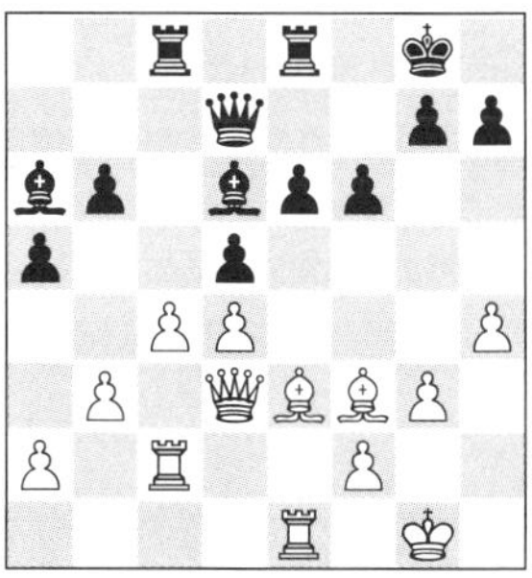

In dieser spannungsgeladenen Stellung entscheidet sich AlphaZero, mit seinem Lieblingsbauernvorstoß noch ein wenig mehr an der schwarzen Königsstellung zu rütteln.

38.h5 ♗b4 39.♖ec1 h6 40.♕g6

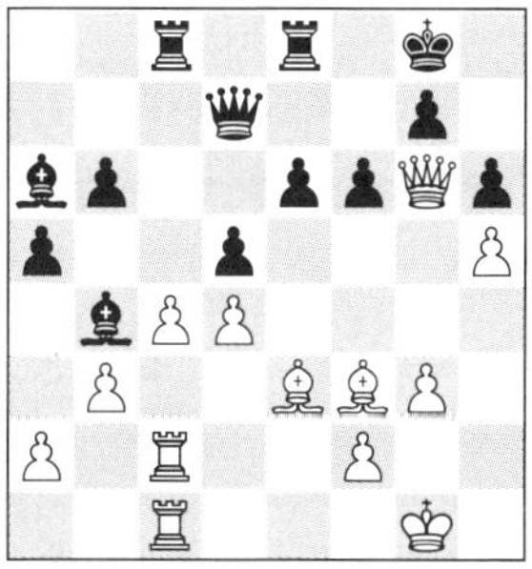

Prompt hat sich das Loch auf g6 aufgetan, und schon besetzt es AlphaZero mit einer diagonal ziehenden Angriffsfigur: diesmal ist es die Dame.

40...♗a3 41.♖d1 ♕f7 42.♗c1 ♗f8 43.♗e2 dxc4 44.bxc4 ♗b5 45.♖f1 ♕xg6 46.hxg6

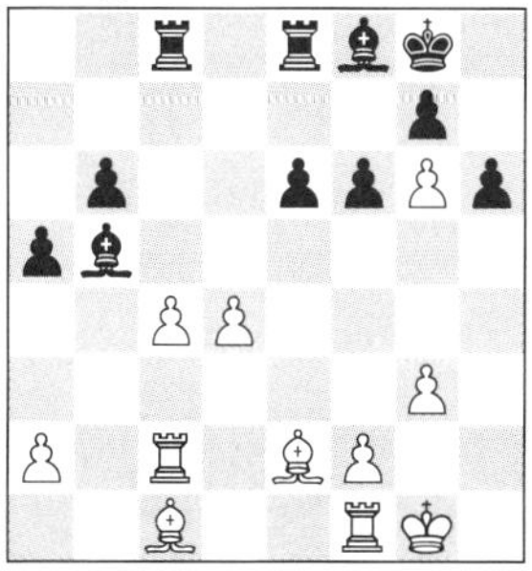

Wie in der vorigen Partie setzt AlphaZero den vorderen g-Doppelbauern zur Einschränkung des schwarzen Königs auf g8 ein. Stockfish verteidigte sich gut, und die Partie wurde im 182. Zug Remis gegeben.

Themen der Partie:

1. Tiefer Vorposten für die Dame [40.♕g6]

Abschnitt D – AlphaZeros Türme

Gewöhnlich geht man davon aus, dass Stützpunkte – vorgerückte Felder, auf denen sich eine Figur niederlassen kann, ohne fürchten zu müssen, von einem gegnerischen Bauern vertrieben zu werden – den weniger wertvollen Figuren wie Springern und Läufern vorbehalten seien. Je näher eine Figur zur feindlichen Stellung steht, desto leichter ist es für den Gegner, diese mit einer weniger wertvollen Figur zu vertreiben. Dies spielt keine Rolle, wenn man einen Springer oder einen Läufer auf einem solchen Feld hat, doch ein Turm … AlphaZero hat einige Partien gespielt, in denen es seine Türme auf „riskante" Vorposten auf der fünften oder sechsten Reihe gestellt hat. Das erstaunlichste Beispiel entstammt aus der im Dezember 2017 veröffentlichten Partieserie des Ursprungszweikampfs. Ich präsentiere es hier kurz:

Partie: „Tollkühne Türme"

Ein einzigartiges Beispiel für die Aktivität von Türmen. Derart effektvoll auf schwachen Feldern des Gegners eingepflanzte Türme (21.♖d6, 22.♖f6, 29.♖d6) wie in dieser Partie habe ich noch nie gesehen. Das Ende ist ebenso verblüffend, mit der völlig unbeweglichen schwarzen Dame auf h8 angesichts von AlphaZeros vorgerücktem Randbauern auf h6 und seinem Turm auf f6.

Themen der Partie:

1. Tiefe Vorposten für die Türme [21.♖d6, 22.♖f6, 29.♖d6]
2. Abtausch des Verteidigers eines Farbkomplexes [26.♗xf8]
3. Einsatz des h-Bauern zur Schwächung der gegnerischen Königsstellung [36.h5, 42.h6]
4. Abtausch der aktiven Figuren des Gegners, um ihn auf seinen passiven sitzenzulassen [47.♖xc5]
5. Materialopfer zwecks Öffnung von Diagonalen [44…♕xe5]

AlphaZero
Stockfish 8
London 2017

1.♘f3 ♘f6 2.c4 b6 3.d4 e6 4.g3 ♗a6 5.♕c2 c5 6.d5 exd5 7.cxd5 ♗b7 8.♗g2 ♘xd5 9.0-0 ♘c6 10.♖d1 ♗e7 11.♕f5 ♘f6 12.e4 g6 13.♕f4 0-0 14.e5 ♘h5 15.♕g4 ♖e8

Schwarz hat in dieser Stellung schon viele Züge erprobt – 15…♕c8, 15…♕b8, 15…d5 und 15…♘g7 –, aber noch nicht Stockfishs Wahl.

16.♘c3 ♕b8 17.♘d5 ♗f8 18.♗f4 ♕c8 19.h3 ♘e7 20.♘e3 ♗c6 21.♖d6

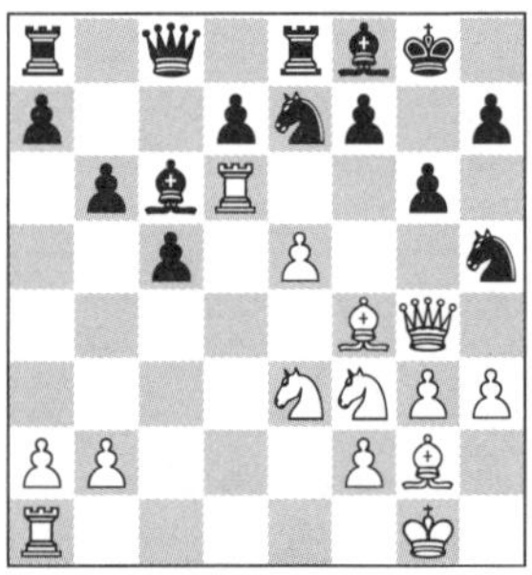

Der Turm blockiert den Bauern d7 – so dass Schwarz an das befreiende …d7-d5 noch nicht einmal denken darf – und beäugt den Königsflügel.

21…♘g7 22.♖f6

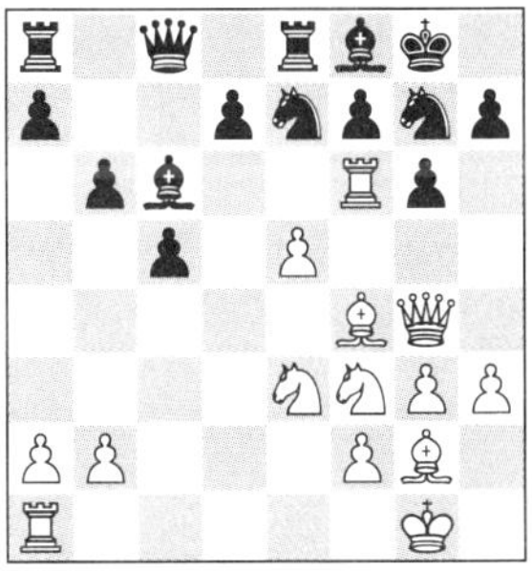

Ein sehr ungewöhnliches Feld für den Turm! Er übt unvorhergesehen Druck auf die schwarze Stellung aus, insbesondere auf f7.

22...♕b7 23.♗h6 ♘d5 24.♘xd5 ♗xd5 25.♖d1 ♘e6 26.♗xf8

Tauscht den schwarzfeldrigen Läufer ab und schwächt damit die Kontrolle von Schwarz über die dunklen Felder. Das macht es noch schwerer für den Nachziehenden, die weißen Türme herauszuschmeißen.

26...♖xf8 27.♕h4 ♗c6 28.♕h6 ♖ae8 29.♖d6

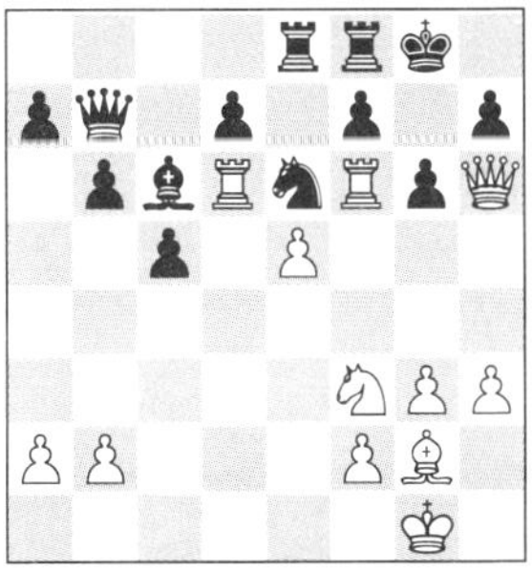

Der zweite Turm von Weiß hat gleichfalls einen tiefen Vorposten besetzt! Auch hier gibt es keine unmittelbar entscheidende Fortsetzung, doch die schwarze Beweglichkeit ist enorm eingeschränkt.

29...♗xf3 30.♗xf3 ♕a6 31.h4

Eine wundervolle Stellung. Alle weißen Schwerfiguren haben sich tief im schwarzen Lager festgesetzt!

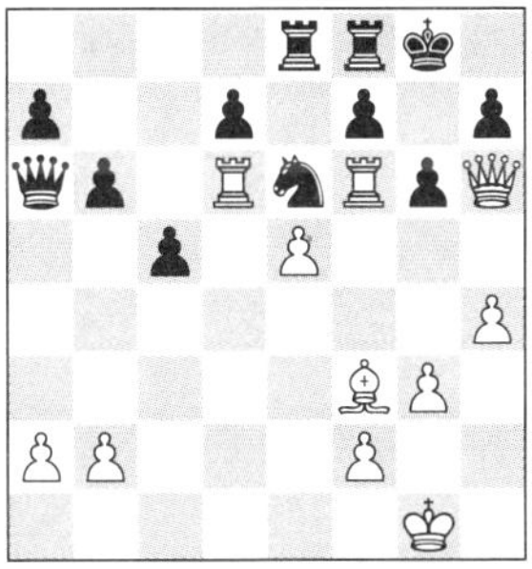

31.h4 sollte uns nicht mehr überraschen! AlphaZero führt seine Reserven ins Feld. Darunter auch den h-Bauern, der den am meisten exponierten Punkt am schwarzen Königsflügel angreifen soll: den Bauern g6.

31...♕a5 32.♖d1 c4 33.♖d5 ♕e1+ 34.♔g2 c3 35.bxc3 ♕xc3 36.h5 ♖e7 37.♗d1 ♕e1 38.♗b3 ♖d8 39.♖f3 ♕e4 40.♕d2 ♕g4 41.♗d1 ♕e4 42.h6

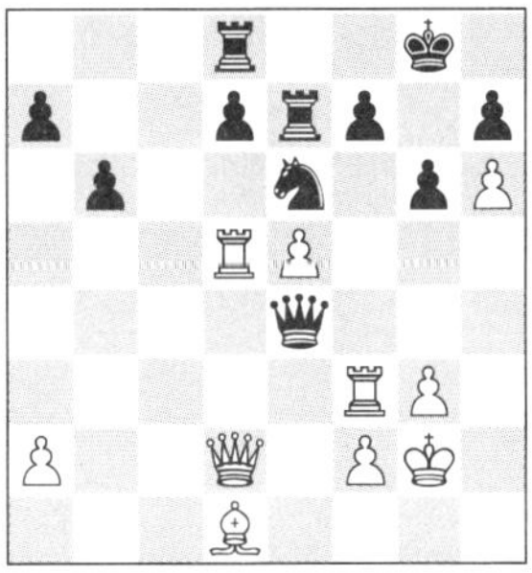

Schränkt die Bewegungsfreiheit des schwarzen Königs ein. Erneut sehr typisch für AlphaZero.

42...♘c7 43.♖d6 ♘e6 44.♗b3 ♕xe5

Von hier an spielt es AlphaZero unglaublich. Das Ziel ist, Schwarz auf völlig passiven Figuren sitzenzulassen. Die Stellung nach Zug 54 zeigt, wie erfolgreich AlphaZero dabei war!

45.♖d5 ♕h8 46.♕b4 ♘c5

Der Springer ist noch einigermaßen aktiv, also muss er verschwinden!

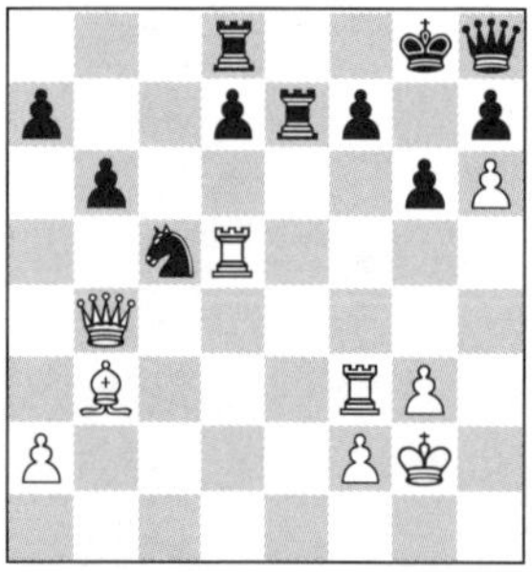

47.♖xc5 bxc5 48.♕h4 ♖de8 49.♖f6
Der Turm kehrt zurück; diesmal, um die Dame auf h8 lebendig zu begraben! Der Druck auf f7 lähmt Schwarz völlig. Totale Beherrschung.

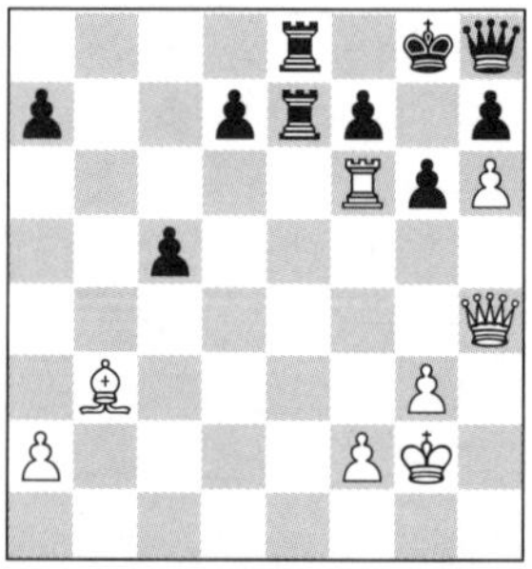

49...♖f8 50.♕f4 a5 51.g4 d5 52.♗xd5 ♖d7 53.♗c4 a4 54.g5 a3 55.♕f3 ♖c7 56.♕xa3 ♕xf6 57.gxf6 ♖fc8 58.♕d3 ♖f8 59.♕d6 ♖fc8 60.a4 1:0

Abschnitt E – AlphaZeros König

Stützpunkt ist vielleicht nicht der richtige Begriff, doch ich möchte hier AlphaZeros verblüffende Fähigkeit, seinen eigenen König abzusichern, während er dem gegnerischen alle möglichen Arten von Ärger bereitet, herausstellen! Es erinnert mich an den großartigen Weltmeister Garri Kasparow, der dafür bekannt war, auf dem Höhepunkt der Spannung die Sicherheit des eigenen Königs vor der Fortsetzung seines eigenen Angriffs zu verbessern, beispielsweise mit ...♖e8 and ...♗f8 im Sizilianer. AlphaZero erkennt dieselben Notwendigkeiten. Öfters investiert er ein paar Züge in seine eigene Königssicherheit, bevor er mit seiner nächsten Angriffswelle fortfährt:

Partie: „Die Matrix“

AlphaZero
Stockfish 8
London 2018

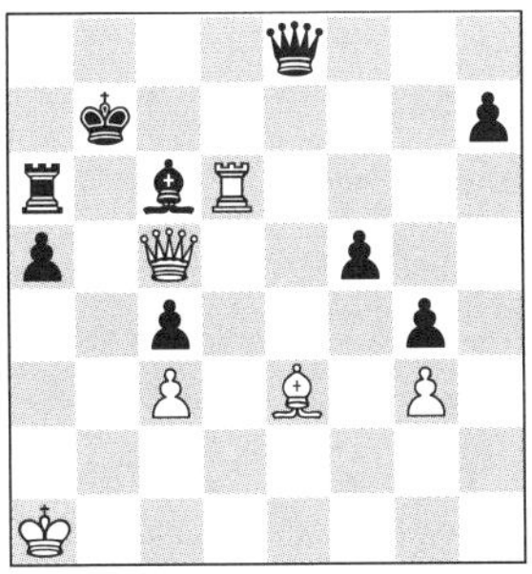

72.♔b2
Wir werden diese Partie eingehend im Kapitel über „Felderkomplexe derselben Farbe“ analysieren; hier betrachten wir den Aspekt der Königssicherheit. Für die drei(!) geopferten Bauern verfügt Weiß über eine enorme Initiative: Die schwarzen Figuren sind passiv, und Weiß hat viele Einbruchswege für seine Figuren. Der weiße König ist jedoch seines Bauernschutzes beraubt, was einen Gegenangriff mit ewigen Schachs zu einer realen Möglichkeit macht. Mithin sucht und findet AlphaZero ein sicheres Plätzchen für seinen König, bevor es mit seiner nächsten (und letzten) Angriffswelle fortfährt.
72...♕b8 73.♔a2 ♕c8 74.♖d2 ♕e8 75.♔a3 ♔a8 76.♗g5 ♕e1 77.♔a2 ♕e4 78.♗e3 ♕e8 79.♖d6 ♔b7 80.♔a3

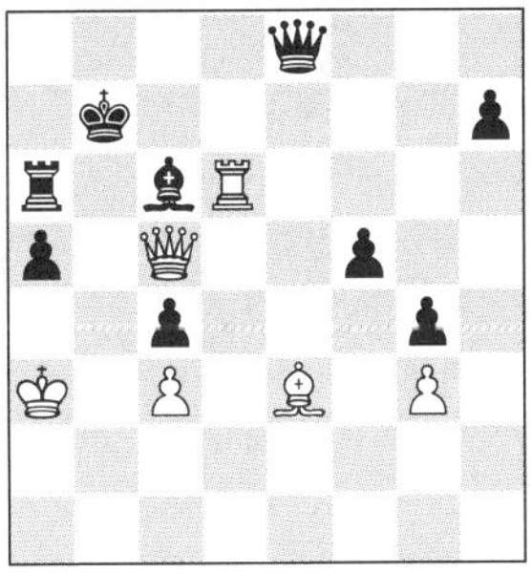

AlphaZero hat ein bisschen herumgespielt, doch nun ist die Aufgabe vollbracht. Auf a3 ist der König vor der schwarzen Dame sicher, so dass der finale Einmarsch beginnen kann.
Es ist bemerkenswert, dass AlphaZero häufig recht weit vorne auf dem Brett sichere Plätze für seinen König aufspürt.
80...♕h8 81.♗d4 ♕e8 82.♖f6 f4 83.gxf4 ♕d7 84.♖d6 ♕c7 85.f5 ♗d7 86.♕xc7+ ♔xc7 87.♖xa6 ♗xf5 88.♖f6 ♗c2 89.♔b2 1-0

KAPITEL 8

Figurenbeweglichkeit: Aktivität

In diesem Kapitel veranschaulichen wir den wesentlichsten Aspekt von AlphaZeros Spiel, zugleich die Quelle seiner Überlegenheit im Match gegen Stockfish: die erstaunliche Fähigkeit, das Maximale an Aktivität aus den eigenen Figuren herauszuholen und zugleich das Potenzial der gegnerischen Kräfte zu begrenzen.

Kapitel 8 – Figurenbeweglichkeit: Aktivität – Kernpunkte

Thema	Das maximale Potenzial aus den eigenen Figuren herausholen, die Aktivität der gegnerischen Figuren einschränken.
Zweck	Eine erhebliche Ungleichheit der Aktivität gibt der stärkeren Seite die Voraussetzungen für einen Angriff oder die Erlangung anderer Vorteile.
Was sind die Voraussetzungen?	Im Prinzip keine. AlphaZero schafft sich diesen Vorteil aus ausgeglichen scheinenden Stellungen.
Was sind die Risiken?	AlphaZero scheut sich nicht, die Prinzipien bisweilen zurechtzubiegen oder ganz zu brechen - z.B., indem es sich weigert, um eine offene Linie zu kämpfen -, wenn es glaubt, es locken anderweitige Belohnungen. Doch so zu handeln ist nicht immer gut!
Einzigartige Umsetzung durch AlphaZero	AlphaZero bewertet die relative Aktivität der eigenen und der gegnerischen Figuren und inszeniert Abtäusche, um den Gegner auf seinen passiven Figuren sitzenzulassen. Gegen eine Engine wie Stockfish, die sehr versiert im Aufspüren versteckter aktiver Möglichkeiten auch in verzweifelt wirkenden Lagen ist, ist dies besonders eindrucksvoll!
Komplexität der entstehenden Stellungen	Sehr komplex. Mitunter ist anfänglich schwer zu sehen, warum eine bestimmte Stellung wenig aussichtsreich ist!
Irgendwelche Tipps?	Man spiele die besten Partien von AlphaZero nach und beobachte dabei, warum die gegnerischen Figuren so schlecht aussehen. Es ist ein Instinkt, der sich erwecken lässt, und eine gute Methode hierfür ist, tief in die Partien der weltbesten Spieler einzutauchen!
An welche Spieler erinnert uns das?	Aljechin, Carlsen, Polgar.

Der erste überwältigende Eindruck, wenn man AlphaZeros Partien nachspielt, ist, Zeuge einer unwiderstehlichen Macht zu sein. In AlphaZeros Partien scheint plötzlich alles möglich, wie etwa Königsangriffe wie aus dem Nichts. Doch wenn sich die erste Erregung legt, geraten andere, weniger augenfällige Details in den Blickwinkel. In vielen Partien erstaunte mich, wie langsam sich Stockfishs Figuren im Vergleich zu denen von AlphaZero zu bewegen schienen. Ich bemerkte auch, wie oft Stockfish Partien mit völlig nutzlosen Figuren beendete: hier ein eingekastelter

Turm, dort ein auf einem Vorposten sich verlaufender Springer, der mit dem Rest des Kampfes nichts zu tun hatte.

Schließlich wurde mir klar, dass all diese Eindrücke zusammenhingen. Blitzschnelle Königsangriffe waren keine zufälligen Ereignisse: sie resultierten aus AlphaZeros Fähigkeiten, seinen eigenen Kräften Leben einzuhauchen und die Aktivität der gegnerischen Stellung auszutrocknen. Diese Fähigkeit ist für AlphaZero ganz wesentlich und bildete die Grundlage für seine Überlegenheit gegenüber Stockfish in diesem Match. In diesem Kapitel untersuchen wir drei Facetten dieser Fertigkeit:

Abschnitt A – Die Wirksamkeit und Beweglichkeit der eigenen Kräfte maximal erhöhen

Abschnitt B – Die Einschränkung der Beweglichkeit der gegnerischen Kräfte um Möglichkeiten zu schaffen

Abschnitt C – Die Festung mit Materialopfern aufbrechen

Wir werden einige großartige AlphaZero-Stockfish-Partien tiefgründig untersuchen und Vergleiche zu Klassikern der (menschlichen) Schachgeschichte anstellen. Mit einer Diskussion darüber, was wir von AlphaZeros Partien bezüglich der Beweglichkeit des Königs lernen können, werden wir das Kapitel dann abschließen.

Abschnitt A – Die Wirksamkeit und Beweglichkeit der eigenen Kräfte maximal erhöhen

I Das Prinzip der zwei Linien

Eine klassische Methode bei der Vorteilsverwertung im Endspiel ist das „Prinzip der zwei Schwächen“. Dieses Prinzip besagt, dass die schwächere Seite eine Stellung mit einer Schwäche verteidigen mag, es jedoch fatal sein wird, wenn eine zweite Schwäche auf der anderen Brettseite hinzukommt. Sehen wir hierfür ein klassisches Beispiel:

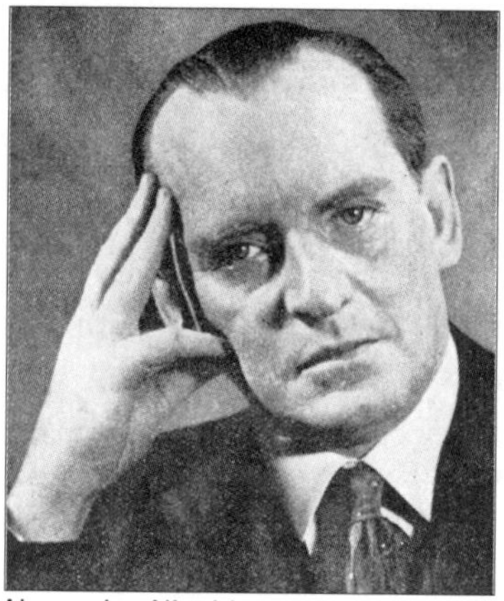

Alexander Aljechin war nicht nur ein großer Angriffsspieler, sondern auch ein feiner Endspieltechniker.

HISTORISCHES GEGENSTÜCK
Aljechins Endspielführung

Alexander Aljechin, Weltmeister 1927-1935 und 1937-1946, galt als gefürchteter Angriffsspieler, war jedoch auch ein feiner Endspieltechniker. In der folgenden Partie demonstriert er perfekt, wie die gegnerische Stellung zum Zerreißen gespannt werden kann, indem eine zweite Angriffsfront eröffnet wird:

Alexander Aljechin
Friedrich Sämisch
Baden-Baden 1925 (11)

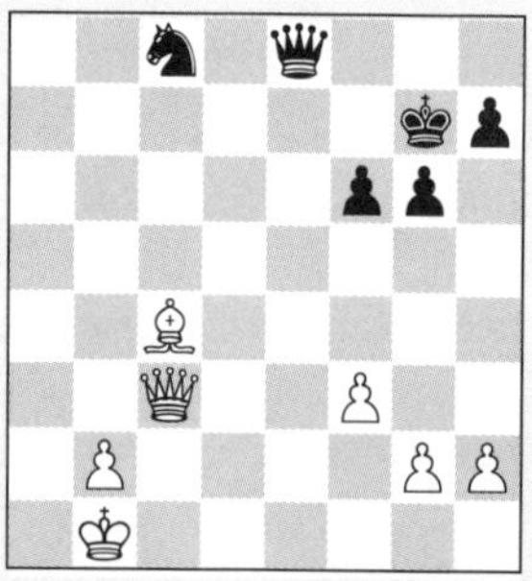

Weiß hat einen Mehrbauern in Form eines Freibauern am Damenflügel (die erste Schwäche von Schwarz), was den Gewinn garantieren sollte. Doch einfach so den b-Bauern vorzustoßen wird nicht ausreichen. Durch die Zusammenarbeit von Dame und Springer kann Schwarz den Bauern daran hindern, weiter als bis b5 vorzustoßen. Den b-Bauern unter Kontrolle zu halten ist viel schwieriger, wenn Schwarz auch auf der anderen Seite ein Problem hat. Und Aljechin ist dabei, eines zu schaffen.

34.♕d4 ♕e7 35.♗d3 ♕c7 36.g4 ♔f7 37.h4 ♘b6 38.h5 gxh5 39.gxh5

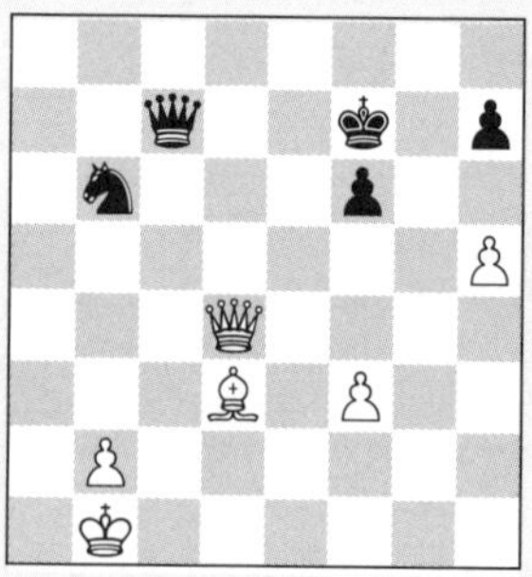

Aljechin führt das Endspiel ausgezeichnet. Die beiden zentralisierten Figuren von Weiß engen den Radius des schwarzen Springers ein und verhindern, dass dieser aktiv wird, solange der weiße König vor den Schachgeboten der schwarzen Dame geschützt werden muss. Der weiße Bauernsturm am Königsflügel hat sowohl eine Angriffsmarke als auch einen Eintrittskanal (die Diagonale b1-h7) geschaffen. Schwarz muss sich vor Gefahren auf beiden Flügeln sorgen.

39...♕c6 40.♗e4 ♕b5 41.h6

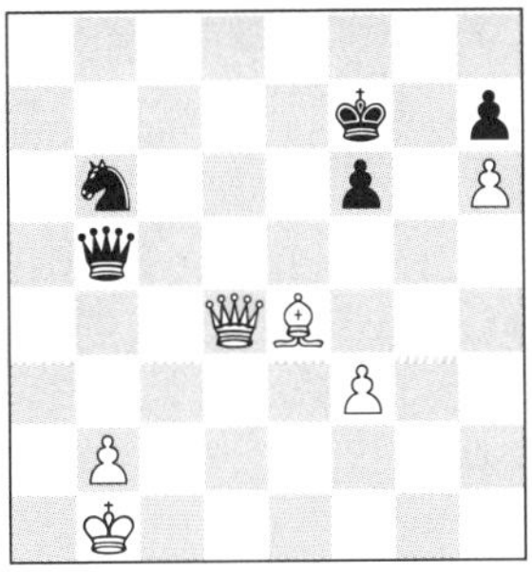

Ausgezeichnet – dies erinnert an AlphaZeros Handhabung des h-Bauern! Der vorgerückte Randbauer schafft eine Endspielschwäche auf h7.

41...♕b3 42.♗c2 ♕b5 43.♕d3 ♕xd3 44.♗xd3

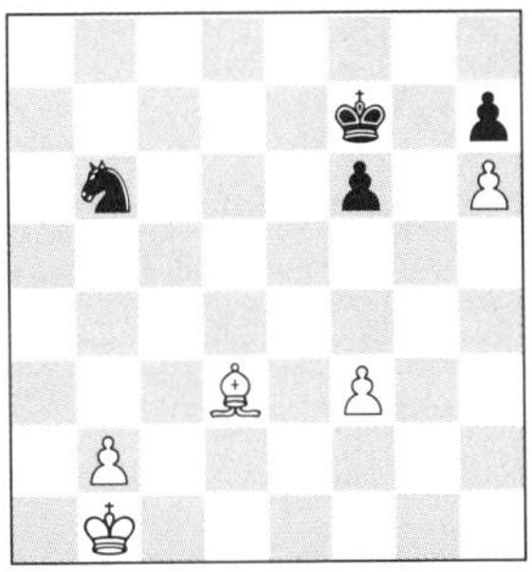

Der Damentausch entscheidet. Wenn der König bei seinem Bauern h7 bleibt, wird der schwarze Springer den vom weißen König unterstützten b-Bauern nicht mehr aufhalten können. Sämisch gibt aus Verzweiflung seinen h-Bauern, was seine Lage aber auch nicht verbessert.

44...♘c8 45.♗xh7

In meiner russischsprachigen Sammlung Aljechins bester Partien von Kotow endet die Partie hier. ChessBase setzt die Partie bis zum 52. Zug fort, doch lässt das weiße Spiel – wie ein aufmerksamer Leser bemerkte – zu wünschen übrig. Der Vollständigkeit halber geben wir hier diese Züge.

45...♘e7 46.♔c1 f5 47.b4 ♘d5 48.b5 ♔e6 49.♔d1

49.♗g8+ gewinnt auf der Stelle. Der Textzug stellt den b-Bauern ein und ermöglicht Schwarz, die Partie zu retten!

49...♔d6

49...♘c3+ 50.♔d2 ♘xb5 51.♗xf5+ ♔f6 ist gemäß Endspieldatenbank remis.

50.f4 ♘xf4 51.♗xf5 ♘d5 52.♗e4

... und hier endet die Notation von ChessBase. Die schwarzen Truppen sind bis zum Zerbersten gespannt und nicht in der Lage, die Freibauern auf beiden Flügeln aufzuhalten.

Es ist im Prinzip eine Frage der Beweglichkeit. Die verteidigende Seite benötigt ihre ganze Defensivkraft zur Verteidigung einer Schwäche. Mit dem Auftauchen einer zweiten Schwäche muss der Verteidiger seine Kräfte aufspalten und damit seine Verteidigungsformation bei der ersten Schwäche zurückbauen.

Warum erwähne ich dies? AlphaZero demonstriert großes Geschick in der Ausweitung des Kampfgebietes.

AlphaZero eröffnet regelmäßig unerwartete neue Fronten, wonach die gegnerischen Figuren Schwierigkeiten haben, sich an die veränderten Umstände anzupassen. Dies fordert oftmals ein feines Urteilsvermögen bei der (zeitweisen) Aufgabe des Kampfes um eine bestehende Front, um sich auf eine neue zu konzentrieren.

Partie: „Unerwartete Gefahr auf der h-Linie“

In diesem Partieausschnitt konzentrieren wir uns auf AlphaZeros Entscheidung, nicht um die offene c-Linie zu kämpfen und stattdessen eine neue Front am Königsflügel zu schaffen.
Dies war eine für jeden anderen Akteur völlig überraschende Entwicklung der Ereignisse: Stockfish, meine Engines und mich!
Die Kräfte von Stockfish, die alle auf den Damenflügel gerichtet waren, werden durch AlphaZeros einfallsreiche Art, die Türme auf der h-Linie aufzubieten – 18.♔h2 und 19.♖h1 – zum Zerbersten gespannt. Dies entlockt Stockfish strukturelle Zugeständnisse, die AlphaZero schließlich in einem langen Endspiel verwertet.

Themen der Partie:

1. Vermeiden der automatischen Besetzung einer offenen Linie [kein ♖ac1 / ♖fc1]
2. Öffnung einer zweiten Front [16. h5]
3. Letztliche Übernahme der ursprünglichen Angriffsfront [30.♖c1]

AlphaZero
Stockfish 8
London 2018

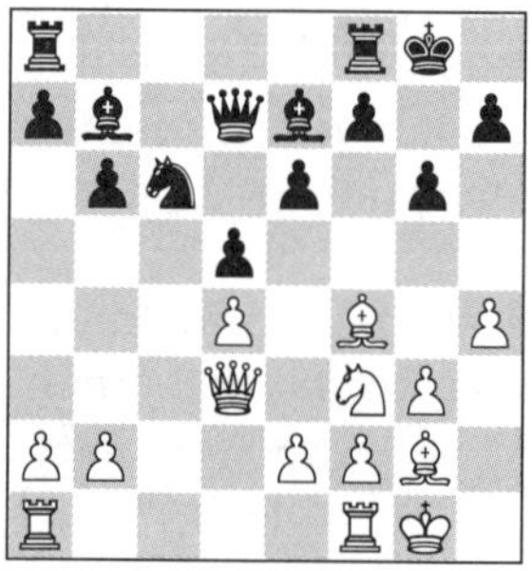

15...♖fc8

Wir haben die Anfangsphase der Partie im Kapitel über „Stützpunkte“ betrachtet, wo wir das Manöver h2-h4 nebst ♘g5 hervorgehoben haben, durch welches die Schwächung des schwarzen Königsflügels mit ...g7-g6 hervorgerufen wurde.
Hier konzentrieren wir uns auf die unnachahmliche Weise, in der AlphaZero diese Schwächung ausnutzt.
Jetzt ist es an der Zeit, über die offene c-Linie zu sprechen. Seitdem Weiß im 10. Zug das Zentrum festgelegt und die c-Linie geöffnet hatte, votieren meine Engines unverdrossen für Pläne mit ♖ac1 oder ♖fc1, um auf der einzigen offenen Linie ein Gleichgewicht herzustellen. Dies setzt sich so bis zum 19. Zug fort, wo mit 19.♖h1 klar wird, dass die Gefahr aus einer anderen Richtung kommt.
Mit diesem Zug (19.♖h1) springt AlphaZeros Einschätzung auf 79,6%, viel höher als noch fünf Züge zuvor.
Im Gegensatz dazu bewerten zwei meiner Engines die Stellung mit Vorteilen zwischen 0,15 und 0,30 Bauerneinheiten für Weiß, während

die optimistischste auf 0,50 kommt, was irgendwo zwischen Ausgleich und leichtem Vorteil für Weiß liegt. Machen wir uns nun ein paar Gedanken über den beträchtlichen Unterschied in Bewertung wie Interpretation der Stellung zwischen AlphaZero und den Engines. Die Engines rechnen beständig mit einem Aufeinanderprallen der Schwerfiguren auf der c-Linie und einem daraus resultierenden Generalabtausch. Nach solchen Abtäuschen wäre ein Königsangriff von Weiß wirkungslos, da ihm die Figurenpower fehlen würde, um die geschaffenen Schwächen entscheidend auszunützen. Aus diesem Grund sehen die Engines das weiße Spiel am Königsflügel allgemein recht entspannt: da alle Türme vom Brett verschwinden werden, ist nichts mehr zu fürchten. AlphaZeros Herangehensweise ist diametral entgegengesetzt: es betrachtet seinen frühen Stoß gegen den Königsflügel (mit 12.h4, 13.♕d3 und 14.♘g5) zwecks Schaffung kleiner Löcher als erfolgreich und konzentriert nun seine Bemühungen darauf, so viele Kräfte wie möglich zum Kampf gegen diese Schwächen aufzubieten. Dass es normalerweise angezeigt ist, um offene Linien zu kämpfen, ist hier bedeutungslos: AlphaZero hat erkannt, dass sich am entgegengesetzten Flügel ein Schlachtfeld öffnet, und für dieses möchte es so viele Figuren wie möglich zur Verfügung haben! Dieser konkrete Ansatz bei der Frage der Besetzung von offenen Linien ist ein wiederkehrendes Merkmal in AlphaZeros Spiel.

Vor diesem Hintergrund fühlt sich Stockfishs 15...♖fc8 ein wenig zu lässig an: ein Verteidiger des Königsflügels (der Turm auf f8) wird just in dem Moment zum Damenflügel abkommandiert, an dem Weiß den Königsflügel ins Visier zu nehmen beginnt! (Fälschlicherweise) von einem Kräftezusammenstoß auf der c-Linie ausgehend, ordnet Stockfish seine Türme für die im Kampf um die c-Linie optimale Weise an.

16.h5

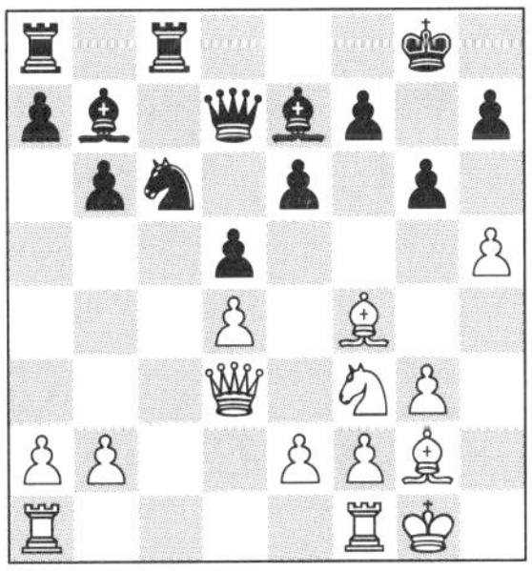

Stockfish hat vermutlich mit einer Variante wie etwa der folgenden gerechnet: 16.♖fc1 ♘a5 17.♘e5 ♕e8. Dank 15...♖fc8 kann sich die Dame nach e8 zurückziehen, ohne die Verbindung zwischen den Türmen zu stören (wie es nach 15...♖ac8 der Fall gewesen wäre). Dadurch kann Schwarz zu jeder Zeit einen Turm auf der c-Linie behaupten, was nach 15...♖ac8 16.♖fc1 ♘a5 17.♘e5 ♕d8 18.♖xc8 ♕xc8 19.♖c1 nicht der Fall gewesen wäre.

16...♕d8

Ein Defensivzug mit zwei wesentlichen Punkten:

1. Wenn Schwarz seinen Springer von c6 wegzieht, um seinen Turm auf der c-Linie einzusetzen, kann Weiß ♘e5 mit Angriff auf die

Dame auf d7 spielen. 16...♕d8 antizipiert diesen Schlag.

2. Mit dem Damenzug kämpft Schwarz um Einfluss auf die dunklen Felder am Königsflügel. Schwarz liebäugelt mit ...g6-g5 nebst ...h7-h6, was Raum am Königsflügel gewinnen und die weiße Vormacht auf den dunklen Feldern herausfordern würde.

Warum macht Schwarz überhaupt Verteidigungszüge? Er hat doch seinen Turm auf die c-Linie gestellt, was Weiß ja unterlassen hat: wieso sollte sich Schwarz dann nicht mit 16...♘b4 samt Einmarsch auf der c-Linie nach Gegenspiel umsehen? AlphaZero hat es so eingeschätzt, dass Schwarz nach 16...♘b4 17.♕b3 nicht viel auf der c-Linie erreichen kann. Der Einmarsch auf c2 ist ein Schlag ins Wasser: 17...♘c2 (17...♖c2 18.a3 kostet eine Figur; 17...♖c6 18.♘e5; 17...♖c4 18.♘e5) 18.♖ac1, und der Springer muss wieder kehrtmachen. Derweil kann Weiß mit a2-a3 den Springer wieder zurückdrängen oder sich die Abwesenheit des schwarzen Springers von c6 zunutze machen, indem er e5 mit seinem Springer besetzt, dabei die schwarze Dame angreift und die Bauern auf f7 und g6 ins Auge nimmt (was den Druck auf den schwarzen Königsflügel erhöht).

17.♕e3

Das schwarze 16...♕d8 war ein „kleiner" Zug, der einem künftigen Angriff durch den weißen Springer ausweicht und der zugleich die Kontrolle der dunklen Felder am schwarzen Königsflügel verstärkt. Der „schleichende" Schritt von Weiß mit 17.♕e3 hat denselben Zweck, jedoch im Angriffssinne. Die weiße Dame weicht ...♘b4 aus und zieht auf ein Feld, von dem aus sie den schwarzen Königsflügel ins Auge nimmt: e6 ist anvisiert, und der schwarzfeldrige Läufer hat auf der Diagonalen c1-h6 Unterstützung bekommen. Auf diese Weise verhindert Weiß auch, dass der Nachziehende zum Kampf um die dunklen Felder am Königsflügel seine Bauern auf schwarze Felder vorrückt.

17...gxh5

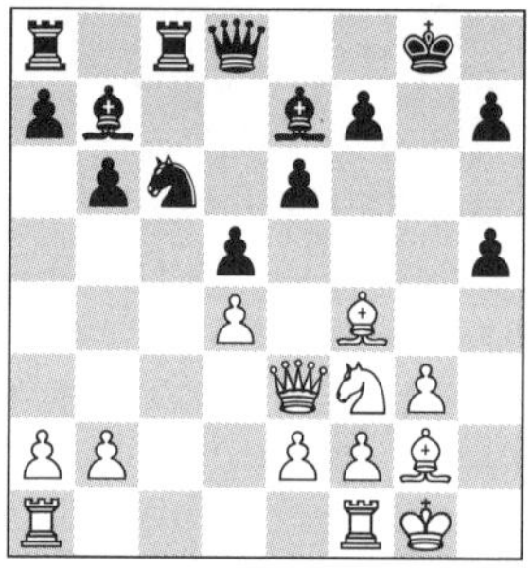

Eine interessante Entscheidung, typisch für moderne Engines (sie ist bei allen von mir die erste Wahl). Dieser Zug veranschaulicht den großen Unterschied zwischen Engines und menschlichen Spielern. Menschliche Spieler würden eine derartige Öffnung einer zuvor gut geschützten Königsstellung erst in Betracht ziehen, wenn sie sich davon überzeugt haben, dass alle anderen Fortsetzungen unbefriedigend sind. Seine Intuition sagt dem Menschen dabei: „Ich kann zwar nicht genau sehen, wie dies widerlegt wird, aber es fühlt sich so an, als würde es das!" Solch eine Entscheidung abseits der Schablone verlangt allerlei Mut und Chuzpe.

Traditionelle Engines haben eine sehr konkrete Betrachtungsweise. Sie sehen den Druck auf den Königsflügel durch den Bauern h5 und berechnen, ob sie den Druck durch das Schlagen des Bauern abschütteln können. Wenn eine tiefe Berechnung vermuten lässt, dass die offene Königsstellung und die resultierenden Schwächen nicht ausgenützt werden können, dann ist es der beste Zug. Es ist erhellend zu sehen, welche Fortsetzung meine Engines erwarten – vielleicht nicht ganz überraschend stehen ♖ac1 und ♖fc1 hoch im Kurs. Mein Eindruck ist, dass die Erwartung von Abtäuschen auf der c-Linie dazu beiträgt, dass die Engines die mit 17... gxh5 verbundenen Gefahren nicht so recht wahrnehmen. Wie wir gleich sehen werden, denkt AlphaZero gar nicht an die c-Linie, und ebenso wenig an Abtäusche!

A) 17...♗f6 ist der menschliche Zug. AlphaZero plante, mit 18.h6 die dunklen Felder am Königsflügel unter feste Kontrolle zu nehmen, wonach eine Beispielvariante von AlphaZero folgendermaßen verläuft: 18...♗a6 19.♖ac1 (erst jetzt!) 19...♘a5 20.b3 ♘b7 21.g4 ♘d6 (eine AlphaZero-typische Umgruppierung für den Springer, die es diesmal dem Gegner vorschlägt!) 22.♘e5 ♗b7 23.g5 ♗e7 24.♗h3, was AlphaZero mit einer Gewinnerwartung von 75,2% abschätzt. Das erscheint mir hoch, doch gibt es keinen Zweifel, dass Weiß am Drücker ist;

B) 17...♘b4 (18...♘c2 drohend) 18.♖ad1 ♘xa2 nutzt die Kontrolle der c-Linie zu einem Bauerngewinn, doch nun ist AlphaZero am Königsflügel an der Reihe: 19.hxg6 hxg6 20.♗h3 (äußerst unangenehm: 21.♗xe6 ist eine starke Drohung!) 20...♖c6 (meine Engine knallt mir 20...♘b4 21.♗xe6 fxe6 22.♕xe6+ ♔g7 23.♔g2 ♖c6 24.♗h6+ ♔xh6 25.♖h1+ ♔g7 26.♖h7+ ♔xh7 27.♕f7+ ♔h6 28.♖h1+ ♗h4 29.♘xh4 vor den Latz!) 21.♔g2, und mit ♖h1, ♗e5 und ♕h6 baut Weiß Druck auf. Meine Engines geben Weiß mit 2,83 ein enormes Plus.

18.♔h2

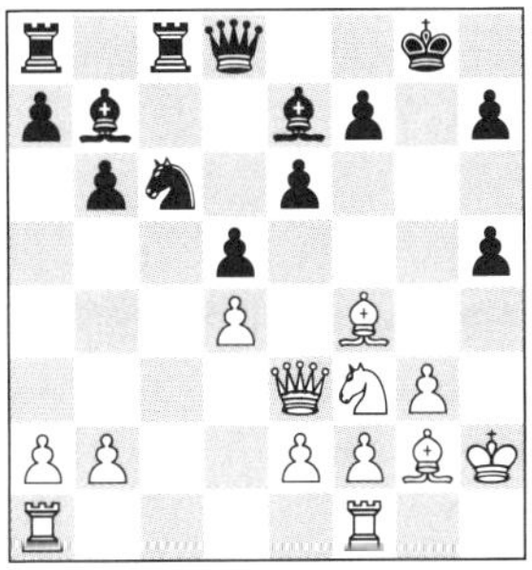

Selbst hier noch können sich meine Engines nicht mit der weißen Folge anfreunden. Manche sehen das Konzept überhaupt nicht, während andere es nicht als ihre erste Wahl betrachten.

18...♗f8

Und jetzt kommt sie:

19.♖h1

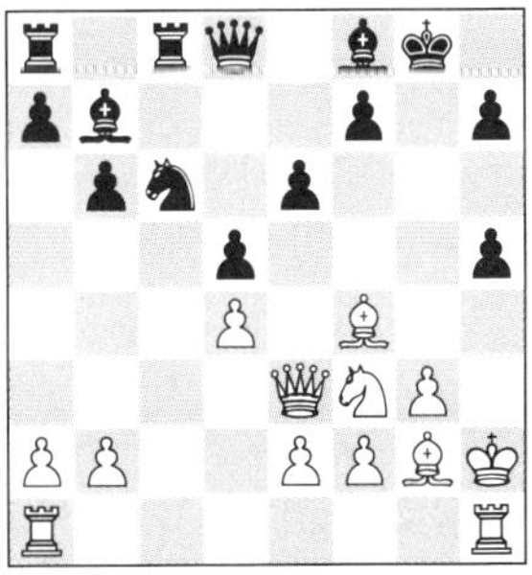

AlphaZeros erstaunliche Idee. Man versteht jetzt, warum es nichts auf die c-Linie stellen wollte! Mit einer exquisiten Umgruppierung, die von anderen Engines gänzlich übersehen wurde, zielte es auf die h-Linie. Und plötzlich fallen auch die Schwächen rund um den König (der Bauer h5 und hinter ihm der isolierte Bauer h7) ins Gewicht:

zusätzlich zu seiner Dame und den drei Leichtfiguren bekommt Weiß eine weitere Schwerfigur auf den Königsflügel. Schwarz hat nur seinen Läufer zur Verteidigung. Er hat sogar seinen Königsturm auf die c-Linie gestellt!
Einzig Stockfish selbst setzt 19.♖h1 nach 18...♗f8 rasch auf die Spitzenposition seiner Zugliste, doch mit der seltsamen Bewertung von 0,00, wobei es gut fünf Züge später zu einem fadenscheinigen Remis durch Zugwiederholung gelangt. Das reicht natürlich nicht, um bei Stockfish die Alarmglocken läuten zu lassen. Man vergleiche das mit AlphaZeros ziemlich positiver Bewertung von 79,6% – erstaunlich, nicht wahr!? Mit Blick auf diese Bewertungsunterschiede wird verständlich, warum Stockfish in dieser Art von Stellungen so schwere Zeiten gegen AlphaZero durchmachte. Wenn man nach AlphaZeros Bewertungen geht, verhält sich Stockfish wie ein Schlafwandler in schweren Zeiten.

19...♕e7

Schwarz erlaubt seinem Gegner, den h-Bauern zurückzuschlagen, wonach Weiß fraglos besser steht.
19...♕f6 ist der erste Zug, den meine Engines untersuchen. Der Plan für Weiß ist einfach: man räume den König für den Turm aus der Bahn, ebne dann das Feld mit einigen Abtäuschen und kassiere anschließend den Bauern h5. Doch es braucht ein paar Züge, bis der ganze Horror auch auf den Bewertungen der Engines deutlich wird. 20.♔g1 (der von mir analysierte Zug, wenngleich das sofortige 20.♘e5 – was ♗f3 und ♔g2 anstrebt – sogar noch stärker sein könnte) 20...♕g6 21.♘e5 ♘xe5 22.♗xe5 ♗e7 23.♗f3 h4; auf diese Idee scheinen die Engines ihre Hoffnungen gestützt zu haben: 24.♔h2 hxg3+ 25.♔g2. Sobald dieser Zug auf dem Brett steht, schlagen die Bewertungen scharf zugunsten von Weiß aus. Mit ♖h6 und ♖ah1 stehen beide Türme von Weiß bereit, ins Spiel einzugreifen, und Schwarz kann sich nicht erlauben, einen weiteren Bauern zu schlagen, denn 25...gxf2+ 26.♔xf2 wäre ein völliges Desaster für Schwarz. Schwarz mangelt es derart an Verteidigungskräften am Königsflügel, dass es schon sehr verwundern würde, wenn es keine Probleme gäbe!

20.♔g1

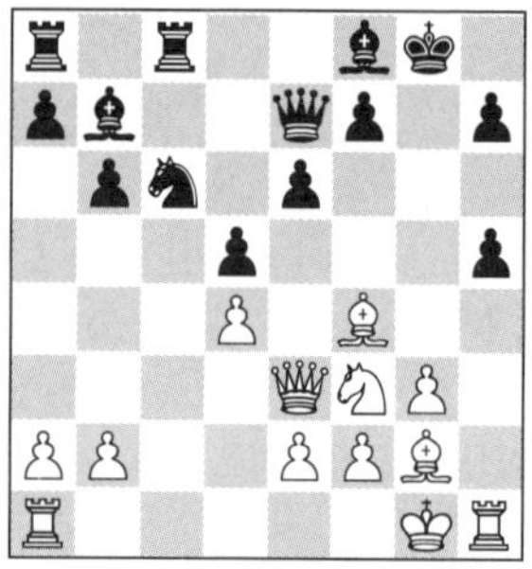

... und Weiß hat aus dem Eröffnungsduell eine ganze Menge erreicht. Der Königsflügel steht nun im Zentrum der Aufmerksamkeit, wo AlphaZero – auf magische Weise – auch seinen Turm ins Geschehen gebracht und eine wohldefinierte Angriffsmarke auf h7 geschaffen hat, wohingegen Schwarz mit seinem Gegenspiel am Damenflügel noch nicht einmal angefangen hat. Weiß hat eine starke Initiative.
Der Rest der Partie ist für unser Thema weniger bedeutsam. Stockfish gelingt es, auf Kosten einer Reihe von kleinen Schwächen einen Mattangriff

zu vermeiden, und es landet in einem unangenehmen Endspiel mit schrecklichen Bauern und der schwächeren Leichtfigur, das von ihm mit +0,95 Bauerneinheiten zugunsten von Weiß eingeschätzt wird (klarer weißer Vorteil). AlphaZero ist nach Zug 34 gleichfalls sehr optimistisch und schaukelt die Partie auf eindrucksvolle technische Weise heim (in Bezug auf die benötigte Geduld und Konzentration), was jedoch naturgemäß einer Maschine etwas leichter fällt! Der schönste Moment ergibt sich aus meiner Sicht nach 30.♖c1: nachdem AlphaZero seine Aufmerksamkeit stattdessen der Angriffsfront am Königsflügel zugewandt hatte, macht es kehrt und übernimmt letztlich die Kontrolle über die c-Linie.

20...f6 21.♘e1 ♖e8 22.♗f3 e5 23.♗xd5+ ♔h8 24.dxe5 ♘xe5 25.♗xb7 ♕xb7 26.♗xe5 ♖xe5 27.♕d3 ♕d5 28.♕xd5 ♖xd5 29.♘d3 ♖e8

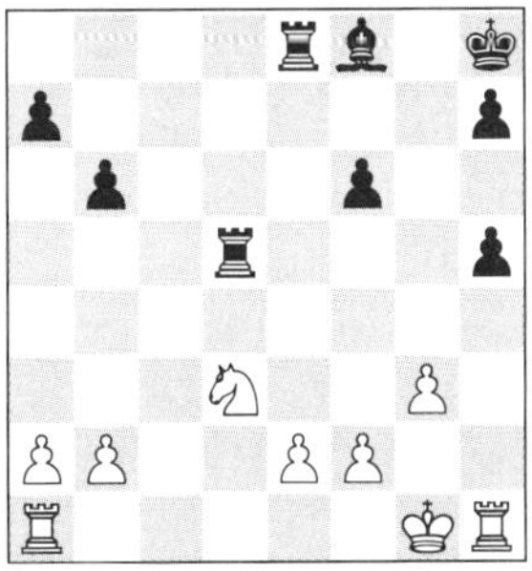

30.♖c1

Jetzt gehört AlphaZero auch die c-Linie.

30...♗d6

30...♖xe2 31.♘f4.

31.♖c2 ♔g7 32.♖h4 b5 33.♔f1 ♔f7 34.b3 ♖e7 35.♔g2 a5 36.♔f3

Und AlphaZero verwertete den Vorteil in 106 Zügen: der Bauer h5 ist auf Dauer dem Untergang geweiht.

Partie: „Bring' die Türme in Aktion durch eine Bauerntransaktion"

Obgleich ihm eine offenkundige Angriffsmöglichkeit zur Verfügung stand (26.f5), wählte AlphaZero stattdessen einen Zug, der scheinbar das schwarze Gegenspiel befördert: die b-Linie, auf der Stockfish seine Schwerfiguren bereits tripliert(!) hat, wird geöffnet. Dabei geht es AlphaZero aber um die Öffnung einer anderen Linie – der d-Linie –, auf der es regieren wird. In Verbindung mit dem eingeengten König von Schwarz entwickelt AlphaZero eine starke Initiative, die Stockfish eine aufopferungsvolle Verteidigung über 256 Züge abnötigt.

Themen der Partie:

1. Eröffnung einer zweiten Front [26.c3 & 28.c4]
2. Übernahme der ursprünglichen Angriffsfront des Gegners [39.♖b1]

AlphaZero
Stockfish 8
London 2018

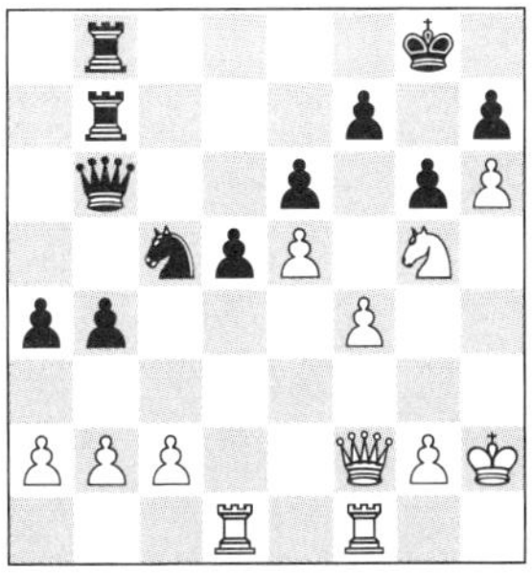

Die erreichte Struktur ist typisch für den Klassischen Franzosen. Die schwarze Stellung macht, mit ihren zahlreichen Bauern auf den hellen Feldern bei Abwesenheit eines schwarzfeldrigen Läufers, einen ziemlich „löchrigen" Eindruck. Auf d6

oder f6 gibt es verlockende Vorposten für den weißen Springer, während Stockfishs König durch den Bauern h6 auf die Grundreihe festgenagelt ist – eine Angriffseinheit, die gleichzeitig auf g7 ein eventuelles Matt durch die Dame ermöglicht. Mit seiner starken Zentrumsstruktur – den Bauern auf e6 und d5 – hält Schwarz sich jedoch die weißen Figuren vom Leibe, zugleich wird auf e4 ein Stützpunkt für den Springer geschaffen. Am Damenflügel herrscht Schwarz mit seinen vorgerückten Bauern auf a4 und b4 uneingeschränkt, wenngleich es nicht leicht ist, dort einen Durchbruch zu erzwingen. Im Ernstfall schließlich kann Schwarz bei der Verteidigung seines Königs – sollte Weiß versuchen, am Königsflügel einzudringen – auf seine Dame zählen.

Alles in allem ist die Stellung recht scharf und dem Gefühl nach ausgeglichen. Der natürliche Plan für Weiß wäre, mit f4-f5 einen Bauerndurchbruch am Königsflügel zu inszenieren (eventuell unterstützt durch ein vorbereitendes g2-g4); Schwarz hat Chancen in Verbindung mit einem Bauerndurchbruch am Damenflügel oder Druck auf der halboffenen c-Linie. Aus diesem Gesichtswinkel wirkt die Triplierung der schwarzen Schwerfiguren auf der b-Linie ein wenig merkwürdig. AlphaZeros Plan in der Partie hat mich äußerst überrascht: schließlich scheut es sich sonst doch nicht, einen Königsflügelangriff vom Zaun zu brechen!

26.c3

Was? Zunächst habe ich diesen Zug nicht verstanden. Schwarz hat doch so starke Kräfte am Damenflügel und hat drei Schwerfiguren auf die b-Linie gestellt. Eine Faustregel besagt, dass man an dem Flügel, an dem man schwächer ist, Bauernzüge vermeiden sollte ... und nichtsdestotrotz ist hier AlphaZero derjenige, der Schwarz die Arbeit bezüglich der Öffnung der b-Linie abnimmt, und zugleich schaut es sehr zufrieden drein: es bewertet die Stellung mit einer Gewinnerwartung von 70,0% für Weiß.

Werfen wir, bevor wir 26.c3 näher prüfen, einen Blick auf jene Möglichkeit, die mir ins Auge sprang: 26.f5, ein Schlag unmittelbar an dem Flügel, auf welchen Weiß seine Kräfte gerichtet hat; ein Zug, den ich von AlphaZero erwartet hätte.

26.f5 gxf5 (die ambitionierteste Antwort und zugleich die einzige Möglichkeit, die AlphaZero ernsthaft erwogen hat; 26...exf5 27.♖xd5 ♘e6 28.♕xb6 ♖xb6 29.♖fd1 riecht nach einem Endspielvorteil aufgrund des eingeengten schwarzen Königs) 27.g4 (um den Weg für die Dame nach f6 freizuräumen. 27.♕g3 sieht zwar gefährlich aus, doch die Dame schlägt nach 27...♔h8 nur Löcher in die Luft, da nach 28.♘xe6 (28.♘e4 ♖g8) 28...♘xe6 der Punkt g7 gedeckt ist) 27...♕c7 28.♕f4. Deckt e5, und bei ...fxg4 steht die weiße Dame bereit zum Sprung nach g7. Ich war bezüglich dieser Stellung recht optimistisch, doch AlphaZero schlägt zwei erstaunliche Züge vor: 28...♘d7 (AlphaZeros bevorzugte Verteidigungsmöglichkeit für Schwarz. 28...♖b6 ist der Favorit meiner Engines: 29.♖d2 ♘d7 30.gxf5 ♕xe5 31.♕xe5 ♘xe5 32.fxe6 fxe6 33.♖g2 ♘g6 mit einem sehr kleinen Vorteil für Weiß laut AlphaZero: eine Gewinnerwartung von 53,9%)

29.♖de1 ♕xc2+ 30.♖f2 ♕c4 31.♘xe6 ♕xf4+ 32.♘xf4 fxg4 33.♘xd5 ♖e8 34.♔g3 b3 35.a3 ♖e6 36.♖f4, und AlphaZero beschließt seine Analyse mit einem kleinen weißen Plus (59,0% Gewinnerwartung).

AlphaZero Variantenbaum war recht breit, was darauf hindeutet, dass die Stellung kompliziert ist und es entlang des Weges einige gleich gute Möglichkeiten gab.

Lassen Sie uns nun über AlphaZeros Zug 26.c3 nachdenken. AlphaZero scheint seine Königsflügelstruktur ♘g5 und die Bauern auf e5, f4 und h6 – als statisch-stabilen Faktor zu betrachten. Dieser Faktor garantiert einen wichtigen Vorteil der weißen Position: die eingeengte Stellung des schwarzen Königs. So bedrohlich es auch ist – 26.f5 destabilisiert diesen statischen Vorteil, indem es den Bauern e5 schwächt: wir haben gesehen, wie sich das ganze Gegenspiel von Schwarz um diese neugeschaffene Schwäche dreht. Stattdessen hält AlphaZero danach Ausschau, einen neuen Einbruchskanal für seine Schwerfiguren zu öffnen. Dabei hat es keine Angst, zugleich einen Einbruchskanal (die b-Linie) zu öffnen, der sich völlig in Händen von Schwarz befindet.

26...bxc3 27.bxc3 ♕c7 28.c4

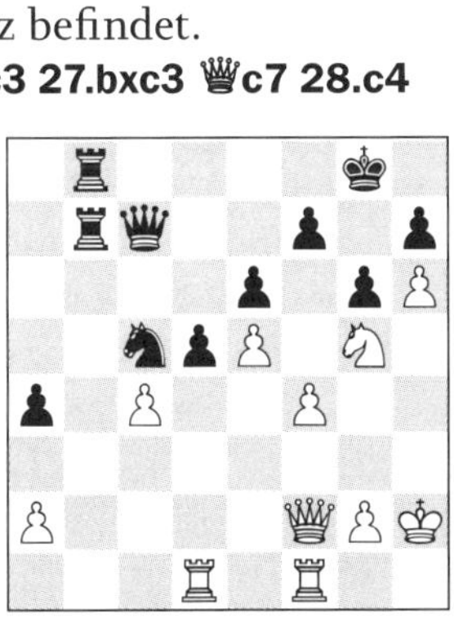

Und das ist die Idee von AlphaZero! Auf Kosten eines Bauern sowie der Aktivierung der schwarzen Türme auf der b-Linie zerstört es die schwarze Zentrumsbarriere e6/d5 und erhält die d-Linie für seinen eigenen Turm.

Einmal mehr meidet AlphaZero den Kampf um eine Linie, weil es vorhat, eine andere zu öffnen. Und es weiß, dass die Partei mit der größeren Beweglichkeit – wobei für AlphaZero hier auch der beweglichere König dazuzählt – die Gegenseite, die die Invasion über diesen oder jenen Einbruchskanal nicht verhindern kann, letztlich ausflankieren können wird.

28...dxc4 29.♖d4

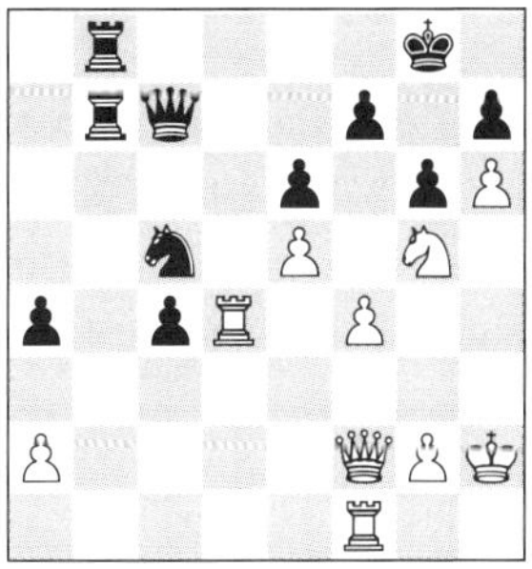

Stellt sicher, dass Schwarz nicht mit ...♘d3 die d-Linie blockieren kann! AlphaZero bewertet die Stellung mit einem Erwartungswert von 72,1%. Stockfish leistet von nun an großartige Gegenwehr und hält das Remis.

29...♘d3

Der Springer auf d3 ist zwar stark, doch wegen der Grundreihenschwäche kann er nicht so ohne weiteres mit den schwarzen Schwerfiguren zusammenarbeiten. Darüber hinaus kann Schwarz, solange sich der Springer auf d3 befindet, seinen c-Bauern nicht in Bewegung setzen.

A) 29...c3 30.♖c4;

B) 29...♖b2 war meine andere Idee. Schwarz sucht per Verdoppelung auf der siebten Reihe nach Gegenspiel gegen g2: 30.♕h4 ♖c2. Um bei der Verdopplung zugleich den Bauern c4 gedeckt zu halten. Hier sehen wir, warum AlphaZero zusätzlich zur durch den Bauern h6 verursachten Schwächung des Königsflügels noch eine offene Linie wollte: 31.♘f3 ist ein äußerst starker Zug, auf den ich fünf Minuten starren musste bevor ich es wagte, meine Engine nach ihrer Meinung zu fragen: ein Vorteil von 5,37 Bauerneinheiten für Weiß! Der Turm auf d4 hält Schwarz davon ab, die weiße Dame zu befragen, und die Schwäche der schwarzen Grundreihe besorgt den Rest: 31...♕c8 32.♖b1 (32.♕f6 ♕f8) 32...♖a8 33.♖b6 gefolgt von ♖bd6 samt Einbruch auf der schwarzen Grundreihe.

30.♕f3

Der richtige Weg für Schwarz ist hier nicht leicht zu bestimmen. Stockfish stellt seine Dame ganz logisch nach e7 (dort schützt sie den Königsflügel und steht bereit, nach f8 zu ziehen und den Bauern h6 anzugreifen) und einen Turm hinter den c-Bauern, doch AlphaZero hat alle Zeit der Welt, um seine Stellung zu verbessern.

30...♕c5 31.♖d6

31.♕xb7 sticht ins Auge, reicht aber nicht für einen Vorteil: 31...♖xb7 32.♖d8+ ♕f8 33.♖xf8+ ♔xf8 34.♘xh7+ ♔g8 35.♘f6+ ♔h8. Ich habe alles Mögliche versucht, meinen Turm an der ♙c4-♘d3-Konstruktion vorbeizuschleusen, doch die Engine war stets schlauer als ich: 36.♖f3 ♖b2 37.♖e3 ♖f2 ist eine schöne Idee, um 38.♖e4 mit 38...♖xf4 zu beantworten.

31...♕c7 32.♘e4 ♕e7 33.a3 ♖c8 34.♕g3 ♘c5 35.♘f6+ ♔h8 36.♖c1 ♘d7 37.♘e4 ♘b6 38.♕h3 ♕f8 39.♖b1 c3 40.♘xc3 ♖xc3 41.♕h4 ♖c8 42.♖bxb6 ♖xb6 43.♖xb6 ♔g8

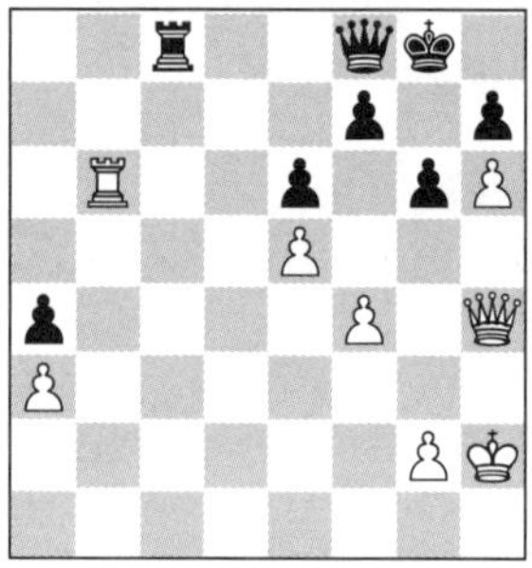

Stockfish steht nach wie vor unter großem Druck, doch nach 256 langen und schmerzhaften Zügen gelang es ihm, Remis zu halten!

Partie: „Am Damenflügel antäuschen, am Königsflügel zuschlagen!"

Als Schwarzer in einer ruhigen Englischen Eröffnung entscheidet sich AlphaZero, nicht um die offene c-Linie zu kämpfen, womit es dem Weißen zugleich auf c6 ein Einbruchsfeld für den Springer einräumt. Doch es ereignen sich drei Dinge:

1. Der weiße Vorteil erweist sich als illusorisch.
2. Weiß ordnet seine Figuren am Damenflügel ungeschickt an.
3. AlphaZero opfert Material am Damenflügel, um die Disharmonie der weißen Figuren offenzulegen und eine neue Front am Königsflügel zu eröffnen.

Am Ende der Partie hat Weiß immer noch die Kontrolle über die c-Linie sowie seinen eigensinnigen Springer auf a5, während die schwarzen Figuren geschlossen um den weißen König kreisen.

Themen der Partie:

1. Materialopfer zur Reduzierung der gegnerischen Aktivität [23...a5]
2. Eröffnung einer zweiten Front [26...g4]

Stockfish 8
AlphaZero
London 2018

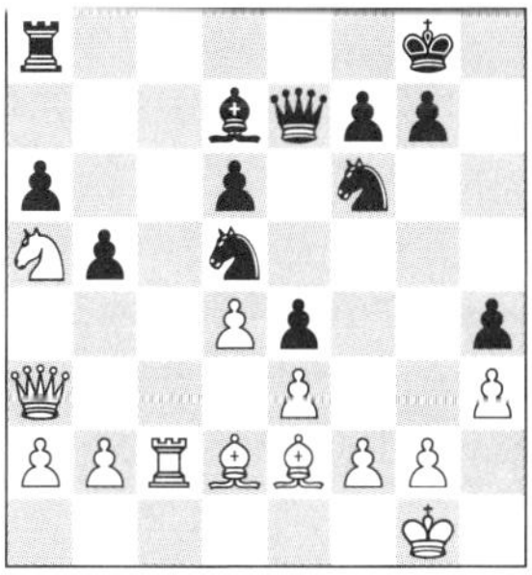

Ein erster flüchtiger Blick auf die Stellung lässt keine Alarmglocken für Weiß klingeln. Weiß besitzt die einzige offene Linie auf dem Brett – die c-Linie – sowie einen unbedrängten Springer auf a5, der jederzeit auf c6 oder b7 eindringen kann (um gemeinsam mit der Dame auf a3 den Bauern d6 anzugreifen). Ein natürlicher Plan von Schwarz – der tatsächlich die erste Wahl meiner Engines ist – wäre, den weißen Druck auf der c-Linie zu neutralisieren, vielleicht mit einem nur kleinen Vorteil für Weiß.
Woraus könnte Schwarz höhere Ambitionen ableiten? Welchen Grund könnte AlphaZero dafür haben, die schwarze Stellung mit einer Gewinnerwartung von 59,4% zu bewerten?

Der erste Schritt, um AlphaZeros Herangehensweise an die Stellung zu verstehen, ist, die weiße Kontrolle über die c-Linie kritisch zu hinterfragen: alle Einbruchsfelder für den weißen Turm – c5, c6, c7 und c8 – sind gut geschützt. Der weiße Springer hat zwar ein Einbruchsfeld auf c6, doch weiter wird der Springer nicht kommen: von dort aus gibt es kein einladendes Feld. Nach ♘c6 muss Schwarz lediglich eine Antwort auf die taktische Drohung ♗xb5 finden, was wegen der Fesselung des Bauern a6 durch die weiße Dame einen Bauern gewinnen würde.
Schwarz erfreut sich eines eindeutigen Raumvorteils, und seine Bauern hemmen die weißen Figuren: der Bauer e4 nimmt Weiß d3 und f3, der Bauer b5 das Feld c4. Schwarz hat einen unverwundbaren Springer auf d5, der jede weiße Schwerfigur am Betreten von b4 und c3 hindert. Die weißen Figuren wirken etwas unkoordiniert: der Turm auf c2 hindert die weiße Dame am schnellen Rückzug zum Königsflügel, falls dort einmal Schutz benötigt wird, zugleich hat die Dame kaum Felder. Schließlich ist der weiße Königsflügel kaum geschützt: Die Kräfte von Stockfish sind fast vollzählig am Damenflügel versammelt.
All diese Faktoren in Betracht ziehend, bekommt man ein Gefühl, warum die weiße Stellung nicht so sicher ist wie sie aussieht. AlphaZeros erste Aufgabe ist es, mit der Drohung ♘c6 nebst ♗xb5 umzugehen, und Schwarz hat etwas Teuflischeres im Sinne, als nur die Türme abzutauschen!

22...♕e6

Ein starker Zug, hinter dem einige tiefe taktische Pointen verborgen sind.

23.♘c6

23.♘b7 b4 ist eine erstaunliche Ressource, die sich die eingeengte Stellung der weißen Dame zunutze macht: 24.♗xb4 (24.♕b3 a5 veranschaulicht die Kraft der schwarzen Damenflügelbauern sowie die eingeengte Stellung der weißen Dame. Schwarz droht ...a5-a4 nebst ...♖c8 sowie ...♖a7 mit Springerfang!; 24.♕a5 ♕e7, und erneut ist der Springer auf b7 in großen Schwierigkeiten! 25.♗xb4 ♗b5 26.♗xb5 ♕xb7 27.♗c6 ♕xb4 ist das Motiv: 28.♕xb4 ♘xb4 mit Angriff auf den Turm c2, Schwarz behält eine Figur mehr) 24...♖b8 25.♗xa6 ♘xb4 26.♕xb4 ♕xa2 27.♕xd6 (27.♕c4 ♕xc4 28.♖xc4 ♖a8 fängt den weißen Läufer auf a6!) 27...♖a8 28.♗f1 ♕b1 nebst ...♖a1 gewinnt für Schwarz. Die taktischen Motive drehen sich allesamt um die ungünstige Stellung der weißen Schwerfiguren.

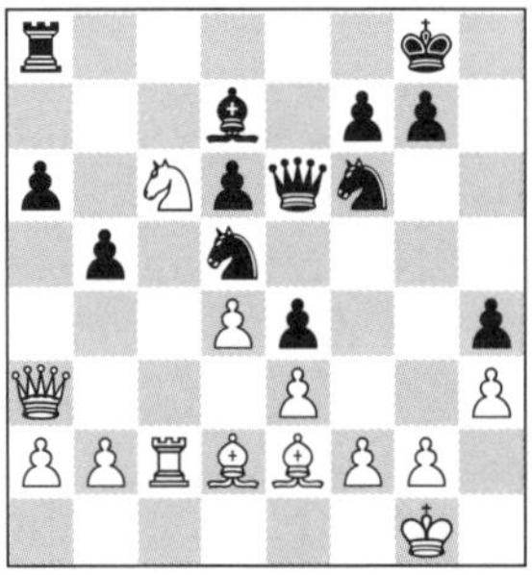

23...a5

Ein großartiger Einfall von AlphaZero. Die weißen Figuren werden vom Königsflügel abgelenkt, worauf der mit ...g7-g5-g4 folgende schwarze Königsangriff an Kraft gewinnt. Ja, Sie haben richtig gelesen: ...g7-g5-g4 wird folgen, samt Eröffnung einer Angriffsfront an der entgegengesetzten Brettseite.
Die Schlüsselfrage lautet jedoch: warum sollte Schwarz nicht gleich mit 23...g5 einen Angriff am Königsflügel vom Stapel lassen?
23...g5 24.♗a5. Die von den Engines favorisierte Verteidigung, die keineswegs offensichtlich ist. Weiß verfestigt seinen Zugriff auf die dunklen Felder am Damenflügel und konsolidiert die Stellung einiger Figuren. Speziell die Dame behält auf a3 weiterhin d6 im Auge, was die Bewegungsfreiheit und Angriffsmöglichkeiten der schwarzen Dame einschränkt. 24...♔h7 (24...g4 wäre zu überstürzt und rechtfertigt die Idee von Weiß vollständig: 25.hxg4 ♘xg4 26.♗xg4 ♕xg4 27.♕xd6 ♕d1+ (27...h3 28.f3 exf3 29.♘e5; ich sehe keinen Weg, dies zu widerlegen ... noch tun dies meine Engines!) 28.♔h2 ♕xc2 29.♕xd7 ♘f6 30.♘e7+ ♔f8 31.♕d6 (verblüffend! Weiß gewinnt laut meiner Engines) 31...♘g4+ 32.♔h3 ♘xf2+ 33.♔xh4, und ♘f5+ droht tödlich) 25.♘b4 ♖g8 26.♕b3 setzt Dame und Springer sehr gefällig ein. Der Druck auf d5 macht es dem Schwarzen schwer, mit ...g5-g4 durchzubrechen.
23...a5 ist AlphaZeros fabelhafte Weise, seinem Angriff am Königsflügel Nachdruck zu verleihen, wobei es eine Reihe von gewieften wie präzisen taktischen Motiven einsetzt, um die weißen Figuren am Damenflügel festzuhalten, auch wenn dies den ein oder anderen Bauern kostet. Dadurch wird die Gefahr eines weißen Gegenangriffs, derweil AlphaZero am Königsflügel angreift, deutlich reduziert.

24.b4

Dieser Zug sucht eine Verbesserung im Vergleich zum sofortigen Schlagen auf b5, indem er der Dame über c1 einen Weg zurück zum Königsflügel öffnet.

A) 24.♗xb5 g5 (Weiß hat sich mit seinen Figuren verheddert, da der Springer an den Läufer auf b5 gebunden ist und nicht ziehen kann) 25.♗xa5 (25.♗e2, um 25...g4 aufzuhalten, wird mit 25...♖c8 beantwortet, was den Springer an den Turm auf c2 fesselt. Wie sehr würde sich Weiß wünschen, seinen Turm nach c1 gestellt zu haben! 26.♕a4 g4 ist äußerst gefährlich. Weiß kann der Fesselung seines Springers nicht entrinnen, während der schwarze Angriff am Königsflügel an Stärke gewinnt) 25...g4 (man sehe die weißen Figuren am Damenflügel! Der Springer c6 ist an den Läufer auf b5 gefesselt, der Läufer a5 an die Dame auf a3) 26.hxg4, und jetzt ist 26...h3 27.gxh3 ♘xg4 28.♗f1 ♘h6 außergewöhnlich stark für Schwarz, der ...♔h7, ...♖g8 (der Grund, warum Schwarz die Türme nicht auf der c-Linie abgetauscht hat) und ...♕g6 folgen lassen wird;

B) 24.♗xa5 b4 25.♕a4 (auf 25.♘xb4 gewinnt 25...♘xb4 26.♕xb4 ♕xa2: einmal mehr der ungedeckte Turm auf c2) 25...♔h7 wurde von meinen Engines vorgeschlagen und sieht erneut unangenehm für Weiß aus: 26.♕b5 (26.♗b5 ♕f5 27.♖c1 g5 ist voller Gefahren für Weiß) 26...♘e7 mit Materialgewinn. Das ist die Pointe von ...♔h7: ♘xe7 geschieht nicht mehr mit Schach;

C) 24.♘xa5 b4 25.♗xb4 ♘xb4 26.♕xb4 ♕xa2 27.♘b3 ♕b1+ 28.♖c1 ♕xb2 29.♗d1 ♗e6 ist gemäß meiner Engines etwas besser für Schwarz.

Der Nachziehende könnte auch wildere Ideen wie 24...g5 in Betracht ziehen, um einen Königsangriff anzustoßen, anstatt sich Material zurückzuholen.

24...a4

Es ist an der Zeit, nach der schwarzen Zugserie 23...a5 und 24...a4 Bilanz zu ziehen.

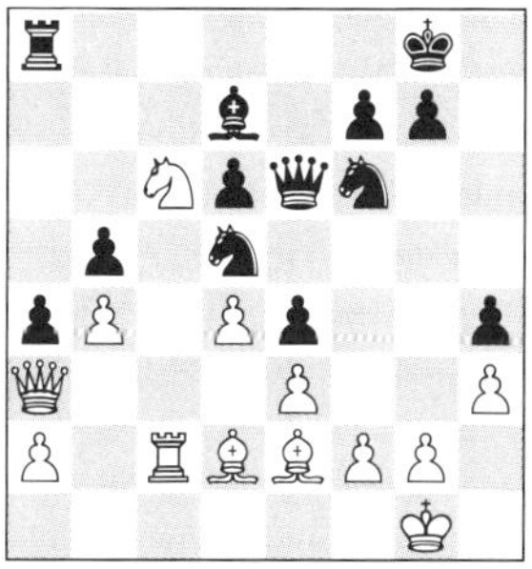

Der Angriff der weißen Dame auf den Bauern d6 wurde blockiert. Dies bedeutet, dass die schwarze Dame ihre Bewegungsfreiheit wiedererlangt hat. Darüber hinaus hat der Einschub von ...a5-a4 und b2-b4 Weiß davon abgehalten, mit ♕b3 und ♘b4 Druck auf den Springer d5 auszuüben.

Die vorausgegangenen Züge waren von zwei Themen geprägt:

1. Die Zähmung der weißen Figuren, insbesondere der schrecklichen Holzansammlung am Damenflügel (Dame, Springer und Turm).
2. Ein möglicher Königsangriff.

AlphaZero hat zunächst den ersten Hebel angesetzt, bis die Bedingungen für den zweiten perfekt waren. Anders ausgedrückt, hervorragende prophylaktische Maßnahmen wurden ergriffen, um den Angriff unter bestmöglichen Umständen durchzuführen.

Man könnte so argumentieren, dass 24.b4 es der weißen Dame ermöglicht, zum Königsflügel zurückzukehren und so die weiße Verteidigung zu verstärken. Das ist zwar richtig, doch verfügt die weiße Dame über keinen aktiven Posten am Königsflügel: alles was ihr zu tun bleibt ist, hinter den Befestigungen herumzustehen und sich damit abzumühen, vielleicht mal einem schwachen Punkt wie g2 Rückhalt zu geben. Ein grundlegender Unterschied zu den gesehenen Varianten, in denen es Weiß gelang, ♕a3xd6 zu spielen.

Im Prinzip scheinen auch die anderen Engines die Fähigkeiten mitzubringen, um zu derartigen Entscheidungen zu gelangen. Sie erkennen z.B. alle die cleveren Taktiken um ...b5-b4, und sie verstehen alle, dass Weiß mit 24.♗a5 (eine prächtige Verteidigungsidee) die schwarze Damenflügelstruktur festlegen und sich das Feld b4 für den Springer sichern sollte.

Indes scheinen die anderen Engines dem Angriff am Königsflügel nicht so viel Gewicht beizumessen wie AlphaZero es tut. Die Engines betrachten zu oft Pläne zur Neutralisierung der c-Linie mit ...♖c8; ich bezweifle, dass AlphaZero das jemals vorhatte. Selbst nachdem der Angriff in Gang gekommen ist, ist die Bewertung der Engines recht „wechselhaft": nach einem AlphaZero-Zug wie etwa 28...♕g5 springt die Bewertung oft für Weiß in die Höhe, bevor sie allmählich wieder auf Tauchstation geht, desto weiter die Engine analysiert. Im Gegensatz dazu erachtet AlphaZero die Königsflügelinitiative als mächtig. Nach 24...a4 bewertet es die Stellung bereits mit einer Gewinnerwartung von 80,9% für Schwarz!

25.♗xb5 g5

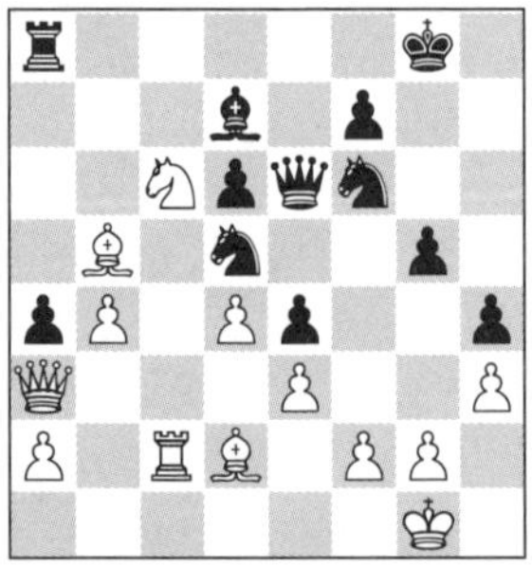

Auf geht's! AlphaZero steht bei einer Gewinnerwartung von 81,6% für Schwarz, was schon recht selbstbewusst ist. Doch ich bin hier bei AlphaZero: der schwarze Angriff jagt mir ganz schön Angst ein! Die g-Linie wird sich öffnen, worauf die schwarze Entscheidung, nicht um die c-Linie zu kämpfen, voll zu ihrem Recht kommt.

26.♕c1

26.♗e2 g4 27.hxg4 ♘xg4 28.♕c1 h3 29.gxh3 ♘h2 ist die prächtige Idee, die ich entdeckt habe!

26...g4 27.hxg4 ♕xg4 28.♕f1

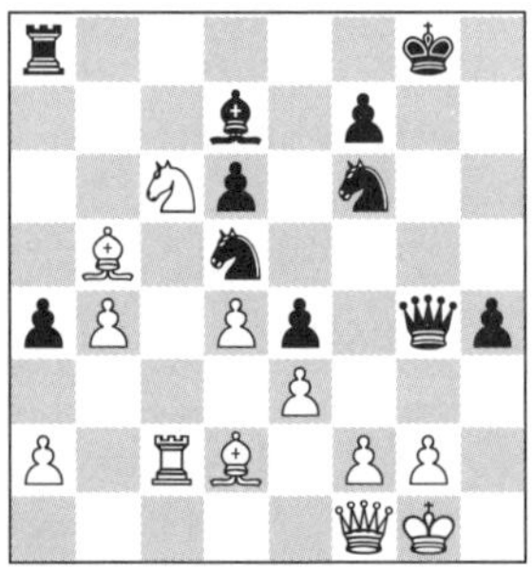

28...♕g5

Ein hübscher Koordinierungszug, nach dem AlphaZero schon bei 88,5% ist. Der Zug geht der weißen Verteidigung f2-f3 aus dem Weg, räumt die Diagonale c8-h3 für den Läufer, der sich so dem weißen König nähern kann, und wirft ein Auge auf den ungedeckten Läufer b5. Nach diesem Zug verfolgen die schwarze Dame und der schwarze Läufer Ideen am Königsflügel wie auch am Damenflügel.

29.♖c1

A) 29.f4 ♕h6. Diese statische Stellung ist eindeutig besser für Schwarz, der ...♔h8/7 und ...♖g8 spielen wird, mit drückender Überlegenheit am Königsflügel. Meine Engines geben Schwarz großen Vorteil;

B) 29.f3 sieht nach der besten praktischen Chance aus. Indem es den festen schwarzen Zugriff auf das Zentrum unterminiert, nährt dies die Hoffnung, den Springer c6 zurück ins Spielgeschehen zu bringen, während die Ressource ...exf3, e3-e4 etwas Verwirrung in den schwarzen Reihen stiften könnte. Meine Engines marschieren indes schnurstracks auf die Variante zu, die ich letztlich als klar vorteilhaft für Schwarz bewertet habe... und geben ihr -2,23! 29...h3 ist sehr stark: 30.fxe4 ♘xe4 31.♕f3 (31.♘e5 h2+ 32.♔xh2 ♕h5+ ist der Trick, den ich ausgemacht habe! 33.♔g1 ♗xb5 34.♕xb5 ♕d1+ 35.♔h2 ♔g7 (ebenso wie diesen!) 36.♕xd5 ♖h8#) 31...♕h4 32.gxh3 ♘g5 33.♕g2 ♔h8 nebst ...♘xh3+ gewinnt glatt.

29...♔h8 30.♘a5 ♗g4 31.♗e2 ♗f3 32.♔h1 ♗xe2 33.♕xe2 ♘h5

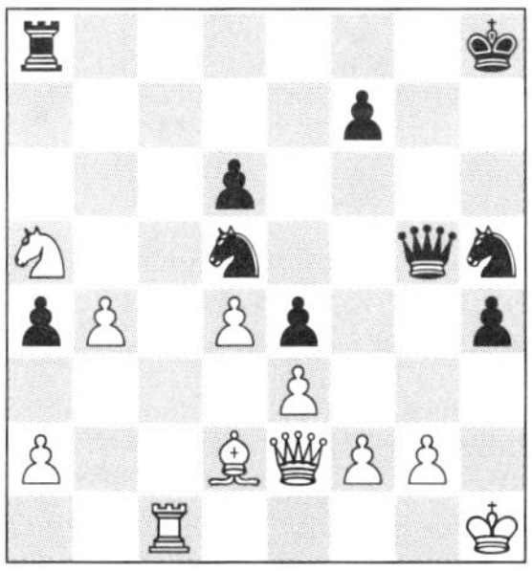

Die Bewertungen der Engines beginnen sich zu drehen, als sie der Stärke der schwarzen Idee ...♘g3 gewahr werden (den vom Bauern h4 geschaffenen Stützpunkt ausnutzend).

34.♔h2

34.♔g1 ♖g8 35.♕f1 ♘g3 36.fxg3 hxg3 37.♕xf7 ♕h6 ist vernichtend: 38.♕f5 ♕h2+ 39.♔f1 ♕h1+ 40.♔e2 ♕xg2+ 41.♔d1 ♕f3+ 42.♕xf3 exf3.

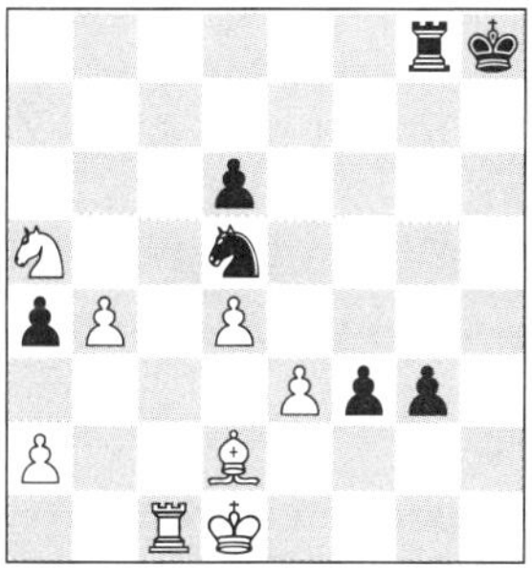

Und nichts kann diese Bauern mehr aufhalten!

34...♖g8 35.f4 ♕g3+ 36.♔g1 ♕f3

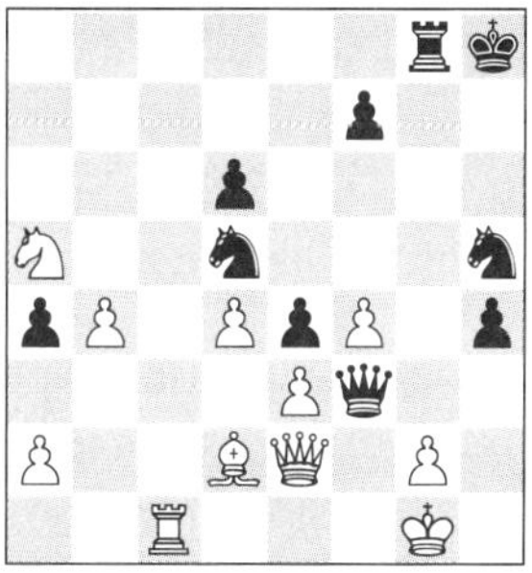

Man betrachte den wundervollen schwarzen Springer auf g5 sowie die offene g-Linie, und im Vergleich dazu den einsamen Springer auf a5 sowie Stockfishs nutzlose c-Linie, und man sehe den verwundbaren König von Weiß. Der Triumph von AlphaZeros überlegener Strategie!

37.♕xf3 exf3 38.g4 ♘g3 39.♔f2 ♘e4+ 40.♔xf3 ♘xd2+ 41.♔e2 ♘e4 0:1

Es gibt etliche weitere Beispiele für diese Technik, doch ich hoffe, die Botschaft ist klar! AlphaZero ist beim Wechsel des Spielgeschehens auf den anderen Flügel äußerst stark, wenn es passive Figuren oder eine schlecht verteidigte Königsstellung ausmacht.

II Äußerste Beweglichkeit der Schwerfiguren

AlphaZero opfert häufig Bauern, um Linien gegen den gegnerischen König zu öffnen. In ein paar grandiosen Beispielen macht sich AlphaZero offene Linien zunutze, um seine Schwerfiguren außergewöhnliche Aktivität entfalten zu lassen.

Partie: „♕h1“

Auf der folgenden Partie – Bestandteil der ursprünglichen Serie von zehn veröffentlichen Partien zwischen AlphaZero und Stockfish – gründete AlphaZeros Ruhm! Ein langfristiges Bauernopfer in der Eröffnung, ein brillantes intuitives Figurenopfer sowie das einfallsreiche Manöver ♕c4-h4-h1 machen sie zu einem Kleinod des Angriffsspiels. In dieser Analyse konzentrieren wir uns auf die wundervolle Weise, in der AlphaZero seine Schwerfiguren einsetzt. Es findet beständig neue Einfallstore für seinen Angriff, bis Stockfishs verzweifelte Verteidigung schließlich zusammenbricht.

Themen der Partie:

1. Beweglichkeit der Dame [14.♕g4, 17.♕f4, 18.♕a4, 23.♕c4, 25.♕h4, 26.♕h1, 26.♖d4, 28.♖f4, 29.♕h3, 36.♕e6]
2. Beweglichkeit der Türme [19.♖e1, 20.♖ad1, 31.♖h1, 37.♖d1]
3. Abtausch der aktiven Figuren des Gegners, um ihn auf seinen passiven sitzenzulassen [27.♗e4, 33.♗d4, 35.♖xd8]

AlphaZero
Stockfish 8
London 2017

1.♘f3 ♘f6 2.d4 e6 3.c4 b6 4.g3 ♗b7 5.♗g2 ♗e7 6.0-0 0-0 7.d5
Ein scharfes Bauernopfer, das gemäß meiner Datenbank erstmals 1944 gespielt wurde, doch so richtig erst durch das Kandidatenmatch 1980 zwischen Polugajewski und Kortschnoj bekannt wurde. Seitdem kam die Variante immer mal wieder in und aus der Mode.
7...exd5 8.♘h4 c6 9.cxd5 ♘xd5 10.♘f5 ♘c7 11.e4 d5 12.exd5 ♘xd5 13.♘c3 ♘xc3
Ein ungewöhnlicher Zug von Stockfish. 13...♗f6 hätte zurück zu einer Hauptvariante geführt. Weiß setzt entweder mit 14.♘xd5 oder 14.♘e4 fort.
14.♕g4
Zu jenem Zeitpunkt ein neuer Zug von AlphaZero (das zahme 14.bxc3 wurde in einer früheren Partie gespielt).
14...g6 15.♘h6+ ♔g7 16.bxc3 ♗c8 17.♕f4 ♕d6 18.♕a4 g5

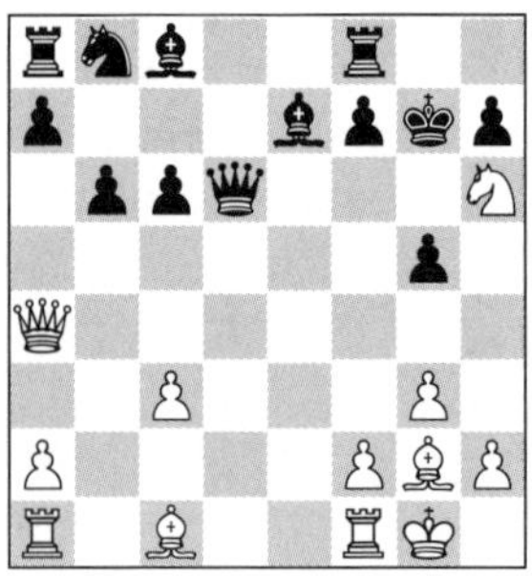

Der vorgepreschte Springer auf h6 scheint in Schwierigkeiten zu sein. Weiß könnte ihn zwar mit 19.♘g4 zurückziehen, doch AlphaZero hat radikalere Pläne im Sinn. Sehen wir uns einfach die nächsten paar Züge an und halten dann inne, um die Stellung einzuschätzen.

19.♖e1 ♚xh6 20.h4 f6

Gemäß AlphaZero erzwungen.

21.♗e3

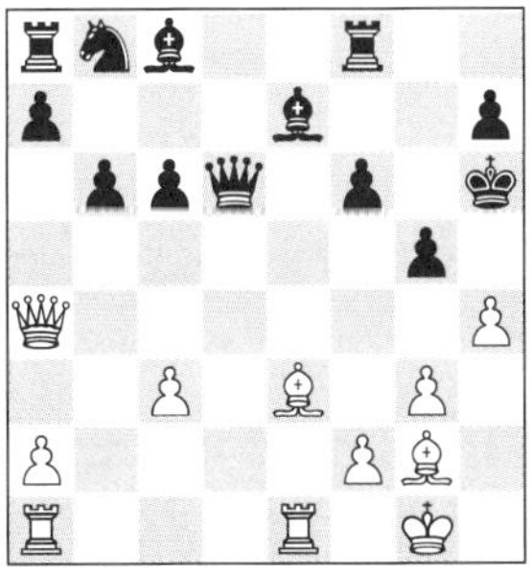

Mit 19.♖e1 erlaubte AlphaZero, dass sein Springer geschlagen wird, wonach es eine Figur und einen Bauern weniger hat. AlphaZeros Fortsetzung nach dem Figurenopfer war zurückhaltend: zuletzt machte es einen einfachen Entwicklungszug ohne offenkundige Drohung, was bedeutet, dass Schwarz nun einen Zug für seine eigenen Vorhaben zur Verfügung hat.

Was macht AlphaZero hier eigentlich? Werfen wir einen Blick auf die Position und arbeiten wir die wesentlichen Elemente heraus. Zunächst einmal hat Weiß durch sein Bauernopfer im siebten Zug einen wesentlichen Entwicklungsvorsprung erlangt. Der schwarze Damenflügel liegt völlig brach. Der Nachziehende wird mindestens drei Züge benötigen, um seine Figuren am Damenflügel überhaupt ins Spiel zu bringen, und wahrscheinlich vier oder fünf Züge, damit diese auch Einfluss aufs Spielgeschehen ausüben.

Auf welche Art wirken sich unentwickelte Figuren auf eine Stellung aus? Der Gegner erhält zusätzliche taktische Chancen, da irgendeine Reihe oder Feld oder Figur ungeschützt ist. Gewiss standen, als AlphaZero die Figur opferte, sein Turm auf a1 und sein Läufer auf c1 gleichfalls auf ihren Ausgangsfeldern. Der Läufer c1 war jedoch bereits aktiv, indem er den störenden Springer auf h6 schützte, den AlphaZero frühzeitig auf Stockfishs Königsstellung losgelassen hatte. Darüber hinaus wird der Turm a1, wenn er nach d1 entwickelt wird, ein Tempo durch den Angriff auf die schwarze Dame auf d6 mitnehmen.

Zum zweiten ist die Effektivität der bisherigen Entwicklung von Schwarz zweifelhaft: der Läufer auf e7 hat nur einen legalen Zug und ist auf der offenen e-Linie eine Zielscheibe für den weißen Turm; er wird nur von der Dame verteidigt, die ihrerseits bald zum Angriffsziel für einen weißen Turm auf der d-Linie wird.

Zum dritten gibt der schwarze Königsflügel – und hier insbesondere die Stellung des Königs auf der dritten Reihe – Anlass zur Sorge. 19.♖e1 hatte den Läufer auf e7 angegriffen und den Schwarzen gezwungen, den Springer auf h6 mit dem König zu schlagen (19...♕xh6 würde 20.♖xe7 erlauben). Auf der dritten Reihe ist der schwarze König den weißen Kräften näher als ihm lieb sein kann – man sollte ja versuchen, seinen König während des Mittelspiels sicher auf der Grundreihe hinter einer Bauernkette zu behalten.

Natasha verglich den Stand der schwarzen Entwicklung mit der Lage eines Generals, der eigentlich zum Sturm ansetzen will, dessen Infanteristen aber sagen „das wollen wir nicht!“. Darüber hinaus ist die schwarze Königsstellung offen (die Bauern auf f6 und g5 sind zu weit vorgerückt), was bedeutet, dass selbst wenn dem König die Rückkehr in seinen Verschlag nach g7, g8 oder h8 gelingt, dieser sich dort noch lange nicht sicher fühlen kann. Schwarz benötigt Zeit, um sowohl seinen König zurückzubeordern als auch die Bauernstruktur am Königsflügel zu stützen.

Aus diesen Erwägungen wird deutlich, dass AlphaZeros Kompensation für das geopferte Material (Springer und Bauer) im Folgenden besteht:

1. Zeit (die sieben oder acht Züge, die Schwarz bräuchte, um seine Kräfte wohlorganisiert zu entwickeln), sowie
2. langanhaltende schwarze Probleme mit der Königssicherheit (wegen der Löcher, die sich Stockfish bei der Eroberung des Springers auf h6 gemacht hat) zusammen mit kurzfristigem taktischen Ärger aufgrund des vorgepreschten Königs.

In einer Partie zwischen Menschen wäre es leicht einzusehen, dass Weiß riesige Kompensation für die Figur hat, und dass die Gefahren für Schwarz hinter allen Ecken und Enden lauern. Doch gegen Maschinen strauchelt die menschliche Intuition meist wegen der charakteristischen Verteidigungsfertigkeit der Engines, nämlich in irgendeiner Untervariante eine unerwartete, „unfaire“ taktische Nuance aufzuspüren.

AlphaZero scheint das Beste aus beiden Welten zu vereinen. Es zeigt die maschinen-typische Fähigkeit der tiefen und genauen Berechnung auf übermenschlichem Niveau. Es demonstriert aber auch die menschliche Fähigkeit, das Spiel in Richtung aussichtsreich wirkender Stellungen zu lenken, ohne notwendigerweise alles bis zum Matt zu berechnen. Und so glaubt AlphaZero hier keineswegs, obgleich es mit seiner Stellung doch recht glücklich ist, auf Gewinn zu stehen. Es schätzt die Stellung mit einer Gewinnerwartung von gerade mal 53,3% ein.

21...♗f5

21...♕c7 lautete eine von AlphaZero erwogene Alternative: 22.hxg5+ fxg5 23.♕h4+ ♔g6 24.♕h1 (einmal mehr dieser Zug!) 24...♗f5 25.♗d4 h5, und nun sind 26.♗e4 wie auch 26.♗f3 interessant.

22.♖ad1

AlphaZeros Türme sind nun auf beiden offenen Zentrumslinien aktiv.

22...♕a3 23.♕c4

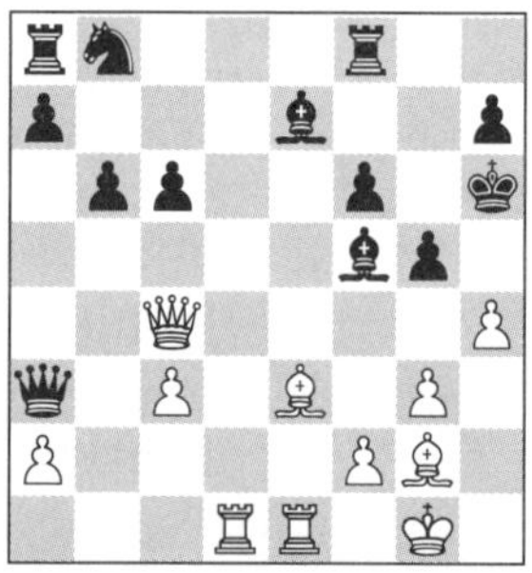

Die Aufgabe von Weiß lautet, Schwarz von der Entwicklung seines Damenflügels abzuhalten und zugleich seine Drohungen gegen den gegnerischen König aufrechtzuerhalten.

23...b5

Da Schwarz seinen Damenflügel nicht unbeschadet entwickeln kann, versucht er, die weiße Dame von ihrem aktiven Posten zu vertreiben. 22...♕a3 und 23...b5 sind ganz typische Verteidigungszüge für Stockfish – die gegnerischen Figuren sollen es sich auf starken Angriffspositionen gar nicht erst gemütlich machen. Im Kapitel zur „Verteidigung" gibt es viele weitere Beispiele hierfür.
AlphaZero hatte 23...♘d7 erwartet. Eine Beispielvariante: 24.♕xc6 (24.♕e2 ist eine andere Möglichkeit, die AlphaZero ernsthaft in Betracht gezogen hatte: 24...♖ad8 25.♗c1 (die Pointe! Ein aufgedeckter Angriff auf den ungedeckten Läufer e7!) 25...♕c5 26.♕xe7 ♕xe7 27.♖xe7 ♘e5 28.hxg5+ ♔g6 29.♖f1 ♖f7 30.gxf6 ♔xf6 31.♖xf7+ ♔xf7 32.♗f4 ♔f6 33.♖e1 ♘g6 34.♗h6, die es jedoch lediglich mit einer Gewinnerwartung von 51,9% bewertete – ziemlich ausgeglichen) 24...♖ad8 (24...♘e5 war mein Versuch: 25.♗xg5+ ♔g7 26.♖xe5 fxe5 27.♕h6+ ♔h8 28.♗xa8 ♗xg5 29.♕xg5 ♖xa8 30.♕f6+ ♔g8 31.♕xf5) 25.♖d5 ♘b8 26.hxg5+ ♔g7 27.♕b5 a6 28.♕c4 ♗e6. Dies ist eine der von AlphaZero erwogenen Varianten. Doch meine Engines schreien mich lauthals an: 29.♗c1 ♗xd5 30.♕g4 mit entscheidendem Angriff für Weiß!

24.hxg5+ fxg5 25.♕h4+ ♔g6

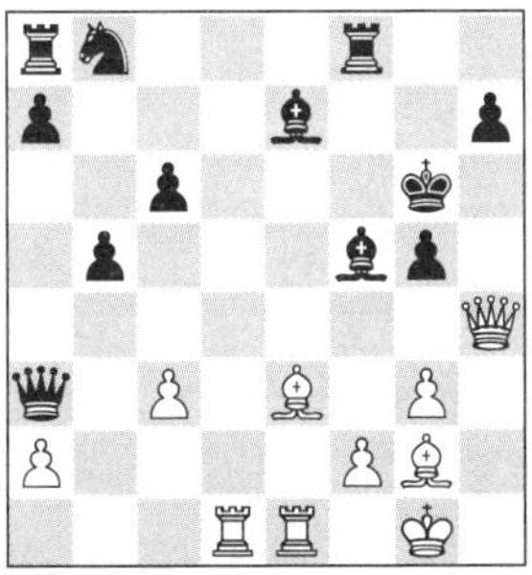

26.♕h1

Eine der schönsten Ideen, die ich jemals gesehen habe. AlphaZero hat begriffen, dass er Schwarz praktisch mit einem Mehrturm angreifen kann, wenn es ihm gelingt, den schwarzen Springer auf b8 und den Turm auf a8 zu halten. Der zweite Teil von AlphaZeros Rechnung ist, dass sich Schwarz mit Dame und Turm gegen Dame und zwei Türme verteidigen müsste, wenn es Weiß gelingt, alle Läufer abzutauschen. Und wenn wir uns die Anzahl der offenen Linien für die weißen Schwerfiguren ansehen – insbesondere die d- und e-Linie –, dann wird klar, dass sich der schwarze König unter diesen Umständen nicht lange behaupten können wird.
Eine Dreingabe beim Abtausch der weißfeldrigen Läufer auf f5 ist, dass die schwarze Kontrolle über d7 geschwächt wird. Dies hat zwei ernste Folgen:

1. Schwarz kann seinen Springer nicht nach d7 entwickeln.
2. Doch noch ernster ist der Umstand, dass Schwarz seinen Springer überhaupt nicht von b8 wegziehen kann, da dieser d7 verteidigen muss, um zu verhindern, dass ein weißer Turm dort einfliegt. Und wenn der Springer von b8 nicht weg kann, kann auch der Turm a8 nicht ziehen!

26.♕h1 bereitet 27.♗e4 vor, was den Läufertausch anbietet. Ich habe nie gesehen, dass die Dame schon einmal so viel Arbeit von einem Eckfeld aus verrichtet hätte: sie unterstützt die Schlüsselidee ♗e4 (wonach Dame und Läufer von Weiß auch gemeinsam in Richtung h7 wirken) und nimmt auch den Bauern c6 ins Auge, falls der Springer b8 einmal ziehen sollte.

In den Zwanziger Jahren entwickelten die Hypermodernen wie Richard Réti Entwicklungsschemata, in welchen die Dame von der Ecke (normalerweise a1) aus zusammen mit einem schwarzfeldrigen Läufer auf b2 enormen Druck auf der langen Diagonale ausübt. Sie wären erstaunt zu sehen, wie AlphaZero unabhängig ganz ähnliche Ideen entwickelt und dabei sein eigenes Aroma hinzufügt (Ausnutzen des Drucks, um vorteilhafte Abtäusche zu erzwingen).

26...♔g7

Der einzige Zug, den AlphaZero ernstlich für Schwarz in Betracht zieht. 26...♘d7 27.g4 wäre eine fabelhafte Idee: 27...♗xg4 28.♗e4+ ♗f5 (nach 28...♔g7 29.♕xh7+ marschiert die Dame auf einer anderen Linie ein!) 29.♖xd7, während 26...♘a6 27.g4 ♗xg4 28.♗e4+ ♗f5 29.♗xf5+ ♖xf5 30.♕xc6+ Material kostet (der ungedeckte Turm auf a8!).

27.♗e4 ♗g6

A) 27...♗xe4 war laut AlphaZero der beste Zug, wonach es sich eine Gewinnerwartung von 61,9% gibt: 28.♕xe4 ♔g8 29.♕e6+ ♖f7 30.♕c8+ ♗f8 (30...♖f8 31.♕b7) 31.♗xg5 ♕xc3 32.♗f4 ♕g7 33.♔f1 (verhindert ...♖xf4. 33.♔h2 war seine – gleichwertige – Alternative, zu der es im weiteren Verlauf der Variante überleitet) 33...♖d7 34.♔g2 ♖f7 35.♔h2 (leitet zur Variante mit 33.♔h2 über) 35...a6 36.♖d8 ♕f6. Es ist erstaunlich, dass es hier keinen forcierten Gewinn gibt! Und da weder meine Engines noch AlphaZero einen finden können, sollte es auch keinen geben! 37.♕g4+ ♕g6 38.♕xg6+ hxg6 39.♖ee8 ♖aa7 40.♖xb8 ♖ae7 41.♖ec8 ♖e2 42.♗e3 ♖xa2 43.♗c5 ♖axf2+ 44.♗xf2 ♖xf2+ 45.♔h3 ♖f6.

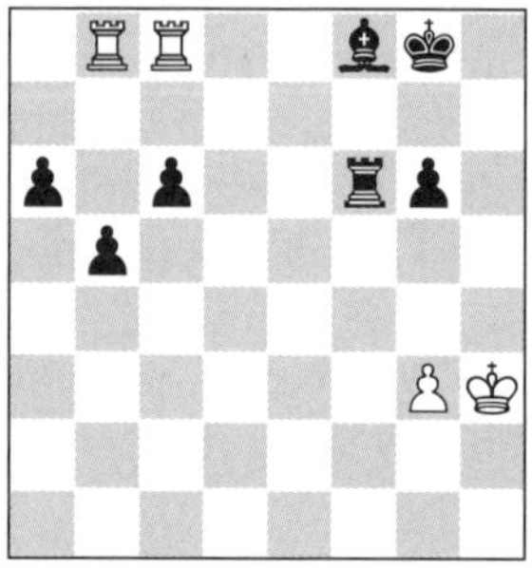

Es steht zu erwarten, dass Schwarz diese Stellung letztlich halten können wird. Dennoch wird er viel gelitten haben!;

B) 27...♔g8 28.♗xf5 ♖xf5 29.♕h6 war AlphaZeros Idee, das sich von der Seite heranschleicht, um ein Schach mit 30.♕e6+ zu drohen: 29...♖e5 30.♗d4 ♕d6 31.♕h3, und der Angriff geht weiter, auch wenn die Partie noch nicht entschieden ist.

28.♗xg6 hxg6 29.♕h3 ♗f6 30.♔g2

Eine wundervolle Idee, mit der die Bewegungsfreiheit der weißen Schwerfiguren erhöht wird, die nun auf der h-Linie verdoppelt werden können!

30...♕xa2 31.♖h1

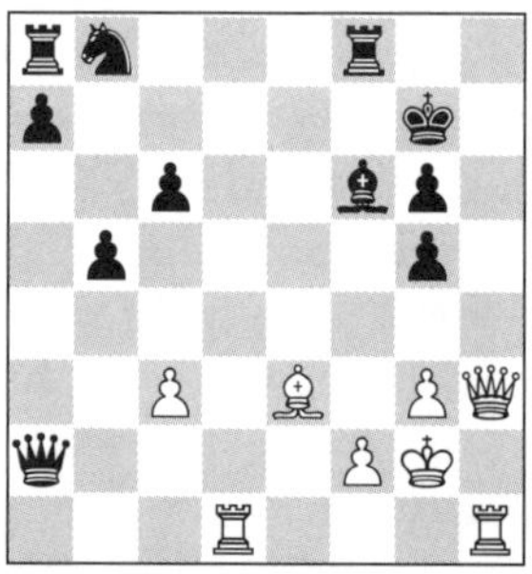

Weiß wechselt die Angriffsrichtung vom Zentrum hin zum Königsflügel: es droht Matt auf h7.

31...♕g8

Typische Verteidigungs-Aktionskunst von Stockfish. Die Dame macht zwar auf g8 einen passiven Eindruck, hat aber weiterhin auf der Diagonalen a2-g8 Felder wie d5 oder a2 im Blick. Stockfish ist ein Spezialist darin, seine Dame so zu stellen, dass diese im kritischen Moment ein entscheidendes Schachgebot geben oder die Lage mit einem Dauerschach retten kann.

32.c4

Ein toller Zug. Die Schlüsselidee ist, die Beweglichkeit der schwarzen Dame auf g8 einzuschränken.

32...♖e8

A) 32...bxc4 33.f4 ist die Hauptidee hinter diesem Zuge: ...bxc4 hat jegliche Aktivität der schwarzen Dame auf der Diagonalen g8-a2 wie etwa ...♕a2+ oder ...♕c4(-e2) verhindert: 33...c3 34.fxg5 (nimmt dem schwarzen König das Feld f6 und engt ihn dadurch weiter ein) 34...♗e5 35.♗f4 (um genau wie in der Partie die Läufer zu tauschen) 35...♗xf4 36.gxf4 lautet eine Beispielvariante meiner Engines. Schwarz ist hilflos (meine Engines schreien im Chor „Matt in zehn Zügen"). Die Drohung heißt 37.♕xc3+, sehen wir eine Variante... 36...♖f5 37.♕xc3+ ♔f7 38.♖h8 ♕g7 39.♕c4+ ♖d5 40.♖xd5 cxd5 41.♕c7+, und Schwarz verliert seine Dame;

B) 32...a5 wird von AlphaZero als beste Verteidigung erachtet. Schwarz sucht den a-Bauern zu verwandeln sowie bei Gelegenheit den Turm nach a7 zu entwickeln (im Moment wird a7 vom weißen Läufer auf e3 kontrolliert) 33.♖d6, und nun:

B1) 33...a4 wird laut AlphaZero mit 34.♕h6+ ♔f7 35.♖xf6+ ♔xf6 36.♕xg5+ ♔e6 37.♗c5 ♔d7 38.♗xf8 widerlegt;

B2) 33...bxc4 34.♕h6+ ♔f7 35.♖b1.

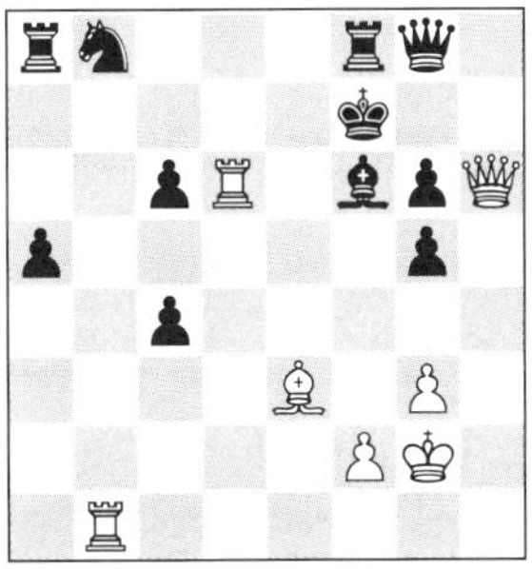

Das ist AlphaZeros Variante: mir gefällt die Beweglichkeit des Turmes, der auf die (mit 32.c4 geöffnete) b-Linie wechselt, nachdem auf der h-Linie nichts mehr zu holen ist. 35...♗e7 36.♖b7 ♔e8 37.♖xe7+ ♔xe7 38.♗c5 mit Gewinn, z.B. 38...♘d7 39.♕xg5+ ♔e8 40.♕e3+ ♔d8 41.♗b6+ ♔c8 42.♕e4, und Schwarz ist wehrlos: 42...♘b8 43.♖xc6+.

33.♗d4

Der zweite Punkt von 32.c4: das Feld d5 wird kontrolliert, so dass Schwarz diesen Zug nicht mit 33...♕d5+ beantworten kann. Ganz allmählich wird der König von Schwarz seiner Schutzfiguren beraubt, und die Möglichkeit, die Truppen vom Damenflügel ins Gefecht zu bringen, rückt auch nicht näher.

33...♗xd4 34.♖xd4 ♖d8 35.♖xd8 ♕xd8 36.♕e6

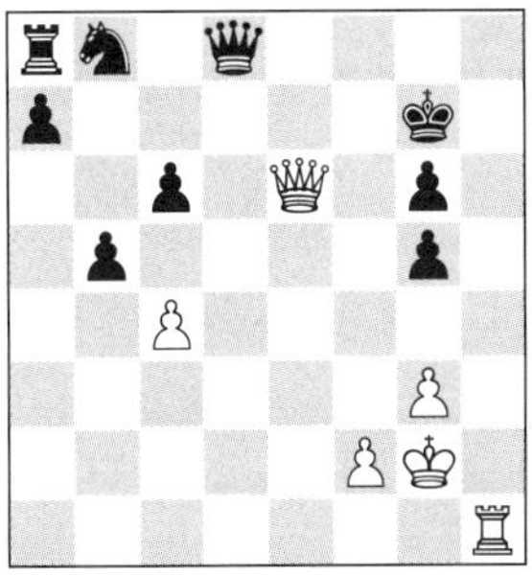

Die Krönung der weißen Strategie: alle Verteidigungsfiguren von Schwarz wurden abgetauscht, und es droht 37.♕e5+. Man beachte, wie der schwarze König weiterhin im Freien steht, auch wenn er sich nicht mehr auf der dritten Reihe befindet: dies ist der langfristige Aspekt des weißen Figurenopfers. Man muss lediglich berechnen, dass sich Schwarz nicht mit einer Figurenentwicklung auf den letzten Drücker retten kann.

36...♘d7 37.♖d1

Nein! Man sehe, wie AlphaZero mit den letzten beiden Zügen die Angriffsfront vom Königsflügel zurück in die Mitte verlagert hat. Der Turm a8 wird geschlagen werden, ohne jemals einen Zug gemacht zu haben.

37...♘c5 38.♖xd8 ♘xe6 39.♖xa8

Und Weiß gewann:

39...♔f6 40.cxb5 cxb5 41.♔f3 ♘d4+ 42.♔e4 ♘c6 43.♖c8 ♘e7 44.♖b8 ♘f5 45.g4 ♘h6 46.f3 ♘f7 47.♖a8 ♘d6+ 48.♔d5 ♘c4 49.♖xa7 ♘e3+ 50.♔e4 ♘c4 51.♖a6+ ♔g7 52.♖c6 ♔f7 53.♖c5 ♔e6 54.♖xg5 ♔f6 55.♖c5 g5 56.♔d4 1:0

III Springerwanderungen

Im Kapitel über „Stützpunkte" sahen wir zahlreiche Beispiele langwieriger Springermanöver durch AlphaZero auf erstrebenswerte Vorposten. In der vorliegenden Partie tanzt AlphaZero mit seinem Springer sprichwörtlich übers Brett, erst um Druck auf den schwarzen Königsflügel auszuüben, dann um die zwei schwarzen Freibauern am Damenflügel im Zaum zu halten, und schließlich, um dem eigenen d-Freibauern auf seinem Marsch zur Umwandlung beizustehen.

Partie: „Den König in einen Käfig stecken"

In einer von mir angeforderten Partie mit einer bestimmten Eröffnung demonstriert AlphaZero musterhafte Strategie in einer typischen Grünfeld-Endspielstruktur. AlphaZero engte die Figuren vom schwarzen Königsflügel (den König und den schwarzfeldrigen Läufer) in einer frühen Partiephase mittels einer festgelegten und stabilen Bauernstruktur im Zentrum (Bauern auf d4 und e5) sowie dem Vorstoß des h-Bauern bis nach h6 ein. Um den festen Zugriff auf die Stellung zu behaupten, opferte AlphaZero zwei Bauern und gewann eine großartige Partie, in der Schwarz am Ende völlig hilflos war.

Themen der Partie:

1. Beweglichkeit des Springers [20.♘g5, 23.♘e4, 26.♘c5, 27.♘d7, 28.♘b6]
2. Passive Figuren des Gegners [♔g8, ♗h8]

AlphaZero
Stockfish 8
London 2018

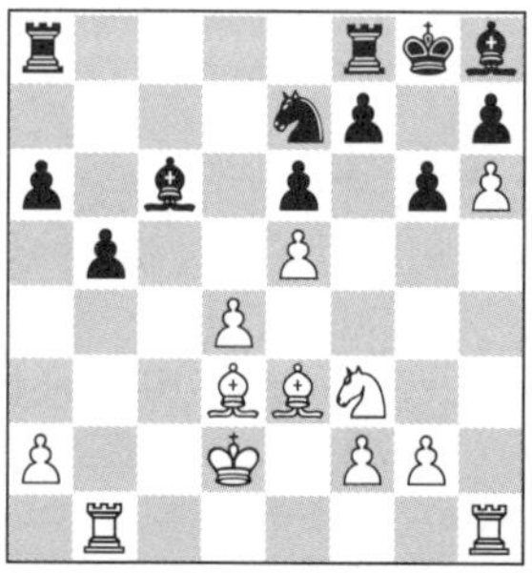

So weit ist nichts Außergewöhnliches passiert, auch wenn AlphaZero im frühen Mittelspiel einige verpflichtende Entscheidungen getroffen hat:

1. Durch 15.e5 die Diagonale h8-a1 zu blockieren und damit die Aktivität des schwarzen Königsläufers einzuschränken. Dafür hat Weiß dem schwarzen Damenläufer eine größere Reichweite einräumen und dem Gegner die Figurenfelder d5 und f5 überlassen müssen.
2. Dem Zug 15.e5 den Aufmarsch des Randbauern bis nach h6 folgen zu lassen (17.h4, 18.h5 und 19.h6), was König und Läufer von Schwarz weiter eingeengt und diesen beiden Figuren das Feld g7 genommen hat.

Diese Manöver haben beide Zeit gekostet, die Schwarz dafür genutzt hat, seine Figuren zu mobilisieren. Der Durchbruch ...f7-f6, der den schwarzfeldrigen Läufer und somit die ganze Stellung befreien würde, liegt in der Luft. AlphaZero investiert zwei Bauern, um diesen befreienden Vorstoß zu verhindern. Im darauffolgenden Geschehen wird das Spiel auf Invasion am Damenflügel mit Drohungen gegen den eingeengten schwarzen König verbunden.

20.♘g5

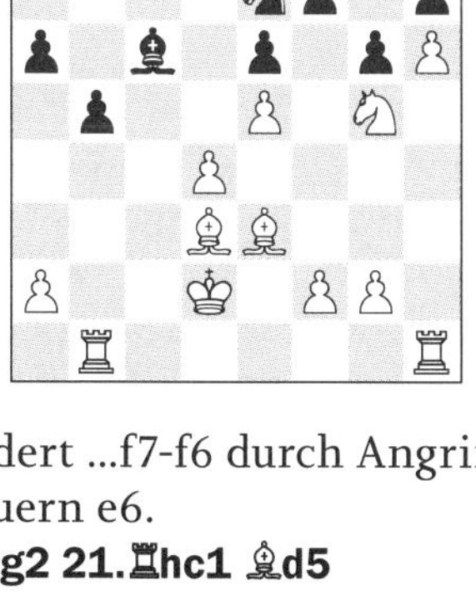

Verhindert ...f7-f6 durch Angriff auf den Bauern e6.

20...♗xg2 21.♖hc1 ♗d5

Deckt e6 und droht so die schwarze Stellung mit 22...f6 zu befreien.

22.♖c7 ♘f5

Ein logischer Zug, mit dem Schwarz den Bauern h6 angreift. Man beachte, dass ...♘xh6 nicht mit ♖h1 beantwortet werden kann, da der Läufer d5 das Feld h1 kontrolliert. 22...♘c6 war mein erster Gedanke, um zeitweilig die c-Linie zu verstellen (was Schwarz ermöglichen würde, den weißen Turm auf c7 mit ...♖ac8 zu befragen) und die Idee ...♘c6-a5-c4 ins Spiel zu bringen, was dann die c-Linie weit nachhaltiger blockieren würde. Die einzigen beiden Züge, die AlphaZero darauf ernstlich in Betracht zieht, waren 23.♖c1 und 23.f4. Ich halte den letzteren Zug für äußerst interessant, da er mich an eine Begebenheit aus der früher in diesem Kapitel analysierte Partie ***„Bring' die Türme in Aktion durch eine Bauerntransaktion"*** erinnert, wo ich die Konstellation mit ♘g5+h6 partout dazu nutzen wollte, einen Angriff vom Stapel zu lassen, während AlphaZero die Struktur unangetastet lassen und anderswo angreifen wollte. Auch hier würde ich mit 23.♘xe6 unmittelbar Kapital aus der Struktur schlagen wollen, während AlphaZero sich Züge wie 23.f4 ansieht, was die Kontrolle behält und das weiße Zentrum gegen mögliche künftige Angriffe mit ...f7-f6 sichert. All dies lässt mich denken, dass AlphaZero ungeachtet all seiner großartigen Angriffsfertigkeiten tatsächlich doch mehr dem pythonartigen Ansatz eines Anatoli Karpow als dem Feuer und Schwefel eines Garri Kasparow zugeneigt ist.

A) 23.♘xe6 stand im Zentrum meiner Aufmerksamkeit, motiviert durch ein gefährlich aussehendes taktisches Motiv gegen den schwarzen König: 23...fxe6 (23...♗xe6 24.♖xc6 sieht sehr gut für Weiß aus. Der schwarze Läufer ist weiterhin auf h8 völlig eingemauert) 24.♗xg6 (eine wundervolle Idee!) 24...♖fc8 (24... hxg6 25.h7# ...

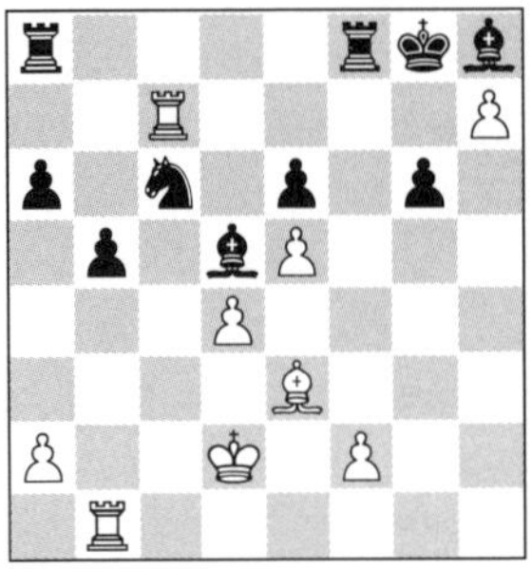

... nicht schlecht für einen gefährlichen h-Bauern!?) 25.♖xh7 ♖a7 26.♖xa7 ♘xa7 27.h7+ ♔g7 (eine kaltblütige Engine-Verteidigung. 27...♔f8 28.♗h6+ ♔e7 29.♖g1 hatte ich für gefährlich erachtet, und meine Engines stimmen mir zu) 28.♖g1 ♘c6 29.♗d3+ (29.♗e4+ ♔f7 30.♗xd5 exd5 31.♖g8 ♖xg8 32.e6+ ♔g7) 29...♔f7 30.♗g6+ (30.♗h6 ♘e7) 30...♔g7 führt laut meiner Engine zu einem Remis durch Zugwiederholung. Trotz zahlreicher Versuche konnte ich nichts Besseres finden;

B) 23.f4 ♖ac8 24.♖d7 ♖cd8 25.♖xd8 ♖xd8 26.♖c1 ♖c8. AlphaZero hält hier inne, mit einer Gewinnerwartung von 59,0%, was leicht positiv ist. Doch dies ist nicht seine Hauptvariante;

C) 23.♖c1 ♘b4 (23...♘a5 24.♘e4 ♗xa2 25.♔e2 ♗c4 26.♘d6 ist AlphaZeros Variante, mit einer Gewinnerwartung von 74,8% ungeachtet der zwei Minusbauern. Dies ist ein erster Vorgeschmack auf die Springermanöver, die wir in der Partie noch sehen werden. Für mich sah der Springer auf g5 schon stark aus, doch AlphaZero strebt nach weiterer Erhöhung der Springeraktivität) 24.a3 ♘xd3 25.♔xd3 ♗c4+ 26.♔c3 a5 27.♔b2 ♖ac8 28.♖a7 ♖a8 29.♖d7 ♖ad8 30.♖e7. AlphaZeros Variante endet hier mit einer reizenden Bewertung von 71,5% Gewinnerwartung. Ich könnte mir vorstellen, dass Weiß, wenn Schwarz weiterhin dem Turm nachstellt, am Damenflügel durchbrechen und zugleich auf der c-Linie einmarschieren würde. Doch um sicher zu sein, bat ich das AlphaZero-Team, AlphaZero erneut zu befragen. Und tatsächlich: 30...♖de8 31.♖a7 ♖a8 32.♖xa8 ♖xa8 33.a4 (dies droht 34.axb5 samt Invasion auf der siebten Reihe: Schwarz wird sich über seinen abgeschnittenen König und den passiven Läufer auf h8 totärgern!) 33...f6 34.axb5 ♗xb5 35.exf6 ♗xf6 36.♖c7 ♗xg5 37.♗xg5 ♖f8 38.♖g7+ ♔h8 39.f4 ♗e8 40.♖e7 ♗f7 41.♖a7 ♔g8 42.♗e7 ♖c8 ...

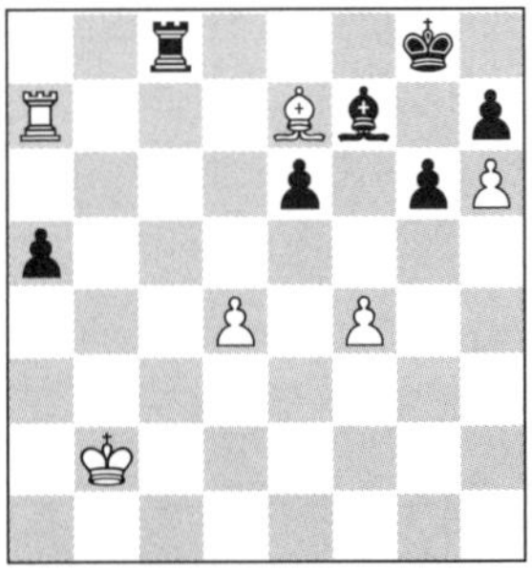

... lautete Die Hauptvariante von AlphaZeros Analyse, die mit einer Gewinnerwartung von 80,0% (60% Siege und 40% Unentschieden) bewertet wird. Das sieht nach einer fairen Einschätzung aus: Weiß wird den a-Bauern einsammeln und mit seinem König dann zum Königsflügel wandern. Schwarz braucht eine Portion Glück, um das zu überleben.

23.♘e4

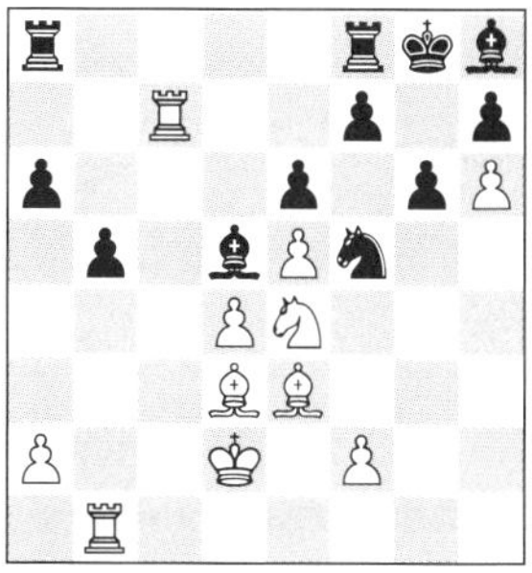

Eine erstaunliche Idee. Weiß opfert einen zweiten Bauern, um die schwarze Stellung unter Verschluss zu halten. AlphaZero gibt lieber den Bauern a2 her, anstatt den Bauern h6 zu verlieren, der die schwarzen Kräfte am Königsflügel passiv hält. Darüber hinaus hat AlphaZero einen noch erstrebenswerteren Bestimmungsort für seinen Springer ausgemacht.

23...♖fc8 24.♖bc1 ♖xc7 25.♖xc7 ♗xa2 26.♘c5 ♗d5 27.♘d7

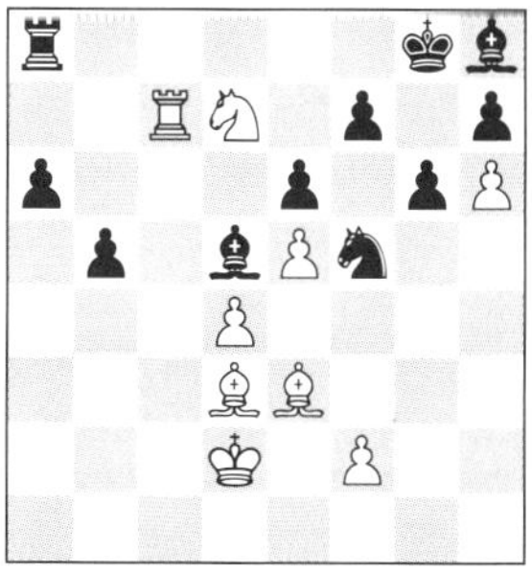

Eine verblüffende Idee. AlphaZero hat drei Züge dafür aufgewendet, um mit dem Springer durchs schwarze Lager zu schleichen, derweil der Nachziehende einen weiteren Bauern geschlagen hat und nunmehr über zwei verbundene Freibauern am Damenflügel verfügt. Und nichtsdestotrotz ist Schwarz völlig gelähmt! Von d7 aus verhindert der Springer ...f7-f6 noch effektiver, während er zugleich den schwarzen König auf g8 pattsetzt: faktisch können damit zwei Figuren von Schwarz nicht am Spiel teilnehmen. Am Damenflügel stört der Springer mit der Idee ♘b6 die Kreise des schwarzen Turms auf a8, was Schwarz erschwert, seine Damenflügelbauern in Bewegung zu setzen. ♘b6 eröffnet auch die Möglichkeit einer Vereinfachungsoperation, in deren Verlauf die Springer und die weißfeldrigen Läufer vom Brett verschwinden und Schwarz auf seinem nutzlosen Läufer auf h8 sitzenbleiben würde.

27...♘xe3

27...a5 28.♘b6 ♖b8 29.♗xf5 gxf5 30.♘xd5 exd5 31.♖a7 a4 32.f4 ...

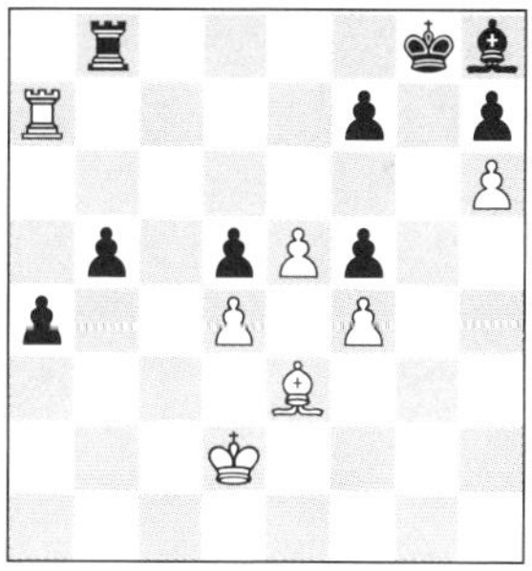

... gefolgt von ♔d2-c3-b4 sieht hoffnungslos für Schwarz aus.

28.♘b6 ♖b8 29.fxe3 ♖e8 30.♘d7 ♗f3 31.e4 ♖a8 32.♖b7

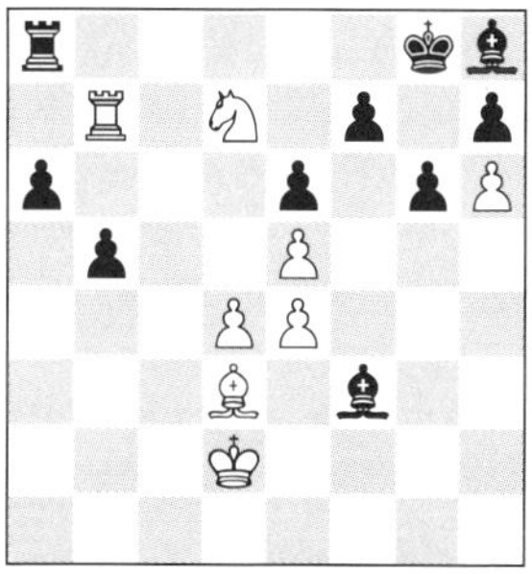

Die schwarzen Damenflügelbauern sind lahmgelegt, König und Läufer h8 können bei Schwarz nicht ziehen, der Turm darf die Grundreihe nicht verlassen, und dem weißfeldrigen Läufer gehen die Felder aus. Oh, und Weiß fasst die Möglichkeit d4-d5 ins Auge, was einen mächtigen Freibauern schaffen würde. Wie konnte all dies geschehen?

32...♗g4 33.♗b1 ♗h3 34.♔e2 g5 35.♗d3 ♗g4+ 36.♔e3 ♗d1 37.d5 exd5 38.exd5

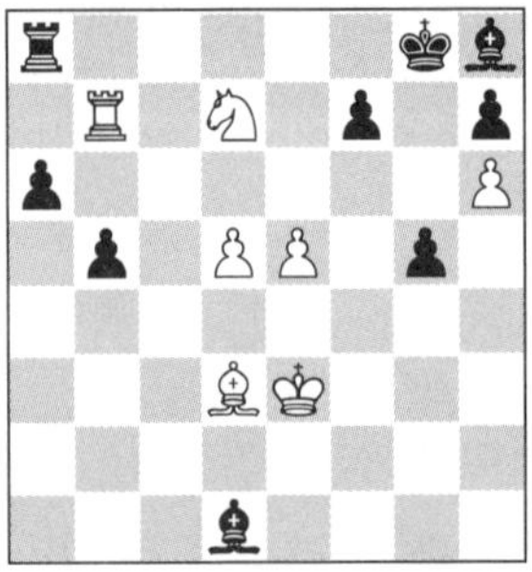

38...♖e8 39.♗e4 ♗g4 40.♘f6+ ♗xf6 41.exf6

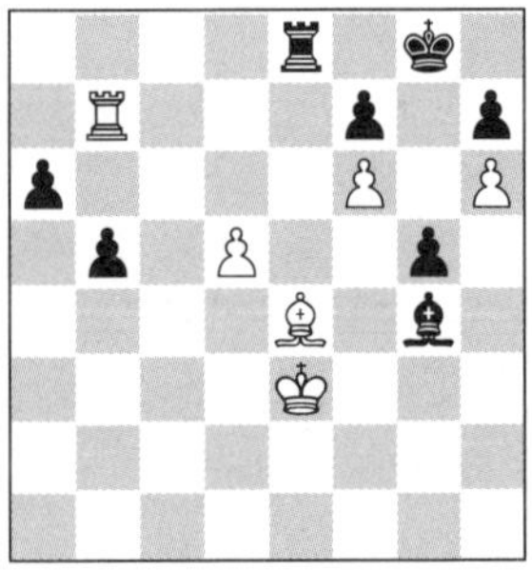

Der schwarze König erweist sich als entscheidende Schwäche, der mit seiner Passivität auch den eigenen Turm infiziert. Weiß wird einfach seinen d-Bauern heimschieben, als Zugabe wird es Drohungen gegen f7 geben.

41...b4 42.d6 b3 43.♔d4 ♖d8 44.♔e5 ♖e8+ 45.♖e7 ♖f8 46.♗d5 b2 47.♖b7 ♖e8+ 48.♔d4 1:0

Der b-Bauer fällt, und bald darauf wird sich der weiße d-Bauer umwandeln.

Abschnitt B – Die Einschränkung der Beweglichkeit der gegnerischen Kräfte um Möglichkeiten zu schaffen

In den Partien aus diesem Abschnitt verurteilt AlphaZero die gegnerischen Kräfte zur Passivität, wozu es Materialopfer und andere Techniken einsetzt.

I Mit den Bauern ersticken

Partie: „Endspiellektion"

AlphaZero bietet überraschend seinen vorgerückten a-Bauern an – der nach einem wichtigen Trumpf für das Endspiel aussah –, um die Aktivität der Figuren von Weiß einzuschränken. Dessen Springer verläuft sich, um den Bauern einzusammeln, an den Rand, der schwarzfeldrige Läufer wird durch die Bauernphalanx auf b6/c5 wie auf h4/g3 eingeengt, und vor allem ist der König zur Passivität verurteilt. AlphaZero verwertet seinen Vorteil, indem es den weißen König in der Ecke festhält und die aktiven Figuren von Stockfish abtauscht. Das Ergebnis für Stockfish ist ein nichtsnutziger Springer auf f6, ein an der Grundreihe festgenagelter Turm und ein unaufhaltsamer Freibauer auf der c-Linie, mit dem es nicht fertig wird.

Themen der Partie:

1. Materialopfer zur Reduzierung der gegnerischen Aktivität [31...c5]
2. Einschränkung der gegnerischen Aktivität durch Bauernvorstöße [31...c5, 32...g5, 33...g4, 34...g3]
3. Passive Figuren des Gegners [♔g1, ♘f6]
4. Abtausch der aktiven Figuren des Gegners, um ihn auf seinen passiven sitzenzulassen [51...♖xa1, 57...♗c5]
5. Verlaufener Springer [♘f6]

Stockfish 8
AlphaZero
London 2018

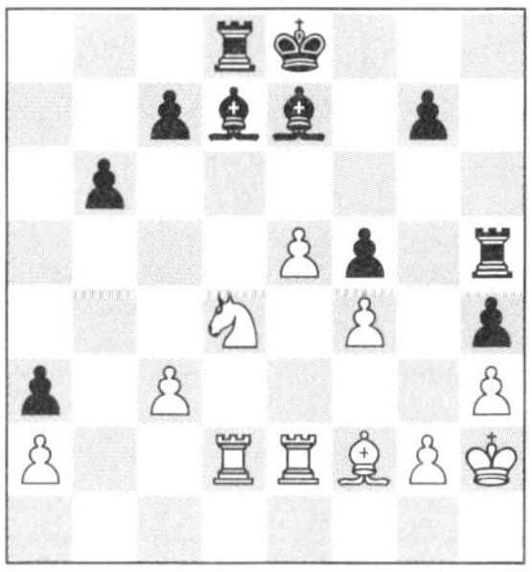

Nachdem ich AlphaZeros Spielweise schon ein wenig kannte, hätte ich hier erwartet, dass es seinen schwarzfeldrigen Läufer gegen den Springer d4 abtauschen und dann das damenlose Mittelspiel mit zwei Türmen und ungleichen Läufern spielen würde – in der Hoffnung, auf den geschwächten hellen Zentrumsfeldern eindringen und gegen den festgelegten schwachen Bauern a2 spielen zu können. Dies war wahrscheinlich kein schlechter Plan, doch AlphaZeros originelle Strategie hat mich völlig überrascht.

31...c5 32.♘c2 g5

Gibt den Bauern a3 her, der in meinen Augen einer der größten Aktivposten von Schwarz war!

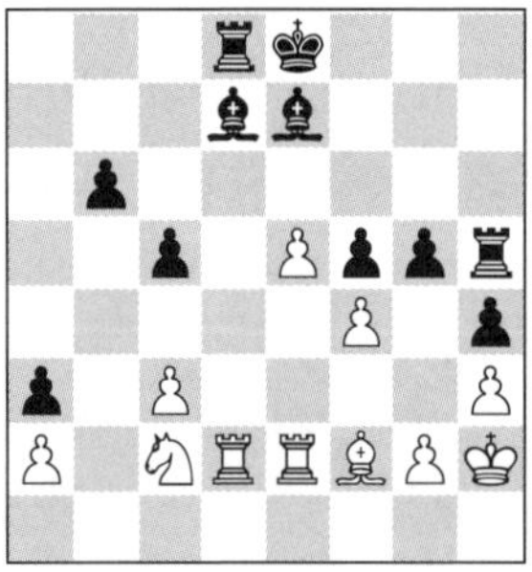

AlphaZero gibt seinen Schatz jedoch im Tausch für eine Reihe anderer dynamischer Vorteile.

33.♘xa3 g4 34.♔g1 g3

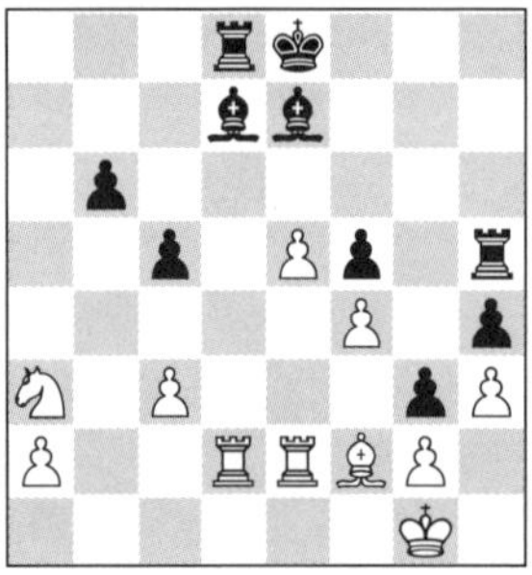

Mit diesem Manöver hat Schwarz noch mehr Raum am Königsflügel gewonnen und die Bewegungsfreiheit des weißen Königs und Läufers ernsthaft eingeschränkt.

Durch das Opfer des a-Bauern hat Schwarz einen zusätzlichen Einbruchskanal in die weiße Stellung erlangt: die a-Linie.

35.♗e3 ♖a8 36.♘c4 ♖h6 37.♖b2 ♖a6

Weiß ist keineswegs hilflos, da die schwarze Stellung reichlich gedehnt ist und AlphaZero mit seinen begrenzten Kräften eine Menge Felder überwachen muss. AlphaZero scheint jedoch alles unter Kontrolle zu haben, und es neutralisiert zunächst die zeitweilige Aktivität von Weiß, bevor es Weiß weiter zurückdrängt und sich all den Raum zurückholt, den Weiß sich genommen hat.

38.♗c1 b5 39.♘e3 ♖a4 40.c4

40.♘d5 machte auf mich einen natürlicheren Eindruck. Doch ein wenig Herumspielen mit den Engines brachte nichts zum Vorschein, was klarem Ausgleich ähnlich sieht: 40...♗d8 41.♘f6+ ♗xf6 42.exf6+ ♔d8 43.f7 ♖f6 44.♖e5 ♖xf7 45.♖xc5 ♖e7 46.♖e5 ♖e4 ist aufgrund der schwachen Grundreihe weiterhin problematisch für Weiß: 47.♔f1 ♖7xe5 48.fxe5 ♗e6, und der weiße König entkommt nicht: es folgt ...♗c4+.

40...bxc4 41.♘d5 c3 42.♘xc3 ♖c4 43.♗d2 ♖c6 44.♔f1 ♗e6 45.♖b1 ♖b4 46.♖ee1 ♗c4+

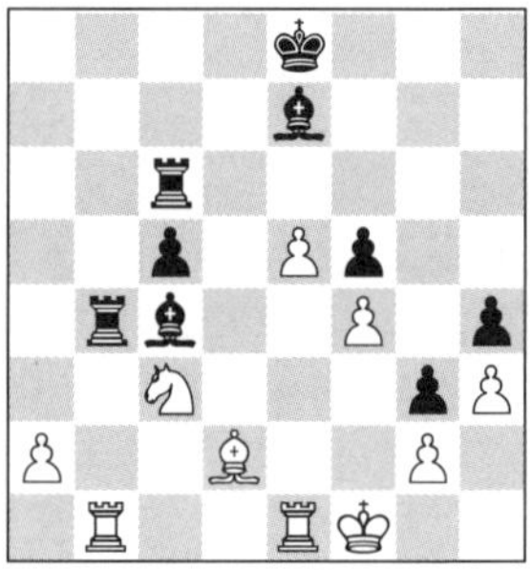

AlphaZeros Figuren rücken unerbittlich vor, was den Unterschied zwischen der Aktivität der beiderseitigen Kräfte weiter unterstreicht. 46...♗c4+ schließt den weißen König in seinem Käfig am Königsflügel ein: der Läufer verhindert, dass der König via f1-e2 entkommt, derweil der g-Bauer f2 und h2 kontrolliert.

47.♔g1 ♖c8 48.♖bc1 ♗d3 49.♘d5 ♖b2 50.♗c3 ♖xa2 51.♖a1 ♖xa1

Typisch AlphaZero: es tauscht die aktiven Figuren ab, um den Gegner auf passiven Figuren sitzenzulassen: im Zug 57 wird dies erneut illustriert.

52.♗xa1 c4 53.♘f6+ ♔d8 54.♗c3 ♖b8 55.♗d4 ♗b4 56.♖d1 ♖b5 57.♔h1 ♗c5 0:1

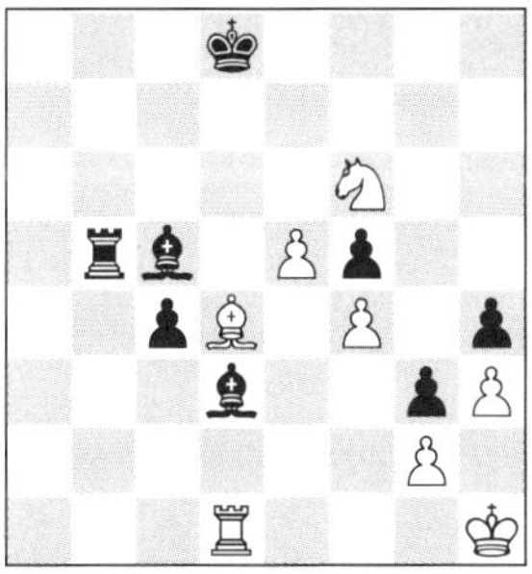

Der auf einsamen Fuß stehende Springer von Weiß – der von seinem Stützpunkt auf f6 nichts zum Kampf gegen den c-Bauern beiträgt – und der eingesperrte König legen Zeugnis von der Großartigkeit der Strategie AlphaZeros ab. Der c-Bauer ist unaufhaltbar! 57...♗c5 58.♗xc5 ♖xc5 59.♔g1 ♔e7 60.♔h1 c3 gewinnt.

HISTORISCHES GEGENSTÜCK
Magnus Carlsens Grünfeld-Behandlung

Diese Begegnung zwischen dem damals erst 17-jährigen derzeitigen Weltmeister Magnus Carlsen und dem ukrainischen Genie Wassili Iwantschuk demonstriert Themen aus AlphaZeros Grünfeld-Indisch-Partien wie auch aus anderen Beispielen, in denen AlphaZero sein Spiel am Königsflügel entfaltete, derweil Stockfishs Spiel am Damenflügel nie richtig in die Gänge kam. Insbesondere der Spurwechsel mit 23.♕c1, durch den die Invasion just dort, wo Schwarz eigentlich der Stärkere sein sollte, eingeleitet wurde, erinnert mich an AlphaZero.

Magnus Carlsen 2690
Wassili Iwantschuk 2750
Morelia/Linares 2007 (11)

1.d4 ♘f6 2.c4 g6 3.♘c3 d5 4.cxd5 ♘xd5 5.e4 ♘xc3 6.bxc3 ♗g7 7.♗c4 c5 8.♘e2 ♘c6 9.♗e3 0-0 10.0-0 ♘a5 11.♗d3 b6 12.♖c1 cxd4 13.cxd4 e6 14.♕d2 ♗b7

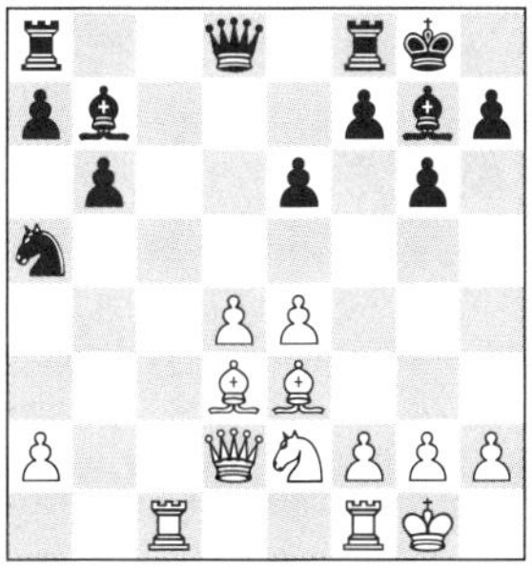

Es ist eine typische Grünfeld-Struktur entstanden, in der Schwarz als Gegengewicht zu dem starken Zentrum von Weiß über eine Bauernmehrheit am Damenflügel verfügt. Das größte Problem für Schwarz ist, einen guten Posten für seinen Springer zu finden, der im frühen Mittelspiel gerne mal ein wenig herumgammelt (wie hier auf a5). Ein weniger augenfälliges Problem für Schwarz ist die leichte Schwächung seines Königsflügels durch den Abtausch des Königsspringers in Zug fünf.

15.h4

Der junge Carlsen spielt einen Zug, der auch AlphaZero gefällt! Der weiße h-Bauer übt Druck auf den schwarzen Königsflügel aus.

15...♕e7

Der Bauer ist vergiftet: 15...♕xh4 16.♗g5 ♕h5 17.♘g3 ♕g4 18.♗e2. 15...♕d7 ist hier der Standardzug. Die Dame assistiert beim Tausch der Türme auf der c-Linie, verliert jedoch die dunklen Felder am Königsflügel ein wenig aus den Augen. In einer hochkarätigen Partie folgte 16.h5 ♖fc8 17.♖fd1 ♖xc1 18.♖xc1 ♖c8 19.♖xc8+ ♕xc8 20.♗h6 ♗xh6 21.♕xh6 ♗a6 22.♕d2 ♗xd3 23.♕xd3

♔g7 24.♕d2 f6 25.e5 ♘c6 26.exf6+ ♔xf6 27.♕h6 mit klarem Vorteil, Kir. Georgiew - Bukawschin, Aix-les-Bains 2011.

16.h5 ♖fc8 17.e5

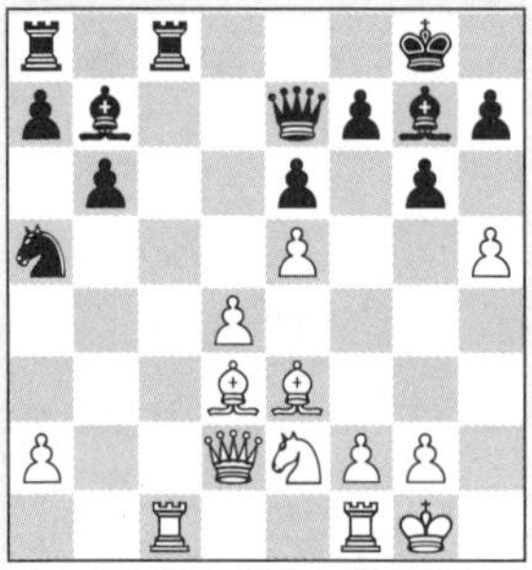

Wir haben diese Idee in AlphaZeros Grünfeld-Partien gleichfalls gesehen: der Bauer e5 hemmt die Aktivität des schwarzen Läufers auf g7 und fixiert zugleich die schwarzfeldrigen Felderschwächen an diesem Flügel, indem er auf f6 einen Stützpunkt für einen Läufer oder Springer von Weiß schafft.

17...♖xc1 18.♖xc1 ♖c8 19.♖xc8+

AlphaZero wählt in dieser Stellung denselben Ansatz! Der Abtausch der Türme verhindert, dass der Springer a5 wieder aktiv wird (ein Zug wie 19.♖d1 würde mit 19...♘c4 beantwortet) und erlaubt Weiß, sein Angriffstempo beizubehalten.

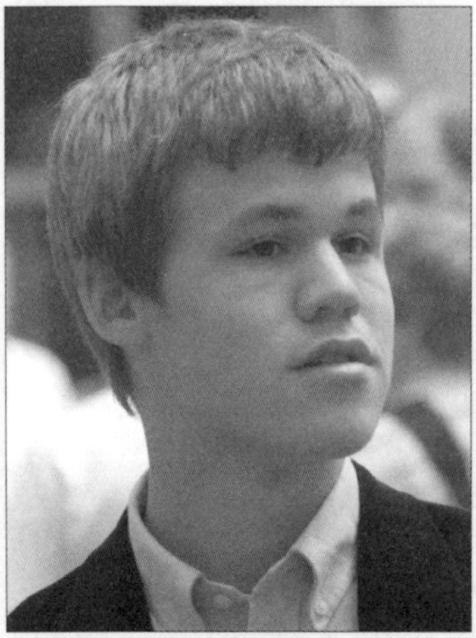

Magnus Carlsen: Ein AlphaZero-artiger Spurwechsel mit 17.

19...♗xc8 20.♗g5 ♕c7 21.♗f6 ♘c6 22.♕g5

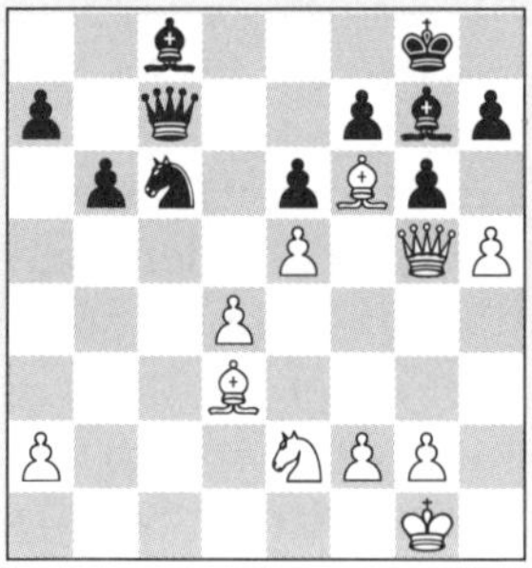

Ein kraftvoller Zug, der 23.♗xg7 nebst 24.h6+ droht. Der vorgerückte h-Bauer wird im AlphaZero-Stil eingesetzt, um die dunklen Felder rund um den schwarzen König anzuvisieren.

22...h6 23.♕c1

Ein fantastischer Spurwechsel! Schwarz muss seinen Königsflügel verteidigen (den er mit 22...h6 schwächen musste), doch dadurch ergibt sich für Weiß die taktische Möglichkeit, die Fesselung des schwarzen Springers auf der offenen c-Linie auszunutzen. Diese Linie, die ursprünglich dem Schwarzen Gegenspiel sichern sollte, wird nun zum entscheidenden Einbruchskanal für Weiß – wie es so oft geschieht, wenn eine Seite über die viel größere Beweglichkeit verfügt.

23...g5 24.♗b5 ♗d7 25.d5 exd5 26.♘d4

Gewinnt eine Figur.

26...♗xf6 27.exf6 ♕d6 28.♗xc6 ♕xf6 29.♗xd7 ♕xd4 30.g3 ♕c5 31.♕xc5 bxc5 32.♗c6 d4 33.♗b5 ♔f8 34.f4 gxf4 35.gxf4 1:0

II Einschränkung der Beweglichkeit der Dame

Wie wir im Kapitel zur „Verteidigung“ erörtern werden, ist Stockfish sehr geschickt dabei, seine Dame einzusetzen, um den gegnerischen Angriffsaufbau aufzuhalten.
Hierfür wildert die Dame unter den gegnerischen Figuren und stiftet Verwirrung. Die Partie ***„Dank einer Linie am Damenflügel den Königsflügel verteidigen“*** ist ein treffliches Beispiel hierfür.
Es wurde zu einem beherrschendes Thema der im Dezember 2017 veröffentlichten Partien, wie es AlphaZero gelang, Stockfishs Dame völlig kaltzustellen.
Sehen wir eine dieser Partien:

Partie: „Tollkühne Türme“

Eine seltene Begebenheit: im Mittelspiel ist die schwarze Dame in der Ecke eingesperrt und hat nur noch zwei legale Züge.

Themen der Partie:

1. Materialopfer zur Reduzierung der gegnerischen Aktivität [47.♖xc5]
2. Passive Figuren des Gegners [♕h8]

AlphaZero
Stockfish 8
London 2017

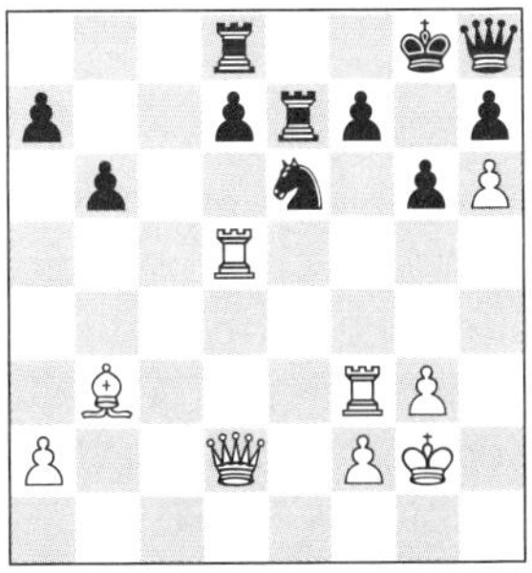

Schwarz stand unter Druck, seitdem Weiß in der Eröffnung einen Bauern geopfert hatte. Der seltsame Zug 45...♕h8 ist auch nach sechs Stunden und mehr Rechenzeit die Wahl meiner Engines. AlphaZero findet einen zauberhaften Weg, der die Dame ihren Rückzug in die Ecke bereuen lässt.

46.♕b4 ♘c5 47.♖xc5 bxc5 48.♕h4 ♖de8 49.♖f6 ♖f8 50.♕f4

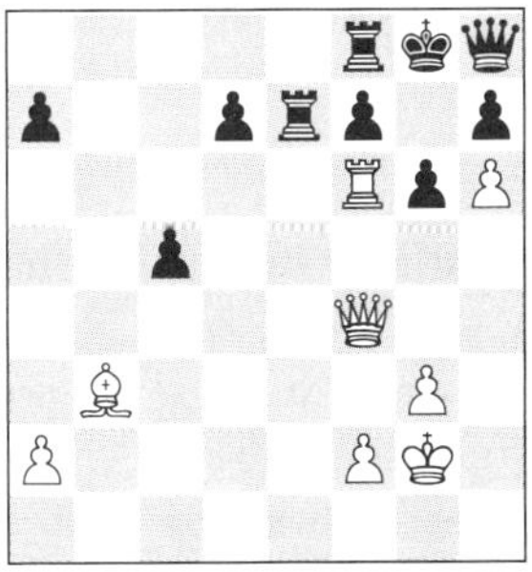

Die schwarze Dame ist komplett eingesperrt. Schwarz kann nur noch Herumsitzen und sein Schicksal abwarten.

50...a5 51.g4 d5 52.♗xd5 ♖d7 53.♗c4 a4 54.g5 a3 55.♕f3 ♖c7 56.♕xa3 ♕xf6 57.gxf6 ♖fc8 58.♕d3 ♖f8 59.♕d6 ♖fc8 60.a4 1:0

HISTORISCHES GEGENSTÜCK

Judit Polgars ♕f6!

Der verblüffende Zug 49.♖f6 erinnert mich an eine von Judit Polgar – bis zu ihrem Rücktritt in der Weltelite angesiedelt – gegen den französischen Großmeister Laurent Fressinet gezeigte Idee. Die folgende Stellung wurde nach 24 spannenden Zügen in einem Najdorf-Sizilianer erreicht:

Judit Polgar 2656
Laurent Fressinet 2536
Olympiade Istanbul 2000 (9)

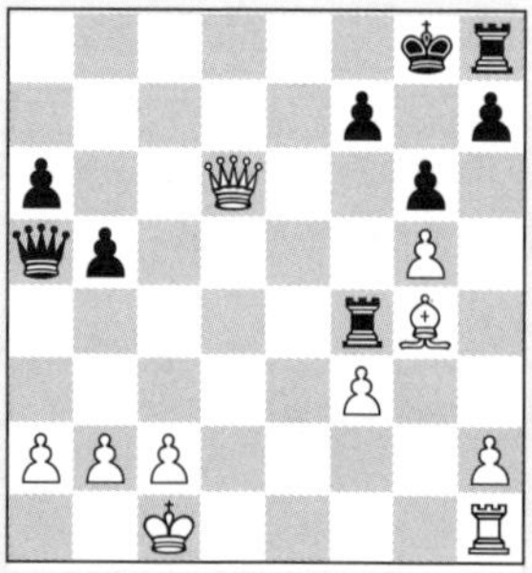

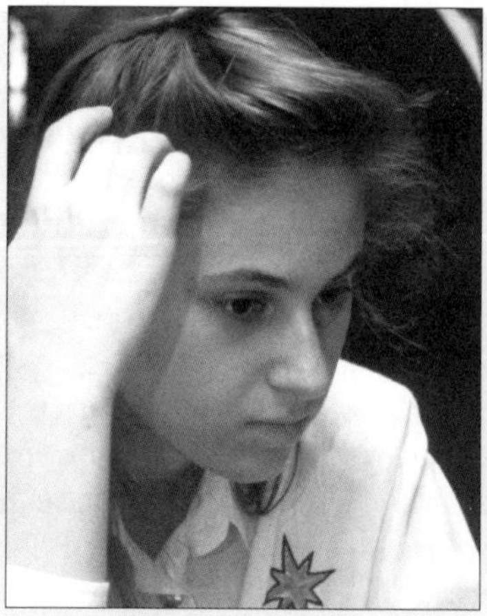

Judit Polgar steckte in einem erstaunlichen Schlussspiel den schwarzen König in einen Käfig.

24...♖c4
Wie Judit Polgar im zweiten Band ihrer Sammlung Bester Partien ausführt, dachte sie hier 32 Minuten lang nach, was die Schwierigkeit der vor ihr stehenden Aufgabe illustriert.
25.♕b8+ ♔g7 26.♕e5+ ♔g8

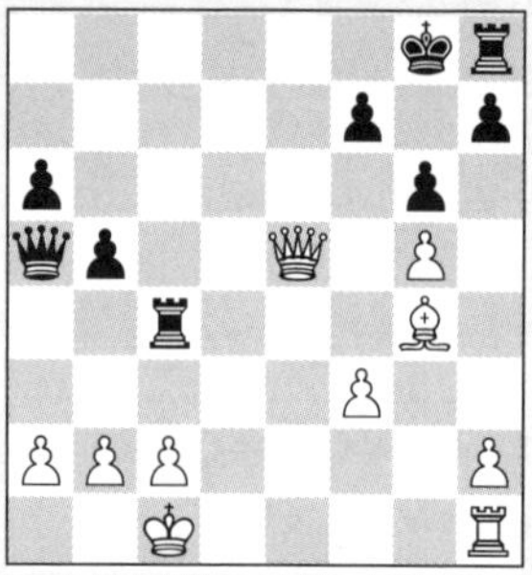

27.♕f6
Ein fantastischer Zug. Die Dame nagelt den schwarzen König sowie den Turm h8 völlig fest, derweil ♖h1-d1-d8+ vorbereitet wird. Der entscheidende Unterschied zu 27.♖d1 wird in der Partie nach 27...♕c7 deutlich.

A) 27.♖d1, was Judit zunächst spielen wollte, scheitert an 27...♕c7 28.♕f6 ♕f4+ 29.♔b1 ♕xf6, wonach die Dame d8 kontrolliert und so das Zwischenschach 30.♖d8+ verhindert;

B) 27.♖e1 war Judits nächste Idee, doch nach eingehender Prüfung kam sie zu dem Schluss, dass 27...♖c5 das Zusammenwirken der weißen Figuren zerstört und die Kontrolle über e5 übernimmt: der Turm kann wegen des Matts auf e1 nicht geschlagen werden. Doch dann wurde ihr taktisches Genie geweckt!

27...♕c7 28.♖e1 ♕c6
Warum funktioniert 28...♕f4+ nicht? Nun, im Unterschied zu 27.♖d1 steht der Turm nun auf e1, weswegen Weiß nach 29.♔b1 ♕xf6 den Zug 30.♖e8+ zwischenschalten kann, was nach 30...♔g7 31.gxf6+ ♔xf6 32.♖xh8 eine Figur gewinnt. Wundervoller taktischer Einfallsreichtum!
Die Verteidigung in der Partie funktionierte gleichfalls nicht.
29.♗e6 fxe6 30.♖d1
Schwarz gab auf, da 30...♕e8 31.♖d8 ♕xd8 32.♕xd8+ ♔g7 33.♕f6+ ♔g8 34.♕xe6+ ♔g7 35.♕f6+ ♔g8 36.♕xa6 zu einer weißen Gewinnstellung führt, mit der Dame und drei mächtigen Freibauern am Damenflügel.
Ein erstaunliches Finale!

III Passiver König

Wir haben schon einige Partien gesehen, in denen es AlphaZero gelang, dem gegnerischen König so die Luft abzuschnüren, dass dieser sich nicht mehr am Kampf beteiligen konnte. Das folgende Beispiel zeigt diese Strategie in Reinkultur.

Partie: „Unerbittliches Einschnüren“

Stockfishs Eröffnungsspiel ist zwar etwas passiv, doch nicht katastrophal. Doch beginnend mit Zug 14 rückt AlphaZero unerbittlich vor, und Stockfish ist außerstande, das Geschehen aufzuhalten. Die Schlussstellung illustriert den Gegensatz zwischen einem auf die Grundreihe festgenagelten schwarzen König, der an die Verteidigung des schwachen Bauern auf h7 gebunden ist, und einem weißen König, der im Begriff steht, mit ♔e5 ins gegnerische Lager einzumarschieren.

Themen der Partie:

1. Abtausch der aktiven Figuren des Gegners, um ihn auf seinen passiven sitzenzulassen [40.♕c6]
2. Den gegnerischen König in der Ecke festgenagelt halten [46.f6]

AlphaZero
Stockfish 8
London 2018

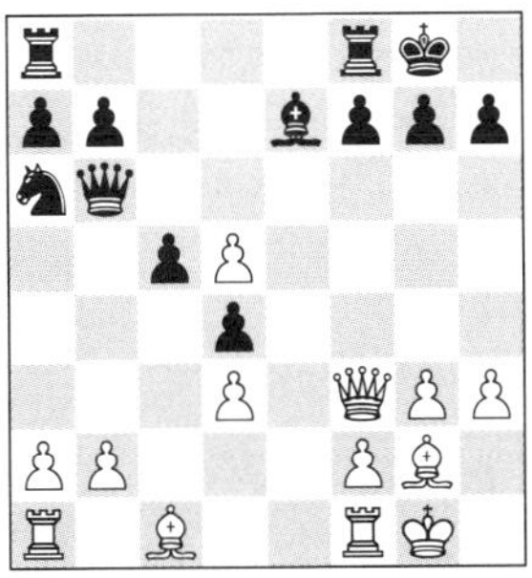

Dies ist nicht gerade eine sehr spektakuläre Partie, dennoch hat sie mich sehr beeindruckt. Stockfishs Eröffnungsspiel war „computermäßig“: ...♕b6 war ungewöhnlich, während der Abtausch des weißfeldrigen Läufers auf f3 dem Anziehenden das Läuferpaar gegeben und der schwarzen Stellung etwas die Elastizität genommen hat. Über den Springer auf a6, der kaum aktiv werden kann, bin ich auch nicht so glücklich.
AlphaZeros Spiel ist hingegen natürlich und direkt, es greift sich kontinuierlich Raum und trocknet die Aktivität der schwarzen Figuren aus. Es wirkt alles so mühelos, und dennoch gibt es nichts, was Stockfish dagegen hätte tun können!

14.h4 ♗d6 15.h5 ♕d8

Schwarz ist nicht willens, den Vormarsch des h-Bauern mit 15...h6 zu stoppen, da dies die hellen Felder am Königsflügel schwächen und dem Weißen die zusätzliche Angriffsoption ♕f5 nebst ♗c4 geben würde.

16.h6 g6

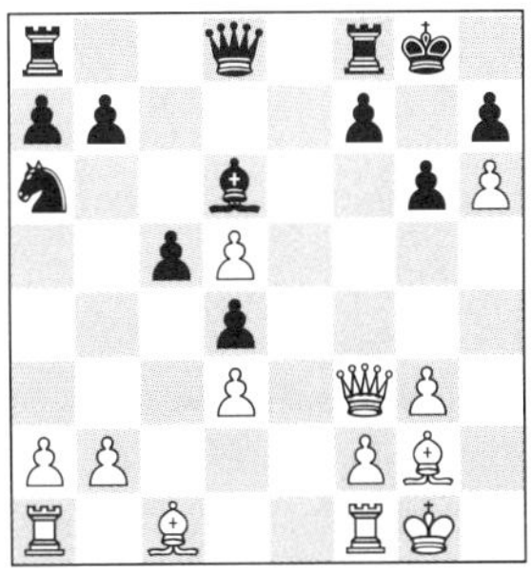

AlphaZeros Randbauernmarsch hat die dunklen Felder am schwarzen Königsflügel geschwächt, was den Verteidiger bindet und den König von Schwarz einengt. Der nächste Schritt von AlphaZero ist, seine Entwicklung abzuschließen.

17.♖e1 ♘c7 18.♗d2 a5
18...b5 war der Zug, nach dem das Publikum verlangt hatte, doch wir werden gleich den Grund für Stockfishs 18...a5 sehen: 19.b4 cxb4 20.♖ac1 wäre danach sehr problematisch für Schwarz. Der weiße Turm wird auf c6 eindringen und die weiße Dame nach g4 gehen, um d4 abzuholen.

19.a4
18...a5 war zwar hässlich, aber notwendig. Indes wird Schwarz nach 19.a4 nie mehr Gegenspiel am Damenflügel erlangen.

19...b6 20.♖e2 ♖e8 21.♖xe8+ ♘xe8 22.♖e1

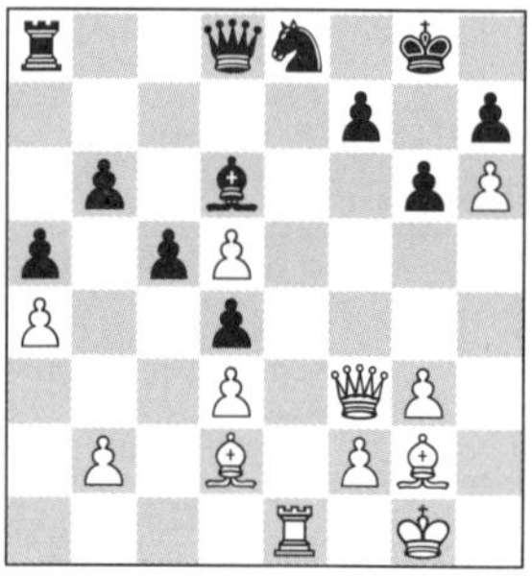

Weiß kontrolliert zwar die e-Linie, kann auf dieser jedoch nicht unmittelbar durchbrechen. Mithin verstärkt AlphaZero seine Stellung Schritt für Schritt, ganz im Stil von Magnus Carlsen.

22...♖b8 23.b3 ♘c7 24.♖e2 ♖a8 25.♔f1 ♖b8 26.♗h3 ♖a8 27.♖e4 ♖b8
27...♘xd5 28.♖e1 ♘c7 29.♕c6 wäre sehr unerfreulich. Der Bauer d5 schützt Schwarz davor, dass Weiß über die hellen Felder einmarschiert.

28.♖e1 ♖a8 29.♗c1 ♖b8 30.♖e2 ♗f8 31.♖e5 ♗d6 32.♖e1 ♗f8 33.♗g2 ♗d6 34.♗d2 ♖c8 35.♗f4 ♕d7
Schwarz hält sich weiter über Wasser. Ein aktiver Zug wie 35...f5 würde auf 36.g4 treffen, wonach sich auf der Diagonalen h3-c8 ein weiterer Einbruchskanal für die weißen Figuren öffnet.

36.g4

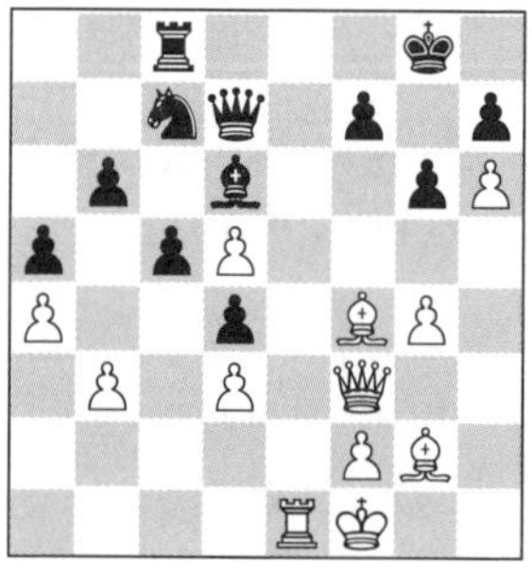

Nach einiger Manövriererei setzt AlphaZero dazu an, sich der dunklen Felder am Königsflügel zu bemächtigen, gegebenenfalls mit späterem g4-g5.

36...♖e8 37.♖e4 ♖d8 38.♗g5 ♖e8 39.♕f6
Ganz plötzlich fällt die schwarze Stellung, die doch so solide aussah, zusammen.

39...♗f8 40.♕c6 ♕xc6 41.dxc6 ♗d6 42.f4 ♔f8 43.f5 gxf5 44.gxf5 ♖xe4 45.♗xe4 ♗e5 46.f6 ♔g8 47.♗f5

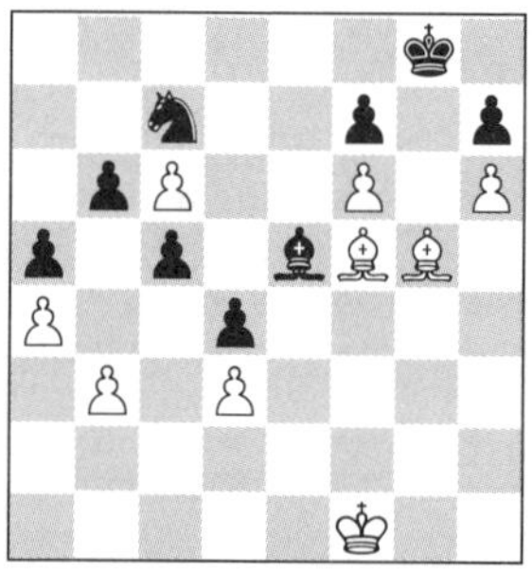

Einmal mehr sehen wir die Kraft eines Randbauernmarsches:
der schwarze König ist an die Verteidigung des Bauern h7 gebunden, womit der weiße König frei herumstreifen darf. Schwarz ist verloren.

47...♘e8 48.♔f2 ♗c7 49.♔f3 ♗b8 50.♗f4 ♗xf4 51.♔xf4 1:0

Abschnitt C – Die Festung mit Materialopfern aufbrechen

Ein häufiges Szenario im Spiel zwischen AlphaZero und Stockfish ist, dass AlphaZero mit seinem dynamischen Spiel Stockfish in eine passive Lage drängt, Stockfish dann jedoch einen tollen Job in der Verteidigung macht – es hält unter scheinbar unmöglichen Umständen dem Druck stand und sorgt dafür, dass AlphaZero keinen Fuß in die Tür stellt. In einigen Partien war es überhaupt nicht klar, wie AlphaZero jemals Stockfishs hartnäckigen Widerstand brechen würde. Doch es schien, als hätte AlphaZero immer ein weiteres Opfer eingeplant, um Stockfish schließlich über die Klippe stoßen zu können.

Partie: „Abtausch aller Verteidiger der dunklen Felder“

AlphaZero
Stockfish 8
London 2018

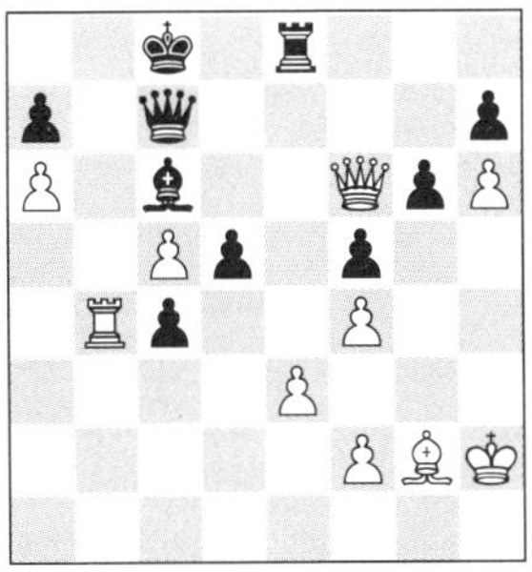

Eine bemerkenswerte Partie, in der AlphaZero schon in einer frühen Phase die Vorherrschaft über die dunklen Felder in Stockfishs Lager übernommen hatte und diese schließlich über das ganze Brett ausdehnte.

Themen der Partie:
1. Sicherere Stellung des Königs
2. Die durch einen Vorstoß des Randbauern nach h6 festgelegte Schwäche des Bauern h7
3. Die Festung mit Materialopfern aufbrechen

59.♗f3
Es ist erstaunlich, was Weiß schon alles erreicht hat, ohne dass die schwarze Stellung völlig auseinanderfällt! Weiß hat:
1. Randbauern auf a6 und h6, die den Schwerfiguren Vorposten auf b7 und g7 verschaffen und zugleich auch die Angriffsziele auf a7 und h7 fürs Endspiel festlegen (erobere einen dieser Bauern, und der eigene Randbauer wird sich umwandeln!).
2. die Herrschaft über die offene b-Linie.
3. die Erlaubnis für die weiße Dame, am Königsflügel und auf den dunklen Zentrumsfeldern umherzustreunern.
4. die weitaus überlegene Leichtfigur.

Schwarz hat in dieser Stellung lediglich vier vernünftige Züge – ...♗a8, ...♕d7, ...♖e7 und ...♖d8. Trotzdem sieht man nicht so ohne weiteres, wie Weiß die Sache erledigen wird. Schwarz verteidigt die Einbruchsfelder b6, b7 und b8 auf der b-Linie, während die weiße Dame auf sich allein gestellt keinen Durchbruch am Königsflügel inszenieren kann.

Pläne wie etwa den weißen König nach d4 oder g5 zu bringen können erwogen werden, strapazieren aber die Nerven zu sehr!
Dann fragte ich mich, warum AlphaZero seinen Turm auf das seltsame Feld b4 gestellt hat. Und ein Gedankenblitz durchzuckte mich. Nichtsdestotrotz benötigte ich die Rechenkraft der Engines, um die Idee auch zu verwirklichen.

59...♖d8

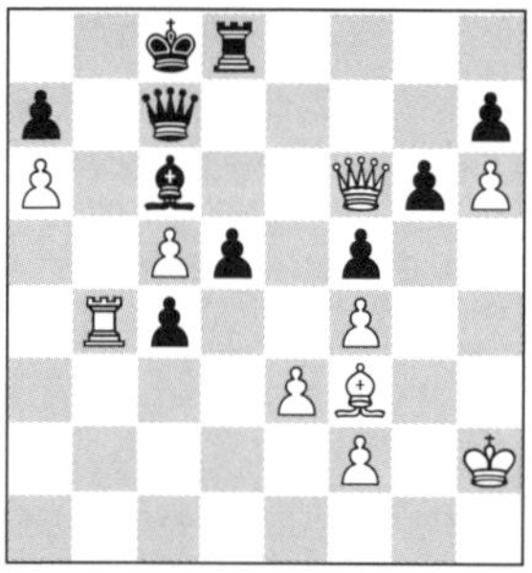

60.♖xc4

Wenn Stockfish einmal zur Passivität verurteilt ist, greift AlphaZero häufig zu einem Qualitätsopfer, um durchzubrechen.

60...dxc4 61.♗xc6

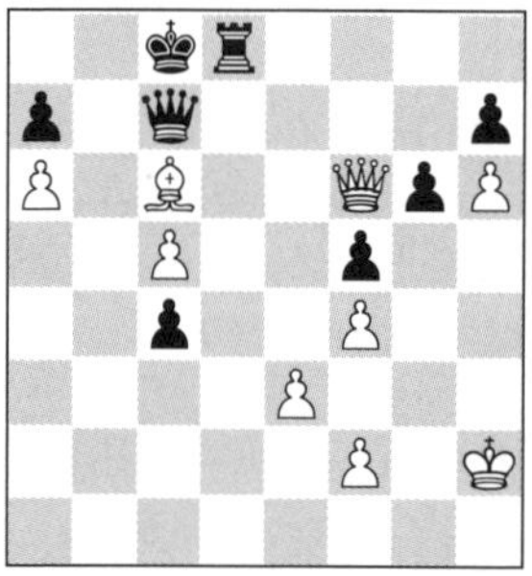

Die Stellung sah für mich sehr vielversprechend aus. Trotzdem gelang es mir nicht, gegen die natürlichsten Verteidigungszüge von Schwarz auch einen Gewinnweg auszuarbeiten. Doch meine Engines konnten es!

61...♖d2

Das Qualitätsopfer hat dem schwarzen Turm zwar einige Felder genommen, dafür aber auch drei neue auf der geöffneten d-Linie gegeben. Zu prüfen sind folgende Verteidigungszüge:

A) 61...c3 62.♕e6+ ♖d7 (auf 62...♔b8 gewinnt 63.♕b3+ ♔c8 64.♗b7+ ♔b8 (64...♔d7 65.♕f7# wäre ein hübsches Matt!) 65.♗d5+ ♔c8 66.♗e6+) war eine Verteidigung, die mir viel Angst einjagte. Doch der c-Bauer erweist sich zwar als gefährlich, aber nicht als gefährlich genug!) 63.♗xd7+ ♕xd7 64.♕b3 ♕d2 65.♔g2 c2 66.♕b7+ ♔d8 67.♕a8+ ♔e7 68.♕xa7+ (wie wir bereits zuvor gesagt haben: sobald einmal a7 fällt, wird sich der Bauer a6 als sehr nützlich erweisen) 68...♔f6 69.♕b6+ ♔e7 70.♕b7+ ♔e6 71.♕b3+ ♔e7 72.a7 ♕d1 (droht 73...♕g4+ mit Remis) 73.♕xc2 ♕xc2 74.a8♕ ♕xc5 75.♕b7+ ♔e6 76.♕xh7. Jetzt kommt der andere Randbauer sehr gut gelegen!;

B) 61...♖d1 62.♕e6+ ♔b8 63.♗d5 ♕xc5 64.♕e5+ ♕c7 65.♕b2+ ♕b6 66.♕h8+ ♔c7 67.♕xh7+ ♔d6 68.♕xg6+ ♔xd5 69.♕xb6 axb6 70.h7 mit Gewinn!

62.♕e6+ ♔b8 63.♗d5

Schneidet den Turm von der Verteidigung der Grundreihe ab.

63...♕xc5

63...♖xf2+ 64.♔g3 ♖a2 65.♕e8+ ♕c8 66.♕b5+ ♔c7 67.♕c6+ ♔b8 68.♕a8+ ♔c7 69.♕xa7+ ♔d8 70.♕xh7 – erneut diese Randbauern! Weiß gewinnt leicht!

64.♕e5+ ♕c7

64...♔c8 65.♗b7+.

65.♕e8+ ♕c8 66.♕b5+ ♔c7 67.♕a5+

Sammelt den Turm auf d2 ein! Erstaunliche Geometrie!

Analyse der Beweglichkeit des Königs von AlphaZero und Stockfish

Wir runden dieses Kapitel mit einer Betrachtung der Königsbeweglichkeit von AlphaZero und Stockfish ab. Dieser kurze Abschnitt ergänzt die Analyse einzelner Partien mit Beobachtungen bezüglich der Königsbeweglichkeit über die gesamte Datenbank hinweg. Der Grund, warum wir ausgerechnet die Beweglichkeit des Königs ausgewählt haben, liegt u.a. an der Einfachheit: der König ist die einzige Figur, die niemals durch Abtausch vom Brett verschwindet. Darüber hinaus geben uns die Beobachtungen aus diesem Kapitel den starken Hinweis darauf, dass AlphaZero sowohl die eigene Königsbeweglichkeit schätzt wie auch die des Gegners mit aktiven Maßnahmen einzuschränken sucht.

Um dies auch grafisch zu veranschaulichen, nahmen wir alle Partien zwischen AlphaZero und Stockfish aus der Datenbank und trugen bei jedem Zug die Anzahl legaler Königszüge auf. Zu Vergleichszwecken trugen wir auch die Anzahl der legalen Königszüge beim TCEC-Superfinale der Serie 11 auf (dem Finale der Computerweltmeisterschaft 2018 zwischen Stockfish und Houdini).

Jedes der folgenden Schaubilder hat vier Linien, die die Durchschnittsanzahl der Königszüge bei jedem Zug für Weiß und Schwarz darstellen. Ganz gewiss zeigt das Schaubild einen markanten Unterschied zwischen AlphaZero und Stockfish (das erste Schaubild gleich hierunter), doch nicht zwischen Stockfish und Houdini (das zweite Schaubild weiter unten):

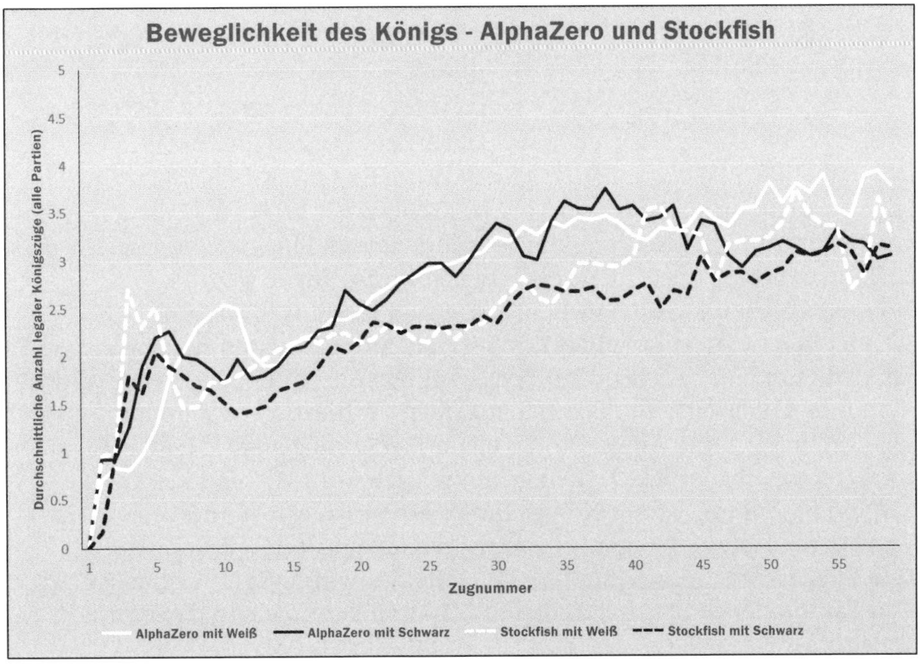

Im obigen Schaubild beziehen sich die durchgezogenen weißen und schwarzen Linien auf AlphaZero mit Weiß und Schwarz. Die gepunkteten weißen und schwarzen Linien sind Stockfish mit Weiß und Schwarz. Der spannende Teil des Schaubildes befindet sich zwischen Zug 20 und 40, wo AlphaZero einen beträchtlichen Vorsprung bezüglich der dem König zur Verfügung stehenden legalen Züge aufbaut.

Bei derselben Analyse, doch diesmal mit den Partien zwischen Stockfish und Houdini, ergibt sich kein signifikanter Unterschied zwischen den Engines, obgleich Houdini eine leicht erhöhte Königsbeweglichkeit mit Weiß und eine leicht erniedrigte mit Schwarz zeigt.

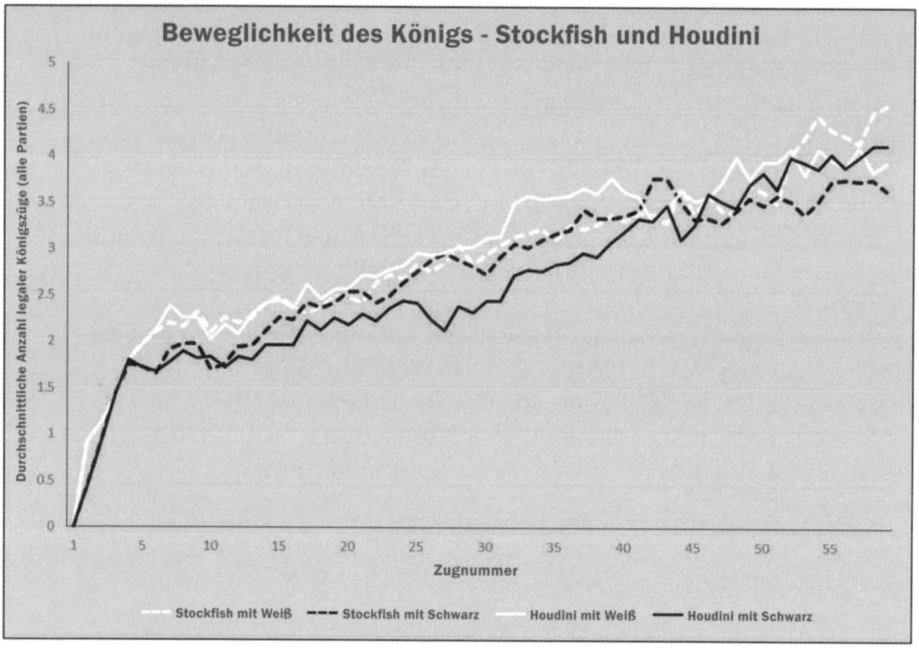

Der hauptsächliche Unterschied scheint darin zu liegen, dass Stockfish, während es bei den Partien gegen Houdini zu 3 bis 3,5 Königszügen tendiert, beim Spiel gegen AlphaZero nur auf 2,5 bis 3 kommt. Dies würde unsere Theorie untermauern, dass AlphaZero es darauf anlegt, den gegnerischen König einzuengen.

Wie wir gesehen haben, ergeben sich durch die Einschränkung der Beweglichkeit des gegnerischen Königs viele Möglichkeiten für ein aktives Spiel, insbesondere basierend auf der Öffnung von Linien. Die Partie **„Bring' die Türme in Aktion durch eine Bauerntransaktion"** ist hierfür ein beredtes Beispiel: AlphaZero hatte keine Angst, ein Spiel am Damenflügel einzuleiten, das dem Schwarzen daselbst offene Linien geben würde; wohl wissend, dass seine – durch die Einengung seines Königs durch einen Bauern auf h6 verursachte – Grundreihenschwäche den Schwarzen davon abhalten würde, seine Möglichkeiten voll auszuschöpfen. Die Einengung des gegnerischen Königs ist ein Faktor, der tief bis ins Endspiel anhalten kann, wie in der Partie **„Unerbittliches Einschnüren"** gesehen.

KAPITEL 9

Königsangriff: Der Marsch des Randbauern

In diesem Kapitel untersuchen wir Szenarien, bei denen AlphaZero seinen Randbauern an jenem Flügel, zu dem sein Gegner rochiert hat, so weit wie möglich vorstößt. Typischerweise stößt AlphaZero seinen h-Bauern gegen die kurze Rochade des Gegners vor. Wenn der h-Bauer nicht abgeblockt wird, wird er seinen Marsch bis nach h6 (für Weiß) bzw. h3 (für Schwarz) fortsetzen, wo er sowohl im Mittel- wie auch im Endspiel eine Bedrohung darstellt: im Mittelspiel für den gegnerischen König (aufgrund der Gefahr eines urplötzlichen Matts auf g7), im Endspiel, weil er nach dem Fall des Bauern h7/h2 nur zwei Schritte von der Umwandlung entfernt ist.

Zugleich ergründen wir in diesem Kapitel auch die Möglichkeiten, mit denen dem Vorstoß des Randbauern üblicherweise begegnet wird, und wir bekommen einige großartige Beispiele für Angriffs- wie auch Verteidigungskunst zu sehen. Das Szenario, bei dem der Marsch des h-Bauern mit ...h7-h6 (Schwarz) bzw. h2-h3 (Weiß) gestoppt wird, zeigt anhand wundervoller Beispiele, dass die großen Geister hier ganz ähnlich denken: Karpow, Kasparow und AlphaZero!

Kapitel 9 – Königsangriff: Der Marsch des Randbauern – Kernpunkte

Thema	Der Marsch des Randbauern auf die gegnerische Königsstellung.
Zweck	Schwächung der Bauernstruktur sowie der Felder rund um den gegnerischen König, Einengung der Bewegungsfreiheit des gegnerischen Königs, Schaffung von Angriffszielen für die nächste Angriffswelle.
In wie vielen Partien führt AlphaZero das durch?	Mit Weiß, wenn wir ihm die Wahl der Eröffnung überließen, stieß AlphaZero in unserer Partieauswahl in 48% der Fälle bis zum 25. Zug seinen Bauern bis nach h4 vor. Mit Schwarz waren es, analog bis nach h5, in unserer Auswahl 37%.
Was sind die Voraussetzungen?	Ein statisches Zentrum, oder aber gute Zentrumskontrolle. Der Gegner sollte nicht in der Lage sein, den Flügelangriff mit einem Gegenangriff im Zentrum zu kontern.
Was sind die Risiken?	Der Randbauer kann sehr schwach oder exponiert werden.
Einzigartige Umsetzung durch AlphaZero	AlphaZero stößt den Randbauern zeitiger und häufiger vor, als in der Großmeisterpraxis üblich ist. AlphaZero wendet diese Idee auch in Eröffnungen an, wo man nicht mit ihr rechnen würde (etwa im ruhigen 4.g3-Dameninder). AlphaZero ist auch in Situationen, wo es den Randbauern den ganzen Weg bis zur sechsten Reihe vorgeschickt hat (z.B. h2-h4-h5-h6), äußerst erfolgreich.

Wer kann das anwenden?	Jedermann! Vom Anfänger bis zum Experten.
Komplexität der entstehenden Stellungen	Der Gegner kann auf verschiedene Weise reagieren (ob und wann der Randbauer blockiert werden soll), was die Komplexität erhöht. AlphaZero hat jedoch für jedes Szenario eine (hübsche) Blaupause entwickelt.
Irgendwelche Tipps?	Man vergesse niemals, auch den Rest seiner Figuren in den Angriff einzubeziehen! AlphaZeros Erfolg rührt daher, dass es stets all seine Truppen beim Angriff zusammenführt.
An wen erinnert uns das?	Kasparow, Karpow.

In diesem Kapitel stößt AlphaZero den Randbauern so weit wie irgend möglich vor, um eine Schwächung der gegnerischen Königsstellung zu veranlassen. Stockfish begegnet diesem Angriffsthema auf verschiedenartige Weise: indem es den Bauernvorstoß erlaubt oder aber auf verschiedenen Stationen verhindert. Wir werden diese Verteidigungsstrategien der Reihe nach untersuchen. Zuvor zeigen wir allerdings die grundlegende Idee von AlphaZero auf.

AlphaZeros Grundidee

Um die Diskussion zu vereinfachen, beschränken wir uns auf das Szenario, in dem Weiß seinen h-Bauern zwecks Angriffs auf den schwarzen Königsflügel den ganzen Weg bis nach h6 vorschickt. Man beachte, dass all das auch mit vertauschten Farben (Beispiele hierfür werden wir später im Kapitel sehen) oder am entgegengesetzten Flügel stattfinden könnte, falls Stockfish lang rochiert.

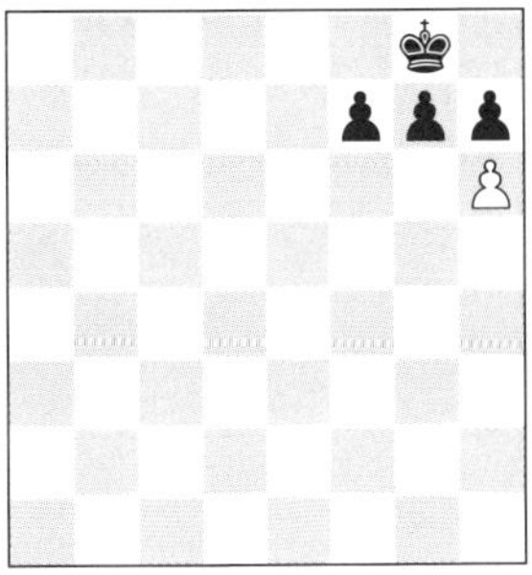

Wenn Weiß den h-Bauern nach h6 vorstößt, droht damit das Schlagen auf g7 samt Bloßlegung der schwarzen Königsstellung. Die normale Antwort von Schwarz auf h5-h6 ist ...g7-g6.

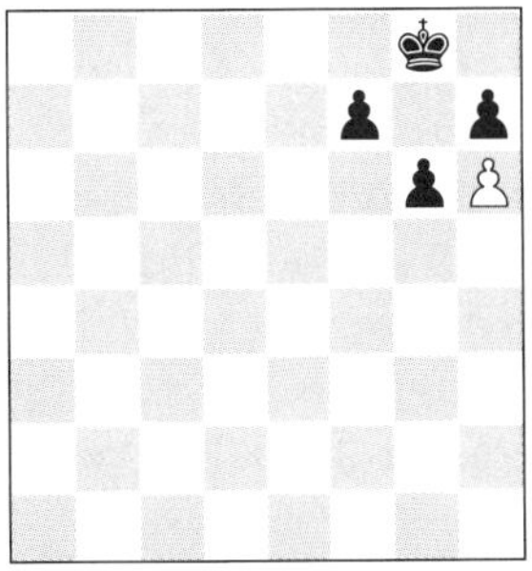

Der weiße Bauer auf h6 verursacht Schwarz einige Unbequemlichkeiten am Königsflügel.
Dies sind die Folgen:

1. Der schwarze g-Bauer hat g7 verlassen müssen, wonach der Nachziehende das Feld f6 nicht mehr kontrolliert.
2. Dem schwarzen König ist das Feld g7 genommen, was dessen Bewegungsfreiheit einschränkt.
3. Der schwarze König ist in Gefahr! Die weiße Dame könnte auf g7 auftauchen und mattsetzen.
4. Im Endspiel ist der Bauer h7 eine mögliche Schwäche, und der Bauer h6 steht nah am Umwandlungsfeld.

Als Schattenseite wären die folgenden Punkte zu erwägen:

1. Weiß kann, nachdem Schwarz h5-h6 mit ...g7-g6 beantwortet hat, nicht mehr die h-Linie öffnen.
2. Der Bauer h6 könnte zur Schwäche neigen (da es sich so nahe am schwarzen Lager befindet, ist es ein leichtes Angriffsziel). Eine weiße Figur könnte an die Verteidigung dieses Bauern gebunden werden.

Man beachte, dass der Erfolg dieser Operationen von der Zentrumskontrolle bzw. einem soliden und stabilen Zentrum abhängt. AlphaZero beginnt einen solchen Angriff mit dem Randbauern nur, wenn zentrales Gegenspiel durch Stockfish nicht auf der Agenda steht.

Wir fangen mit dem Hauptthema an: der Randbauer legt den ganzen Weg bis nach h6 zurück. In späteren Abschnitten werden wir die Szenarien untersuchen, bei denen Schwarz den Randbauern zu einem früheren Zeitpunkt stoppt.

Abschnitt A – Der h-Bauer erreicht h6

Partie: „Den König in einen Käfig stecken“

In dieser Partie demonstriert AlphaZero modellhafte Strategie in einer Grünfeld-indischen Endspielstruktur. AlphaZero engt mit einer stabilen festgelegten Zentrumsformation (Bauern d4 und e5) sowie dem frühzeitigen Vorstoß des h-Bauern bis nach h6 die schwarzen Kräfte am Königsflügel (den schwarzfeldrigen Läufer und den König) ein. Um den festen Zugriff aufrechtzuerhalten, opfert AlphaZero zwei Bauern und gewinnt eine großartige Partie, bei der Schwarz am Ende völlig hilflos ist.

Themen der Partie:

1. Festlegung des Zentrums [15.e5]
2. Einsatz eines Randbauern zur Schwächung der gegnerischen Königsstellung [19.h6]
3. Materialopfer zur Reduzierung der gegnerischen Aktivität [20.♘g5, 24.♖bc1]

AlphaZero
Stockfish 8
London 2018

1.d4 ♘f6 2.c4 g6 3.♘c3

Diese Partien waren Teil einer Serie, die gespielt wurde, um meine Neugier bezüglich AlphaZeros Eröffnungsvorlieben bei anderen Zügen zu befriedigen. In diesen Partien waren die Züge bis zum dritten Zug (3.♘c3) festgelegt, wonach Stockfish beständig auf Grünfeld-Indisch zusteuerte.

3...d5 4.cxd5 ♘xd5 5.♘f3 ♗g7 6.e4 ♘xc3 7.bxc3 c5 8.♗e3 ♕a5 9.♕d2 ♘c6 10.♖b1 a6 11.♖c1 cxd4 12.cxd4 ♕xd2+ 13.♔xd2 e6

Eine recht populäre Grünfeld-Variante, in der Weiß eine Bilanz von +19, -14 aus 56 Partien (54,5%) gegen einen Durchschnitt von 2487 hat, was recht exakt auf dem Level des weißen Anzugsvorteils liegt. Die verhältnismäßig große Anzahl schwarzer Siege deutet jedoch darauf hin, dass die Dinge für Weiß durchaus auch schiefgehen können!

14.♗d3 ♗d7 15.e5

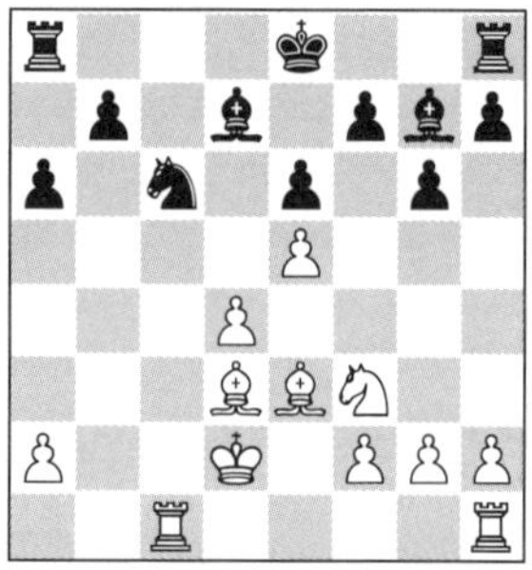

Der erste neue Zug der Partie, der einen überraschen kann, wenn man ihn zum ersten Mal sieht. Ohne Zwang gibt Weiß einige helle Zentrumsfelder preis (d5 und f5) und versorgt Schwarz mit einem Stützpunkt für einen Springer oder Läufer auf d5. Indes schränkt Weiß die Aktivität und Beweglichkeit des Läufers auf g7 ein und verringert auch die Anzahl der Figuren, die für den Schutz von d4 notwendig sind. Weiß betont zugleich einige schwarzfeldrige Schwächen im Lager des Nachziehenden (aufgrund der Kombination der Züge ...g7-g6 und ...e7-e6), was mögliche Vorposten für

Figuren auf f6 oder d6 schafft. Und schließlich sorgt Weiß für ein stabiles und festgelegtes Zentrum, was AlphaZero gerne vor dem Lancieren eines Randbauernangriffs macht.

15...0-0 16.♖b1

Das weiße Turmmanöver 10.♖b1, 11.♖c1 und 16.♖b1 könnte einen verwirren. Es wird stets unklar bleiben, ob die Schwächen, die AlphaZero durch seine Turmmanöver geschaffen hat (10...a6 hat die dunklen Felder am Damenflügel durch die Vernachlässigung der Kontrolle von b6 geschwächt, während Schwarz nach 16...b5 das Feld c5 nicht mehr mit einem Bauern kontrollieren kann), die Zeit wert sind, die Stockfish bekommen hat, um seine Bauern näher zum Umwandlungsfeld zu rücken und Raum am Damenflügel zu gewinnen (beispielsweise hat Stockfish durch die „geschenkten" Züge ...a7-a6 und ...b7-b5 den Stützpunkt c4 für seinen Springer erhalten). 16.♖b1 wird auch gespielt, um 16...♘b4 zu verhindern, was ein Tempo auf den Bauern a2 und den Läufer d3 zur Überführung des Springers nach d5 gewinnen würde.

16...b5

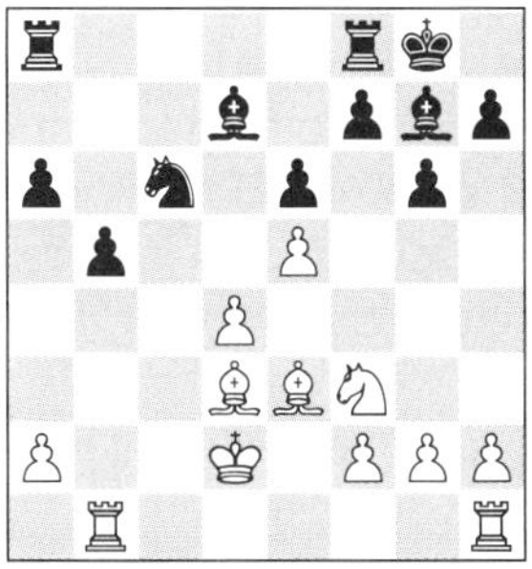

17.h4

AlphaZero entscheidet, dass es an der Zeit ist, den schwarzen Königsflügel mit dem raumgreifenden Marsch seines h-Bauern einzuschnüren.

17...♘e7

Nachdem man den Verlauf der Partie gesehen hat, mag man sich fragen, warum Schwarz nicht mit 17...h6 den weißen Bauernvormarsch aufgehalten hat. Tatsächlich leidet Schwarz jetzt schon an seinen eingeengten Figuren auf dem Königsflügel, verursacht durch 15.e5, und Weiß verfügt über einen scharfen Weg, dies auszunutzen: 18.h5 g5 19.♘xg5 hxg5 20.h6 ♗h8 21.h7+ ♔g7 22.♗xg5 (droht 23.♗f6 oder 23.♗h6 matt! Man beachte, wie eingeengt der schwarze König durch den Vormarsch des h-Bauern bereits ist) 22...f6 23.exf6+ ♖xf6 (23...♔f7 24.♖h6) 24.♗xf6+ ♔xf6 25.♖h4 wäre sehr aussichtsreich für Weiß: der Bauer h7 ist eine Macht.

Wenn Sie sich fragen, wie Weiß fortsetzen würde, wenn Schwarz versucht, den h-Bauern auf der Stelle mit 17...h5 zu stoppen – wir werden diese Reaktion in einem späteren Abschnitt behandeln.

18.h5 ♗c6 19.h6 ♗h8

Meine Engines betrachten hier die natürlichen Züge 20.♖bc1 oder 20.♖hc1, wobei sie zu der Schlussfolgerung gelangen, dass Schwarz nach dem befreienden ...f7-f6 gut steht. AlphaZero hat freilich andere Vorstellungen von der Partie: es hat h5-h6 gespielt, um Schwarz einzuschnüren, und es wird alles dafür tun – einschließlich von Materialopfern –, um den eisernen Griff beizubehalten.

20.♘g5

Bietet einen Bauern an, um ...f7-f6 zu verhindern.

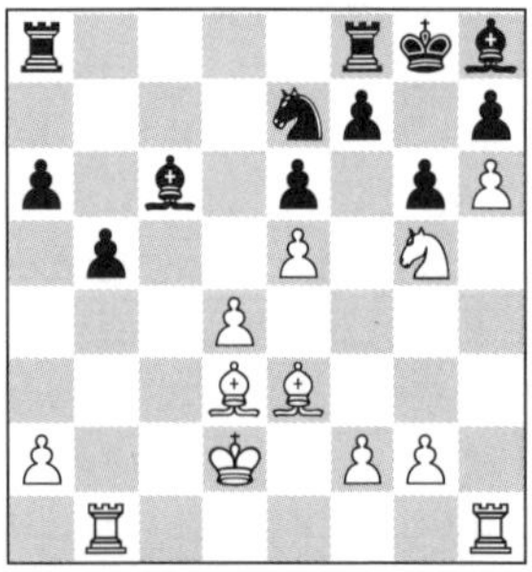

20...♗xg2 21.♖hc1 ♗d5

Deckt e6 und droht somit, die schwarze Stellung mit 22...f6 zu befreien. Zugleich wird einem möglichen f2-f3 ausgewichen, was den Läufer auf g2 fangen könnte.

22.♖c7 ♘f5

Ein logischer Zug, mit dem der Bauer h6 angegriffen wird. Man beachte, dass ...♘xh6 nicht mit ♖h1 beantwortet werden kann, da der ♗d5 jetzt, nachdem er den Bauern auf g2 geschlagen hat, h1 kontrolliert.

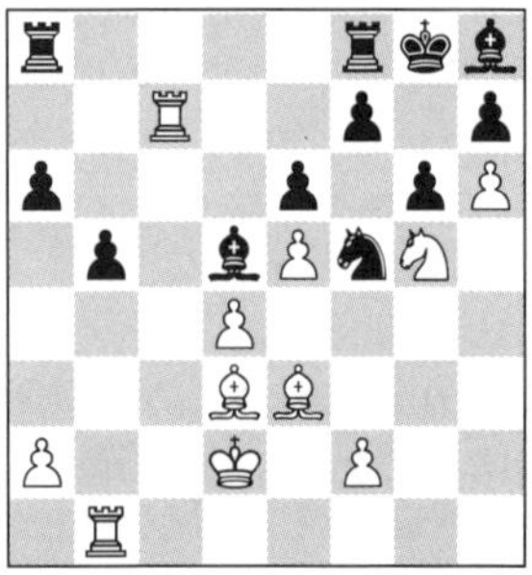

23.♘e4

Eine verblüffende Idee. Ein zweiter Bauer wird geopfert, um Schwarz eingekesselt zu halten. Genießen Sie hier einfach den Rest der Partie. Im Kapitel „Aktivität" haben wir bereits einen genaueren Blick hierauf geworfen!

23...♖fc8 24.♖bc1 ♖xc7 25.♖xc7 ♗xa2 26.♘c5 ♗d5 27.♘d7 ♘xe3 28.♘b6 ♖b8 29.fxe3 ♖e8 30.♘d7 ♗f3 31.e4 ♖a8 32.♖b7 ♗g4 33.♗b1 ♗h3 34.♔e2 g5 35.♗d3 ♗g4+ 36.♔e3 ♗d1 37.d5 exd5 38.exd5

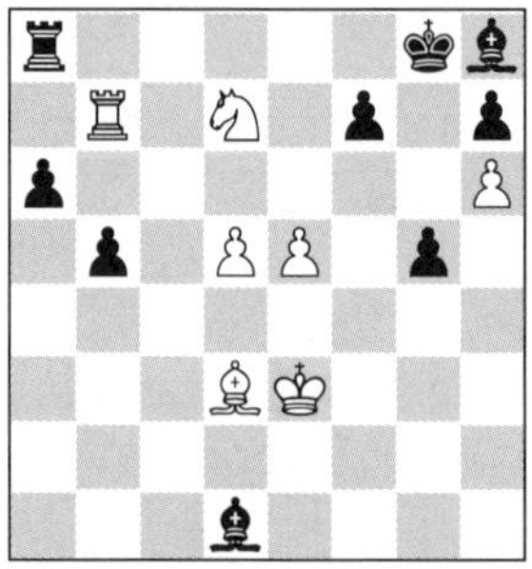

38...♖e8 39.♗e4

Der Bauer e5 ist aufgrund der schwarzen Grundreihenschwäche unantastbar.

39...♗g4 40.♘f6+ ♗xf6 41.exf6 b4 42.d6 b3 43.♔d4 ♖d8 44.♔e5 ♖e8+ 45.♖e7 ♖f8 46.♗d5 b2 47.♖b7 ♖e8+ 48.♔d4 1:0

HISTORISCHES GEGENSTÜCK

Kasparows System gegen die französische Winawer-Variante

In den Neunziger Jahren entwickelte der große Garri Kasparow ein gefährliches System gegen die französischer Winawer-Variante (1.e4 e6 2.d4 d5 3.♘c3 ♗b4). Bei dieser Spielweise gibt Schwarz frühzeitig seinen schwarzfeldrigen Läufer her, um Schwächen bei der weißen Bauernstellung zu schaffen und festzulegen (4.e5 c5 5.a3 ♗xc3+ 6.bxc3), die dann mit den Leichtfiguren und der Dame angegriffen werden können. Kasparows Konzept für Weiß war es, durch den Vorstoß des h-Bauern bis nach h6 auf der anderen Brettseite Schwächen zu erzeugen, wobei er sogar willens war, seine zentrale Bauernkette zu opfern, um weitere schwarzfeldrige Schwächen offenzulegen!

Die folgende phänomenale Partie gegen Predrag Nikolic ist ein typisches Beispiel:

Garri Kasparow 2810
Predrag Nikolic 2655
Paris 1994 (4)

1.e4 e6 2.d4 d5 3.♘c3 ♗b4 4.e5 c5 5.a3 ♗xc3+ 6.bxc3 ♘e7 7.♕g4 ♔f8 8.h4

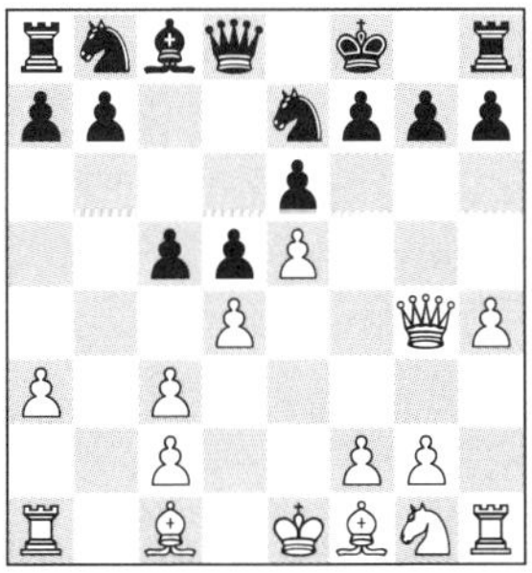

8...♕c7 9.♕d1
Weiß beordert seine Dame zurück, um die Drohung 9...cxd4 und anschließend 10...♕c3+ mit Gewinn des Turms auf a1 zu bearbeiten. Schwarz ergreift die Gelegenheit, sich den d-Bauern einzuverleiben, doch dies gibt lediglich das Signal zum Beginn eines mächtigen Überfalls.
9...cxd4 10.cxd4 ♕c3+ 11.♗d2 ♕xd4 12.♘f3 ♕e4+ 13.♗e2 ♘bc6 14.h5 ♘xe5 15.h6

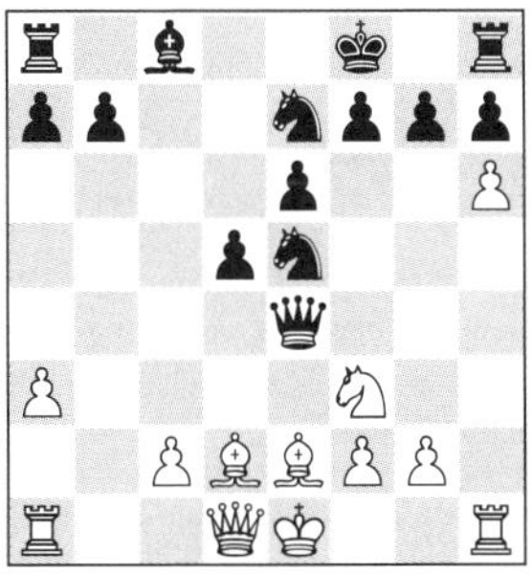

Das Schlagen der weißen Zentrumsbauern auf d4 und e5 hat die Diagonale a1-h8 für den schwarzfeldrigen Läufer von Weiß geräumt, und jetzt bringt Kasparow seinen h-Bauern zum Einsatz, um die schwarze Stellung noch weiter zu lockern.
15...gxh6 16.♗xh6+ ♔g8 17.♖b1 ♘7g6 18.♖b4

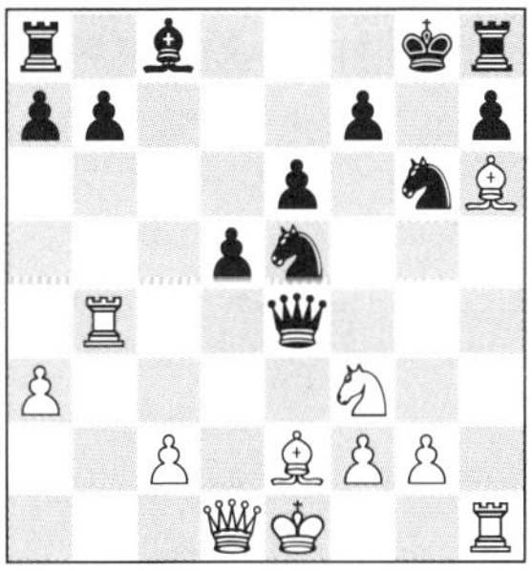

Fantastische Beweglichkeit des weißen Turms. Am Angriff wird alles teilnehmen.
18...♘xf3+ 19.gxf3 ♕e5 20.f4 ♕c3+ 21.♔f1 f5 22.♖b3 ♕f6 23.c4 b6 24.cxd5 ♗b7 25.♖d3 ♖e8 26.♖g1 b5 27.dxe6 ♖xe6 28.♖d8+ ♔f7 29.♖d7+ ♖e7 30.♖xb7 1-0
Eine traumhafte Partie, die all die Ingredienzien enthält, die wir an AlphaZeros Spiel so bewundern: der rasche Vorstoß des Randbauern, Zurückstellung materieller Aspekte, Opfer für offene Linien und extreme Figurenbeweglichkeit.

Partie: „Attaquer comme Kasparow!"
Ein Angriff im Stile Kasparows gegen die französische Winawer-Variante!

Themen der Partie:

1. Einsatz des Randbauern zur Schwächung der gegnerischen Königsstellung [7.h4, 8.h5, 15.h6]

AlphaZero
Stockfish 8
London 2018

1.e4 e6 2.d4 d5 3.♘c3 ♗b4 4.e5 ♘e7 5.a3 ♗xc3+ 6.bxc3 c5 7.h4 ♕c7 8.h5 cxd4 9.cxd4 ♕c3+ 10.♗d2 ♕xd4 11.♘f3 ♕e4+ 12.♗e2 ♘f5

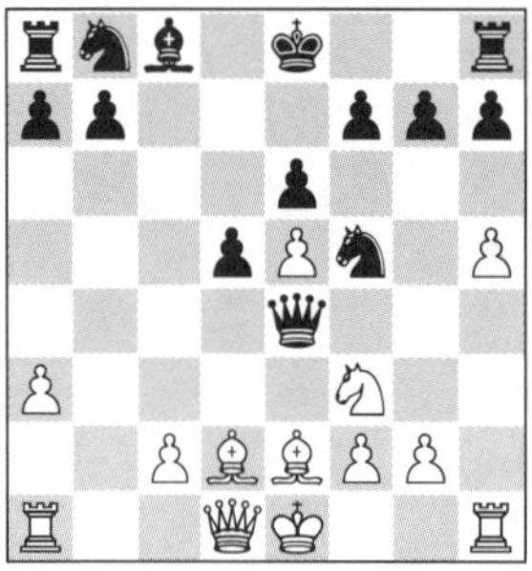

13.♖b1
In dieser Stellung eine Neuerung: 13.♔f1 (um mit ♗d3 die exponierte schwarze Dame ins Visier zu nehmen) ist der Hauptzug. In Antwort darauf hat Schwarz 13...b6 versucht, um 14.♗d3 mit 14...♗a6 zu begegnen. AlphaZero weicht dieser Verteidigungsidee aus, indem es zunächst 13.♖b1 (mit der Drohung 14.♖b4) einschaltet und so 13...♘c6 herauslockt. Erst dann, als ...b7-b6 und ...♗a6 keine Drohung mehr darstellen, spielt es 14.♔f1. Da wäre nur das kleine Problem mit dem Bauern e5 ...
13...♘c6 14.♔f1 ♘xe5 15.h6 gxh6

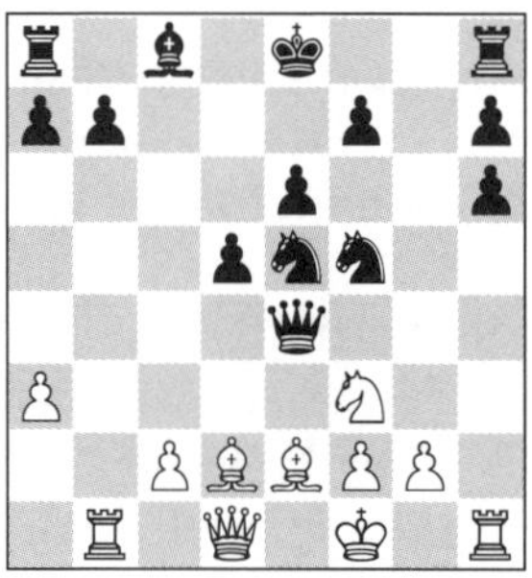

AlphaZero hat ein identisches Angriffsschema wie Kasparow entwickelt. Genau wie bei Kasparow, folgt anschließend die Mobilisierung der Schwerfiguren. Stockfish verteidigt sich, indem es eine Krise heraufbeschwört, wobei es sich seine zeitweise Aktivität zunutze macht, um die Standfestigkeit der weißen Figuren zu untergraben.
16.♘xe5 ♕xe5 17.♗d3 ♖g8 18.♖h5 ♕g7 19.♕f3 ♘d4 20.♕h3 e5 21.♕h2 e4 22.c3 exd3 23.cxd4 b6 24.♖xd5 ♗e6 25.♖d6 ♕g4 26.♔g1 ♕e2 27.d5
Das sieht gewinnträchtig für Weiß aus, doch Stockfish hat eine erstaunliche Ressource in petto, indem es eine Figur opfert, um ein ausgeglichenes Endspiel mit Minusfigur zu erreichen!
27...♗h3 28.♖e1 ♖xg2+ 29.♕xg2 ♕xe1+ 30.♗xe1 ♗xg2 31.♔xg2 ♖c8 32.♖c6 ♖xc6 33.dxc6 ♔d8 34.♔f3 ♔c7 35.♔e3 ♔xc6
Schwarz kommt gerade rechtzeitig, um für seine Damenflügelbauern den Läufer zu erobern und anschließend zurückzukehren, bevor Weiß alle

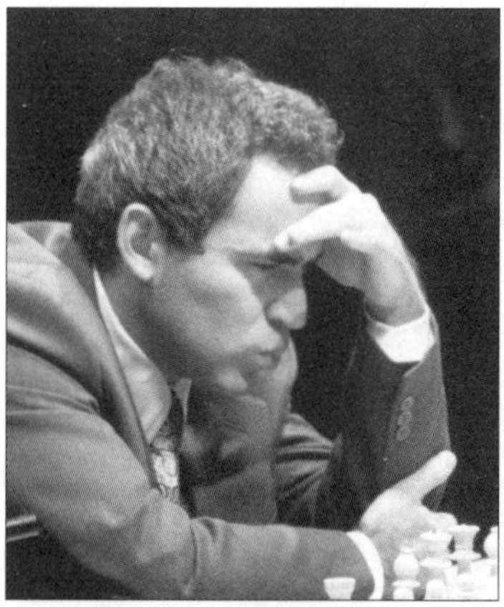
ROSA DE LAS NIEVES

Garri Kasparow stieß gegen den Franzosen gleichfalls den h-Bauern vor, um auf den dunklen Feldern zu drücken.

Bauern am Königsflügel schlagen kann.

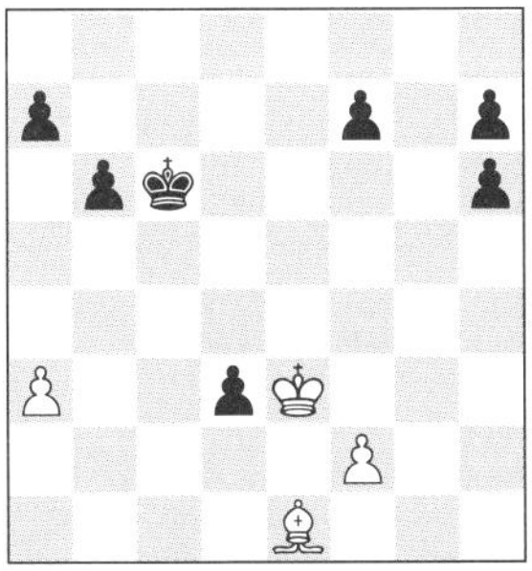

36.♗b4 ♔b5 37.♔xd3 ♔a4 38.♔e4 b5 39.♗f8 a5 40.♔f5 b4 41.axb4 axb4 42.♗xh6 ♔a3 43.♗f8 ♔b3 44.♔g5 ♔a4 45.♗g7 ♔a3 46.♗f8 ♔a4 47.♗g7 ♔a3 48.f4 b3 49.f5 b2 50.♗xb2+ ♔xb2 51.♔h6 ♔c3 52.f6 ♔d4 53.♔g7 h5 54.♔xf7 h4 55.♔g6 h3 56.♔g5 h2 57.f7 h1♕ 58.f8♕

Und die Partie wurde bald Remis gegeben.

HISTORISCHES GEGENSTÜCK

Aronjans Randbauern

Der so wundervoll kreative armenische Weltklassespieler Levon Aronjan hat zahlreiche Eröffnungsideen eingeführt, bei denen ein Vorstoß des Randbauern gegen die gegnerische Königsstellung im Mittelpunkt stand. Mithin ist es nur fair, hier eine seiner Partien zu zeigen. Diese Partie hat mich sehr beeindruckt. Die Themen sind dieselben, wie wir sie in zahlreichen AlphaZero-Partien gesehen haben: Aronjan tauscht die aktiven Figuren seines Gegners ab und lässt ihn auf seinen passiven sitzen, er erhöht die Beweglichkeit seiner eigenen Figuren und setzt einen vorgerückten Randbauern ein, um den gegnerischen König einzuschnüren und anzugreifen.

Levon Aronjan	2648
Jewgeni Worobjow	2544

Moskau 2004

1.c4 c5 2.♘f3 g6 3.d4 cxd4 4.♘xd4 ♘c6 5.♘c2 ♗g7 6.e4 ♘f6 7.♘c3 0-0 8.♗e2 d6 9.0-0 ♘d7 10.♗d2 ♘c5 11.b4 ♘e6 12.♖c1 ♘ed4 13.♘xd4 ♘xd4 14.♗e3 ♘xe2+ 15.♕xe2 b6 16.♖fd1 ♗b7 17.♗d4

Genau wie bei AlphaZero ist es Aronjans Strategie, die aktiven Figuren von Schwarz abzutauschen und ihn auf seinen passiven sitzenzulassen. Im vorliegenden Fall wird der schwarze Vorteil des Läuferpaars neutralisiert, und der Hauptverteidiger des schwarzen Königsflügels verschwindet vom Brett.

17...♗xd4 18.♖xd4 ♕c7

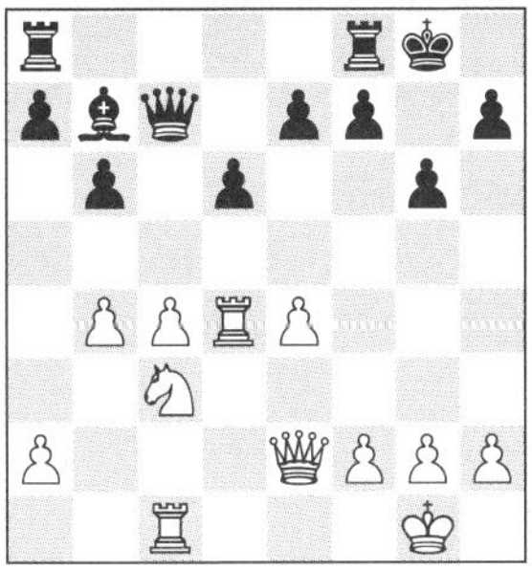

19.h4

Derweil Schwarz außerstande ist, rasches Gegenspiel zu organisieren, fügt Aronjan der schwarzen Stellung neue Druckpunkte hinzu. Der Marsch des Randbauern wird Weiß entweder die Gelegenheit zur Öffnung der h-Linie verschaffen oder mit h5-h6 die geschwächten dunklen Felder am schwarzen Königsflügel anvisieren.

19...♖ac8 20.h5 a6 21.♘d5 ♗xd5 22.exd5

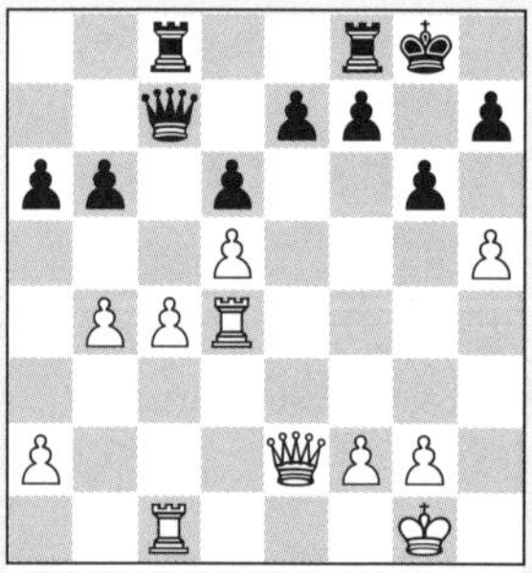

Die Transformation der Bauernstruktur war der Hauptgrund für diesen Abtausch. Nach 22.exd5 erlangt der weiße Turm auf d4 freien Zugang zu den Linien im Zentrum und am Königsflügel, was seine Beweglichkeit enorm erhöht. Darüber hinaus können die weißen Schwerfiguren nun gemeinsam gegen den Bauern e7 drücken. Man sehe sich dagegen die schwarzen Schwerfiguren an, bar jeden Raumes auf den letzten zwei Reihen zusammengepresst. Dies illustriert einmal mehr die vom großen Tigran Petrosjan (Weltmeister von 1963 bis 1969) ausgesprochene tiefe Wahrheit, dass sich der Unterschied zwischen einer Angriffs- und einer Verteidigungsstellung am leichtesten an der Aktivität der Schwerfiguren ausmachen lässt.

22...♖fe8 23.♖e4 ♕d7 24.♖e1 b5 25.cxb5 axb5 26.h6

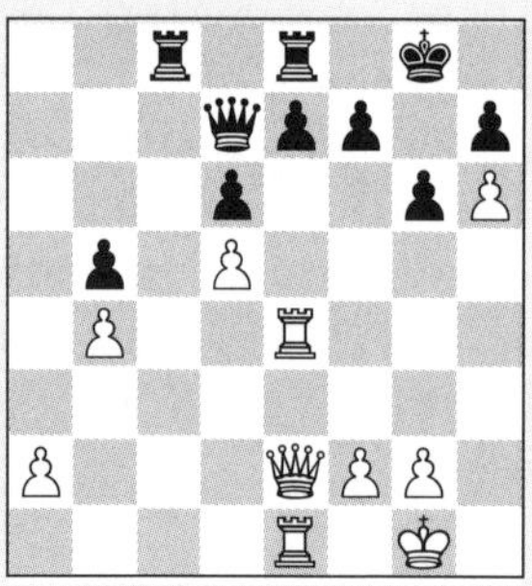

Der kleinste Soldat auf dem Brett, doch in dieser Stellung ein Monster!

26...♔f8 27.♕b2

Das drohende Matt auf g7 zwingt Schwarz zu einer Schwächung seines Königsflügels und gibt Weiß die Gelegenheit, das Spiel auf taktische Weise zu entscheiden.

27...f6 28.♖xe7 ♕xe7 29.♖xe7 ♔xe7 30.♕e2+ ♔f7 31.♕xb5 ♖c1+ 32.♔h2 ♖c2 1-0

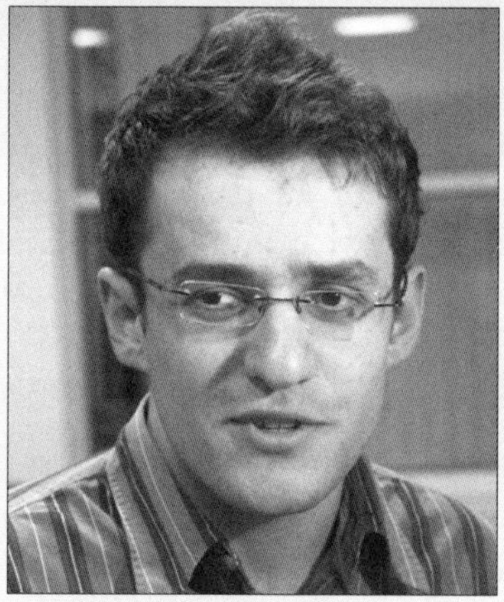

Der einfallsreiche Levon Aronjan wird gleichfalls für seine Randbauernvorstöße in der Eröffnung gefürchtet.

Nach 33.a4 ♖xf2 34.a5 werden sich die weißen Bauern problemlos umwandeln. Bei 32...♖c2 33.a4 ♖xf2 34.a5 ♖ee2 neutralisiert 35.♕d7+ ♔f8 36.♕g7+ ♔e8 37.♕h8+ ♔d7 38.♕xh7+ ♔d8 39.♕xg6 den schwarzen Versuch eines Gegenangriffs am Königsflügel mit Leichtigkeit.

Als nächstes werden wir Partien untersuchen, in denen Stockfish AlphaZero davon abhält, einen Bauern auf h6 einzupflanzen.

Abschnitt B – Schwarz stoppt den h-Bauern mit ...h7-h5

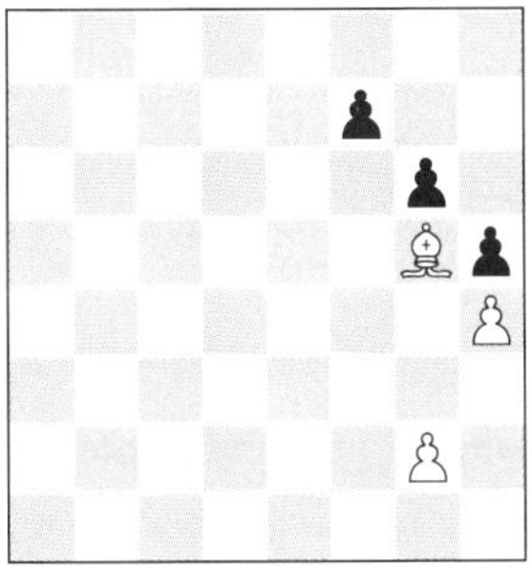

In dieser Struktur greift AlphaZero den schwarzen Königsflügel gern auf folgende Weise an:

1. Es stellt seinen Läufer nach g5, was die dunklen Felder angreift, die geschwächt sind, weil Schwarz seine Königsflügelbauern auf die hellen Felder gezogen hat.
2. Es stürmt das am weitesten vorgelagerte Angriffsziel am schwarzen Königsflügel, nämlich h5, mittels g2-g4.

Partie: „Man braucht keine Damen, um anzugreifen"

Diese Partie mit der Grünfeld-Indischen Verteidigung wurde speziell für dieses Buch gespielt. Schwarz entscheidet sich, den Vormarsch des weißen h-Bauern mit ...h7-h5 abzublocken. AlphaZeros Antwort ist äußerst stark!
Ein weiteres wundervolles Grünfeld-Endspiel von AlphaZero, bei welchem die Abwesenheit der Damen kaum die Durchschlagskraft des weißen Angriffs am Königsflügel beeinträchtigt!

Themen der Partie:

1. Festlegung des Zentrums [15.e5]

AlphaZero
Stockfish 8
London 2018

1.d4 ♘f6 2.c4 g6 3.♘c3
Ich hatte um eine Partie mit diesen Eröffnungszügen gebeten.
3...d5 4.cxd5 ♘xd5 5.♘f3 ♗g7 6.e4 ♘xc3 7.bxc3 c5 8.♗e3 ♕a5 9.♕d2 ♘c6 10.♖b1 a6 11.♖c1 cxd4 12.cxd4 ♕xd2+ 13.♔xd2 e6 14.h4 h5
Eine Neuerung von Stockfish.
15.e5 0-0

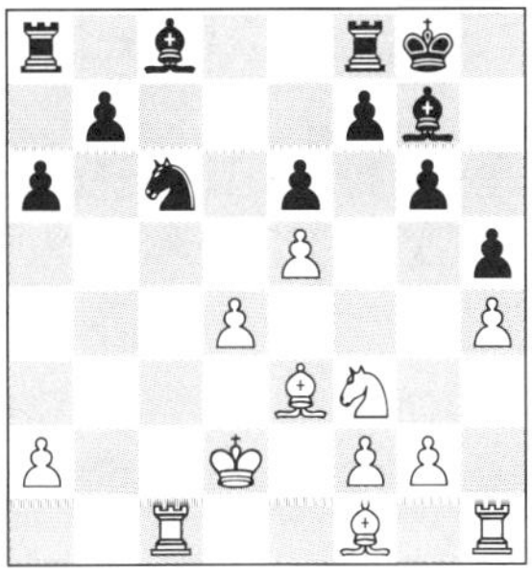

16.♖g1
Ein großartiges Konzept!
16...♖d8 17.♗d3 ♘b4 18.♗e4
AlphaZero gibt freudig im Gegenzug für Zeitgewinn für den Angriff am Königsflügel den a-Bauern.
18...♗d7
18...♘xa2 19.♖b1 ♗f8 20.g4, und viel Glück, damit zurechtzukommen!
19.♗g5
Setzt den Läufer auf dem Stützpunkt g5 fest (auf die geschwächten dunklen Felder am schwarzen Königsflügel zielend).
19...♖db8 20.a3 ♘d5 21.g4

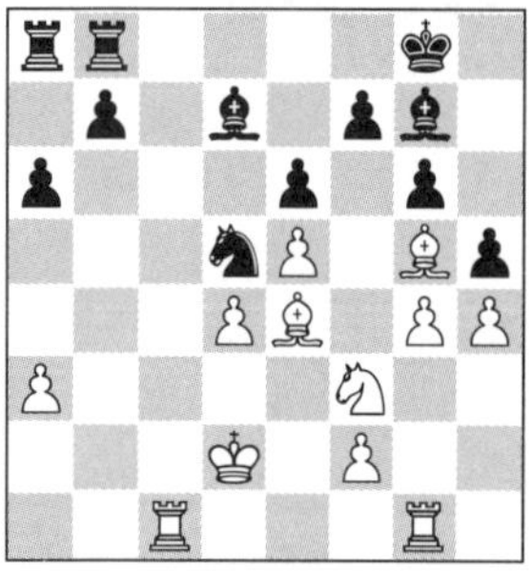

Meine Engines sehen die weiße Stellung recht verhalten: 0,01 ist eine recht verbreitete Bewertung. AlphaZero steht bei einem Erwartungswert von 79,6% für Weiß, und was die schwarze Seite betrifft: ich verkrauche mich hinter meinem Sofa! Das sieht sehr stark für Weiß aus.

21...hxg4 22.♖xg4 ♖c8 23.♖cg1

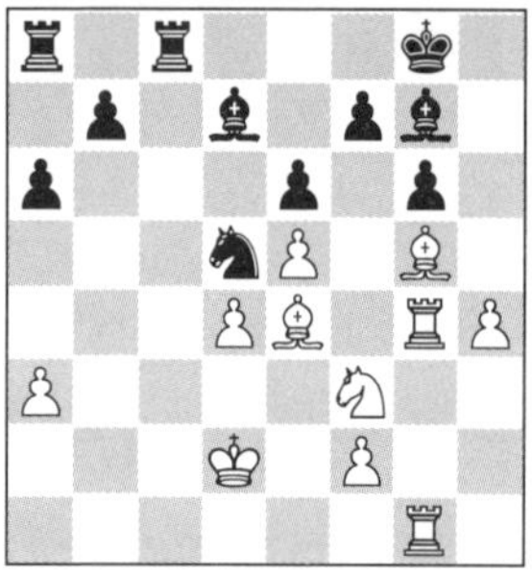

Die Enginebewertungen beginnen nun für Weiß anzusteigen!

23...♗b5 24.h5 ♖c3 25.a4 ♗xa4 26.hxg6 ♖a3 27.♗xd5 exd5 28.♗e7 ♖a2+ 29.♔e3 f6 30.exf6 ♗xf6 31.♗xf6 ♖a3+ 32.♔f4 ♖f8 33.♘h4 ♖xf6+ 34.♔g5 ♖xf2 35.♖e1

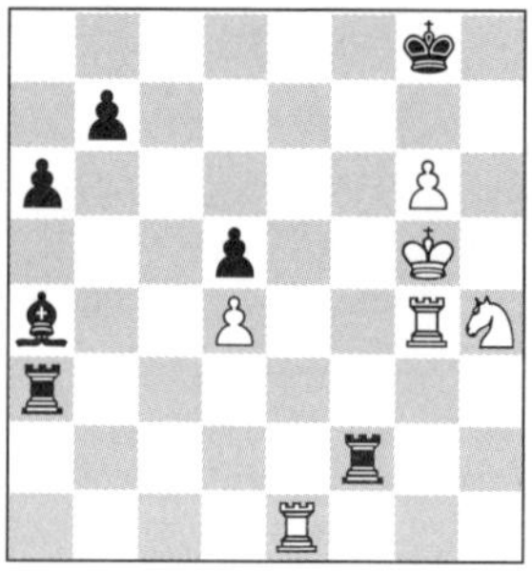

Schwarz hat einen tollen Job gemacht, um überhaupt so weit zu kommen, doch die Stellung ist nach wie vor sehr problematisch. AlphaZero steht bei einem Erwartungswert von 82,6%, und die Bewertungen der anderen Engines steigen für Weiß, je länger man sie rechnen lässt.

35...♖c3 36.♖e5 ♗d1 37.♖g1 ♗c2 38.♖xd5 b5 39.♖d7 b4 40.♖e1 ♗xg6 41.♔xg6 ♖g3+ 42.♔h5 ♖f7 43.♖e8+ ♔g7 44.♖dd8 ♖g1 45.♖g8+ ♔f6 46.♖xg1 ♖h7+ 47.♔g4 1:0

Abschnitt C – Schwarz blockt mit ...h7-h6 ab, Weiß greift mit g4-g5 an

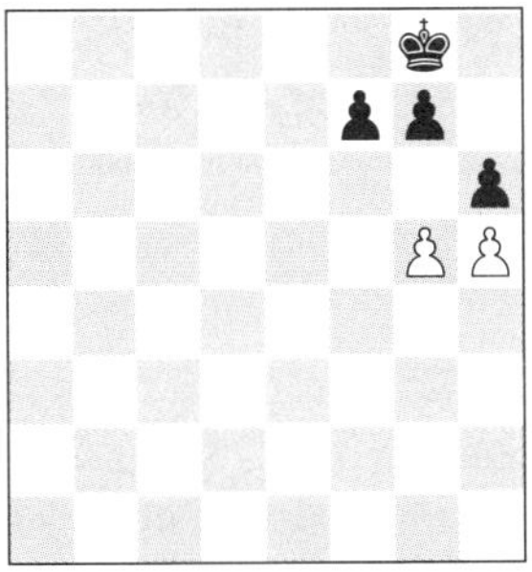

Eine geläufige Methode, die Gefahr durch den Randbauern einzudämmen, ist, diesen mit dem Zug ...h7-h6 abzublocken. Dies vermeidet schwarzfeldrige Schwächen wie nach ...g7-g6, gibt dem Weißen aber ein Angriffsziel, das zur Öffnung des Königsflügels benutzt werden kann. In derartigen Situationen lässt AlphaZero dem Aufmarsch des h-Bauern gern den Vorstoß des g-Bauern folgen, um so den Bauern h6 anzugreifen und die Öffnung der g-Linie zu erzwingen.

Partie: „Am Damenflügel antäuschen, am Königsflügel zuschlagen!“

Aus einer ruhigen Englischen Eröffnung manövriert AlphaZero seinen Gegner aus, indem es dem Weißen für Angriffschancen am Königsflügel die offene c-Linie sowie das Einbruchsfeld c6 zugesteht. Der weiße Vorteil erweist sich als illusorisch, während der schwarze Königsangriff in beängstigender Geschwindigkeit voranschreitet.

Themen der Partie:

1. Vermeiden der automatischen Besetzung einer offenen Linie
2. Ein Opfer zwecks Stiftens von Disharmonie im gegnerischen Lager [23...a5]
3. Eröffnung einer zweiten Front [26...g4]

Stockfish 8
AlphaZero
London 2018

1.c4

In diesen Partien setzte ich 1.c4 als weißen Eröffnungszug fest. AlphaZero antwortete stets auf dieselbe Weise.

1...e5 2.♘c3 ♘f6 3.♘f3 ♘c6 4.e3 ♗b4 5.♕c2 ♗xc3 6.♕xc3 ♕e7 7.♗e2 0-0 8.d4 e4 9.♘e5

Weicht von der Partie Osmanovic - Hort, Decin 1979, ab, in der 9.♘d2 gespielt wurde.

9...♘d8 10.h3 h5

Gespielt, um mit ...d7-d6 den Springer zu fangen, wozu das Feld g4 unter Kontrolle genommen werden muss; und weniger um einen Angriff am Königsflügel einzuleiten. Trotzdem ist AlphaZero über diesen Zug bestimmt nicht unglücklich.

11.c5 d6 12.cxd6 cxd6 13.♘c4 b5

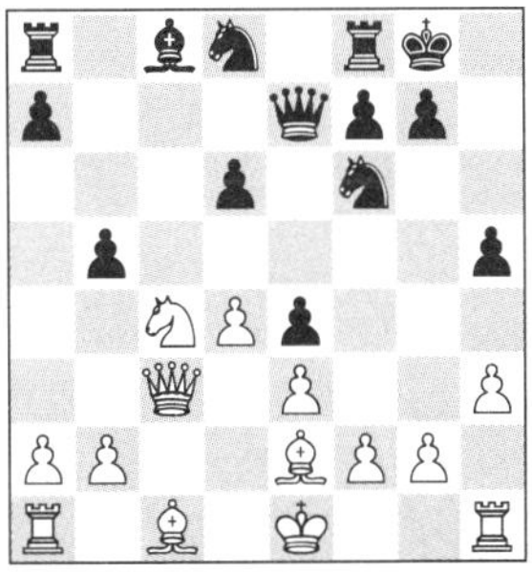

Ein unerwarteter Zug, der Teil eines weitreichenden Plans ist, die

schwarzen Figuren auf ihre aktivsten Felder zu entwickeln und zugleich die Koordination bei Weiß zu stören. Der weiße Springer stand auf c4 gut, von wo aus er den Bauern d6 anvisiert hatte. Wenn Weiß seine Formation am Damenflügel mit a2-a4 nebst b2-b3 und ♗a3 konsolidieren könnte, würden seine Figuren irritierenden Druck auf die schwarze Stellung ausüben. Aus dieser Perspektive ist 13...b5 nachvollziehbar. Es wirkt aber auch sehr lockernd: der Bauer b5 wird vom Läufer e2 angegriffen (und kann mit a2-a4 weiter unter Druck gesetzt werden), während umgekehrt der weiße Springer auf a5 von keinem Bauern vertrieben werden kann, den Stützpunkt auf c6 anvisiert und dem Springer d8 sein natürlichstes Entwicklungsfeld nimmt.
An dieser Stelle rückt freilich der zweite Teil von AlphaZeros Plan ins Blickfeld. Schwarz plant nicht etwa, seinen Springer auf das natürliche Feld c6 stellen, sondern auf sein Bestes, nämlich d5. Dort ist er von keinem Bauern angreifbar. Nachdem er den weißen Springer vertrieben hat, sind die nächsten Züge von Schwarz auf den Schutz des Bauern b5 und die Kontrolle des Feldes c7 ausgerichtet, um dem Springer zu ermöglichen, sich via e6-c7 nach d5 zu begeben. Da die weiße Dame auf c3 steht, kann Schwarz sich das Feld c7 für den Springer mit Tempogewinn sichern.

14.♘a5 ♗d7 15.0-0 ♘e6 16.♗d2 ♖fc8 17.♕b3 h4

AlphaZero nutzt den Moment der Ruhe, um die Schrauben am Königsflügel festzuziehen. Indem es den weißen Bauern auf h3 fixiert, schafft es die Voraussetzungen für einen späteren Königsflügeldurchbruch mit ...g5-g4.

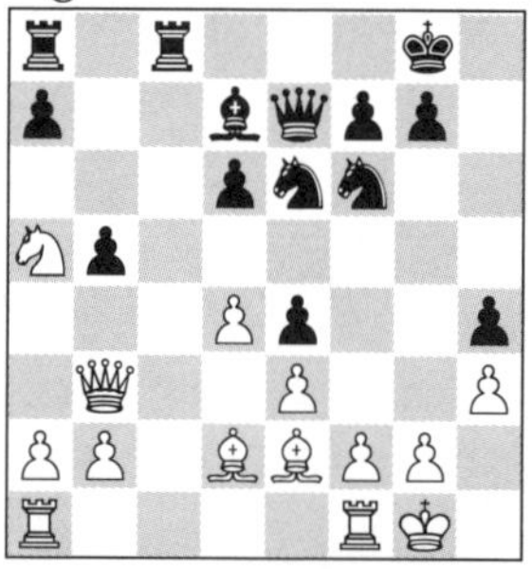

18.♖fc1 ♘c7 19.♖c2 ♘cd5

Das langwierige Springermanöver ...♘d8-e6-c7-d5 ist abgeschlossen.

20.♖ac1

Es macht den Anschein, als würde ein Generalabtausch auf der c-Linie bevorstehen. AlphaZero trifft aber eine weitere unschablonenhafte Entscheidung. Es fasst am Königsflügel die Öffnung der g-Linie mit einem künftigen ...g5-g4 ins Auge. Um die entstehende offene Linie gegen den weißen König auszunutzen, benötigt es mindestens eine Schwerfigur. Aus diesem Grund zeigt sich AlphaZero nicht mit einem Massentausch auf der c-Linie einverstanden. AlphaZero bricht folglich eine allgemeingültige Regel und überlässt Weiß die c-Linie.

20...♖xc2 21.♖xc2 a6

Schwarz war außerstande, alle Einbruchsfelder auf der c-Linie zu decken, doch AlphaZero hat richtig abgeschätzt, dass das Auftauchen des weißen Springers auf c6 einem Schuss ins Blaue gleicht. Einstweilen hat Weiß keine Möglichkeit, die c-Linie zu verwerten.

22.♕a3

Um bei ♘c6 dem Schwarzen nicht die Antwort ...♕e8 zu gestatten (da d6 nun hängen würde). Bei 22.♘c6 ♕e8 23.♘b4 ♘b6 würde ...a6-a5 folgen.

22...♕e6 23.♘c6 a5

Ein kleines Ablenkungsmanöver am Damenflügel von AlphaZero, um die gegnerischen Figuren ins Abseits zu lenken... wir haben diese Episode im Kapitel über „Aktivität" genau unter die Lupe genommen. Lehnen Sie sich jetzt einfach zurück und amüsieren sich über die verzweifelten Versuche von Stockfish, seine Dame zurück zum Königsflügel zu bringen, derweil AlphaZero einen seiner typischen überfallartigen Angriffe vom Stapel lässt!

24.b4 a4 25.♗xb5

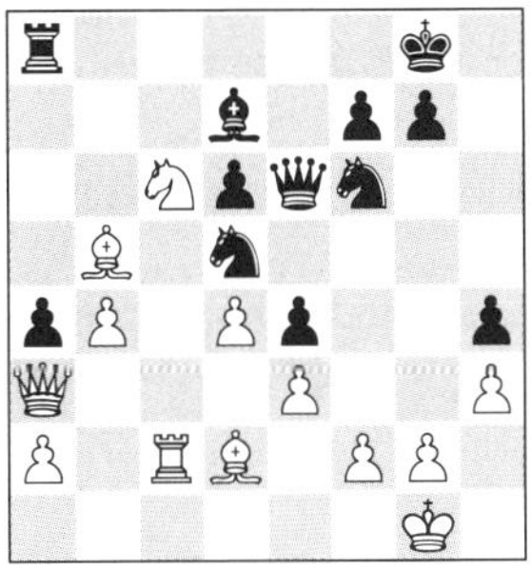

25...g5

Der Auftakt zu AlphaZeros Angriff. Fast unmerklich wurden die weißen Kräfte zum Damenflügel hingezogen, was den schwarzen Angriff am Königsflügel umso gefährlicher werden lässt.

26.♕c1 g4 27.hxg4 ♕xg4 28.♕f1 ♕g5 29.♖c1 ♔h8 30.♘a5 ♗g4 31.♗e2 ♗f3 32.♔h1 ♗xe2 33.♕xe2 ♘h5 34.♔h2 ♖g8

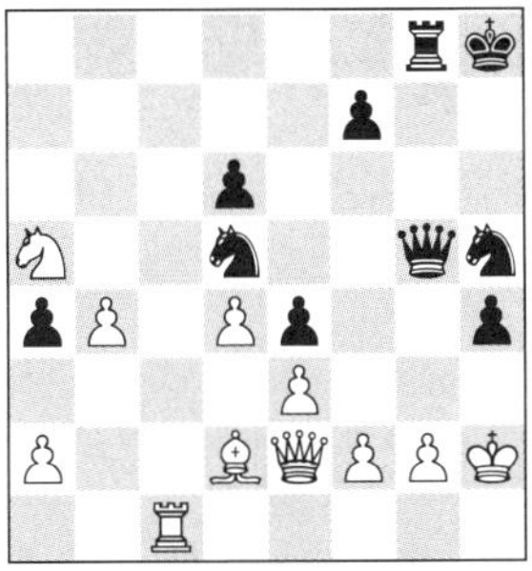

35.f4 ♕g3+ 36.♔g1 ♕f3 37.♕xf3 exf3 38.g4 ♘g3 39.♔f2 ♘e4+ 40.♔xf3 ♘xd2+ 41.♔e2 ♘e4 0:1

HISTORISCHES GEGENSTÜCK

Garri Kasparows Revival mit dem Randbauern

Ende 2017 kehrte Exweltmeister Garri Kasparow aus seinem Ruhestand zurück, um es beim Blitzturnier von St. Louis mit den stärksten Spielern der Welt aufzunehmen. Sein augenfälligster Beitrag zur Schachtheorie in St. Louis war die Idee mit dem Randbauern im Nimzoinder mit 4.♕c2. Seine Partie gegen Hikaru Nakamura war äußerst eindrucksvoll und erinnerte mich an AlphaZeros Spiel in der Partie zuvor: Nachdem Schwarz den Vormarsch des h-Bauern mit ...h7-h6 abgeblockt hatte, warf Garri – genau wie Alpha-Zero – den g-Bauern nach vorne, um den schwarzen Königsflügel freizulegen.

Garri Kasparow 2812
Hikaru Nakamura 2792
St. Louis Blitz 2017 (13)

1.d4 ♘f6 2.c4 e6 3.♘c3 ♗b4 4.♕c2 0-0 5.a3 ♗xc3+ 6.♕xc3 d5 7.♘f3 dxc4 8.♕xc4 b6

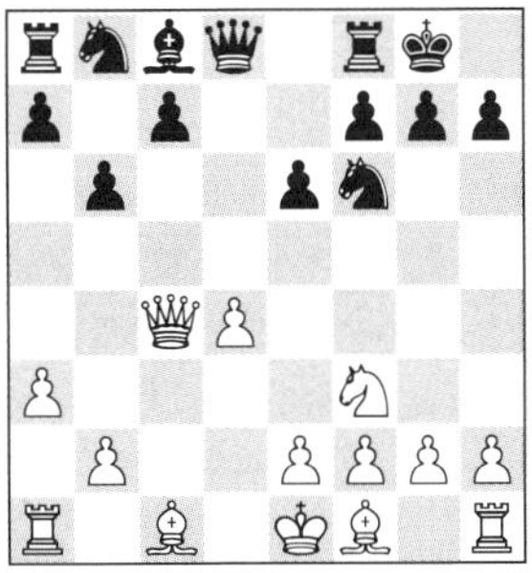

9.h4

Der h-Bauer legt los! Das sieht nach einer Idee aus, an der AlphaZero Gefallen finden könnte, doch tatsächlich gibt es in dieser Stellung dem normalen 9.♗g5 den Vorzug. Ich denke, dass die Stellung im Zentrum ein wenig zu offen ist, um AlphaZeros Geschmack beim Vorrücken des Randbauern zu treffen. In einer Blitzpartie wie hier jedoch erwies es sich als ungemein effektiv für Garri!

9...c5 10.dxc5 bxc5 11.h5 h6

Nakamura möchte die schwarzfeldrige Schwäche seines Königsflügels nach h5-h6, ...g7-g6 nicht hinnehmen und blockiert den Bauern, bevor dieser nach h6 gelangt. Das bedeutet jedoch keineswegs, dass die schwarze Königsstellung sicher wäre!

12.g4

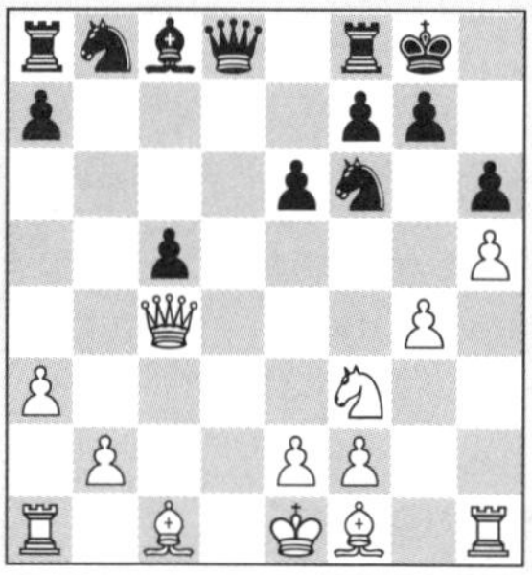

Garri beabsichtigt g4-g5, was den exponierten schwarzen Bauern auf h6 anvisiert, genau wie wir es bei AlphaZero in der Partie zuvor gesehen haben. Schwarz steht bereits unter ernstem Druck.

12...♕d5 13.♕xd5 ♘xd5 14.g5 hxg5 15.♗xg5

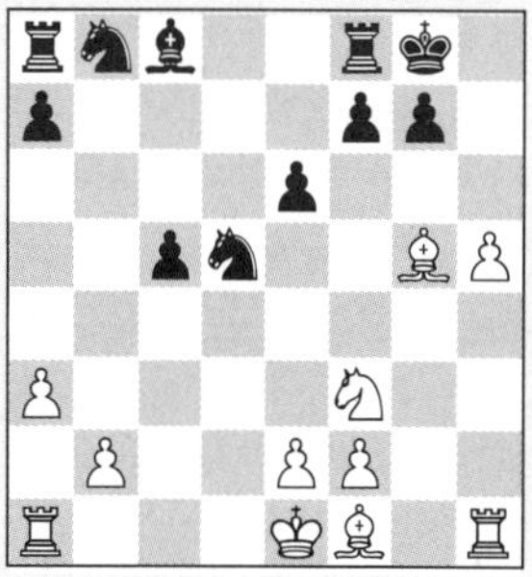

Das weiße Spiel ist äußerst angenehm: Schwarz hat schwache Bauern am Damenflügel, einen instabilen Springer (e2-e4 wird ihn vertreiben), und er muss davor auf der Hut sein, dass Weiß mit seinen Schwerfiguren den Bauern g7 direkt vor der Nase des schwarzen Königs anvisiert. Nakamura war trickreich wie stets, doch Kasparow hielt die Dinge unter Kontrolle und erledigte ihn überzeugend.

15...f6 16.♗d2 ♘c6 17.♖c1 ♘d4 18.♖xc5 ♘xf3+ 19.exf3 ♗d7 20.♖h4 ♖fb8 21.b4 a6 22.♖d4 ♗b5 23.♗g2 ♖e8 24.f4 f5 25.♗f3 ♔h7 26.♗c3 ♖e7 27.♔d2 ♖d8 28.♗xd5 exd5 29.♖dxd5 ♖xd5+ 30.♖xd5 ♖d7 31.♖xd7 ♗xd7 32.♔e3 g6 33.h6 ♔xh6 34.♔d4 ♔h5 35.♔c5 ♔g4 36.♗d2 ♔f3 37.♔b6 ♗b5 38.a4 ♗f1 39.b5 axb5 40.axb5 ♔xf2 41.♔c6 ♔e2 42.♗c1 ♔d1 43.♗a3 ♔d2 44.♗e7 1:0

HISTORISCHES GEGENSTÜCK

Karpows Bauernsturm am Königsflügel

Diese Partie wurde von einem von Garri Kasparows großen Rivalen gespielt: seinem Vorgänger als Weltmeister, Anatoli Karpow. Ich hatte sie bereits in einer Partiesammlung von Karpow gesehen, doch ich habe erst aufgemerkt, als sie mir beim Durchstöbern von Sam Shanklands exzellentem Buch *Small Steps to Giant Improvement* („Kleine Schritte zu einer großen Verbesserung") auffiel. Shankland ist ein junger amerikanischer 2700-Spieler sowie der US-Meister von 2018 (einer der am härtesten zu erringenden

Titel auf diesem Planeten, mit Mitbewerbern wie Fabiano Caruana, Hikaru Nakamura und Wesley So!). Diese Partie wurde drei Jahre bevor Karpow Weltmeister wurde gespielt, und ich kann mir kein passenderes menschliches Gegenstück zu AlphaZeros Spielauffassung vorstellen!

Anatoli Karpow 2630
Mark Taimanow 2590
Moskau 1972

1.e4 c5 2.♘f3 e6 3.d4 cxd4 4.♘xd4 a6 5.♗d3 ♗c5 6.♘b3 ♗b6 7.0-0 ♘e7 8.♕e2 ♘bc6 9.♗e3 ♘e5 10.c4 ♗xe3 11.♕xe3 ♕c7 12.c5 ♘xd3 13.♕xd3 b6 14.cxb6 ♕xb6 15.♘1d2 d5 16.e5 ♗d7 17.♖fc1 0-0 18.♕d4 ♕b8 19.♘f3 ♘c6 20.♕e3 ♖c8 21.♖c5 a5 22.♖ac1 a4 23.♘bd4 ♘a5 24.♖xc8+ ♗xc8 25.b3 ♗d7

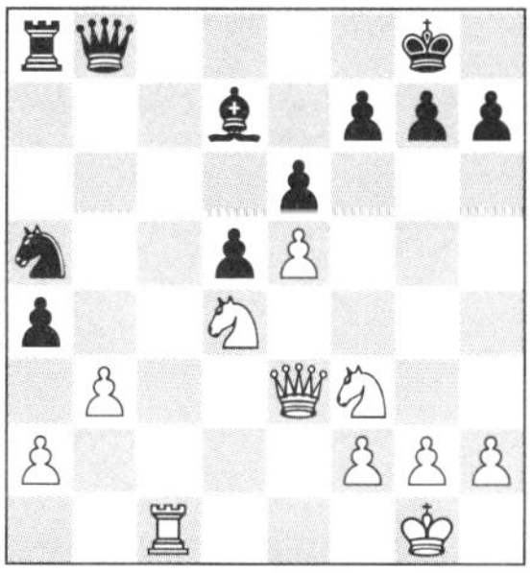

26.h4
Wir sind von diesem Zug nicht überrascht! Wenn er nicht gebremst wird, wird der h-Bauer den ganzen Weg nach h6 zurücklegen und unangenehmen Druck auf den schwarzen König ausüben. Nicht nur, dass sich alle Figuren von Schwarz am Damenflügel befinden. Schwarz braucht seine Dame auch dort, um ein Eindringen des Turms über die c-Linie zu verhindern.

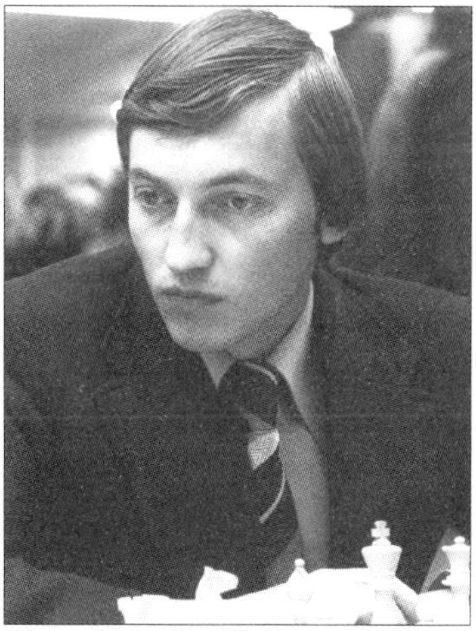

Diese Partie des jungen Anatoli Karpow verkörpert das passende menschliche Gegenstück zu AlphaZeros Bauernstürmen.

26.h4 war auch die Wahl von AlphaZero, als wir ihm diese Stellung gezeigt haben!
26...h6
Taimanow entscheidet sich, den h-Bauern zu bremsen, bevor dieser nach h6 gelangt. Karpow benutzt den Bauern h6 nun als „Haken“ (um Shankland zu zitieren) zur Öffnung des Königsflügels, wie wir es auch bei AlphaZero gesehen haben.
27.g4 ♕b7

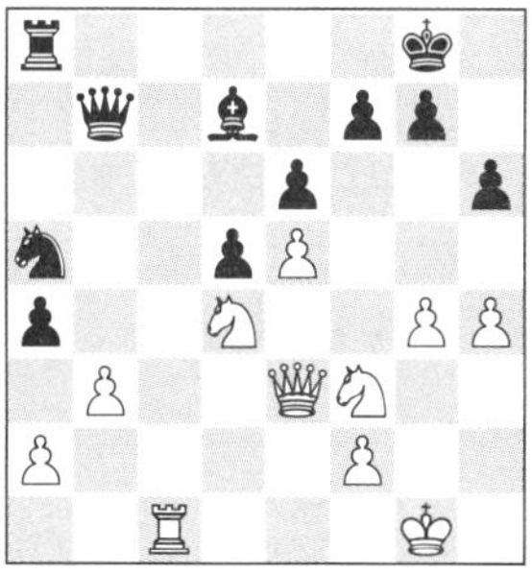

28.h5
Wie Shankland ausführt, war auch 28.g5 h5 29.g6 eine starke Möglichkeit. Nach 29...fxg6 30.♕d3 sieht sich Schwarz außerstande,

g6 und e6 zu verteidigen: 30...♔h7 31.♘g5+. 28.h5 ist für uns aber thematisch!

28...♘c6 29.g5

Und hier kommt der Durchbruch: Der Vorstoß des weißen h-Bauern hat eine Schwäche aus der schwarzen Königsstellung herausgekitzelt, die Weiß nun dazu nutzen kann, um Linien am Königsflügel zu öffnen.

29...♘xd4 30.♘xd4 hxg5 31.♕xg5 ♔h7 32.♖c3

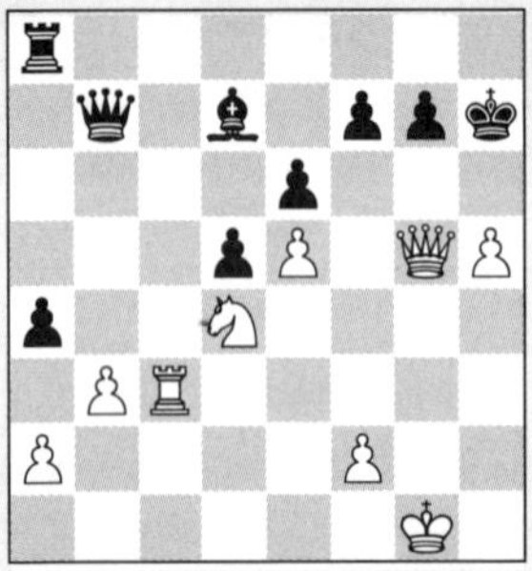

Ein weiteres typisches Manöver: der Turm wird über die dritte Reihe zum Königsflügel überführt.

32...♕b4 33.♖g3 ♖g8 34.♘f3

34.h6 ♕f8 35.hxg7 ♖xg7 36.♕xg7+ ♕xg7 37.♖xg7+ ♔xg7 38.b4 war der von Shankland bevorzugte Weg, die Partie zu beenden. Karpows Weg ist freilich gut genug und gleichfalls äußerst elegant! Mich erinnert es an AlphaZero: Die Partie zu beenden, indem der Springer zum Angriff geleitet wird.

34...axb3 35.axb3 ♕xb3

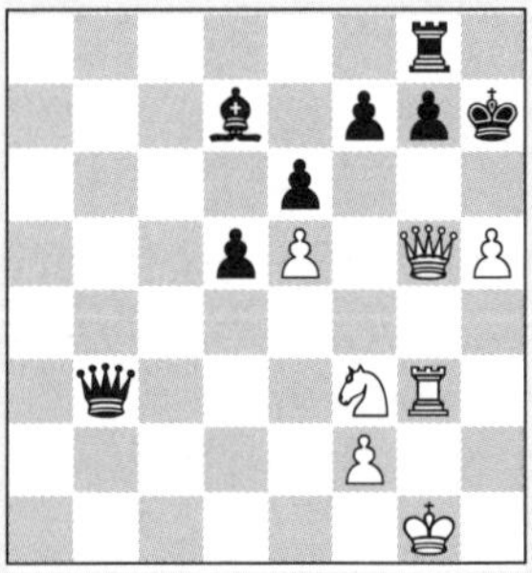

36.♕c1

Ein lieblicher Zug, der g5 für den Springer räumt, mögliche Grundreihenschachs deckt und bei Bedarf auch den Einmarsch der Dame auf der siebten Reihe vorbereitet.

36...♕a2 37.♘g5+ ♔h8 38.♘xf7+ ♔h7 39.♕g5 ♕b1+ 40.♔h2

Und Schwarz gab auf. Das hübsche Matt wäre 40...♗e8 41.♕g6+ ♕xg6 42.hxg6# (siehe Diagramm unten).

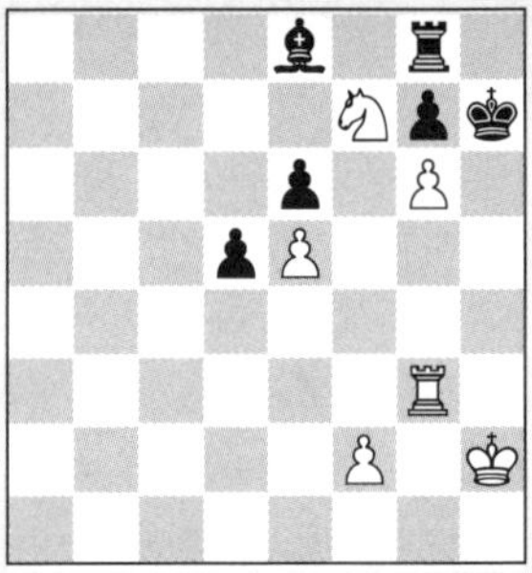

Im folgenden Abschnitt sehen wir uns einige weitere typische Ideen an, die in AlphaZeros Partien auftauchen.

Abschnitt D – Andere Ideen

I Öffnung der h-Linie

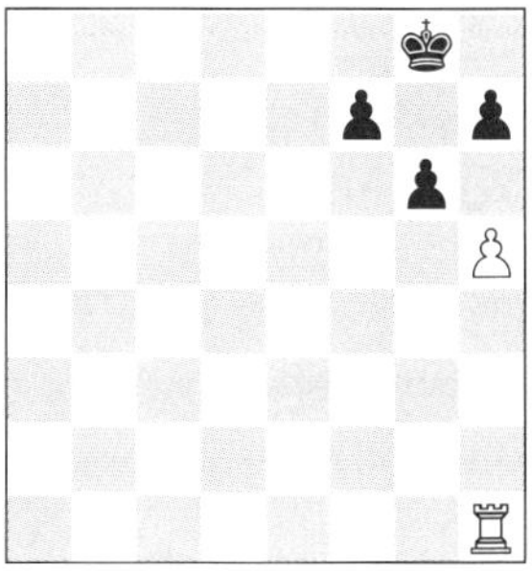

1.hxg6 hxg6

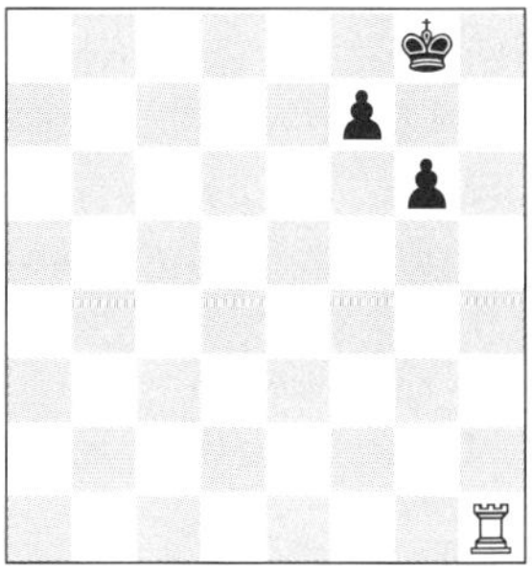

Ein verbreiteter Zweck beim Vorstoß des h-Bauern ist die Öffnung der h-Linie gegen den feindlichen König. In AlphaZeros Partien geschieht dies verhältnismäßig selten – im Allgemeinen neigt es dazu, den h-Bauern nach h6 vorzustoßen –, doch mit der folgenden Partie liefert es eine hervorragende Demonstration für die Linienöffnung mit h5xg6.

Partie: „Auch im Endspiel ist man niemals sicher"!

Ein Meisterwerk von AlphaZero im Grünfeld-Endspiel. Erneut legt AlphaZero mit e4-e5 das Zentrum fest und stößt dann seinen Randbauern vor, um einen Flügelangriff vom Stapel zu lassen. Die Konstellation der schwarzen Kräfte unterscheidet sich von den vorangegangenen Beispielen, wodurch h5-h6 weniger wirksam wäre. AlphaZero wechselt mit der Öffnung der h-Linie zu einer anderen Angriffsart. Der Angriff ist derart gefährlich, dass Stockfish sich genötigt sieht, einen Bauern zu geben; AlphaZero verwertet diesen Vorteil nach 104 Zügen.

Themen der Partie:

1. Einsatz eines Randbauern zur Schwächung der gegnerischen Königsstellung [17.h5]
2. Festlegung des Zentrums [18.e5]

AlphaZero
Stockfish 8
London 2018

1.d4 ♘f6 2.c4 g6 3.♘c3
Das war der letzte Zug, der beiden Seiten in dieser Partieserie vorgegeben wurde.
3...d5 4.cxd5 ♘xd5 5.♘f3 ♗g7 6.e4 ♘xc3 7.bxc3 c5 8.♗e3 ♕a5 9.♕d2 ♘c6 10.♖b1 a6 11.♖c1 cxd4 12.cxd4 ♕xd2+ 13.♔xd2 e6 14.h4 0-0 15.♗d3 ♖d8 16.♖c4 ♗d7 17.h5 ♗e8
Ein neuartiges Konzept von Stockfish. 17...b5 18.♖cc1 ♗e8 19.e5 ♘b4 20.♗g5 ♘xd3 21.♔xd3 ♖dc8 22. hxg6 fxg6 23.♘d2 war in Epischin - Polowodin, Podolsk 1992, angenehm für Weiß.
18.e5 ♖d5

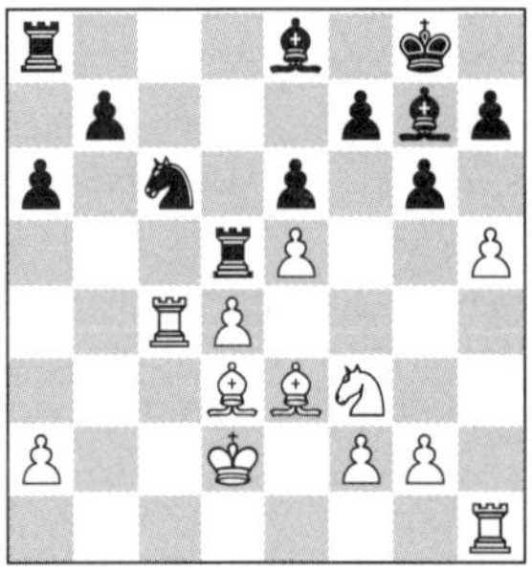

19.hxg6

Ich war hiervon verblüfft, da AlphaZero dazu neigt, dem Manöver h2-h4-h5 den Vorstoß nach h6 folgen zu lassen, um König und Figuren von Schwarz einzuengen; es setzt h2-h4-h5 zum Zweck der Öffnung der h-Linie viel seltener ein.

Es ist aufschlussreich, die Entscheidung, hier h5-h6 zu unterlassen und stattdessen die h-Linie zu öffnen, mit einer gegensätzlichen Entscheidung zu vergleichen, die AlphaZero in einer ähnlichen Stellung traf. Es zeigt die Feinheiten bei einer erfolgreichen Handhabung dieser Techniken auf (siehe Diagramm):

AlphaZero
Stockfish 8
London 2018

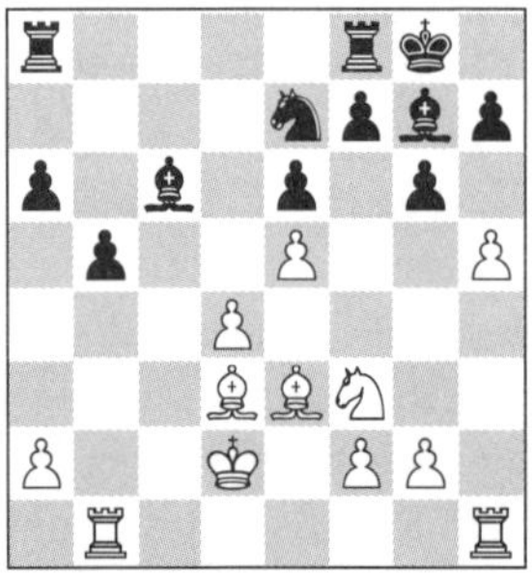

Wenn wir diese Stellung mit der in der Partie nach dem 18. Zug von Schwarz vergleichen, sehen wir einen grundlegenden Unterschied: die schwarzen Leichtfiguren sind hier wesentlich aktiver. Der weißfeldrige Läufer befindet sich auf der langen Diagonalen, bereit den Springer f3 zu schlagen, der schwarze Springer zielt bereits auf die weißfeldrigen Löcher – d5 und f5 – um die zentrale schwarzfeldrige Bauernstruktur von Weiß, und selbst der Königsturm steht auf f8 besser als auf d5.

Wenn Weiß versucht, aus dem Manöver h2-h4-h5 mit 19.hxg6 hxg6 20.♗g5 Kapital zu schlagen, kann Schwarz einfach mit 20...f6 antworten, was verhindert, dass Weiß sich mit seinen Figuren auf den dunklen Feldern am Königsflügel breitmacht und ein Gegenspiel gegen Zentrum und Königsflügel von Weiß einleitet (der Springer f3 und der Bauer f2 werden verwundbar, sobald sich die f-Linie für den schwarzen Turm öffnet).

Anders ausgedrückt, in dieser Stellung kämpft Schwarz nach wie vor. AlphaZero spürt, dass es zunächst die Schrauben fester anziehen und noch weiter das Leben aus den schwarzen Figuren und der schwarzen Stellung herauspressen muss, bevor es seine Aufmerksamkeit dem König widmen kann. Zu diesem Zweck setzt es auf den Vorstoß h5-h6.

In der Stellung aus unserer Hauptpartie sind die schwarzen Leichtfiguren ziemlich passiv: der weißfeldrige Läufer ist auf e8 eine reine Verteidigungsfigur, während der Springer c6 fruchtlos in die gut besicherte weiße Zentrumsstruktur d4/e5 beißt. Im vorliegenden Fall hat es AlphaZero nicht nötig, erst die Aktivität der schwarzen Figuren zu begrenzen oder die schwarze Stellung weiter einzuengen. Es kann gleich damit loslegen, das Potenzial der eigenen Figuren auszuspielen, was bedeutet: Öffnung der h-Linie und damit anfangen, seine Figuren auf den porösen dunklen Feldern am schwarzen Königsflügel festzusetzen. Nun zurück zu unserer Partie nach 19.hxg6.

19...hxg6 20.♗e4 ♖b5

Es ist aufschlussreich, hier AlphaZeros Ansatz mit dem der Engines zu vergleichen: 21.♖hc1 und 21.♖b1, was beides um die offenen Linien kämpft, dominieren die Liste der Kandidatenzüge, während 21.♖a1 (deckt a2, so dass 21...♖b2+ einfach mit 22.♔c3 beantwortet werden kann) kurz betrachtet wird. AlphaZero ist hingegen auf die Ausführung seines Plans konzentriert, der da lautet, am anderen Flügel den König ins Visier zu nehmen. Die schwarze Ein-Figuren-Aktivität am Damenflügel interessiert da nicht im Geringsten!

21.♗g5

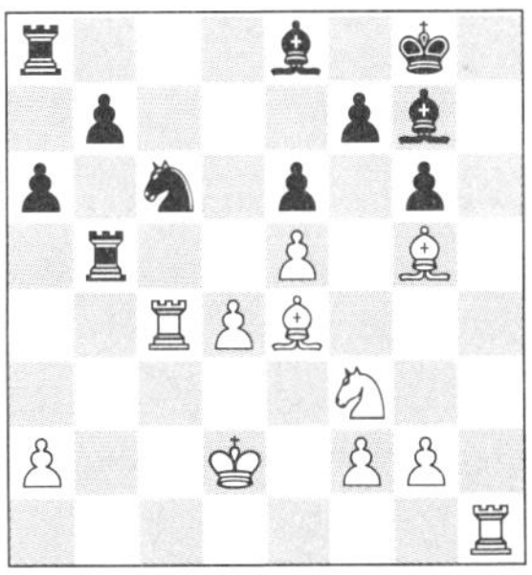

Verhindert die Umgruppierung des Springers auf das gute Defensivfeld e7 und bereitet ♗f6 vor.

21...♖b2+ 22.♔e3 ♘a7

22...♖xa2 23.♗f6 mit zwei Drohungen:

1. ♖cc1, ♖h4, ♖ch1 und ♖h8 mit Matt, sowie:
2. ♘g5 und ♖h7 mit äußerst gefährlichen Drohungen.

23...♖c8 24.♖cc1 (schaltet Tricks aus, die auf der wackeligen Turmstellung auf c4 beruhen, und bereitet ♖h4 nebst ♖ch1 vor. Ich wollte 24.♘g5 ♘xe5 25.♖xc8 ♘g4+ 26.♔f3 ♘xf6 27.♗xb7 ♗f8 versuchen. Weiß steht besser, doch Schwarz kann kämpfen) 24...♘a7, und nun:

A) 25.♖b1 ♘b5 26.♖h4 ♘c3 27.♖bh1 ♖e2+ gibt Schwarz einen blitzartigen Gegenangriff: 28.♔d3 (28.♔f4 ♖xe4+ nebst ...♖xh4 zerstört die weiße Angriffsformation) 28...♗b5#;

B) 25.♖xc8 ♘xc8 26.♘g5 ♗xf6 27.exf6 ♘d6 28.♖h7 a5 (so verteidigen sich Maschinen! Gar nicht erst irgendwelche verzweifelten Fluchtversuche probieren: man lasse einfach den König über die Brüstung hängen und hole sich auf der anderen Brettseite eine Dame. Weder meine Engine noch ich konnten mehr als ein Dauerschach finden) 29.♖g7+ ♔h8 30.♖h7+ ♔g8;

C) 25.♗xb7 ♖xc1 (25...♖b8 26.♗c4 ist sehr stark für Weiß. Die Bilanz der Züge 24 bis 26 ist, dass Weiß weitere Einbruchsfelder auf der c-Linie gewonnen hat (zusätzlich zur bestehenden Idee einer Verdopplung auf der h-Linie), während der schwarze Springer nach a7 verbannt wurde. Die offene b-Linie, die Schwarz für den Turm hat, ist ohne Bedeutung; 26...♖b3+ 27.♔f4 ♖xf2 28.♖h2 gefolgt von ♖ch1 und ♖h8+ führt zum Matt) 26.♖xc1 ist ein einfacher Weg zu einer besseren Stellung für Weiß. Die schwarzen Figuren sind sehr schlecht und werden gemeinsam mit dem eingeengten König leiden, sollte Weiß seinen Turm auf die siebte oder achte Reihe bekommen.

23.♖c7 ♖c8 24.♖xb7 ♖xb7 25.♗xb7
Stockfish hat sich zwar auf Kosten eines Bauern herausgewunden, doch seine Figuren sind weiterhin passiv. AlphaZero macht bei der Vorteilsverwertung keinen Fehler.
25...♖c3+ 26.♔f4 ♖c2 27.♗e4 ♖c4

A) 27...♖xf2 28.♖b1 ♘b5 (28...♗b5 29.a4) 29.a4;

B) 27...♖xa2 28.♖c1 ♗f8 29.♖c7 ♘b5 30.♖c8.

28.♗d3 ♖a4 29.♖c1 ♗c6 30.♗c4 ♗b7 31.♗b3 ♖b4 32.♖c7 ♗xf3 33.♔xf3 ♘b5 34.♖c8+ ♔h7 35.♖c4 ♘xd4+ 36.♔e4 ♘c6 37.♖xb4 ♘xb4 38.♗e7 ♘c6 39.♗d6

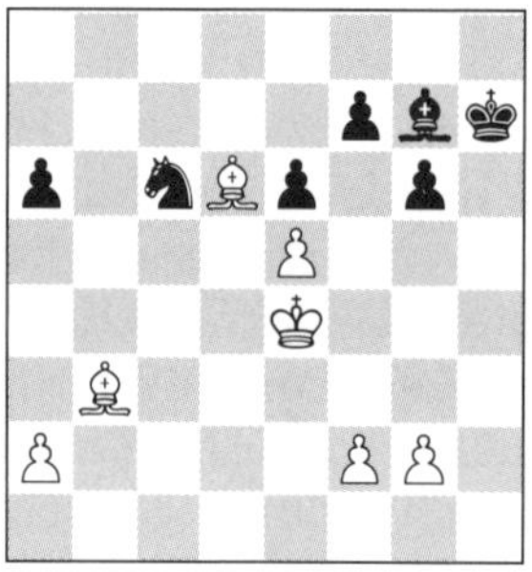

Äußerst kraftvoll. AlphaZero hat den Bauern zwar zurückgegeben, doch totale Kontrolle über die Stellung bewahrt.
39...♘a5 40.♗d1 f5+ 41.exf6 ♗xf6 42.♗e2 ♘b7 43.♗a3 a5 44.♔d3 ♗e5 45.♗g4 ♘d8 46.♗c5 ♗c7 47.♔c4 ♘b7 48.♗a7 ♘d6+ 49.♔c5 ♘e4+ 50.♔c6 ♗f4 51.♗xe6 ♘c3 52.♗d4 ♗d2 53.♗c4 g5 54.♔d7 g4 55.♔e6 ♔g6 56.♔e5 ♘d1 57.♗b3 ♘c3 58.a4 ♘e2 59.♗b6 ♔g5 60.g3 ♗c3+ 61.♔e4 ♗b4 62.♔e3 ♘c3 63.♔d3 ♔f5 64.♗c2 ♔e6 65.♗d4 ♘d5 66.♗b3 ♔d6 67.♔e4 ♘e7 68.♔f4 ♘c6 69.♗e3 ♘e5 70.♔e4 ♘f3 71.♗d1 ♘h2 72.♔f5 ♘f1 73.♗f4+ ♔e7 74.♔xg4 ♘d2 75.♗c2 ♔e6 76.♗e3 ♘f1 77.♗b6 ♗c3 78.♔h3 ♘d2 79.f4 ♘f3 80.♗d1 ♘d4 81.♗c5 ♔d5 82.♗a7 ♔e4 83.♗b6 ♔d5 84.♗g4 ♘b3 85.♗d8 ♘c5 86.♗d1 ♔c6 87.♗e7 ♘e4 88.♗f3 ♔d7 89.♗a3 ♘d2 90.♗e2 ♘e4 91.♔g2 ♗b4 92.♗b5+ ♔e6 93.♗b2 ♗c3 94.♗c1 ♔d5 95.g4 ♘d2 96.♔g3 ♘b3 97.♗a3 ♗e1+ 98.♔h3 ♗d2 99.f5 ♘d4 100.♔h4 ♗c3 101.♗d3 ♘c6 102.♗e2 ♔e4 103.♔h5 ♔f4 104.♗c1+ 1:0

II Der Turmschwenk

Ein weiterer, mit dem Randbauernvorstoß oft verbundener Nutzen ist der Turmschwenk:

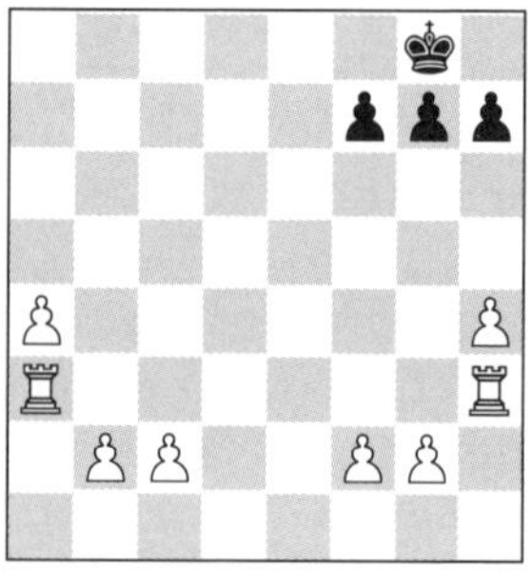

Der Zweck dieses Manövers ist, den Turm für Aktionen auf der dritten Reihe freizubekommen, was sich oft als überraschend wirksames Angriffsmanöver erweist. Eine der Partien von AlphaZero ist ein wundervolles Beispiel hierfür, wenngleich der tatsächliche Turmschwenk in den Varianten verborgen bleibt:

Partie: „Der Zangenangriff“
AlphaZero spielt von Beginn an aggressiv und visiert den Bauern h7 mit einer Formation Springer g5, Bauer h4 und Dame c2 an. AlphaZero schiebt die Rochade hinaus, um Schwarz die Möglichkeit zu rauben, mit ...h7-h6 den Springer zu vertreiben.

Um den Druck zu erhöhen, stößt AlphaZero den Randbauern am anderen Flügel vor. Auf den ersten Blick erscheint diese Idee rein positionell, indem verhindert werden soll, dass sich Schwarz mit seinen Bauern am Damenflügel ausbreitet. Beim Eintauchen in die Varianten stellt sich indes heraus, dass AlphaZero damit eine andere Idee verbunden hatte: nämlich seinen Angriff am Königsflügel durch einen Schwenk mit dem, Damenturm zu verstärken.

Themen der Partie:

1. Einsatz eines Randbauern zur Schaffung eines Stützpunktes für den Springer [11.♘g5, 12.h4]

AlphaZero
Stockfish 8
London 2018

1.d4 ♘f6 2.c4 c6 3.♘f3 b6 4.g3 ♗b7 5.♗g2 ♗b4+ 6.♗d2 ♗e7 7.♘c3 0-0 8.♕c2 ♘a6 9.a3

Eine schlaue und zugleich flexible Neuerung von AlphaZero, mit der das störende ...♘b4 verhindert und bezüglich der Rochade alle Optionen offengehalten werden.

9...c5 10.d5 exd5 11.♘g5 ♘c7 12.h4

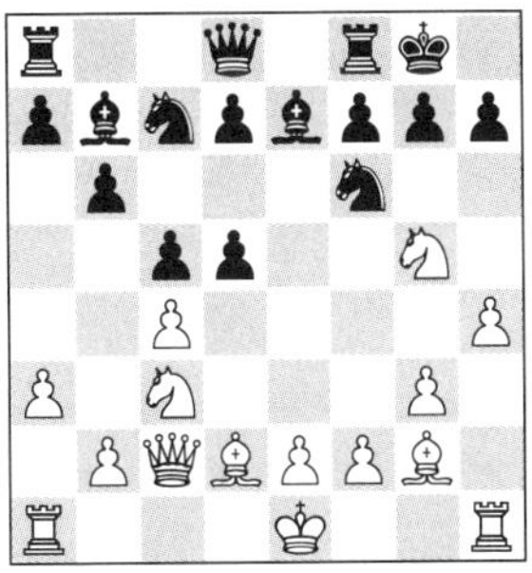

AlphaZero hat die Eröffnung aggressiv behandelt. Dieser Zug deckt den Springer auf g5, in Erwartung des schwarzen Angriffs auf den Springer mit ...h7-h6.

12...h6 13.♘xd5

Eine gute Art, auf d5 zu schlagen. Das Feld c3 wird für den schwarzfeldrigen Läufer geräumt, der so auf die lange Diagonale a1-h8 gelangt.

13...♘cxd5 14.cxd5

Schwarz ist außerstande, mit 14... hxg5 den Springer zu schlagen, da 15.hxg5 die h-Linie öffnet, wonach sich Dame und Turm gegen h7 vereinen. 15...♘xd5 ermöglicht ein Matt mit 16.♕h7. Dieses geläufige Angriffsschema hat einen Nachteil: Weiß darf nicht kurz rochieren! Wenn der Turm h1 verlässt, lösen sich die Drohungen gegen h7 in Luft auf, und Schwarz kann den Springer schlagen. Das Dilemma von Weiß liegt in der Frage, wie er den Druck auf die schwarze Stellung erhöhen kann. Wenn es Schwarz gelingt, in den nächsten paar Zügen den weißen Druck gegen h7 zu neutralisieren, könnte Weiß nichts Besseres bleiben, als den Springer zurückzuziehen, wonach Schwarz Herr der Dinge wäre.

14...d6 15.a4

Ich war von diesem Zug verwirrt; erst recht, als ich die nächsten Züge von Weiß sah (17.0-0-0!).

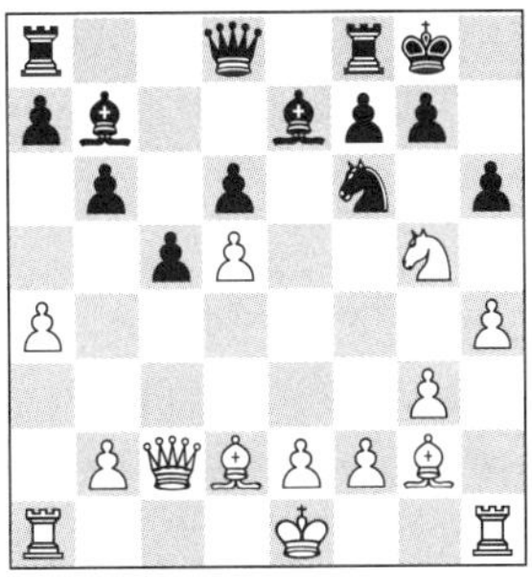

Warum um alles auf der Welt sollte Weiß seinen Damenflügel lockern und anschließend auf diesen Flügel rochieren? Natürlich verhindert 15.a4 den schwarzen Bauernvorstoß 15...b5 am Damenflügel, doch einfach 15...a6 erneuert diese Drohung.

15...♕d7

Der Partiezug, mit dem zudem ein Tempogewinn mit ♗h3 ermöglicht wird, machte auf mich einen merkwürdigen Eindruck. Wir werden den weiteren Partieverlauf später im Detail untersuchen, doch sehen wir uns zunächst den natürlichen Zug 15...a6 an:

A) 15...a6, womit die typische Idee einer Expansion am Damenflügel mit ...b6-b5, die Weiß zuvor mit a2-a4 verhindert hatte, wieder möglich gemacht wird, erschien viel natürlicher: 16.♖a3.

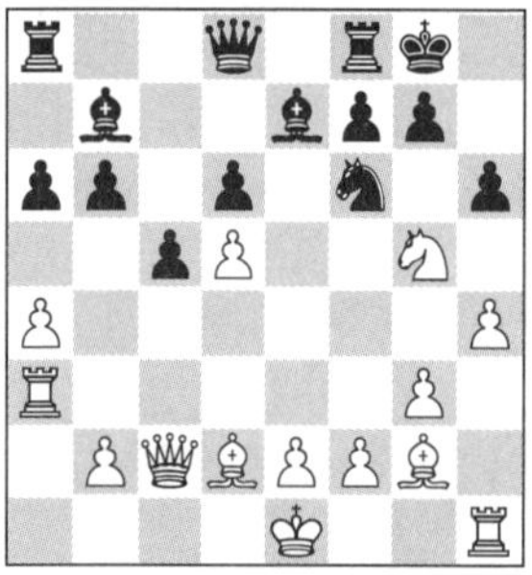

Dieser Turmschwenk war eine Idee von mir, und komischerweise verfällt darauf innerhalb einer angemessenen Zeitspanne keine meiner Engines. Er ist außerordentlich stark: die Einbeziehung des Turms in den Angriff ist tödlich für Schwarz, wobei entweder von e3 aus eine Flucht des Königs über die e-Linie verhindert oder aber der Verteidiger des Feldes h7, der Springer f6, angegriffen wird. Natürlich war dies auch die Absicht von AlphaZero. 16...b5 17.g4 (meine Hauptvariante war 17.♖f3 ♖e8 18.♗c3 b4 19.♗xf6 ♗xf6 20.♕h7+ ♔f8 21.♕h8+ ♔e7 22.♕xg7 ♗xg7 23.♖xf7#,

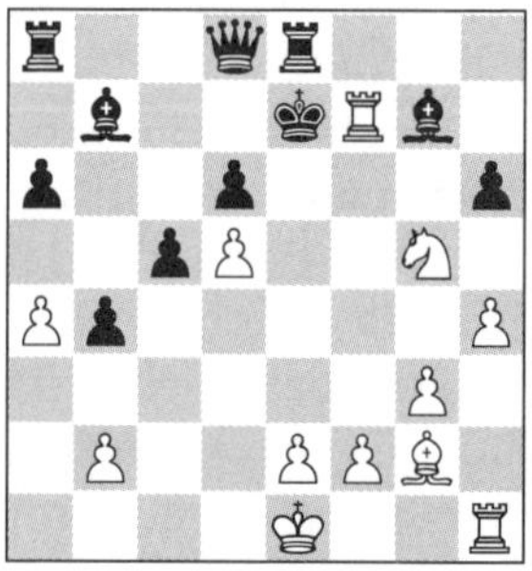

was gut genug aussieht, doch AlphaZero hat eine völlig andere Idee) 17... c4 18.♖f3 (18.♖g3 ♕e8 19.♘e4 ♘xe4 20.♗xe4 war eine ruhigere Variante von AlphaZero, die es mit einem Erwartungswert von 79,9% bewertet. Die Stellung ist unangenehm für Schwarz: Weiß beabsichtigt, den schwarzen Königsflügel mittels g4-g5 zu erstürmen) 18...♖e8 19.♘xf7 ♔xf7 20.g5 ♔g8 21.♕g6 lautete AlphaZeros Hauptvariante, die es mit einem massiven Erwartungswert von 88,7% einschätzt;

B) Eine weitere Alternative ist 15...♖e8; ein flexibler Verteidigungszug, der die Drohung ♗d2-c3xf6 nebst ♕h7+ bearbeitet, indem er f8 für den König räumt. 16.♖a3, und nun:

B1) 16...♗f8 17.♖f3 (mit der Drohung 18.♖xf6) 17...g6 (17...hxg5 18.hxg5 ♘e4 19.♖f4.

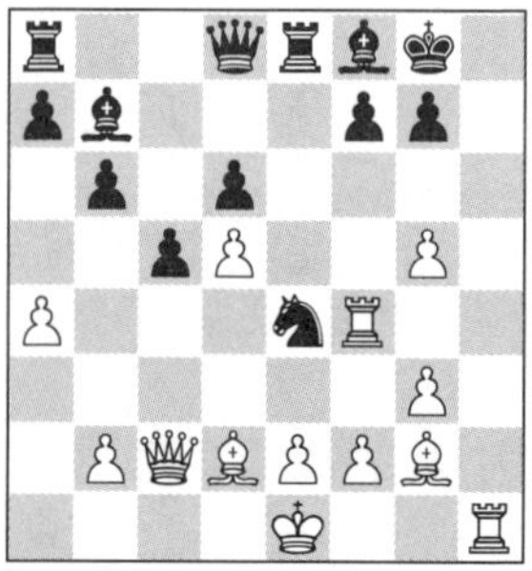

Ein äußerst agiler Turm! Er geht über ♖a1-a3-f3-f4-h4 auf die h-Linie!) wäre eine ideale Lösung für Schwarz: die Diagonale b1-h7 wird mit einem Bauern verstellt und die dunklen Felder am Königsflügel (h6) vom schwarzfeldrigen Läufer gedeckt. Der Läufer würde dann nach g7 auf seine angestammte Diagonale im Modernen Benoni überführt. Jedoch ist der schwarze Königsflügel taktisch zu anfällig, als dass das funktionieren könnte: 18.h5, und meine Engine sieht ein Desaster am Anrollen;

B2) 16...♗c8 war eine Enginevariante, mit der entweder ...♕d7-f5 oder ...♗g4(-h5-g6) angestrebt wird, um die weißen Figuren zu bedrängen, bevor sie in vereinter Weise auf den Königsflügel zielen: 17.♖e3 (plant ♗c3 nebst ♗xf6 und schneidet zuvor die Fluchtroute des weißen Königs über die e-Linie ab) 17...♕d7 (die Idee von ...♗c8, um sich so mit ...♕f5 auf der Diagonalen b1-h7 entgegenzustellen, 17...g6 18.♘e6 ♕d7 19.h5 g5 20.♗c3, und ♕f5 folgt) 18.♖f3 – jetzt, wo Schwarz in Antwort hierauf nicht mehr ...♗g4(-h5-g6) hat. Schwarz ist in großen Schwierigkeiten.

C) 15...♗c8 16.♖a3 ♗g4 ist eine mögliche Idee, was ♖f3 verhindert und ...♕d7 nebst ...♗f5/...♕f5 vorbereitet. 17.♗c3 (17.♖e3 ♕d7 18.♗c3 ♗f5 19.♖xe7 ♗xc2) 17...♖e8 18.♗xf6 ♗xf6 19.♕h7+ ♔f8 20.♗f3 lautete der Fund meiner Engine, mit einer großartigen Stellung für Weiß: 20...♗xf3 21.♖xf3 hxg5 22.hxg5 ♗xg5 23.♕h8+ ♔e7 24.♕xg7 ♔d7 25.♖h7 ♗e7 26.♖xf7 gefolgt von ♕g7-f6-e6+ mit Gewinn des Läufers.

16.♗c3

16.♖a3 sieht hier gleichfalls äußerst stark aus. AlphaZeros Zug ist indes völlig in Ordnung.

16...♖fe8 17.0-0-0 ♗d8

17...b5 18.♘xf7 ♔xf7 19.♗h3 ♕c7 (19...♕d8 20.♗e6+ ♔f8 21.♕g6) 20.♗e6+ ♔f8 21.♗a5 lautet die hübsche Idee (21.♕g6 ♗d8):

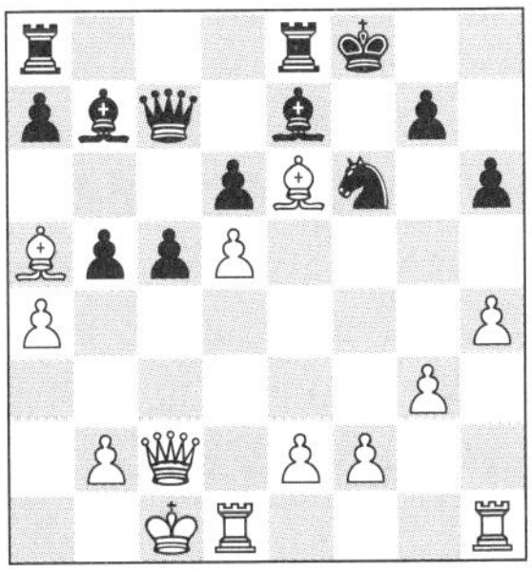

Auf 21...♕xa5 gewinnt 22.♕g6.

18.e4 ♘g4

Mit 18...b5 19.axb5 ♕xb5 könnte Schwarz den Durchbruch ...b6-b5 verwirklichen, doch seine Figuren sind nicht gut genug postiert, um Weiß am Damenflügel Probleme zu bereiten, z.B. 20.f4 nebst e4-e5; oder auch 18...a6 19.f4 b5 20.e5 Weiß ist so schnell!

19.♗h3 hxg5 20.f3 f5 21.fxg4

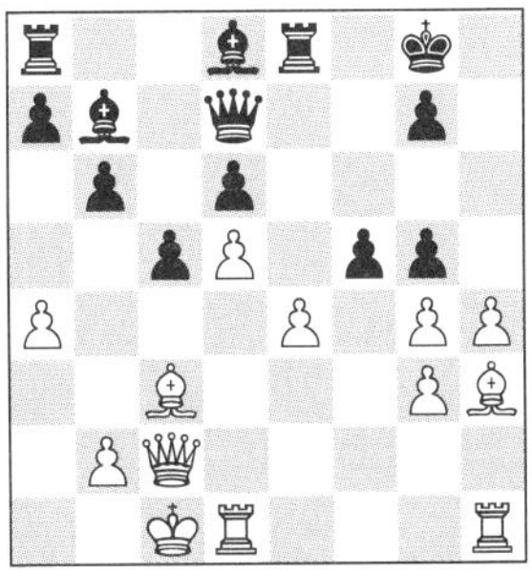

21...fxg4

A) 21...♖xe4 22.gxf5 ♕xa4 (22...♖xa4, und hier lautete die Lösung meiner Engine 23.f6 g4 24.f7+ ♔f8 25.♖df1; 26.♕h7 ist eine überwältigende Drohung!) 23.b3

♕a3+ 24.♗b2 ♕b4 25.f6 ♗xf6 26.♗xf6 gxf6 27.hxg5 sah für mich nach einem Gewinn aus, und meine Engine stimmt mir zu;

B) 21...fxe4 wirkte auf mich wie eine bessere Verteidigung: es besteht eine größere Chance, dass der Königsflügel geschlossen bleibt. 22.♗f1. Nicht nur, um mit dem Läufer nach b5 zu gehen. Weiß bringt auch die Drohung h4xg5 nebst ♕h2 samt Einmarsch auf der h-Linie aufs Tapet (auf 22.♔b1 wäre 22...♗a6 lästig). 22...♕xg4 (22...a6 23.♗g2 – wechselt jetzt, da Schwarz nicht mehr die Ressource ...♗a6(kontrolliert f1)-d3 zur Verfügung hat, auf diese Möglichkeit über: 23...♕xg4 24.♗h3 ♕xg3 25.hxg5 sieht zu bedrohlich aus, um Schwarz echte Überlebenschancen zu geben) 23.♗e2 ♕f5 24.♔b1 g4 (versucht den Königsflügel geschlossen zu halten) 25.♖hf1 ♕g6 26.♖f4 ♗c8 27.♗b5 ♖f8 28.♖xf8+ ♔xf8 29.♖f1+ ♔g8 30.h5 ♕h7 31.♗e8, und der Angriff fängt gerade erst an.

22.♗f1

Macht wundervollen Gebrauch vom Bauern a4!

22...gxh4 23.♗b5 ♕f7 24.gxh4

Im Rest der Partie bringt AlphaZero einfach all seine Schwerfiguren gegen die geschwächte schwarze Bauernstruktur am Königsflügel in Stellung. Selbst Stockfish gelingt es nicht, die Dinge zusammenzuhalten.

24...♗f6 25.♖hf1 ♖f8 26.♗xf6 gxf6 27.♖f4 ♕g7 28.♗e2 ♕h6 29.♖df1 g3 30.♕d3 ♔h8 31.♕xg3 ♖ae8 32.♗d3 ♗c8 33.♔b1 ♖f7 34.♕f2 ♗d7 35.h5 ♖ef8 36.♗c2 ♗e8 37.♖f3 ♖e7 38.♖xf6 ♕xf6 39.♕xf6+ ♖xf6 40.♖xf6 ♔g7 41.♖xd6 ♗xh5 42.♔c1 ♖e5 43.a5 bxa5 44.♔d2 ♗e8 45.♖a6 ♖h5 46.♗d3 a4 47.d6 ♗f7 48.d7 ♖h8 49.e5 1-0

HISTORISCHES GEGENSTÜCK

Tals Turmschwenk

Es macht Freude, diese Partie mit einem berühmten Turmschwenk des wohl größten Angriffsspielers aller Zeiten zu vergleichen: dem vormaligen Weltmeister Michail Tal. Der sich nicht mit einem Turmschwenk auf der dritten Reihe zufrieden gibt, sondern dem einer auf der vierten Reihe gelingt!

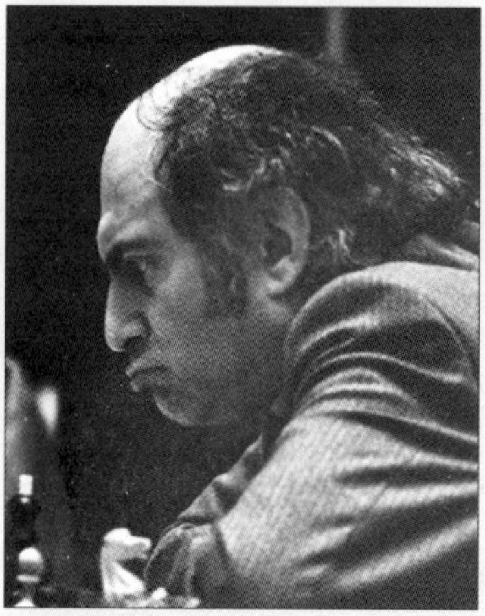

Michail Tal, dem „Magier aus Riga", gelang in dieser Partie ein Turmschwenk auf der vierten Reihe.

Michail Tal	2615
Robert Hübner	2595

Montreal 1979

1.e4 c6 2.d4 d5 3.♘d2 dxe4 4.♘xe4 ♗f5 5.♘g3 ♗g6 6.h4 h6 7.♘f3 ♘d7 8.h5 ♗h7 9.♗d3 ♗xd3 10.♕xd3 ♘gf6 11.♗f4 ♕a5+ 12.♗d2 ♕c7 13.0-0-0 e6 14.♘e4 0-0-0 15.g3 ♘xe4 16.♕xe4 ♘f6 17.♕e2

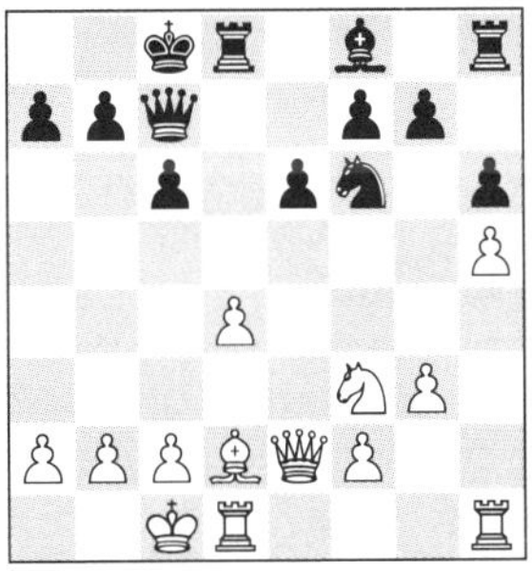

Es gibt keinen Fingerzeig dafür, dass vom Turm h1 Gefahr für den schwarzen König ausgehen könnte, doch es braucht nur einen unvorsichtigen Zug ...

17...c5 18.dxc5 ♗xc5 19.♖h4

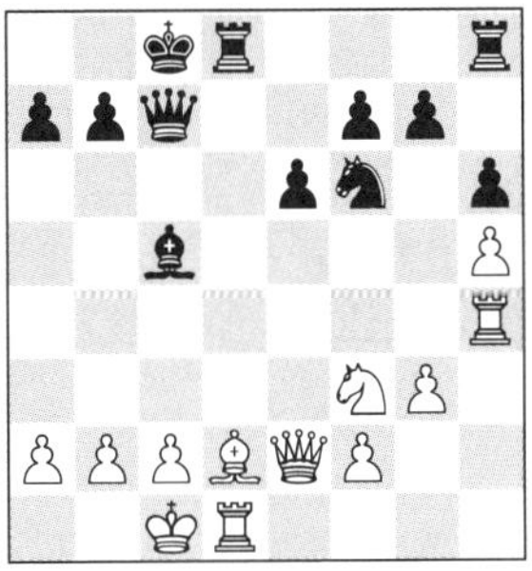

Der Turm ist auf dem Weg nach c1, wo er den Läufer an Dame und König von Schwarz fesselt.

19...♔b8 20.♗f4 ♗d6 21.♖xd6 ♖xd6

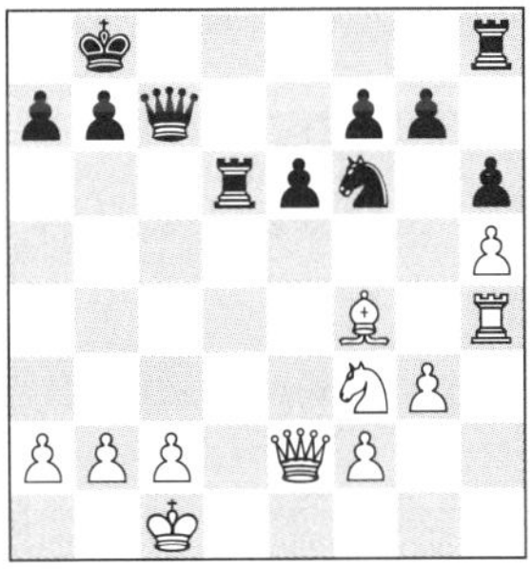

22.♘e5

Ein fantastisches Qualitätsopfer: Schwarz entkommt einer Fesselung auf der c-Linie und rennt in eine Fesselung auf der Diagonalen h2-b8. Die Drohung lautet 23.♘xf7.

22...♔a8 23.♘c4 ♘e8 24.♖g4 ♕e7 25.♘xd6 ♘xd6 26.♖xg7

Weiß hat einen Bauern gewonnen und die schwarze Bauernstruktur bis auf die Grundfesten erschüttert.

26...♘f5 27.♖g4 ♖d8 28.♗e5 f6 29.♗c3 e5 30.b3 a6 31.♔b2 ♕e6 32.♕c4 ♕e8 33.♖g6 ♖c8 34.♕a4 ♕d8 35.♕e4 ♘d6 36.♕d3 ♕c7 37.♗b4 ♘b5 38.♖xf6 a5 39.♗d6 ♘xd6 40.♖xd6 e4 41.♕d2 1:0

KAPITEL 10

Königsangriff: Felderkomplexe derselben Farbe

In diesem Kapitel werden wir sehen, wie AlphaZero die Kontrolle über einen Felderkomplex derselben Farbe in der Brettmitte oder um den gegnerischen König herum übernimmt. AlphaZero zeigt, wie diese Felderkomplexe als Angriffskanal gegen den gegnerischen König genutzt werden können. Wir werden einige schöne Beispiele für einen Angriff mit ungleichfarbigen Läufern sehen: zahlreiche Bauern werden geopfert werden, um Zugstraßen für AlphaZeros Figuren zu öffnen!

Wir werden gleichfalls sehen, wie AlphaZero eine offene Linie mit einer offenen Diagonale gegen den gegnerischen König verbindet, um einen langanhaltenden Angriff zu inszenieren, der schwer abzuschütteln ist. AlphaZero findet oft Wege, um den Druck weiter zu erhöhen, wobei er sich die passiven Figuren des Gegners zunutze macht, um den Sieg heimzufahren.

Matthew warf seinen Hut in den Ring und nahm es in Stellungen aus diesem Kapitel mit dem auf seinem iPhone installierten Smallfish auf, was zeigt, wie schwer Stockfish zu schlagen ist, ganz gleich auf welcher Hardware es läuft! Schließlich vergleichen wir AlphaZeros Techniken mit einigen Partien von Larsen, Aljechin und Polgar.

Kapitel 10 – Königsangriff: Felderkomplexe derselben Farbe – Kernpunkte

Thema	Schaffung eines Komplexes schwacher Felder derselben Farbe rund um den gegnerischen König.
Zweck	Um einen Angriffskanal zu öffnen, den der Gegner nicht mehr verstopfen kann.
Was sind die Voraussetzungen?	AlphaZero versucht die folgenden drei Faktoren zu kombinieren: Eine halboffene Linie vor dem gegnerischen König, eine offene Diagonale, die auf den gegnerischen König gerichtet ist, sowie eine eingeengte Stellung des gegnerischen Königs.
Was sind die Risiken?	Häufig sind Opfer notwendig, um Linien zu öffnen oder Verteidiger des Farbkomplexes zu vernichten.
Einzigartige Umsetzung durch AlphaZero	AlphaZero zieht diesen Plan mit erstaunlicher Beständigkeit durch. Seine Bewertungen sind eindeutig positiv, sobald es die Chance hat, dieses Szenario umzusetzen.
Komplexität der entstehenden Stellungen	Mittlere Komplexität. In vielen Partien hat AlphaZero mit einem bedeutenden Materialnachteil (mehrere Bauern) angegriffen. Dies verlangt gute Nerven sowie Selbstvertrauen.

Irgendwelche Tipps?	Nichts überstürzen! AlphaZero versucht erst gar nicht, gleich mattzusetzen, sondern stellt zunächst sicher, dass alle Voraussetzungen gegeben sind. Die Verteidigung hält das auf Dauer dann nicht aus.
An wen erinnert uns das?	Larsen, Aljechin, Polgar.

AlphaZero mag es, wenn die Felder um den gegnerischen König schwach verteidigt sind, und führt diesen Zustand auf vielerlei Arten herbei. In diesem Kapitel beobachten wir AlphaZero dabei, wie es die Kontrolle über einen Felderkomplex derselben Farbe rund um den gegnerischen König erlangt, selbst auf Kosten größerer materieller Investitionen (einer Qualität oder mehrerer Bauern).

Besonders stark ist AlphaZero in Stellungen mit ungleichfarbigen Läufern, in denen sich seine eigenen Figuren unbehelligt vom Widerstand des Gegners auf den Feldern einer Farbe frei bewegen können. Dies trifft selbst fürs Endspiel zu: AlphaZero hat gegen Stockfish einige unwahrscheinlich erscheinende Gewinne in Endspielen mit ungleichfarbigen Läufern und Schwerfiguren erzielt.

Wir unterteilen die Partien in diesem Kapitel in zwei Kategorien:

1. Abschnitt A – Materialopfer zwecks Kontrolle über einen Farbkomplex

2. Abschnitt B – Kontrolle über einen Farbkomplex durch positionelle Mittel

Abschnitt A – Materialopfer zwecks Kontrolle über einen Farbkomplex

Schwächen – wie etwa ein verwundbarer Komplex von Feldern derselben Farbe – ergeben sich in einer Stellung als Folge von Druck. Der Druck ist am mächtigsten, wenn er gleichzeitig aus mehreren Richtungen ausgeübt wird.

AlphaZero demonstriert seine Erkenntnisse in der folgenden Partie, in der es in Richtung auf den schwarzen König weisend Druck entlang der Diagonalen a1-h8 mit Druck auf der g-Linie kombiniert (siehe Diagramm).

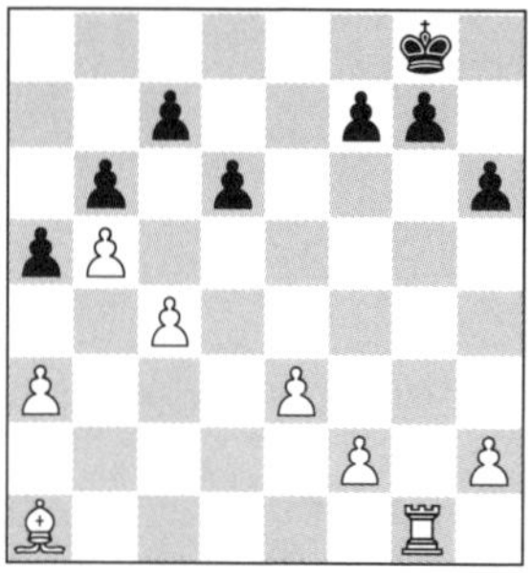

AlphaZero gibt häufig materielle oder positionelle Werte preis, um dieses Ziel zu erreichen (z.B. ein Opfer des g-Bauern zwecks Öffnung der g-Linie). Bei Zug 20 in der folgenden Partie scheinen diese Ziele noch in weiter Ferne zu liegen, doch AlphaZero hat eine wundervolle Idee zu ihrer Realisierung.

Partie: „Tollkühne Türme“

Nach einer ruhigen Eröffnung legt AlphaZero die lange Diagonale a1-h8 für seinen schwarzfeldrigen Läufer frei und öffnet dessen Sicht auf den unmittelbar vor dem schwarzen König befindlichen Bauern g7. AlphaZero arrangiert anschließend die Öffnung der g-Linie und fügt dem Angriff die Kraft seiner Schwerfiguren hinzu.
Die Sequenz von Zug 28 bis 33 ist außergewöhnlich – AlphaZero pflanzt seine Türme im Herzen der schwarzen Stellung ein. Es opfert dann seinen Turm gegen den Springer und tauscht die Damen ab, um Schwarz mit passiven Türmen zu belassen. Ein verzweifeltes Opfer des Nachziehenden vermag die Niederlage nicht abzuwenden.

Themen der Partie:

1. Öffnung einer Linie zwecks Unterstützung eines Angriffs entlang einer Diagonalen [24.gxf3]
2. Tiefe Turmvorposten [31.♖g5, 33.♖f6]
3. Ein Zeitlupenangriff
4. Verbesserung der eigenen Königsstellung vor der nächsten Angriffswelle [41.♔h3, 44.♔h4]
5. Abtausch der aktiven Figuren des Gegners, um ihn auf seinen passiven sitzenzulassen [45.♕d5, 49.♕c6]
6. Unterschiedliche Aktivität der Könige [46.♔xh5]ND_TEXTBOX]

AlphaZero
Stockfish 8
London 2018

1.♘f3 e6 2.c4 ♘f6 3.♘c3 ♗b4 4.♕c2 0-0 5.a3 ♗xc3 6.♕xc3 d6 7.b4 e5 8.♗b2 ♘bd7 9.e3 ♖e8 10.d3 ♘f8 11.♗e2 a5

Stockfish spielt als Erster eine Neuerung. 11...♘g6 12.0-0 ♗d7 13.a4 a5 14.b5 c5 15.♘d2 ♗f5 16.♗f3 mit leichtem Vorteil für Weiß geschah in Meribanow - S. Zhigalko, Minsk 2016.

12.0-0 ♗g4 13.h3 ♗h5 14.♕c2 h6 15.♗c3 b6 16.b5 ♘6d7 17.♖ad1 ♘c5 18.♗a1 ♗g6 19.♕b2 ♘a4 20.♕a2 ♘c5

Die Eröffnungsphase verlief recht ereignisarm, mit nur wenig Kontakt zwischen den Truppen. Mit seinen beiden letzten Zügen, und einer Bewertung von 0,00 auf meinem Computer (und nur einem kleinen Vorteil für Weiß auf der gegen AlphaZero eingesetzten Maschine), hat Stockfish eine Zugwiederholung angeboten, mit der AlphaZero – mit dem Läuferpaar und der Aussicht auf den Zentrumsdurchbruch d3-d4 – nicht einverstanden ist. AlphaZero fasst die Öffnung der langen Diagonale a1-h8 ins Auge, wonach der schwarzfeldrige Läufer auf a1, direkt auf den vor dem schwarzen König befindlichen Bauern g7 starrend, keinen Gegenspieler hätte. Ein Angriff entlang einer einzigen Diagonale reicht natürlich nicht, um Schwarz vor unlösbare Probleme zu stellen, doch AlphaZero hat eine Idee!

21.d4 exd4 22.♘xd4

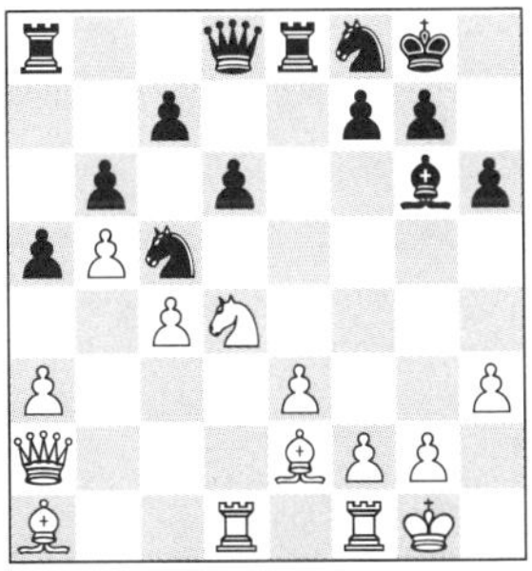

Weil Schwarz mit dem Manöver ...♘c5-a4-c5 Zeit verschwendet hat, kam der Vorstoß d3-d4 nun zu einem Moment, an dem der Nachziehende außerstande war, den Bauern auf e5 zu behaupten. Das ist natürlich noch keine Katastrophe, wirkt aber wie ein Zugeständnis. Stockfish sieht das freilich nicht so: Seine Bewertung – 0,00 – ist dieselbe wie im 19. Zug, und die erhöhte Aktivität einiger weißer Figuren – aufgrund der offenen Diagonale a1-h8, dem Zugang nach c6 für den weißen Springer und der Diagonale h1-a8 für den weißen Königsläufer – erscheint ihm beherrschbar. Tatsächlich glaubt Stockfish, es könne letztere Gefahr ganz einfach neutralisieren: indem es den weißen Königsläufer abtauscht, sobald dieser auf f3 auftaucht, und damit auch das weiße Läuferpaar unschädlich machen.

22...♗e4 23.♗f3

Eine natürliche Fortsetzung wäre 23.f3 ♗h7 24.e4, um ein solides Zentrum zu errichten, und auch dies würde dem Anziehenden einen dauerhaften Vorteil garantieren. Es würde Weiß jedoch große Mühen kosten, anschließend Linien am Königsflügel zu öffnen. AlphaZeros Idee ist weit fantasievoller und erreicht die erstrebte Angriffsstruktur doppelt so schnell.

23...♗xf3 24.gxf3

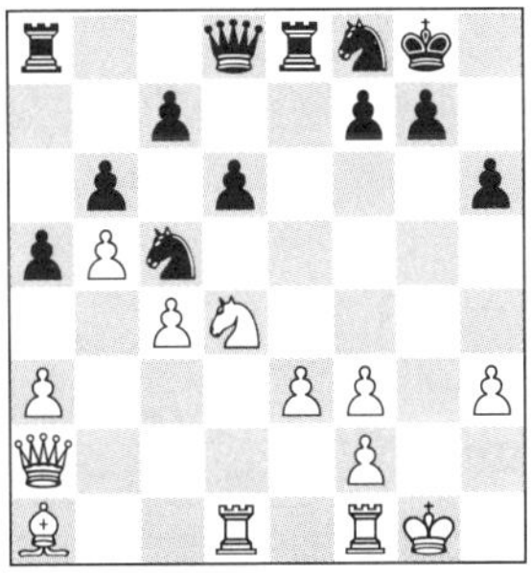

Zur Erreichung seines Zieles, nämlich mit der Öffnung der g-Linie einen weiteren Angriffskanal gegen den schwarzen König zu bekommen, nimmt AlphaZero strukturelle Schwächen (eine lädierte Bauernstruktur am Königsflügel) in Kauf. Die weißen Königsflügelschwächen sind genau von der Art, vor der man Anfänger warnt, und meistens zu Recht. Doch AlphaZero entblößt seinen König niemals leichtfertig. Indem er das Feld e4 unter Kontrolle nimmt, hindert der verdoppelte f-Bauer Schwarz daran, Spiel im Zentrum oder am Königsflügel zu entwickeln (mit ...♘e4 oder ...♖e8-e4-h4). Denken Sie an das Kapitel „Der Marsch des Randbauern": Bevor es in einen Flügelangriff einsteigt, hat AlphaZero gern ein statisch-festgelegtes oder unter seiner Kontrolle befindliches Zentrum. Die folgenden Züge veranschaulichen ganz hervorragend das Thema eines „Zeitlupenangriffs", das wir in vielen Partien in diesem Buch sehen. Diese AlphaZero-Angriffe entfalten sich unerbittlich, während Stockfish zu kämpfen hat, selbst etwas auf die Beine zu stellen. Nichtsdestotrotz geht Stockfishs Bewertung in der folgenden Partiephase oft auf 0,00.

24...♘fe6 25.♔h2 ♘xd4 26.♖xd4 ♔h7

26...♕e7 27.♖g4 f6 28.♖g6 nebst ♖fg1 gibt Weiß einen furchterregenden Angriff. Stockfish kommt – wie alle anderen meiner Engines – zu dem Schluss, dass Schwarz ...g7-g6 spielen muss, um Weiß auf der g-Linie aufzuhalten.

27.♕c2+ g6

Die folgende Zugfolge zeigt AlphaZeros ganze Klasse. Es findet einen fantastischen Weg, um beide Türme so aktiv wie möglich aufzustellen.

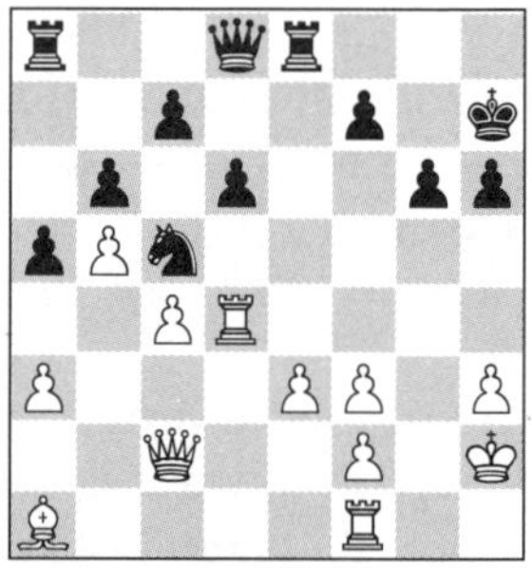

28.♖f4 ♕e7 29.♖g1

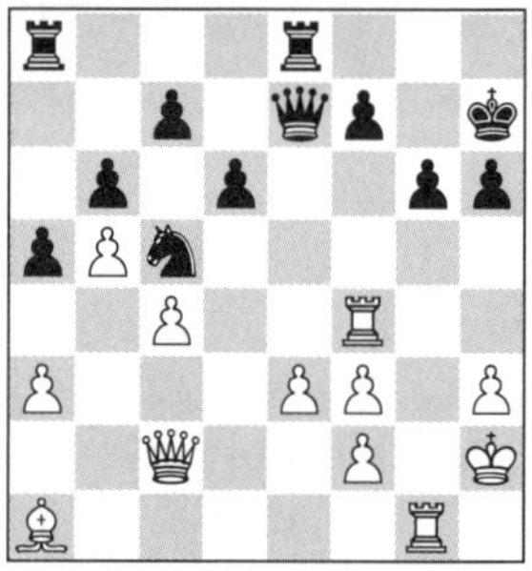

Das sieht schon sehr furchteinflößend aus, mit beiden Türmen, dem Läufer und der Dame auf den schwarzen König gerichtet. Sehen wir nun, wie Weiß die Schrauben weiter anzieht.

29...♖g8 30.h4

Damit droht 31.h5. Die schwarze Antwort ist erzwungen.

30...h5 31.♖g5 ♔h6

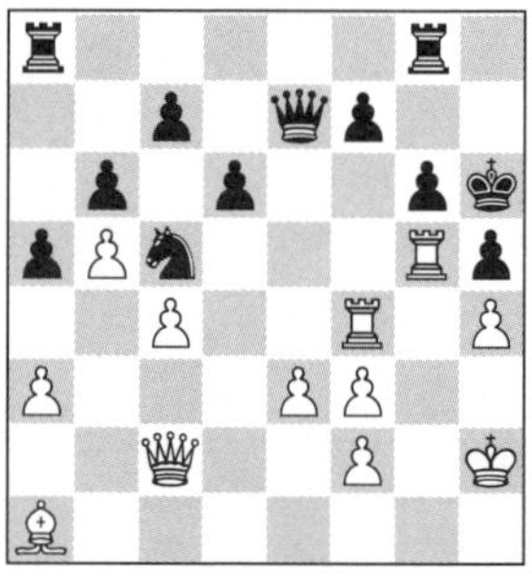

Erstaunlicherweise glauben meine Engines nach wie vor an die schwarze Defensivformation: Alle Bewertungen, inklusive derer von Stockfish, sind bei 0,00 oder nahe daran. AlphaZero steht bei einer Gewinnerwartung von 70,2%, was auf einen soliden Vorteil hindeutet. Die nächste Abfolge von Zügen pumpt diesen Vorteil auf 82,6% bei Zug 41.

32.e4 ♘e6 33.♖f6

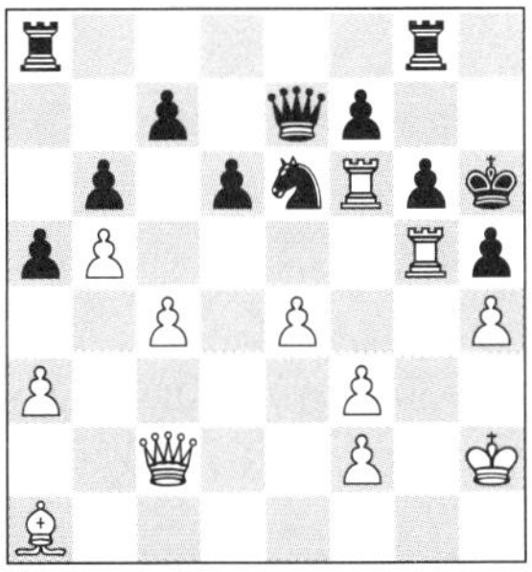

Die Pointe des weißen Spiels: Der schwarze Springer ist eine der wenigen Figuren, die von einer halbwegs aktiven Stellung aus die dunklen Felder am Königsflügel verteidigen können. AlphaZero opfert liebend gern die Qualität, um diese schwarze Figur loszuwerden.

33...♘xg5 34.hxg5+ ♔h7 35.f4 ♖ae8 36.♕d3 ♖g7 37.f3

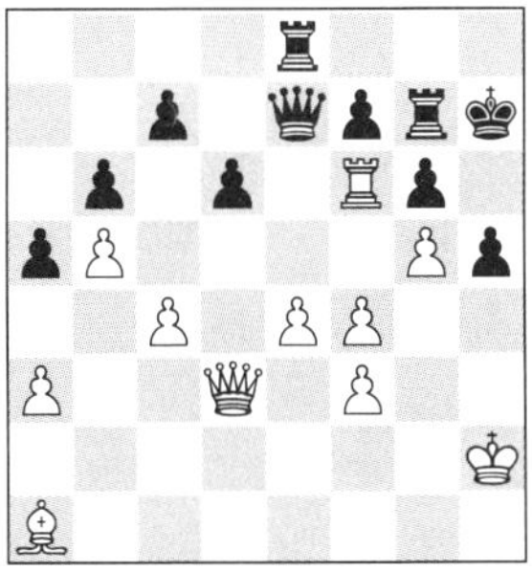

Völlige Beherrschung. Man vergleiche die Stellung mit der bei Zug 24 und sehe, wie viel Weiß erreicht hat, und was Schwarz derweil ausrichten konnte. AlphaZero wird sich in der Folge weiter ausdehnen.

37...♔g8 38.♕d4

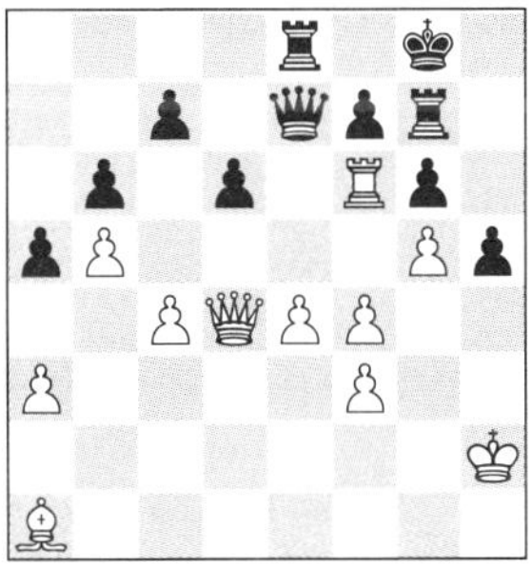

38...♔f8 39.♗c3 ♖g8 40.a4

Auf meinem Computer macht Stockfish weiterhin 0,00 geltend: es glaubt immer noch nicht, dass es etwas falsch gemacht haben könnte! Erst wenn man ihn mit ein paar weiteren Zügen füttert, beginnt die Bewertung dramatisch zu fallen.

40...♖d8 41.♔h3

Ganz klassisch AlphaZero: Die eigene Königsstellung wird vor der nächsten Angriffswelle maximal verbessert. Hier nimmt der weiße König sogar ganz wesentlich selbst am Angriff teil.

41...♖d7 42.f5 gxf5 43.♖xf5 ♕e6

43...♖xg5 44.♕h8+ ♖g8 45.♗g7+.

44.♔h4 ♖e7 45.♕d5

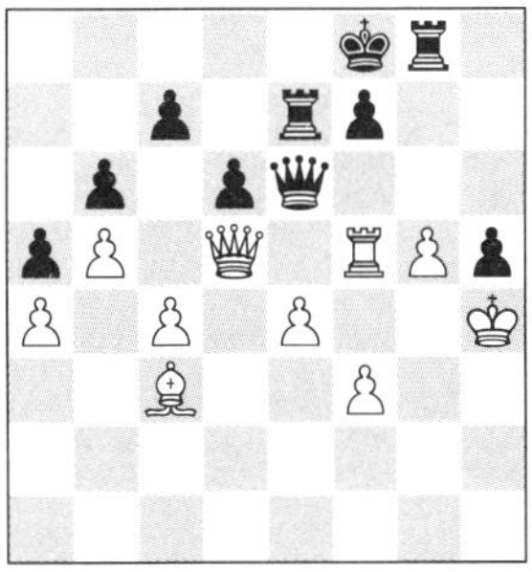

Ein typischer AlphaZero-Zug: Die Dame ist die aktivste Figur von Schwarz, also versucht es, diese abzutauschen, um Schwarz nur auf passiven Figuren sitzenzulassen.

45...♖g6 46.♔xh5 ♖e8 47.♗f6

Schwarz muss hilflos dabei zusehen, wie Weiß seine Figuren maximal zur Geltung bringt.

47...♕d7 48.♔g4 ♖c8 49.♕c6

AlphaZero besteht auf dem Damentausch und verhindert jegliches Gegenspiel mit ...c7-c6.

49...♕e8 50.♕xe8+ ♔xe8 51.♖d5 ♖xf6

51...♔d7 52.♔f5 c6 53.♖d2 cxb5 54.cxb5 ♖c5+ 55.e5 ist auch nicht besser für Schwarz.

52.gxf6 ♔d7 53.♔f5 c6 54.bxc6+ ♔xc6 55.f4 ♖h8 56.e5 1:0

Partie: „Die Matrix"

AlphaZero erlangt nach der Eröffnung die Kontrolle über die Position, kann jedoch zunächst keine Fortschritte erzielen. Mit dem 38. Zug initiiert AlphaZero eine Serie von Bauernopfern, um zunächst Diagonalen gegen den schwarzen König zu öffnen, und schließlich auch eine Linie. Im Mittelspiel mit ungleichfarbigen Läufern opfert AlphaZero insgesamt vier Bauern, um Angriffskanäle zum gegnerischen König zu öffnen. Nach dem 82. Zug hat Schwarz immer noch drei Bauern mehr, ist jedoch völlig gebunden. AlphaZero ist der Herr über eine Matrix dunkler Felder, und das Ende kommt rasch.

Themen der Partie:

1. Materialopfer zwecks Öffnung von Diagonalen [38.f5, 45.e6]
2. Tiefer Damenvorposten [50.h6]
3. Materialopfer zwecks Öffnung von Linien gegen den gegnerischen König [56.♔a2]
4. Durch den Vormarsch des Randbauern bis nach h6 geschaffene Schwäche des Bauern h7 [Variante 60...♕c6 beim 60. Zug von Schwarz]
5. Abtausch der aktiven Figuren des Gegners, um ihn auf seinen passiven sitzenzulassen [61...♖xb1]
6. Verbesserung der eigenen Königsstellung vor der nächsten Angriffswelle [75.♔a3]

AlphaZero
Stockfish 8
London 2018

1.d4 e6 2.e4 d5 3.♘c3 ♘f6 4.e5 ♘fd7 5.f4 c5 6.♘f3 ♘c6 7.♗e3 ♗e7 8.a3 b6 9.♗b5 ♕c7 10.h4

9.♗b5 wird selten gespielt (am gebräuchlichsten ist 9.♗d3), und 10.h4 führt uns auf jungfräuliche Gefilde.

10...♗b7 11.♕e2 a6 12.♗xc6 ♗xc6 13.0-0-0 c4 14.♘g5 ♘f8 15.♕h5 ♗d8 16.♖hf1 g6 17.♕h6 f5 18.exf6 ♗xf6 19.♘f3 0-0-0 20.♖de1 ♔b7 21.♗d2 ♕e7 22.h5 ♖e8 23.♖e2 ♕f7 24.♖fe1 ♘d7 25.♖h1 ♘b8 26.♖ee1 ♕g8 27.♘e2 ♘d7 28.♘e5 ♗g7 29.♕g5 ♗f6 30.♕g4 ♗d8 31.♕h3 ♘xe5 32.dxe5 ♗e7 33.♗c3 g5 34.g3 g4 35.♕h2 ♗c5 36.♖hf1 ♕f7 37.♘d4 ♖hf8

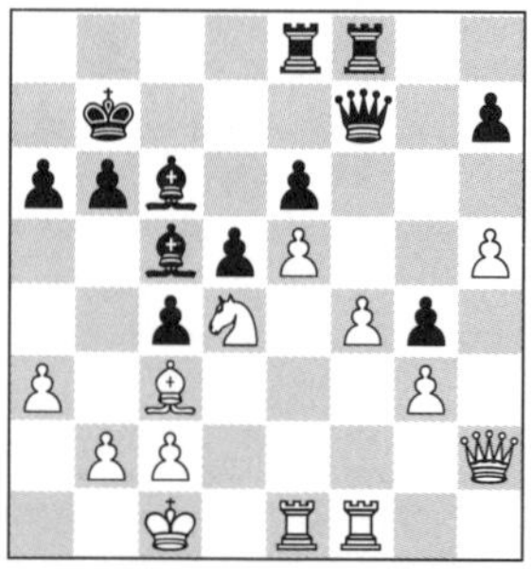

Wir steigen in dieser Stellung ein. AlphaZero hat ein angenehmes Spiel: Sein Raumvorteil und seine feste Kontrolle über die schwarzen

Zentrumsfelder, insbesondere d4, halten das dynamische Plus von Schwarz – dessen Läuferpaar – unter Kontrolle.

AlphaZero trifft die verpflichtende Entscheidung, diesen stabilen Vorteil zu einem Mittelspiel mit ungleichfarbigen Läufern zu transformieren, bei dem es einen Bauern weniger hat. Im Gegenzug für den Bauern erhält AlphaZero die folgenden Vorteile:

1. Die Aktivität der schwarzen Figuren wird eingeschränkt, da AlphaZero den Schwarzen zwingt, sein Läuferpaar aufzugeben.
2. AlphaZero erhält einen Angriffskanal gegen den schwarzen König – die Diagonale g1-a7 –, auf dem Schwarz keine Leichtfigur entgegenstellen kann (da AlphaZero seinen Gegner veranlasst hat, seinen schwarzfeldrigen Läufer für den weißen Springer herzugeben).

Anders ausgedrückt, AlphaZero ergreift die Gelegenheit, die Aktivität der schwarzen Figuren zu reduzieren und einen klaren Pfad zum schwarzen König zu bekommen. Das ist aus AlphaZeros Sicht einen Bauern wert!

38.f5 ♗xd4 39.♗xd4 exf5

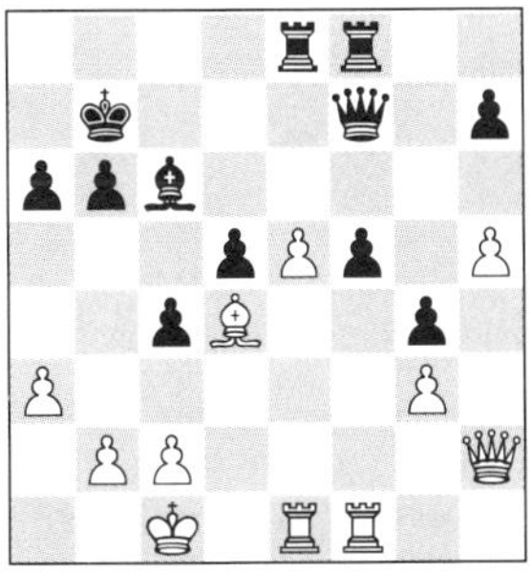

AlphaZero hat sich entlang der Diagonale a7-g1 einen Angriffspfad gegen den schwarzen König gesichert. Dieser einzelne Pfad reicht jedoch nicht für einen entscheidenden Angriff. Weiß wird mehr Angriffsbahnen öffnen müssen. Idealerweise wäre das eine Linie – z.B. die b-Linie –, von der aus sich die weißen Türme mit der Dame und dem Läufer zusammentun könnten, um dem schwarzen König auf den Pelz zu rücken.

Das alles ist nicht so einfach, doch der Vorteil von Weiß ist, dass der Nachziehende aufgrund seiner passiven Figuren selbst kaum etwas Konstruktives unternehmen kann. Der Läufer c6 wird auf dem ganzen Brett von seinen eigenen Bauern behindert, während den schwarzen Schwerfiguren durch die schwarzfeldrige Barriere, die vom Läufer d4 und vom Bauern e5 gebildet wird, Einhalt geboten wird. Weiß hat alle Zeit der Welt, um seinen Angriff vorzubereiten.

40.♕g1

Nimmt den einzigen Bauern, der sich noch auf einem dunklen Feld befindet, aufs Korn.

40...b5

Nach 40...♕c7 41.e6 würde AlphaZeros Aktivität augenblicklich anschwellen, so dass Schwarz dazu genötigt ist, eine weitere schwarzfeldrige Schwäche am Damenflügel hinzunehmen.

41.♗c5 ♖g8 42.♕d4 ♕e6 43.♗b4 ♗d7 44.♗d2

Nachdem es mit seiner gegen b6 gerichteten Läufer-Dame-Batterie eine weitere Schwäche geschaffen hat, dreht AlphaZero die Reihenfolge von Dame und Läufer um und bereitet den Einbruch der Dame auf a7 vor. Dies ist zwar bedrohlich, doch noch nicht entscheidend, selbst wenn wir Weiß einen Extrazug zubilligen: 44... – Schwarz setzt aus! 45.♗e3 ♕c6 46.♕a7+ ♔c8.

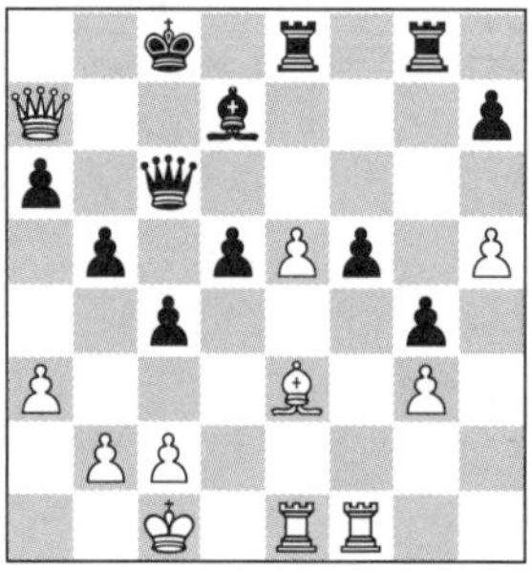

Es gibt keinen klaren Weg für Weiß, den Druck zu erhöhen, und Schwarz droht, mit ...♕b7, ♕c5+ ...♕c6 die weiße Dame wieder zu vertreiben. Weiter kommt man halt einzig mit einer Diagonalen nicht: man braucht zugleich Linien, um den Gegner leiden zu lassen.

44...♕c6 45.e6

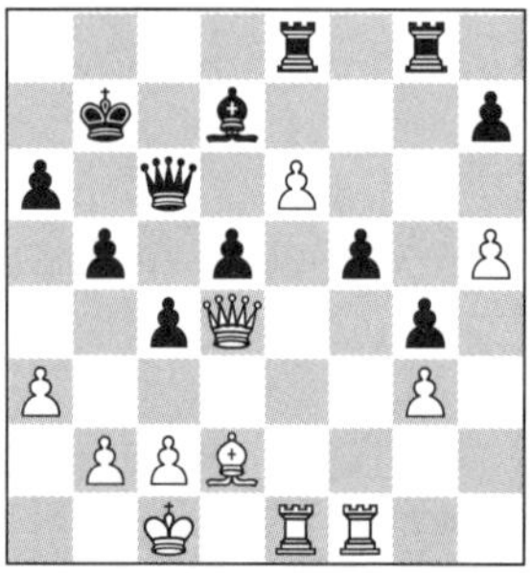

Dieser Zug gefällt mir sehr. Er öffnet eine weitere Diagonale gegen den schwarzen König – die von f4 nach b8 –, und, bedeutender, die e-Linie. AlphaZero verwandelt die e-Linie damit in die benötigte Einflugschneise für seine Türme. Stockfish versucht, die Türen mit einem Läufer auf e6 zu verbarrikadieren, indem es diesen mit Dame und Türmen unterstützt. Mit diesem zweiten Bauernopfer nagelt AlphaZero die schwarzen Figuren weiter fest.

45...♗xe6 46.♗e3 ♖a8 47.♗f2 a5

Das Vorrücken dieses Bauern lockert die Stellung weiter, hat aber zwei Vorteile:

1. Schwarz räumt das Feld a6 für seinen Turm. Von a6 aus deckt der Turm die Einbruchsfelder der weißen Dame auf a7 und b6 und schützt den Läufer auf e6.
2. Schwarz gewinnt ein wenig Kontrolle über einige dunkle Felder am Damenflügel zurück und bringt ein paar eigene Drohungen aufs Tapet (...b5-b4 und ...c4-c3).

48.♖e2

AlphaZero verdoppelt die Türme auf der offenen e-Linie, um die schwarzen Figuren an die Verteidigung des Läufer e6 zu binden.

48...♖a6 49.♖fe1 ♖e8 50.h6

Ein charakteristischer AlphaZero-Zug, der die Gelegenheit einer kurzen Atempause im Spiel nutzt, um Raum zu gewinnen und einen Stützpunkt für eine Invasion der Dame auf g7 zu schaffen.

50...♕d7

Eine faszinierende Stellung.

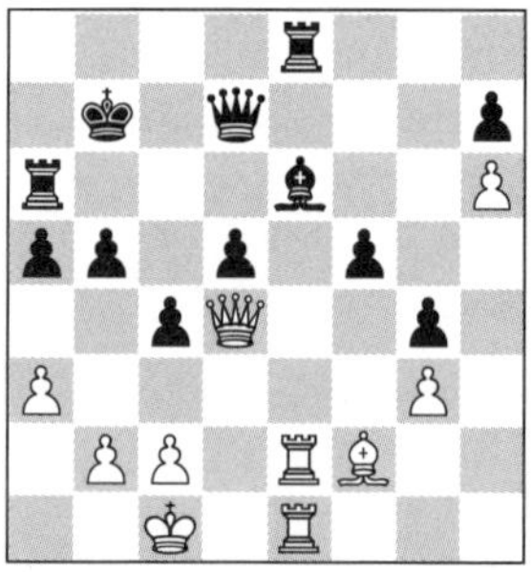

Schwarz hat zwei Bauern mehr, dafür aber eine Reihe ernster Probleme:

1. Passive Figuren:

a) Der Damenturm ist an das Feld a6 gebunden, um die weiße Dame daran zu hindern, auf b6 oder a7 einzusteigen.

b) Der Läufer klebt auf e6 fest, um den Einbruch der weißen Türme auf der e-Linie zu blockieren.

c) Zwei schwarze Schwerfiguren sind an die Verteidigung des Läufer e6 gebunden.

2. Verwundbarer König: Die schwarze Bauernstruktur ist eine Ansammlung von Löchern, was bedeutet, dass der schwarze König nirgendwo auf dem Brett ein sicheres Plätzchen finden wird. Der schwarze König muss sich bei der Verteidigung ganz auf seine Figuren verlassen, da die Bauern das Haus bereits verlassen haben.
3. Weiße Einbruchsfelder: Indem er seinen h-Bauern bis nach h6 vorgestoßen hat, hat sich Weiß ein Einbruchsfeld für seine Dame mit ♕g7 verschafft (Weiß könnte sogar Manöver wie ♖e1-h1-h5-g5-g7 erwägen). Zusammen mit den auf der e-Linie verdoppelten Türmen, die den Läufer e6 angreifen, löst ♕g7 einige Besorgnis bei Schwarz aus.

Und dennoch ist Schwarz trotz alledem noch keineswegs verloren. Weiß verfügt über keinen einfachen Weg, die Stellung weiter zu öffnen. Ein Zug wie b2-b3 wäre möglich, doch Weiß muss sich auch um seine eigene Königssicherheit sorgen. Eine typische Idee für Weiß wäre es, seinen König zum Königsflügel zu überführen – etwa nach g1 –, um seine Bauern am Damenflügel nach Belieben ziehen zu können, doch dies müsste gut organisiert sein, und natürlich ist der Königsflügel – mit dem exponierten Bauern auf h6 – auch nicht völlig sicher. Im Moment verfügt Stockfish über hinreichende Möglichkeiten, sein ausgedehntes Territorium zu verteidigen. Die Engines geben der Stellung den Wert 0,00 – völlig ausgeglichen –, wobei man sich aber fragen darf, ob eine solche Einschätzung auch die Schwierigkeit der Verteidigung einer solchen Stellung mit einbezieht. AlphaZero beginnt zu manövrieren und probiert mehrere Einbruchspunkte für seine Dame durch, um die Reaktion von Schwarz zu testen.

51.♕g7 ♖e7 52.♕f6 b4

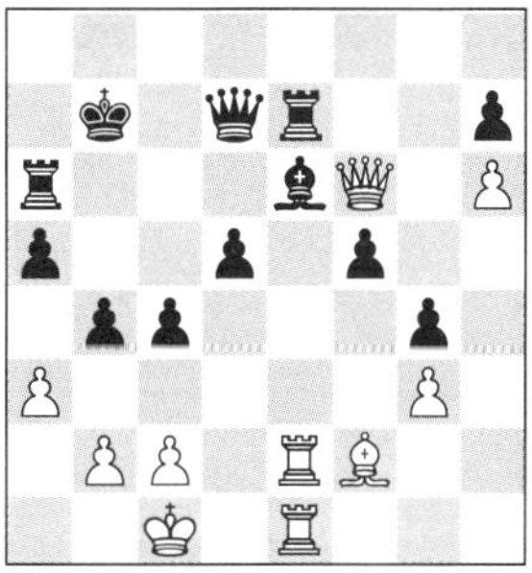

Keineswegs ein schlechter Zug. Weiß muss danach auch Möglichkeiten des Gegenangriffs auf seinen König Beachtung schenken. Allerdings gibt die Spannung am Damenflügel dem Weißen auch neue Hoffnungen auf eine Linienöffnung an dieser Front. Das weiße Manövrieren hat Schwarz dazu verleitet, selbst am Damenflügel in Aktion zu treten.

53.♕d4 ♕d6 54.♔b1

Ein äußerst interessanter Moment. „Was geschieht nach 54...bxa3?“, mögen Sie fragen. Gewinnt Schwarz nicht einfach einen Bauern? Wenn es Ihnen nichts ausmacht, vertagen wir diese Frage auf später im Partieverlauf, wo sich eine fast identische Situation ergibt ...

54...♕c7 55.♗e3

Deutet ♗g5 an, wonach der schwarze Turm auf e7 entweder die siebte Reihe aufgeben (wonach ♕g7 mit Angriff auf den h-Bauern stark ist) oder die Verteidigung des Läufers e6 vernachlässigen müsste, falls er nach f7 wegzieht.

55...bxa3

Ein kritischer Augenblick. Stockfish trifft die riskante Entscheidung, den Damenflügel zu öffnen, wobei es gegen die offensichtliche Antwort von Weiß eine konkrete Fortsetzung ins Auge fasst.

Wir haben über die 0,00-Einschätzung und deren Einfluss auf Stockfishs Spiel im Kapitel „ZeroZeroZero" sinniert. Doch für jetzt zurück zur Partie: Stockfish glaubt, es habe etwas Cleveres erspäht!

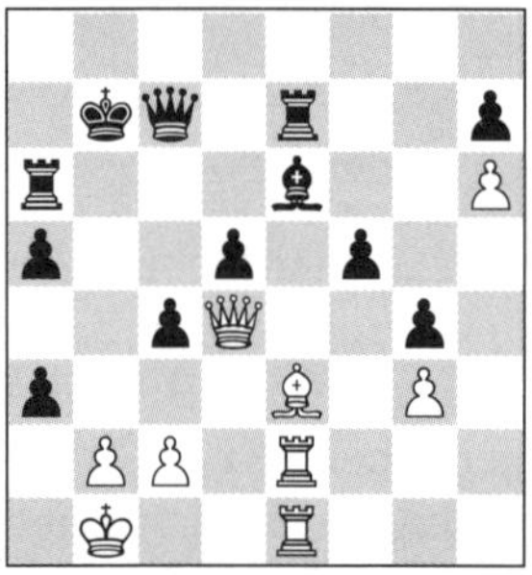

56.♔a2

Ein fabelhafter Einfall! AlphaZero ist nicht im Entferntesten an Bauern interessiert: Es möchte Linien öffnen und Schwarz nicht die Möglichkeit zum Damentausch einräumen.

Stockfish hatte geplant, das offensichtliche 56.bxa3 mit 56...f4 (56...c3 57.♔a1 ♕c4 mit Aktivierung der Dame ist eine weitere Schlüsselidee. Weiß kann die Dame auf c4 nicht tolerieren, während ein Damentausch die größten Gefahren vom schwarzen König nimmt) 57.gxf4 (57.♗xf4 ♕b6+ tauscht die Damen) 57...♗f7 zu erwidern. Weiß verfügt nicht mehr über ♗f4 in Antwort auf ...♗f7, so dass Schwarz die Fesselung auf der e-Linie abschütteln kann. Die schwarzen Figuren werden plötzlich aktiv, und die Idee ...c4-c3 liegt weiterhin in der Luft.

AlphaZero hat freilich eine viel bessere Idee ...

56...♔a8

Indem er aus der sich bald öffnenden b-Linie wegzieht, findet sich der schwarze König in einem Käfig wieder: Er wird schon bald keinen Zug mehr haben, während der Turm a6 auf seinem Posten angenagelt sein wird, um die Mattdrohung auf a7 zu decken. In Folge von 55...bxa3 ist die Aktivität der schwarzen Figuren nicht gerade angewachsen.

A) 56...axb2 57.c3.

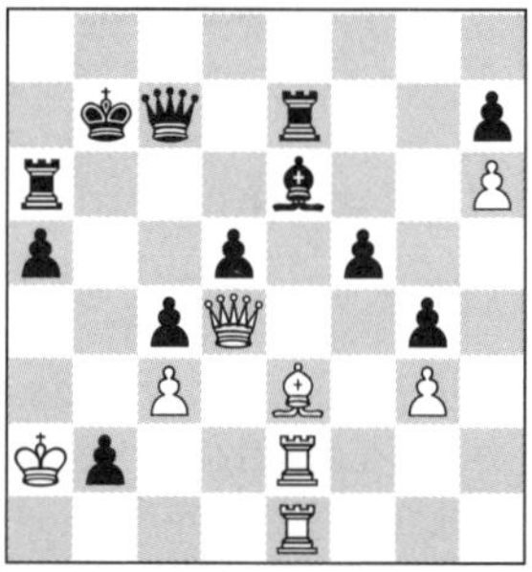

Diese hübsche Idee verhindert das schwarze Gegenspiel mit ...c4-c3 und bereitet ♖xb2 vor, was den Turm auf die b-Linie bringt. Der sich daraus ergebende Angriff, unterstützt von einem Turm auf der offenen b-Linie, ist unaufhaltsam! 57...♔a8 58.♖xb2 ♖e8 59.♗f4 ♕d7 60.♕e5 ♔a7 61.♔a1 gefolgt von ♖eb1 überzeugt sogar meine Engines;

B) 56...f4 57.♗xf4 ♕b6 ist die andere taktische Idee, um die Spannung durch Rückgabe von etwas

Material im Gegenzug für einen Damentausch zu reduzieren. Doch selbst für Stockfish funktioniert die Taktik nicht immer: 58.♖xe6 ♕xd4 (auf 58...♖xe6 gewinnt 59.♕g7+ ♔a8 60.♖xe6 ♕xe6 61.♕h8+ ♔b7 62.♕xh7+ ♔c6 63.♕c7+ ♔b5 64.h7. Es ist einfach nützlich, einen bereits so weit vorgerückten h-Bauern zu haben) 59.♖xe7+ ♔c8 (59...♔c6 60.♖1e6+ ♔b5 61.♖b7+ ♔c5 62.♖xa6 gewinnt: Der Turm auf b7 deckt listigerweise das Matt auf b2) 60.♖e8+ ♔d7 61.♖1e7+ ♔c6 62.♖c7+ ♔b5 63.♖b7! ♔c6 (63...♖b6 64.♖xb6+ ♔xb6 (64...♕xb6 65.♖b8) 65.♗e3 lautet die hübsche Idee) 64.♖ee7 (droht 65.♖ec7 matt) 64...♔c5 65.♗e3;

C) 56...c3 sieht gleichfalls verlockend aus: mit ...♕c4+ soll der Damentausch herbeigeführt werden. 57.b3 ist jedoch besorgniserregend für Schwarz. Weiß wird ♗g5 und ♖e3 folgen lassen, samt Gewinn des Bauern c3. Mit 55...bxa3 hat Schwarz letztlich nur seinen eigenen Damenflügel geschwächt, während der weiße König weiterhin sicher steht. 57...a4 58.♖b1 ist erneut furchterregend für Schwarz. Bei 58... axb3+ 59.♖xb3+ ♔a8 gewinnt 60.♗f4, da ♖b8+ in der Luft liegt.

57.♖b1 ♕c8 58.c3

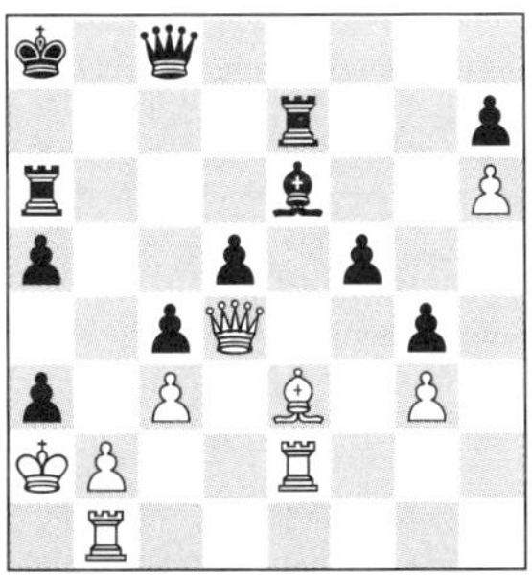

Ein weiterer Schlüsselzug, der das Schlagen auf a3 vorbereitet, ohne Gegenspiel durch ...c4-c3 zu erlauben. Die letzten drei Züge 56.♔a2, 57.♖b1 und 58.c3 sind einzigartig: Weiß tut sein Bestes, um die b-Linie gegen den schwarzen König zu öffnen, während er zugleich alle schwarzen Hoffnungen auf Damentausch erstickt. Die nächste Aufgabe ist es, Schwarz davon abzuhalten, seinen Stützpunkt auf b3 zu verwenden, um die b-Linie zu verstopfen.

58...♖b7 59.bxa3 ♖b3

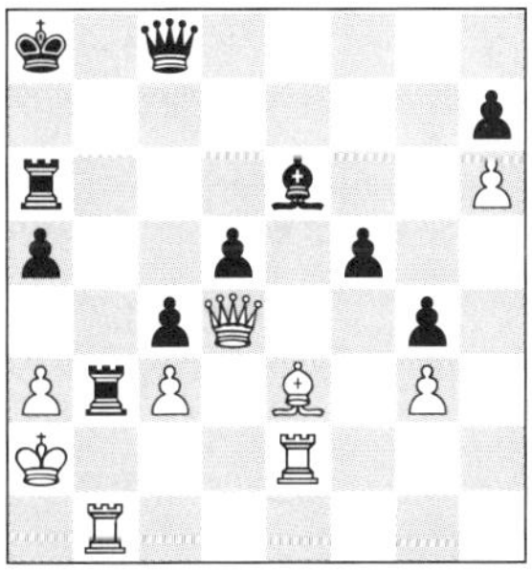

60.a4

60.♖xb3 cxb3+ 61.♔xb3 ♕c4+ würde den Damentausch erlauben, also muss AlphaZero einen anderen Weg finden, um seine Initiative am Köcheln zu halten. Wenn Schwarz gezwungen wird, seinen Turm b3 abzutauschen, verbleibt ihm ein passiver Turm, der an a6 gebunden ist, um das drohende Matt auf a7 zu decken. AlphaZero beginnt mit dem riskant aussehenden 60.a4, um zu verhindern, dass Schwarz seinen Turm auf b3 mit ...a5-a4 zementiert.

60...♗d7

Ein riskanter Zug. Schwarz will mit maximalem Effekt den Zug ...♕c6 einbauen, doch dies ist vielleicht zu ehrgeizig.

Das umgehende 60...♕c6 erschien mir als die beste Verteidigung. AlphaZero versorgt uns mit der folgenden Variante, die (für kurze

Zeit!) meiner eigenen Analyse entspricht: 61.♖xb3 cxb3+ 62.♔a3 (62.♔xb3 ♖b6+ ist AlphaZeros geistreiche Verteidigungsidee, eine taktische Gelegenheit zur Aktivierung des Turm a6 ausnutzend) ist sehr gefährlich für Schwarz, ich habe aber keinen Gewinn gefunden.

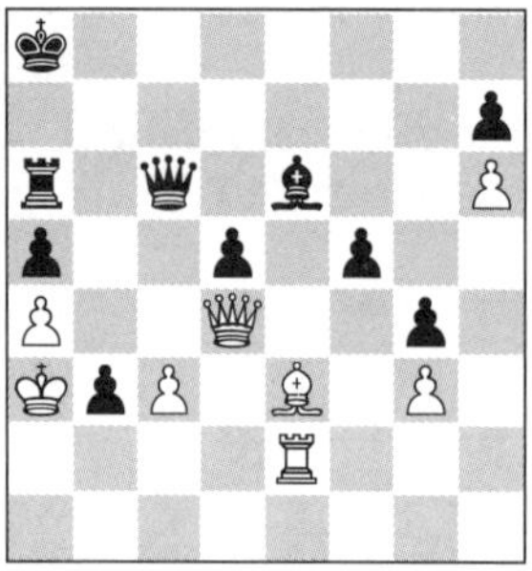

Eine der Drohungen lautet ♖e2-b2xb3:

A) 62...♕c4 63.♕h8+ ♕c8 64.♕xh7 ♕xc3 65.♕g7 ♕b4+ 66.♔b2 ♕xa4 67.♕f8+ ♔b7 68.♕e7+ ♗d7 (68...♔c8 69.h7 ♕a2+ 70.♔c1 ♖c6+ 71.♗c5 ♕a1+ 72.♔d2 ♕b2+ 73.♔e3 gewinnt für Weiß) 69.♕a3 war meine Hauptvariante, und ebenfalls die von AlphaZero. Weiß erzwingt den Damentausch, wonach sein h-Bauer zu einem Monster wird! AlphaZero gibt sich am Ende der Variante einen Erwartungswert von 73,8%;

B) 62...♗d7 war mein bevorzugter Verteidigungsversuch, doch dabei habe ich weniger mit den von AlphaZero hauptsächlich geprüften Zügen gerechnet. Auch hier haben wir AlphaZero um eine Analyse gebeten: 63.♗f4 (63.♖b2 ♖b6 lautet der clevere Trick, mit dem Schwarz seinen Turm auf der b-Linie aktiviert: 64.♕xb6 ♕xa4#) sieht weiterhin übel für Schwarz aus: der Turm kommt nach e7. Der Enginezug 63...♖a7 vollbringt aber wahre Wunder in der Verteidigung: Schwarz versucht, seinen Turm zu aktivieren, ohne ihn auf b6 einstehen zu lassen: dies sollte Schwarz bessere Aussichten geben, mit ...♕xa4 Gegenspiel zu lancieren:

B1) 64.♕h8+ war die gefährliche Idee, auf die ich aus war, doch Schwarz scheint sich zu behaupten: 64...♔b7 65.♕b8+ ♔a6 66.♕b5+ ♕xb5 67.axb5+ ♔xb5 (67...♗xb5 68.♖e6+ ♔b7 69.♗e3 ♖a6 70.♖e7+ gewinnt den h-Bauern, mit Auflösungserscheinungen bei Schwarz) 68.♖e7 lautete die Idee, was wie in der anderen Variante auf den Bauern h7 abzielt, während Schwarz die Koordination verloren hat. 68...♖b7 69.♖xh7 ♔c6 70.♗c1 (es wird dem Läufer nicht leichtfallen, von hier aus den Vormarsch des h-Bauern zu unterstützen. Bei 70.♔b2 a4 ist angesichts der Drohung 71...a3+ plötzlich Weiß in Gefahr) 70... f4 71.gxf4 ♗f5 neutralisiert die Bedrohung durch den h-Bauern und führt zum Remis;

B2) 64.♖d2 AlphaZeros Hauptvariante setzt nun mit 64...b2 65.♖xb2 ♖b7 66.♗e3 ♕d6+ 67.♔a2 ♕c7 68.♕xd5 ♗c6 69.♕d3 ♖xb2+ 70.♔xb2 ♔b7 71.♕xf5 ♗xa4 72.♕xg4 ♗e8 73.♕e4+ ♗c6 74.♕d4 ♗e8 fort, mit einer Gewinnerwartung von 58,9% laut AlphaZero. Nach all den Opfern hat Weiß am Ende einen Bauern mehr, doch Schwarz sollte remis halten können;

C) 62...f4 ist AlphaZeros Hauptvariante, die ich nicht in Betracht gezogen hatte: 63.gxf4 ♕c4 64.♕h8+ ♕c8 65.♕g7 ♕c6 66.f5. Ein weiteres Bauernopfer zwecks Öffnung einer Linie!

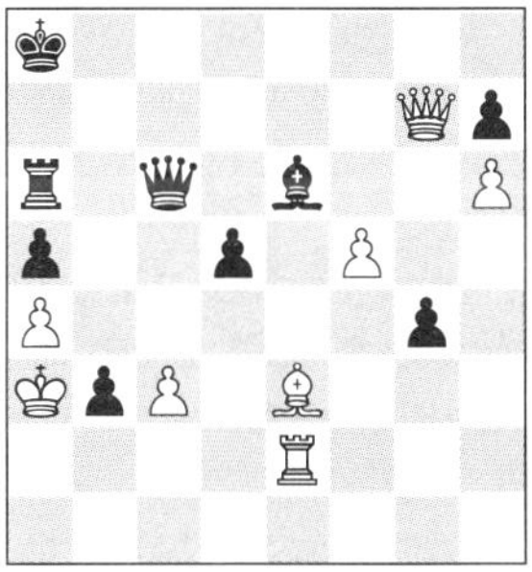

66...♗xf5 67.♖f2 b2 68.♖xf5 b1♕

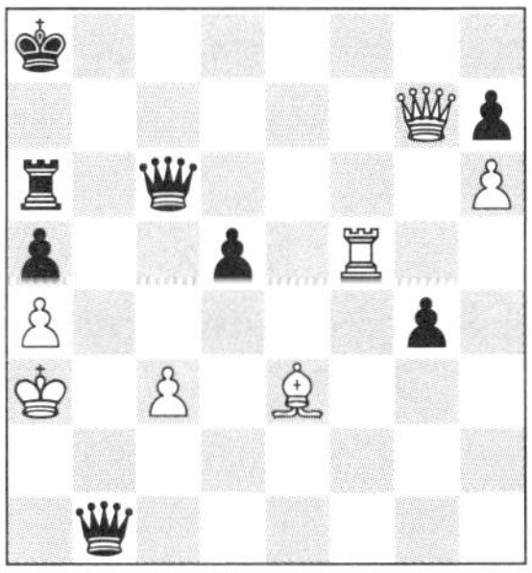

69.♖f8+ ♕b8 70.♖xb8+ ♔xb8 71.♗f4+ ♔c8 72.♕h8+ ♔d7 73.♕xh7+ ♔e8 74.♕h8+ ♔e7 75.♕e5+ ♔f7 76.♕g7+ ♔e8 77.♗e3 ist das Ende von AlphaZeros Analyse, mit einem Erwartungswert von 61,3%.

So oder so, zurück zur Partie, in der Stockfish das riskante 60...♗d7 spielte.

61.♖d2

Ein weiterer hervorragender Zug mit einer großartigen taktischen Pointe! 61.♕xd5+ ♕c6 würde zum Damentausch führen.

61...♖xb1

Zwar sind sich erneut alle Engines einig, doch fühlt sich dies wie ein großes Zugeständnis an. Mit den auf der d-Linie aufgereihten Schwerfiguren von Weiß machte der Damentausch auf c4 einen riskanten Eindruck, doch noch riskanter für Schwarz scheint es, Weiß die b-Linie zu geben!

A) 61...♗xa4 62.♕xd5+ ♗c6 (62...♕b7 63.♕g8+ ♕b8 64.♕xc4; 62...♕c6 63.♕g8+ ♔b7 64.♕xh7+) 63.♕xc4 ♖xb1 64.♖d8 mit Gewinn – die Pointe von 61.♖d2!;

B) 61...♕c6 62.♖xb3 cxb3+ 63.♔xb3 ♕c4+ 64.♕xc4 dxc4+ 65.♔a3 wäre schrecklich für Schwarz: es ist nicht einfach, Weiß vom Bauern h7 fernzuhalten.

62.♔xb1 ♗xa4

Auf Kosten eines weiteren Bauern hat Weiß den aktiven Turm von Schwarz abgetauscht.

63.♖a2

Ein weiterer cleverer Zug, der Stockfish vor eine schwere Entscheidung stellt: soll es mit 63...♗b3 die b-Linie blockieren oder den Läufer zurückziehen und Weiß freie Hand über die b-Linie geben? 63.♕xd5+ ♕b7+.

63...♕e8

63...♗b3 fühlt sich richtig an, löst aber die Probleme von Schwarz auch nicht: 64.♕xd5+ ♕b7 65.♕d8+ ♕b8 66.♖d2 ♗a4+ 67.♔c1 ♕xd8 (Schwarz muss die Damen tauschen) 68.♖xd8+ ♔b7 69.♖h8. Der freie h-Bauer wird nur sehr schwer aufzuhalten sein. Stockfish trifft eine andere Entscheidung, wobei es auf seine taktischen Künste vertraut, um Weiß von seiner luftigen Königsstellung fernzuhalten.

64.♕xd5+ ♗c6 65.♕c5

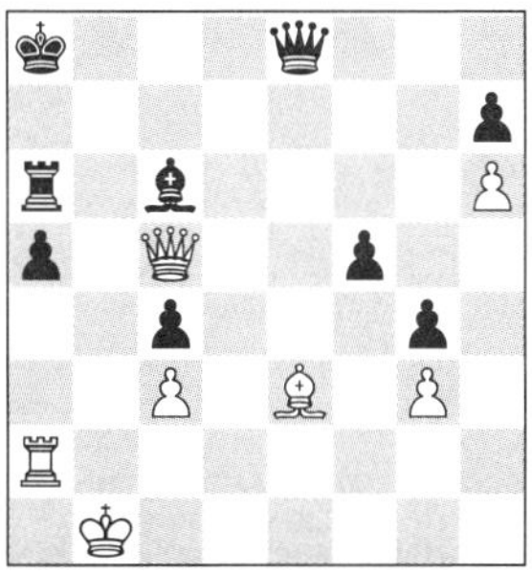

Von diesem Punkt an steigt AlphaZeros Bewertung rasch an

(woran auch der nachfolgende Verlust des Bauern h6 nichts ändert), beginnend von 60,9% auf 67,1% nach 66.♔a1, 76,4% nach 75.♔a3 und 85.8% nach 82.♖f6. Mit seiner aktiven Dame kann Stockfish im Moment noch die weißen Kräfte fernhalten (67.♗g1, 68.♖h2), doch nachdem Weiß seinen König mit 75.♔a3 gesichert hat, bleibt wenig Hoffnung für Schwarz. Mit den durch die weiße Dame-Läufer-Batterie auf der Diagonalen g1-a7 gelähmten schwarzen Figuren ist es nur eine Frage der Zeit, bis Weiß auf einer der vier offenen Linien b, d, e und f (via d6-f6) ein entscheidendes Einbruchsfeld für seinen Turm findet. Durch den kumulativen Effekt der von AlphaZero geöffneten Linien sowie die ungleiche Aktivität der weißen und schwarzen Kräfte ist die Verteidigung bald überlastet. Keine Anzahl an Bauern (nun ja, fast keine) kann in AlphaZeros Welt dafür wettmachen!

65...♕e4+ 66.♔a1 ♕h1+ 67.♗g1 ♕xh6 68.♖h2 ♕e6 69.♗e3 ♕d7 70.♖d2 ♕e8 71.♖d6 ♔b7 72.♔b2 ♕b8 73.♔a2 ♕c8 74.♖d2

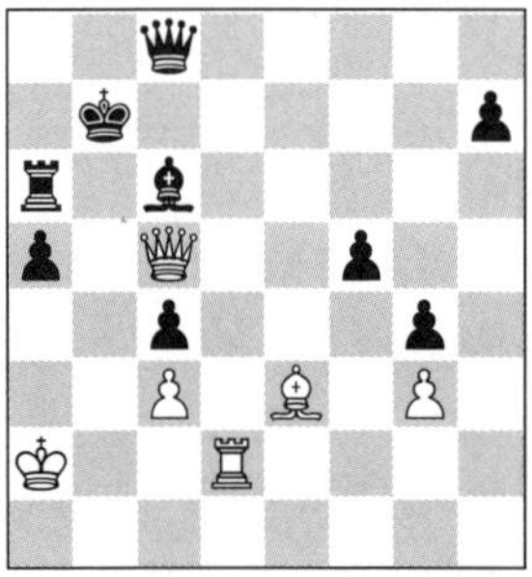

Die Enginebewertung beginnt nun ein großes Plus für Weiß anzuzeigen (bis 71...♔b7 schätzte Stockfish die Stellung mit 0,00 ein), da die Idee ♔a3 erkannt wird, was alle schwarzen Dauerschachversuche vereitelt.

Mit dem weißen König dauerhaft in Sicherheit bleibt dem Schwarzen nur noch, auf seine Hinrichtung zu warten.

74...♕e8 75.♔a3 ♔a8 76.♗g5 ♕e1 77.♔a2 ♕e4 78.♗e3 ♕e8 79.♖d6 ♔b7 80.♔a3 ♕h8 81.♗d4 ♕e8 82.♖f6 f4

Verzweiflung. Die Stellung ist bereits verloren.

Wenn Schwarz aussetzt, würde Weiß mit einem Einbruch auf der achten Reihe vollenden: [82...--] 83.♖f8

A) 83...♕d7 84.♖g8 (droht ♖g7), und nun:

A1) Auf 84...♕c7 gewinnt 85.♗e5;

A2) 84...♕e6 85.♖g7+ ♗d7 86.♕b5+ ♔c7 87.♗e5+ (87.♖xd7+ ♕xd7 88.♕xa6 ♕d6+ wäre weniger klug, Schwarz bekommt Chancen am Königsflügel) 87...♔d8 88.♕b8+ ♗c8 89.♕c7+ ♔e8 90.♖xh7 gewinnt glatt.

B) 83... ♕e6 84.♗e5 (droht 85.♖b8 matt) 84...♖a8 85.♖xa8 ♔xa8 86.♕xa5+ ♔b7 87.♕c7+ ♔a6 88.♗d4 ♗b7 89.♔b4 erzwingt ein Matt mit 90.♕a5+.

83.gxf4 ♕d7 84.♖d6 ♕c7 85.f5 ♗d7 86.♕xc7+ ♔xc7 87.♖xa6 ♗xf5 88.♖f6 ♗c2 89.♔b2 1:0

Ein bemerkenswertes Mittelspiel mit ungleichfarbigen Läufern von AlphaZero.

55...bxa3 mit Öffnung des Damenflügels war der Schlüsselmoment der Partie. Mich beschäftigte die Frage, wie Weiß fortgesetzt hätte, wenn Schwarz mit einem Zug wie 55...♖e8 oder 55...♕d7 abgewartet hätte.

Es war nicht einfach, diese Stellung zu analysieren. Engines, die Varianten regelmäßig mit 0,00 bewerten und in ihren Hauptvarianten Remis durch Zugwiederholung vorschlagen, waren keine gute Hilfe, um herauszufinden,

was AlphaZero vorgehabt haben könnte.
Ich entschied mich, meine Analysen zu unterfüttern, indem ich bei meiner täglichen Trainingseinheit mit einer 15-Minuten-Partie gegen Smallfish (die auf iPhone übertragene Version von Stockfish 9) mein bestes tat, wie AlphaZero zu wirken! Dies soll in keinster Weise die definitive Analyse dieser Stellung darstellen – mir ist völlig bewusst, dass Stockfish auf dem IPhone nicht mit voller Stärke läuft! –, zumindest aber die Möglichkeiten für beide Seiten aufzeigen. Ich zwang Smallfish, 55...♖e8 zu spielen, und ließ dann meine Magie wirken!

Matthew Sadler
Smallfish 9
London 2018

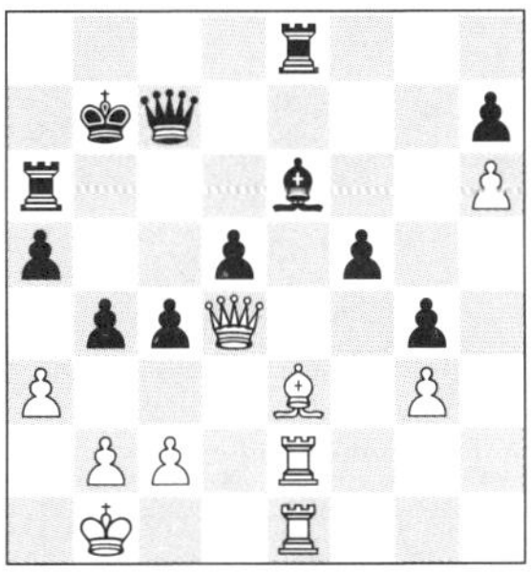

Nach einigen Versuchen war ich von zwei Ideen angetan:

1. Es erwies sich als schwierig, eine Öffnung des Damenflügels zu erzwingen, doch ich hatte mit der Idee a3-a4 nebst Einpflanzung meiner Dame auf b5 (das Spiegelbild zu der ungewöhnlichen Idee eines durch einen Bauern auf h6 gestützten Damenvorpostens am Königsflügel auf g7) einigen Erfolg. Von b5 aus übt die Dame unangenehmen Druck auf den Turm e8 aus (was die Stabilität der schwarzen Blockade auf der e-Linie beeinträchtigt), und die Dame erweist sich als sehr schwierig zu vertreiben!
2. Mir gefiel die Idee einer Überführung meines Königs auf den Königsflügel, wo dieser in Sicherheit wäre, falls Weiß die Öffnung des Damenflügels gelingt, und wo er gut platziert ist, um nach einem Damentausch auf den dunklen Feldern am Königsflügel in Richtung Bauer h7 einzumarschieren.

Hier folgt, um Ihnen ein Gefühl von der Charakteristik der Stellung zu geben, eine meiner Partien. Ich denke, wir können hieraus zumindest zwei Dinge ablesen:

a) Die Stellung bleibt tückisch für Schwarz, selbst dann, wenn er allen Verlockungen widersteht und stillhält.
b) Stockfish zu bezwingen ist nichts für Menschen!

1.♔a1

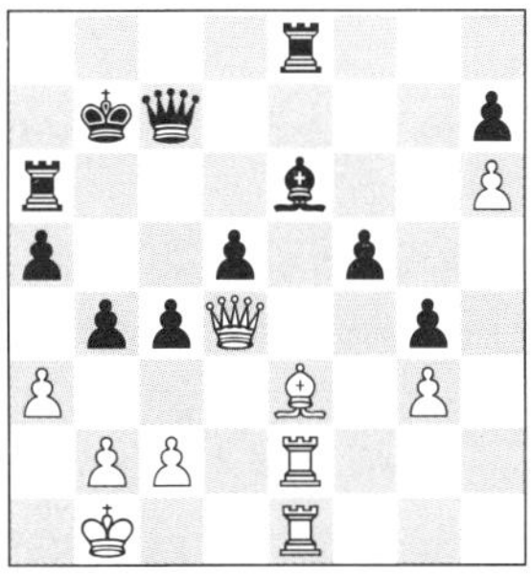

Dieser Zug gefiel mir immer besser. Mit Weiß war ich nie scharf darauf, axb4 zu spielen, da die offene a-Linie gefährlicher für den weißen als für den schwarzen König schien. Ich antizipierte schwarzes ...bxa3

(wofür jetzt das Feld b1 bereits für den Turm zwecks Besetzung der b-Linie geräumt ist), während ich zugleich meinen König für den Fall besser stellte, dass ich mit b2-b3 den Damenflügel aufbrechen sollte.

1...c3 2.b3

Dem Vorbild von AlphaZero folgend: Ich möchte Schwarz nicht die Gelegenheit zu einem Damentausch mit ...♕c4 geben.

2...♕d7 3.a4

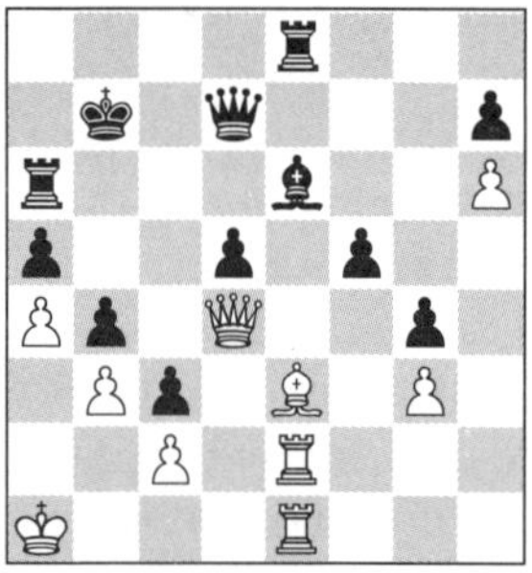

Mein nächstes Ziel ist, die Turmbatterie auf der e-Linie freizulegen und anschließend meine Dame nach b5 zu ziehen. Ich habe eine Weile gebraucht, um mich zu entscheiden, wohin mein Läufer gehört. Schließlich habe ich mich für d4 entschieden, was den b-Bauern blockiert und Schwarz davon abhält, meine Dame auf b5 mit seinem Turm anzugreifen.

3...♕c6 4.♗f2 ♖e7 5.♖e5 ♖e8 6.♖1e2 ♔b8 7.♕f4 ♕c7 8.♗d4 ♔c8

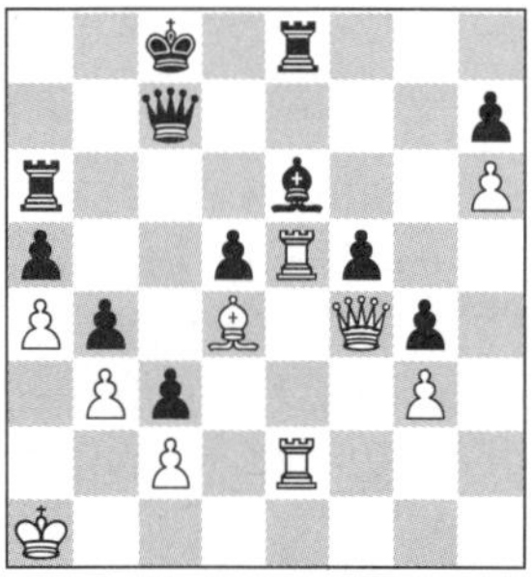

Weiß hat das Heft in der Hand, da Schwarz nichts unternehmen kann. Mithin sondierte ich erst einmal meine anderen Damenstützpunkte am Königsflügel.

9.♕g5 ♔b7 10.♕g7 ♖e7 11.♕f8 ♕d7 12.♔b1

Sobald meine Dame auf b5 auftaucht, erhält Schwarz die Möglichkeit zum Damentausch, also muss mein König bereit stehen, am Königsflügel einzumarschieren und den Bauern h7 anzugreifen. 12.♔b1 bringt meinen König unter dem Schutzschirm meines Läufers und meiner Türme ins Zentrum.

12...♖e8 13.♕c5 ♕c6 14.♕b5+

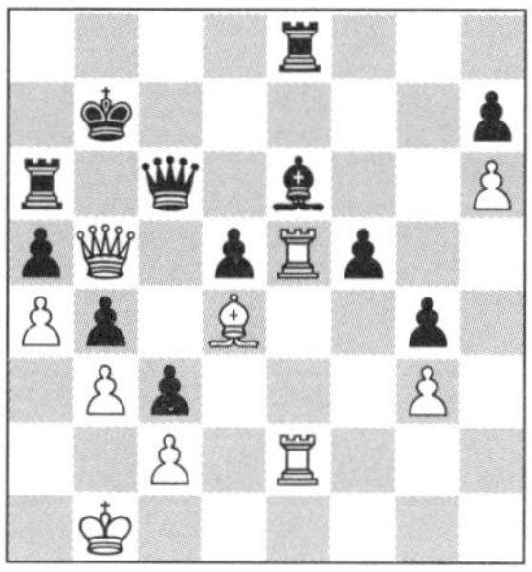

14...♔c7 15.♔c1 ♔c8 16.♔d1 ♔d7 17.♔e1

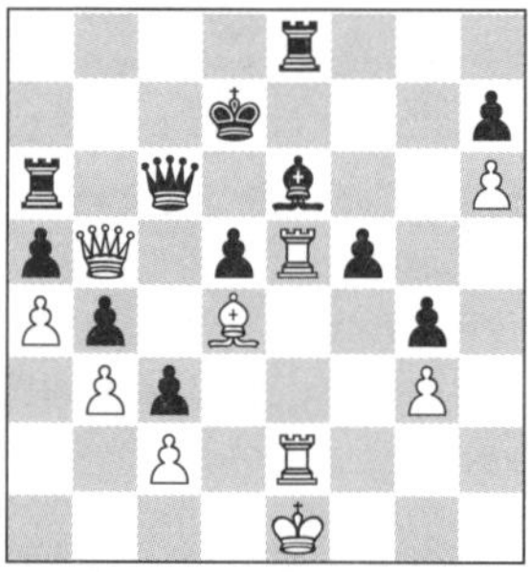

Wenn Schwarz länger zuwartet, werde ich meinen König via f2-e3-f4 nach g5 führen.
Schwarz entscheidet sich, die Situation am Damenflügel zu klären.

17...♕xb5 18.axb5 ♖aa8 19.b6 ♖ac8 20.♔f2 ♖b8 21.♔e3 ♗f7 22.♔f4 ♖xe5 23.♖xe5

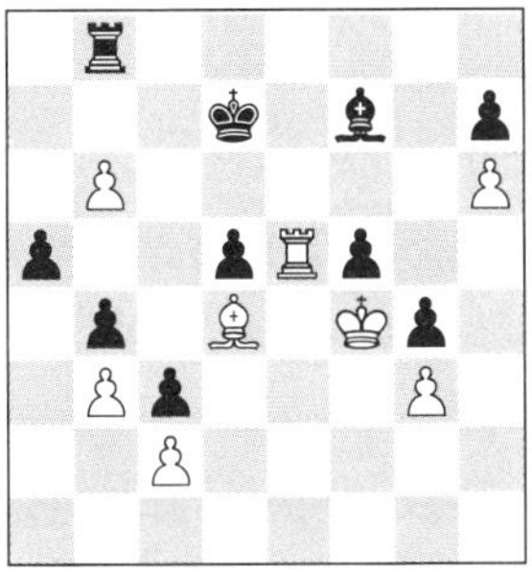

Die bestmögliche Lage für Weiß: Die schwarzen Figuren sind passiv, und der weiße König bewegt sich auf die Schwäche h7 zu. Das einzige, worauf Weiß achten muss, ergibt sich aus seinem Bauerndefizit: Schwarz kann ein paar Bauern zurückgeben, um einen Freibauern zu schaffen. Ich hätte gedacht, dass das für Weiß gewinnt, doch Stockfish ist ein erstaunlicher Verteidiger, selbst auf meinem Mobiltelefon!

23...♔c6 24.♖xf5 ♗g6 25.♖f6+ ♔b7 26.♖xg6 hxg6 27.♔g5

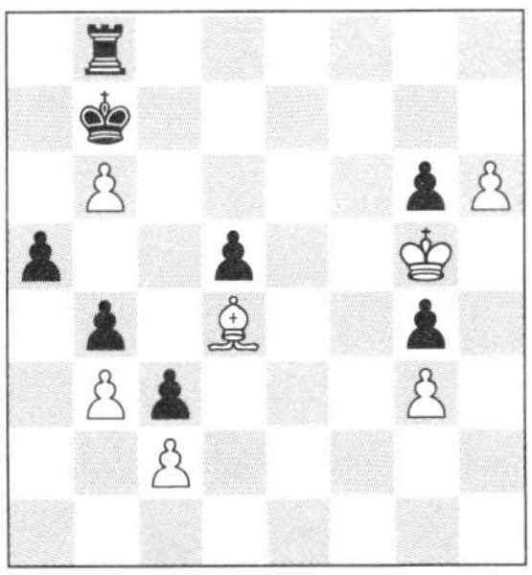

Wie wir im Kapitel „Aktivität“ gesehen haben, sind Opfer zwecks Brechens einer Festung ein beliebtes Mittel von AlphaZero, so dass ich ganz stolz und von mir selbst überzeugt war. Indes ...

27...a4 28.bxa4 ♖e8 29.h7 b3 30.cxb3 c2 31.♗b2 d4 32.a5 ♔a6 33.b4 ♔b5

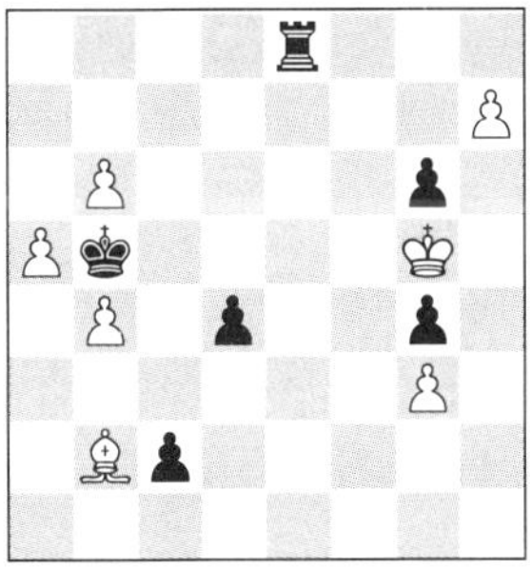

Ich habe hier meine ganze Zeit verbraucht, um einen Gewinn aufzuspüren, habe aber nichts Besseres als ein Remis gefunden:

34.b7 ♔a6 35.♔xg6 d3 36.♗c1 ♔xb7 37.b5 ♖d8 38.♗d2 ♔c7 39.♔f5 ♔b7 40.♔e4 ♖h8 41.♔xd3 ♖xh7 42.♔xc2 ♖h5 43.b6 ♖f5

Und einige Züge später remis gegeben.

HISTORISCHES GEGENSTÜCK
Bent Larsens Randbauern

Diese Partie würde ebenso gut ins Kapitel „Der Marsch des Randbauern“ passen: kein anderer Topspieler war so mit dem Einsatz des Randbauern als Angriffswaffe verbunden wie der dänische Großmeister Bent Larsen (1935-2010). Ich fand dessen Worte über den Einsatz von Randbauern sowie Flügelangriffe überhaupt in seiner Sammlung *Best Games* unglaublich scharfsinnig: „Polugajewski hat geschrieben, dass ich gern die Randbauern vorstoßen würde. Gligoric hat festgestellt, dass in meinen Partien Flügelangriffe häufiger vorkommen als bei jedem anderen zeitgenössischen Meister. Wahrscheinlich liegt darin einige Wahrheit. Eine amüsante Eigenschaft meiner Flügelangriffe ist, dass diese nicht immer zu Vereinfachungen führen. Wenn der Angriff zurückgeschlagen wird, ergeben sich meist Möglichkeiten auf anderen Brettabschnitten.“

Die vielleicht beste Demonstration von Larsens aggressivem Stil und seinem Gebrauch des h-Bauern ist die berühmte Partie gegen den ungarischen Großmeister Lajos Portisch, die einen fantastischen Angriff auf den gegnerischen dunklen Feldern im AlphaZero-Stil zeigt.

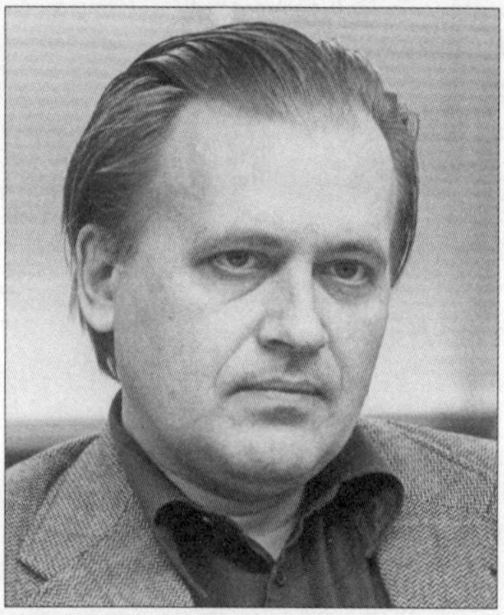

Der Randbauer stellte in den Händen des dänischen Supergroßmeisters Bent Larsen stets eine gefährliche Waffe dar.

Bent Larsen
Lajos Portisch
Interzonenturnier Amsterdam 1964 (15)

1.e4 e6 2.d4 d5 3.♘c3 ♗b4 4.exd5 exd5 5.♕f3

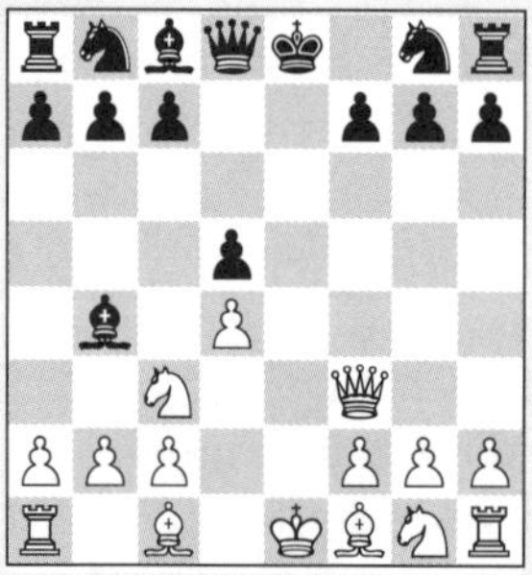

Ein kreativer Eröffnungs-Winkelzug von Bent Larsen, der seine Gegner gern so bald wie möglich vor ungewöhnliche Probleme stellte. Mit seinem vierten Zug hat Larsen die Zentrumsspannung aufgelöst, wodurch wahrscheinlich wird, dass das Spiel überwiegend auf den Flügeln stattfindet.

5...♘c6 6.♗b5 ♘ge7 7.♗f4 0-0 8.0-0-0 ♘a5 9.♘ge2 c6 10.♗d3 b5 11.h4

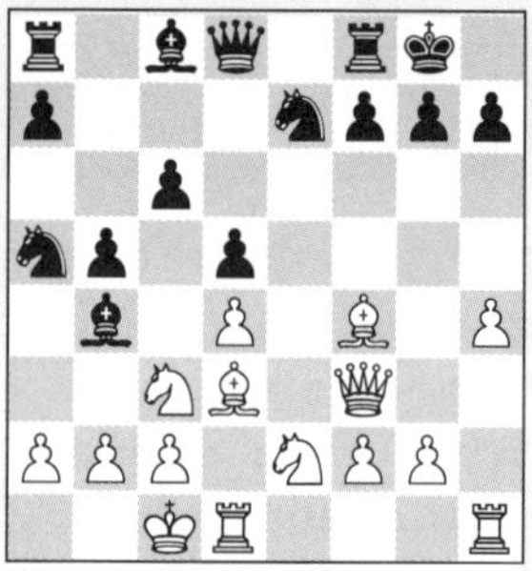

Der Vorstoß, den wir inzwischen kennen- und lieben gelernt haben! Larsen setzt – genau wie AlphaZero – den Randbauern bei seiner ersten Angriffswelle ein, um die schwarze Königsstellung ein wenig aufzuweichen und erste schwarzfeldrige Schwächen zu schaffen. Der schwarzfeldrige Läufer des Nachziehenden trägt – auf seinem Ast auf b4 – in keiner Weise zur Verteidigung des schwarzen Königsflügels bei.

11...♘c4 12.h5 f6 13.g4 ♕a5 14.♗xc4 dxc4 15.a3 ♗xc3 16.♘xc3 ♕d8 17.♖he1 a5 18.♕g3 ♖a7 19.h6

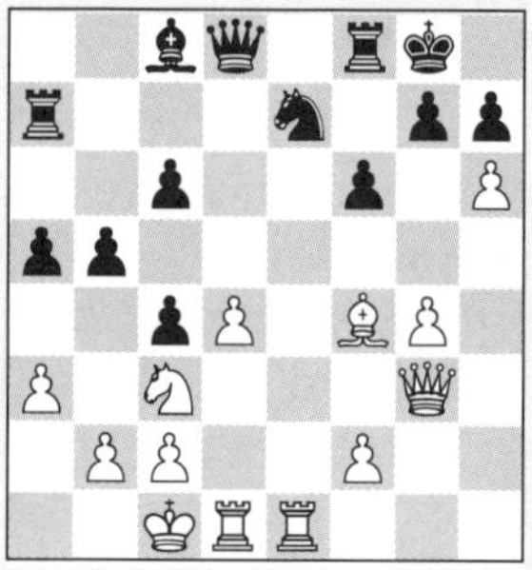

19...g6 20.♗d6

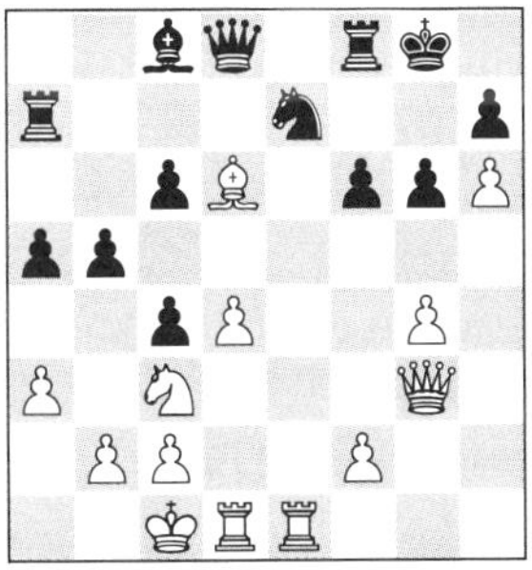

Baut, in Ergänzung zu den durch den Vorstoß h2-h4-h5-h6 geschaffenen Schwächen, Druck auf den dunklen Zentrumsfeldern von Schwarz auf.
20...♖e8 21.♕f4 ♔f7 22.♗e5 f5 23.♗b8 ♖b7 24.♕e5 ♖g8 25.g5

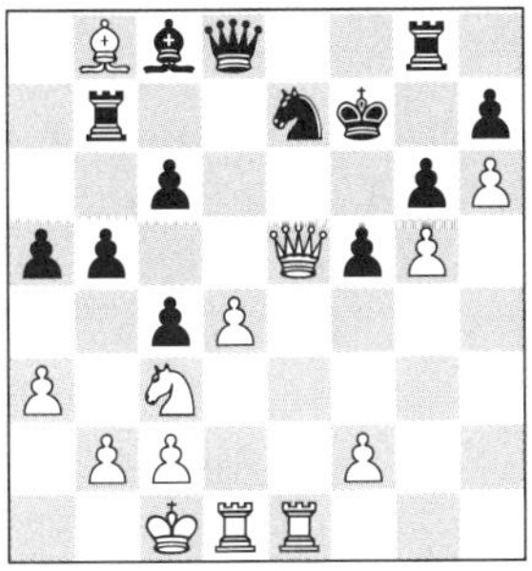

Totale Herrschaft auf den schwarzen Feldern!
25...b4 26.♕f6+ ♔e8 27.♕xc6+ ♔f7 28.♕f6+ ♔e8 29.d5 ♖f8 30.♕c6+ ♕d7 31.♗d6 ♖f7 32.♗xe7 bxc3 33.♗b4+
Schwarz gab auf.
Eine fantastische Partie!

Das ultimative Beispiel, wie man Material opfert, um Türme auf offenen Linien mit Damen und Läufern auf offenen Diagonalen zum Angriff auf den gegnerischen König zusammenzuführen, stellt vielleicht der folgende grandiose Angriff von AlphaZero dar.

Partie: „Genau so muss man angreifen“

Die beiden Autoren lauschten mit Freude der hervorragenden DVD des costa-ricanischen GMs Alejandro Ramirez zur Réti-Eröffnung. Auf dieser zeigt er „genau“, wie man diese Art von Stellungen spielen muss. Ramirez‘ Verwendung des Wörtchens „genau“ ist auf eine seltsame Art beruhigend – es ist doch schön, wenn man genau weiß, wie man zu spielen hat. Hier führt AlphaZero eine modellhafte Angriffspartie und zeigt uns genau, wie man einen Angriff führen muss.
AlphaZero legt aus der Eröffnung heraus die Linien am Königsflügel frei, indem er Schwarz nötigt, zunächst den weißen g- und dann den h-Bauern zu schlagen. Wie in den vorherigen Partien konzentrierte AlphaZero nach der Öffnung eines Angriffskanals (dieses Mal der Linien) seine Bemühungen auf die Öffnung eines zweiten Kanals: der Diagonalen. Um dies zu erreichen, rückt AlphaZero seine d- und e-Bauern zunächst vor, um sie dann zu opfern.
Die Stellung nach dem 43. Zug bietet ein erstaunliches Bild: Alle Figuren von Weiß sind bereits auf die schwarze Königsstellung gerichtet, und mit seinem f-Bauern führt AlphaZero eine weitere Angriffseinheit ins Feld, die den schwarzen Widerstand schließlich bricht.

Themen der Partie:

1. Materialopfer zwecks Linienöffnung gegen den gegnerischen König [10.b5, 16.♖g4]

2. Materialopfer zwecks Öffnung von Diagonalen [28.♖he1, 30.d5]
3. Verbesserung der eigenen Königsstellung vor der nächsten Angriffswelle [23.♔a1]

AlphaZero
Stockfish 8
London 2018

1.♘f3 ♘f6 2.c4 e6 3.♘c3 ♗b4 4.♕c2 0-0 5.a3 ♗xc3 6.♕xc3 a5 7.b4 d6 8.e3
Der erste neue Zug in der Partie. Zuvor wurden 8.♗b2 und 8.g3 erprobt.
8...♘e4 9.♕c2 ♘g5 10.b5

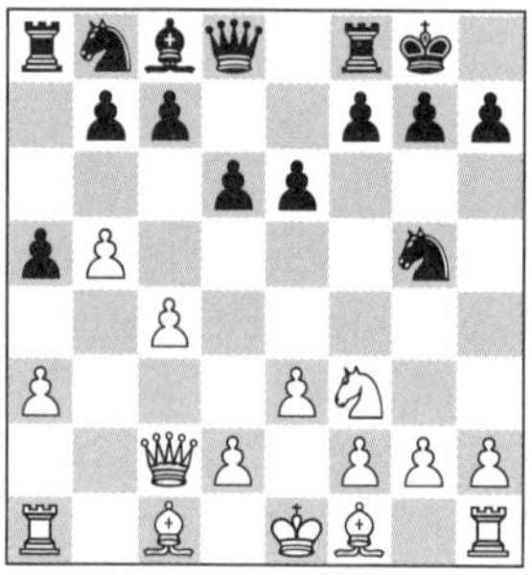

Weiß nimmt dem Gegner die Möglichkeit zum Turmtausch mit 10...axb4 und 11...♖xa1 und bietet Schwarz stattdessen einen Bauern an, um die g-Linie gegen den König auf g8 zu öffnen.
10...♘xf3+ 11.gxf3 ♕f6 12.d4

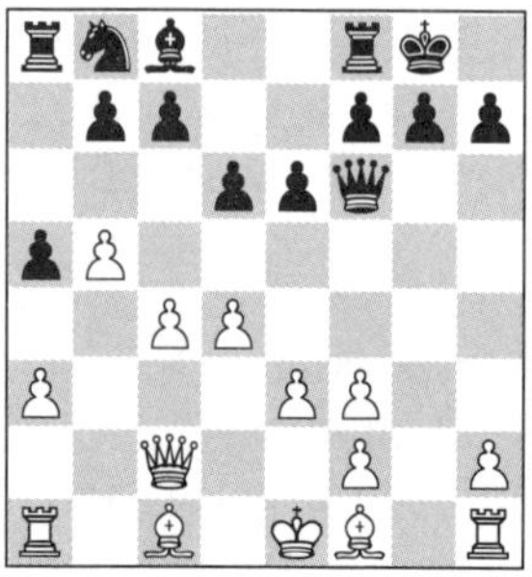

Ein bemerkenswerter Zug: Ich hätte 12.♗b2 ♕xf3 13.♖g1 erwartet, um umgehend Druck auf den schwarzen Königsflügel auszuüben. AlphaZero müht sich nicht zur Eile: es glaubt unzweideutig an seine langfristige Kompensation für den Bauern.
12...♕xf3 13.♖g1 ♘d7 14.♗e2 ♕f6 15.♗b2 ♕h4 16.♖g4

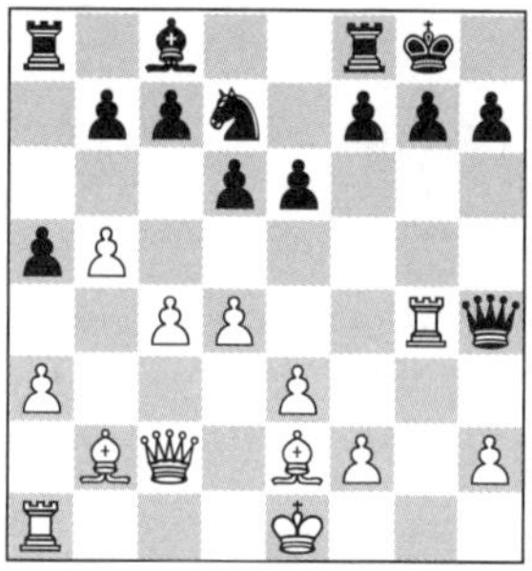

Ein weiterer bemerkenswerter Zug: AlphaZero bietet einen weiteren Bauern an, um auch die h-Linie gegen den schwarzen König zu öffnen. Man beachte, dass ganz gewiss kein Matt in Sicht ist! AlphaZero schätzt die Stellung nach 16.♖g4 mit 54,4% ein, also nicht besser als nach dem ersten Zug. Stockfish auf meinem Computer ist recht optimistisch mit -0,68, und die anderen Engines haben recht ähnliche Werte.
16...♕xh2 17.♖g3 f5 18.0-0-0

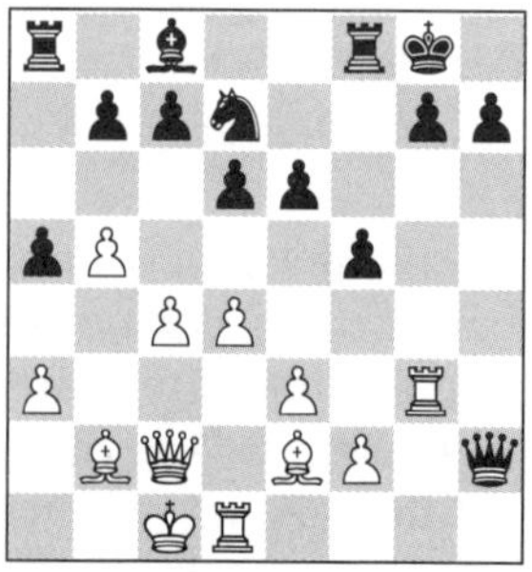

AlphaZero bietet einen dritten Bauern an, wenngleich dieser schon ein wenig vergiftet ist.

18...♖f7

18...♕xf2 19.♖dg1 ♖f7 20.♖1g2 ♕e1+ 21.♗d1 treibt die schwarze Dame ziemlich in die Enge:

A) 21...f4 22.exf4 ♘f6 23.♖g1 ♕e4 24.♕d2, und ♗c2 nebst d4-d5 ist vernichtend;

B) 21...♕h1 22.♖h2 ♕e4 (22...♕f1 23.♖gh3 (droht sowohl 24.♖h1 mit Damenfang wie auch 24.♖xh7) 23.♕e2 f4 24.♖gh3 fxe3 25.♗c2 ♕f4 26.♗xh7+ ♔f8 27.♗d3 sieht erneut sehr kräftig für Weiß aus. Bei Schwarz steht der König offen, und seine Entwicklung ist mangelhaft, was dem Weißen mehr als genug Kompensation für seine zwei Bauern (e3 wird bald fallen) gibt.

19.♗f3 ♕h4 20.♖h1 ♕f6

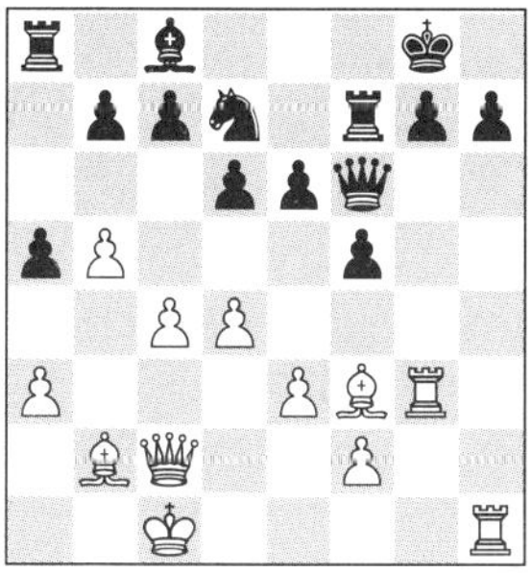

AlphaZeros Spiel in den nächsten Zügen erklärt sich, wenn man an seine Vorgehensweise in den vorhergehenden Partien denkt. In diesen Partien kam es zuerst zur Öffnung einer Diagonalen, und anschließend warf AlphaZero all seine Kräfte auf die Öffnung einer Turmlinie, die auf den gegnerischen König gerichtet ist. Hier sind zwei(!) Linien – die g- und die h-Linie – bereits durch Bauernopfer geöffnet, so dass AlphaZero sich nun auf die Öffnung von Diagonalen konzentriert. Wo man nun erwarten könnte, dass Weiß seine Dame zum Königsflügel überführt und dann mit seinen Schwerfiguren die schwarzen Bauern auf g6 und h7 wegpustet, gruppiert AlphaZero seine Figuren um und bereitet einen massiven Vormarsch – eigentlich sogar ein Opfer im Großhandelspaket – seiner Zentrumsbauern zwecks Öffnung von Diagonalen gegen den schwarzen König vor. Sobald dies geschehen ist, hat AlphaZero seine optimale Angriffsformation, und ein Massaker sollte folgen!

In den nächsten Zügen stellt AlphaZero seinen König nach a1 (wir haben bereits gesehen, wie bewusst sich AlphaZero einer sicheren eigenen Königsstellung ist), außer Reichweite irgendwelcher zufälliger Schachgebote nach Öffnung des Zentrums, und unterstützt den Aufmarsch der Bauern c, d und e.

21.♔b1 g6 22.♖gg1

Welch ein unerwarteter Zug: der Turm schien doch auf g3 ideal postiert zu sein, wo er eine weiße Turmverdoppelung auf der g- oder auf der h-Linie ermöglicht. Stattdessen gruppiert AlphaZero seine Türme um, so dass diese den Damenflügeldurchbruch c4-c5 unterstützen können! Ich hätte diesen Zug niemals auch nur in Betracht gezogen.

22...a4 23.♔a1 ♖g7 24.e4

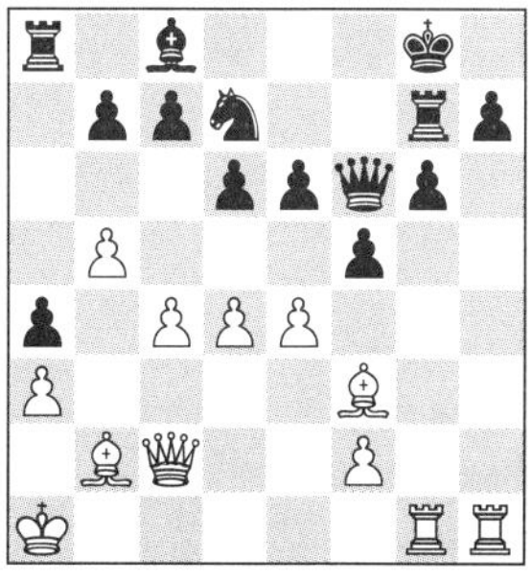

24...f4 25.c5

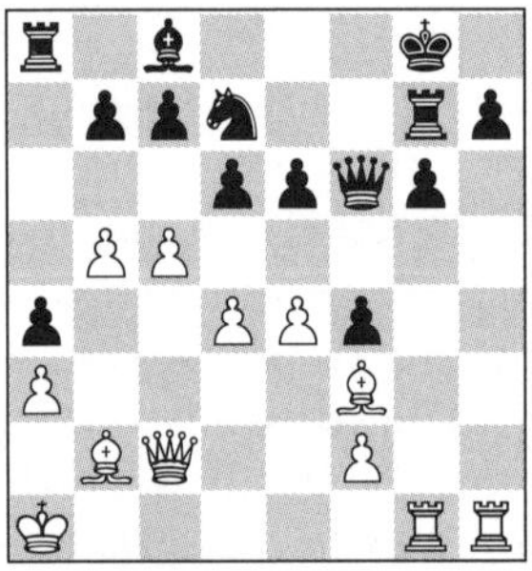

25...♕e7 26.♖c1

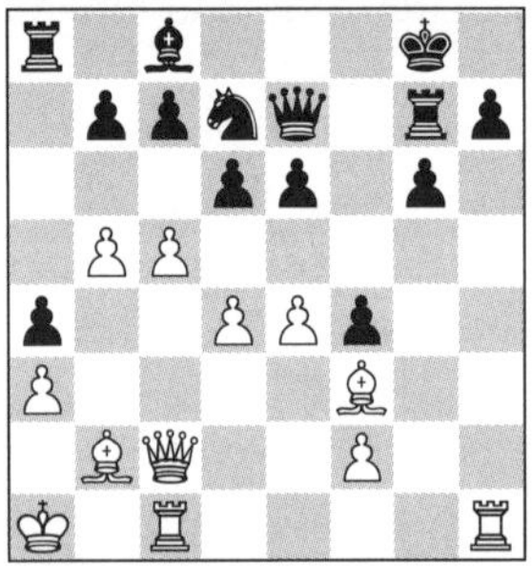

Nach allerlei Vorbereitungen lässt AlphaZero seine Mittelbauern mit atemberaubender Geschwindigkeit vorwärtspreschen. Die Anwesenheit der Schwerfiguren auf der c-Linie gibt Weiß auch die Möglichkeit zur Öffnung dieser Linie durch cxd6 samt eines dortigen Einmarsches. Einmal mehr spielt AlphaZero auf dem ganzen Brett.

26...♘f6 27.e5 dxe5 28.♖he1

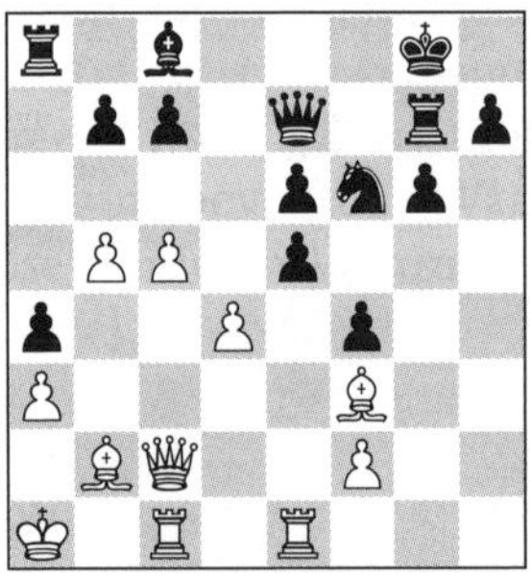

Erneut ein großartiger Zug! 28.dxe5 würde die Diagonale a1-h8 schließen, was gewiss nicht AlphaZeros Stil ist: es würde lieber noch einen weiteren Bauern opfern, um die Öffnung der Diagonale zu erzwingen.

Nach Ansicht der vorigen Partien ist man nicht überrascht, dass AlphaZero sich keineswegs davor fürchtet, mit 28...e4 29.♗xe4 ♘xe4 30.♕xe4 in eine Ungleichfarbige-Läufer-Stellung gezwungen zu werden: man sehe nur den Unterschied in der Aktivität der beiden Läufer, sobald Weiß im nächsten Zug d4-d5 spielt!

28...e4

Ein kritischer Moment in dieser Partie, und ich mag diesen Zug nicht: es scheint, als ob Schwarz die Kraft des nachfolgenden Opfers d4-d5 unterschätzt, womit die Diagonale a1-h8 für den schwarzfeldrigen Läufer geöffnet wird. Zwei Alternativen sind besser dazu geeignet, die Diagonale a1-h8 zu blockieren:

A) 28...♘d5 ist der augenfälligste Verteidigungszug, um 29.♖xe5 mit 29...c6 zu beantworten, wonach der Bauer d4 fest hinter Schloss und Riegel sitzt. Mein bester Versuch war 29.c6, um 29...c6 zu verhindern und beginnend mit ♖xe5 danach zu streben, die Blockade auf d5 aufzubrechen. Nach vielen Stunden Analyse fiel die einhellige Wahl meiner Engines auf 29...e4 (29...bxc6 30.♕xc6 war meine Hauptvariante: 30...♖a7 31.♖xe5 ♗b7 32.♕c5 ♖a5 (auf 32...♖a8 gewinnt 33.♗xd5 ♗xd5 34.♖xd5) 33.♗g4 sieht schrecklich für Schwarz aus. Meine Engines geben +2 für Weiß) 30.♖xe4 bxc6 31.♖e5 ♖b8 32.bxc6 ♕d6 33.♕xa4. Weiß hat hervorragende Kompensation für den Bauern: zwei Läufer, eingeengte schwarze Figuren, Kontrolle über das Zentrum;

B) 28...c6 war meine bevorzugte Variante und auch Smallfishs Wahl bei einigen Trainingspartien mit ihm aus dieser Stellung.

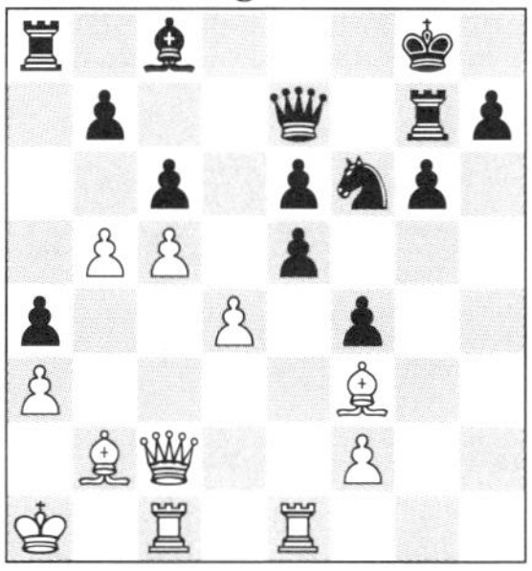

Schwarz gibt Material zurück, um das weiße Läuferpaar zu neutralisieren und Gegenspiel gegen den weißen König auf der b-Linie zu inszenieren. 29.bxc6 (29.d5 exd5 30.♖xe5 ♕f7 ist ähnlich der Partie, wobei aber der weiße Läufer auf f3 weniger wirksam steht als auf d3. Dies sollte Schwarz ein wenig mehr Zeit zur Verteidigung geben) 29...bxc6 30.♗xc6 ♗b7 31.♗xb7 ♕xb7 32.d5 exd5 (nicht gerade ein menschlicher Zug, aber der Favorit meiner Engines. 32...♘xd5, und nun folgt ein Zug, den ich in meinen Übungspartien übersehen hatte: 33.♕e4, was das Wiedernehmen auf e5 mit der Dame vorbereitet. Weiß hat hervorragende Aussichten). Nun sieht 33.c6 oder 33.♖xe5 sehr gefährlich für Schwarz aus.

29.♗xe4 ♕f8 30.d5

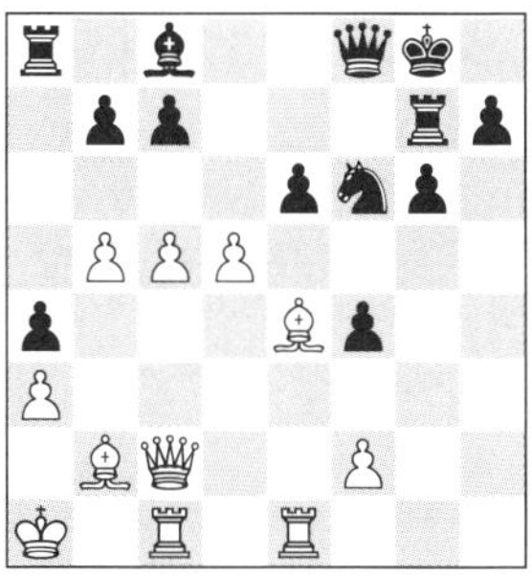

Ein weiteres Bauernopfer! Dieses öffnet die Diagonale a1-h8, auf welcher der weiße Läufer keinen Gegenspieler hat, sowie die e-Linie für den Turm von Weiß. Man beachte, dass die weißen Türme – merkwürdigerweise – weg vom Königsflügel (wo man sie normalerweise erwarten würde) und hin zum Damenflügel und ins Zentrum gezogen sind. Als Ergebnis davon konnte Weiß freilich das Zentrum öffnen und seine Läufer aktivieren. Der schwarze Läufer bekommt nun indes Zugang zur Diagonale c8-h3, so dass Weiß ihn unter Kontrolle halten muss. Wir haben den zu diesem Opfer führenden Gedankenprozess von AlphaZero bereits im Kapitel „Wie AlphaZero denkt" untersucht.

30...exd5 31.♗d3

Zielt weiterhin auf den schwarzen König und verhindert 31...♗f5.

31...♗g4 32.f3

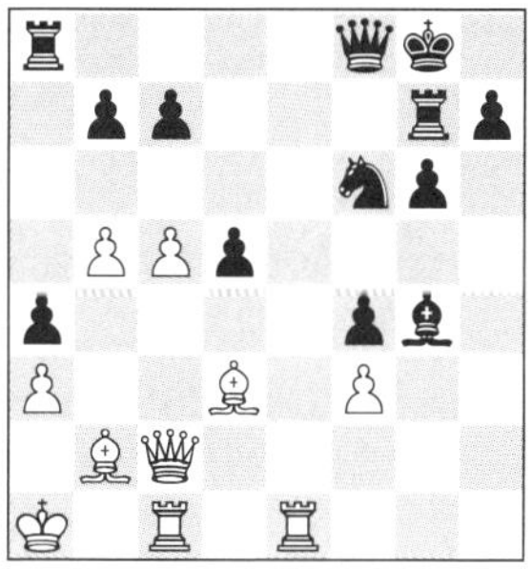

32...♗d7

32...♗xf3 33.♖f1 ♗e4 34.♖xf4 ♖f7 35.♖cf1 wäre schrecklich für Schwarz.

33.♕c3 ♘h5 34.♖e5

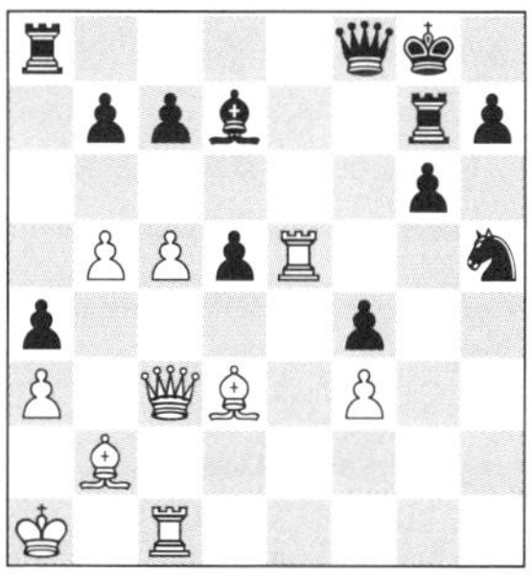

AlphaZero steht nun bei 80,3%, was auf große Gewinnchancen hindeutet. Auch die Engines beginnen nun einen Vorteil für Weiß anzuzeigen.

34...c6 35.♖ce1 ♘f6 36.♕d4

Eine gelungenere Zentralisation als diese werden Sie schwerlich einmal zu sehen bekommen!

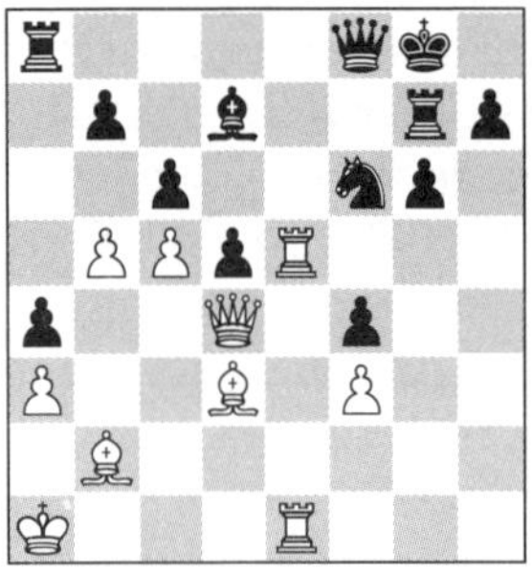

36.♕d4 ist ein lieblicher Kriechzug von Weiß, mit dem der Bauer f4 angegriffen und daneben sichergestellt wird, dass die schwarze Bauernstruktur – die den Spielraum der schwarzen Leichtfiguren einengt – festgelegt wird.

36...cxb5

36...♖e8 wäre der offensichtliche Zug, doch dann erstickt Weiß die schwarzen Figuren mit 37.♖xe8 ♘xe8 38.b6 völlig.

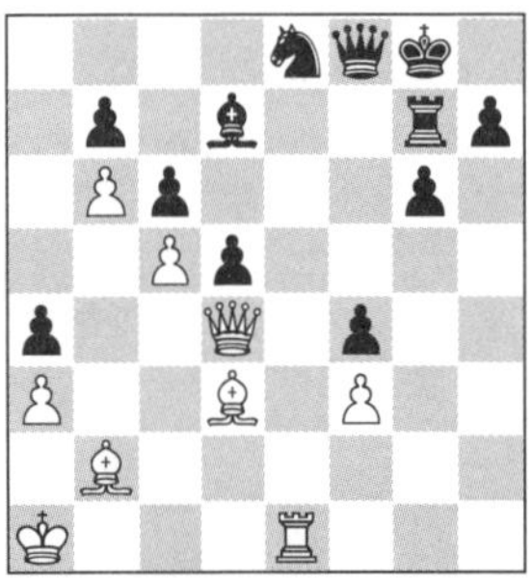

Und nun viel Spaß dabei, einen Zug für Schwarz zu finden!

38...♕f7 39.♗a6.

Das ist ein Diagramm wert!

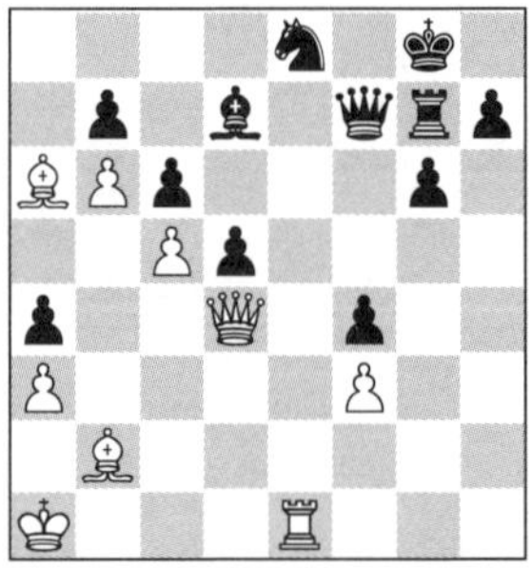

39...bxa6 40.b7 wandelt um und 39...♗c8 40.♖xe8+ setzt matt.

37.♗b1

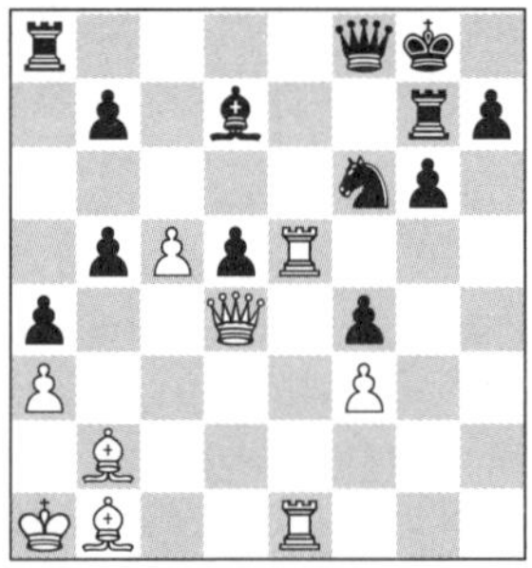

Eine neue Schwäche (d5) taucht auf, und der weißfeldrige Läufer wird nach a2 dirigiert, um diese anzugreifen.

37...♗c6 38.♖e6

Die Stellung von Schwarz zerfällt: seine Figuren können sich nicht mehr auf ihren Posten halten.

38...♖f7

Schwarz hofft darauf, den Angriff durch Rückgabe einer Figur brechen und dann dank seiner vier Mehrbauern überleben zu können. Doch Weiß lässt den Angriff noch ein Weilchen köcheln.

Auf 38...♘h5 folgt 39.♗a2 ♖d8 40.♖1e5, was auf ♖d6 und ♗xd5 abzielt. Schwarz wird seinen König nicht von Schaden fernhalten können.

39.♖g1 ♕g7 40.♕xf4 ♖e8 41.♖d6 ♘d7 42.♕c1 ♖f6 43.f4

Man möchte meinen, dass dem Weißen inzwischen die Bauern ausgegangen sein sollten! AlphaZero bringt eine weitere Angriffseinheit ins Geschehen. Man beachte, wie zielstrebig AlphaZero alles auf den schwarzen Königsflügel konzentriert hat, und wie wesentlich die g-Linie wieder geworden ist.

43...♕e7 44.♖xf6 ♘xf6 45.f5 ♕e3

Stockfish schafft es, den Angriff abzuwehren, doch auf Kosten von zu viel Material. Weiß steht auf Gewinn.

46.fxg6 ♕xc1 47.gxh7+ ♔f7 48.♖xc1 ♘xh7 49.♗xh7 ♖e3 50.♖d1 ♔e8 51.♔a2 ♗d7 52.♗d4 ♖h3 53.♗c2 ♗e6 54.♖e1 ♔d7 55.♔b2 ♖f3 56.♖e5 ♖g3 57.♖e3 ♖g2 58.♔c3 ♖g4 59.♖f3 ♔e8 60.♖f2 ♖g3+ 61.♔b4 ♖g4 62.♖d2 ♗d7 63.♔a5 ♖f4 64.♗e5 ♖f3 65.♖d3 ♖f2 66.♗d1 ♗c6 67.♔b6 1:0

Betrachten wir ein weiteres Beispiel für AlphaZeros Ansatz. Sobald es eine oder mehrere Linien gegen den gegnerischen König geöffnet hat, wird es äußerste Anstrengungen unternehmen, als zweiten Angriffskanal auch eine Diagonale zu öffnen. Ich bin stets aufs Neue verblüfft, wie machtvoll diese Technik ist: Stockfish erweist sich als hilflos, während AlphaZero ganz methodisch die Schrauben weiter anzieht.

Partie: „Wenn ein Plan perfekt aufgeht“

Auf ein frühzeitiges Opfer des g-Bauern folgt nicht etwa ein direkter Überfall, sondern eine Spielphase, in der AlphaZero zunächst die schwarzen Leichtfiguren paralysiert und dann die schwarze Bauernbarriere im Zentrum (die Struktur d6/e5/f6) nach e4 und f5 lockt. Dies verschafft AlphaZero seine ersehnte Angriffsformation: offene Linie, offene Diagonale sowie Dame, Läufer und Türme für den Angriff. Stockfish ist einmal mehr zu völliger Passivität verurteilt.

Themen der Partie:

1. Materialopfer zwecks Öffnung von Linien gegen den gegnerischen König [12.♘d2]
2. Öffnung einer Diagonale zur Unterstützung des Angriffs entlang einer Linie [15.d5, 19.♗c2, 23.♖d4]
3. Verbesserung der eigenen Königsstellung vor der nächsten Angriffswelle [40.♔a3, 89.♔g3]
4. Ein Zeitlupenangriff [Zug 24-40]

AlphaZero
Stockfish 8
London 2018

1.♘f3 e6 2.c4 ♘f6 3.♘c3 ♗b4 4.♕c2 0-0 5.a3 ♗xc3 6.♕xc3 a5 7.d4 b6 8.♗g5 d6 9.e3 ♗b7 10.♗d3

Der erste neue Zug in der Partie (zuvor wurde 10.♗e2 gespielt).

10...h6 11.♗h4 ♘bd7 12.♘d2

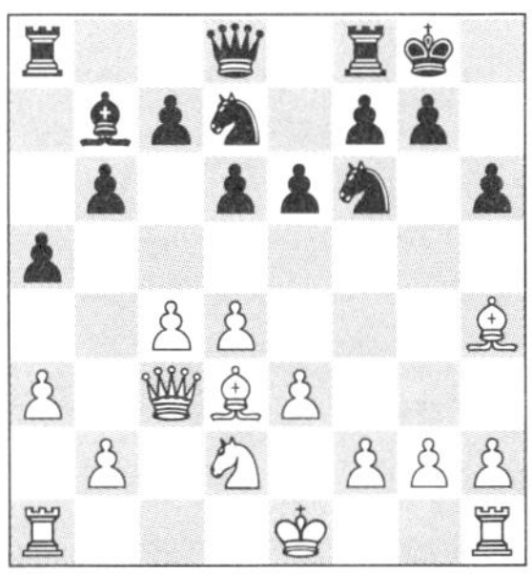

Die Idee des Opfers des Bauern g2 ist ein in vielen Verzweigungen dieser Eröffnung wiederkehrendes Thema. Ich habe etliche derartige Stellungen mit meinen Engines analysiert. Für das menschliche Auge erscheint das Schlagen des Bauern außerordentlich riskant, die Engines sind jedoch einhellig skeptisch und geben eine für Schwarz leicht vorteilhafte Einschätzung. Ein interessanter Aspekt dieser Partie ist, dass AlphaZeros Spielansatz hier beträchtlich von dem meiner Engines abweicht. Das Ziel lautet, die schwarzen Figuren hinter den weißen Bauern einzuschließen und Schwarz zu zwingen, die Diagonale a1-h8 zu öffnen. Es kann nicht von einem Versuch die Rede sein, Schwarz umgehend mattzusetzen: das Ziel lautet, die uns schon gut vertraute AlphaZero-Angriffsformation zu errichten: offene Linie gegen den König, eine auf die Königsstellung zulaufende Diagonale; Unterstützung durch Dame, einen Läufer und die Türme.

12...♗xg2 13.♖g1 ♗b7 14.♗c2

Eine clevere Umgruppierung, mit der sich Weiß die Optionen ♗a4 (übt Druck auf den Springer f6 aus, indem der stützende Springer auf d7 angegriffen wird) und ♕d3, was h7 aufs Korn nimmt, gibt. Indem er die Dame auf c3 belässt, gibt sich Weiß die Möglichkeit, entlang der Diagonalen a1-h8 Druck auf den schwarzen Königsflügel auszuüben.

14...♕e8 15.d5

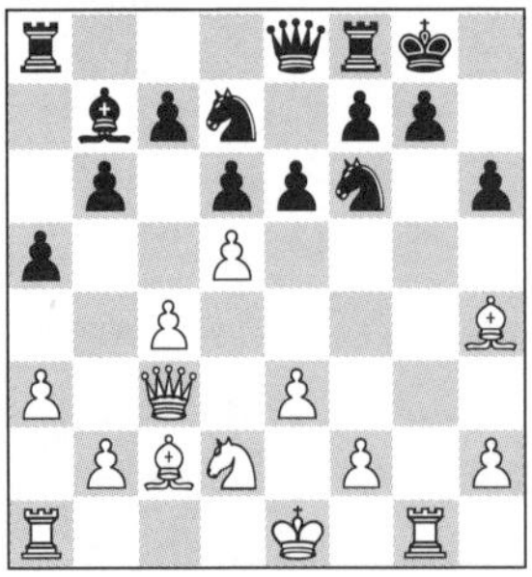

Droht 15.♗xf6 mit Gewinn einer Figur.

15...e5

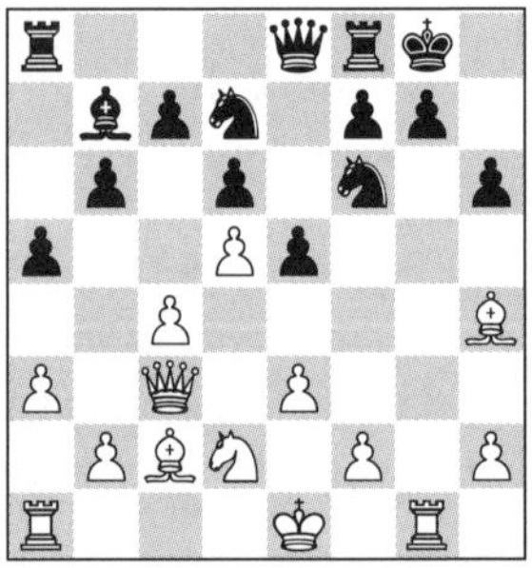

Als ich diesen Zug sah, verzog ich mein Gesicht: Der schwarze Läufer b7 steht hinter den weißen Zentrumsbauern auf d5 und c4 äußerst passiv. Mein erster Instinkt war, das beste schwarze Druckmittel gegen die weiße Stellung zu behalten und sich aktive Möglichkeiten zu bewahren. Die Analyse mit meiner Engine überzeugte mich jedoch davon, dass dem Schwarzen keine Wahl blieb:

15...♔h8 wird stark mit 16.♘e4 ♘h5 (16...e5 17.♘xf6 ♘xf6 18.♗xf6 gxf6 19.♕d3 e4 20.♕xe4 ♕xe4 21.♗xe4 ist ein einfacher Weg zu einem für Weiß angenehmen Endspiel) 17.♖xg7 (ein großartiger Zug, den meine Engine nach doch einiger Zeit gefunden hat) beantwortet: 17...♘xg7 18.♘f6 ♕e7 (18...♕d8 19.♘h5 f6 20.♕d3 ♘f5 21.dxe6) 19.♕d4 (droht 20.♕f4) 19...♘f5 (19...e5 20.♕e4) 20.♗xf5 exf5 21.♘xd7+ mit klarem Vorteil für Weiß.

16.0-0-0 ♔h8

16...b5 ist der Zug, den ich spielen wollte: Der Grundpfeiler des weißen Zentrums wird attackiert, und der Anziehende damit von einem bedächtigen Aufmarsch am Königsflügel abgehalten. Diesen Zug wählte Stockfish in acht Partien einer für die Publikation in der Zeitschrift *Science* gespielten Serie. AlphaZero holte 6 aus 8, hier ein Beispiel für den typischen Spielverlauf: 17.♕b3 b4

18.♕d3 (das erzwungene Vorrücken des b-Bauern hat den Druck vom weißen Zentrum genommen, was AlphaZero freie Hand lässt, die Daumenschrauben am Königsflügel weiter anzuziehen) 18...g6 19.f4 ♔h7 20.♖df1 ♘c5 21.♕e2 bxa3 22.bxa3 ♘fd7 23.f5 e4 24.♖f4 ♕e5 25.♘xe4 ♕a1+ 26.♔d2 ♕xg1 27.♘xc5 ♘xc5 28.♖f1 mit Damenfang! AlphaZero gewann in 56 Zügen.

17.♗a4

Droht 18.♗xf6 und verhindert alle künftigen Gegenspielversuche mit ...b6-b5 oder ...c7-c6.

17...♘h7 18.f4

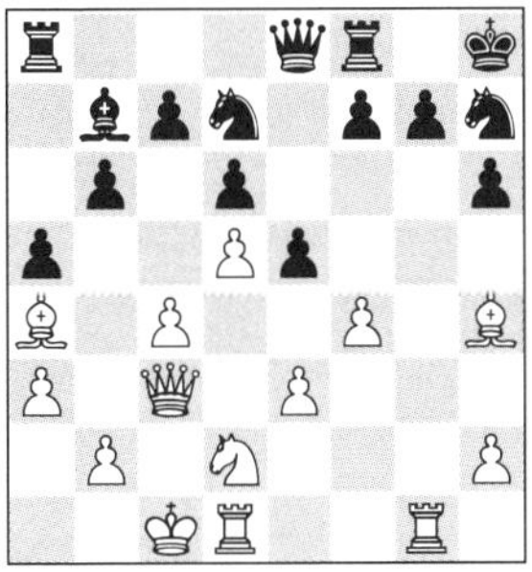

Setzt den Bauern c5 unter Druck.

18...f6 19.♗c2

Lässt sich nun wieder auf die Diagonale b1-h7 zurückfallen: Das Ziel von Weiß ist, Schwarz dazu zu zwingen, diese Diagonale mit ...e5-e4 nebst ...f6-f5 zu verschließen, was dann die Diagonale a1-h8 öffnen würde.

19...♘c5 20.♘b3 ♘xb3+ 21.♕xb3

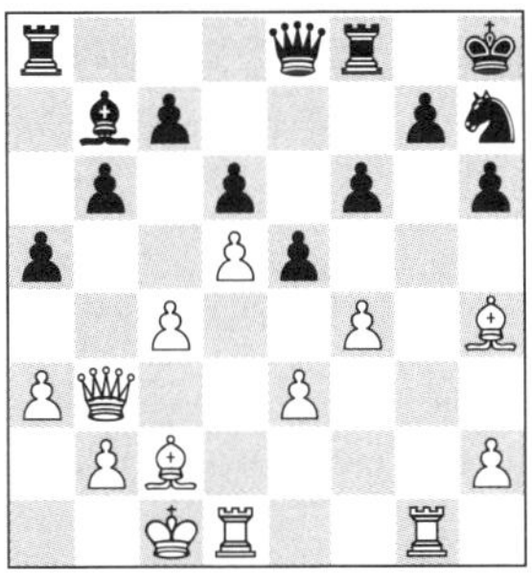

AlphaZero hat den aktiven Springer auf c5 abgetauscht, so dass Schwarz mit schrecklichen Leichtfiguren verbleibt: einem Läufer auf b7, der von den weißen Bauern auf c4 und d5 behindert wird, sowie einem Springer auf h7, der keine Züge hat. Weiß droht 22.♗g6 und dann 23.♕d3 zu spielen, so dass Schwarz gezwungen ist, das Zentrum zu schließen.

21...e4 22.♖g2 ♖g8 23.♖d4 f5

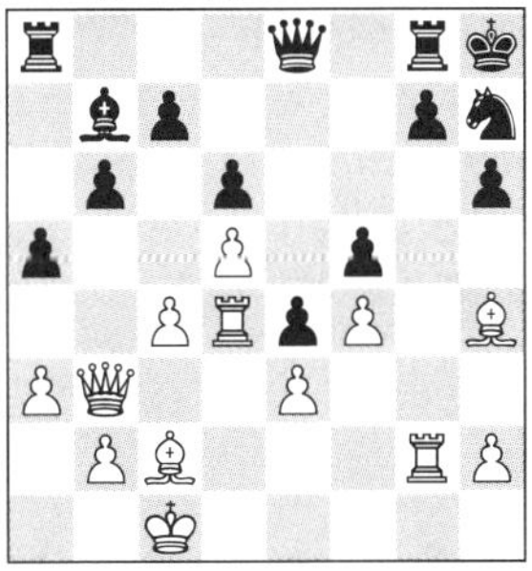

Das erste Ziel wäre erreicht. Weiß wird nun seine Figuren so umgruppieren, dass sich der schwarzfeldrige Läufer und die Dame auf der Diagonalen a1-h8 formieren und seine Türme sich auf der g-Linie verdoppeln können. Darüber hinaus ist Weiß nicht abgeneigt, seinen weißfeldrigen Läufer gegen den schwarzen Springer abzutauschen, um ein weiteres thematisches Mittelspiel mit ungleichfarbigen Läufern herbeizuführen.

24.♖d1 ♕h5 25.♗e1 ♕h3 26.♖dd2 ♘f6 27.♗d1

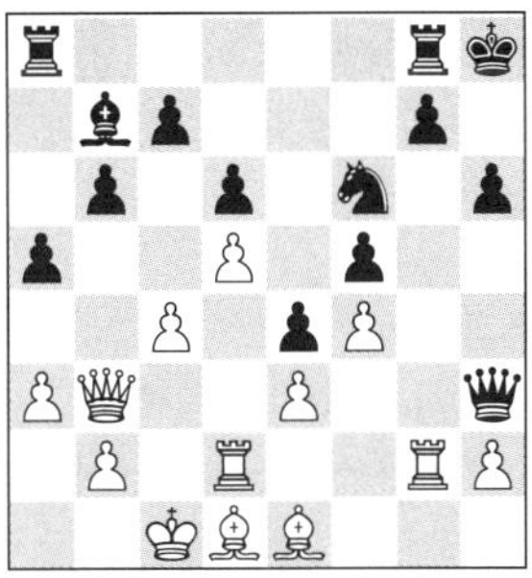

AlphaZero hat keine Eile: Es kümmert sich zunächst um alle möglichen Aktivitäten von Stockfish, in der Erkenntnis, dass die anvisierte Struktur stark sein wird; ganz gleich, ob es bis dahin fünf oder fünfzig Züge dauert! Stockfish landet in verschiedenen Abspielen einmal mehr bei Bewertungen von 0,00 oder in der Nähe davon. AlphaZero steht bei 64,2%, was deutlich macht, dass es sich noch längst nicht nach einem Remis umsieht!

27...♖af8 28.♖df2 ♘h5 29.♔b1 ♗c8 30.♗xh5 ♕xh5 31.♗c3

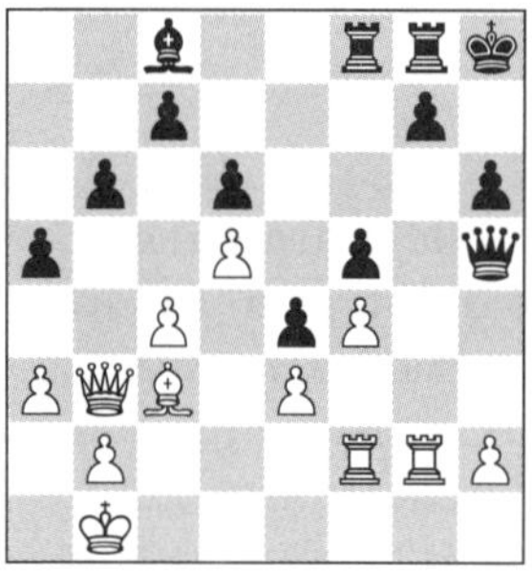

Mission erfüllt. Die Aufgabe von Weiß in den nächsten Zügen ist es, die Schrauben weiter anzuziehen und Schwarz von jeglichem Gegenspiel abzuhalten, sei es am Königsflügel (mit einem eventuellen Durchbruch ...g7-g5) oder am Damenflügel (mit den möglichen Gegenstößen ...b6-b5 oder ...c7-c6). Sobald AlphaZero hierüber die volle Kontrolle hat, kann es seine Figuren umgruppieren und sich ganz auf g7 konzentrieren.

31...♔h7 32.h4

Auf seine typische Art wird AlphaZero, um die Schrauben anzuziehen, in den nächsten paar Zügen seine Randbauern einsetzen.

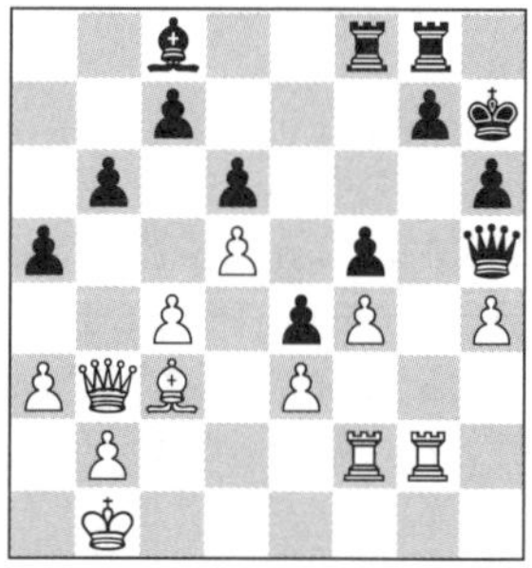

32.h4 verhindert jede Möglichkeit eines Durchbruchs mit ...g7-g5 von Schwarz. Zugleich ist es stets zu gefährlich, den h-Bauern zu schlagen: 32...♕xh4 33.♕d1 ♖f7 34.♕g1 ♗d7 35.♖g3 ♕e7 36.♖g6, und ♖h2 nebst ♗xg7 wird folgen! Ganz einfach!

32...♗d7 33.♖g1 ♔h8 34.a4

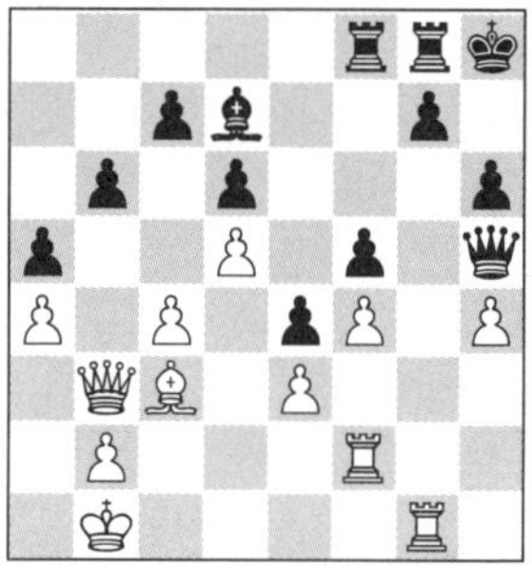

Für Schwarz wäre es besser gewesen, im Zug zuvor 33...a4 zu spielen, um sich die Möglichkeit eines zukünftigen Gegenspiels mit ...b6-b5 offenzuhalten. Jetzt hat Schwarz kein wie auch immer geartetes Gegenspiel mehr und muss still zusehen, wie Weiß seine Kanonen auf den Bauern g7 richtet.

Nach 34.a4 springt AlphaZeros Bewertung auf 76,7%.

34...♔h7 35.♖fg2 ♖f7 36.♔a2 ♕f3 37.♗d4 ♗e8 38.♕c2 ♕h5 39.♖h2 ♖d7 40.♔a3

Ein interessanter Augenblick. Der nächste Zug von Schwarz wurde von den Engines einhellig verurteilt, also war ich gespannt herauszufinden, ob Schwarz mit Abwarten überleben konnte.

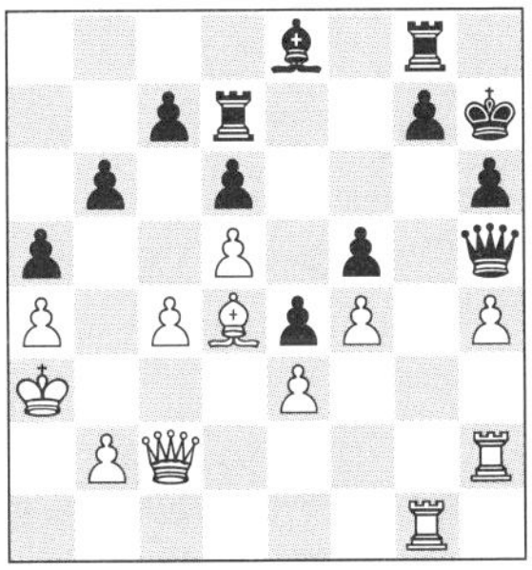

Mithin nahm ich die schwarze Seite gegen eine meiner Engines ... und wurde zertrümmert. Einmal mehr erweist sich AlphaZeros Angriffsformation – offene Linie auf den König, offene Diagonale auf den König, ungleichfarbige Läufer; Dame, Türme und jeweils ein Läufer auf dem Brett – als außergewöhnlich stark.

40...♕f7

A) 40...♖e7 41.b3 ♖d7 42.♕c1 ♖e7 43.♖g3 ♖d7 44.♖hg2 ♖e7 45.♕g1 g6 46.♖g5 ♕f3 47.♖f2 ♕h3 48.♖g3 mit weißen Gewinn: 48...♕xh4 49.♖h2 erobert die Dame, worauf das Matt nicht mehr lange auf sich warten lässt;

B) 40...♖f7 41.b3 ♗d7 42.♖hg2 ♕xh4 (ein tolldreister Versuch!) 43.♖h2 ♕e7

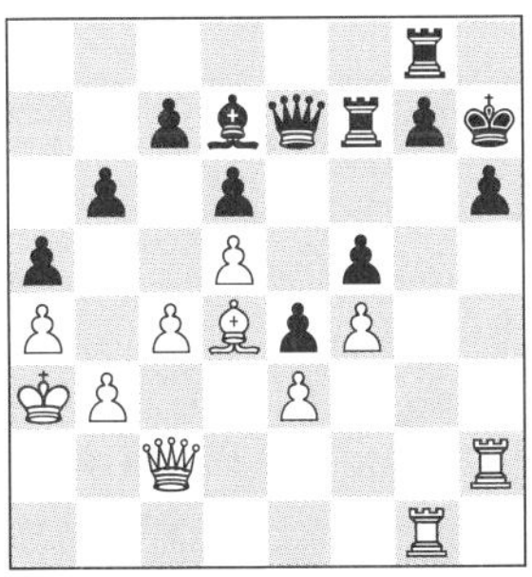

44.♗xg7 (eine prachtvolle Kombination!) 44...♖gxg7 45.♖xh6+ ♔g8 46.♕h2 mit forciertem Matt!;

C) 40...♕f3 41.h5 ♗xh5 42.♖gh1 g6 43.♖h3 ♕g4 44.♕h2 ♖e8 45.♖e1, und 46.♖g3 wird die Dame gewinnen!

41.h5 ♕f8 42.♕d1 g5 43.hxg6+ ♖xg6 44.♖g5 ♖f7 45.b3 ♖e7 46.♕h1 ♖d7 47.♗c3

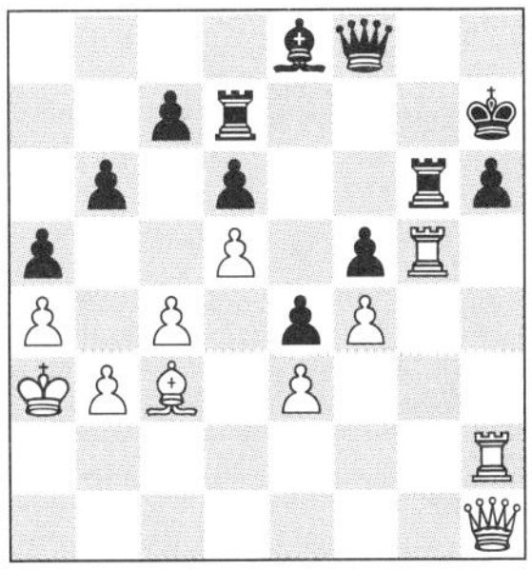

Wenn der Nachziehende passiv bleibt, wird Weiß den Druck auf die schwarze Stellung mit ♖h4, ♕h3 und bei Bedarf ♖hh5 weiter erhöhen, und die Bedrohung für den Bauern f5 wird übermächtig. Stockfish schwächt sich, um wenigstens ein bisschen Spiel zu erhalten, selbst; doch vergebens.

47...c6 48.♖xg6 ♗xg6 49.dxc6 ♖c7 50.♔b2 ♖xc6 51.♕d1 ♗e8 52.♖g2 ♗g6 53.♕d5 ♕c8 54.♔a2 h5 55.♗b2 ♔h6 56.♖g1 ♔h7 57.♔b1 ♕e8 58.♖g2 ♕c8 59.♔a1 ♕e8 60.♔a2 ♔h6 61.♗c3 ♔h7 62.♖g5 ♕c8 63.♔b1 ♔h6 64.♔b2 ♕e8 65.♔a2 ♕c8 66.♔b1 ♔h7 67.♗b2 ♔h6 68.♖g1 ♔h7 69.♗c3 ♕e8 70.♖g3 ♕c8 71.♕d4 ♕f8 72.♖g2 ♔h6 73.♕d5 ♕e8 74.♔c2 ♔h7 75.♗b2 ♕c8 76.♖g5 ♔h6 77.♔b1 ♔h7 78.♗a1 ♔h6 79.♖g3 ♕e8 80.♗c3 ♕c8 81.♔b2 ♕e8 82.♖g5 ♕c8 83.♔c1 ♕e8 84.♗b2 ♕c8 85.♔d2 ♕e8 86.♔e2 ♔h7 87.♔f2 ♔h6 88.♕d4 ♕f8 89.♔g3

Wir haben einer typischen Phase aus dem Computerschach beigewohnt, in der die stärkere Seite verschiedene Möglichkeiten ausgetestet hat, ohne konkrete Handlungen zu vollziehen. Jetzt kommt der König indes nach h4, und Weiß wird mit ♗a3 und ♕d5 gegen den Bauern d6 drücken.

89...♖c5

89...♔h7 90.♔h3 ♔h6 91.♔h4 ♔h7

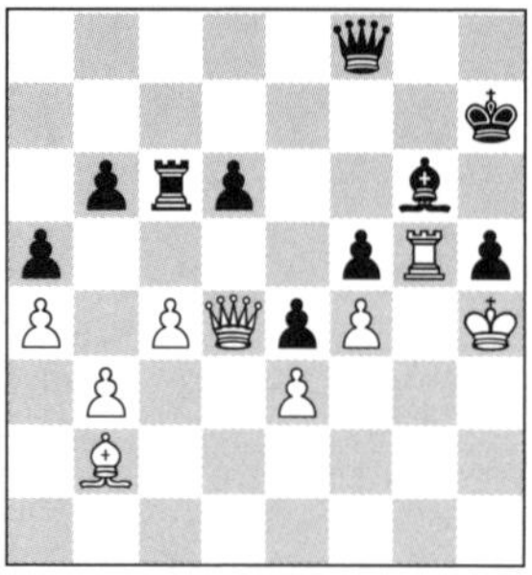

92.b4 (die erstaunliche Gewinnidee!) 92...axb4 93.a5 ♖c8 (auf 93...bxa5 gewinnt 94.♕a7+ ♔h6 95.♕d7 ♖c5 96.♕e6) 94.♕xb6 ♖xc4 95.a6 ♖c2 96.a7 ♖xb2 97.♕b7+ mit Gewinn. Dies zeigt eindrucksvoll, was alles möglich ist, wenn der Gegner völlig gebunden ist!

90.♗a3 ♖c6 91.♕d5

Danach ist der Bauer d6 nicht mehr zu halten.

91...♕c8 92.♗xd6 ♔h7 93.♗e5 ♖e6 94.♔h3 ♕c6 95.♖g1 ♕xd5 96.cxd5 ♖e8 97.♖c1 ♗f7 98.♖c7 ♔g6 99.♖d7 ♗g8 100.♖d6+ ♔f7 101.♖xb6 ♖d8 102.d6 ♔e6 103.♖b5 ♖a8 104.♖b7 ♔d5 105.♔h4 ♖d8 106.♔xh5 ♗e6 107.♖a7 ♗d7 108.♗f6 ♖f8 109.♖xd7 1:0

HISTORISCHES GEGENSTÜCK

Judit Polgars unaufhaltsame Angriffe

Wenn man sich im menschlichen Schach auf die Suche nach Parallelen zu AlphaZeros fantastischem Angriffsspiel begibt, wird man vielleicht nicht ganz überraschend bei Judit Polgars Partien fündig. Die vormalige Top-Ten-Spielerin, zugleich die stärkste Frau aller Zeiten, war ein toller Angreifer – einer der besten überhaupt –, in deren Sammlung Bester Partien sich zahlreiche Angriffsjuwele finden.

Mir gefällt Judits Gewinn gegen Nigel Short (einer der stärksten englischen Spieler aller Zeiten und Kasparows Herausforderer bei der WM 1993), da sich hier die so oft bei den AlphaZero-Partien gesehenen Angriffsschemata widerspiegeln.

Judit Polgar 2670
Nigel Short 2660
Dortmund 1997 (3)

1.e4 c5 2.♘f3 e6 3.d4 cxd4 4.♘xd4 ♕b6 5.♘b3 a6 6.♘c3 d6 7.♗f4 ♘f6 8.♕d2 ♗e7 9.0-0-0 0-0 10.g4

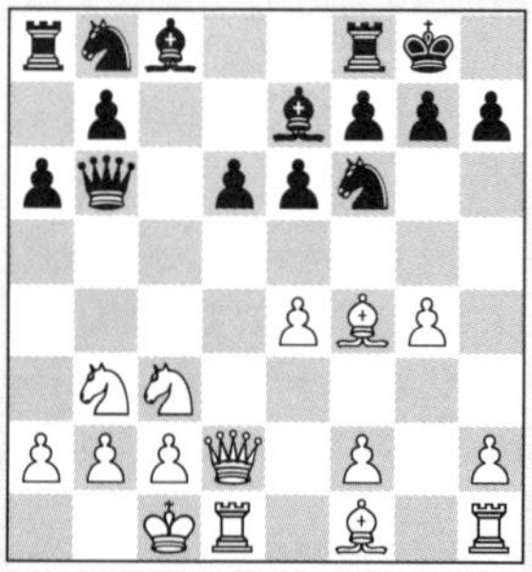

Judit war als Weißspielerin gegen Sizilianisch außerordentlich gefährlich (wie ich auch am eigenen Leibe erfahren musste!), und hier vertraut sie auf eine Technik, die wir oft genug in AlphaZeros Partien gesehen haben: Ein Bauer wird zwecks Öffnung einer Linie gegen den gegnerischen König angeboten.

10...♘xg4 11.♖g1

Der Turm besetzt die frisch geöffnete Linie. Wenn AlphaZero mit Weiß spielen würde, würden wir erwarten, dass es dafür sorgt, dass einer seiner Läufer auf den schwarzen König gerichtet wird. Sehen wir nun, wie Judit den Angriff spielt!

11...♘e5 12.♕e2 ♕c7 13.♗e3 b5 14.f4 ♘c4 15.♗d4

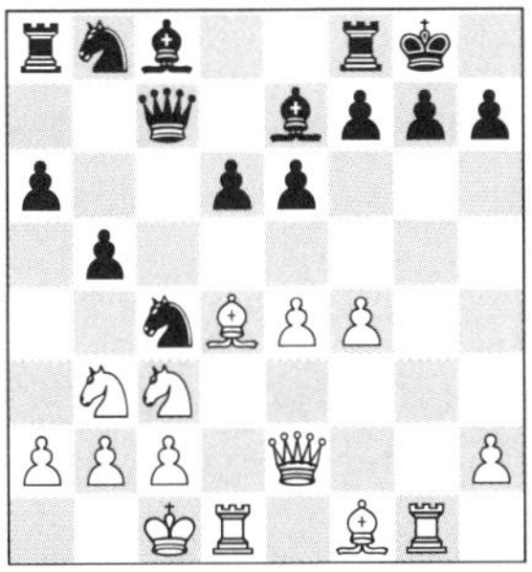

Genau wie AlphaZero, ließ Judit der Öffnung einer Linie in Richtung des gegnerischen Königs die Überführung eines Läufers auf eine Angriffsdiagonale folgen, wo dieser auf denselben Punkt blickt. Nachdem sie dies erreicht hat und der eingeengte schwarze König schon keinen Zug mehr hat, beginnt Judit den Druck auf den schwarzen Königsflügel zu erhöhen.

15...g6 16.♕h5 ♘d7 17.♕h6 ♗f6 18.♖d3

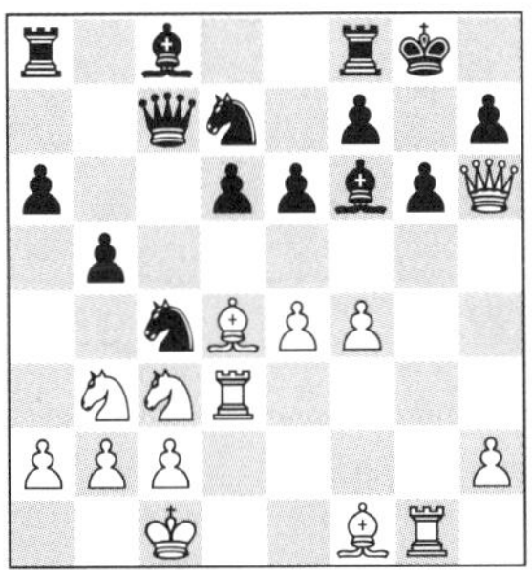

Ein weiterer Turm feiert bei der Party mit. Dieser ist in Richtung h-Linie unterwegs, um h7 anzugreifen!

18...♗xd4 19.♘xd4 ♖e8 20.♖h3 ♘f8 21.e5

21.f5 war sogar noch stärker, doch der Textzug ist thematischer: ganz im AlphaZero-Stil soll der Springer via e4-f6 dem Angriffscocktail beigemischt werden.

21...d5 22.♗d3

Erneut gab es mit 22.♘f5 einen schnelleren Gewinnweg: die Engine gibt die attraktive Variante 22...f6 23.♗xc4 bxc4 24.♘d6 ♖d8 25.f5 an, was in ästhetischer Hinsicht äußerst befriedigend ist! Doch erneut illustriert Judits Zug perfekt die bei den AlphaZero-Partien gesehenen Techniken: da die schwarzfeldrigen Läufer abgetauscht wurden, richtet Judit stattdessen ihren weißfeldrigen Läufer auf die Königsstellung!

22...♘xe5 23.fxe5 ♕xe5

Ein guter Verteidigungsversuch von Short, der eine Figur opfert, um die den weißen Angriff stützende Bauernstruktur aufzubrechen. Schwarz steht jedoch unter großem Druck, und Judit beginnt – wie es auch AlphaZero so gerne tut – mit einem langwierigen Springermanöver in Richtung Königsflügel.

24.♕h4 ♗b7 25.♖f3 ♖ac8 26.♘ce2

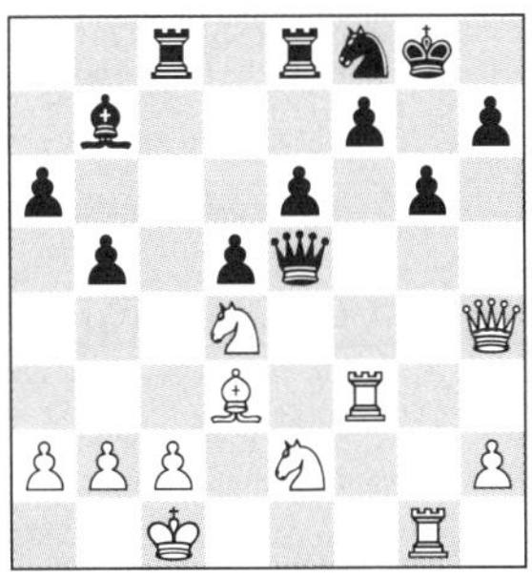

Und da kommt er schon angehoppelt!

26...♖c7 27.♖f6

Dieser Zug erinnert mich an AlphaZeros Partie **„Tollkühne**

Türme“. Der Turm besetzt einen außergewöhnlich weit vorgelagerten Posten, wo er verwundbar gegen Angriffe zu sein scheint, doch einfach nicht vertrieben werden kann!

27...♖ee7 28.♔d2 ♖ed7 29.a3 ♔g7 30.♘f4 ♖c8 31.♖g5 ♕c7

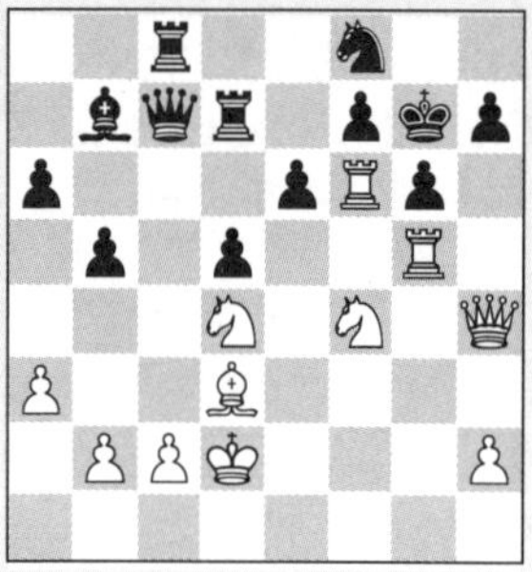

32.♘fxe6+

Erstaunliche Koordination: jede weiße Figur ist am Angriff beteiligt!

32...♘xe6 33.♖xe6 ♕a5+ 34.b4 ♕xa3 35.♘f5+ ♔g8 36.♘e7+ ♖xe7 37.♖xe7 ♕c3+ 38.♔e2 d4 39.♕f4 1:0

Mit am meisten überrascht hat mich der Erfolg, den AlphaZero in Endspielen mit ungleichfarbigen Läufern hatte, wenn sich zwar Türme, aber keine Damen auf dem Brett befanden. Besonders augenfällig war das in Stellungen, in denen AlphaZero Material geopfert und dann voll auf Gewinn gespielt hatte, obgleich es einen oder zwei Bauern weniger im Endspiel hatte!

Partie: „Mit AlphaZeros Augen betrachtet“

Frisch aus dem Buch, opfert AlphaZero einen Zentrumsbauern für Aktivität sowie die Möglichkeit, den noch immer unrochierten schwarzen König zu behelligen. Nach einigen komplizierten Geplänkeln initiiert AlphaZero eine Abtauschserie, die zu einem Endspiel mit Türmen und ungleichfarbigen Läufern bei einem Minusbauern führt. Zur Kompensation kann AlphaZero auf einige Vorteile verweisen: eine gefährliche offene Linie, eine gefährliche, auf den gegnerischen König zielende Diagonale sowie einen eingeengten schwarzen König. Diese dynamischen Vorteile entschädigen nicht nur für den Bauern, sie verurteilen Schwarz zu völliger Passivität. Das Endspiel ist dann einfach abzuschließen.

Themen der Partie:

1. Materialopfer zwecks Öffnung von Linien gegen den gegnerischen König [9.c3]
2. Öffnung einer Diagonale zwecks Unterstützung des Angriffs entlang einer Linie [18.♗f4, 19.♗g3, 27.♕xe5]
3. Unterschiedliche Aktivität der Könige [23...♔a8]

AlphaZero
Stockfish 8
London 2017

1.e4 c6 2.d4 d5 3.e5 ♗f5 4.♗e3 e6 5.♘d2 ♘d7 6.♘gf3 ♘e7 7.♗e2 ♕c7 8.0-0 f6 9.c3 fxe5 10.♘xe5 ♘xe5 11.dxe5 ♕xe5 12.♖e1 ♕c7 13.♗h5+ ♘g6 14.g4 ♗d3 15.♘b3 ♗c4 16.♘d4 e5 17.b3 ♗a6 18.♗f4 0-0-0 19.♗g3 ♖e8 20.a4 ♔b8 21.b4 ♗d6 22.♘f5 ♗c4 23.♕d2 ♔a8 24.♕g5 ♖e6

Die Eröffnung verlief sehr interessant. Magnus Carlsen opferte gegen Bareew (2009) zwecks Öffnung von Linien gegen den schwarzen König mit 9.c4 einen Bauern, Alphas Zeros Ansatz mit 9.c3 ist hingegen eine Neuerung.

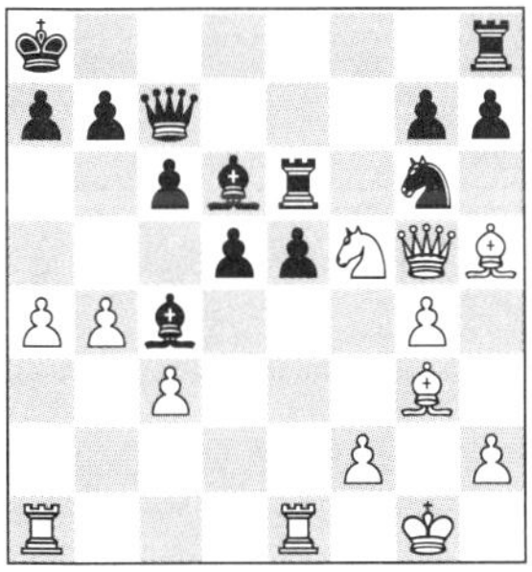

Beim raschen Durchspielen durch die Partie hatte ich das Gefühl, dass AlphaZero irgendeinen Trick übersehen haben musste, da das Spiel nun nach einigen Abtäuschen verflacht und ein ausgeglichenes Endspiel mit ungleichfarbigen Läufern entsteht.

25.♘xd6 ♖xd6 26.♗xg6 ♖xg6 27.♕xe5 ♕xe5 28.♖xe5 ♖xg4 29.f3 ♖g6 30.a5

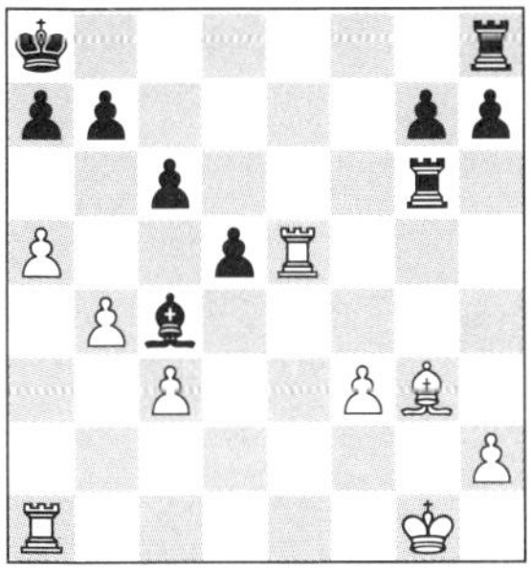

Eine irritierende Stellung! Als ich sie zum ersten Mal sah, dazu die nachfolgenden Züge und das Endergebnis, war ich doch ein wenig perplex.

Die weiße Stellung sieht nicht gerade toll aus: Schwarz hat einen Bauern mehr, er hat die bessere Bauernstruktur, sein Läufer auf c4 wirkt aktiv, während der weiße auf g3 gefesselt ist: Wie schlimm kann das alles sein?

Versuchen wir nun aber, die Stellung mit AlphaZeros Augen zu betrachten. Weiß beherrscht die offene e-Linie, und über diese kann zugleich der gegnerische König angegriffen werden: Nach ♖ae1 droht Weiß ♖e8+ nebst Matt. Der weiße Läufer auf g3 ist auf der Diagonalen h2-b8 in Richtung schwarzer König gerichtet. De facto fesselt der Läufer den schwarzen König an a8.

Und dies führt uns schließlich zu dem wesentlichsten Faktor: Der schwarze König steht äußerst eingeengt. Der letzte Zug von Weiß – 30.a5 – war sehr wichtig; damit hielt er den Schwarzen davon ab, seinem König mit 30...b6 Raum zu verschaffen. 30...a6 hilft dem schwarzen König nicht weiter, da er auf a7 verwundbar gegen Läuferschachs auf f2 (oder auf b8, wenn Weiß die achte Reihe erobert) sein wird.

Je näher man sich das anschaut, desto mehr wird einem bewusst, dass die „AlphaZero-Faktoren“ unglaublich wichtig, vielleicht sogar entscheidend sind. AlphaZero bewertet seine Stellung äußerst positiv, mit einer Gewinnerwartung von 76,9% nach 30.a5.

AlphaZeros Plan ist einfach:

1. AlphaZero wird die Türme auf der e-Linie verdoppeln und damit ein Grundreihenmatt drohen.
2. Diese Mattdrohung wird die schwarzen Türme auf der Grundreihe festhalten.
3. Weiß wird einen Turm auf die siebte Reihe bringen (und, wenn ihm die Gelegenheit gegeben wird, seine Türme dort verdoppeln) und die schwarze Bauernstruktur am Königsflügel auf den hellen Feldern festlegen.
4. Weiß wird seinen König vorrücken, um die Bauern am

Königsflügel anzugreifen, und zugleich seine eigenen Bauern dort so weit wie möglich vorrücken.

5. Weiß wird eine Qualität opfern, um einen Freibauern am Königsflügel zu bilden, den die schwarzen Türme nicht werden aufhalten können. Der schwarze König, vom weißen Läufer in der Ecke festgenagelt, ist außerstande zu helfen.

Dies beschreibt exakt, was in der Partie geschah, und es beschreibt auch den Verlauf zweier Partien, die ich mit Weiß gegen meine Engines gespielt habe. Bei genauem Spiel von Weiß scheint Schwarz sich nicht verteidigen zu können.

30...♖f6

30...d4 31.♖ae1 ist unangenehm für Schwarz (31.cxd4 ♖e6 würde den Druck abschwächen): 31...♖d6 (31...b6 32.axb6 axb6 33.♖a1+ ♔b7 34.♖e7+ ♔c8 35.♖a8#) 32.♖c5.

31.♖ae1 ♖ff8 32.♔f2 g6 33.♖e7 h5 34.♗e5 ♖hg8 35.♗g7 ♖c8 36.♗d4

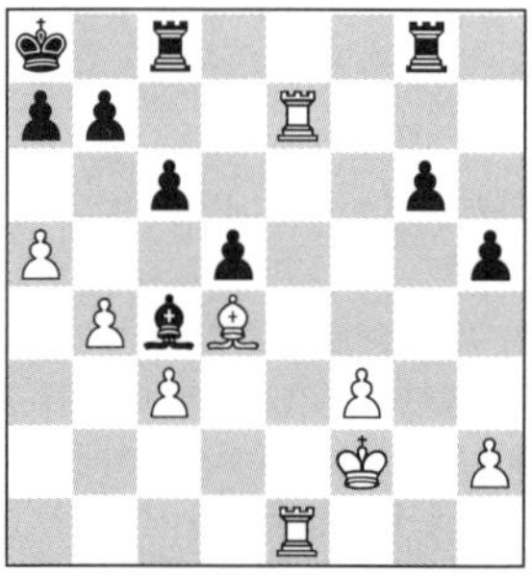

Dies ist ein hervorragendes Feld für den Läufer, von dem aus er ...c6-c5 oder ...b7-b6 verhindert.

36...♗b5 37.♔g3 ♗d3 38.♔h4 ♗f5 39.♔g5

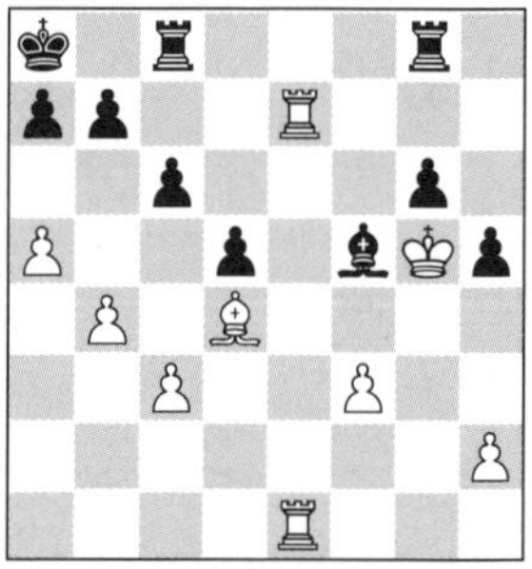

39...♖cd8 40.♗g7 ♖c8 41.♖1e2 ♖cd8 42.h4

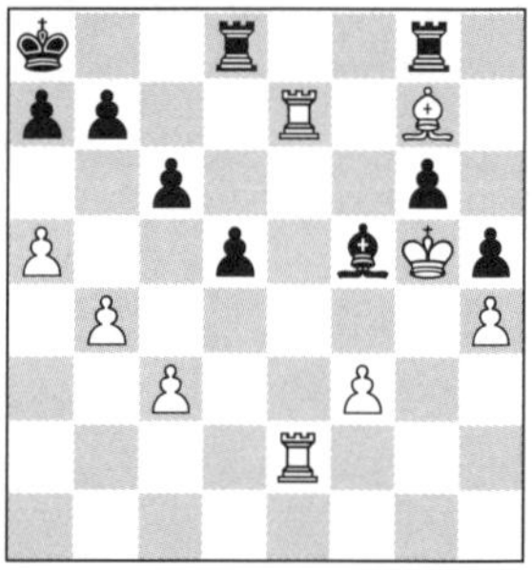

42...♖c8

42...a6 verhindert den nächsten Zug, kann das Unausweichliche aber nicht hinauszögern: 43.♖f7 ♖ge8 44.♖xe8 ♖xe8 45.f4 ♔b8 46.♗e5+ ♔a8 47.♖g7, und 48.♖xg6 folgt.

43.a6 bxa6 44.♗d4 ♔b8 45.♗xa7+ ♔a8 46.♗c5 ♔b8 47.♖a2 ♗d3 48.♖d2 ♗b1 49.♖d1 ♗c2 50.♗a7+ ♔a8 51.♖de1 ♗d3 52.♗b6 ♔b8 53.♗d4 ♗f5 54.f4 ♖cd8 55.♖a1 ♗d3 56.♖e3 ♗b5 57.♖ae1 ♔c7 58.♔h6 ♔c8 59.♖e6 ♗a4 60.♗c5 ♔b7 61.♖xg6

Die Partie ist vorüber.

61...♖xg6+ 62.♔xg6 d4 63.♗xd4 ♗c2+ 64.♔xh5 c5 65.♗xc5 ♔c8 66.♖e5 ♖h8+ 67.♔g4 ♗d1+ 68.♔g3 ♖h7 69.♗d4 ♔d7 70.f5 ♖g7+ 71.♔f2 1:0

Abschnitt B – Kontrolle über einen Farbkomplex durch positionelle Mittel

So erstaunlich es sich auch anhören mag, erreicht AlphaZero seine Ziele nicht immer nur durch materielle Opfer.

Partie: „Abtausch aller Verteidiger der dunklen Felder“

Eine bemerkenswerte Partie, in der AlphaZero frühzeitig den Plan der Übernahme der Kontrolle über die dunklen Felder in Stockfishs Lager formuliert und diesen dann auch auf allen Brettabschnitten durchzieht.

Themen der Partie:

1. Einsatz eines Randbauern zur Schwächung der gegnerischen Königsstellung
2. Abtausch der Verteidiger eines Farbkomplexes [17.♗f4, 19.♕e3, 21.♕g5, 33.♘xd7+]
3. Durch den Vorstoß des Randbauern nach h6 verursachte Schwäche des Bauern h7

AlphaZero
Stockfish 8
London 2018

1.d4 ♘f6 2.c4 e6 3.♘f3 b6 4.g3 ♗b7 5.♗g2 ♗e7 6.♘c3 ♘e4 7.♗d2 d5 8.cxd5 exd5

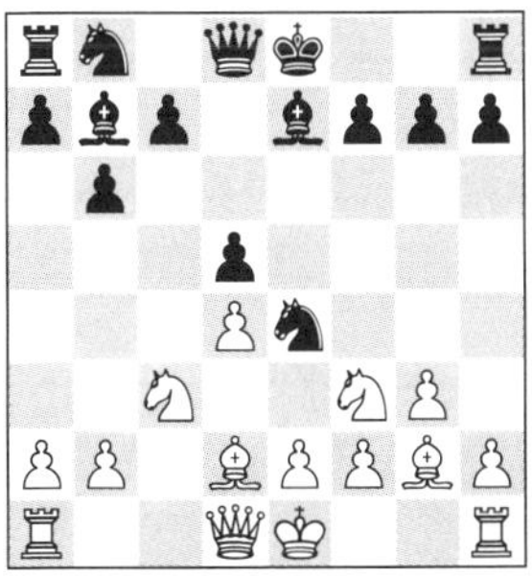

Wie wir in „Der Marsch des Randbauern“ gesehen haben, legt AlphaZero gern frühzeitig das gegnerische Zentrum fest, und das ist für gewöhnlich ein Hinweis darauf, dass es auf den Flügeln zu spielen gedenkt.

9.♕a4+ ♕d7 10.♕b3

Gewöhnlich zieht Weiß die Dame nach c2 zurück, und mit dem nächsten Zug von Schwarz verlassen wir die bekannte Theorie gänzlich.

10...♘xc3 11.♕xc3 ♘a6 12.a3

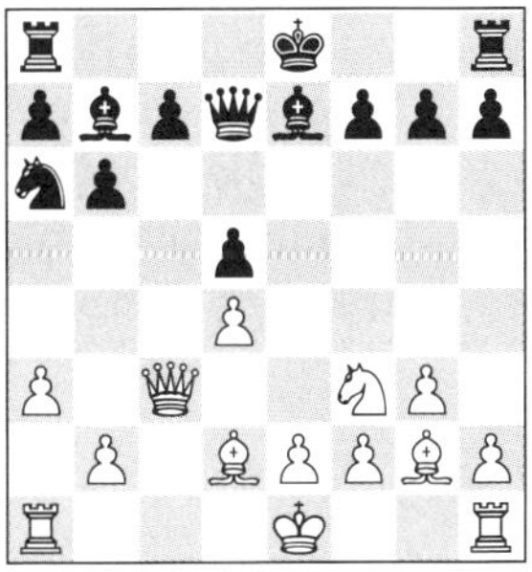

Der Auftakt zu einem Plan, der die dunklen Felder auf dem gesamten Brett unter Kontrolle nehmen wird. Mit diesem Zug verwehrt Weiß dem Springer a6 und dem Läufer e7 den Zutritt nach b4 und bereitet den einengenden Vorstoß b2-b4 vor.

12...0-0 13.b4 ♖ac8

13...c5 14.bxc5 bxc5 15.♖b1 sollte Weiß einen angenehmen Vorteil geben. Der Springer ist auf a6 schlecht postiert, und um diesen zu aktivieren, müsste Schwarz schon ...cxd4 spielen, um c5 freizumachen. Damit erhält Weiß den Vorteil, gegen einen isolierten Bauern auf d5 spielen zu dürfen. Das ist zwar nicht viel, aber es ist ein gewisser Druck.

Stockfish bereitet diesen Vorstoß lieber erst vor und ist bestrebt, zuvor den Springer nach e6 (via c7) oder sogar nach d6 (über c7-b5) zu bringen.

14.♖b1 c6 15.h4

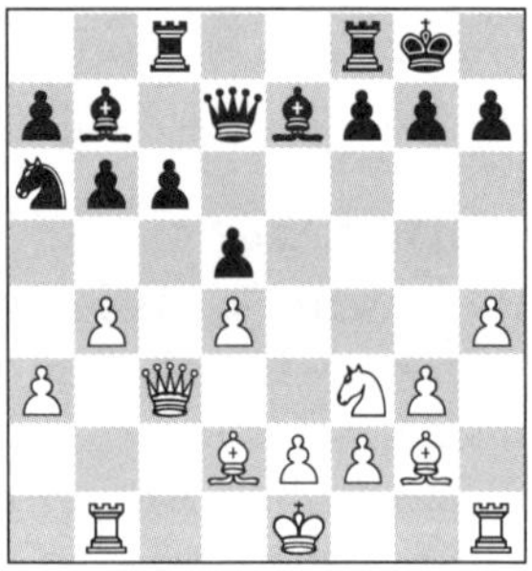

Einmal mehr marschiert der Randbauer! Der h-Bauer ist nach h6 unterwegs, um die Kontrolle des Nachziehenden über die dunklen Felder am Königsflügel zu schwächen, doch mit dieser Idee verfolgt Weiß auch eine Nebenabsicht.

15...♗d6 16.♗h3

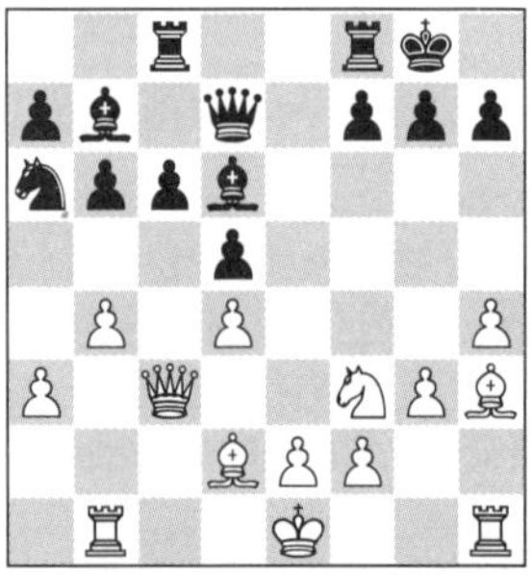

Da haben wir's!
Durch das Aufschieben der Rochade hat AlphaZero sich die Möglichkeit zu diesem Angriff auf der Diagonalen h3-c8 verschafft, da der Läufer weiterhin vom Turm h1 verteidigt ist. Dies zwingt Schwarz zu ...f7-f5, was dessen Kontrolle über die dunklen Felder e5 und g5 schwächt.

16...f5 17.♗f4

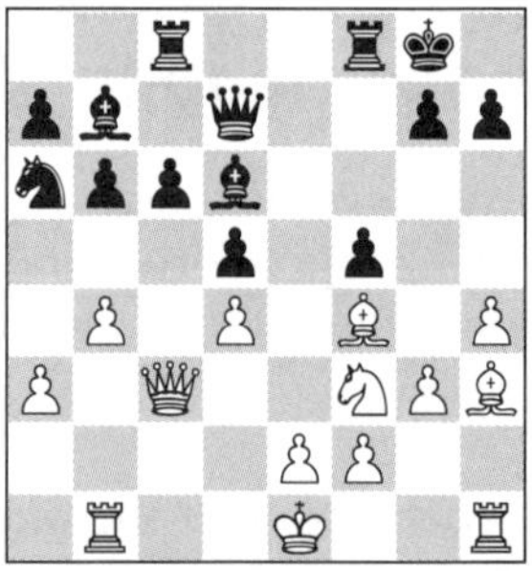

Weiß fährt mit seiner schwarzfeldrigen Strategie fort, indem er auf den Abtausch der besten schwarzen Verteidiger der dunklen Felder spielt. Allen voran: dessen schwarzfeldriger Läufer.

17...♗xf4 18.gxf4

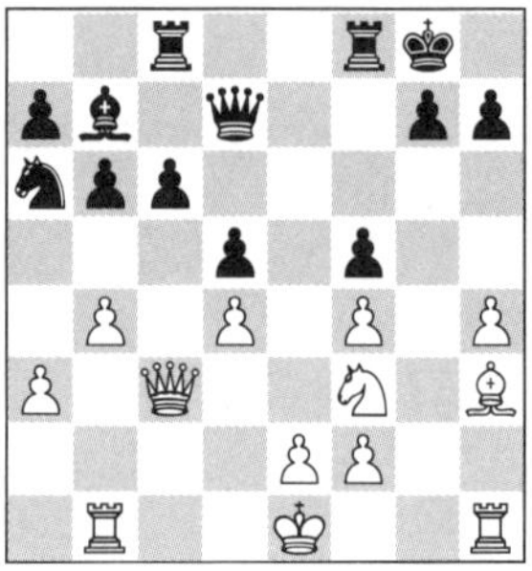

Der verdoppelte f-Bauer gibt Weiß einen unerschütterlichen Zugriff auf die dunklen Zentrumsfelder und öffnet zudem die g-Linie gegen den schwarzen König.

18...♕e6 19.♕e3

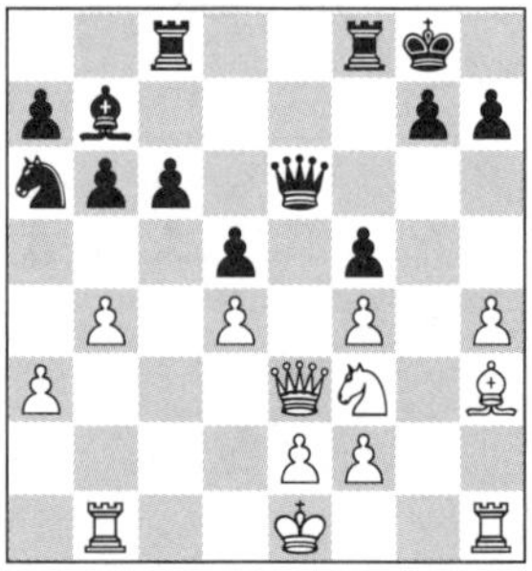

Nun sucht Weiß die schwarze Dame abzutauschen, die gleichfalls ein guter Verteidiger der schwachen dunklen Felder ist.

19...♕h6

Der Abtausch 19...♕xe3 20.fxe3 würde zu einer Y-förmigen Bauernstruktur führen, die ich so noch nie zuvor gesehen habe! Nichtsdestotrotz sind die Chancen von Weiß recht gut: Die weißen Türme können entweder auf der c-Linie (auf c6 zielend) oder entlang der g-Linie (auf f5 und g7 zielend, ggf. gepaart mit einem Vorstoß des h-Bauern) aufgestellt werden, derweil Durchbrüche wie b4-b5 oder e3-e4 beständig in der Luft liegen.

20.♕e7 ♖c7 21.♕g5

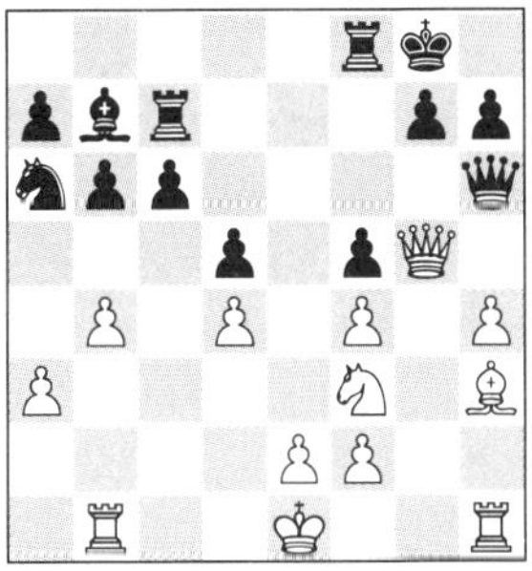

Schwarz hat den Tausch abgelehnt, doch AlphaZero beharrt!

21...♕e6 22.h5

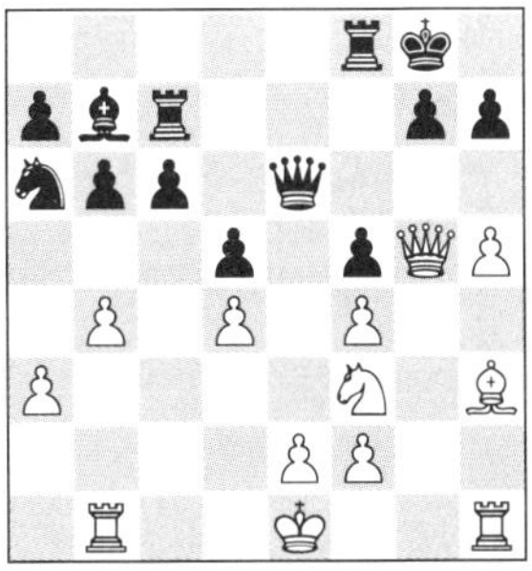

Stockfish hat sich nicht auf das weiße Damentauschangebot eingelassen, doch nun kann AlphaZero seinen ersehnten Vorstoß des h-Bauern bis nach h6 vollenden.

22...c5 23.bxc5 bxc5 24.h6 g6

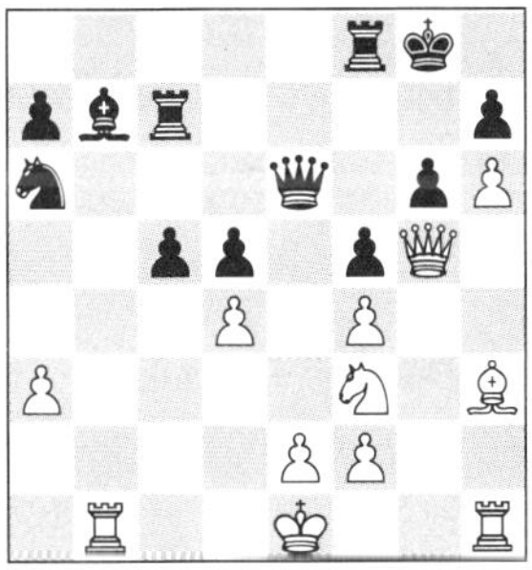

AlphaZeros schwarzfeldrige Strategie ist ein Erfolg und hat ihm die eindeutig stärker postierten Figuren beschert. Dem weißen Springer winkt ein fantastischer Stützpunkt auf e5, man vergleiche hierzu den einsamen Rappen auf a6. Der weiße Läufer wird nach g2 umgruppiert und greift den Bauern d5 an, während der schwarze auf b7 keinerlei Reichweite hat: fast alle Bauern von Schwarz stehen auf derselben Farbe wie der Läufer. Nach dem schwarzen Befreiungsversuch 22...c5 ist der weiße Turm auf b1 gut platziert, er greift den Läufer b7 an und kämpft um die einzige offene Linie auf dem Brett.

In den nächsten paar Zügen gruppiert AlphaZero seine Figuren um, um die b-Linie, die Schwäche von d5 und die Schwäche der dunklen Felder am schwarzen Königsflügel auszunutzen.

25.♗g2 c4 26.♘e5 ♗a8 27.0-0

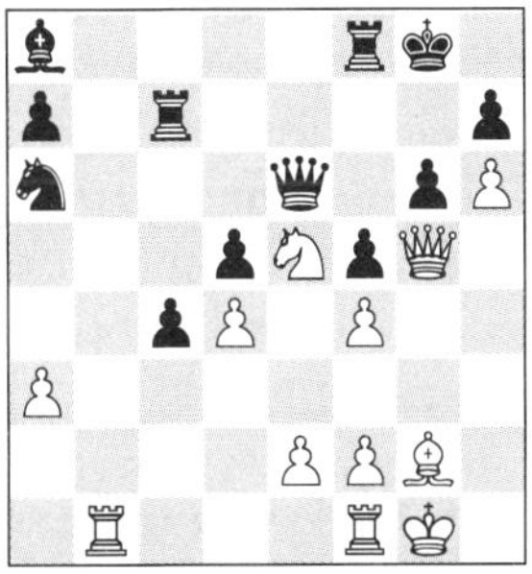

Eine reichlich späte Rochade!

27...♘b8 28.♖b5

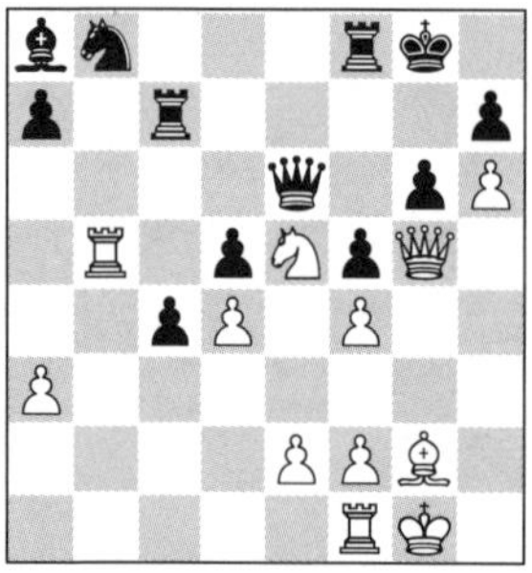

Ein weiteres Thema, das wir quer durch das Buch sehen: Der Turm wird auf einen vorgerückten („riskanten") Stützpunkt gestellt. Hier tut sich der weiße Turm mit dem Läufer auf g2 gegen den schwachen Bauern d5 zusammen.

28...♖fc8 29.♕g3 ♘d7 30.♕e3

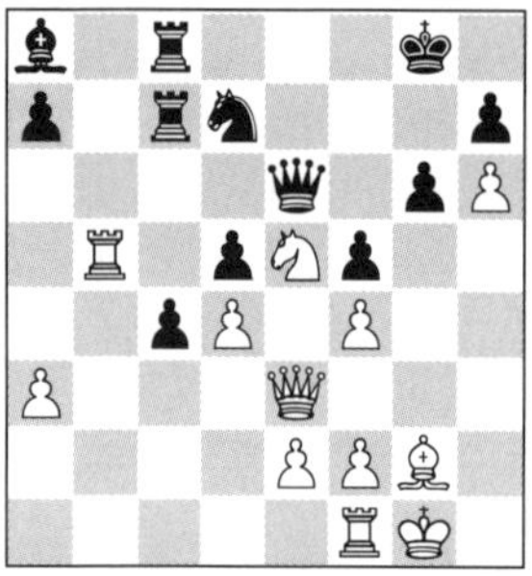

Nachdem sie bei der Durchsetzung von h5-h6 mitsamt der daraus resultierenden Schwächung der dunklen Felder am schwarzen Königsflügel mitgeholfen hat, gab es keine klare Fortsetzung für die Aktivitäten der Dame auf g5 (wenngleich sie dort durchaus drohend stand). AlphaZero erspäht eine mögliche Invasion über die dunklen Zentrumsfelder von Schwarz.

30...♔f8 31.♖c1

Ein typischer Verstärkungszug von AlphaZero: Der Turm verhindert auf c1 einen ununterbrochenen Durchmarsch des c-Bauern, während Weiß zugleich die Möglichkeit der Aktivierung des Turms auf der e-Linie ins Auge fasst; auf ganz ähnliche Weise, wie er es mit seiner Dame gemacht hat: ♖c1-c3-e3.

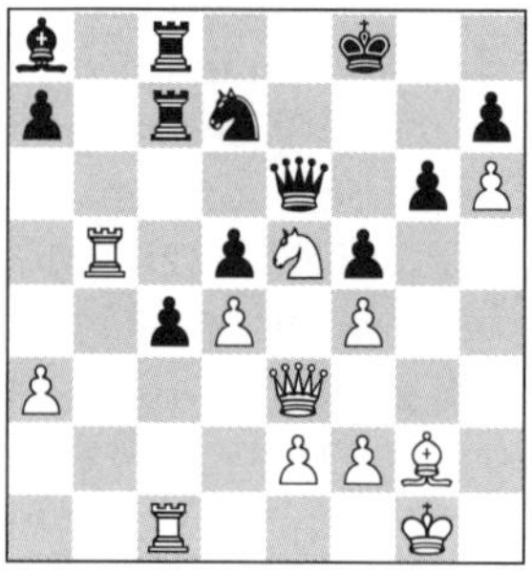

31...♕e8 32.a4

Befestigt den Turm auf b5 und nimmt die Gelegenheit für einen Raumgewinn am Damenflügel wahr.

32...♕e6 33.♘xd7+

Tauscht einen weiteren Verteidiger der dunklen Felder ab. Zwar ist es eine Schande, einen so stolzen Springer abzutauschen, doch gibt dies der weißen Dame die Gelegenheit, über die dunklen Felder in der Mitte und am schwarzen Königsflügel zu streunern.

33...♕xd7 34.♕e5 ♖e8 35.♕h8+

Man beachte die große Bewegungsfreiheit, die Weiß im schwarzen Lager genießt.

35...♔e7 36.♕g7+ ♔d8 37.♕f6+ ♕e7 38.♕a6 ♗c6 39.♖c5 ♗a8 40.♖b1 ♖xc5 41.dxc5 ♕c7 42.♕f6+ ♔c8

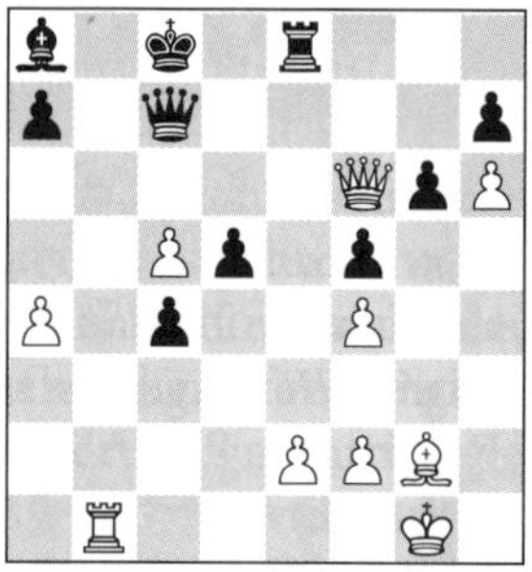

Stockfishs Fähigkeiten, Druck standzuhalten und einen direkten Angriff zu überleben, sind schon recht außerordentlich! Doch einmal mehr ist Stockfish in einer Stellung mit lauter passiven Figuren gelandet, in der es zuwarten muss, wie AlphaZero seine Aktivität Schritt für Schritt weiter erhöht.

43.e3 ♗b7 44.♕d4 ♖d8 45.a5 ♗c6

45...♕xa5 46.♖a1.

46.♕f6 ♕d7 47.♖b4 ♖e8 48.a6

Erneut ein Randbauer! Weiß schafft sich auf b7 einen neuen Vorposten, als Spiegelbild zu dem bereits vorhandenen auf g7!

48...♖d8 49.♔h2 ♖e8 50.♗f3 ♕c7 51.♕b2 ♖f8 52.♔g1 ♖e8 53.♕f6 ♕d7 54.♔g2 ♖e7 55.♔f1 ♖e8 56.♗g2 ♖d8 57.♔g1 ♖e8 58.♔h2 ♕c7 59.♗f3 c3

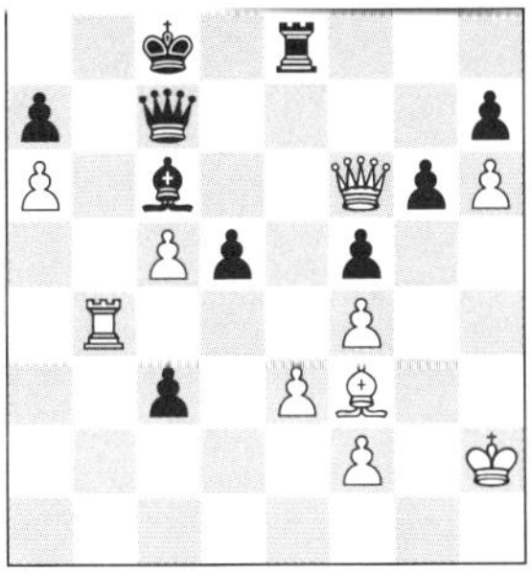

Stockfish ergreift die Chance auf etwas Aktivität, doch AlphaZero ist der Herausforderung gewachsen. Wir haben den möglichen Spielverlauf für den Fall, dass Schwarz versucht, mit 59...♖d8 stillzuhalten, bereits im Kapitel „Aktivität" untersucht.

60.♗d1 d4 61.♖xd4 ♗e4 62.♗b3 ♕e7 63.♕xe7 ♖xe7 64.♖c4 ♖e6 65.♖xc3 ♖xa6 66.♖c1

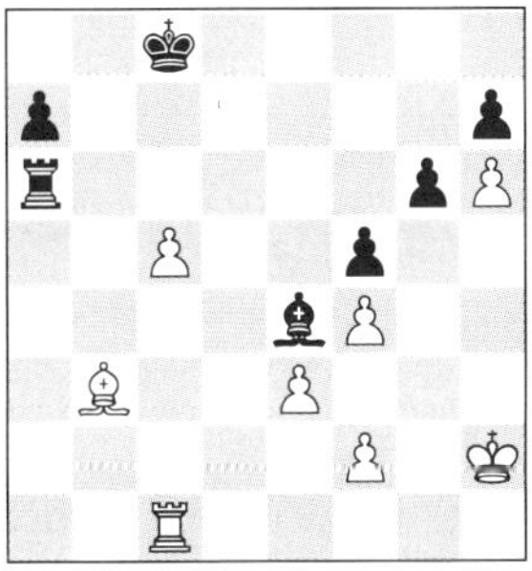

Der Schlüsselfaktor in dieser Stellung ist der schwache Bauer h7, als Ergebnis von AlphaZeros Markenzeichen, dem Vorstoß des Randbauern nach h6. Weiß kann den Bauern entweder mit einem Läufer auf g8, einem Turm auf h8 oder einem König auf g7 angreifen, der via g3-h4-g5-f6 einmarschiert. Schwarz kann sich gegen all diese Drohungen nicht verteidigen.

66...♖c6 67.♔g3 a5 68.f3 ♗d3 69.♔h4 ♖c7 70.♔g5 ♖a7 71.♗a4 ♗e2 72.e4 fxe4 73.fxe4 ♖b7 74.e5 ♖b4 75.♗e8 ♗d3 76.♗f7 1:0

KAPITEL 11

Königsangriff: Opfer für Zeit, Raum und Strukturschäden

In diesem Kapitel werden die drei Haupttypen von AlphaZeros Opfern vorgestellt:

A - Opfer für Zeit
AlphaZero opfert auf einem Flügel Material – oder verteidigt es nicht –, um auf dem anderen Flügel seinen Angriff auf den gegnerischen König zu beschleunigen.

B - Opfer für Raum
AlphaZero gibt Material preis, um Linien oder Diagonalen zum Gebrauch gegen den gegnerischen König zu öffnen.

C - Opfer für Strukturschäden
AlphaZero gibt Material, um den Bauernschutz des Königs zu beschädigen oder zu zerstören.

Kapitel 11 – Königsangriff: Opfer für Zeit, Raum und Struktur – Kernpunkte

Thema	Opfer, um Zeit für einen Angriff zu gewinnen; Opfer, um den Figuren Raum zum Angriff zu verschaffen; Opfer, um als Vorbereitung zu einem Angriff die Struktur der gegnerischen Königsstellung zu beschädigen.
Zweck	Erhöhung der Angriffschancen im Austausch für materielle Investitionen.
Was sind die Voraussetzungen?	Das Opfer muss darauf abzielen, die Figuren gegen den gegnerischen König in Stellung zu bringen. Insbesondere müssen die Schwerfiguren wie etwa die Türme bereit sein, durch derartige Opfer geöffnete Linien möglichst rasch zu besetzen.
Was sind die Risiken?	Die Preisgabe der Struktur oder das Opfer von Material sind von Haus aus riskant: Wenn die Dinge schieflaufen, erhöht sich das Risiko einer Niederlage.
Einzigartige Umsetzung durch AlphaZero	AlphaZero ist begierig darauf zu opfern, wann immer der gegnerische König in der Schusslinie steht.
Komplexität der entstehenden Stellungen	Mittlere Komplexität. Mitunter ist es schwer zu beurteilen, welche Stellungen langfristige Kompensation versprechen und welche einfach schlecht sind!

Irgendwelche Tipps?	Einmal mehr: nichts überstürzen! AlphaZero versucht erst gar nicht, umgehend mattzusetzen, sondern stellt sicher, dass all seine Figuren am Angriff teilnehmen, wobei es sich mitunter drei oder vier Züge Zeit nimmt, um einen Springer zum gegnerischen König heranzuführen.
An wen erinnert uns das?	Blackburne, Schirow.

In „Felderkomplexe derselben Farbe" haben wir gesehen, wie AlphaZero einen schwachen Farbkomplex im gegnerischen Lager schafft und ausbeutet. Bauern- wie Qualitätsopfer standen sowohl in der Vorbereitungs- wie auch in der Durchführungsphase auf der Tagesordnung. Opfer – insbesondere Opfer, die auf die gegnerische Königsstellung abzielen – kommen in AlphaZeros Partien häufig vor.

In diesem Kapitel werfen wir einen breitgefächerteren Blick auf AlphaZeros Opfer. Wir haben diese in drei Kategorien unterteilt. Bevor wir in die Partien eintauchen, erläutern wir kurz jede Kategorie.

Abschnitt A – Opfer für Zeit

AlphaZero opfert auf einem Flügel Material – oder verteidigt es nicht –, um auf dem anderen Flügel seinen Angriff auf den gegnerischen König zu beschleunigen.

Abschnitt B – Opfer für Raum

AlphaZero gibt Material preis, um Linien oder Diagonalen zum Gebrauch gegen den gegnerischen König zu öffnen.

Abschnitt C – Opfer für Strukturschäden

AlphaZero gibt Material, um den Bauernschutz des Königs zu beschädigen oder zu zerstören.

Wie Sie sich denken können, wird es in diesem Kapitel einige spektakuläre Partien zu sehen geben!

Abschnitt A – Opfer für Zeit

Partie: „Schlag' meinen Springer!"

Dies war eine der ersten Partien, die mich gewahr werden ließen, dass mir eine ganz spezielle Erfahrung bevorstehen sollte. In einem Giuoco Piano (wörtlich „Ruhiges Spiel") gibt AlphaZero seine Struktur am Königsflügel preis und opfert dann zwei Bauern, um Zeit für die Überführung seines Springers zum Königsflügel zu gewinnen. AlphaZero entwickelt eine enorme Initiative, die Stockfish irgendwie auf Kosten einer Qualität überlebt. Stockfish ist stets im Hintertreffen und verliert schließlich in einem langen Endspiel.

Themen der Partie:

1. Preisgabe der Struktur zwecks Öffnung von Linien gegen den feindlichen König [11…gxh6]
2. Materialopfer, um Zeit für einen Angriff auf den gegnerischen König zu gewinnen [13…♘e7]
3. Langwierige Springermanöver [13…♘e7, 16…♘g6, 17…♘f4]

Stockfish 8
AlphaZero
London 2018

1.e4 e5 2.♘f3 ♘c6 3.♗c4 ♗c5 4.d3 a6
Eine sehr ungewöhnliche Zugfolge: sonst wird stets 4…♘f6 oder 4…d6 gespielt. Mit 5.♘g5 gibt es nur eine Handvoll Partien (davon keine von starken Spielern), und nach dem siebten Zug von Stockfish haben wir die bekannte Theorie völlig verlassen.
5.♘g5 ♘h6 6.0-0 d6 7.a4 ♗g4 8.♘f3 0-0 9.h3 ♗h5 10.c3 ♔h8

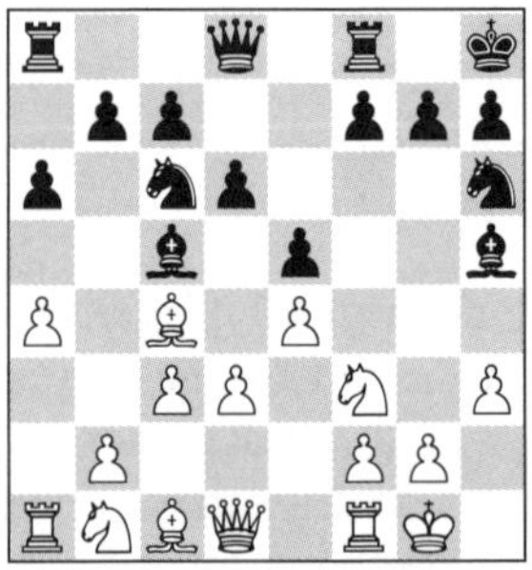

Bis hierher wirkt die Eröffnung wahrlich wie eine Computerpartie, mit einigen seltsamen Zugabfolgen und schwer erklärlichen Entscheidungen. Jetzt kommt AlphaZero freilich in die Gänge. Mit 10…♔h8 möchte es sein Spiel am Königsflügel mit …f7-f5 beginnen lassen. Stockfish trifft allerlei Vorsichtsmaßnahmen.
11.♗xh6 gxh6

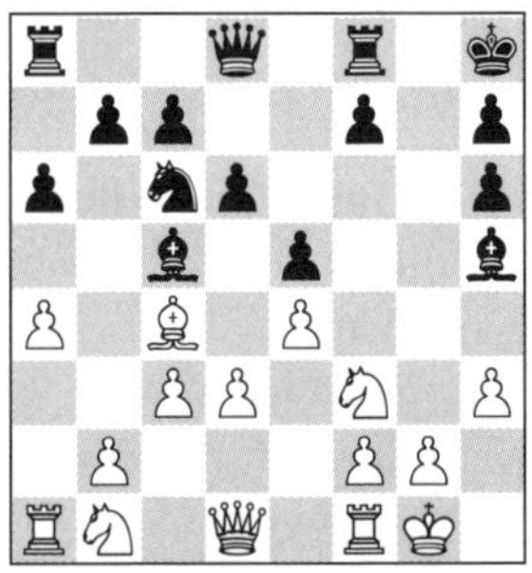

Die auf den weißen König gerichtete g-Linie ist geöffnet, worüber AlphaZero sehr froh ist. Man beachte, dass der schwarzfeldrige Läufer entlang der Diagonalen a7-g1 auf den weißen König zielt, obgleich dessen Vorherrschaft nicht unangefochten ist. Weiß könnte zu einem späteren Zeitpunkt zu d3-d4 imstande sein, was diesen Angriffskanal verschließen würde.
12.♘bd2 ♗a7 13.♗d5

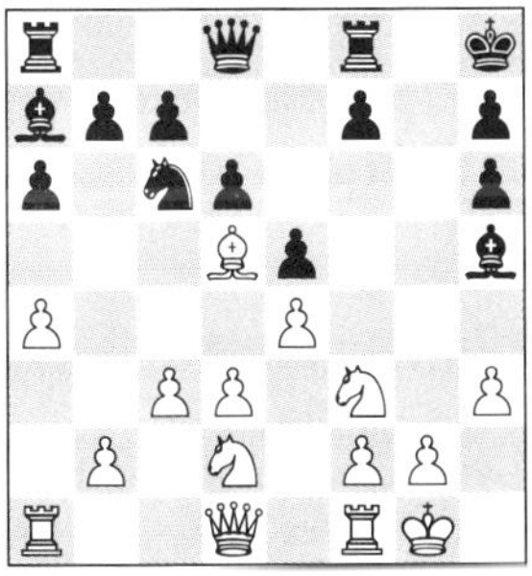

Weiß stellt sich auf das schwarze Gegenspiel mit 13...f5 ein, indem er den Läufer nach d5 bringt und so den Königsflügel verstärkt (vergleiche die folgende Anmerkung).

13...♘e7

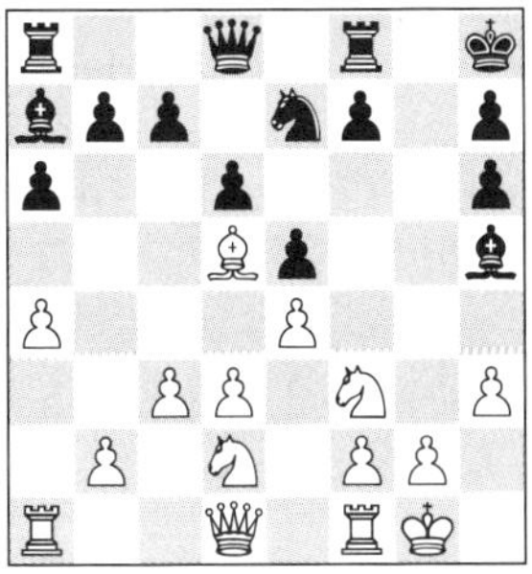

Stockfish hatte mit einer Variante wie etwa der folgenden gerechnet: 13...f5 14.exf5 ♘e7 15.♗xb7 ♖b8 16.♗e4 d5 17.b4 dxe4 18.dxe4, was es – mit drei Bauern für die Figur – mit einem sehr kleinen Vorteil für Weiß bewertet. Das ist freilich keineswegs ausgemachte Sache – mir gefällt das schwarze Läuferpaar –, doch augenscheinlich wird es Schwarz hier sehr viel schwerer fallen, einen Angriff auf den weißen König zu inszenieren; mit all seinen Bauernschwächen und dem weißen Bauernwall auf e4 und f5. AlphaZero verfolgt einen anderen Ansatz, und ganz bezeichnend: ihm ist bewusst, dass der weiße Läufer viel weniger zur Verteidigung des Königs beitragen würde, befände er sich weit entfernt auf dem Damenflügel (beispielsweise auf a6). Der Umstand, dass eine solche Einschränkung der Wirksamkeit einer gegnerischen Figur ihn einen Bauern kosten würde, hat AlphaZero noch nie viele Sorgen gemacht!

14.♗xb7 ♖b8 15.♗xa6 f5

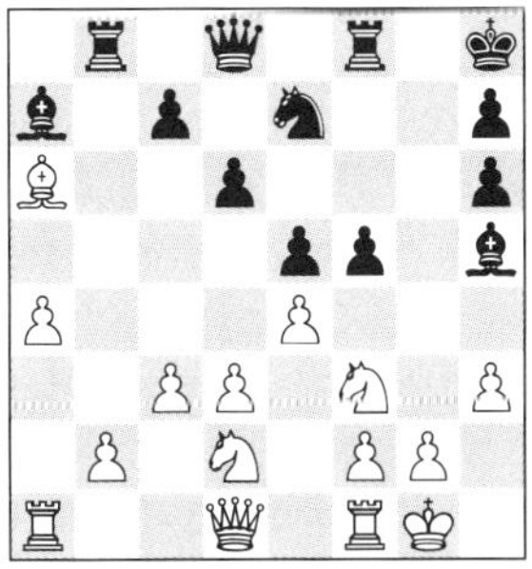

Ein weiterer großartiger Zug. 15...♖xb2 mit Rückgewinn von einem der zwei geopferten Bauern steht hier oder im nächsten Zug weit oben in den Toplisten der Engines. Dies war jedoch nicht AlphaZeros Absicht. Die Zeit wurde für den Zug 13...♘e7 (um den Springer via g6-f4 näher zum weißen König zu manövrieren) und den Königsflügeldurchbruch 15...f5 gewonnen. Der Bauer b2 ist momentan von untergeordneter Bedeutung.

16.♔h1 ♘g6 17.exf5 ♘f4

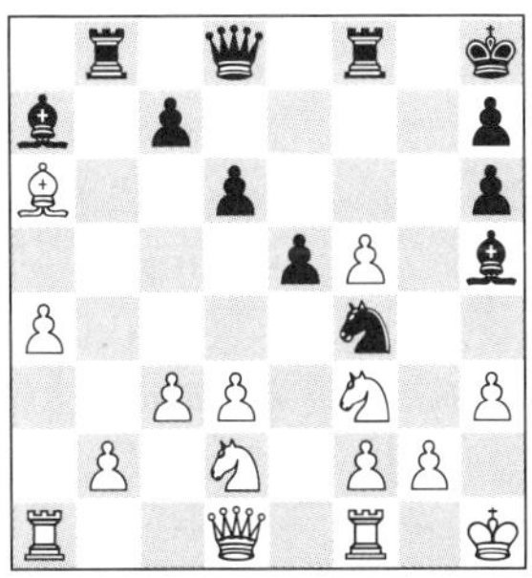

Statt sich das geopferte Material auf b2 wiederzuholen, opfert AlphaZero (zeitweise) noch f5. Dafür gewinnt

es Zeit, um seinen Springer auf das exzellente Feld f4 zu bringen, von wo aus dieser g2 und h3 angreift. Wie aus dem Nichts hat Schwarz eine enorme Angriffsstellung, und AlphaZero plant, seine Schwerfiguren auf die f- und g-Linie zu bringen!
AlphaZero ist zuversichtlich, aber mit einem Erwartungswert von 53,5% keineswegs enthusiastisch (eine Verbesserung gegenüber dem Wert von 44,9%, den es nach 1.e4 e5 anzeigt). Stockfish steht noch bei Zug 40 bei 0,00 und glaubt somit, das Gleichgewicht halten zu können. Ich wäre aber lieber Schwarz!
Zum Rest der Partie möchte ich nicht mehr viel sagen. Stockfish verteidigt sich, wie nur Stockfish es vermag, gibt eine Qualität zurück, um dem schwarzen Angriff die Spitze zu nehmen, und das Spiel bleibt für lange Zeit undurchsichtig. Stockfish strauchelt schließlich in einem schwierigen Endspiel und verliert letztendlich.
18.d4 ♖xf5 19.♕c2 ♖f8 20.♖ae1 ♕f6 21.♖e3 ♕g7 22.♖g1 ♘d5 23.♗b5
23.♖ee1 exd4 wäre schrecklich, denn nach dem natürlichen 24.cxd4 ♘b4 25.♕c4 d5 würde Weiß eine Figur einbüßen. Mithin muss Weiß die Qualität geben. Aufgrund der zwei (von AlphaZero geopferten) Bauern bleibt die Lage äußerst unklar.
23...♗g6 24.♕c1 ♘xe3 25.fxe3 ♗f7 26.♖f1 ♗d5 27.♗c4 ♗a8 28.a5 e4 29.♘h2 ♕g5 30.b4 ♕xe3 31.♘g4 ♕g5 32.♕e1 h5 33.♘e3 h4 34.♗e6 ♗c6 35.♗c4 d5 36.b5 ♗b7 37.♗b3 ♖bc8 38.a6 ♗a8 39.♗a4 ♗b6 40.♔g1 ♕g3 41.♕xg3 hxg3 42.♖a1 ♖f2 43.♘df1 ♖e2 44.♘f5 ♖g8 45.♘1xg3 ♖d2 46.♖f1 ♗a5 47.♖f2 ♖xf2 48.♔xf2 ♗xc3 49.h4 ♖f8 50.♔e3 ♗e1 51.♔e2 ♗xg3 52.♘xg3 ♖g8 53.♔f2 ♖g4 54.♗d1 e3+ 55.♔f3 ♖xd4
Und AlphaZero setzte sich in 97 Zügen durch.

HISTORISCHES GEGENSTÜCK
Blackburnes Lockspeise

Diese Partie, in der AlphaZero Stockfish herausforderte, auf h6 zu schlagen, erinnerte mich an ein erstaunliches Schema, das von dem großen englischen Angriffsspieler Joseph Henry Blackburne (1841-1924) angewandt wurde. Gegen die Französische Verteidigung griff er gern zu einer unschuldig anmutenden Spielweise, bei der er den Gegner dazu verleitet, ihm verdoppelte f-Bauern im Gegenzug für eine offene g-Linie zu verpassen. Falls Schwarz sich darauf einließ, holte Blackburne regelmäßig einen brillanten Sieg.

Joseph Henry Blackburne
Jacques Schwarz
Berlin 1881 (16)

1.e4 e6 2.d4 d5 3.♘c3 ♘f6 4.exd5 exd5 5.♘f3 ♗d6 6.♗d3 c6 7.0-0 0-0 8.♘e2
Blackburnes Eröffnungswahl – die Abtauschvariante gegen den Franzosen – ist zwar anspruchslos, aber deswegen lässt Blackburne seine Angriffsabsichten nicht fallen. Der Textzug war Blackburnes Lieblingsmanöver, mit dem er den Damenspringer näher zum schwarzen Königsflügel bringt.
8...♗g4 9.♘g3 ♕c7 10.♗e3 ♘bd7 11.♕d2
Eine Lieblingsidee von Blackburne, die er des Öfteren erfolgreich anwandte.

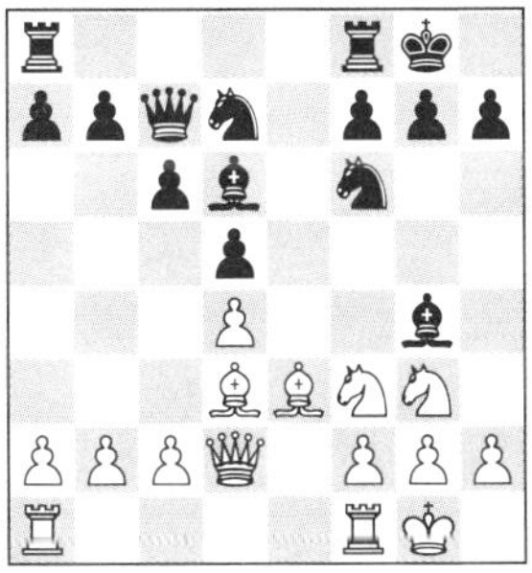

Weiß verlockt Schwarz zum Schlagen auf f3. Dies zieht zwar die weiße Bauernstruktur in Mitleidenschaft, öffnet aber die g-Linie und verbessert den weißen Zugriff auf das Feld f5 (da der Läufer g4, der dieses Feld kontrolliert hatte, nicht mehr da ist).

11...♖fe8 12.♖ae1 ♘e4 13.♕c1

Blackburne besteht, und Schwarz – vom Gewinn eines Bauern verlockt – beißt an!

13...♗xf3 14.gxf3 ♘xg3 15.hxg3 ♗xg3 16.♔g2

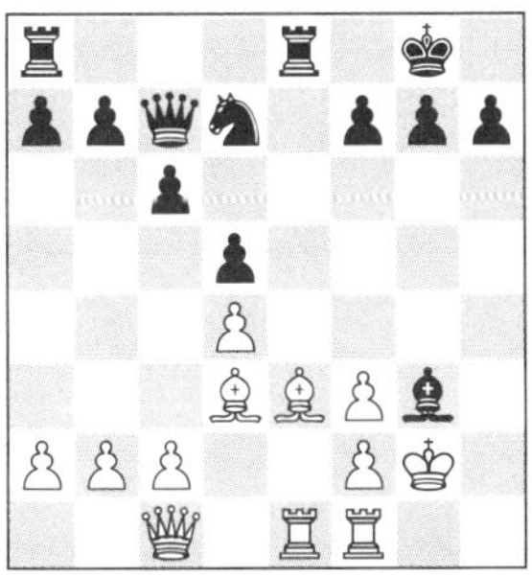

Im Prinzip hat Schwarz einen Bauern bei besserer Stellung gewonnen. Man sollte aber, wie AlphaZeros Partien zu Genüge gezeigt haben, niemals die Kraft von auf offenen Diagonalen und Linien gegen den König gerichteten Läufern und Schwerfiguren unterschätzen.

16...♗d6 17.♖h1 ♘f8 18.♖h3 g6 19.♖eh1 ♖ad8 20.♗g5 ♖d7 21.c4

Um neue Linien gegen den schwarzen König zu öffnen.

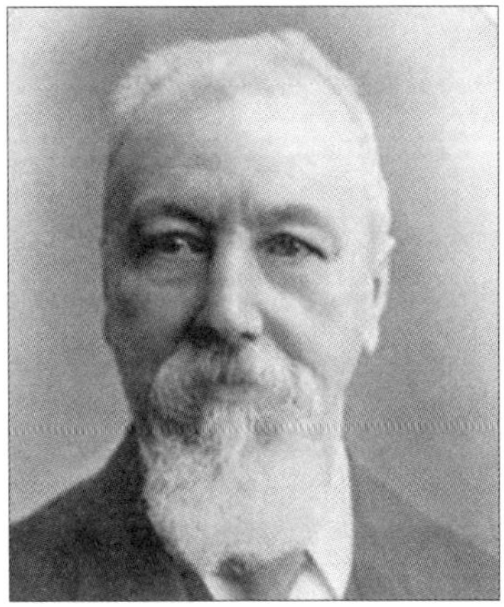

Der sagenumwobene englische Spieler Joseph Henry Blackburne provozierte seine Gegner gern dazu, ihm Schwächen zu verpassen, um so Angriffschancen zu erhalten.

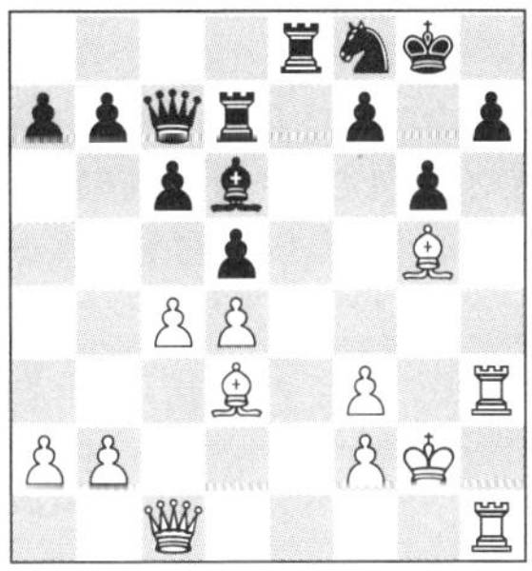

21...dxc4

Von hier an geht alles schief: besser wäre ein solider Zug wie 21...♗e7.

22.♗xc4 h5? 23.♖h4

23.♖xh5 gxh5 24.♗f6 wäre sehr stark gewesen: 24...♗f4 (verhindert 25.♕g5) 25.♖xh5 ♘g6 26.♕h1.

23...b5 24.♗b3

24.♖xh5 war noch immer stark.

24...♘e6 25.♗f6 ♘f4+

25...♗e7 26.♗e5 ♗d6 war die vom Computer vorgeschlagene Zugwiederholung. Der Textzug verliert wegen eines Damenopfers.

26.♕xf4 ♗xf4 27.♖xh5 1:0

27...gxh5 28.♖xh5, und Matt auf h8 ist nicht abzuwenden.

Abschnitt B – Opfer für Raum

Partie: „Starrende Läufer“

Aus dem Zweispringerspiel im Nachzug opfert AlphaZero zwei Bauern, um den Vorteil des Läuferpaares zu erlangen und zwei starrenden Läufern freien Blick auf Diagonalen in Richtung weißer König zu geben.

Stockfish gibt sich wenig besorgt und schnappt sich sogar auf a7 einen dritten Bauern (22.♘xa7). AlphaZero antwortet mit einem ruhigen Zug (22…h6), mit dem er als Vorspiel zu einer fantastischen Kombination Grundreihendrohungen eliminiert. Selbige bleibt freilich hinter den Kulissen in den Anmerkungen zur Partie verborgen. Im letzten Moment merkt Stockfish, dass etwas nicht stimmt, und gibt eine Figur, um das unmittelbare Desaster abzuwenden. Auf lange Sicht kann es damit aber die Partie gegen den Turm und das Läuferpaar von Schwarz nicht halten.

Themen der Partie:

1. Materialopfer, um Raum für Angriffsfiguren zu öffnen [6…c6, 10…♘f4]
2. Verlaufener Springer [22.♘xa7]

Stockfish 8
AlphaZero
London 2018

1.e4 e5 2.♘f3 ♘c6 3.♗c4 ♘f6 4.♘g5 d5 5.exd5 ♘a5 6.♗b5+ c6 7.dxc6 bxc6

Eine bekannte Hauptvariante im Zweispringerspiel im Nachzug, in welcher Schwarz im Gegenzug für offene Linien einen Bauern opfert.

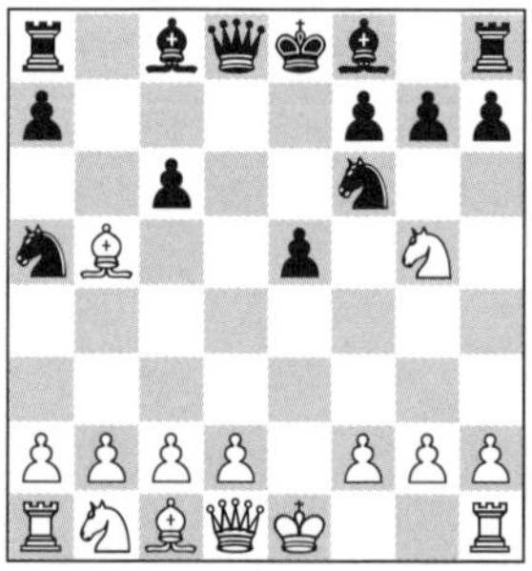

Darüber hinaus haben sich die weißen Leichtfiguren ein wenig zu weit vorgewagt und sind mithin Angriffsziele.

8.♗d3 ♘d5

Der erste Versuch, um die exponierte Stellung der weißen Leichtfiguren auszunutzen: Schwarz deckt einen Angriff auf den Springer g5 auf und bereitet die Überführung seines Springers nach f4 mit Tempo vor.

9.♘f3 ♗d6 10.0-0

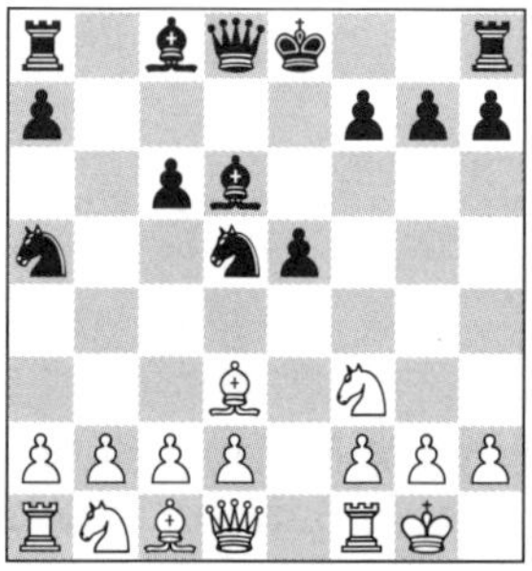

10…♘f4

Bietet einen weiteren Bauern an, um das Läuferpaar zu erhalten, die weiße Bauernstruktur zu zerreißen (verdoppelter d-Bauer) und seine Entwicklung zu stören (der Bauer auf d2 hindert den schwarzfeldrigen Läufer auf c1 an der Entwicklung).

11.♖e1 ♘xd3 12.cxd3 0-0 13.♘xe5

In der jüngeren Großmeisterpraxis tendierte Weiß dazu, den zweiten Bauern nicht zu schlagen und stattdessen lieber mit ♘c3 und b2-b3 seinen Damenflügel zu entwickeln. Wie nicht anders zu erwarten, spielt Stockfish aber konkret.

13...c5

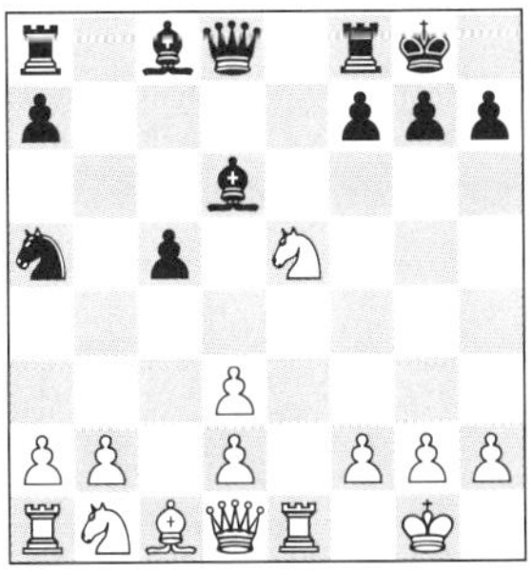

Verhindert, dass Weiß seinen Springer e5 mit d3-d4 befestigt, und öffnet die lange Diagonale a8-h1 für seinen weißfeldrigen Läufer.

14.♘c3 ♗b7 15.b3

15 ♘f3 ♘c6 geschah in der Partie Howell - Nikolic, Leiden 2001, wonach Schwarz laut des holländischen Großmeisters Erwin l'Ami auf dessen DVD zum Zweispringerspiel sehr gutes Spiel hatte. Er beschreibt den verdoppelten d-Bauern als „nicht sehr ansehnlich".

15...♖e8

Dieser Zug ist gemäß meiner Datenbank mit Nahschachpartien eine Neuerung, wurde aber schon in einigen Fernpartien gespielt.

16.♘c4 ♘xc4

Das ist die tatsächliche Neuerung. 16...♖xe1+ 17.♕xe1 ♘xc4 18.bxc4 (vermeidet das Remis, 18.dxc4 ♗xh2+ 19.♔xh2 ♕h4+ 20.♔g1 ♗xg2 21.♔xg2 ♕g4+ führte in zwei Fernpartien zur Zugwiederholung) 18...♕g5 (18...♗xh2+ 19.♔xh2 ♕h4+ 20.♔g1 ♗xg2 21.♔xg2 ♕g4+ 22.♔f1 ♕h3+ 23.♔e2 ♖e8+ 24.♘e4 zeigt die Bedeutung des auf d3 gehaltenen Bauern!) 19.g3 ♕g4 20.♘d5 ♗xd5 21.cxd5 ♕d4 22.♗a3 ♕xd3 23.♕e3, und hier wurde in der 2016 gespielten Fernpartie Fagerbekk - Becsenescu Remis vereinbart.

17.♖xe8+

17.dxc4 führt zu einigen reizenden Varianten, wie GM Daniel King auf seinem Kanal *PowerPlayChess* ausgeführt hat: 17...♕h4 18.h3 (18. g3 ♗xg3 19.fxg3 ♕d4+ 20.♖e3 ♖xe3 21.dxe3 ♕xc3 22.♖b1 ♕e5 wäre fantastisch für Schwarz) 18...♗f3 (herrlich!) 19.gxf3 ♕xh3, und Matt wird folgen.

17...♕xe8 18.bxc4

18 dxc4 wirkt natürlicher. Schwarz würde mit 18...♕e5 fortsetzen, gefolgt von ...♖e8 und womöglich ...h7-h5-h4-h3 mit freiem Spiel. 18.bxc4 behält mehr Kontrolle über die hellen Felder im Zentrum und lässt Weiß auch die Möglichkeit, den Schwarzen auf der b-Linie zu ärgern.

18...♕c6 19.♗b2 ♖b8 20.♘b5

Stockfish sieht keine Gefahr am Königsflügel und nimmt die Gelegenheit wahr, sich auf a7 einen weiteren Bauern einzuverleiben, was nebenbei auch den Springer mit einem soliden Stützpunkt auf b5 versorgt (er kann dort nicht mehr mit ...a7-a6 vertrieben werden). Doch all dies spielt sich sehr weit vom Königsflügel entfernt ab, und man hätte den Springer lieber irgendwo am Hauptschauplatz, wo er vielleicht auch mit ♘d5 oder ♘e4 die lange Diagonale a8-h1 blockieren könnte. 20.♖b1 wäre meine bevorzugte Idee, was den ungedeckten Läufer b2 schützt und sich auf einen möglichen Turmtausch einstellt. Nach 20.♘b5 gerät das Spiel in seine kritische Phase.

20...♕g6 21.♕f1 ♗f4 22.♘xa7 h6

Kein Zug, der meine Engines sonderlich beeindrucken würde, doch eine notwendige Vorbereitung für das kommende schwarze Spiel am Königsflügel.

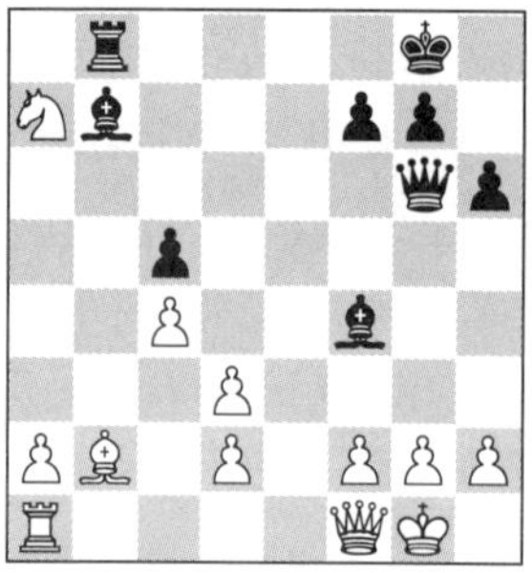

23.♗c3

Ein Zug, der wenig Furcht vor dem verrät, was Schwarz am Königsflügel unternehmen könnte. Weiß belässt seinen Springer auf a7, schützt den ungedeckten Bauern auf d2 und bereitet ♖b1 (was den Läufer an den Turm auf b8 fesselt) oder ♖e1 vor. Fairerweise muss man sagen, dass die Gefahr in dieser Position nicht so groß scheint. Die schwarze Aktivität ist offensichtlich, doch die weiße Stellung scheint sehr solide. Man könnte meinen, dass Schwarz vielleicht anfängt darüber nachzudenken, seinen Materialrückstand mit ...♖d8 nebst Schlagen des Bauern d3 zu reduzieren. Doch es gibt eine Möglichkeit, aktiv aufzutreten, und AlphaZero findet sie natürlich!

23...♕h5 24.h3

Mit 24.h3 gibt sich Weiß die Verteidigungsressource ♕d1 gefolgt von ♕g4, was den Angriff brechen würde. AlphaZero muss eine Antwort auf diese Idee finden, um die Initiative am Köcheln zu halten. Es bringt mit einer präzisen Zugfolge den Turm in den Angriff.

24...♖a8

Zwar wird der Springer damit zurück ins Spiel getrieben, doch andererseits erhält Schwarz die Möglichkeit zu ...♖a8-a6-g6, ohne zuerst den Läufer ziehen zu müssen. Zugleich bearbeitet dies die Drohung ♖b1 mit Fesselung des ♗b7 an den ♖b8, was womöglich den Turmtausch notwendig machen könnte.

25.♕d1

Stockfish blinzelt! Offensichtlich hat es etwas gesehen, dass ihm bei 25.♘b5 missfällt, und zieht die Reißleine, auch wenn es in einer schrecklichen Stellung landet.

Der kritische Zug ist **25.♘b5.**

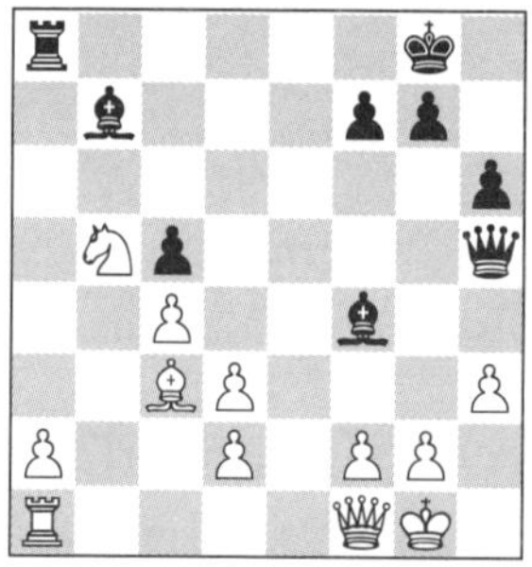

Wir haben diese Stellung im Kapitel „ZeroZeroZero“ als Aufgabe präsentiert: Finden Sie den schwarzen Killerzug?

25...♗f3

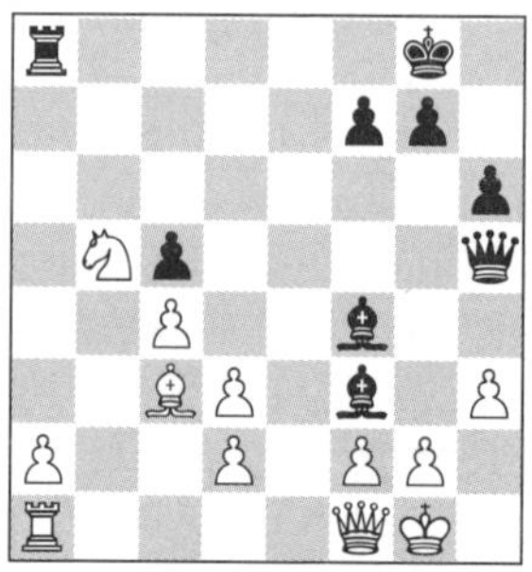

WUMMS! Dies verhindert äußerst effektiv 26.♕d1. Die Drohung lautet ...♖a8-a6-g6 (nach 25...♖a6 26.♕d1 kann sich die schwarze Dame nicht gut vor dem Damentausch verstecken, z.B. 26...♕g6 27.♕g4). **26.g3** ist die beste Verteidigung. g2-g3 wird auf jeden Fall notwendig sein, und Weiß behält sich die Aufstellung seiner anderen Figuren vor. 26.gxf3 ♖a6 27.♔h1 ♖g6 mit der Drohung 28...♕xf3+; 26.♖e1 ♖a6 27.g3 ♖g6 28.♔h2 ♕h4 29.♖e8+ ♔h7 30.♕e1 ♖g5. Die verblüffende Idee!

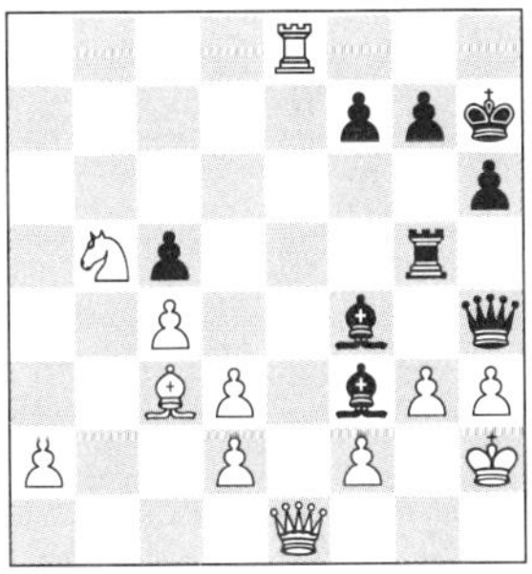

31.♖e5 f5, und 32...♕xh3+ nebst 33...♖h5# ist mit normalen Mitteln nicht mehr zu verhindern. **26...♖a6 27.♔h2** 27.♖e1 ♖g6 leitet zu 26.g3 über.

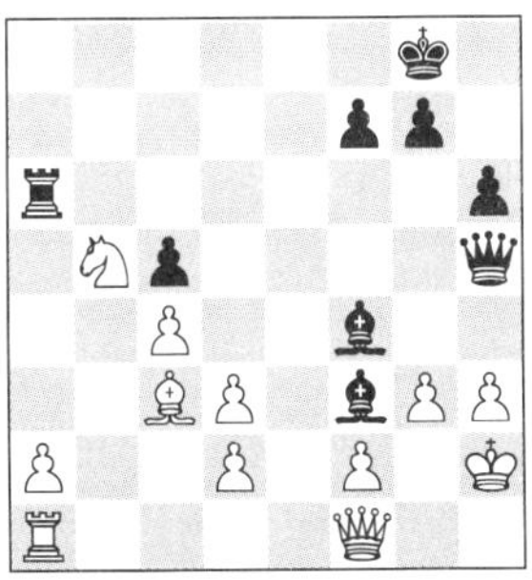

27...♕h4 Der allerbeste Zug (27...♖g6 ist gleichfalls sehr stark und war AlphaZeros Absicht). **28.♕g1** Auf 28.♕e1 ist 28...♖e6 am genauesten, was zunächst die Dame von e1 vertreibt; 29.♕g1 ♖g6 führt zu 28.♕g1. **28...♖g6 29.♗a5 ♖g5 30.♗d8 f6**

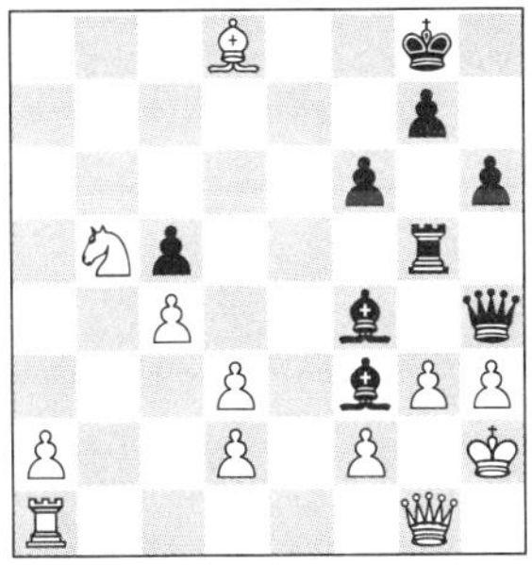

Und 31...♕xh3+ nebst 32...♖h5# ist nicht mehr zu verhindern.
Die letzte Frage wäre: Warum hat Schwarz 24...♖a8 gespielt? Und warum nicht 24...♗f3 25.♖e1 ♖b6 ? In diesem Fall würde sich der Springer auf a7 durch eine wundersame Fügung des Schicksals als außerordentlich stark erweisen: 26.♘c8! verhindert 26...♖g6 wegen 27.♘e7+ und bringt den schwarzen Angriff zum Stillstand!
25...♕xd1+ 26.♖xd1 ♖xa7
Allen Respekt dafür, dass Stockfish die Probleme bei 25.♘b5 gesehen hat, doch das ist nicht viel besser. Turm und Läuferpaar von Schwarz sind dazu bestimmt, den Sieg davonzutragen.
27.♖a1 ♗c6 28.a4 ♖xa4 29.♖xa4 ♗xa4 30.♔f1 ♗b3 31.♔e2 ♗d6 32.♔e3 ♗e7 33.♗e5 f6 34.♗c7 ♔f7 35.♗b6 ♔e6 36.♔e2 ♔d7 37.♔e1 ♔c6 38.♗a5 h5 39.♔f1 ♔d7 40.♗b6 ♗c2 41.♔e2 ♔c6 42.♗a5 ♗d6 43.d4 cxd4 44.d3 ♗a4 45.h4 ♔b7 46.♔f1 ♗d7 47.♔e2 ♔a6 48.♗d8 ♗f5 0:1

Partie: „AlphaZeros Eröffnung“
Die ersten zehn veröffentlichten Partien zwischen AlphaZero und Stockfish enthielten eine Reihe von spektakulären Partien mit einer scharfen Opfervariante im 4.g3-System der Damenindischen Verteidigung. Diese Variante war

zwar in dem neuerlichen Match nicht mehr ganz so beliebt, doch ich kann der Versuchung nicht widerstehen, eine weitere Partie mit dieser Variante, die AlphaZero so gut behandelt, zu zeigen.
Nach dem Opfer eines Bauern in der Eröffnung (6.d5) beginnt AlphaZero, die Kontrolle über die anvisierten dunklen Felder im Zentrum und am Königsflügel zu übernehmen (14.e5, 17.h4, 18.♘d5, 21.♘xe7+), kulminierend in der Besetzung des vorgelagerten Stützpunktes d6 durch den Turm (22.♖d6). Beim Versuch, sich zu befreien, erlaubt Stockfish ein unerwartetes Qualitätsopfer (26.♖xb7), das zum Verlust der Koordination der schwarzen Figuren und zum Abtausch des Felses in der Brandung, des Springer e6 führt. Nach dem Verschwinden des Springers wird der weiße e-Bauer ins Herz der schwarzen Stellung getrieben. Die schwarzen Türme tun sich schwer, gegen das agile Läuferpaar von Weiß überhaupt Felder zu finden. AlphaZero beendet die Partie – ganz typisch –, indem es die aktivsten Figuren von Schwarz abtauscht (den Turm auf d2 und die Dame), wonach Schwarz auf einem in der Ecke festklemmenden König und einem chronisch passiven Turm und Springer sitzenbleibt.

Themen der Partie:

1. Materialopfer, um Raum für Angriffsfiguren zu öffnen [6.d5]
2. Abtausch der Verteidiger eines Farbkomplexes [18.♘d5, 21.♘xe7+]
3. Vorgerückter Turmstützpunkt [22.♖d6]
4. Abtausch der aktiven Figuren des Gegners, um ihn auf seinen passiven sitzenzulassen [27.♘g5, 40.♖d1, 45.♕xe4]
5. Den gegnerischen König in der Ecke festnageln [47.♗f6]

AlphaZero
Stockfish 8
London 2018

1.d4 ♘f6 2.♘f3 e6 3.c4 b6 4.g3 ♗a6 5.♕c2 c5 6.d5 exd5 7.cxd5 ♗b7 8.♗g2 ♘xd5 9.0-0 ♗e7 10.♖d1 ♘c6 11.♕f5

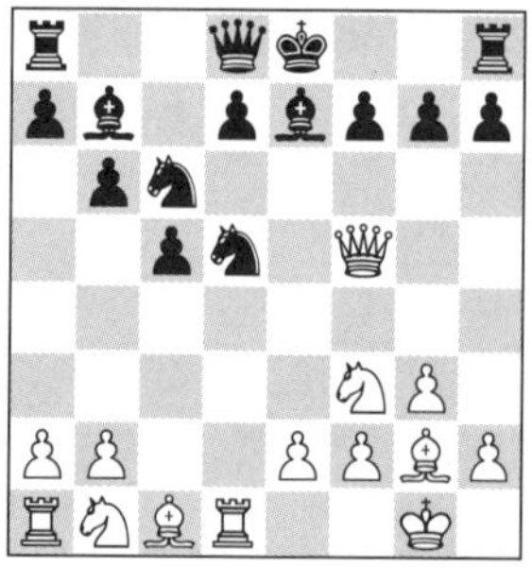

11...♘f6 12.e4 g6 13.♕f4 0-0 14.e5 ♘h5 15.♕g4 ♘g7 16.♘c3 ♖e8

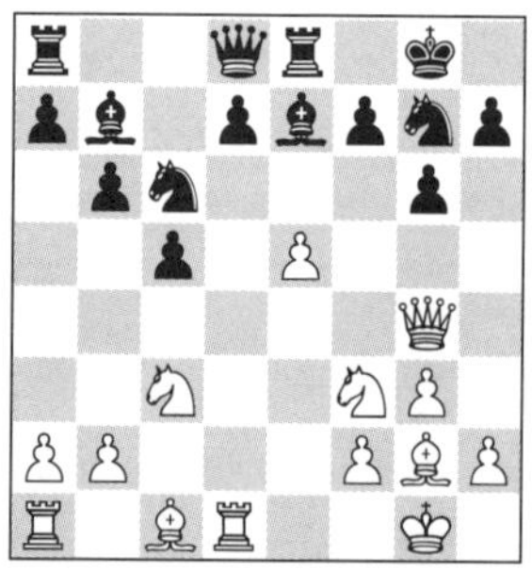

Ein neuer Zug von Stockfish (zuvor wurde 16...♘e6 gespielt). AlphaZero ist nicht daran interessiert, auf d7 den geopferten Bauern zurückzugewinnen, und prügelt weiter auf die schwachen schwarzen Felder rund um diesen Bauern ein.
17.h4 ♖b8 18.♘d5 h5 19.♕a4 ♘e6 20.♗e3 ♘b4 21.♘xe7+ ♖xe7 22.♖d6

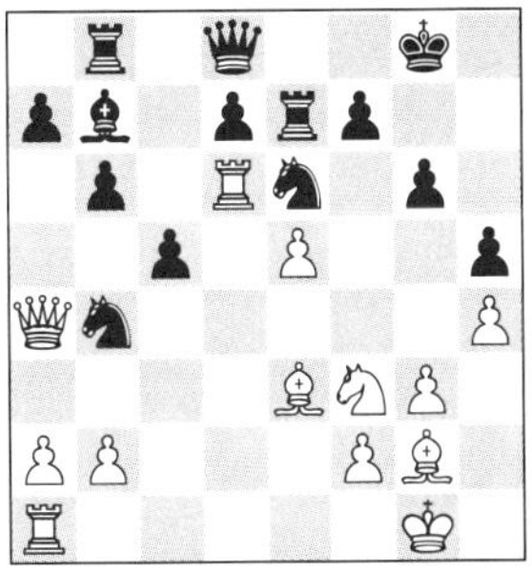

22...♕f8 23.♖e1 ♘c6 24.♕c4 ♖ee8 25.♖xd7

25.♖ed1, was die Kontrolle über die Stellung behauptet, sah gleichfalls stark aus. AlphaZero findet jedoch einen Weg, seinen derzeitigen Zugriff auf die Stellung in etwas Überraschendes zu verwandeln! Einmal mehr scheinen die Materialverhältnisse ohne Belang, derweil AlphaZero das enorme dynamische Potenzial der sich ergebenden Stellung angesichts der passiven Figuren von Schwarz exakt einschätzt.

25...♖ed8 26.♖xb7 ♖xb7 27.♘g5 ♘xg5 28.♗xg5 ♖d4 29.♕b3 ♖c7 30.e6 ♔h7 31.♕f3 ♕e8 32.♗h3

Etwa hier beginnen die Engines nervös zu werden, und dies aus gutem Grund. Schwarz verfügt über keine Möglichkeit, Eindruck auf die weiße Stellung zu machen, während die weißen Figuren um den schwarzen König umherschwirren.

32...♕f8 33.b3 f5 34.♗g2 ♘e7 35.♗f4 ♕d8 36.♗e5

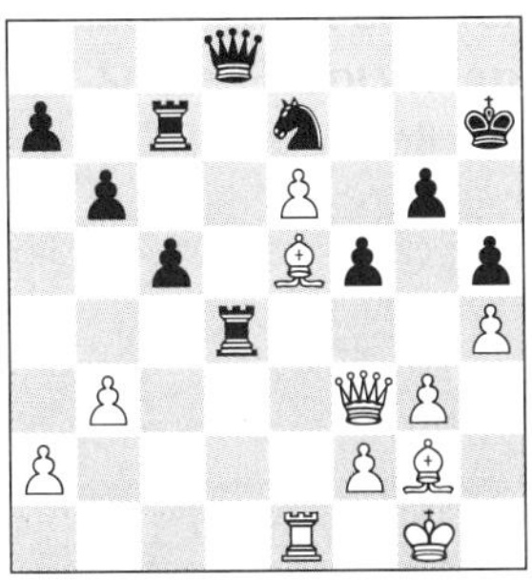

Alles für Aktivität anstatt Material!

36...♖d2 37.♗f1 a5 38.a4

Ein großartiger Zug: die schwarze Mehrheit am Damenflügel ist nun festgelegt und damit außerstande, für irgendeine Ablenkung zu sorgen.

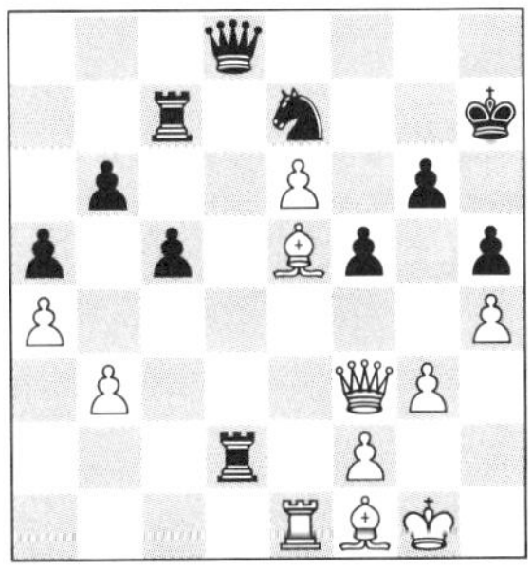

38...♖a7 39.♗c4 ♘d5 40.♖d1

Tauscht die aktivste Figur von Schwarz ab.

40...♘b4 41.♖xd2 ♕xd2 42.♗f4 ♕e1+ 43.♔g2 ♘c2 44.♕d5 ♕e4+ 45.♕xe4 fxe4

Die verbleibenden Figuren von Schwarz können der weißen Stellung in keinster Weise etwas anhaben. Obendrein sperrt AlphaZero den gegnerischen König in der Ecke ein.

46.♗g5 ♖a8 47.♗f6

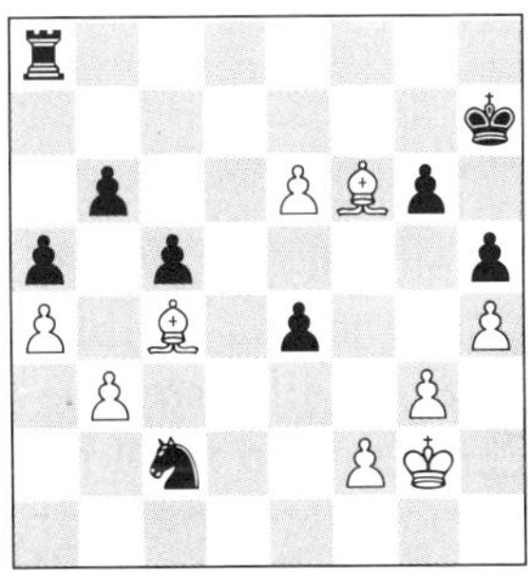

47...♘d4 48.e7

Der schwarze König ist in der Ecke festgenagelt und damit außerstande, im Kampf gegen den Freibauern etwas beizutragen.

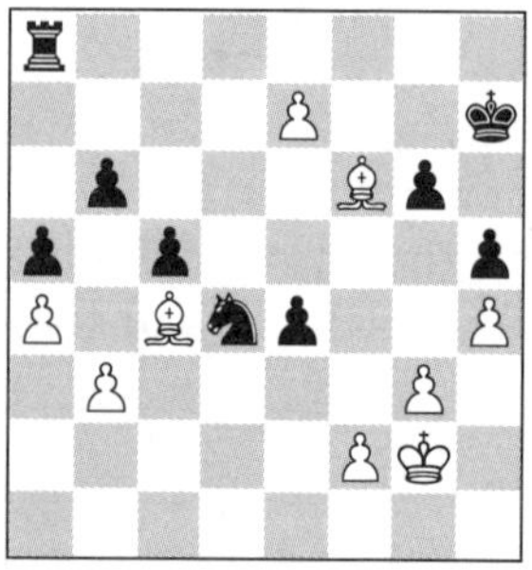

48...♘f5 49.♗b5 ♘d6 50.♗c6 ♖c8 51.♗d7 ♖a8 52.f3

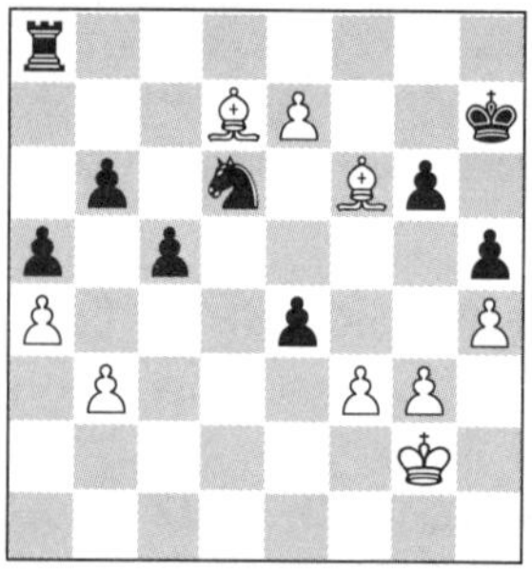

Um die Kraft des Königs in die Waagschale zu werfen und damit den Unterschied in der Aktivität zwischen dem weißen und dem schwarzen König zu betonen.

52...♘e8 53.♗g5 ♔g8 54.fxe4 ♘c7 55.♗f4 ♖e8 56.♗d6 ♔f7 57.♗xe8+ ♘xe8 58.e5

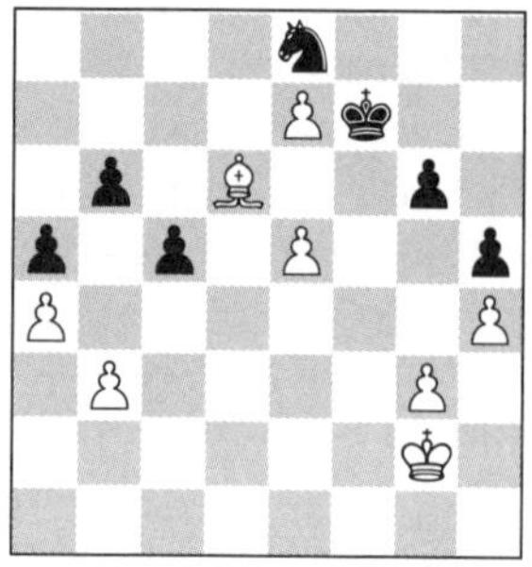

Schwarz gab auf.
58...♘g7 59.♗c7 kostet den Nachziehenden den kompletten Damenflügel.

Abschnitt C – Opfer für Strukturschäden

Wir begeben uns zu einem noch aufregenderen Teil des Kapitels: zu den Opfern, die AlphaZero bringt, um den gegnerischen König bloßzulegen.

Partie: „Zauberschach"

Aus einer beschaulichen Anti-Berliner Variante findet AlphaZero einen verblüffenden Weg, mittels eines doppelten Bauernopfers (14…f5, 16…e3) Gefahr ins Spiel zu bringen. Daraus resultiert ein plötzlicher Angriff, der zumindest Dauerschach garantiert. AlphaZero sucht nach mehr, doch Stockfish gerät nicht ins Wanken.

Themen der Partie:

1. Materialopfer, um Raum für Angriffsfiguren zu öffnen [14…f5]
2. Materialopfer zur Beschädigung der gegnerischen Königsstellung [16…e3]

Stockfish 8
AlphaZero
London 2018

1.e4 e5 2.♘f3 ♘c6 3.♗b5 ♘f6 4.d3 ♗c5 5.♗xc6 dxc6 6.c3 ♗d6 7.0-0 ♗e6
Ein neuer Zug von AlphaZero. 7…♗g4 8. h3 ♗h5 9. ♘bd2 ♘d7 10. d4 exd4 11.cxd4 0-0 wurde in Parawjan - Jakowenko, Khanty-Mansiysk 2017, gespielt.
8.b3 h6 9.♘bd2 ♘d7 10.♘c4 0-0 11.♖e1 ♖e8 12.d4 ♗xc4 13.bxc4 c5 14.d5
Als ich durch die Partie sauste, rechnete ich mit 40 oder 50 Zügen Langeweile mit allerlei langatmigen Manövern beider Seiten. Auf AlphaZeros Lösung des Stellungsproblems war ich nicht gefasst!

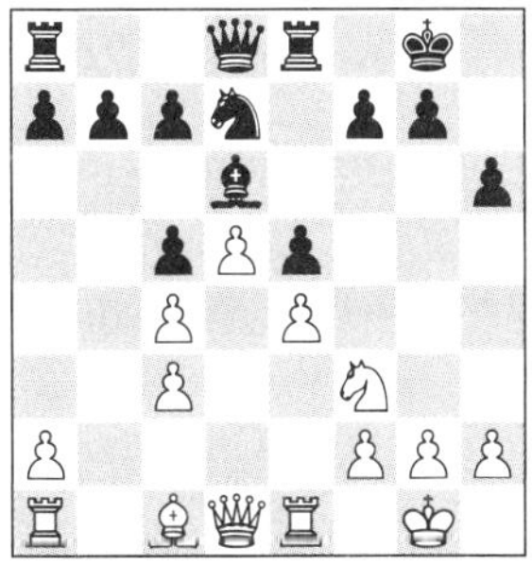

14…f5 15.exf5 e4 16.♘d2 e3

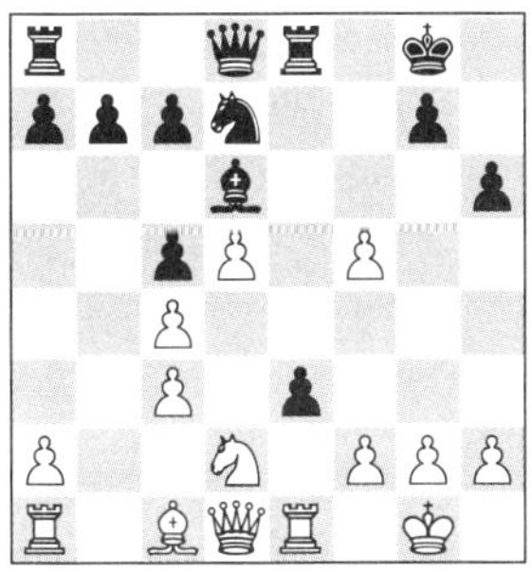

Eine fantastische Idee. Mit 14…f5 und 15…e4 hat Schwarz die Diagonale b8-h2 geöffnet, um seinen dunkelfarbigen Läufer auf den weißen König zielen zu lassen, und 16…e3 lenkt den weißen Bauern von f2 weg, was den Anziehenden daran hindert, eine wirkungsvolle Bauernbarriere auf der Diagonale b8-h2 zu errichten.
Ein Schlüsselfaktor für dieses Opfer ist die beschädigte weiße Struktur am Damenflügel. Weiß könnte seinen Königsflügel mit 17.fxe3 ♕h4 18.♘f3 verteidigen, doch nach 18…♕xc4 ist die verbleibende Bauernstruktur von Weiß eine Schande. Der Läufer c1 wird von den Bauern auf c3 und e3

eingeengt (die beide nicht vorrücken können), während die Bauern auf d5 und f5 verwundbar sind.
Wenn Weiß einen Bauern auf b3 gehabt hätte (oder, anders ausgedrückt, keinen verdoppelten c-Bauern), hätte dieser scharfe Angriff nicht funktioniert. Ein interessantes Beispiel dafür, wie eine riskante positionelle Entscheidung am Damenflügel es dem Gegner erleichtert, scharfe Aktionen am Königsflügel einzuleiten, da der Angreifer gute Chancen hat, auf positionelle Kompensation zurückgreifen zu können, falls sein Angriff nicht durchschlägt.
17.fxe3

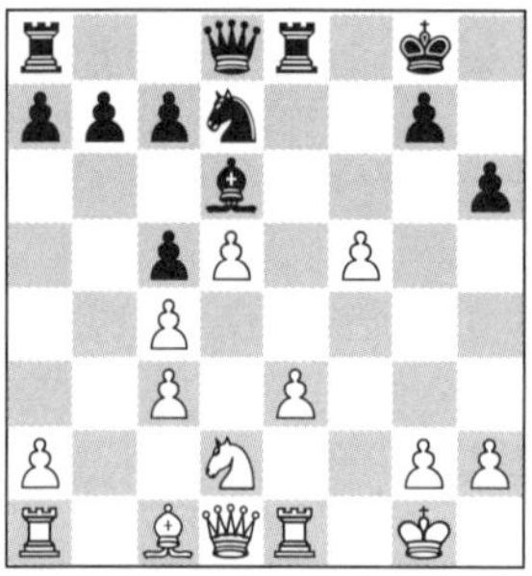

17...♕h4 18.g3 ♗xg3 19.hxg3
19.♘f3, was die Gelegenheit ergreift, den Springer mit Tempo zum weißen König zu führen, drängte sich auf. Die Engines sind freilich nicht beeindruckt! 19...♕h3 (19...♗f2+ 20.♔g2 ♕e4 21.♔xf2 ♖f8 ist die von meiner Engine bevorzugte Variante. Der weiße König entkommt zum Damenflügel, doch die weißen Figuren sind gebunden: 22.♘d2 ♖xf5+ 23.♔e2 ♕g2+ 24.♔d3 ♘e5+ 25.♔c2 ♖f2 26.e4 ♘xc4. Ich halte den König lieber in der Brettmitte fest, und Sie werden sich freuen zu hören, dass AlphaZero mit mir übereinstimmt!) 20.hxg3 ♕xg3+ 21.♔f1 (21.♔h1 ♖e4, und der zusätzliche Springerzug nach f3 – im Vergleich zur Partie – hat seine Nachteile: der schwarze Turm kann das Feld e4 frei betreten). Und nun:

A) 21...♖e4 war meine Wahl, doch nur die zweite von AlphaZero: 22.♔e2 (auf 22.♕e2 gewinnt 22...♖g4. Mithin muss der weiße König rennen). 22...♕f4 war meine Idee. Dieser Zug hält den weißen König in der Todeszone fest und verhindert seine Flucht zum Damenflügel: 23.♖g1 (23.♔d3 ♕xf5; 23.♖f1 ♖ae8). 23...♖f8. Schwarz hat hier viele andere Möglichkeiten (z.B. 23...♖ae8 oder 23...♕xf5), die allesamt aussichtsreich erscheinen. Weiß hat keinen einfachen Weg, um seinen König aus der Gefahrenzone zu bringen, derweil Schwarz die weiße Stellung zu unterminieren anfängt, indem er Bauern schlägt, beginnend mit f5 (...♕xf5) und c4 (...♘b6xc4);

B) 21...♕h3+ war im Begriff, AlphaZeros Wahl zu werden: 22.♔e2 ♕xf5 23.♖f1 ♖f8 24.♘d2 ♕h5+ 25.♔d3 ♕g6+ 26.e4 ♘e5+ 27.♔c2 ♖xf1 28.♕xf1 ♕g3 29.♔b3 ♖f8 30.♕d1 ♖f6.

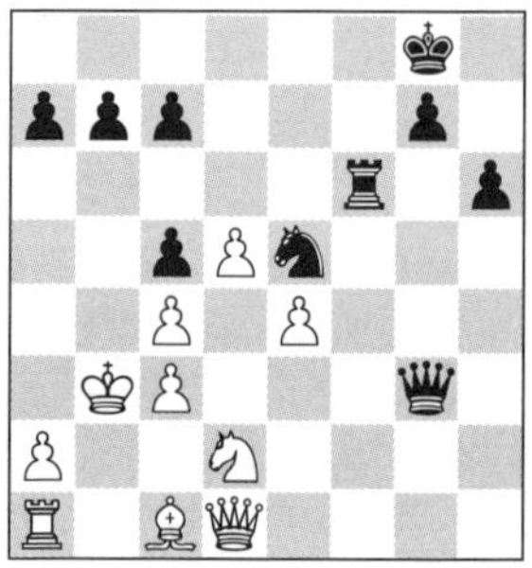

Großartige Beweglichkeit des Turms! 31.♕e2 ♖f2 32.♘f1 ♕h4 33.♕d1.
Dies war das Ende von AlphaZeros Analyse, mit einer Gewinnerwartung von 55% für Schwarz, trotz der weißen Mehrfigur.

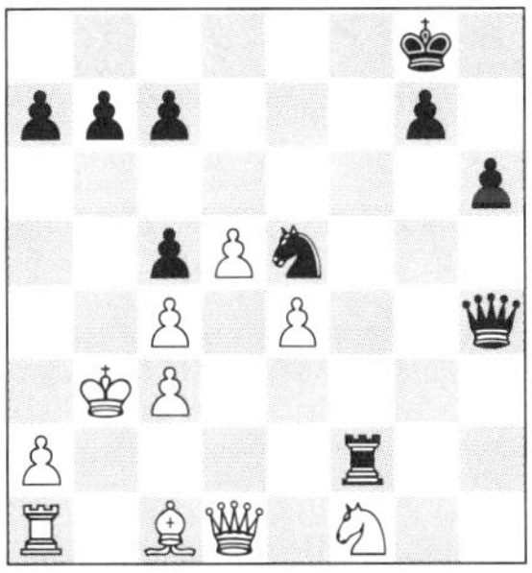

e4 geht natürlich verloren, und Weiß ist mit seinem schwachen König nach wie vor gebunden.
Nach einer Minute Analyse bewerten meine Engines die Stellungen von 0,00 bis -0,39, was ausgeglichen oder besser für Schwarz ist.

19...♕xg3+ 20.♔h1

Schwarz hat zumindest Remis, doch AlphaZero sieht sich nach mehr um.

20...♖e5

20...♘e5 wirkte wie eine natürlichere Weise, den Kampf fortzusetzen; der Springer wird herangeführt, bevor Schwarz versucht, den Turm in den Angriff einzubeziehen. AlphaZero gefällt hierauf aber 21.e4 nicht, wonach es nichts Besseres sieht, als mit 21...♕h3+ und 22...♕g3+ ein Remis durch Zugwiederholung zu erzwingen.

21.♖e2

21.e4 ♘f6 wäre sehr gefährlich für Weiß. Genau aus diesem Grund wollte AlphaZero nicht 20...♘e5 spielen: nach 20...♖e5 21.e4 ♘f6 gelingt es Weiß nicht, seine Bauernkette als Wall gegen die schwarzen Angriffsfiguren zu nutzen: 22.♖e2 (22.♕e2 ♖ae8 23.♖g1 ♘xe4 24.♘xe4 ♕h4+ 25.♕h2 ♕xe4+ 26.♕g2 ♖xf5 27.♕xe4 ♖xe4 lautet die Enginevariante, wonach mindestens zwei weitere Bauern fallen, derweil der weiße König exponiert steht. Ich wäre hier lieber Schwarz) 22...♘xe4

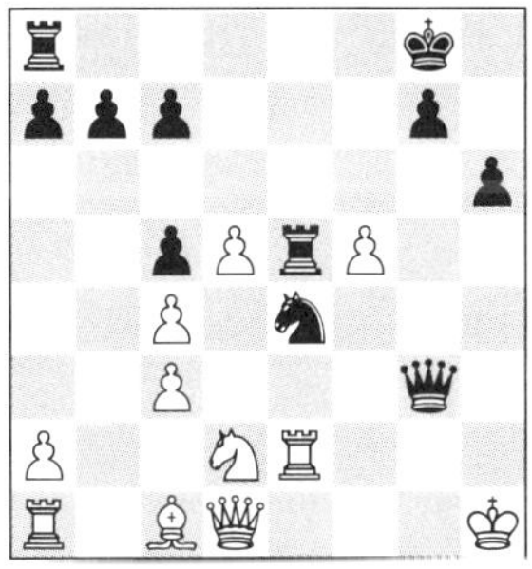

23.♖xe4 (23.♘xe4 ♕f3+ 24.♔g1 ♖xe4) 23...♕h3+ 24.♔g1 ♖xf5 25.♘f1 ♖af8 26.♗e3 ♖h5.

21...♖xf5 22.♖g2 ♕h3+ 23.♖h2 ♕xe3 24.♗a3

Ein seltsamer Zug (24.♗b2 wäre eine natürlichere Weise, den Läufer aus dem Weg zu räumen und den Turm a1 ins Spiel zu bringen), doch scheint das alles haltbar für Weiß.

24...♖e8 25.♕g4 ♖f7 26.♕h4 ♖ee7

Nicht 26...♘e5, da 27.♖e1 für Weiß gewinnt!

27.♖g1 ♘e5

Droht 28...♘d3.

28.♖g3 ♕e1+ 29.♖g1 ♕e3 30.♖g3 ♕e1+ 31.♖g1 ♕e3 ½:½

Stockfish ist froh, die Züge zu wiederholen, und AlphaZero kann nicht ausweichen.

Partie: „Nicht genug Zeit sich zu verteidigen, nicht genug Zeit für einen Gegenangriff"

AlphaZero spielt den typischen Vorstoß 9.g4 zwecks Öffnung der g-Linie gegen den schwarzen König, geht aber mit einem Figurenopfer (12.gxh6), das vom schwarzen Bauernschutz nicht nur den g-, sondern auch den h-Bauern wegreißt, noch einen Schritt weiter. Stockfish steht vor einer undankbaren Aufgabe, da es über wenig Spielraum für Gegenspiel verfügt, derweil AlphaZero seine

Truppen am Königsflügel weiter formiert. Stockfishs Mittel der Wahl bei der Verteidigung, nämlich Störmanöver mit der Dame, erweist sich als Bumerang und endet mit dem raschen Verlust der Dame. AlphaZero verwertet die entstehende Position mit Leichtigkeit.

Themen der Partie:

1. Materialopfer zwecks Linienöffnung gegen den gegnerischen König [9.g4]
2. Materialopfer zur Schädigung der gegnerischen Struktur am Königsflügel [12.gxh6]

AlphaZero
Stockfish 8
London 2018

1.♘f3 ♘f6 2.c4 e6 3.♘c3 d5 4.d4 c6 5.♗g5 ♗e7 6.e3 h6 7.♗f4

Ein unüblicher Rückzug. 7.♗h4, was den Läufer auf der Diagonalen h4-d8 belässt, ist natürlicher und wird weitaus öfters gespielt. Doch in Verbindung mit dem aggressiven Vorgehen im neunten Zug hat auch der Textzug seine Logik.

7...0-0 8.♕c2 ♘bd7

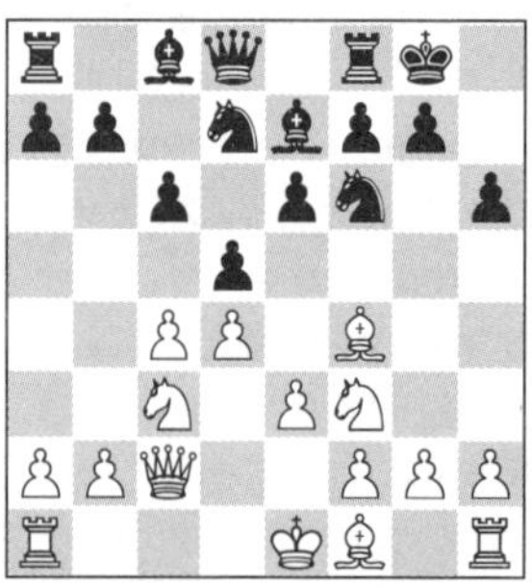

9.g4

Ein scharfer Anschlag auf die schwarze Stellung. Fairerweise muss man sagen, dass seitdem die lettischen Spieler Schirow und Schabalow zu Beginn der Neunziger Jahre ein scharfes System mit frühem g2-g4 gegen den Semi-Slawen entwickelt haben, die Weißspieler in fast jeder Stellung schon g2-g4 versuchten. g2-g4 ist ein Störzug, mit dem g4-g5 erstrebt wird, wonach der schwarze Springer f6 einen neuen Posten wird finden müssen. Das funktioniert besonders gut, wenn Schwarz (so wie hier) schlechte Kontrolle über e4 hat. Wenn Schwarz mit seinem Springer nach g4-g5 nicht einen Zentrumsposten einnehmen kann, sieht seine Stellung nicht mehr so gut aus. Sobald der Springer f6 verlassen muss, gewinnt Weiß zusätzliche Kontrolle über das Zentrum samt Druck auf der Diagonalen b1-h7.

Natürlich steht der Bauer g4 hier ein, doch ihn zu schlagen wäre wegen der durch 6...h6 geschaffenen Schwäche zu riskant. Auf 9...♘xg4 wäre 10.♖g1 sehr unangenehm, da 10...♘gf6 11.♗xh6 den Bauern umgehend wieder verlieren würde. Der Bauer auf h6 belastet Schwarz mit einem weiteren Problem: 9.g4 droht 10.g5, womit Weiß beginnend mit dem Bauern auf h6 den schwarzen Königsflügel aufrollt.

9...dxc4

Eine verständliche Reaktion: Schwarz gibt zwar die Kontrolle über e4 auf, räumt aber d5 als mögliches zentrales Fluchtfeld für den Springer. Zugleich wird Schwarz mit nachfolgendem ...b7-b5, ...♗b7 und ...c6-c5 dem weißen Flügelangriff mit Aktivität im Zentrum und am Damenflügel begegnen. Dies übt Druck entlang der Diagonalen a8-h1 aus, die Weiß mit 9.g4 geschwächt hat.

10.♖g1

10.g5 hxg5 11.♘xg5 wäre meine spontane Reaktion gewesen. AlphaZero nimmt einen anderen Weg, zugleich ist dies der erste neue Zug in der Partie.

10...♘d5

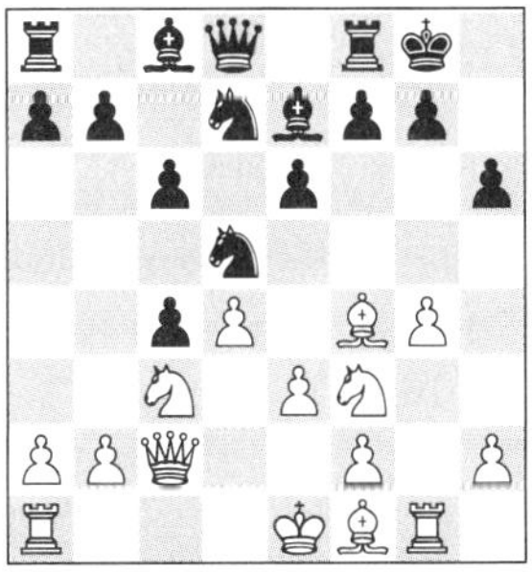

Macht sich das freie Feld d5 zunutze, um g4-g5 aus dem Weg zu gehen.

11.g5 ♘xf4 12.gxh6

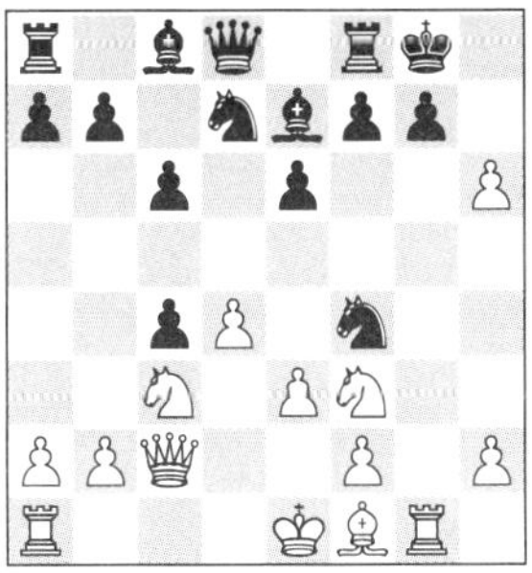

Ein intuitives Opfer, das keine meiner Engines so richtig zu würdigen wusste, mit Werten von -0,18 bis -0,82. Natürlich gibt es kein sofortiges Matt, doch mit der offenen g-Linie, mehr Raum sowie der gehemmten Entwicklung von Schwarz weiß man, dass Stockfish gegen AlphaZero zu leiden haben wird.

12...♘h5

Die beste Verteidigung. Es ist interessant zu sehen, wie die diversen Engines nun fortsetzen wollen. Einige von ihnen lassen sich zu Ideen mit ♗e2 und ♘e5 hinreißen, was den instabilen Springer auf h5 ins Visier nimmt und versucht, das geopferte Material zurückzugewinnen.
Stockfish ist – genau wie AlphaZero – eher erpicht, mit 13.hxg7 den Königsflügel zu öffnen, wonach die aktiven Figuren von Weiß den Rest besorgen sollen. Der Unterschied ist, dass derweil Stockfishs Bewertung eher lauwarm ist (+0,07), AlphaZero bereits bei einem Erwartungswert von 70,7% steht, was eine gehörige Verbesserung zu seiner Bewertung der weißen Chancen beim ersten Zug darstellt.
Intuitiv bin ich näher bei AlphaZeros Einschätzung: Ich würde diese Stellung mit Schwarz nicht verteidigen wollen.
12...♘g6 13.♖xg6 fxg6 14.♕xg6 ♖f7 (14...♗f6 15.♘g5 ♖e8 16.h7+ ♔h8 17.♘f7# wäre ein hübsches Matt) 15.h7+ ♔h8 16.♕xf7 ist viel besser für Weiß.

13.hxg7 ♘xg7 14.0-0-0

14.♗xc4 würde desgleichen sehr vernünftig aussehen, doch AlphaZero begnügt sich nicht damit, einen Läufer in den Angriff zu bringen. Es möchte die wirklich großen Teile in Szene setzen!

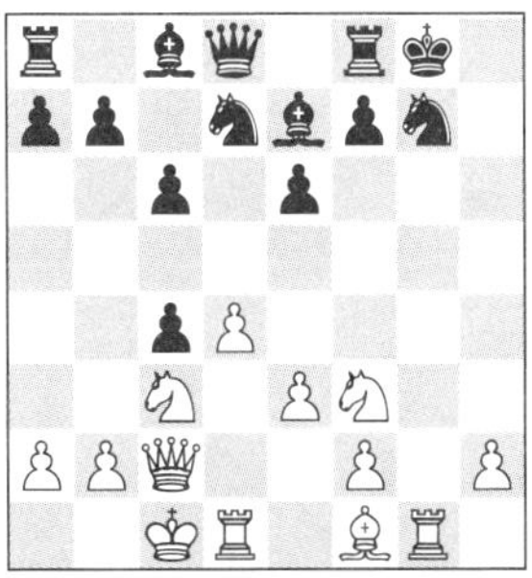

Es ist an der Zeit, die Stellung einzuschätzen. AlphaZero hat eine Figur geopfert, um die g- und

h-Bauern bei Schwarz wegzureißen und die g-Linie zu öffnen. Weiß ist jedoch einige Züge davon entfernt, konkrete Mattdrohungen gegen den schwarzen König aufzustellen, also wieso sollte diese Stellung etwas Besonderes für Weiß darstellen?
Das Problem von Schwarz ist, dass nicht klar ist, was er mit ein paar Zügen erreichen soll. Der schwarze Königsflügel ist zu stark beschädigt, um ihn geschwind zu verarzten, während zwei Züge auch nicht genug sind, um AlphaZero durch das Organisieren eines Gegenspiels gegen seinen König abzulenken.
Es ist schwer zu sagen, was man mit Schwarz hier anstreben soll. Ich war am ehesten auf 14...b5 erpicht, was den weißfeldrigen Läufer von d3 fernhält und die Hoffnung auf gewisses Gegenspiel am Damenflügel mit ...b5-b4 nährt:

A) 14...b5 15.♕e4 (die richtungsweisende Idee: AlphaZero handelt mit Damen, nicht mit Läufern! 15.♗xc4 bxc4 16.♖xg7+ ♔xg7 17.♖g1+ sieht verlockend aus, doch nach 17...♔h8 gibt es keine gute Fortsetzung. Indem die Dame ins Gefecht geführt wird, rückt die Gefahr einer Opferkombination wesentlicher näher).

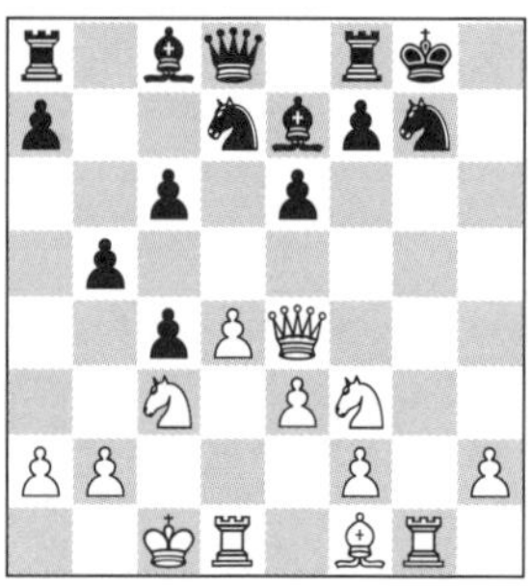

A1) 15...f5 wäre die wünschenswerte Idee für Schwarz, um die Diagonale b1-h7 zu blockieren und den weißen Figuren noch mehr helle Felder zu nehmen, doch ... 16.♕xe6+. Der Springer auf g7 ist gefesselt! 16...♖f7 17.♕h6 nebst Verdopplung auf der g-Linie wäre schrecklich für Schwarz;

A2) 15...b4 16.♗d3 cxd3 17.♖xg7+ ♔xg7 18.♖g1+ ♔h8 19.♕g4, und das Matt lässt nicht lange auf sich warten;

A3) 15...♘b6 war eine weitere Idee, um e6 zu decken und zu hoffen, so zu ...f7-f5 zu kommen: 16.♗xc4. Vergebens! 16...f5 (16...♘xc4 17.♖xg7+) 17.♗xe6+;

A4) 15...♖e8 räumt f8 für den Läufer, der von dort g7 verteidigen soll, und verschafft dem schwarzen König eine Fluchtroute via f8. Dies entschärft das Opfer auf g7 für den Moment. 16.♕f4 wäre dann äußerst unangenehm, mit Ideen wie ♘e5 oder ♘e4 wie auch den Standard-Opferwendungen (16.♗d3 cxd3 17.♖xg7+ ♔xg7 18.♖g1+ ♔f8 19.♕h7 ♗f6, und der König entkommt): 16...f5 17.♕h6 ♗f6 18.♘e5 ♕e7 19.f4, wonach Weiß in irgendeiner Kombination ♖g3, ♗e2, ♖dg1, ♖h3 und ♗h5 folgen lässt. Das kann Schwarz nicht alles aufhalten.

B) 14...f5 war eine weitere logisch wirkende Idee: die Diagonale b1-h7 wird blockiert und der weißen Dame e4 verwehrt. Dies wendet ein unmittelbares Desaster zwar ab, ist aber alles andere als angenehm: 15.♗xc4 ♘b6 16.♗b3 nebst Verdopplung auf der g-Linie: 16...♘d5 17.♖g3 ♘xc3 18.♖dg1 ♖f7 19.bxc3 gefolgt von ♘e5, f2-f4 und ♕g2 ist eine Beispielvariante für den beschwerlichen Ritt, der Schwarz bevorsteht.
Stockfish versucht mit seinem Zug die weiße Angriffsformation

zu stören, indem es seine Dame auf einen Verteidigungsposten am Königsflügel bringt; dies erweist sich aber als Schlag ins Wasser: Weiß nimmt die verursachte Störung kaum zu Notiz, wohingegen die Dame am Königsflügel viel zu exponiert steht.

14...♕a5 15.♗xc4 ♕f5 16.♕e2

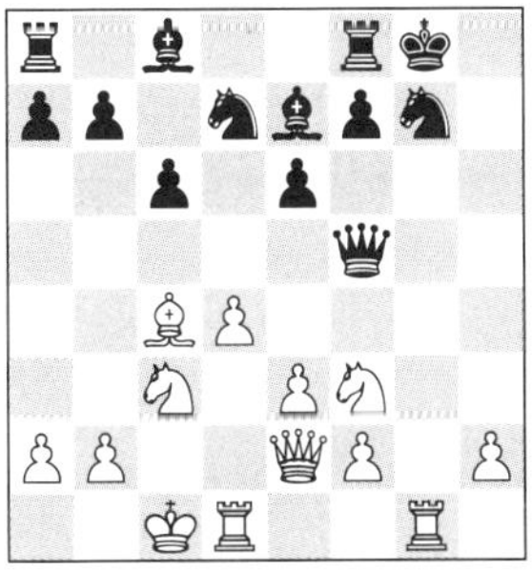

Weicht einfach dem Damentausch aus und bereit die Verdopplung der Türme vor. Meine Stockfish-Engine bewertet die Stellung unablässig mit 0,00, trotz der großen Gefahr. Das Stockfish, welches gegen AlphaZero antrat, war aber bereits deutlich darunter gefallen.

16...♕h7 17.♖g3 ♔h8

Urplötzlich erkennt Stockfish nach diesem Zug die fette Idee von Weiß, und seine Bewertung stürzt auf +1,55.

18.♖dg1 ♘f5 19.♕f1

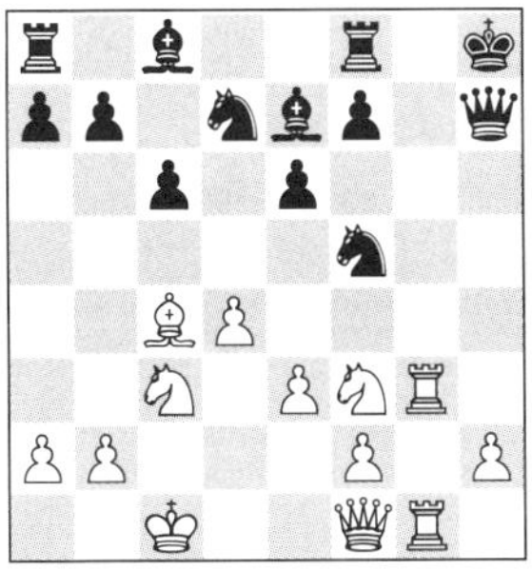

19...♘xg3 20.♖xg3

Eine hübsche Idee: es gibt keine Verteidigung gegen ♖h3, was das geopferte Material zurückgewinnt und Schwarz weiterhin mit einem exponiert stehenden König belässt. Stockfish kämpft noch eine Weile tapfer weiter, doch es gibt in dieser Lage keine Rettung.

20...♖g8 21.♖h3 ♖g7 22.♖xh7+ ♖xh7 23.♗d3 ♖g7 24.♕d1 ♘f6 25.♘e5 ♗d7 26.♕f3 ♖f8 27.♘e2 ♔g8 28.a3 ♗e8 29.♔b1 a5 30.e4 b5 31.♗c2 h4 32.a4 ♔h8 33.♔a2 ♔g8 34.♘g3 ♖g5 35.♕d1 ♔h8 36.♗b3 ♖g7 37.♕c2 ♘g4 38.♘xc6 ♗xc6 39.♕xc6 ♖h7 40.♕c7 ♗d8 41.♕f4 ♖g8 42.♗d1 ♘f6 43.h4 ♘d7 44.h5 ♘f6 45.d5 ♖e8 46.d6 ♖g7 47.h6 ♖h7 48.e5 ♘d5 49.♕d2 ♖g8 50.♗b3 ♗g5 51.♕d1 ♘b6 52.♘e4 1:0

HISTORISCHES GEGENSTÜCK

Schirows g2-g4

Im Jahr 1992 führte der große, aus Lettland stammende Angriffsspieler Alexei Schirow in einem zuvor als ruhig erachteten Abspiel des Semi-Slawen eine verblüffende Idee in die Praxis ein. Mit dieser Variante gelangen ihm einige fantastische

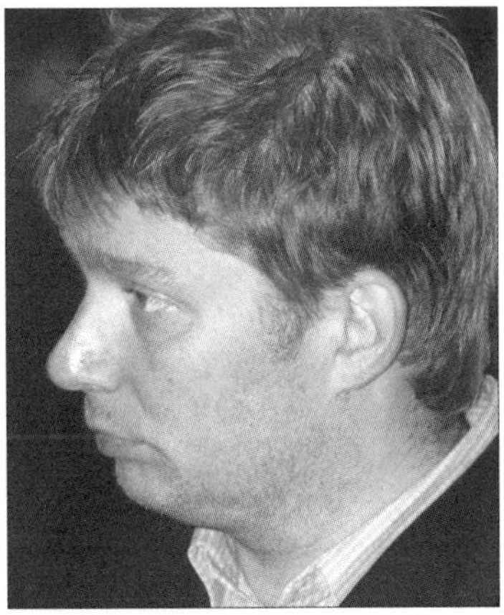

Der große lettische Angriffsspieler Alexei Schirow führte in einem ruhigen Semi-Slawen das verblüffende 7.g4 in die Praxis ein.

Partien, eine davon zeigen wir hier. Man beachte, wie der Vorstoß g2-g4 Unordnung ins schwarze Lager bringt und Weiß einen großen Raumvorteil gibt.

Alexei Schirow 2655
Throstur Thorhallsson 2425
Reykjavik 1992 (5)

1.d4 d5 2.c4 c6 3.♘c3 ♘f6 4.♘f3 e6 5.e3 ♘bd7 6.♕c2 ♗d6 7.g4

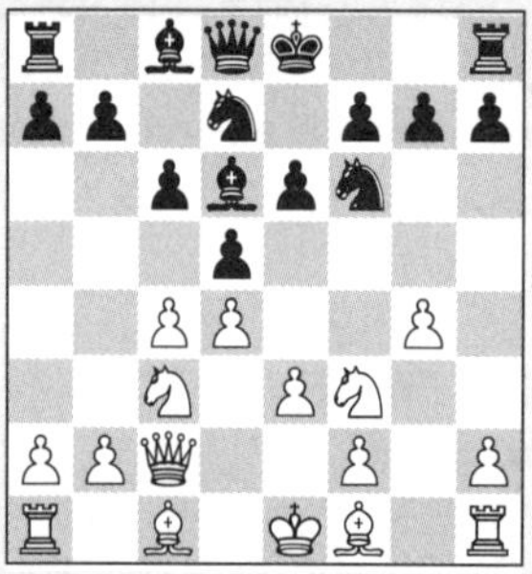

Da haben wir es! Alexeis großmeisterlicher Gegner aus Island ignoriert das Geschenk einstweilen.

7...0-0 8.g5 ♘h5 9.♗d2 f5

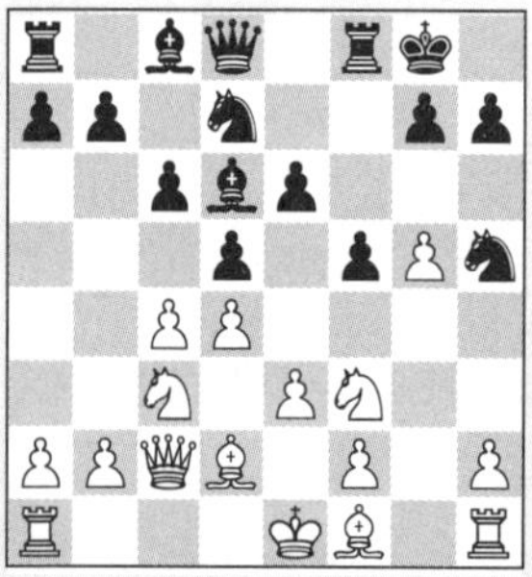

Schwarz war offenkundig besorgt, dass sein eigensinniger Springer h5 nach ♗e2 und ♘e5 zum Angriffsziel werden könnte, aber dieser Zug macht es auch nicht besser: Weiß öffnet die g-Linie, und nach dem Abtausch des f-Bauern sind die hellen Felder am schwarzen Königsflügel geschwächt.

10.gxf6 ♘hxf6 11.♘g5 ♕e8 12.0-0-0 h6 13.h4

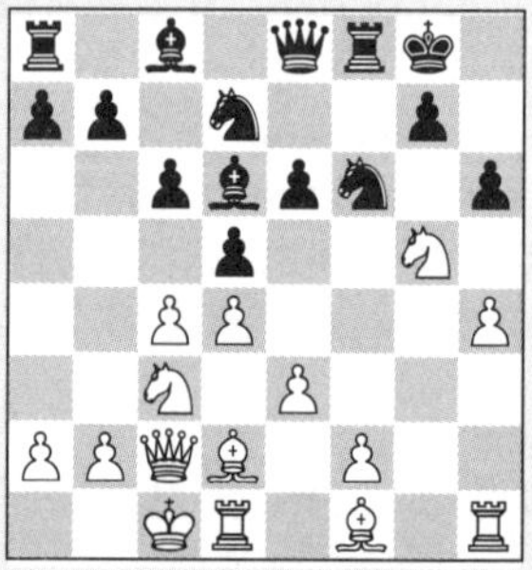

Es gibt kein Zurück! Schirow hat nicht vor, den Springer von seinem Angriffsposten zurückzuziehen.

13...♗b4

Versucht durch Abtausch eines weißen Verteidigers (des Springers c3) ein wenig Kontrolle über e4 zu erlangen. Dieser Zug bewegt aber eine bereits entwickelte Figur, schwächt die dunklen Felder von Schwarz und tut nichts dafür, die schwarzen Damenflügelfiguren ins Spiel zu bringen.

14.♗d3 ♗xc3 15.♗xc3 hxg5

Wohl mit der Einstellung gespielt, dass man lieber mit Materialvorteil leidet als mit Materialnachteil!

16.hxg5 ♘e4 17.♗xe4 dxe4 18.♕xe4

Eine enorme Stellung für Weiß.

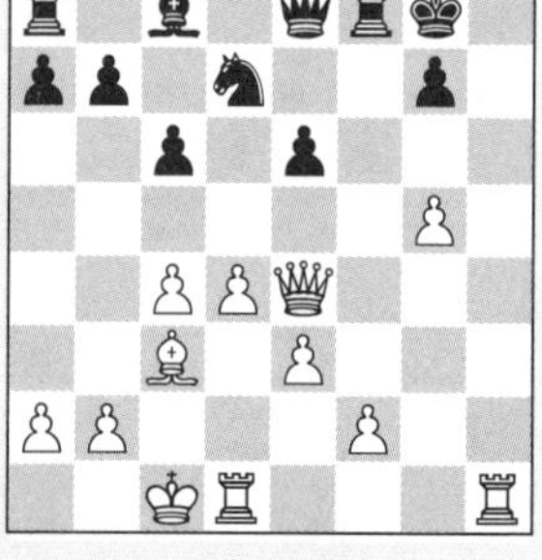

Die h-Linie weist den offensichtlichen Weg zum Einbruch in die schwarze Stellung, und Schirow plant zudem, Schwarz mit seinen Zentrumsbauern niederzuwalzen.

18...♖f5 19.♕h4 ♕g6 20.♕h8+ ♔f7 21.f4 ♘f8 22.♕h4 ♔e8 23.e4 ♖f7 24.♖he1 ♔d8 25.d5

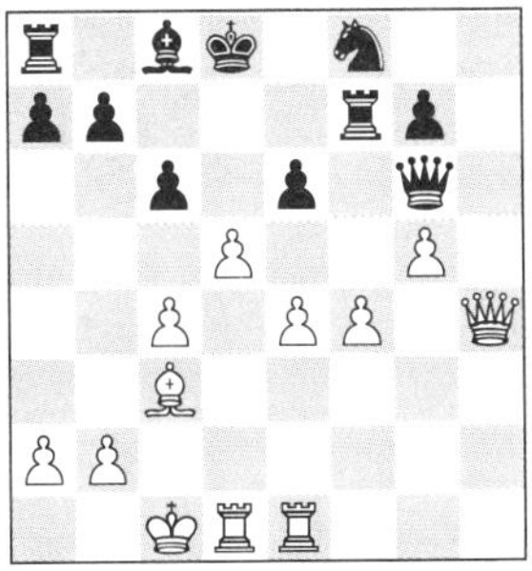

25...cxd5 26.cxd5 ♗d7 27.f5

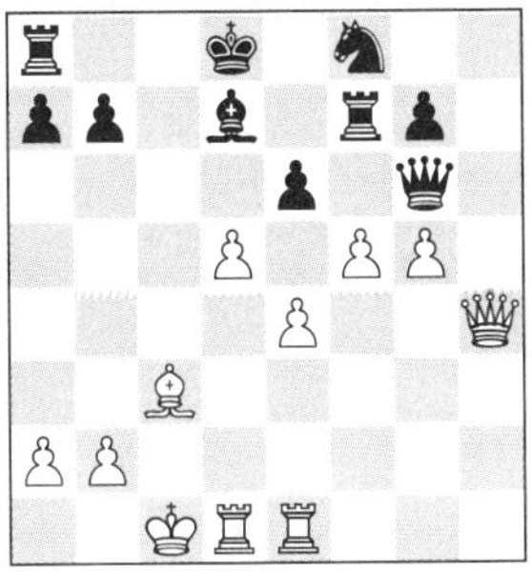

27...exf5 28.e5

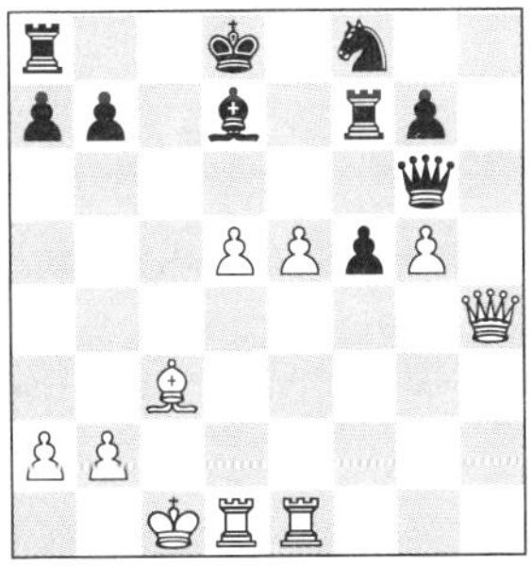

Solch ein flüssiges Angriffsspiel! Schwarz ist hilflos!

28...f4 29.e6 ♗a4 30.♖d2 ♖f5 31.♕f2 f3 32.♖e4 ♖xg5 33.♖xa4 ♖g1+ 34.♖d1 ♖g2 35.♕h4+ ♔e8 36.♖e4 ♖c8 37.d6 ♖d8 38.♕e7#

KAPITEL 12

Königsangriff: Entgegengesetzte Rochaden

AlphaZero mag Szenarios, in denen es den Freibrief zum Opferaufmarsch seiner Bauern gegen die gegnerische Königsstellung hat. In diesem Kapitel betrachten wir einige mitreißende Beispiele, in denen die lange Rochade der Auftakt zu einem gefährlichen Angriff war.

Kapitel 12 – Königsangriff: Entgegengesetzte Rochaden – Kernpunkte

Thema	Zum Damenflügel rochieren, auf die andere Seite des Brettes als der Gegner.
Zweck	Wenn man den König auf die zum Gegner entgegengesetzte Seite stellt, ergeben sich viele zusätzliche Angriffsmöglichkeiten, z.B. Bauernstürme oder Bauernopfer.
Was sind die Voraussetzungen?	Der gegnerische König muss angreifbar sein – z.B. wegen eines schwachen Bauernschutzes oder unzureichender Verteidigungskräfte –, anderenfalls präsentiert man einfach nur dem Gegner ein Angriffsziel!
Was sind die Risiken?	Dem Gegner steht es ebenso frei, Bauern in Richtung des Königs vorzustoßen und zu opfern! Man sollte sich stets bewusst sein, dass das gegnerische Gegenspiel gegen den eigenen König gefährlich sein kann.
Einzigartige Umsetzung durch AlphaZero	AlphaZeros König scheint niemals in Schwierigkeiten zu stecken, wenn AlphaZero lang rochiert! AlphaZero bekommt es immer wieder so hin, dass der Gegner zu beschäftigt mit seiner Initiative ist, um Gegenspiel zu entwickeln.
Komplexität der entstehenden Stellungen	Hohe Komplexität. Stellungen mit Königen auf entgegengesetzten Flügeln führen häufig zu spektakulären und komplizierten Auseinandersetzungen, bei denen ein einziges Tempo den Unterschied zwischen Sieg und Niederlage ausmachen kann.
Irgendwelche Tipps?	Der schematische Ansatz, nach dem AlphaZero Angriffe aufbaut, funktioniert besonders gut mit entgegengesetzten Rochaden.

Ein bemerkenswertes Kennzeichen des Spiels von AlphaZero ist dessen Tendenz, zum entgegengesetzten Flügel zu Stockfishs König zu rochieren. Der Grund hierfür ist simpel: AlphaZero ist begierig darauf, Linien gegen den gegnerischen König zu opfern (typischerweise am Königsflügel), indem es Bauern opfert (typischerweise zumindest den g-Bauern) und dann die offenen Linien mit seinen Schwerfiguren besetzt. Es macht Sinn für AlphaZero, seinen König auf die entgegengesetzte Brettseite zu stellen (typischerweise den Damenflügel), sowohl um die Sicherheit des eigenen Königs zu gewährleisten wie auch um zu garantieren, dass der König nicht die Bewegungsfreiheit der Türme einschränkt. AlphaZero zeigt diese Tendenz mit beiden Farben, obgleich es mehr geneigt ist, mit Weiß so zu verfahren.

Abschnitt A – Entgegengesetzte Rochaden mit Schwarz

Partie: „Köder am Spielfeldrand“

AlphaZero schiebt in der Eröffnung zunächst die Rochade hinaus und rochiert schließlich zum Damenflügel. Stockfish riecht an diesem Flügel einen schwachen Bauern, doch AlphaZero ignoriert die Drohung, um Zeit für einen Bauernvorstoß am Königsflügel zu gewinnen (11...g5). Ein weiteres Opfer am Königsflügel (15...g3) öffnet die g- und h-Linie, und einmal mehr hat AlphaZero scheinbar wie aus dem Nichts einen gefährlichen Königsangriff hervorgezaubert.

Stockfish gruppiert sich solide um. In der nächsten Partiephase konzentriert sich AlphaZero auf die Schwächung der weißen Bastionen (indem es mit 23...♗c5 eine gute Verteidigungsfigur von Weiß abtauscht) und konsolidiert seinen eigenen König (26...♔b8), bevor es schließlich seine Schwerfiguren auf der h-Linie konzentriert. AlphaZero plant ein langwieriges Springermanöver, um seinen Springer auf den am weitesten vorgelagerten Stützpunkt zu überführen: g3 (30...♘g7). Stockfish findet einen unvorhergesehenen Weg, eine Stellung mit Turm und Springer gegen Dame herbeizuführen, die es nach 166 qualvollen Zügen schließlich hält!

Themen der Partie:

1. Materialopfer, um Zeit für einen Angriff auf den gegnerischen König zu gewinnen [11...g5]
2. Materialoper zwecks Öffnung von Linien gegen den gegnerischen König [15...g3]
3. Abtausch der aktiven Figuren des Gegners, um ihn auf seinen passiven sitzenzulassen [23...♗c5]
4. Langwierige Springermanöver [...♘xc5-e6-g7]

Stockfish 8
AlphaZero
London 2018

1.e4 e5 2.♘f3 ♘c6 3.♗b5 ♘f6 4.♗xc6 dxc6 5.d3 ♗d6 6.0-0 ♕e7

Mit dieser Neuerung behält sich AlphaZero die lange Rochade vor.

7.a4 ♗e6 8.♕e2 h6

Flexible Strategie von AlphaZero: das störende ♘g5 wird verhindert und die aggressive Idee ...g7-g5 in Verbindung mit der langen Rochade ins Spiel gebracht.

9.♗e3 a5

AlphaZero verhindert gern den Aufmarsch eines gegnerischen Randbauern so frühzeitig wie möglich.

10.♖d1 0-0-0

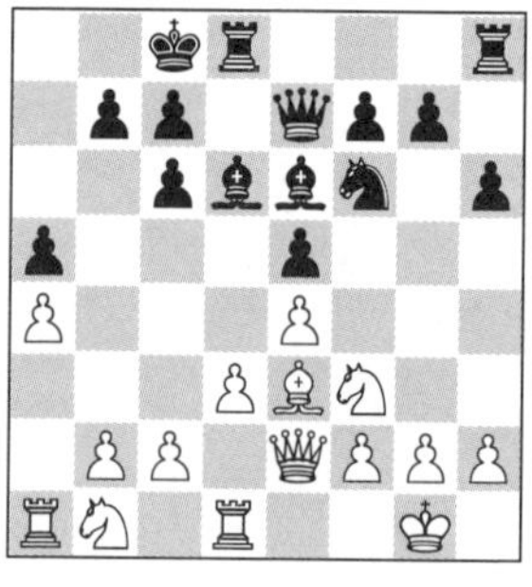

Eine hyperaggressive Idee, insbesondere da Schwarz bereits seinen a-Bauern gezogen hat. Weiß hat die Möglichkeit, AlphaZeros Königsstellung aufzudröseln, indem er an dem exponierten Bauern a5 zupft. Im Gegensatz dazu hat Weiß seinen Königsflügel jungfräulich belassen, was dem Nachziehenden erschweren sollte, dort Linien zu öffnen.

11.♗d2

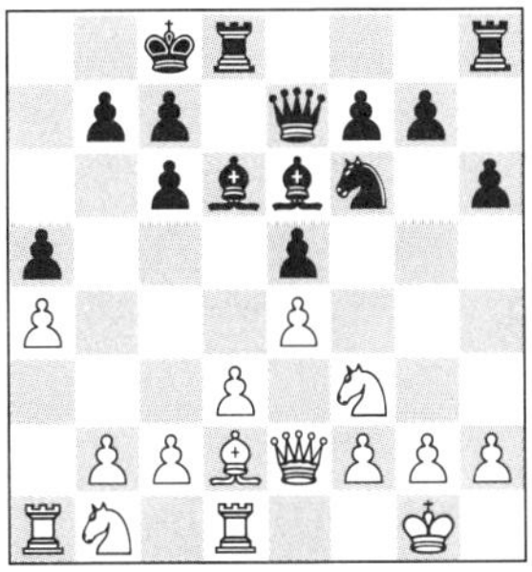

Der Läufer von Weiß ist bereits auf eine aktive Diagonale entwickelt, derweil sein Damenflügel noch unentwickelt ist. Mithin wirkt es unnatürlich, den Bauern a5 aufs Korn zu nehmen, zumal der Läufer dort nicht viel erreicht. Entweder das brachiale 11.b4 oder aber das ruhige 11.♘a3 schienen mehr in Einklang mit den Bedürfnissen der Stellung. AlphaZero braucht jetzt keine Sondereinladung, um am Königsflügel tätig zu werden!

11...g5

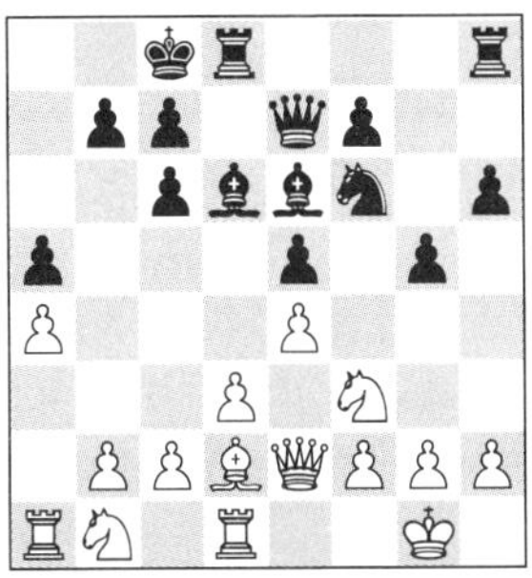

Indem es den Bauern a5 opfert, gewinnt AlphaZero einige Tempi für seinen Königsangriff.

12.♗c3

Ein Zwischenzug, um den schwarzen Springer auf ein passiveres Feld zu zwingen. Nach 12.♗xa5 hat Schwarz die Wahl zwischen 12...g4 13.♘e1 h5 mit der Absicht ...g4-g3 wie in der Partie (der Favorit meiner Engine) oder 12...♘h5 (mein Favorit) 13.g3 g4 mit der Idee 14.♘fd2 ♘f4.

12...♘d7 13.♗xa5 g4 14.♘e1 h5 15.♗d2

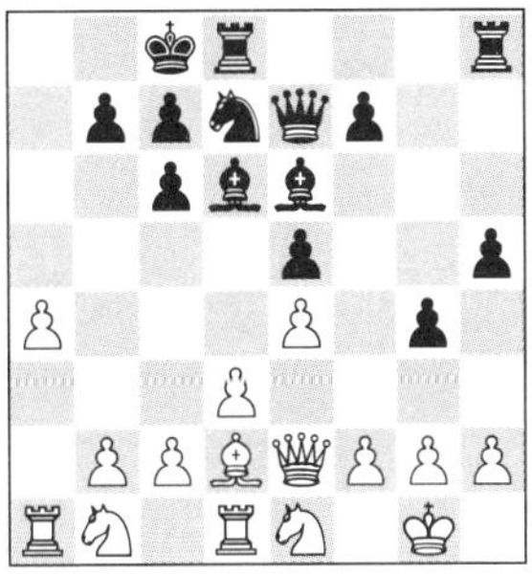

15... g3

Eine typische Methode, um eine bislang unberührte Struktur des Gegners aufzubrechen: man opfere einen Bauern, um einen der gegnerischen Bauern nach vorne zu locken, und attackiere diesen dann mit einem weiteren Bauern!

16.fxg3 h4

Genau so!

17.gxh4 ♕xh4

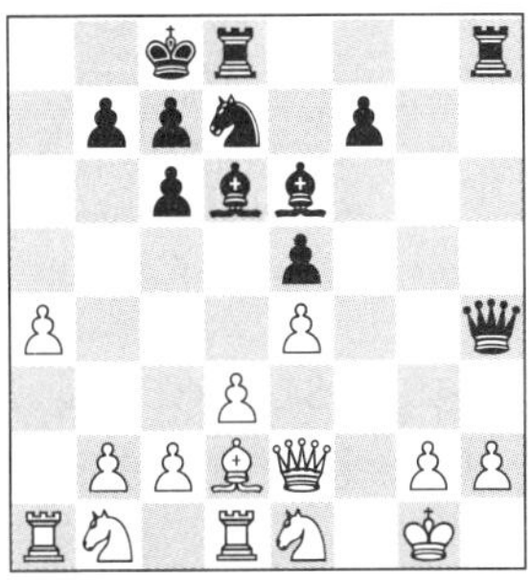

Es ist Zeit, eine erste Bilanz zu ziehen.
AlphaZero hat zwei Bauern geopfert: einen am Damenflügel, für den er drei Tempi gewann (Weiß schlug den Bauern und musste den Läufer zurück ins Spiel bringen) und einen auf dem Königsflügel, womit sich AlphaZero die g- und h-Linie für seine Schwerfiguren geöffnet hat.
Die unmittelbare Aufgabe von Weiß ist, die Schotten dichtzumachen, was Stockfish wie immer hervorragend gelingt.

18.♘f3 ♛h5 19.♗e3

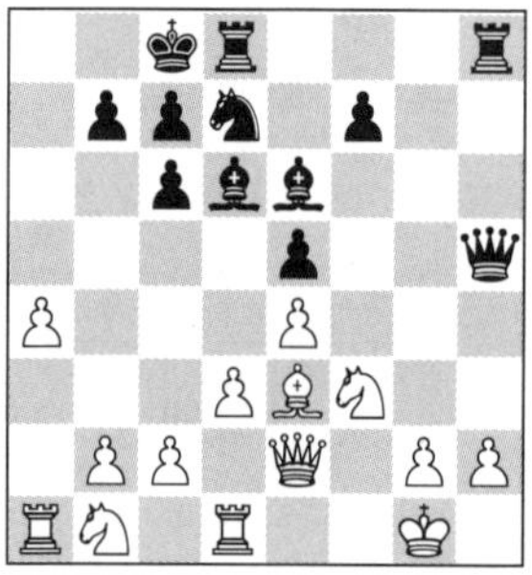

Das weiße Manöver 15.♗d2 und 19.♗e3 könnte leicht unbemerkt bleiben, doch es ist ein wesentlicher Bestandteil von Stockfishs Verteidigungsformation.
Von unserer Untersuchung von AlphaZeros Spiel im Kapitel „Felderkomplexe derselben Farbe“ wissen wir, dass AlphaZero scharf darauf wäre, seine offenen Linien mit einer auf den weißen König gerichteten Diagonale zu ergänzen. Ideal wäre die Diagonale a7-g1, mithin ist die weiße Umgruppierung seines Läufers auf diese Diagonale nach dem Schlagen des Bauern ein erster wichtiger Schritt, um die schwarze Initiative im Zaum zu halten.

19...♜dg8 20.♔h1 f5 21.♘bd2

Ein entscheidender Augenblick im schwarzen Konzept.

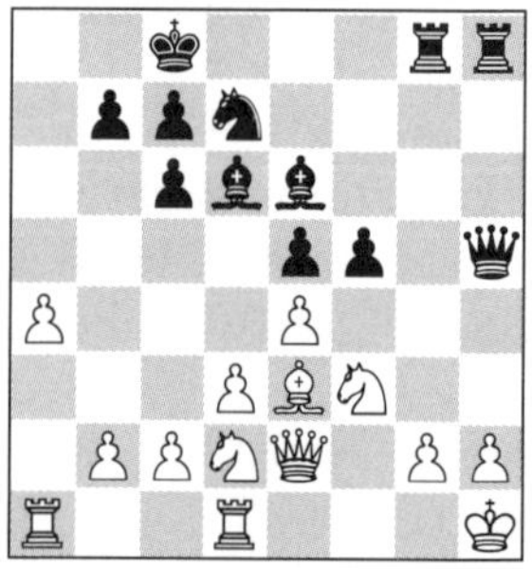

Es wäre töricht anzunehmen, dass nur Schwarz Angriffschancen hat. Weiß hat mit dem Vormarsch a4-a5-a6 zwecks Öffnung des Damenflügels und Bloßlegung des schwarzen Königs seinen eigenen Trumpf.
Mein erster – von AlphaZero inspirierter – Gedanke war, den Springer auf einem Feld in der Nähe des weißen Königs zu stationieren, entweder via ...♘f6-g4, oder (noch verlockender) ...♘f8-g6-f4. Doch in diesen Fällen erweist sich das weiße Gegenspiel am Damenflügel als äußerst gefährlich.
AlphaZeros Herangehensweise ist feinsinniger. Es erkennt, dass es die Diagonale a7-g1 nicht mit seinem schwarzfeldrigen Läufer beherrschen kann, und sieht für diese Figur wenig Zukunft. Es entscheidet sich, den Läufer für eine weiße Verteidigungsfigur abzutauschen und seinen anderen Läufer mit ...f5-f4 und ...♗g4 zu aktivieren.
AlphaZero nimmt sich auch kurz Zeit, um seine Königsstellung mit ...♔b8 zu konsolidieren und beginnt erst dann mit der Überführung seines Springers auf einen in der Nähe des weißen Königs befindlichen Vorposten: g3!

AlphaZero plant, dies via d7-c5(den Abtausch der schwarzfeldrigen Läufer unterstützend)-e6-g7-h5 zu erreichen!

21...f4 22.♗f2 ♗g4

Droht 23...♕xh2+ und zwingt Weiß damit zu einem Verteidigungszug.

23.♖e1 ♗c5 24.♗xc5 ♘xc5 25.♖f1 ♘e6

Unterwegs droht der Springer nach d4 oder g5 zu hüpfen.

26.♖f2 ♔b8

Konsolidiert die schwarze Königsstellung.

27.♖e1 ♕h7 28.♕f1 ♖g6 29.h3 ♖h6 30.♖ee2 ♘g7

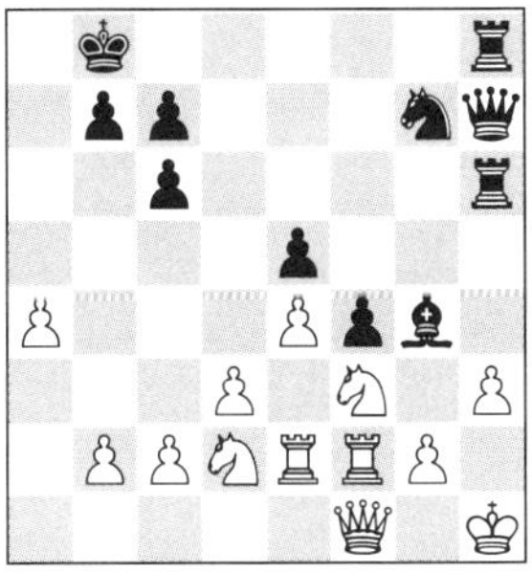

Da kommt er angeschlichen, das Feld g3 vor Augen! Diese Drohung veranlasst Stockfish, das Geschehen zu forcieren und die Situation so zu klären.

31.♘xe5 ♗xh3 32.gxh3 ♖xh3+ 33.♕xh3 ♕xh3+ 34.♖h2 ♕c8 35.♖xh8 ♕xh8+ 36.♖h2 ♕g8

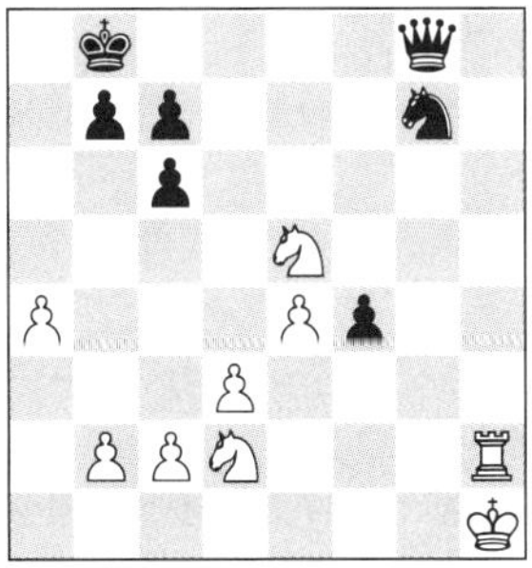

Jene Art von Stellungen, die Menschen sehr rasch verlieren würden, doch meine Engines beurteilen sie nur als etwas schlechter für Weiß! Stockfish macht einen tollen Job und hält die Stellung, doch es ist klar, dass AlphaZero mit seinem Eröffnungskonzept zumindest der moralische Sieger war!

37.b3 ♔a7 38.♘df3 ♘e6 39.♖g2 ♕d8 40.♖h2 ♘c5 41.♔g1 ♘a6 42.♔f1 ♕d6 43.♘f7 ♕f8 44.♘h6 ♘b4 45.♘f5 ♕f6 46.♘e1 ♕d8 47.♔e2 ♕g5 48.♔f1 c5 49.♖h4 ♔b6 50.♖h2 ♔a6 51.♘h4 ♘c6 52.♘hf3 ♕g4 53.♖g2 ♕e6 54.♔e2 ♕f6 55.♖g4

Und Stockfish hielt sich nach 166 Zügen!

Abschnitt B – Entgegengesetzte Rochaden mit Weiß

Es gibt viele Beispiele, in denen AlphaZero mit Weiß lang rochiert, und ich zeige zwei davon:

Partie „Lieber keinen Bauern als einen g-Bauern"

Diese Partie ist eine Variation der zuvor besprochenen Partie ***„Wenn ein Plan perfekt aufgeht"***, in der Weiß einen Bauern auf g2 geopfert und lang rochiert hatte, um Angriffschancen gegen den schwarzen König auf g8 zu erhalten. Einmal mehr legt AlphaZero beim Angriff großen Erfindungsreichtum an den Tag, doch Stockfish hält Schlag um Schlag dagegen. Im 36. Zug trifft AlphaZero eine interessante Entscheidung, indem es Stockfish die Wahl lässt (zwischen einer soliden und einer riskanten Fortsetzung), anstatt die Stellung mit der soliden Fortsetzung zu erzwingen.

Themen der Partie:

1. Materialopfer zwecks Öffnung von Linien gegen den gegnerischen König [11.♘d2]
2. Angriff auf die gegnerische Königsflügelstruktur mit Bauern wie mit Figuren [22.h4]
3. Langwierige Springermanöver [25.♘g5]
4. Öffnung einer Diagonale zur Unterstützung des Angriffs entlang einer Linie [26.e4]
5. Dem Gegner die Möglichkeit zu Fehlern einräumen [36.cxb6]

AlphaZero
Stockfish 8
London 2018

1.♘f3 e6 2.c4 ♘f6 3.♘c3 ♗b4 4.♕c2 0-0 5.a3 ♗xc3 6.♕xc3 a5 7.d4 b6 8.♗g5 ♗b7 9.e3 d6 10.♗d3 ♘bd7 11.♘d2 ♗xg2

Der erste neue Zug: nur Stockfish hat den Mut, diesen Bauern zu schlagen!

12.♖g1 ♗b7

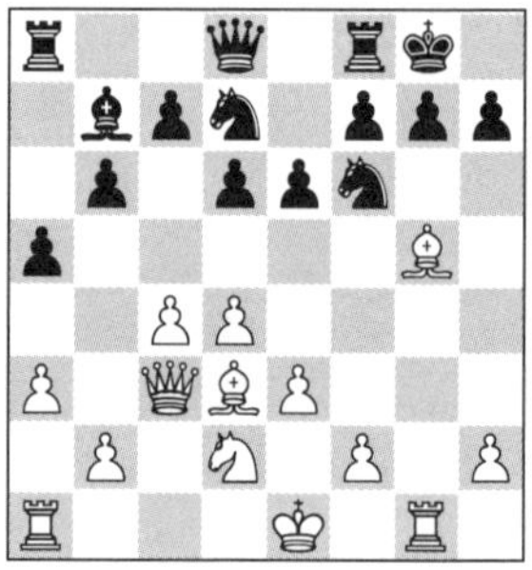

Zusätzlich zum früh in der Eröffnung erworbenen Vorteil des Läuferpaares hat AlphaZero, auf Kosten eines Bauern, die auf den schwarzen König gerichtete g-Linie geöffnet und dort mit Tempo einen Turm platziert. Weiß erfreut sich außerdem eines Raumvorteils im Zentrum und der besseren Zentrumskontrolle: mit dem Zug 11.♘d2 erhöht Weiß seine Kontrolle über e4 und verhindert, dass Schwarz dort einen Springer festsetzen kann.
Man kann sich leicht Wege für Weiß ausmalen, seine Stellung weiter zu verbessern, entweder per Turmverdopplung auf der g-Linie oder durch Vorrücken der Zentrumsbauern mit e3-e4, f2-f4 und e4-e5. Um die schwarzen Ressourcen aufzuspüren,

braucht es mehr Erfindungsgabe, doch gibt es hierfür ja keinen besseren Lotsen als Stockfish.

13.0-0-0

13.♗c2 würde dem bei ***„Wenn ein Plan perfekt aufgeht"*** gesehenen Muster entsprechen. Der Umstand, dass Schwarz hier vor dem Schlagen auf g2 nicht ...h7-h6, ♗h4 eingeschaltet hat, veranlasst AlphaZero zu einem ehrgeizigeren Vorgehen, das darauf abzielt zu verhindern, dass Schwarz jemals ...h7-h6 bewerkstelligen kann. Warum ist ...h7-h6 so erstrebenswert? Der Ausgangspunkt für das schwarze Gegenspiel nach 13.0-0-0 ist der ungeschickt postierte Springer, in Verbindung mit taktischen Motiven gegen die weiße Dame auf c3 und den Läufer auf g5. Auf d2 behindert der Springer die Dame und hat seltsamerweise kaum Perspektiven, da die beiden wünschenswerten Felder, um näher zum Königsflügel zu rücken (e4 und f3), gut vom schwarzen Läufer kontrolliert werden.

Ärgerlicherweise steht auch die Dame auf c3 taktisch verwundbar, aufgrund eines nimzoindisch-typischen Motivs. Wenn man sich die Partiefortsetzung 13...♔h8 14.♖g3 h6 denkt, und nun das natürliche 15.♖h3, antwortet Schwarz mit 15...♘d5, wonach die exponierte Stellung der Dame in Verbindung mit dem ungedeckten Läufer g5 (verursacht durch den natürlichen Angriffszug 15.♖h3) Schwarz ermöglicht, die Lage zu klären: 16.♗xh6 ♘xc3 17. ♗g5+ ♔g8 18.♗h7+ ♔h8 19.♗g6+ wäre ein Remis durch Zugwiederholung. Dieselbe Idee ...♘d5 würde auch gegen 15.♗h4 funktionieren.

Dies führt zu einer paradoxen Schlussfolgerung: normalerweise lautet der Ratschlag ja, niemals Bauern dort zu ziehen, wo man schwächer ist oder wo man angegriffen wird. Wie jedoch das Kapitel zur „Verteidigung" zeigt, ist das „Stören", das Stiften von Verwirrung unter den Angriffsfiguren eine wichtige Verteidigungstechnik. Hier ermöglichen es der Läufer b7, der den weißen Springer hindert, aktiv zu werden, und der Bauer h6, der den schwarzfeldrigen Läufer auf ein ungeschütztes Feld treibt, dem Schwarzen, sich auf taktische Weise zu befreien.

13...♔h8

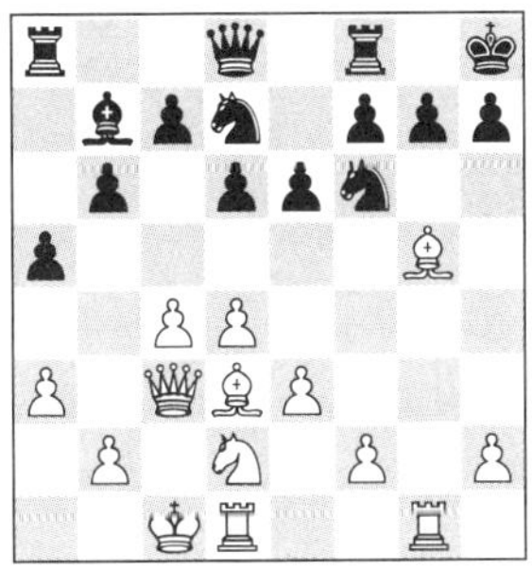

Wendet die Drohung 14.♗h6 ab und macht die schwarze Verteidigungsressource ...h7-h6 möglich.

14.♖g3

Der Auftakt zu einem tiefgründigen Angriffsplan, den ich augenblicklich verstand, als ich ihn sah, auf den ich aber niemals selbst gekommen wäre. Wie wir erörtert haben, muss Weiß irgendwie mit der schwarzen Drohung ...h7-h6 gefolgt von ...♘d5 umgehen.

Weiß hat zwei grundsätzliche Möglichkeiten:

1. Den Läufer auf g5 zu lassen und den Schwarzen zu „verlocken",

seinen König bloßzulegen, indem er den Läufer schlägt.
2. Die Dame aus der Schusslinie von ...♘d5 zu ziehen, was dem Läufer erlauben würde, sich nach ...h7-h6 gefahrlos nach h4 zurückzuziehen.

Nehmen wir die zweite Option zuerst, so wäre mein natürlicher Instinkt, 14.♕c2 (droht 15.♗xh7 wegen der Fesselung des Springers auf f6) 14...h6 15.♗h4 zu spielen. Dies ist sicher erwägenswert, doch ein Nachteil ist offenkundig: der schwarzfeldrige Läufer befindet sich zur Unterstützung des Angriffs auf den schwarzen König auf der falschen Diagonale. Der Läufer stünde besser auf der Diagonale c1-h6, wo er den leicht exponierten Bauern h6 angreifen würde. 15.♗f4 wird allerdings mit 15...e5 erwidert, was den Läufer vertreibt.

Das optimale Szenario wäre, wenn man nach ...h7-h6 den Läufer auf g5 lassen könnte. Wenn Schwarz nicht auf g5 schlagen kann, wird der Läufer Druck auf h6 ausüben. Der normale Weg hierzu wäre, ...h7-h6 mit h2-h4 zu beantworten, darauf vertrauend, dass die offene h-Linie nach ...h6xg5, h4xg5 zu gefährlich für den schwarzen König wäre. Hier wäre das allerdings nicht völlig klar, da der Läufer b7 das Feld h1 bedroht: Weiß müsste zusätzliche Maßnahmen ergreifen, um sich den Zugang zu diesem Feld zu sichern. Aus all diesen Gründen kommt Weiß mit einer fantastischen Idee daher, die darauf abzielt, nach ...h7-h6 den Läufer auf g5 zu behaupten und den Zutritt auf die h-Linie sicherzustellen, falls sich Schwarz entschließt, den Läufer mit ...hxg5 zu eliminieren.

14...h6 15.f4

15.♖h3 ♘d5 16.♗xh6 ♘xc3 17.♗g5+ ♔g8 18.♗h7+ ♔h8 19.♗g6+ wäre das bereits zuvor erwähnte Remis durch Zugwiederholung.

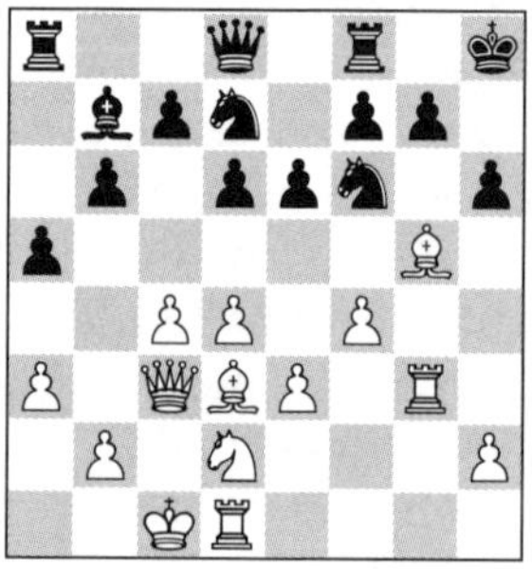

15...hxg5 16.♖h3+

Die Pointe. Der Turm betritt die h-Linie über das Feld h3! Auf 16.fxg5 folgt 16...♘h5.

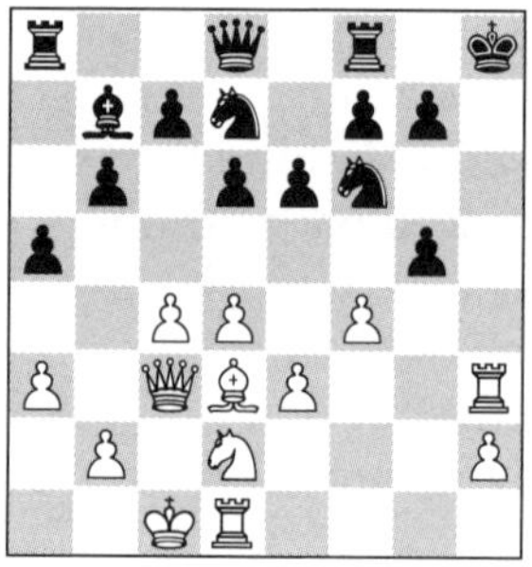

16...♔g8 17.fxg5

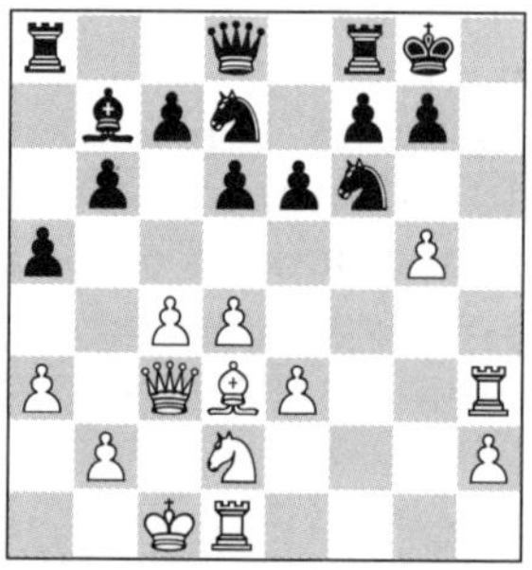

Die Drohungen auf der h-Linie tragen dafür Sorge, dass Schwarz seinen Springer nicht auf ein sicheres Feld wie e8 wegziehen kann. Weiß wird daher seine geopferte Figur zurückgewinnen (wonach er einen geopferten Bauern in Rückstand bleibt), und nach g5xf6 wird sich die g-Linie auf den schwarzen König öffnen.

17...e5

17...♘h5 18.♖xh5 g6 wäre eine weitere geistreiche Verteidigungsidee.

18.♖g1 ♕e7 19.gxf6 ♘xf6 20.♖hg3 g6

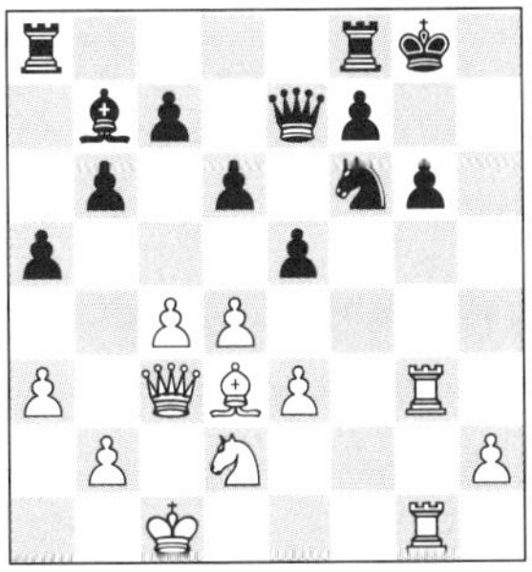

Es ist Weiß gelungen, seine Kräfte auf der g-Linie gegen den schwarzen König zu konzentrieren, aber die Schlacht ist damit noch längst nicht gewonnen. Der Verteidiger versucht in solchen Stellungen den Angreifer dazu zu bringen, Figuren anstatt von Bauern zu opfern, um die Königsstellung aufzubrechen: dann erhöht sich nämlich die Wahrscheinlichkeit, dass dem Angreifer die Figuren ausgehen, bevor er mattsetzen kann!

21.d5

21.♗xg6 fxg6 22.♖xg6+ ♔h8 sieht gefährlich aus, doch es gibt keinen Weg, den Angriff abzuschließen: 23.♖h6+ ♘h7. Wenn wir Gründe hierfür suchen, warum das nicht funktioniert und was zu einem typischen AlphaZero-Angriff fehlt, erkennen wir, dass sich der Springer d2 nicht annähernd in der Nähe des schwarzen Königs befindet. Bei einem typischen AlphaZero-Angriff stünde der Springer auf h4 oder g5, samt entscheidenden Drohungen. Aus diesem Grund verstärkt AlphaZero seine Stellung weiter, anstatt zu opfern.

21...♗c8 22.h4

22.♘e4 sah für mich verlockend aus. Wenn Schwarz den Springer nicht tauscht, zieht Weiß ihn nach g5 weiter. Wenn Schwarz tauscht, beabsichtigt Weiß anschließend, die schwarze Königsstellung mit h4-h5 durch einen Bauern aufzubrechen, womit er sich seine verbleibenden vier Figuren für den Abschuss des schwarzen Königs aufhebt. Schwarz kann 22.♘xe4 jedoch mit 22...♘xe4 23.♗xe4 ♕h4 beantworten, womit er das Feld h4 besetzt und den geplanten weißen Vormarsch h2-h4-h5 aufhält. Dies erklärt AlphaZeros Zug 22.h4.

22...♔h8

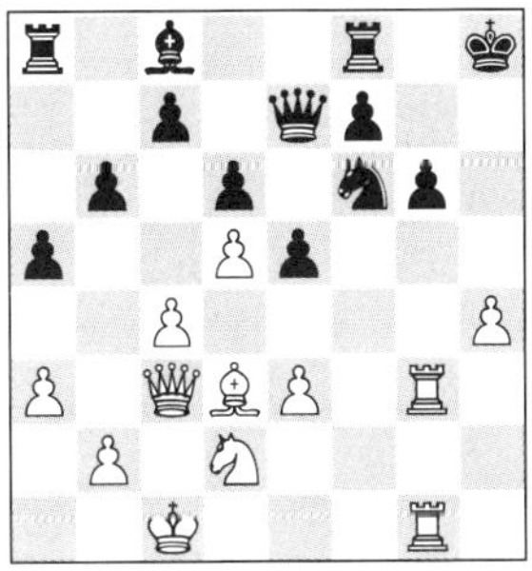

Ein cleverer Verteidigungszug von Stockfish, dessen Pointe in den Anmerkungen zum 23. Zug von Weiß deutlich wird. Weiß hatte 22.h4 gespielt, um ♘e4 folgen zu lassen, doch Schwarz hat eine taktische Möglichkeit, um 23.♘e4 wirksam zu begegnen.

23.♕c2

Jetzt ist 23.♘e4 ♘g4 24.♖xg4 ♗xg4 25.♖xg4 f5 möglich, da 26.♖xg6 dank 22...♔h8 nicht mehr mit Schachgebot erfolgt. 26...fxe4 27.♖h6+ (27.♗xe4 ♕xh4) 27...♔g7 wäre nichts für Weiß. Nach ...♘g4 beabsichtigt Schwarz, ansonsten ...f7-f5 folgen zu lassen.

23...♗d7 24.♘e4 ♘g4 25.♘g5 f5

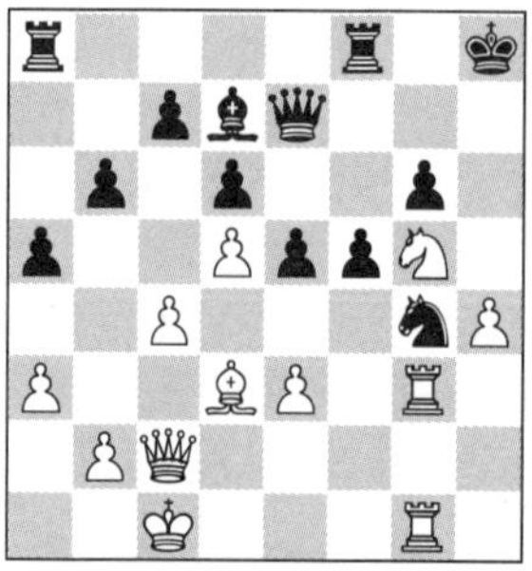

An dieser Stelle habe ich mich gefragt, ob die Dinge nicht vielleicht schiefgelaufen sind für Weiß. Es macht den Anschein, als hätte Schwarz eine verlässliche Barriere am Königsflügel errichtet. Der schwarze Springer auf g4 gebietet den weißen Türmen Einhalt, und es ist nicht klar, wie man die Stellung öffnen soll, bevor Schwarz mit ...♔g7 und ...♖h8 zum Gegenangriff übergeht. Interessanterweise geben aber meine Engines (außer Stockfish, das bei 0,00 verharrt) dem Weißen einen kleinen Vorteil (0,19). Sie glauben nicht daran, dass Schwarz schon außer Gefahr ist, und genau das wird sich auch herausstellen. Weiß zieht einen Plan durch, der schrittweise den schwarzen Königsflügel aufdröselt, beginnend mit 26.e4 und 27.♕d2. Dies übt Druck auf den Bauern f5 aus (der den Springer auf g4 schützt) und unterstützt den weißen Springer auf g5 (wodurch h4-h5 möglich wird, samt eines Wechsels beider Türme auf die h-Linie).

26.e4 ♖f6

Wie wir anhand der Analyse von 26...♔g7 sehen werden, ist Schwarz außerstande, seinen König aus der Ecke zu bringen, und Weiß verfügt über den simplen Plan ♕d2 nebst h4-h5, samt Öffnung des Königsflügels. Stockfish kommt deshalb mit einer neuen Verteidigungsformation daher: der Turm deckt den Bauern g6 von f6 aus, anschließend wird Schwarz den Springer von g4 zurückziehen und ...f5-f4 spielen. Schwarz wird keine Blockade mehr auf der g-Linie haben, doch die Diagonale b1-h7 wird verschlossen und der weiße Druck am Königsflügel wird sich auf zwei Linien beschränken: die g- und h-Linie.

Ich konnte zunächst nicht verstehen, warum Schwarz 26...♖f6 spielen sollte: Warum nicht einfach 26...♔g7 und den Turm nach h8 bringen?

Der Grund hierfür ist, dass es nach 26.e4 Probleme auf der Diagonalen b1-h7 gibt. 27.♗e2 mit einer tödlichen Drohung:

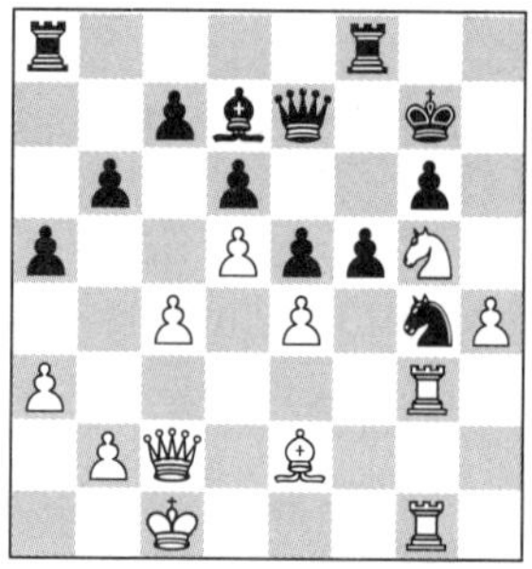

Wenn Schwarz aussetzen müsste, folgt [27...--] 28.exf5 gxf5 (28...♗xf5 kostet die schwarze Barriere auf der g-Linie: 29.♕d2 ♘f6 30.h5) 29.♗xg4 fxg4 30.♕h7+.

27...♖h8 28.exf5 gxf5 29.♘e6+ ♗xe6 30.♗xg4 fxg4 31.dxe6 gefolgt von 32.♖xg4+ ist tödlich.

Nach 27.♗e2 wäre Schwarz gezwungen, mit seinem König nach h8 zurückzukehren, um das Feld h7 zu decken. Bei Durchsicht dieser Varianten wurde mir plötzlich klar, warum ich vom weißen Spiel nicht zu sehr überrascht sein sollte. Es passt zu den Mustern, die wir vielfach im

Kapitel zu den „Felderkomplexen derselben Farbe“ gesehen haben. Weiß öffnet eine Linie (in diesem Fall die g-Linie) und versucht anschließend, eine auf den gegnerischen König gerichtete Diagonale (in diesem Fall die Diagonale b1-h7) zu öffnen, derweil der gegnerische König in der Ecke festgenagelt ist. In dieser Partie sind die Charakteristika zwar weniger offensichtlich, da es Schwarz gelungen ist, auf g4 einen Springer dazwischen zu stellen und sich auf der Diagonale b1-h7 noch immer wie vor Bauern befinden, doch das Ziel ist dasselbe. Und letztlich bringt AlphaZero auch einen Springer in den Angriff, auf einem nächstmöglich zum gegnerischen König befindlichen Stützpunkt.

27.♕d2 ♘h6

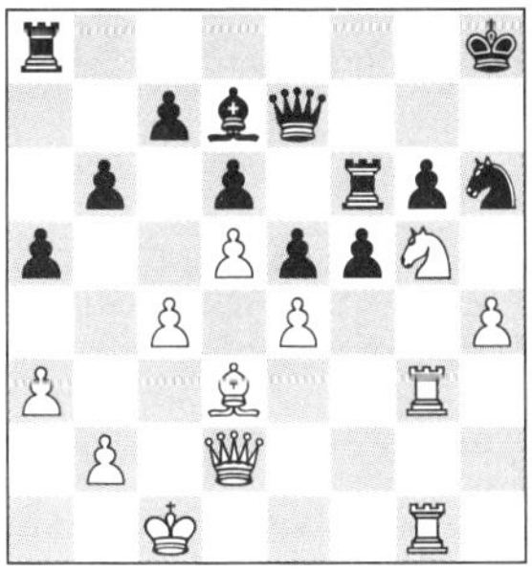

Ein typischer, gut berechneter Enginezug. Es sieht riskant aus, einen ungedeckten Springer in der Diagonale der weißen Dame stehen zu haben, doch es gibt keine Möglichkeit, dies auszunutzen.

28.♗e2

Meine Intuition hätte einen anderen Spielansatz nahegelegt: Ich hätte geglaubt, dass Weiß versuchen sollte, mit 28.exf5 gxf5 die Diagonale b1-h7 offenzuhalten. Doch die Bewertung meiner Engine fällt signifikant (von leicht positiv auf -0,63), und tatsächlich scheint etwas mit der weißen Angriffsformation nicht zu stimmen. Weiß hat für seine Türme nur die offene g-Linie, und der Springer auf g5 verstellt diese! Außerdem hat Schwarz die Einbruchsfelder auf der g-Linie gut geschützt, daher gibt es nichts Entscheidendes: 29.♘e6 ♗xe6 30.♖g6 (30.dxe6 ♕xe6 31.♖g7 ♖g8 32.♕g5 ♖ff8 demonstriert die engine-typische Nonchalance: Schwarz beabsichtigt ...e5-e4 und anschließend ...♘g4 und neutralisiert so den weißen Angriff) 30...♘g8 31.dxe6 e4 32.♗f1 ♕xe6 33.♖g7 ♘h6 34.♕g5 ♘g4 35.♗e2 ♖af8 36.♔b1 a4, wonach Weiß nicht so leicht eine Fortsetzung findet, da ein Schlagen auf g4 Einbruchswege für die schwarzen Figuren in Richtung weißer König öffnet: 37.♗xg4 fxg4 38.♖xg4 ♖f1+. AlphaZeros Spielansatz ist, alle mit der Öffnung der Diagonalen b1-h7 verbundenen Ideen aufzugeben und sich stattdessen auf die Öffnung der h-Linie für die Türme zu konzentrieren. Mit geöffneter h-Linie und ebenda verdoppelten Türmen wird der Springer g5 nicht mehr die eigenen Türme bremsen, sondern stattdessen diese beim Angriff auf den schwarzen König unterstützen.

28...f4 29.♖3g2 ♘f7

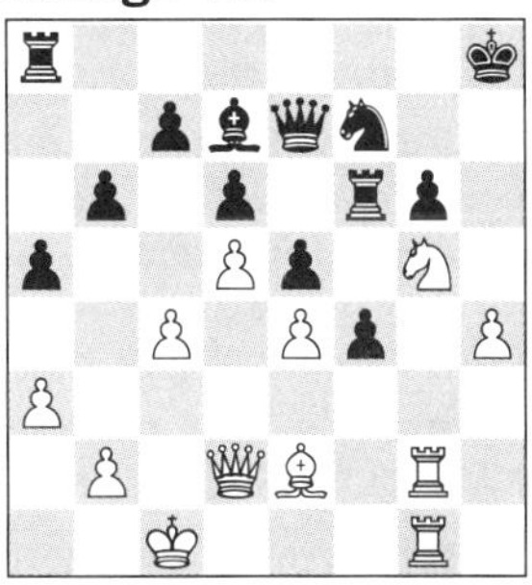

30.h5

Da haben wir‘s: bereits beim 22. Zug hatten wir gesagt, dass die weiße

Idee darin besteht, die Springer abzutauschen, mit h4-h5 den schwarzen König bloßzulegen und diesen dann mit den verbleibenden vier Figuren zu erlegen. 30.h5 verwirklicht diesen Plan.
Doch Schwarz hat in der Zwischenzeit auch einiges erreicht: die auf den schwarzen König gerichteten Diagonalen b1-h7 und c1-h6 wurden verschlossen, was die weißen Angriffsmöglichkeiten einschränkt und AlphaZero seinen geliebten kombinierten Angriff auf Linien und Diagonalen verwehrt. Mein Eindruck ist, dass dieser Angriff von AlphaZero beherrschbar sein sollte, da Schwarz über genug Schwerfiguren in unmittelbarer Nähe zur g- und h-Linie verfügt, um den Abtausch von Schwerfiguren zu arrangieren. Dies sollte wohl auch in etwa der Wahrheit entsprechen, wenngleich die Situation weitaus komplexer ist, als ich wahrhaben wollte.

30...♘xg5 31.♖xg5 ♔g7

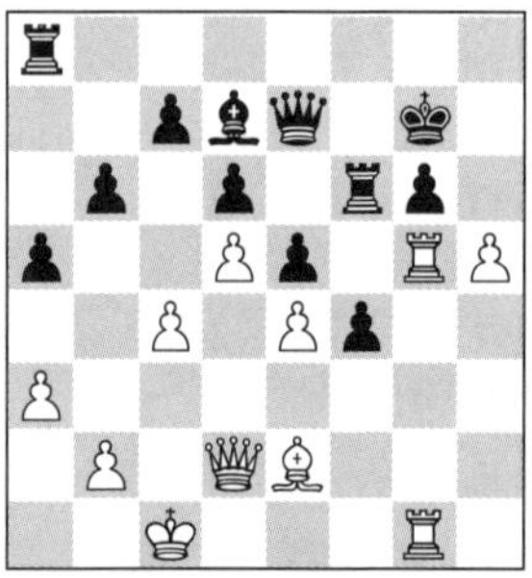

Ein aus menschlicher Sicht schockierender Zug: Schwarz zieht seinen König auf jene Linie, auf der Weiß angreift, und räumt Weiß zugleich die Möglichkeit ein, mit Schach zu schlagen. Tatsächlich muss Schwarz den Anziehenden zwingen, sich auf eine bestimmte Weise des Schlagens auf g6 festzulegen. Wenn Schwarz zuwarten würde, würde Weiß seinen Läufer nach d1 oder f3 stellen und dann neben dem Schlagen auf g6 drohen, auf der h-Linie mit ♕h2 und ♖h5/h1 zu verdoppeln.
Nach 31...♔g7 steht Schwarz parat, 32.hxg6 mit ...♖h8 zu beantworten und so die h-Linie zu decken, während er nach 32.♖xg6+ ♖xg6 33.♖xg6+ ♔h7 zu ...♖g8 samt Neutralisierung des weißen Drucks per Turmtausch bereitsteht. Darüber hinaus bringt Schwarz die Verteidigungsidee ...♖a8-h8-h6 ins Spiel, um so seinen Königsflügel zu stützen. Ich male das Bild eines kritischen Moments in der Partie – eines Momentes, an dem man erwarten könnte, dass AlphaZero drastische Maßnahmen ergreift ... Sie können sich also meine Verblüffung vorstellen, als ich den nächsten Zug sah.

32.♔b1

Zu dem Moment, an dem sich sein Königsangriff auf dem Höhepunkt befindet ... versteckt AlphaZero seinen König! Garri Kasparow war dafür bekannt, solche Konsolidierungszüge in entscheidenden Situationen des Angriffs einzustreuen, um mögliches Gegenspiel vor der Fortsetzung des Sturms auf die gegnerische Königsstellung im Keim zu ersticken. Sie mögen sich dennoch verdutzt vorkommen: sicherlich gab es hier keinerlei Indizien für irgendwie geartete Gefahren für AlphaZeros König. Ist das dann nicht einfach ein verschwendeter Zug?
Wie die Varianten in der vorigen Anmerkung zeigen, ist der weiße Angriff am Königsflügel so weit gekommen wie eben möglich. Stockfishs großartige Verteidigung

hat den weißen Druck auf einen einzigen Punkt beschränkt – den Bauern g6 –, und das reicht nicht für einen entscheidenden Durchbruch. Die schwarze Stellung muss noch mehr gedehnt werden, und mithin plant AlphaZero die Eröffnung einer zweiten Angriffsfront mit einem Durchbruch am Damenflügel. Sobald dies geschieht, steht der König auf der c-Linie nicht mehr sicher. Anders ausgedrückt, 32.♔b1 ist die Vorbereitung für eine zweite Phase des Angriffs am entgegengesetzten Flügel.

32...♖h8

Schwarz fährt mit seinem Hauptplan fort: er droht 33...♖h6 und zwingt Weiß so, auf g6 zu schlagen. In Anbetracht dessen, was in den nächsten Zügen geschieht, wirkt 32...a4 wie eine nützliche Verbesserung der schwarzen Stellung. Der weiße Damenflügel wird festgelegt und auch die Bewegungsfreiheit des weißen Königs ein wenig eingeschränkt. Doch am Textzug ist wahrscheinlich auch nichts auszusetzen.

33.♖xg6+ ♖xg6 34.♖xg6+ ♔f8

34...♔h7 ist eine andere vernünftige Möglichkeit. Weiß wird sich schwertun, noch etwas am Königsflügel zu erreichen, doch es gibt die Möglichkeit eines Durchbruchs am Damenflügel! 35.c5

A) 35...dxc5 36.d6 cxd6 37.♖xd6, und Schwarz befindet sich plötzlich in einer angespannten Lage: seine Damenflügelbauern sind unter Beschuss und sein König steht exponiert;

B) 35...♗e8 36.cxd6 cxd6 37.♖e6 ♕d8 38.♗g4 sieht mit dem König auf h7 viel beängstigender aus als mit ihm auf f8: 38...♗f7 39.♗f5+ ♔g8 40.♕g2+ ♔f8 41.h6 ♖g8 42.h7 ♖xg2 43.h8♕+ ♖g8 44.♕h6+ ♖g7 45.♖xd6 ist ein forcierter Gewinn. Man beachte, wie nützlich es für Weiß war, seinen König mit 32.♔b1 aus der c-Linie wegzuziehen (um alle Zwischenschachs der schwarzen Dame auszuschalten);

C) 35...bxc5 36.♕xa5 (Sie verstehen jetzt, warum mir 32...a4 so gefiel: der a-Bauer würde dann unter solchen Umständen nicht hängen) 36...♗e8 37.♖g1 ♖g8 38.♖xg8 ♔xg8. Meine Engines schätzen die Stellung als ausgeglichen ein. Ich wäre mit Schwarz ein wenig über einen Durchmarsch des a-Bauern besorgt, doch ich könnte mir vorstellen, dass sich mittels des Vorstoßes des f-Bauern irgendwo Gegenspiel findet. Dennoch bevorzuge ich Weiß. 39.♕a8 ♔g7 40.a4 ♕f7, und nun:

A) 41.♗f3 ♕d7 42.a5 ♕b5 43.h6+ (43.a6 ♕d3+ 44.♔a1 (44.♔a2 ♗b5) 44...♕xf3 45.♕xe8 ♕f1+ funktioniert nicht gut für Weiß) 43...♔xh6 44.a6 ♕d3+ 45.♔a2 ♗b5 46.♕f8+ ist ein Remis durch Zugwiederholung;

B) 41.a5 f3 42.♗xf3 ♕xf3 43.♕xe8 ♕xe4+, gleichfalls mit Remis durch Zugwiederholung.

35.c5 ♗e8

35...dxc5 36.d6.

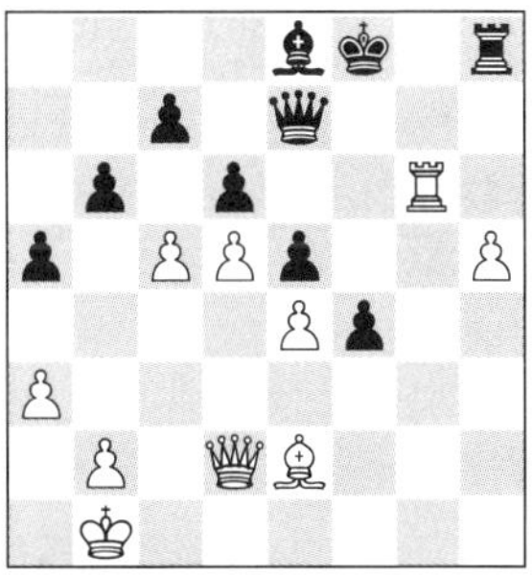

36.cxb6 ♗xg6

36...cxb6 37.♖g1 (37.♖e6 ♕d8 ist schlecht für Weiß, da Schwarz ...♗f7

mit Qualitätsgewinn folgen lassen wird; 37.♖g2 ♖g8 38.♖h2 ♖g1+ 39.♔a2 ♕c7 40.h6 ♔g8 ist gut für Schwarz: seine Figuren sind zu aktiv geworden) 37...♖g8 38.♖xg8+ ♔xg8 39.♕c1 ♕d8 (39...♕h7 40.♗f3) 40.♕g1+ ♔h8 41.♕g4 ♕e7 ist einfach ausgeglichen. Nach Stockfishs Wahl in der Partie entflammt die Schlacht von neuem, auch wenn die Enginebewertung für viele Züge bei 0,00 verharrt.
Der Rest der Partie ist für unser Thema weniger relevant. Nach diversen Abenteuern gelingt es AlphaZero, ein vielversprechendes Endspiel mit Dame und b-Bauer gegen Dame herbeizuführen, doch gelingt es ihm nicht, diesen Vorteil zu verwerten.
37.b7 ♕d8 38.hxg6 ♕b8 39.♗a6 ♔g7 40.♕c3 ♔xg6 41.♕f3 a4 42.♕g4+ ♔h6 43.♔a1 ♕a7 44.♕c8 ♕b8 45.♕f5 ♔g7 46.♕g4+ ♔f6 47.♔a2 ♔f7 48.♕e6+ ♔g7 49.♕d7+ ♔g6 50.♕f5+ ♔g7 51.♕g5+ ♔f7 52.♕f5+ ♔g7 53.♕d7+ ♔f6 54.♕e6+ ♔g7 55.♕e7+ ♔g6 56.♔a1 ♕f8 57.♕xc7 f3 58.♔a2 f2 59.♕d7 ♕f6 60.♕g4+ ♔f7 61.♕c8 ♔g6 62.b8♕ ♖xc8 63.♕xc8 f1♕ 64.♗xf1 ♕xf1 65.♕g4+ ♔f6 66.♕h4+ ♔g6 67.♕g4+ ♔f6 68.♕c8 ♔g6 69.♕g8+ ♔h6 70.♕e6+ ♔g5 71.♕e7+ ♔g4 72.♕d7+ ♔g3 73.♕xa4 ♕e2 74.♕b4 ♔f3 75.a4 ♕xe4 76.♕xd6 ♕xa4+ 77.♕a3+ ♕xa3+ 78.♔xa3 e4 79.d6 e3 80.d7 e2 81.d8♕ e1♕ ... ½:½ (236.)

Partie: „Alles bis auf die Küche ist untergegangen!“

In dieser superscharfen Partie in einer aktuellen Variante des Orthodoxen Damengambits baut AlphaZero seinen schematischen Angriff gegen den Königsflügel auf und erlangt sehr gefährliches Spiel.
In einer kürzlich erschienenen DVD beschreibt der englische Großmeister Simon Williams (selbst einer, der eifrig „Harry den h-Bauern“ vorschiebt) den weißen Plan wie folgt: „lang rochieren, h4, ♘g5 und Matt auf h7“. Bei so einem Plan schnurrt AlphaZero zufrieden!

Themen der Partie:

1. Materialopfer zwecks Öffnung von Linien gegen den gegnerischen König [13.g4]
2. Heraufbeschwören einer Krise als Verteidigungstechnik [18...e5]

AlphaZero
Stockfish 8
London 2018

1.d4 d5 2.c4 e6 3.♘c3 ♘f6 4.♘f3 ♗e7 5.♗f4 0-0 6.e3 c5 7.dxc5 ♗xc5 8.a3 ♘c6 9.♕c2 ♕a5 10.0-0-0 ♗e7

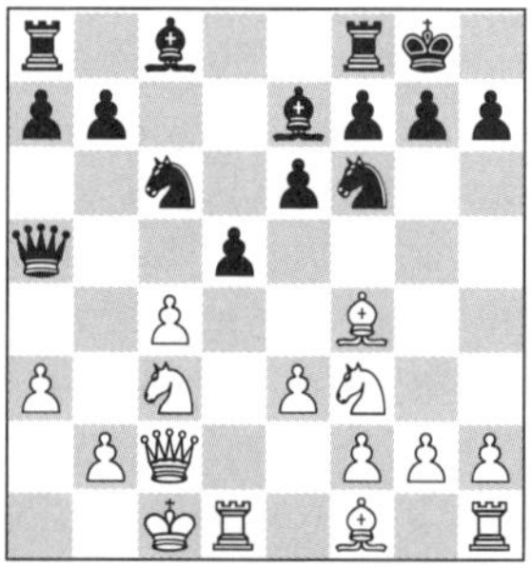

Dies war die Endstellung aus dem TCEC-Eröffnungsbuch. Zugegebenermaßen hatte AlphaZero in dieser Partie gar keine andere Wahl als lang zu rochieren, doch angesichts seines einschlägigen Bestrebens in anderen Weißpartien war es gewiss nicht allzu sehr enttäuscht!
11.h4

Das ursprüngliche Konzept war 11.g4, doch nach 30 Jahren Turnierpraxis wurde dies mehr oder minder neutralisiert, und heutzutage ist 11.h4 der beliebteste Zug.

11...a6

Stockfish wählt gleichfalls die beliebteste Fortsetzung in dieser Stellung.

12.♔b1

Dies ist hingegen eine unübliche Wahl und wurde lediglich in drei Nahschach-Partien gespielt.

12...♖d8

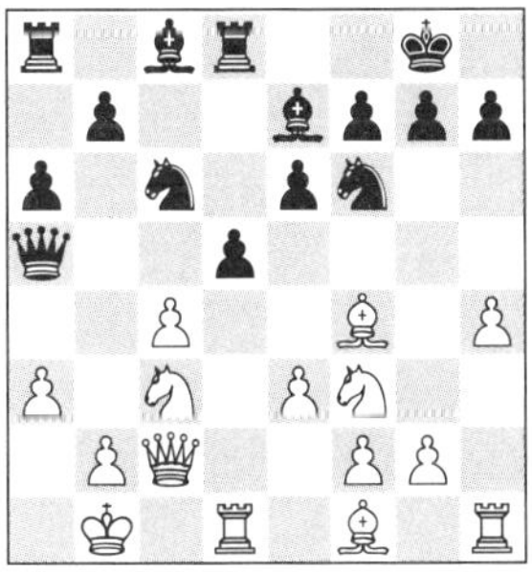

Nach diesem Zug von Stockfish haben wir die bekannte Theorie verlassen. Die nächsten sechs Züge erschienen mir bemerkenswert, als dass sie meinen Eindruck eines standardmäßigen Angriffsschemas von AlphaZero bekräftigten:

1. Zunächst wird eine auf den gegnerischen König gerichtete Linie geöffnet, in diesem Fall – wie so oft – durch ein scharfes Bauernopfer.
2. Anschließend wird diese Linie mit einer Schwerfigur (dem Turm) besetzt.
3. Dann wird der Springer in der Nähe der gegnerischen Königsstellung ins Geschehen gebracht.
4. Ein Läufer wird auf eine offene Diagonale gestellt, die auf den gegnerischen Königsflügel gerichtet ist.

Man beachte, dass 3) und 4) mitunter auch in umgekehrter Reihenfolge gespielt werden.

Man vergesse aber auch nicht die im Hintergrund lauernde Angriffseinheit auf h4, die bereit steht, sich mit h4-h5-h6 ins Geschehen einzuschalten. Wenn all diese Faktoren zusammenkommen, ist Gefahr nicht mehr fern!

13.g4

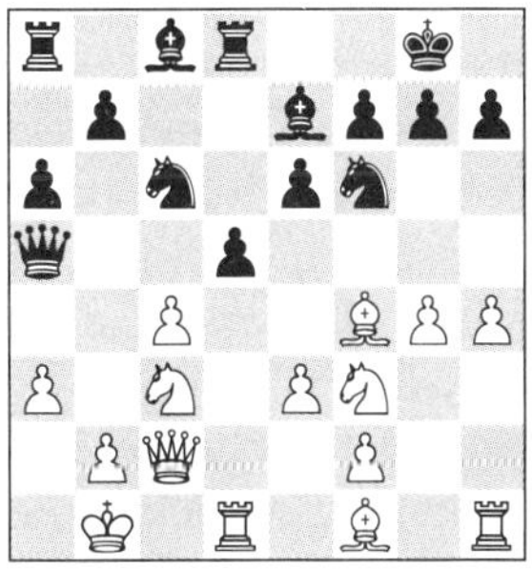

Zwingt Schwarz, den g-Bauern zu schlagen und somit die auf seinen König gerichtete g-Linie zu öffnen.

13...dxc4 14.♖xd8+ ♗xd8 15.♗xc4 ♘xg4 16.♖g1

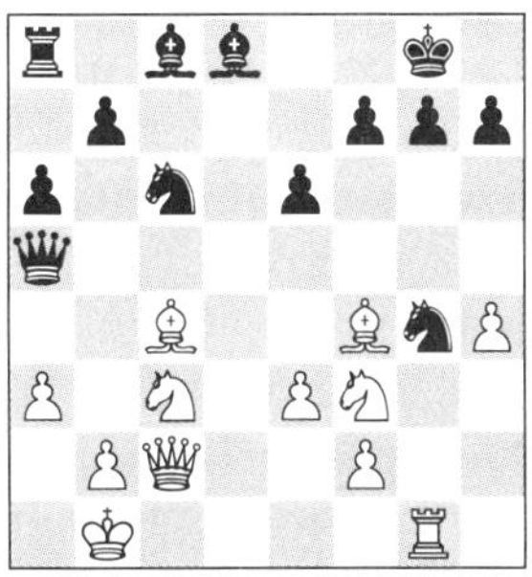

Wie zu erwarten war, besetzt AlphaZeros Turm die auf den gegnerischen König gerichtete offene Linie. Ich habe jedoch einige Zeit mit der Untersuchung alternativer Angriffsmuster verbracht, da ich erpicht darauf war, meinen – derzeit untätigen – Springer auf c3 möglichst rasch am Angriff teilhaben zu lassen:

A) 16.♘g5 ♘f6 17.♘ce4 (auf 17.♗d3 stört 17...h6 – AlphaZeros Zugfolge umgeht diese Verteidigungsidee –, wonach es schwierig ist, den Angriffsschwung zu behaupten: 18.♗h7+ ♔f8 19.♗d6+ ♗e7 führt zu nichts) 17...♘xe4 18.♕xe4 g6 ist recht solide für Schwarz: die Dame auf a5 und der Läufer auf d8 greifen den Springer g5 an und verhindern so das natürliche h4-h5. Darüber hinaus ist die Dame auf e4 Tauschangeboten (...♕f5) und Befreiungsversuchen (...e6-e5 nebst ...♗f5) ausgesetzt. Ich befand schließlich, dass ich zwar einerseits gern eine Schwächung des schwarzen Königsflügels mit ...g7-g6 erzwingen würde (was eine Angriffsmarke für h4-h5 schafft), doch dass ich auf e4 lieber meinen Springer als meine Dame hätte (von e4 aus greift der Springer d6 und f6 an, während h4-h5 gleichfalls möglich ist). Meine Aufmerksamkeit wechselte daher auf 16.♘e4 über:

B) 16.♘e4 ♘ce5 (16...♘f6 17.♘xf6+ ♗xf6 18.♘g5 g6 19.♘e4 ♗g7 20.h5 war die Hauptidee, um mit ♗g5 oder sogar f2-f3 nebst ♕h2 fortzusetzen, was für mich äußerst gefährlich aussah, doch meine Engine bleibt mit 0,00 ganz cool! In diesem Szenario ist der Turm auf h1 besser postiert als auf g1) ist die Standardantwort der Engines, was die weiße Angriffsformation durcheinanderbringt und den Damenflügel rasch mit ...♗d7 und ...♖c8 zu entwickeln plant. Weiß kann jedoch die entwickelten Figuren von Schwarz abtauschen und Zeit für ein weiteres Vorgehen am Königsflügel gewinnen. 17.♘xe5 ♘xe5 18.♗xe5 ♕xe5 19.f4 ♕c7 20.♘g5 g6 21.h5 machte mir einen aussichtsreichen Eindruck, doch die Antwort meiner Engine war recht ernüchternd: 21...♗xg5 22.fxg5 b5 23.hxg6 hxg6 24.♕c3 e5 ist schön für Schwarz!

16...♘f6 17.♘g5

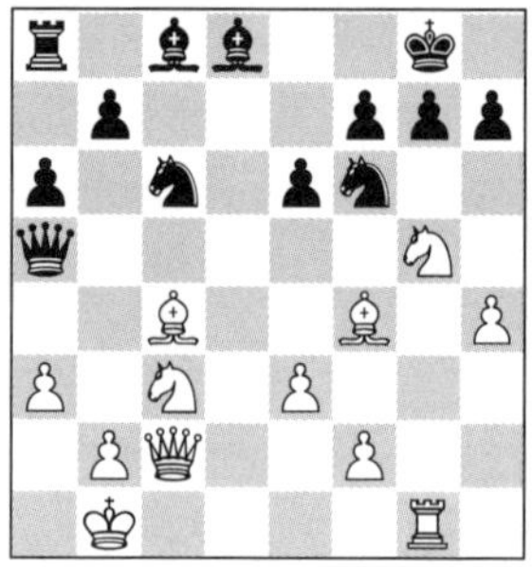

Damit wäre der Springer am Königsflügel ins Spiel gebracht, die Bauern f7 und h7 in unmittelbarer Nachbarschaft des schwarzen Königs beäugend. Der Druck von AlphaZero baut sich so rasch auf, dass Stockfish keine Zeit findet, die Entwicklung seines Damenflügels (♗c8, ♖a8) zu beenden. Es muss unmittelbar konkrete Defensivaktionen ergreifen, um den Königsflügel zu stützen, doch dadurch wächst der Unterschied der Aktivität zwischen den weißen und schwarzen Figuren nur noch weiter an. Die schwarzen Hoffnungen ruhen auf der Festigkeit seiner Formation am Königsflügel. Um seine Dame und Turm nahe an den schwarzen König heranzubringen, wird AlphaZero schwere Opfer bringen müssen, was die bei einem weißen Angriff einzugehenden Risiken nach oben treibt.

17...g6

17...♗d7 (17...h6 18.♘xf7) 18.♗d3 h6 (18...g6 leitet zu 17...g6 18.♗d3 ♗d7 über) 19.♗h7+ ♔f8 20.♘xf7 mit Gewinn.

18.♗d3

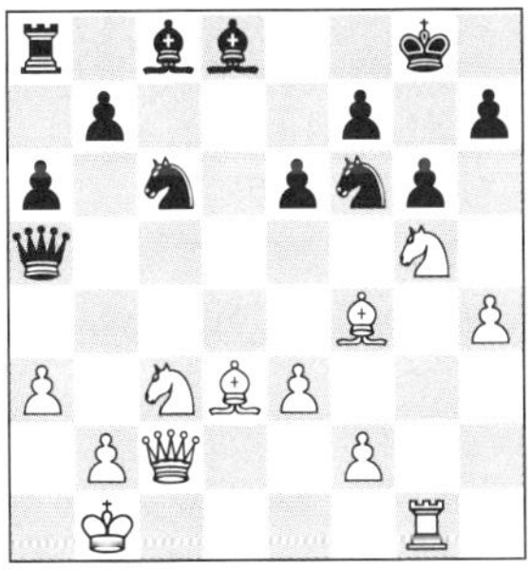

AlphaZero kennt in dieser Partie keine Zurückhaltung: es legt sich auf das Opfer zweier Figuren zwecks Aufbrechens der schwarzen Königsstellung fest (ein Springer auf f7 oder h7 und ein Läufer auf g6). 18.♗d3 hatte mich überrascht, da es eine Figur umgruppiert, die sich bereits in einer guten Angriffsstellung befand. 18.♗d3 bringt jedoch eine konkrete Drohung ins Spiel und konzentriert die weißen Kräfte – Dame, weißfeldriger Läufer, Springer, Turm – gegen den Bauernschutz des schwarzen Königs.

18...e5

Großartiges Verteidigungsspiel von Stockfish. Mitunter besteht gute Verteidigung im Heraufbeschwören einer Krise. Hier droht Weiß, mit Opfern die Bastionen vor dem schwarzen König hinwegzufegen. Stockfish versucht, sich im Verlauf des Geschehens noch eine weitere Figur einzuverleiben, mit dem Gedankengang, dass falls Weiß zwei Figuren opfert, um die schwarzen Königsflügelbauern auf f7, g6 und h7 zu beseitigen und Stockfish sich auf f4 noch eine weitere schnappt, AlphaZero nicht mehr genug Figuren übrig haben könnte, um mattzusetzen!

Der Zug 18...e5 hat auch einen konkreten Zweck: er öffnet dem schwarzen König via e7 und d6 einen Fluchtweg zum Damenflügel, der zuvor vom Läufer auf f4 kontrolliert wurde.

Der einzige schwere Nachteil ist, dass der Bauer f7 geschwächt wurde, da der Blockeur auf der Diagonalen a2-g8 entfernt wurde. Doch mit seinem letzten Zug hat Weiß ja seinen Läufer von dieser Diagonale weggezogen, so dass eine Rückkehr Zeit kosten würde, was Schwarz zusätzliche Verteidigungsmöglichkeiten geben sollte.

A) Der ruhige Entwicklungszug 18...♗d7 wird per Opfer widerlegt:

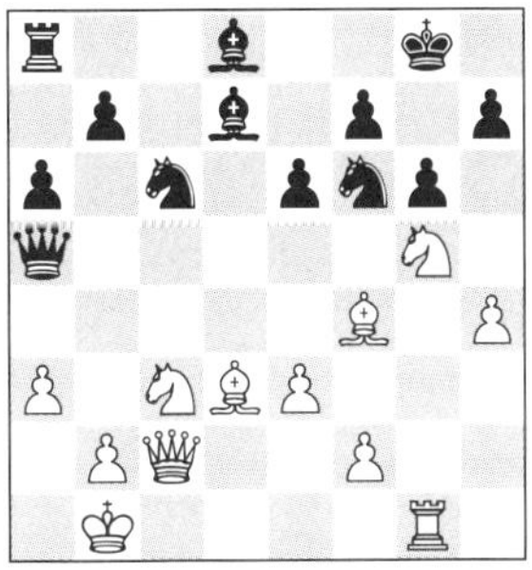

19.♘xh7 ♔xh7 (19...♘xh7 20.♗xg6 ♘f8 21.♗h7+ ♔h8 22.♖g8

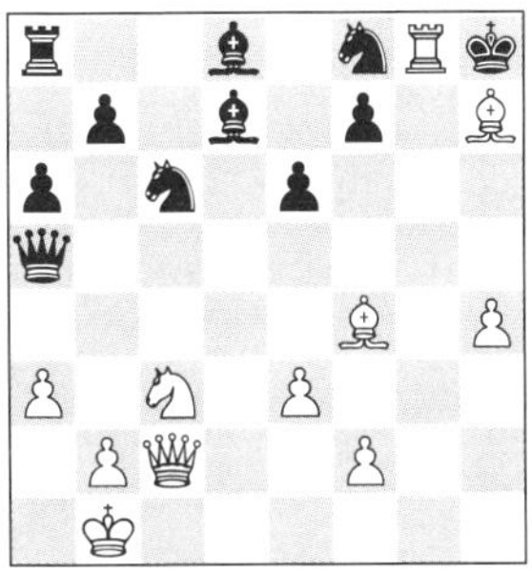

matt) 20.♗xg6+ ♔h8 (20...♔g8 21.♗h6 mit der Drohung 22.♗h7+ nebst 23.♗g7 matt!) 21.♖g5 (die Schlüsselidee, die alle Verteidigungen mit ...♕f5 verhindert) 21...♕b6 22.♗xf7, und Weiß gewinnt;

B) Ein natürlicher Zug wäre auch 18...♘e5, was f7 und g6 verstärkt und danach trachtet, mit ...♘xd3 einen weißen Angreifer zu vernichten. Doch es gibt ein taktisches Problem: 19.b4 ♕c7 20.♘f3 ♘fd7 21.h5, und der Angriff geht weiter, derweil Schwarz in einer schrecklichen Fesselung verharren muss.

19.h5

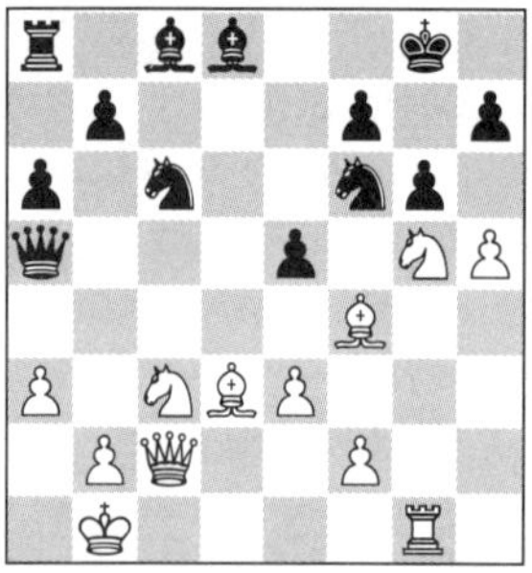

Erneut typisch AlphaZero: es bezieht seine Bauern in den Sturm auf den schwarzen Königsflügel ein. Ein Abtausch der h-Bauern (h5xg6 h7xg6) beließe Schwarz mit nur zwei Bauern als Schutzschild, was bedeutet, dass Weiß eine Figur weniger opfern müsste, um am Königsflügel durchzubrechen!

19...exf4

19...♘xh5 war mein Favorit: Schwarz erhält die Möglichkeit zu ...♗xg5 mit Vernichtung einer Schlüsselfigur des weißen Angriffs:

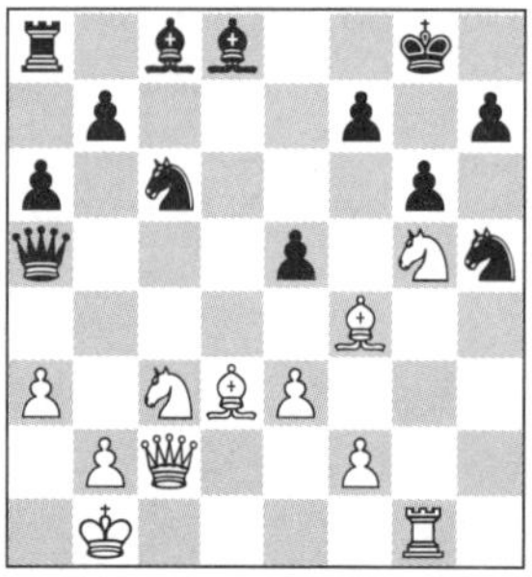

20.♗xg6 hxg6 (20...fxg6 21.♕b3+ ♔h8 22.♘f7+ (22.♕f7 ♗f5+ 23.♕xf5 ♗xg5 erfüllt nicht ganz den Zweck!) 22...♔g7 23.♗h6+ ♔f6 24.♘g5 führt zum Matt) 21.♘xf7, und nun:

A) 21...♘xf4 22.exf4

A1) 22...e4 23.♘h6+ ♔h7 24.♕b3 ist laut meiner Engine ein Matt in acht Zügen! (24.♕xe4 ♗f5 war die Idee von Schwarz);

A2) 22...♔xf7 23.♕xg6+ ♔e7 24.b4 war der Lösungsvorschlag meiner Engine: 24...♕xa3 (24...♘xb4 25.♘e4 verstärkt die Idee ♘e4 weiter: 25...♗e6 26.♕f6+ ♔d7 27.♖g7+, und da der Springer von c6 weggelenkt wurde, können Schachs auf der siebten Reihe nicht mehr mit ...♗e7 geblockt werden) 25.♕h7+ ♔d6 26.♕d3+ ♘d4 27.♘e4+ lautet die verblüffende Idee! Die Dame wurde mit 24.b4 nach a3 gelockt, was die Bedingungen für dieses gewinnbringende Abzugsschach schafft.

B) 21...♘e7 ist die erste Wahl meiner Engine und auch von AlphaZero. Man beachte, wie nützlich der Springer auf h5 ist, der als „Schutzschirm" auf der h-Linie fungiert und dem schwarzen König ermöglicht, daselbst Zuflucht zu suchen: 22.♕b3 exf4

B1) 23.♘d6+

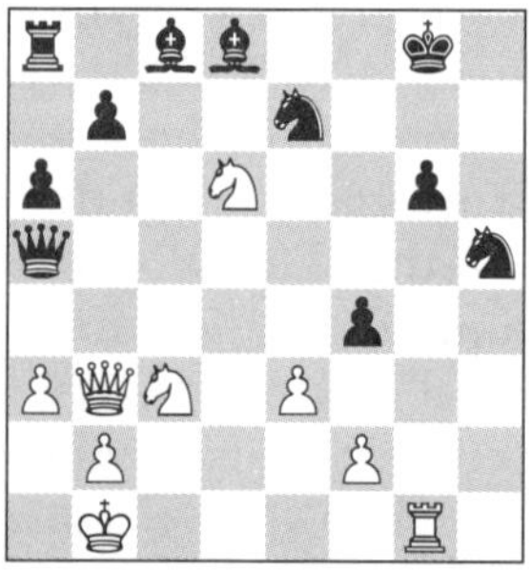

23...♔h8 24.♕f7 führt zu einem Remis durch Zugwiederholung: 24...♕e5 25.♕f8+ ♔h7 26.♘f7 ♗f5+ 27.♔a1 ♕g7 28.♘g5+ ♔h6 29.♘f7+;

B2) 23.♘xd8+ ist AlphaZeros Hauptvariante. Zu diesem Zeitpunkt gibt es sich einen Erwartungswert von 52,6% mit Weiß:

B21) 23…♔h8 24.♘f7+ ♔g7

B211) 25.e4, und 25...♗d7 26.♘g5 ♖f8 27.♘e6+ ♗xe6 28.♕xe6 ♖f7 29.♘d5 ♔f8 30.♘xe7 ♖xe7 31.♕xg6 ♘g7 ist die von der Engine bevorzugte Verteidigung, mit Vorteil für Schwarz;

B212) 25.♘d6 ♕e5 26.♕f7+ ♔h6 (26...♔h8 27.♕f8+ ♔h7 führt auf dasselbe hinaus) 27.♕f8+ ♔h7 28.♔a1 (ein äußerst cleverer Zug; auf 28.♘ce4 folgt 28...♗f5) 28...♗f5 (28...♕xd6 29.♘e4, was die Dame angreift und 30.♘g5 matt droht, mit Gewinn) 29.♕xa8 ♕xd6 30.♕xb7 fxe3 31.fxe3 sieht recht ausgeglichen aus. AlphaZeros Analyse geht noch eine Weile weiter, doch die Endbewertung liegt weiterhin um die 52,5%.

B22) 23...♘d5 wird von AlphaZero gleichfalls ernsthaft erwogen: ich hatte gar nicht gesehen, dass das legal ist! 24.♖g5 (24.♘xd5 ♗f5+ 25.♔a1 ♖xd8 lautet AlphaZeros Idee, wonach es kein entscheidendes Abzugsschach gibt!) 24...♗f5+ 25.♖xf5 gxf5 26.♘xb7. Das ist ein Diagramm wert!

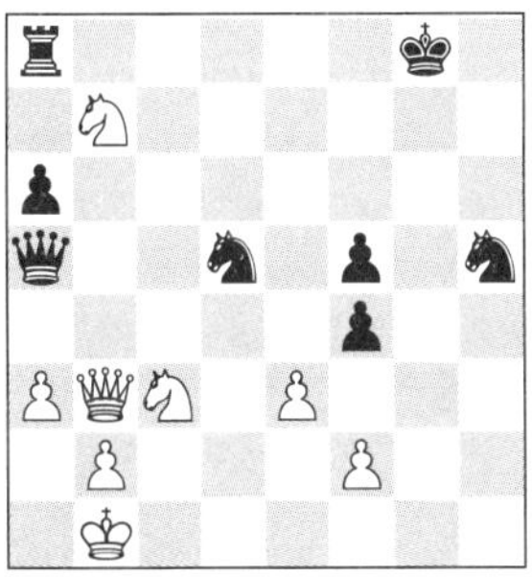

26...♖b8 27.♘xa5 ♖xb3 28.♘xb3 fxe3 29.fxe3 ♘xe3 30.♘c5 ist laut AlphaZero nur ein kleiner Vorteil für Weiß (ein Erwartungswert von 52,7%).

Zurück zur Partie! Stockfish schlug mit 19...exf4 lieber den wertvolleren Stein.

20.♕b3

20.hxg6 hxg6 (20...fxg6 21.♕b3+ ♔h8 22.♗xg6, und laut meiner Engine gewinnt Weiß – nicht 22.♕f7 ♘e5 23.♕f8+ ♘g8, was gemäß meiner Engine für Schwarz gewinnt!) 21.♕b3 führt zurück zur Partie (21.♗xg6 ♔f8 sieht recht gefährlich für Schwarz aus, doch ich fand keinen klaren Weg für Weiß; 21.♗c4 ♔f8).

20...♕c7

20...♘e5 21.hxg6 hxg6, und nun:

A) 22.exf4 ♗e6 23.♘xe6 (23.♕xb7 ♘xd3 24.♕xa8 ♗f5 sieht sehr gut für Schwarz aus) 23...♘xd3 24.♕xb7. Jetzt:

A1) Die Widerlegung von 24...♕b6 haute mich völlig von den Socken:

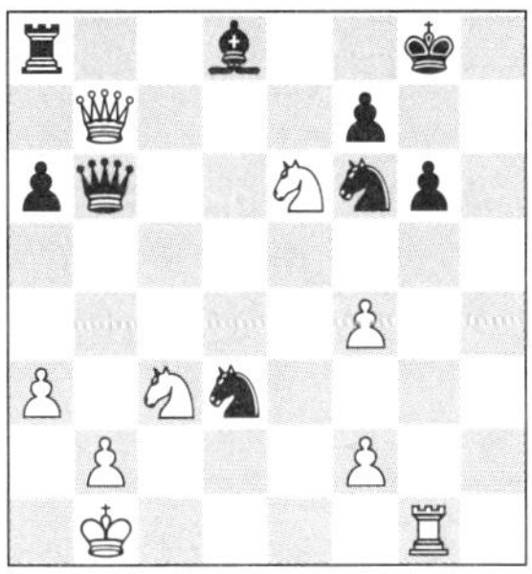

25.♖xg6+ ♔h8 (oder 25...fxg6 26.♕g7#)

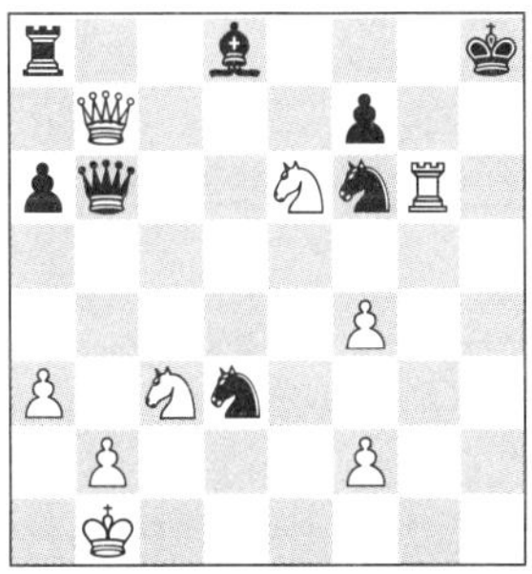

26.♖g8+ ♘xg8 (26...♔xg8 27.♕g2+ gefolgt von Matt auf g7) 27.♕h1+.

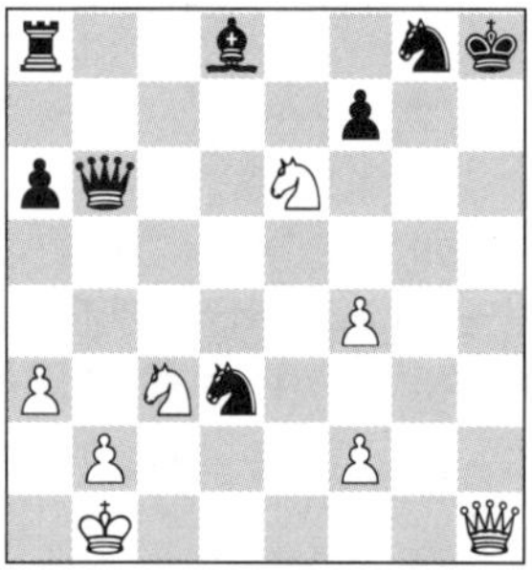

Wow! Mit Gewinn!;

A2) 24…♕f5 ist ein wichtiger Verteidigungszug: 25.♔a1 (25.♕xa8 ♘xf4+ 26.♔a1 ♘xe6 deckt d8) 25...♕xe6 26.♕xa8 ♕b6 27.♘a4 ♕d4 28.f5 ist gemäß meiner Engines etwa ausgeglichen.

B) 22.♗xg6 ♕b6 23.♗xf7+ ♔f8. Ich war schon geneigt, hier aufzuhören, doch sowohl meine Engine wie auch AlphaZero fanden einen verblüffenden Weg, den Angriff aufrechtzuerhalten, was mich beim Analysieren ein paar weitere Stunden Schlaf kostete! 24.♘h7+ ♔e7 (auf 24...♘xh7 schnappt sich 25.♖g8+ ♔e7 26.♘d5+ die Dame) 25.♕c2.

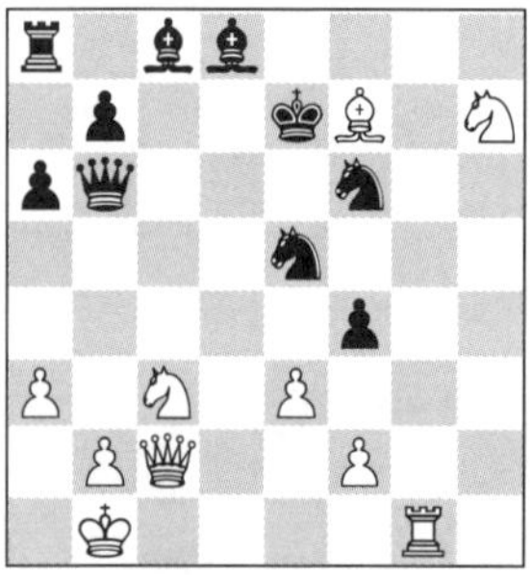

Ausgeglichen laut meiner Engine! So viele Figuren hängen. Der taktische Schlüssel zu dieser Position ist die Stellung von König und Dame bei Schwarz. Der Springer auf f6 verhindert eine tödliche Gabel auf d5 und ist mithin an dieses Feld festgenagelt, während Weiß diesen Springer mit 26.♘xf6 abzutauschen droht (der nützliche Zug 24.♘h7+ !). Dieses taktische Motiv schränkt die Möglichkeiten für Schwarz beträchtlich ein, insbesondere da er im Moment über keine Möglichkeit verfügt, den Weißen durch ein Gegenspiel auf dessen Königsstellung abzulenken:

25...♔xf7 (25...♘xf7 26.♘xf6, und jedes schwarze Zurückschlagen erlaubt eine Gabel auf d5) 26.♘xf6, und nun:

B1) 26...♗xf6 27.♕h7+ ♔e6, und nun:

B11) 28.♕g8+ war mein Versuch:

B111) 28...♔d6 29.♕f8+ ♔e6 (29...♗e7 30.♖d1+ ♔e6 31.♕g8+ ♘f7 32.♕g4+ ♔f6 33.♘d5+ mit Gewinn!) 30.♕e8+ ♗e7, und anstelle des von mir für plausibel gehaltenen Dauerschachs weist meine Engine auf 31.♖h1 hin, wonach alles auseinanderfällt: 31...♘g4 32.♕g8+ ♔d7 33.♖d1+ ♔c6 34.♕e8+ ♔c7 35.♘d5+;

B112) 28...♔d7 29.♕h7+ ♔c6 30.♕e4+ ♔d7 31.♕h7+ ist Dauerschach.

B12) 28.♖d1 ist der Zug meiner Engine: 28...♘f7 29.♕e4+ ♘e5 30.exf4 ♔f7 31.fxe5 ♕e6 32.exf6 ♕xe4+ 33.♘xe4 ♗f5, und Schwarz sollte sich nach ein paar Unannehmlichkeiten behaupten können.

B2) 26…♕xf6 27.♕h7+ ♔e6 28.♕g8+ ♔d7 (28...♕f7 29.♕xd8 ♘c6 könnte laut meiner Engine halten. Das sieht unmöglich aus! 30.♕b6 ♔e7 31.e4 ♔f8 32.♕c5+ ist AlphaZeros mit einem Erwartungswert von 69,0% bewertete Variante. Mit einem solch offenen König wird Schwarz anhaltend unter Druck stehen!)

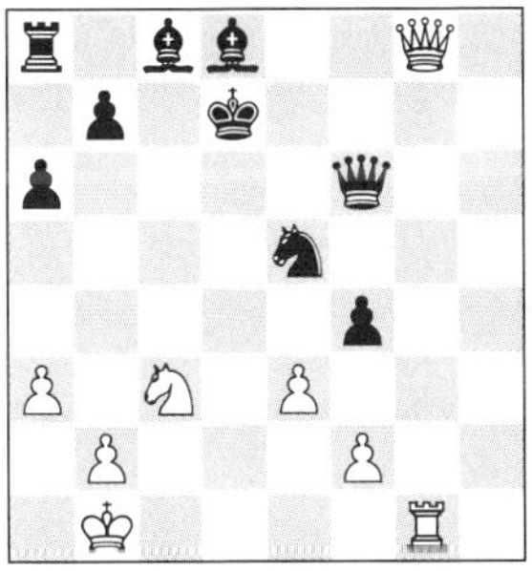

29.♘e4 (29.♖d1+ ♔c6 30.♕d5+ ♔c7; 29.♖g7+ ♗e7 30.♘d5 ♔c6 (diesen großartigen Zug hatte ich in meiner Analyse übersehen!) 31.♘xf6 ♗f5+ 32.♔a1 ♖xg8 33.♘xg8 ♗c5 34.exf4 ♘d3 führt zu ausgeglichenem Spiel) 29...♕e7 30.♖g7.

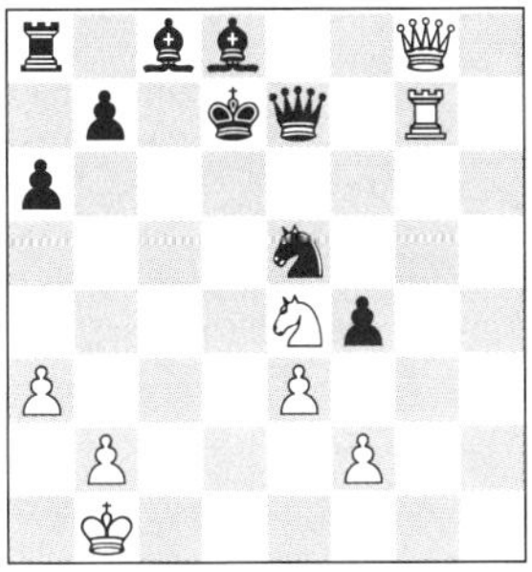

Ich bin mir nicht sicher, was man von dieser Stellung halten sollte. Meine Engines bewerten sie als ausgeglichen, doch ich denke, in einer praktischen Partie wird Schwarz mehr bange Momente ausstehen müssen. AlphaZero gibt sich einen Erwartungswert von 60,0% und setzt die Analyse noch ein wenig weiter fort. Seine Hauptvariante lautet: 30...♔c7 31.♘c3 ♔b8 32.♖xe7 ♗xe7 33.♕d5 ♘d7 34.e4 a5 35.e5 ♘c5 36.♕f7 ♗d8 37.♕xf4 a4 38.♕f8 ♘e6 39.♕g8 nebst ♘d5 gefolgt von f2-f4 und f4-f5. Schwarz steht weiterhin unter starkem Druck, und AlphaZeros Einschätzung endet mit einem Erwartungswert von 59,0% für Weiß.

Wie man sieht, eine wahnsinnig komplizierte Position!
Stockfish wählte eine andere – und vermutlich bessere – Verteidigungsmethode.
21.hxg6 hxg6 22.♗xg6 ♔f8 23.♗xf7 ♗f5+ 24.♔a2 ♕b6 25.♕a4 ♗c7

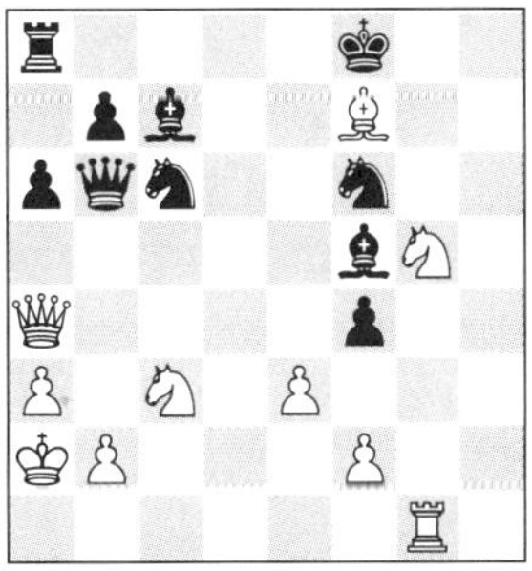

Es sieht so aus, als hätte Schwarz das sehr gut gemacht: die weiße Dame wurde nach a4 verjagt, während der Läufer auf f7 und der Springer g5 – wenngleich drohend postiert – kein Feld zu haben scheinen, auf dem sie sich verbessern könnten.
Doch einmal mehr ist die Sicherheit des weißen Königs ein wesentlicher Faktor. Da der Stellung von Weiß keine unmittelbaren Gefahren durch die schwarzen Truppen drohen, hat der Anziehende etwas mehr Zeit als man glauben mag, um eine Schwäche im schwarzen Lager auszumachen. Als solche schält sich diejenige Figur heraus, die Weiß abtauschen muss: der weißfeldrige Läufer von Schwarz auf f5. Wenn man die Läufer von f7 und f5 vom Brett nehmen würde, würden die klaffenden Löcher in der schwarzen Stellung sichtbar: e6 ist dann ein sehr verlockender Ort für einen weißen Springer, während die Abwesenheit des Läufers von f7 der Dame ein einladendes Feld gibt, auf das sie sich mit ♕c4 zubewegen könnte. In den nächsten paar Zügen

wird man beobachten, wie sehr sich AlphaZero um den Abtausch der weißfeldrigen Läufer bemüht, und wie sehr sich Stockfish dem widersetzt!

26.♗e6 ♗d3

Auf 26...♘d4 gewinnt 27.♗xf5 ♘xf5 28.♕c4.

27.♗b3

27.♗c4 ist verlockend, scheitert aber an 27...♘b4+ 28.♕xb4+ ♕xb4 29.♘e6+ ♔e7 30.♖g7+ ♔d6. AlphaZero muss sich nach einem anderen Weg umsehen, die Läufer zu tauschen.

27...♖e8 28.♗c2

28.♘e6+ ♖xe6 29.♗xe6 fxe3 30.fxe3 ♕xe3 gewinnt für Schwarz.

28...♘e5 29.♗b3

29.♗xd3 ♘xd3 würde den weißen König zu vielen Gefahren aussetzen, doch nach der Rückkehr des Läufers nach b3 droht Weiß, den Bauern f4 mit seiner Dame zu schlagen.
Ein Remis durch Zugwiederholung nach 29...♘c6 wäre jetzt nicht unvernünftig, doch Stockfish hält die Partie tapfer am Laufen.

29...fxe3

29...♘c6 würde zu einem Remis durch Zugwiederholung führen.

30.fxe3 ♖e7

30...♕xe3 31.♕b4+ wäre äußerst unangenehm für Schwarz: 31...♖e7 32.♘e6+ ♔e8 33.♖g7

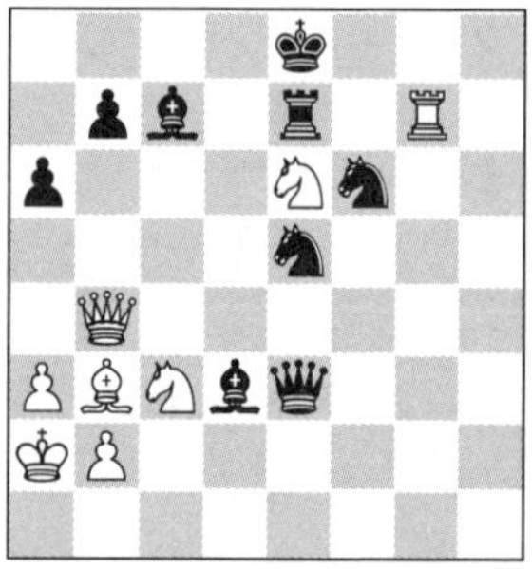

33...♖xe6 (33...♖xg7 34.♕f8+ ♔d7 35.♕xg7+) 34.♗xe6 ist problematisch für Schwarz.

31.♕h4 ♘g6

Während der nächsten Züge geraten die Engines niemals mit ihrer Überzeugung ins Wanken, dass die Stellung recht ausgeglichen ist, obgleich ich mir sicher wäre, dass ich in einer praktischen Partie mit Schwarz irgendwo eine Figur einstellen würde.
Nach einigen weiteren Geplänkeln vereinfacht sich die Partie zu einem ausgeglichenen Endspiel.

32.♕h1 ♕xe3 33.♘d5 ♘xd5 34.♕xd5 ♔e8 35.♖d1 ♘f4 36.♕xb7 ♔f8 37.♕c8+ ♔g7 38.♖h1 ♔f6 39.♘f7 ♖xf7 40.♗xf7 ♘e6 41.♗xe6 ♕xe6+ 42.♕xe6+ ♔xe6

Der Staub hat sich gelegt und ein ausgeglichenes Endspiel ist entstanden, das nach 139 Zügen Remis gegeben wurde.

KAPITEL 13

Königsangriff: Verteidigung

In diesem Kapitel vergleichen – und bewundern – wir die sehr unterschiedlichen Defensivkünste von Stockfish wie AlphaZero. Stockfish ist Meister darin, sich mit seinen Fingerspitzen am Abgrund festzuhalten, AlphaZero hingegen der Meister der Verwirrung!

Kapitel 13 – Königsangriff: Verteidigung – Kernpunkte

Thema	Die von AlphaZero und Stockfish angewandten Verteidigungstechniken.
Zweck	Punkte entgegen aller Erwartungen retten, indem man in schwierigen Situationen maximalen Widerstand leistet.
Was sind die Voraussetzungen?	Für Menschen ist die größte Schwierigkeit mentaler Art: wir müssen uns selbst darauf programmieren, selbst unter widrigsten Umständen nach rettenden Möglichkeiten Ausschau zu halten.
Was sind die Risiken?	Stockfishs Verteidigungsmethode ist schwer nachzuahmen, da sie frappierend genaue Berechnung voraussetzt; AlphaZeros Ansatz der aktiven Verteidigung ist eher intuitiv zu erfassen und kann zu kürzeren Partien führen (im Guten wie im Schlechten!).
Einzigartige Umsetzung durch AlphaZero	AlphaZeros Hauptmethode ist es, von vornherein zu vermeiden, überhaupt angegriffen zu werden. Wenn Probleme anstehen, ist AlphaZero meist bereit, zwecks Aktivität Material zu opfern. Intuitiv erscheinen mir einige dieser Opfer verkehrt, doch selbst Stockfish fällt es schwer, AlphaZero unter Kontrolle zu halten, sobald dessen Figuren Raum finden, um mit ihm ein wenig herumzuspielen!
Komplexität der entstehenden Stellungen	Hohe Komplexität: es gibt keine schwierigere Kunst im Schach als gute Verteidigung.
Irgendwelche Tipps?	Konzentrieren Sie sich auf die grundlegenden Verteidigungskonzepte beider Engines. Es wäre zu vermessen, Stockfishs rechenorientiertem Ansatz nacheifern zu wollen: das schaffen Sie nicht!
An wen erinnert uns das?	Es gibt nur ein Stockfish und nur ein AlphaZero!

Nun, da wir wissen, wie AlphaZero angreift, ist es an der Zeit, unser Augenmerk den außerordentlichen Verteidigungsfertigkeiten zuzuwenden, die in diesem Match von Stockfish gezeigt wurden. Stockfishs herausragende Verteidigungstechnik hat ihm aus verzweifelt erscheinenden Situationen viele halbe Punkte gerettet, während AlphaZeros Talent, Verwirrung zu stiften, in einigen der mit den TCEC-Eröffnungsstellungen beginnenden Partien gefragt war. In diesem Kapitel betrachten wir die Defensivtechniken beider Protagonisten und erläutern auch die Schritte, die AlphaZero unternimmt, um von vornherein Ärger zu vermeiden.

Abschnitt A – Stockfishs Verteidigungsfertigkeiten

Partie: „Angriff und Verteidigung der Götter“

Diese Partie fasziniert aus verschiedenen Gründen. Zum Ersten wird AlphaZero von den ersten Eröffnungszügen an „wild“, opfert mit 7.e5 die Qualität und einen Bauern, samt einem weiteren Bauernopfer mit 12.♗c2. Die Opfer hinterlassen einen gefährlichen, aber auch etwas spekulativen Eindruck, woraus sich ein angespannter Kampf entwickelt: wenn irgendwer Material mitnehmen und aus einer gefährlichen Situation entkommen kann, dann ist dies Stockfish. Zum Zweiten trifft Stockfish im 12. Zug eine merkwürdige Entscheidung, indem es seinen Königsläufer – die zur Verteidigung der geschwächten dunklen Felder am Königsflügel bestplatzierte Figur – am Damenflügel für einen weißen Springer abtauscht (12...♗xc3). Noch merkwürdiger ist, dass AlphaZero dieses Geschenk ablehnt und sich stattdessen ein paar Probleme aufhalst, um den weißfeldrigen Läufer von Schwarz einzusammeln (13.♘e2). Auf den ersten Blick macht das alles wenig Sinn, und es hat mich ziemlichen analytischen Aufwand gekostet, um Erklärungen zu finden. Ich gebe hier eine Zusammenfassung, um herauszuschälen, was wir dadurch für unsere eigenen Partien lernen können.

Themen der Partie:

1. Materialopfer zwecks Schädigung der gegnerischen Königsstellung [7.e5]
2. Errichtung eines defensiven Standbeins im Zentrum [9...d5]
3. Ablenkung der gegnerischen Angriffsfiguren [11...dxc4]
4. Schwächung der gegnerischen Stellung zwecks defensivem Gegenspiel [12...♗xc3]
5. Abtausch der aktiven Figuren des Gegners, um ihn auf seinen passiven sitzenzulassen [13.♘e2, 14.♖xh1]

AlphaZero
Stockfish 8
London 2018

1.d4 ♘f6 2.c4 e6 3.♘c3 ♗b4 4.e3 0-0 5.♗d3 b6

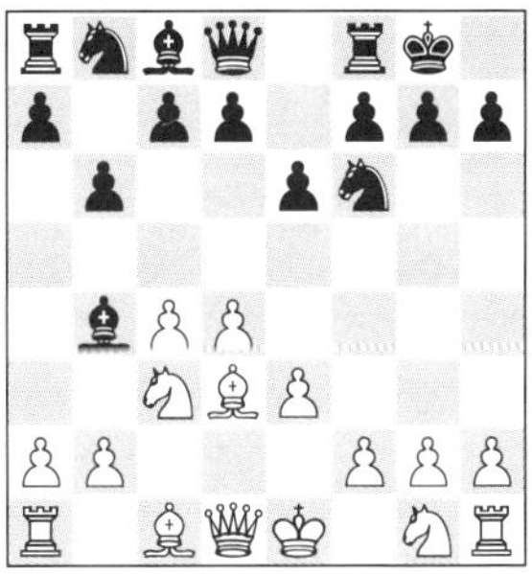

Eine ungewöhnliche Zugfolge, die freilich schon von einigen starken Spielern, nicht zuletzt Alexander Morosewitsch und Hou Yifan, versucht wurde. 6.♘ge2 ♗b7 7.0-0 ist eine sehr vernünftige Möglichkeit, die Weiß das ideale Entwicklungsschema im Rubinstein-Nimzoinder gibt, während 7.a3 ♗xc3+ 8.♘xc3 ♗xg2 9.♖g1 ein Bauernopfer nach dem Geschmack von AlphaZero sein könnte.
Doch AlphaZero erhöht den Einsatz mit einem ultrascharfen Plan weiter.
6.e4 ♗b7 7.e5

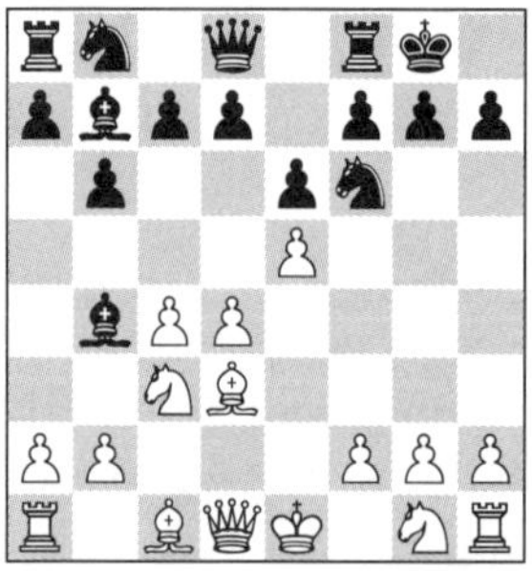

Wird von meinen Engines mit -1,12 bis -1,47 als gut für Schwarz bewertet, während AlphaZero mit einem Erwartungswert von 63,3% sein OK für Weiß erteilt. Ein bemerkenswerter Unterschied im Spielverständnis, was einen mitreißenden Streit der Stile erwarten lässt.

7...♗xg2 8.exf6 g6

Bei 8...♕xf6 9.♕g4 ♗xh1 fängt 10.♗g5 die Dame.

9.♗g5

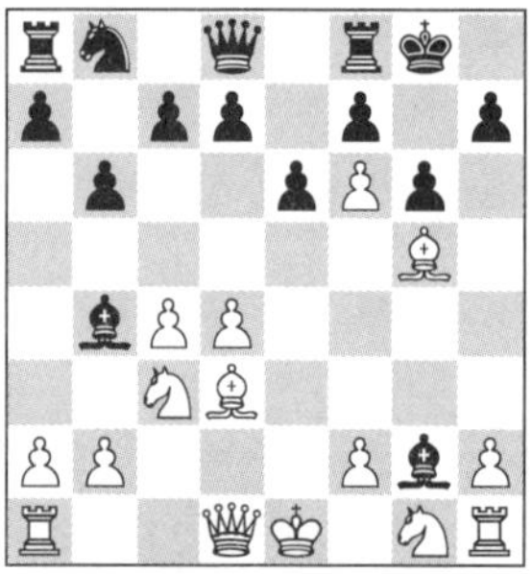

Ein guter Moment, um zu untersuchen, was Weiß mit seinem Opfer von Qualität und Bauer erreicht hat. Wir erkennen Themen aus früheren Kapiteln wieder, wenngleich in etwas abgewandelter Form:

1. Der weiße Bauer auf f6 hat eine ähnliche Funktion wie ein nach h6 marschierender Randbauer, indem er eine Schwächung der dunklen Felder am schwarzen Königsflügel erzwingt, die Bewegungsfreiheit des schwarzen Königs einengt und der weißen Dame ein Mattfeld auf g7 gibt. Das Erzwingen von ...g7-g6 verschafft dem Weißen auch eine Angriffsmarke, die er mit Bauern (h4-h5) wie auch mit Figuren (♗d3, ♘e2-f4, ♕g4) attackieren kann.
2. Durch die Hergabe des Bauern g2 hat Weiß die auf den schwarzen König gerichtete g-Linie geöffnet. Der Turm auf h1 geht zwar verloren, doch der Turm von a1 kann auf die g-Linie gehen, um den Angriff auf g6 zu unterstützen.
3. Der Zug 7.e5 hat die auf den schwarzen König gerichtete Diagonale b1-h7 für den weißen Königsläufer geöffnet.
4. Weiß hat einen großen Raumvorteil, was ihm großen Spielraum gibt, um seine Figuren zum Königsflügel zu überführen. So steht es Weiß beispielsweise offen, seinen Turm a1 über die dritte Reihe nach h3 zu überführen.

Der weiße Angriff gewinnt keineswegs sofort, doch wenn man dem Anziehenden ein paar Züge Zeit gibt, kann die Situation kritisch werden. Wie sollte sich Schwarz verteidigen? Eines der Geheimnisse guter Verteidigung ist, dass man dem Gegner niemals freie Hand lassen sollte. Ganz gleich, wie die Stellung ist, je mehr Schwächen der Gegner hat – vorzugsweise um seinen König –, desto eher ist der Verteidiger in der Lage, dem Angreifer Hindernisse in den Weg zu legen. Der nächste Zug von Schwarz ist ein erster wichtiger Schritt: 9...d5 stellt den Kontakt mit der weißen Stellung her und bereitet die Öffnung von Linien im Zentrum vor (mittels ...d5xc4), um

Angriffsziele wie etwa den Bauern auf d4 zu schaffen.

9...d5 10.♕g4 ♗xh1 11.0-0-0 dxc4

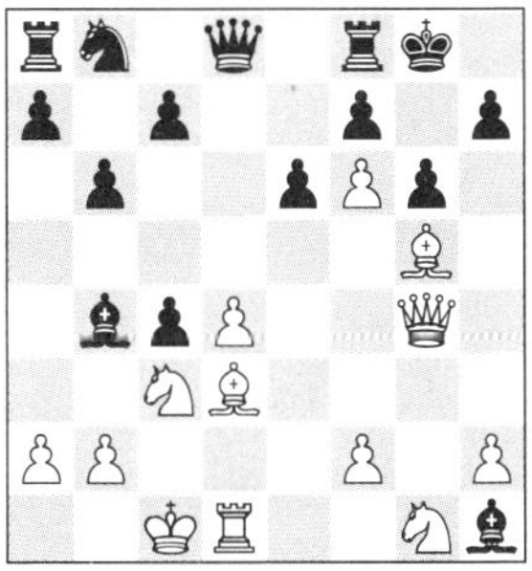

Eine weitere wichtige Idee. Schwarz öffnet Linien, versucht aber auch, den weißen Königsläufer von der Diagonalen b1-h7 abzulenken.

12.♗c2

AlphaZero geht mit seinem Angriff aufs Ganze. Dieser Zug ist genauso zweischneidig wie er auch aussieht. Wenngleich der weißfeldrige Läufer nun weiterhin auf den schwarzen Bauern g6 gerichtet ist, hält der Bauer c4 doch Weiß davon ab, seinen Turm via d3 nach h3 zu überführen. In gewissem Sinne steigt und fällt damit die Angriffsmobilität von Weiß gleichermaßen. Indem er den Bauern auf c4 unangetastet lässt, gelangt zugleich eine schwarze Angriffseinheit (mit Tempo!) in die Nähe des weißen Königs.

12...♗xc3

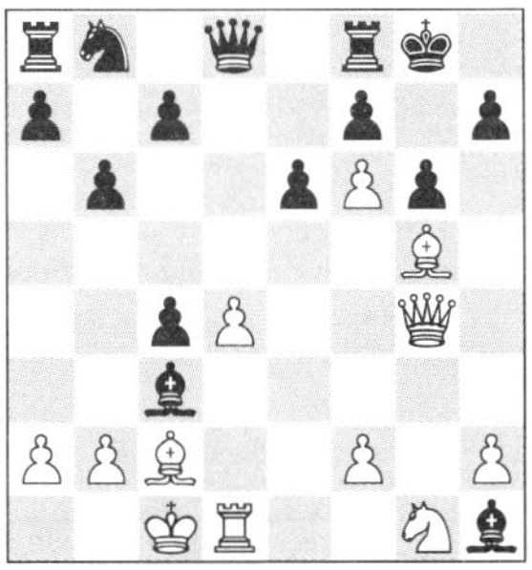

13.♘e2

Der in meinem Einführungstext erwähnte Moment: obwohl es den wichtigsten Verteidiger der geschwächten dunklen Felder am schwarzen Königsflügel (g7) jetzt einfach schlagen könnte, geht AlphaZero an dieser Möglichkeit vorbei und stellt stattdessen dem weißfeldrigen Läufer nach!

13...♗b4 14.♖xh1 c3

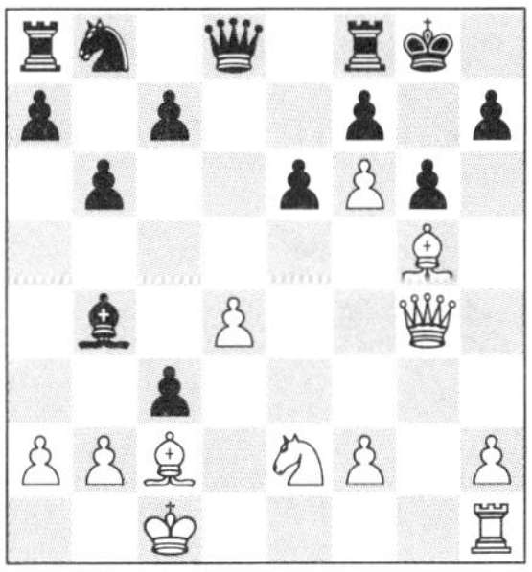

Ein weiterer mysteriöser Zug: es erschließt sich nicht so ohne weiteres, warum Schwarz diesen Vorstoß spielen sollte.

15.♕h4 ♖e8

Eine weitere Entscheidung, die mich vor lauter Verwirrung am Kopf kratzen ließ: wieso sollte Weiß dem Schwarzen erlauben, zunächst auf b2 mit Schach zu schlagen, und wieso sollte sich Schwarz weigern, dies zu tun?

16.♘xc3 ♘c6 17.♖d1

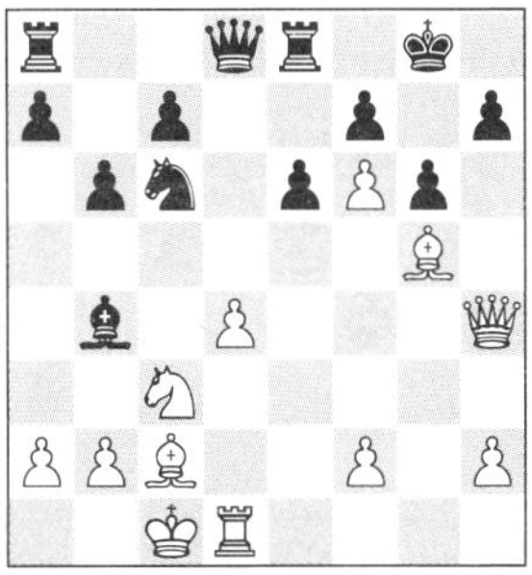

Ein schwerwiegender Nachteil von 14...c3 ist, dass Weiß für seinen Turm via d3 einen einfachen Weg nach h3 erhält. d3 ist ein nützliches Feld, zumal der Turm von dort auch den Bauern d4 verteidigt und somit ein schnelles schwarzes Gegenspiel über diesen Kanal vereitelt.

17...♕d7

Nach zuerst 17...♗f8 könnte Weiß den Nachteil aufzeigen, den es hatte, dem weißen Turm freien Zutritt zur dritten Reihe zu gewähren: 18.♗xg6 hxg6 (18...fxg6 19.f7+) 19.♖d3, und ♖h3 samt Matt auf der h-Linie wird folgen.

18.a3 ♗f8 19.♗h6

Um den die dunklen Felder verteidigenden schwarzen Läufer abzutauschen. Doch warum hat Weiß nicht diese Chance ergriffen, als Schwarz 12...♗xc3 gespielt hatte? Diese Frage drängt sich natürlich jedem menschlichen Hirn auf!

19...♕d6

19...♗d6 20.♘e4 wäre sehr stark für Weiß. Das angestrebte schwarze Gegenspiel im Zentrum schafft nur noch mehr Schwächen in der eigenen Stellung: 20...e5 21.♘g5 exd4 (21...e4 22.♘xh7 ♕f5 23.♗g5 ist die liebliche Idee. Der Springer auf h7 macht 24.♕h6 zu einer tödlichen Drohung, da 24...♗f8 mit 25.♘xf8 beantwortet wird; 23...♘d8 24.d5) 22.♗g7 mit der hübschen Idee 22...h5 23.♕xh5 gxh5 24.♗h7#.

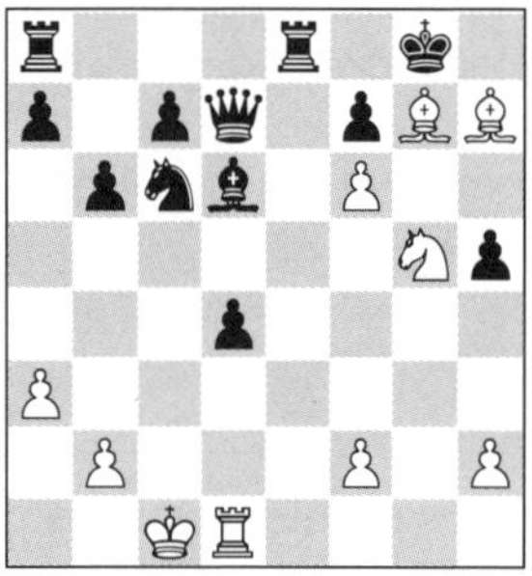

20.♗e4

Der Moment, bei welchem unter meinen Engines Panik ausbricht. Die allgemein positive Bewertung für Schwarz wandelt sich in ein großes Plus für Weiß.

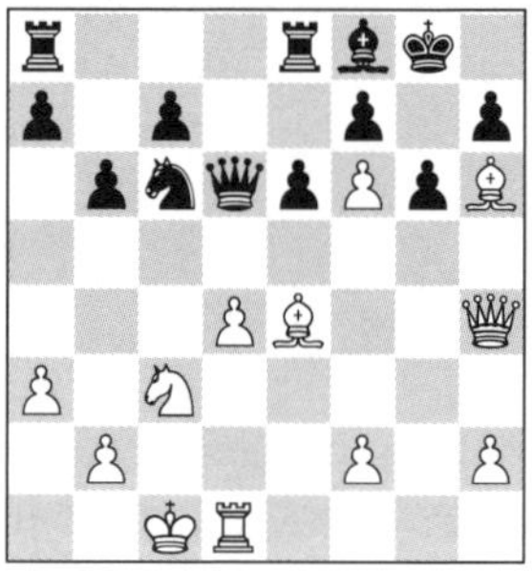

Stockfish gibt Material zurück und wartet auf einen grausamen Tod:

20...♘xd4

20...♘a5 21.♗f4 ♕d7 22.♖d3 ♘b3+ 23.♔b1 ♖ad8 24.♖h3 h5 25.♕g3 samt Opfer auf g6 gewinnt glatt für Weiß.

21.♗xf8 ♕xf8 22.♖xd4 ♖ad8 23.♖b4 c5 24.♖a4 a5 25.♗c6 ♖d4 26.♖xd4 cxd4 27.♗xe8 dxc3 28.♗a4 cxb2+ 29.♔xb2 ♕c5

Und es gelang Stockfish, diese viel schlechtere Stellung nach 256 Zügen remis zu halten!

Betrachten wir nun einige kritische Momente der Partie.

DER ERSTE KRITISCHE MOMENT:

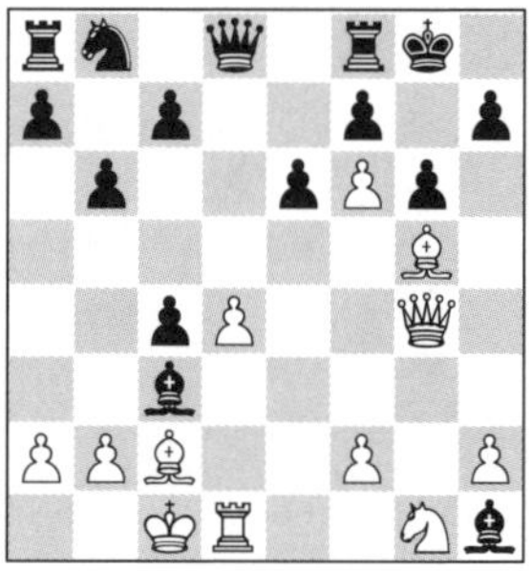

12...♗b7

Warum war Stockfish gewillt – ja, sogar begierig darauf –, seinen schwarzfeldrigen Läufer abzutauschen; eine Figur, die entscheidend zur Verteidigung der schwachen dunklen Felder von Schwarz beiträgt? Als erstes schaute ich mir an, was passieren würde, wenn Schwarz das natürliche 12...♗b7 spielt.
Ich dachte, dass ich das am einfachsten herausfinden könnte, wenn ich es hier mit meinem treuen Partner Smallfish aufnehme, um zu sehen, mit welcher Verteidigung es daherkommen würde. Eine schmerzliche Geschichte für mich, aber ich denke, so kann man am besten zeigen, zu welchen Verteidigungsleistungen selbst diese schwächere Version von Stockfish (auf eher bescheidener Hardware laufend) in der Lage ist.
Mir erging es folgendermaßen:

Matthew Sadler
Smallfish
London 2018

1.d4 ♘f6 2.c4 e6 3.♘c3 ♗b4 4.e3 0-0 5.♗d3 b6 6.e4 ♗b7 7.e5 ♗xg2 8.exf6 g6 9.♕g4 ♗xh1 10.♗g5 d5 11.0-0-0 dxc4 12.♗c2 ♗b7

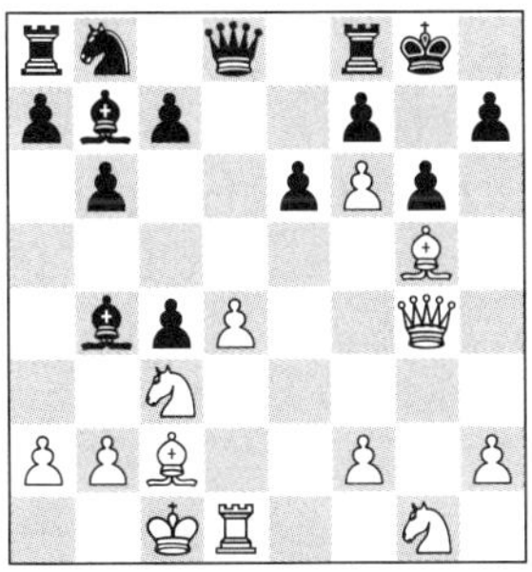

In dem Klassiker *Das Mittelspiel im Schach* von Snosko-Borowski postuliert der Autor – anlässlich der berühmten Partie Nimzowitsch - Capablanca, St. Petersburg 1914 –, dass man, falls man in der Entwicklung zurückliegt, aber einen Materialvorteil besitzt, unter keinen Umständen jene Figuren zurückziehen darf, die Druck auf die gegnerische Stellung ausüben. Vielleicht sind diese Figuren selbst verwundbar, und sie an Ort und Stelle zu belassen mag ein Risiko darstellen, doch sie halten den Gegner davon ab, frei zu manövrieren. Ich habe immer an diese Regel geglaubt, und genau darum habe ich das Gefühl, dass 12...♗b7 kein guter Verteidigungszug sein sollte.
Schwarz hat Angst, dass der Läufer auf h1 mit f2-f3 gefangen werden könnte. Wenn Weiß den Läufer gewinnt, würde die materielle Bilanz wieder zugunsten von Weiß ausschlagen, verständlich genug mithin, dass Schwarz dies vermeiden möchte. Indes machen sich alle Figuren von Weiß zum Angriff bereit, und intuitiv spürt man, dass Schwarz keine Zeit für normal aussehende Sicherungszüge haben sollte. Aus jedem Zug von Schwarz sollte das Maximum herausgeholt werden; etwas, das 12...♗b7 nicht tut. Freilich heißt das keineswegs, dass es auch nur im Entferntesten einfach sein könnte, Stockfish aus dieser Stellung heraus zu besiegen!
13.♘h3
Drei Ideen kamen mir hier in den Sinn:
1. ♕h4 in Hoffnung auf ♕h6 und ♕g7 matt.
2. ♕h4 gefolgt von ♖e1-e3-h3, ein Matt auf h7 anstrebend.

3. Den Springer nach f4 zu führen, wonach ein Opfer auf g6 folgen soll.

Während ich grübelte, fiel mir etwas Eigenartiges auf: Ständig störte der schwarze Damenläufer meine Pläne. Die nachfolgenden Diagramme illustrieren diese Thematik: sie zeigen keine realen Stellungen. Zunächst hatte ich ♕h4 und ♖e1-e3 gespielt, auf ♖h3 abzielend, und nun war ...♗g2, was das Feld h3 deckt, ein überraschend lästiger Konter:

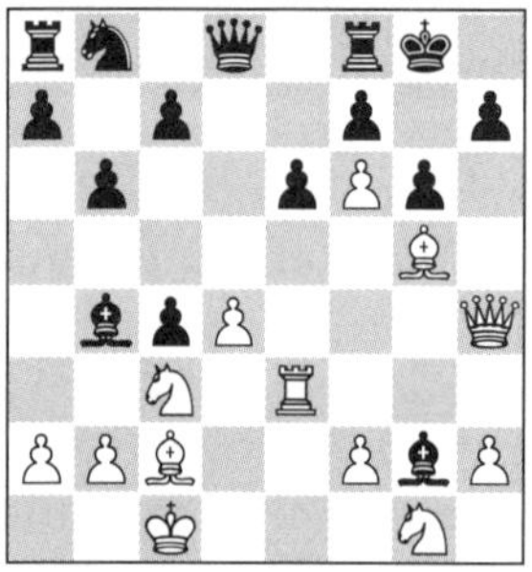

Nach ♖g3 ...♗f1 ist Weiß seinem Ziel, ♖h3 zu spielen, keinen Schritt näher! Anschließend versuchte ich ♕h4 und ♘ge2, wonach ...♗f3 häufig eine lästige Ressource war, mit welcher der Springer e2 an den Turm d1 gefesselt wird:

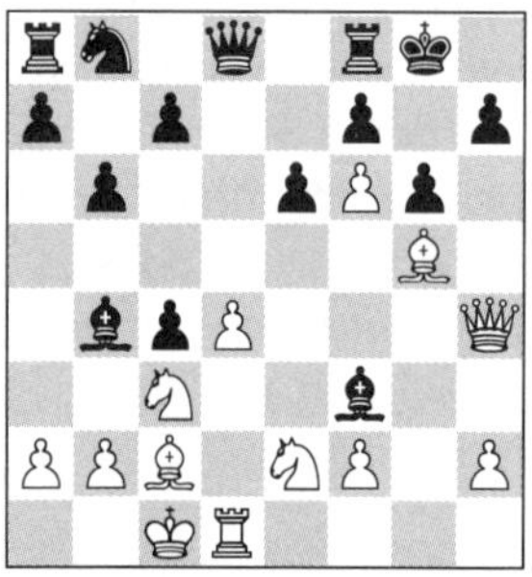

Aus diesem Grund entschloss ich mich, den Plan ♖e1-e3-h3 zu verschieben und meinen Springer via h3 nach f4 zu führen (so dass dieser nicht mit ...♗f3 gefesselt werden konnte).

13...♖e8

Ermöglicht dem Läufer, sich nach f8 zurückfallen zu lassen, um bei Bedarf g7 zu decken.

14.♘f4 ♕d7

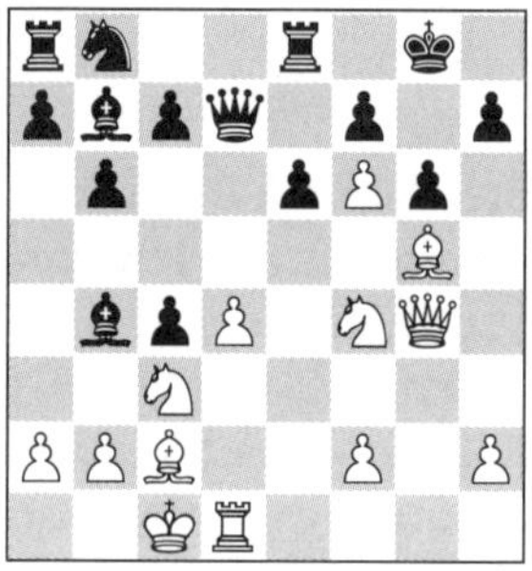

Ein bemerkenswerter Zug, der nicht auf meiner Liste von Kandidatenzügen auftauchte. Gewiss ist der Zug in gewisser Weise natürlich: der typische Trick ♘xg6 hxg6, ♗xg6 fxg6, f7+ mit Gewinn der schwarzen Dame liegt in der Luft (wenngleich das den Weißen derzeit noch zuviel Material kosten könnte), mithin ist es vernünftig, sich dagegen zu verteidigen. Doch da ist noch mehr als das. Wie auch schon bei früherem ...♗g2 und ...♗f3, kämpft Stockfish darum, die weißen Angriffsfiguren von ihren Hochsitzen zu vertreiben und dem Weißen damit zusätzlichen Erfindungsreichtum und Rechenkünste abzuverlangen. Stockfish will Weiß nicht erlauben, sich ungestört zu entfalten. Dieser Zug droht ...e6-e5, was den Springer f4 angreift sowie Damentausch droht. Mithin sah es natürlich aus, den nächsten Zug in meinem Plan auszuführen.

15.♕h4 ♗f3

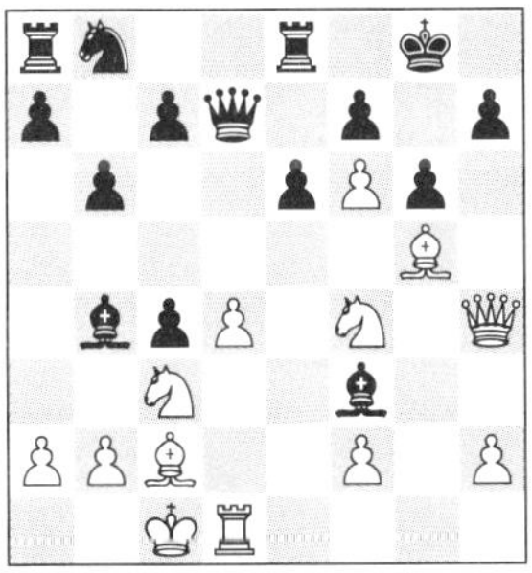

Bei diesem Störzug mit dem Läufer geht es um zwei Dinge:

1. Der Turm d1 wird angegriffen. Wenn Schwarz den Turm auf d1 schlägt, hängt auch gleich der weiße Bauer d4, Schwarz bekommt also Gegenspiel via d4.
2. Der Läufer deckt Felder am Königsflügel wie etwa h5 und gibt somit dem schwarzen Königsflügel unter Tempogewinn ein wenig mehr Halt.

16.a3

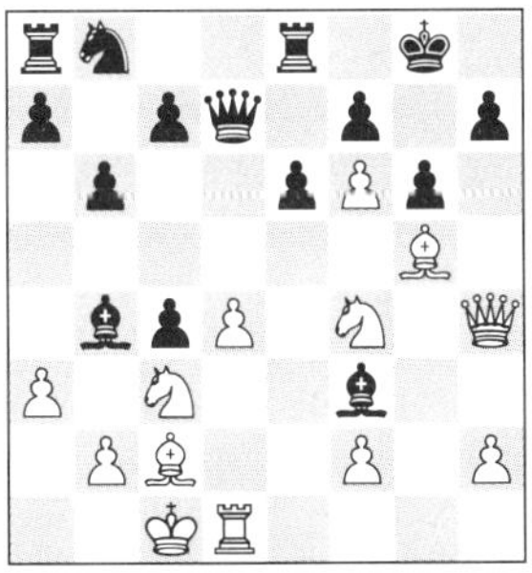

Klarerweise musste ich mit den schwarzen Störtaktiken energisch umgehen.

16...♗d6

A) 16...♗xd1 17.axb4 ist gut für Weiß: Wegen der Drohung 18.♕h6 nebst Matt schnappt sich Weiß noch eine dritte Figur, und 17...♗h5 18.♘xh5 gxh5 19.♕e4 verliert für Schwarz;

B) 16...♗xc3 17.♕h6.

17.♘e4

Kümmert sich um die Drohung gegen d1, indem es Gegendrohungen gegen den schwarzen König schafft.

17...♗xe4

17...♗xd1 18.♘xd6 ist sehr stark für Weiß: 18...♕xd6 19.♘xg6 hxg6 20.♗xg6 fxg6 21.f7+ ♔xf7 22.♕h7+ ♔f8 23.♗h6# lautet das überraschende Matt, auf das ich hinaus wollte!

18.♗xe4 ♘c6 19.♔b1

19.♗h6 war mein Versuch in der ersten Partie gegen Smallfish, mit Blick auf ♗g7 und ein späteres Opfer auf g6: 19...♘xd4 (äußerst scharf, kontert gegen die offenkundigste Schwäche im weißen Lager) 20.♘xg6 (20.♖xd4 ♗xf4+ 21.♗xf4 ♕xd4 22.♕h6 ♕xf6 räumt mit der weißen Angriffsstreitmacht auf!) 20...♘b3+ 21.♔b1 fxg6 22.♗g7 ♖ad8 23.♕h6 ♖f8 24.♗xg6 hxg6 25.♕xg6 ♖f7. Das wirkte für mich sehr eindrucksvoll, wird aber von meiner Engine tatsächlich mit -8,26 bewertet! 26.♗h6+ ♔h8 27.♖g1 ♗e5 28.♕h5 ♕d3+ 29.♔a2 ♕h7, und es war Zeit für einen neuen Versuch.

19...♘a5 20.♖g1

Diese Variante hatte ich zum Remis ausgearbeitet, und ausnahmsweise einmal erwies sich meine Analyse als korrekt!

20...c3 21.♘xg6 fxg6 22.♗xg6 hxg6 23.♕h6 c2+ 24.♔xc2 ♕h7

Das sieht nach einem Gewinn für Schwarz aus, doch Weiß hat noch ein Ass im Ärmel. 24...♕c6+ 25.♔d1 ♕f3+ 26.♔e1 ♕e4+ 27.♗e3 ♕b1+ 28.♔e2 ♕c2+ 29.♗d2 ♕e4+ ist ein anderes Remis durch Zugwiederholung.

25.f7+ ♕xf7 26.♗f6 ♕xf6 27.♖xg6+ ♕xg6+ 28.♕xg6+ ♔h8 29.♕h6+ ♔g8 30.♕g6+ ♔h8 31.♕h6+ ♔g8 32.♕g6+ ♔h8 ½:½

Damit vielleicht genug mit meinen Versuchen, das verdammte Smallfish zu überwinden! Was hatte AlphaZero beabsichtigt?

Analyse von AlphaZero
London 2018

1.d4 ♘f6 2.c4 e6 3.♘c3 ♗b4 4.e3 0-0 5.♗d3 b6 6.e4 ♗b7 7.e5 ♗xg2 8.exf6 g6 9.♕g4 ♗xh1 10.♗g5 d5 11.0-0-0 dxc4 12.♗c2 ♗b7 13.♘h3 ♘d7

AlphaZeros erste Wahl. AlphaZero hält 13...♖e8 nicht für die beste Verteidigung und wendet verhältnismäßig wenig Zeit zu ihrer Untersuchung auf: 14.♕h4.

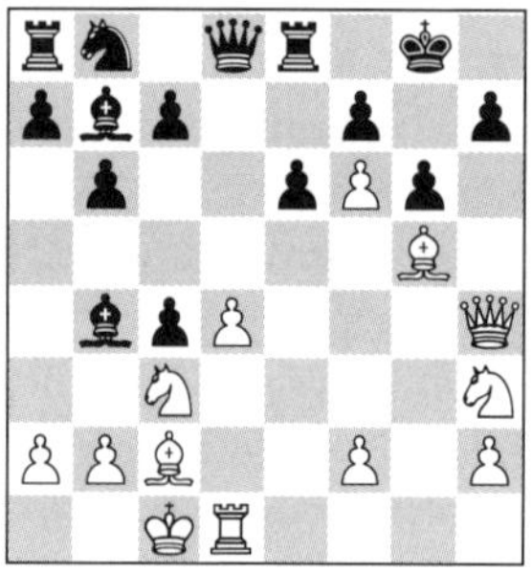

AlphaZeros Zug ist flexibler als mein 14.♘f4. Weiß hat mit 15.♗e3 nebst 16.♘g5 sowie 15.♘f4 ernsthafte Drohungen. Nach 14...♗f8 15.♘f4 gibt sich AlphaZero eine Gewinnerwartung von 77,3%.

14.♕h4 ♗d6 15.♗e4

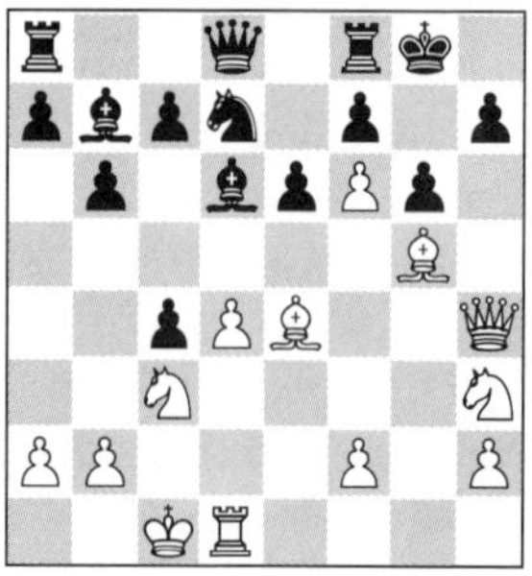

Kein Zug, den die Engines aus dem Stegreif vorschlagen würden! AlphaZero tauscht den störenden weißfeldrigen Läufer ab und bringt seinen Damenspringer am Königsflügel ins Gefecht.

15...♗d5

Nach 15...♗xe4 16.♘xe4 gibt sich AlphaZero einen Erwartungswert von 88,3%.

16.♘xd5 exd5 17.♗xd5 c6 18.♗xc4 b5 19.♗b3 a5 20.f4 a4 21.♗c2

... lautete AlphaZeros Hauptvariante, mit einer kolossalen Gewinnerwartung von 84,5%!

DER ZWEITE KRITISCHE MOMENT:

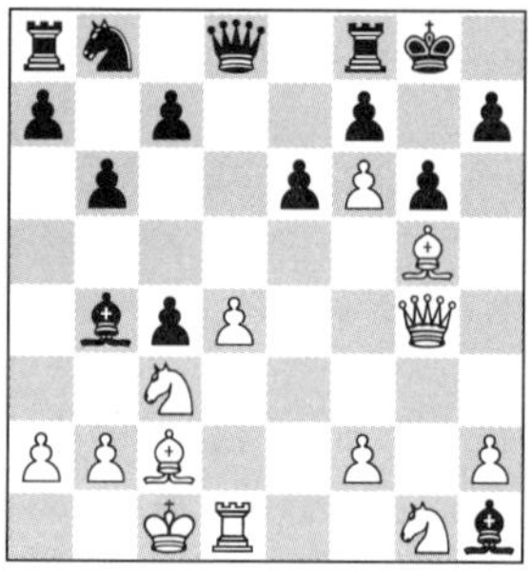

12...♗xc3

Zumindest hatte ich jetzt das Gefühl, dass ich verstanden hätte, warum Stockfish 12...♗xc3 spielte: es hielt verzweifelt nach einer Möglichkeit Ausschau, die weiße Königsstellung zu schwächen, um ein wenig Gegenspiel zu erzeugen. Ich verstand freilich immer noch nicht, warum Weiß nicht einfach den Läufer schlagen sollte. Zeit also, diese Idee zu testen!

Matthew Sadler
Smallfish
London 2018

1.d4 ♘f6 2.c4 e6 3.♘c3 ♗b4 4.e3 0-0 5.♗d3 b6 6.e4 ♗b7 7.e5 ♗xg2 8.exf6

g6 9.♕g4 ♗xh1 10.♗g5 d5 11.0-0-0 dxc4 12.♗c2 ♗xc3 13.♕h4

13.bxc3 ♕d6 14.♕h4 ♕a3+ 15.♔b1 ♖d8 ängstigte mich doch ganz schön. 16.♕h6 wird mit 16...♕f8 beantwortet, derweil Schwarz ...♖d8-d5-b5 wie auch das Schlagen auf c3 droht.

Aus diesem Grund kam ich zu dem Schluss, dass der Einschub von 13.♕h4 – was angesichts der Drohung 14.♕h6 nebst 15.♕g7 matt 13...♘d7 erzwingt – der beste Weg sei, den schwarzfeldrigen Läufer zu schlagen. AlphaZero hält das auch für einen recht guten Zug und gibt Schwarz nur eine Gewinnerwartung von 21,2%. 13.♕h3 war eine andere Idee von mir, um mit nachfolgendem f2-f3 den Läufer auf h1 zu fangen, wobei (im Gegensatz zu 13.♕h4) der Bauer f3 von der Dame gedeckt wäre: 13...♔h8 (möglich, da der Läufer g5 nicht gedeckt ist) 14.bxc3 (14.♗xg6 fxg6 15.f7 ♕xg5+ verliert jetzt) 14...♕d5 15.♗h6 ♖g8 16.f3 ♘d7 17.♗e4 ♕a5 18.♗g7+ ♖xg7 19.fxg7+ ♔xg7 20.♗xa8 ♕xc3+ 21.♔b1 ♕b4+ 22.♔c2 ♕a3.

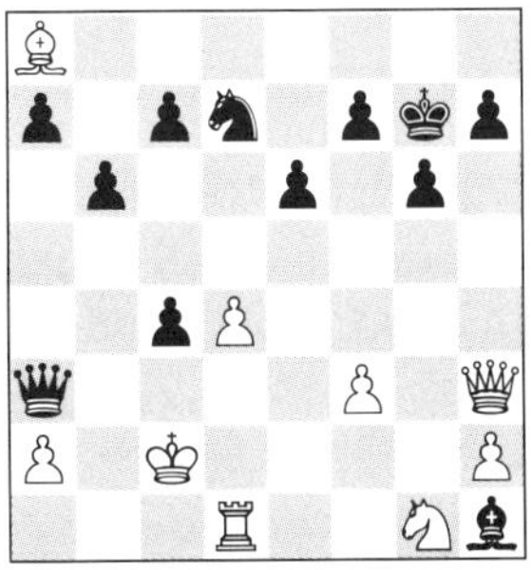

Dies erwies sich als äußerst unangenehm für mich, ungeachtet des Mehrturms wie auch des auf h1 gefangenen Läufers! Der schwarze König steht völlig sicher, während der von Weiß exponiert und seiner Figurenunterstützung beraubt ist; 23.♔b1 c3.

13...♗xb2+

Schwarz nimmt die Gelegenheit wahr, der weißen Königsstellung weiteren Schaden zuzufügen. AlphaZero erachtete 13...♔h8 als Hauptverteidigung: 14.bxc3 ♕d6 15.♔b2 ♗g2 16.♘e2 ♖g8 17.♘f4 ♗f3 18.♖e1 ♘c6 19.♖xe6

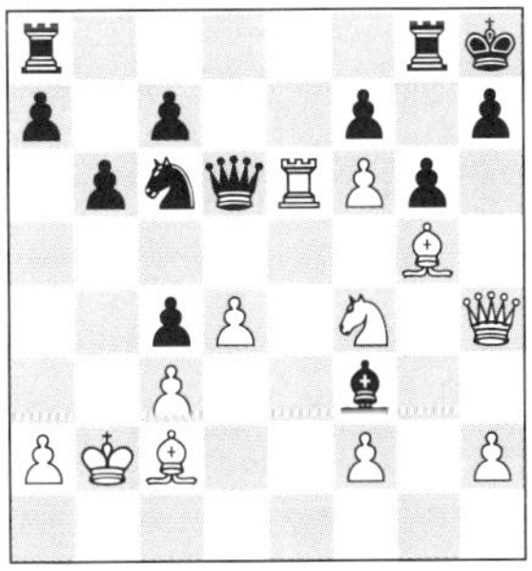

19...♕d7 20.d5, was zu gewinnen scheint! 20...♗xd5 21.♖e3 überführt den Turm mit entscheidender Wirkung auf die h-Linie!

14.♔xb2 ♘d7

14...♔h8 15.♗xg6 fxg6 16.f7 ist der typische Trick von Weiß, wonach Schwarz seine Dame geben muss. Dies ist eine für Weiß günstige Version: 16...♕d7 17.♗f6# lautet die Schlüsselidee.

15.f3

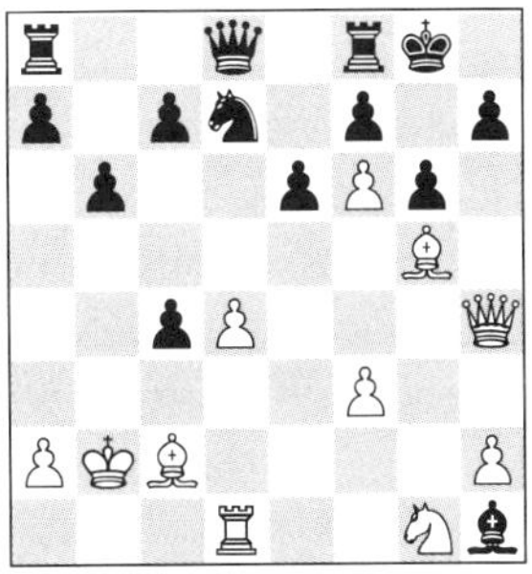

Eine kritische Stellung. Der Nachziehende hat seinen schwarzfeldrigen Läufer hergegeben, um die weiße Königsstellung zu schwächen, und Weiß hat sich auf den dunklen

Feldern formiert sowie den hellen Läufer auf h1 eingesperrt. Man beachte auch, dass Weiß mit der Folge ♕h6 ♘xf6, ♕h4 ♔g7, ♕h6+ jederzeit zumindest ein Remis durch Zugwiederholung hat. Das ist die Art von Stellungen, in denen Menschen sich schwertun, eine angemessene Fortsetzung zu finden, wo aber Engines wie Stockfish mit einem unerschöpflichen Reservoir von Verteidigungsmöglichkeiten daherkommen! Schwarz muss einen Weg finden, sich Gegenspiel gegen den weißen König zu verschaffen. Meine Versuche mit Schwarz waren nicht erfolgreich, doch Stockfish bewältigte das prima!

15...c3+ 16.♔a1 ♔h8 17.♗xg6 fxg6 18.f7 ♕xg5 19.♕xg5 ♖xf7

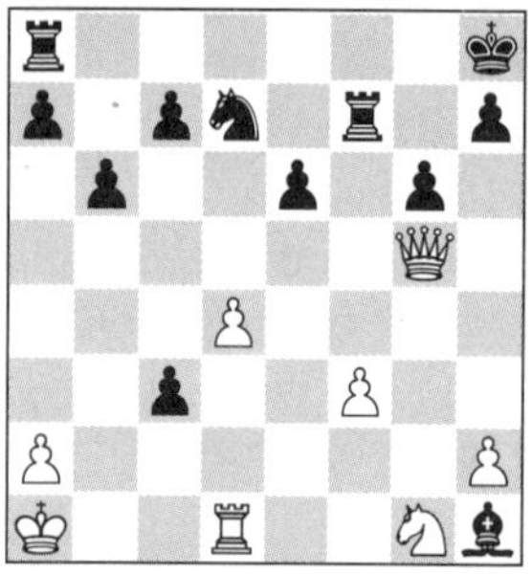

Weiß hat eine Menge Material zurückgewonnen und würde auf Gewinn stehen, könnte er den Läufer h1 einfangen. Dies scheint jedoch unmöglich. Weiß behauptet einen Vorteil, ich konnte diesen aber in meinen Übungspartien nicht verwerten:

20.♕e3 c2 21.♖c1 ♖f6 22.♖xc2 c5 23.h4 ♖af8 24.h5 gxh5 25.dxc5 bxc5 26.♖d2 ♖8f7 27.♘h3 ♖xf3 28.♕xe6

... so weit war ich gekommen, mit dem Fazit, dass dies zumindest für einen Menschen schwierig zu verteidigen sein sollte!

Ich hatte das Gefühl, Weiß konnte nach 12...♗xc3 Vorteil erlangen, indem er den schwarzfeldrigen Läufer nach dem Vorbereitungszug 13.♕h4 schlägt. Doch nachdem ich dank vieler Partien und Varianten der Kraft des schwarzen Gegenspiels gegen den geschwächten weißen König sowie der hemmenden Wirkung des schwarzen Damenläufers gewahr wurde, begann mir zu dämmern, warum AlphaZero 13.♘e2 vorzog. Es hatte nicht danach Ausschau gehalten, die beste Verteidigungsfigur von Schwarz loszuwerden (den schwarzfeldrigen Läufer), sondern diejenige Figur, die seine eigenen Aktivitäten am meisten schädigt: den weißfeldrigen Läufer von Schwarz mit seinen nervigen Störmanövern ...♗g2 und ...♗f3. Ein weiterer Punkt für 13.♘e2 wird deutlich, wenn Schwarz genau wie nach 13.♕h4 fortsetzt und danach trachtet, die weiße Königsstellung zu schädigen:

Smallfish
Matthew Sadler
London 2018

1.d4 ♘f6 2.c4 e6 3.♘c3 ♗b4 4.e3 0-0 5.♗d3 b6 6.e4 ♗b7 7.e5 ♗xg2 8.exf6 g6 9.♕g4 ♗xh1 10.♗g5 d5 11.0-0-0 dxc4 12.♗c2 ♗xc3 13.♘e2 ♗xb2+ 14.♔xb2

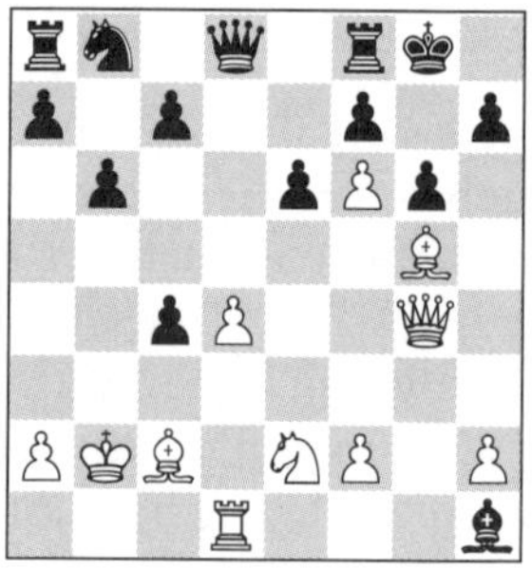

Der Unterschied ist, dass der weißfeldrige Läufer von Schwarz unter Kontrolle ist: von g4 aus deckt die Dame g2 und – am bedeutendsten – f3, was Ideen mit ...♗f3 verhindert. Der weiße Angriffszug am Königsflügel rollt mit Höchstgeschwindigkeit!

14...♗d5 15.♕h4 ♘d7 16.♘f4

♖g1 wird folgen.

16...♗f3

16...c3+ 17.♔a1, und ♖d3-h3 wird folgen.

17.♘xe6

Ein ganz fetter Streich!

17...fxe6 18.f7+ 1:0

Nun ergeben ein paar Dinge mehr aus der Hauptpartie Sinn.

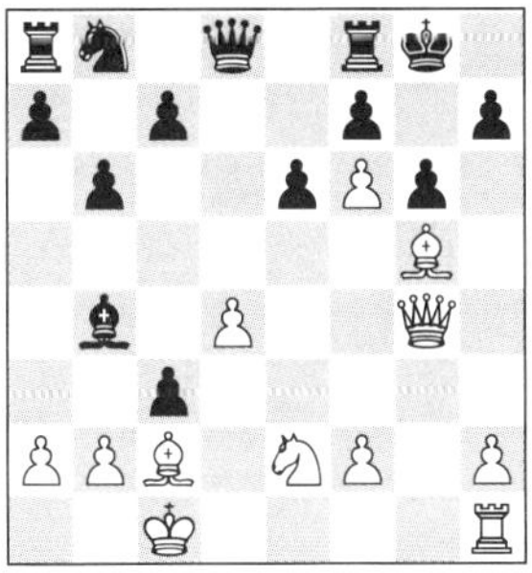

14...c3 war ein neuerlicher Versuch, die weiße Königsstellung zu schwächen und Grundlagen für ein späteres Gegenspiel zu schaffen. Weiß hatte 15.♕h4 erst gespielt, nachdem der schwarze Damenläufer (und damit die Chance auf ein Gegenspiel mit ...♗f3) verschwunden war.

Es gab eine weitere Sache, die ich mir nicht recht erklären konnte: warum hatte Stockfish nach 15.♕h4 nicht 15...cxb2+ gespielt?

DER DRITTE KRITISCHE MOMENT:

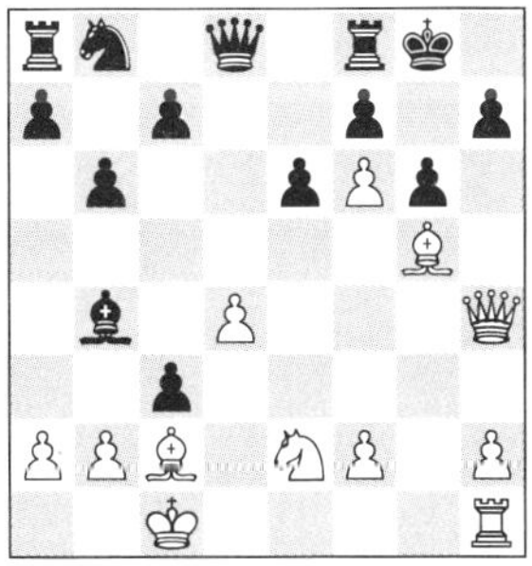

15...cxb2+

Die Partiefortsetzung beließ Weiß mit einer völlig sicheren Königsstellung, was dem Anziehenden viel größeren Freiraum gab, seine Kräfte gegen den schwarzen König zu konzentrieren.

Ich versuchte viele Stunden lang, 15...cxb2 gegen Stockfish zum Laufen zu bringen, was zu einigen erstaunlichen Partien führt. Sie zu zeigen macht freilich wenig Sinn, da AlphaZero eine viel bessere Lösung gefunden hat!

Analyse von AlphaZero

London 2018

1.d4 ♘f6 2.c4 e6 3.♘c3 ♗b4 4.e3 0-0 5.♗d3 b6 6.e4 ♗b7 7.e5 ♗xg2 8.exf6 g6 9.♕g4 ♗xh1 10.♗g5 d5 11.0-0-0 dxc4 12.♗c2 ♗xc3 13.♘e2 ♗b4 14.♖xh1 c3 15.♕h4 cxb2+ 16.♔b1

Eine typische Verteidigungsidee, der gegnerische Bauer wird als Schutzschild für den eigenen König verwendet. Die Stellung wird von AlphaZero mit einem Erwartungswert von 83,4% eingeschätzt.

16...♖e8 17.♖d1

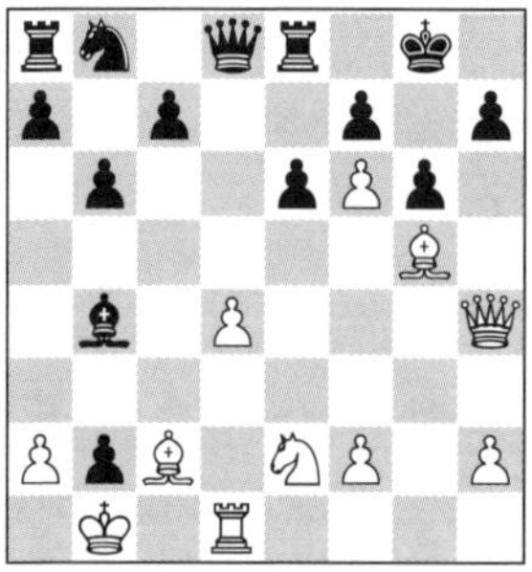

Dies ist AlphaZeros Wahl, mit der der Turm ins Spiel gebracht sowie d4 zwecks Ausschaltung jeglichen Gegenspiels verteidigt wird, zugleich wird ♖d1-d3-h3 vorbereitet. Ich hatte mir diesen Zug auch angeschaut, war aber von 17...♕d5 verschreckt.

17...♕d5

Ich hatte dies als ziemlich ärgerlich für Weiß erachtet, da die Dame dazu imstande scheint, im weißen Lager einzubrechen und genug Ärger zumindest für ein Dauerschach zu verursachen. AlphaZero hatte jedoch weiter gesehen:

A) 17...♕d7 (AlphaZero analysiert hier zahlreiche Alternativen) 18.♘f4 ♘c6 (18...♕b5 19.♖d3, und ♖h3 wird folgen) 19.♖d3 e5 ist das Ende von AlphaZeros Variante, die nach einem Gewinn für Weiß aussieht: 20.dxe5 ♕c8 21.♖h3;

B) 17...♘c6 18.♗xg6

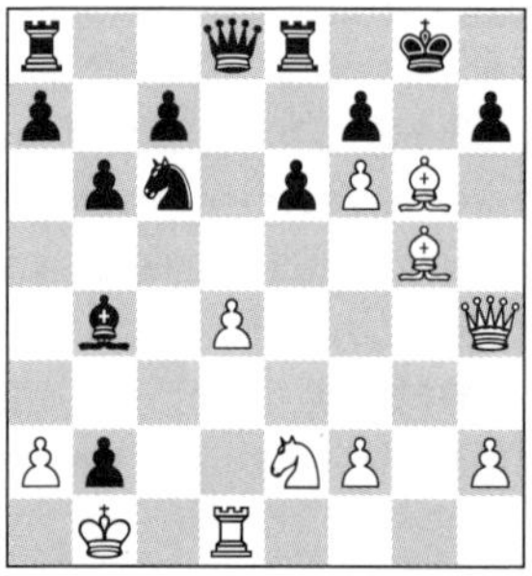

... ist der uns bereits bekannte Kniff. Stockfish 9 braucht etwa zwölf Sekunden, um das zu sehen, für solch ein Taktikmonster beinahe eine Ewigkeit! 18...hxg6 (18...fxg6 19.f7+) 19.♖d3 ♕d5 20.♖h3 ♕f5+ 21.♔xb2 ♕xh3 22.♕xh3, und die Drohung ♗g5-h6-g7 lässt sich ohne weitere Materialverluste nicht abwehren.

18.♘f4

18.♗e4 ♕c4 19.♘f4 ♗f8 20.♘xg6 (20.♗xa8 ♘a6 mit der Doppeldrohung 21...♖xa8 und 21...♘b4 ist erschreckend stark für Schwarz) 20...hxg6 21.♖d3 ♘d7 22.♗xg6 ♘xf6 ist Stockfishs verblüffende Verteidigung gegen die von mir beabsichtigte Variante.

18...♕f3 19.♖d3 ♕h1+ 20.♔xb2

Ich hätte 20.♖d1 als notwendig erachtet: 20...♕f3 ergibt dann ein Remis durch Zugwiederholung.

20...♕e4 21.♔b3

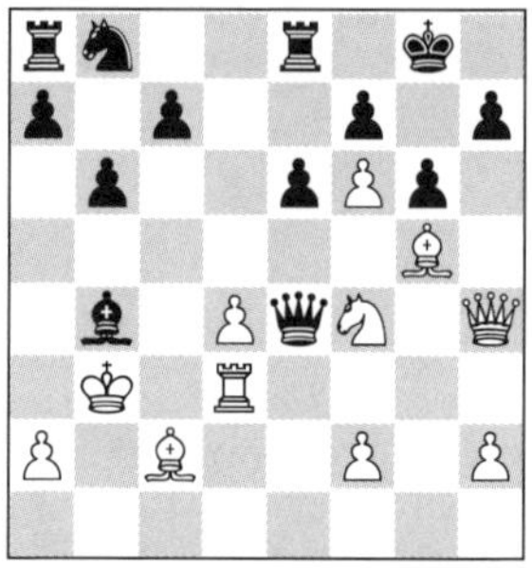

AlphaZeros Zug, der dem Schach auf d4 ausweicht und 22.♖h3 vorbereitet. 21.♖h3 ♕xd4+ 22.♔b1 h5 ist eine typische Stockfish-Verteidigung auf der letzten Rille! 23.♕g3 ♗d6 hält sich die weißen Figuren vom Leib.

21...a5

21...♘c6 22.♕xh7+ ♔xh7 23.♖h3+ ♔g8 24.♗xe4 gewinnt Material, da 24...♘xd4+ 25.♔xb4 ♖ad8 26.♗h6 mattsetzt.

22.♖h3 a4+ 23.♔xb4 ♕e1+

23...♕xd4+ 24.♔a3 ♕c5+ 25.♔b2 ♕d4+ 26.♔c1 ♕a1+ 27.♗b1 deckt alle Schachgebote ab, und nun ist

AlphaZero am Königsflügel dran: 27... h5 28.♘xg6 fxg6 29.♕e4.

24.♔c4 h5

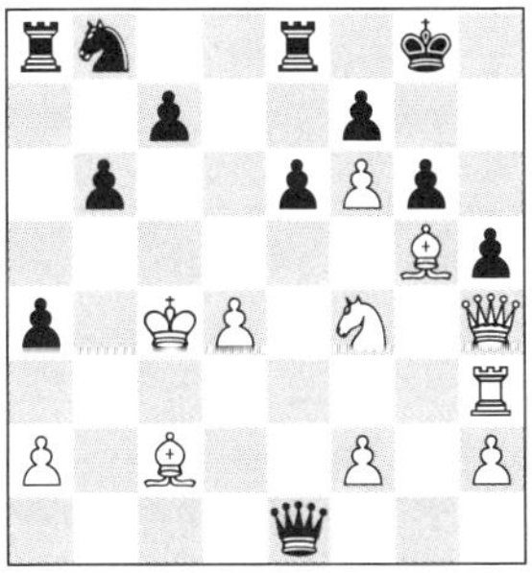

25.♘xg6 ♘c6 26.♘e7+ ♖xe7 27.♗e3 ♔f8 28.♕xh5 ♔e8 29.fxe7 ♔xe7 30.♕g5+ ♔d7 31.♖h7 ♔c8 32.♖h8+ ♔b7 33.♖xa8 ♔xa8 34.a3

Dies ist die lange Hauptvariante von AlphaZero, die mit einer Gewinnstellung für Weiß endet.

Was können wir aus dieser Partie schlussfolgern? Zum Ersten denke ich, dass AlphaZeros Bewertung näher an der Wahrheit lag als die ursprüngliche Einschätzung der Engines: die Stellung ist außerordentlich gefährlich für Schwarz. Zum Zweiten, die erfolgreiche Verteidigung einer solchen Stellung verlangt dem Schwarzen genaue Berechnung wie außergewöhnlichen Einfallsreichtum ab. Allerdings lassen sich aus Stockfishs Spiel auch ein paar grundlegende Regeln ableiten, die nützlich sind, um eine Stellung mit taktischen Gegenchancen zu erreichen:

1. Man öffne das Zentrum (9...d5): nur mit Gegenspiel wird man eine solche Stellung auf Dauer verteidigen können. Ein Angreifer, der nicht auch selbst unter Druck steht, wird sich am Ende immer durchsetzen.
2. Man lenke sofern möglich gegnerische Figuren vom Angriff ab (11...dxc4). Wenn man eine Figur von einer gefährlichen Angriffsdiagonale wegzerren kann, tue man das auch!
3. Man setze seine aktiven Figuren ein, um die gegnerischen Angriffsfiguren aus dem Konzept zu bringen (...♗f3 und ...♕d7 in vielen meiner Partien gegen Stockfish). Dies ist eine wichtige Methode, um das gegnerische Angriffstempo zu drosseln.
4. Man schwäche die gegnerische Königsstellung (12...♗xc3, 14...c3). Auf lange Sicht kann man sich nur retten, wenn man Gegenspiel hat. All die von den Engines entdeckten eigenartigen und „unverdienten“ taktischen Konterchancen sind nur dank der offenen weißen Königsstellung möglich.

Ich würde Ihnen nun gerne ein zweites Beispiel für Stockfishs Verteidigungskünste aus einer Partie zeigen, die mich von beiden Seiten sehr beeindruckt hat.
Wie schon in der vorherigen Partie gesehen, umfasst Stockfishs Verteidigungsspiel gewöhnlich diese drei Techniken:

Stockfishs Verteidigungstechnik:

1. Ablenkung der gegnerischen Angriffsfiguren von ihren besten Positionen.
2. Einsatz der aktiven Figuren, um Verwirrung im gegnerischen Lager zu stiften.
3. Schaffung einer Schwäche in der gegnerischen Königsstellung zwecks Erlangung von Gegenspiel.

Partie: „Nutzung einer Linie am Damenflügel zur Verteidigung des Königsflügels“

Eine wunderschöne Partie beider Protagonisten. AlphaZero trifft im 23. Zug eine unerwartete Entscheidung (23.♗xd5), indem es das Zentrum festlegt, den Vorteil des Läuferpaares hergibt und die c-Linie für den bis dato passiven Turm auf c8 öffnet. Im Gegenzug erhält Weiß die Chance zu einem Schlag gegen die schwarze Struktur am Königsflügel mit g2-g4. Dieser Schlag ist giftiger als erwartet, doch Stockfish zeigt ein erstaunliches Niveau der Verteidigungstechnik, womit es seinen Kopf über Wasser hält.

Themen der Partie:

1. Festlegung des Zentrums [23.♗xd5]
2. Vermeidung der automatischen Besetzung einer offenen Linie

AlphaZero
Stockfish 8
London 2018

1.d4 ♘f6 2.c4 e6 3.♘f3 b6 4.g3 ♗e7 5.♗g2 0-0 6.♘e5 c6 7.♘c3 ♗a6 8.0-0 d5 9.♖e1

Eine Eröffnung, die in den Partien zwischen AlphaZero und Stockfish häufig vorkommt. Stockfish etabliert mit ...c7-c6 und ...d7-d5 eine solide Struktur im Zentrum, damit der weißfeldrige Läufer auf g2 auf Granit beißt, und stellt dann seinen eigenen weißfeldrigen Läufer auf das aktivere, aber auch wackligere Feld a6 (der Läufer greift dort den Bauern c4 an, mindert aber auch die Kontrolle über c6). Dieses Mal hat es AlphaZero nicht eilig, das Zentrum mit c4xd5 festzulegen.

9...♗xc4 10.♘xc4 dxc4 11.e3

Dieser zurückhaltende Zug ist eine Neuerung. Zuvor wurde in Lalith - Valsecchi, Chennai 2011, einmal 11.e4 gespielt: 11...♘bd7 12.a4 e5 13.♗e3 ♗b4 14.♕e2 war angenehm für Weiß.

11...♘d5 12.a4 ♘a6 13.♗f1 ♘ab4 14.♗xc4 ♘f6 15.e4 ♕d7 16.e5 ♘fd5 17.♘xd5 ♘xd5 18.♕g4 g6 19.♗h6 ♖fc8 20.h4 ♗f8 21.♗g5 h5 22.♕f3 ♗e7 23.♗xd5 cxd5 24.g4

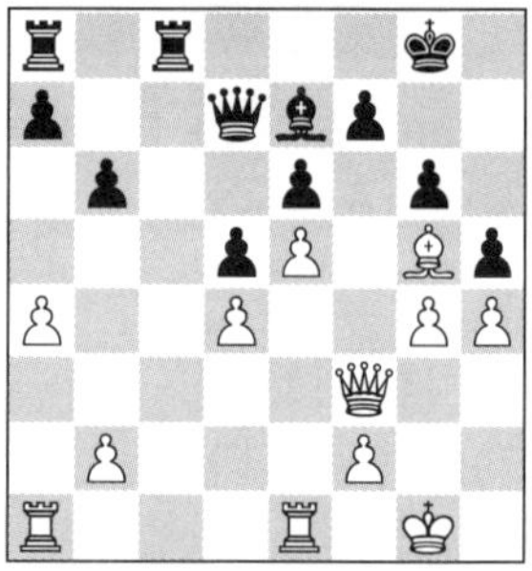

Ein guter Moment, um innezuhalten und den Umfang der Verteidigungsaufgabe abzuschätzen. Zu Beginn meiner Analyse war ich von dem weißen Konzept nicht fürchterlich beeindruckt: 23.♗xd5 öffnet die c-Linie für die schwarzen Türme und gibt den weißen Vorteil des Läuferpaares auf. Die weißen Türme brauchen ein paar Züge, um am Königsflügel mitzumischen (♖a1-a3-f3/h3 oder ♔g2 und ♖h1), was Schwarz einige Zeit gibt, um seine Verteidigung zu organisieren. Das Hauptdilemma für den Nachziehenden ist allerdings, dass ein paar Züge nicht ausreichen, um einen Gegenangriff auf den weißen König zu organisieren, und es auch nicht klar ist, ob sie reichen, um genug Verteidigungskräfte am Königsflügel zu bündeln.
Desto länger ich mir die Varianten zusammen mit meinen Engines

besah, desto weniger glücklich war ich mit der schwarzen Stellung. Stockfishs Verteidigungsidee in dieser Partie ist schlichtweg genial. Bei der vorigen Partie hatten wir erwähnt, dass Stockfish gern seine aktiven Figuren benutzt, um die gegnerischen Angriffsfiguren abzulenken und Verwirrung zu stiften, und genau dies fasst Stockfish hier ins Auge. Auf diese Weise gewinnt Stockfish Zeit zum Aufbau einer Verteidigungsformation am Königsflügel und beschleunigt zugleich sein Gegenspiel auf der offenen c-Linie um das entscheidende Tempo. Eine Lehrstunde in Sachen Ökonomie der Verteidigung!

24...♗xg5 25.hxg5 ♕e7

Schwarz möchte die h-Linie nicht öffnen, da es danach nahezu unmöglich wäre, die weißen Türme vom Einbruch dort abzuhalten. Die Alternative, nämlich Weiß auf h5 schlagen zu lassen, scheint jedoch ebenso schlecht. Weiß wird einfach den Schwächling auf h5 schlagen und den schwarzen König auf der h-Linie mattsetzen.

Stockfish will zunächst den Druck auf h5 vermindern, indem es die weiße Dame von f3 weglenkt, was ein wenig Zeit kauft (der Bauer h5 wird jetzt erst nach zusätzlicher Vorbereitung fallen):

A) 25...hxg4 26.♕xg4 (26.♕f6 ist sehr verlockend, mit der Absicht, ♔g2 zu spielen und die Türme baldmöglichst auf die h-Linie zu bringen. Es ist jedoch nicht so einfach wie man glauben mag, die Türme dort zu verdoppeln: 26...♕d8 27.♔g2 ♕xf6 28.gxf6 ♖c2 29.♖h1 ♖ac8 30.♖h6 ♖c1 (hindert den Turm, nach h1 zu gehen!) 31.♖a3 ♖d1 32.♖g3 (in der Hoffnung auf ♖g3xg4-h4) 32...♖xd4 mit Gewinn für Schwarz. Hier sehen wir die Defensivkraft der c-Linie, die Weiß dem Schwarzen zugestanden hat) 26...♔g7 27.♔g2 (auf ♖h1 hoffend) 27...♖h8 (Schwarz versucht, um die h-Linie zu kämpfen, doch sein König ist zu eingeengt, als dass das erfolgreich sein könnte) 28.♕f4 ♖h5 (28...♕e7 29.♕f6+ ♕xf6 30.exf6+ ♔f8 31.♖ac1 – der schwarze Versuch, eine Invasion auf der h-Linie zu vermeiden, ist gescheitert: Weiß wird mit entscheidender Wirkung auf der c-Linie einmarschieren) 29.♕f6+ ♔g8 30.♖h1 ist unangenehm für Schwarz. Weiß droht, auf h5 zu schlagen und ♖h1 folgen zu lassen;

B) 25...h4 26.♔g2 ♕e7 27.♕f4 ♔g7 28.♖h1 ♖h8 29.♕f6+ ♕xf6 30.exf6+ ♔g8 31.♖ac1. Beim Kampf gegen die Gefahren auf der h-Linie hat Schwarz den Zugriff auf die c-Linie verloren. Der Damentausch hat unter den vorliegenden Umständen dem schwarzen König weiter die Luft abgeschnürt, so dass Weiß mit entscheidender Wirkung die Kontrolle über die c-Linie erlangt.

26.♕f4

26.♕f6 ♕xf6 27.exf6 ♖c2 sollte für Schwarz in Ordnung sein: es macht einen großen Unterschied, dass die h-Linie nicht geöffnet ist! 28.♔g2 (28. gxh5 gxh5 29.♔g2 ♔h7 gefolgt von ...♔g6 ! Merken Sie sich diese Idee: sobald Weiß auf h5 schlägt, wird g6 zu einem starken Figurenfeld für Schwarz) 28...♖ac8 29.♖h1 (29.gxh5 gxh5 30.♖h1 ♔h7 31.♖xh5+ ♔g6 32.♖ah1 ♖d2 33.♖h7 ♖cc2 34.♖g7+ ♔f5 35.♖xf7 ♔xg5 ist schön für Schwarz) 29...hxg4 30.♖h4 ♖c1 ist dieselbe Idee, die wir zuvor schon gesehen haben: es gelingt Weiß nie, auf der h-Linie zu verdoppeln! Einmal mehr wurde die Kraft einer Linie am Damenflügel bei der Verteidigung des Königsflügels demonstriert!

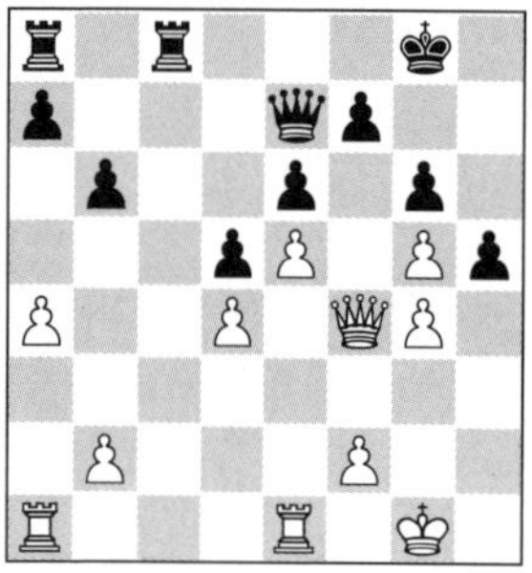

26...♕b4

Ein verblüffendes Verteidigungsmanöver, das für mich zunächst keinen Sinn gemacht hat! Schwarz hat erkannt, dass seine Dame nach einem künftigen g4xh5, g6xh5 auf g6 hervorragend postiert wäre, wo sie den Bauern h5 verteidigt, den schwarzen Königsflügel ganz allgemein beschützt und zugleich bereit ist, ein beliebiges Feld auf der Diagonalen h7-b1 (zum Beispiel e4, c2 oder b1) zu betreten, um ihre Kräfte mit den auf der c-Linie verdoppelten Türmen zu bündeln und Gegenspiel zu erzeugen.

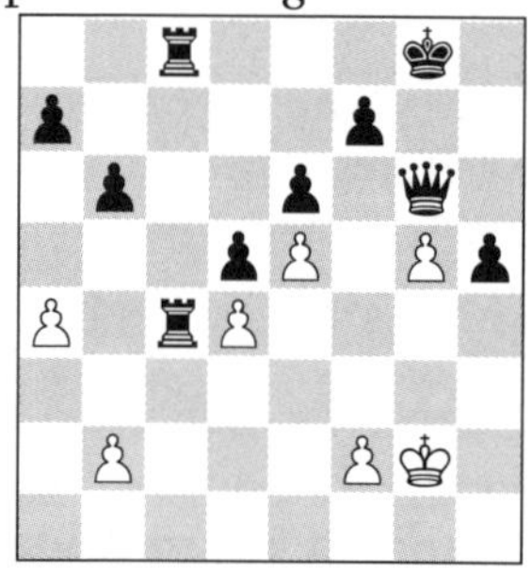

Das Diagramm zeigt den erstrebenswerten Aufbau der schwarzen Kräfte, nachdem Weiß auf h5 geschlagen hat. Schon ein keineswegs einfach zu erfassendes Konzept, doch die Dinge werden noch ein wenig komplizierter. Welchen Weg würden Sie zum Feld g6 nehmen? Der offensichtlichste ist über f8-g7-g6. Es zeigt sich, dass es dabei zwei heikle Punkte gibt:

1. Weiß kann das Schlagen auf h5 herausschieben (Schwarz kann seine Dame erst nach g6 stellen, nachdem der Bauer g6 sich bewegt hat).
2. Dies bedeutet, dass Schwarz viel zu langsam ist, um irgendein Gegenspiel zu organisieren, indem er seine Dame und die Türme über die c-Linie zusammenführt.

Die Analyse der Varianten 26...♕f8 und 26...♖c4 sollte einige Hinweise darauf geben, was funktionieren könnte und was nicht:

A) 26...♕f8 27.♔g2 ♕g7 28.♖h1 ♖c2 29.gxh5 gxh5 30.♖xh5 ♕g6 31.♖ah1 mit der Drohung 32.♖h8+. Schwarz ist verloren;

B) 26...♖c4 wäre gleichfalls ein naheliegender Versuch, um vor der Überführung der Dame den Weißen an den Bauern d4 zu binden und so ein kombiniertes Gegenspiel gegen den Bauern d4 durch ...♕b4 anzudeuten. Es dauert jedoch einen Zug länger, bis die schwarze Dame nach g6 gelangt, und der Angriff auf d4 hält den Weißen nicht sehr auf! 27.gxh5 gxh5 28.♖e3 ist die Wahl meiner Engine und die beste Idee für Weiß. Weiß plant schlicht die Verdopplung auf der h-Linie mit ♖h3, ♔g2 und ♖ah1 nebst Schlagen auf h5. 28...♕b4 (genau darum hat Weiß 28.♖e3 gespielt: im Falle von 28.♖a3 würde 28...♕b4 einen ungedeckten Turm auf e1 angreifen) 29.g6 fxg6 30.♖g3, und Weiß steht auf Gewinn. Wir müssen kreativ über den Weg der schwarzen Dame nach g6 nachdenken: f8-g7-g6 wäre naheliegend, doch es gibt auch die Möglichkeit ...♕b4xb2-c2-g6! Verschiedene Punkte wecken für den Weg b4xb2-c2 nach g6 Interesse:

1. Schwarz nimmt unterwegs einen Bauern mit.
2. Der Bauer b2 deckt das Feld c3: Schwarz erhält dadurch ein zusätzliches Feld auf der c-Linie (was den Abtausch jedes weißen Turmes, der auf der dritten Reihe auftaucht, mit ...♖c3 ermöglicht)
3. Derweil sie auf b2 oder c2 steht, belästigt die schwarze Dame die weißen Türme, ja bindet diese sogar ein wenig, so dass Weiß für eine kurze Weile außerstande ist, die Türme so ohne weiteres zum Königsflügel zu überführen.

Anders ausgedrückt, indem er das Feld g6 via b4xb2-c2 ansteuert, erhält Schwarz die Möglichkeit, die Koordination der weißen Figuren zu stören, während er zugleich den Einbruch seiner Türme auf der c-Linie unterstützt.

27.gxh5

27.♔g2 ♕xb2 28.gxh5 gxh5 29.♖h1 ♕e2 (29...♖c4 30.♖xh5 ♕xd4 31.♕xd4 ♖xd4 32.♖ah1 ♔g7 33.♖h7+ ♔g6 34.♔g3 ♔xg5 35.♖1h5+ ♔g6 36.♖7h6+ ♔g7 37.♖h7+ mit Remis durch Zugwiederholung) 30.♖h4 ♕e4+.

27...gxh5

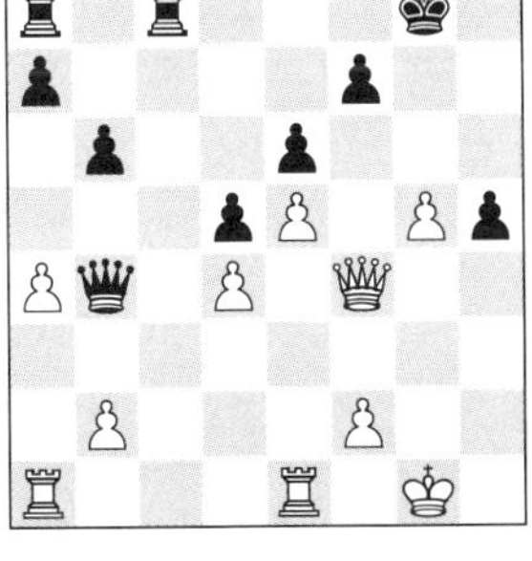

28.♖e2

Da Bauernopfer auf b2 es der schwarzen Dame ermöglichen, ihren Weg nach g6 durch das weiße Lager hindurch zu finden, wendet AlphaZero einige Tempi zur Konsolidierung seiner Stellung auf. Auf d2 deckt der Turm b2 und d4 und bereitet ♔g2 nebst ♖h1 vor, was den weißen Damenturm beim Angriff auf die schwarze Königsflügelschwäche h5 ins Geschehen bringt.

A) 28.♖a3 ♕xe1+ ist die erste Pointe von 26...♕b4. Durch Angriff auf den Turm e1 hindert Schwarz den Anziehenden daran, seinen Damenturm über die dritte Reihe zum Königsflügel (konkret f3 mit Angriff auf f7 oder h3 mit Angriff auf h5) zu überführen;

B) 28.♖e3 (versucht die Überführung des Königsturms nach f3 oder h3) 28...♕xb2 (gewinnt ein Tempo durch den Angriff auf den Turm a1) 29.♖ae1 ♖c1 (Schwarz war schnell bei der Hand, die weißen Türme zu neutralisieren: da die Dame auf b2 steht, musste Schwarz nicht einmal ...♖ac8 spielen, um ...♖c1 zu verwirklichen) 30.g6 fxg6 31.♕f6 ♖xe1+ 32.♖xe1 ♔h7 ist sehr gut für Schwarz;

C) 28.♔h2 ♕xb2 29.g6 war meine letzte Hoffnung, jedoch erstrahlt nach der erstaunlichen Pointe ... 29...fxg6 30.♖g1 ♕c2 Stockfishs Verteidigungskunst im hellsten Licht! 31.♖xg6+ (31.♕f6 ♔h7; 31.♕h6 ♕xf2+ 32.♖g2 ♕h4+ 33.♔g1 ♕xd4+ 34.♔h2 ♕xe5+ 35.♔h3 ♖c3+ und Schwarz gewinnt) 31...♕xg6 32.♖g1 ♕xg1+ 33.♔xg1 ♖c7 34.♕h6 ♖e8 wirkt ausgeglichen. Der schwarze König steht offen, was dem Weißen Dauerschachmöglichkeiten gibt, jedoch nicht mehr.

28...♖c4
Tut sich mit der Dame b4 beim Angriff auf den Bauern d4 zusammen und gewinnt so ein Tempo zur Verdopplung auf der c-Linie. Der Turm c8 wird aktiviert und Schwarz zieht maximalen Nutzen aus der c-Linie, die der Anziehende mit 23.♗xd5 geöffnet hatte.
29.♖d2 ♕f8

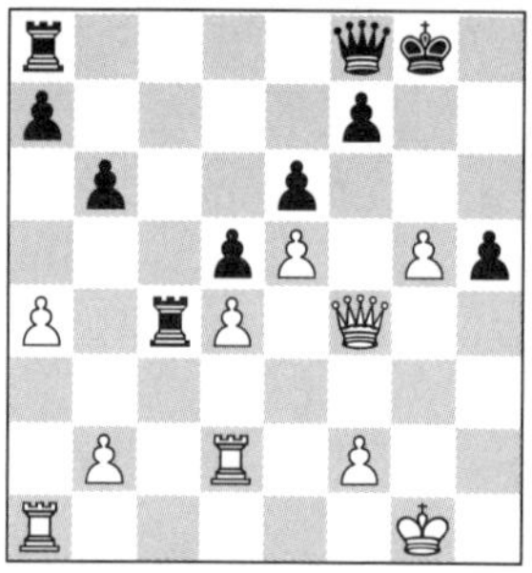

Phänomenal! Nun, da Stockfish die Dinge nur ein wenig zu seinen Gunsten gewendet hat, greift es auf den alternativen Weg nach g6 zurück: b4-f8-g7-g6.
Dies ist eines jener seltsamen Rätsel: das sofortige 26...♕e7-f8-g7-g6 war zu langsam, um den schwarzen Königsflügel adäquat zu schützen, doch 26...♕e7-b4-f8-g7-g6 ist gerade schnell genug! Wie kann das sein?
Zum Ersten, Weiß konnte 26...♕b4 nicht damit beantworten, einen Turm auf die dritte Reihe zu bringen. 26...♕b4 hat Weiß zu zwei defensiven Zügen – 28.♖e2 und 29.♖d2 – gezwungen, die die weiße Sache am Königsflügel nicht im Geringsten voranbrachten. Tatsächlich konnte Schwarz sogar den Zug 28...♖c4, der eine Turmverdopplung auf der c-Linie vorbereitet, mit Tempogewinn spielen, dank des kombinierten Angriffs mit der Dame auf b4 gegen d4. Dies bedeutet, dass das schwarze Gegenspiel im Vergleich zu 26...♕f8 einen Zug schneller ist.
Zum Zweiten hat Weiß bereits g4xh5 gespielt, was bedeutet, dass g6 für die Dame jetzt zugänglich ist, also begibt sie sich nun schnellstmöglich dorthin.
Zum Dritten, wenngleich der Turm auf d2 nun Einbruchspunkte auf der zweiten Reihe deckt (insbesondere c2 für Dame oder Türme von Schwarz), hat dies die weiße Kontrolle über die Einbruchsfelder auf der Grundreihe geschwächt. Die Grundreihe ist eine vorrangige Quelle für schwarzes Gegenspiel gegen den weißen König. In den nachfolgenden Zügen werden wir sehen, wie wertvoll das Extratempo 28...♖c4 ist.
29...♖ac8 30.♖a3 ♖c2 31.g6 ist ein Beispiel dafür, was schiefgehen kann, wenn Schwarz die Verteidigung vernachlässigt: 31...fxg6 32.♖g3.
30.♖d3
Weiß hält seinen Damenturm auf der Grundreihe, um (zusammen mit seiner Dame auf f4) das schwarze Gegenspiel mittels ...♖c1+ zu decken und bereitet die Überführung seines Königsturms auf den Königsflügel nun, da Schwarz den Bauern d4 nicht mehr mit Dame und Turm bedroht, vor. Die verblüffende schwarze Verteidigungsidee 26...♕b4 hat jedoch eindeutig ein wenig den Schwung aus der weißen Stellung genommen. Die Überführung des weißen Turms auf den Königsflügel geschieht nun entlang der Route ♖e1-e2-d2-d3-f3/h3 anstatt des einfachen ♖e1-e3-h3 !
Mit 30.♖a3 ♕g7 31.♖h3 ♖c1+ 32.♔g2 ♕g6 33.♕f3 ♕b1 34.♖xh5 ♖g1+ 35.♔h2 ♖c8 36.♖d3 ♖cc1 ...

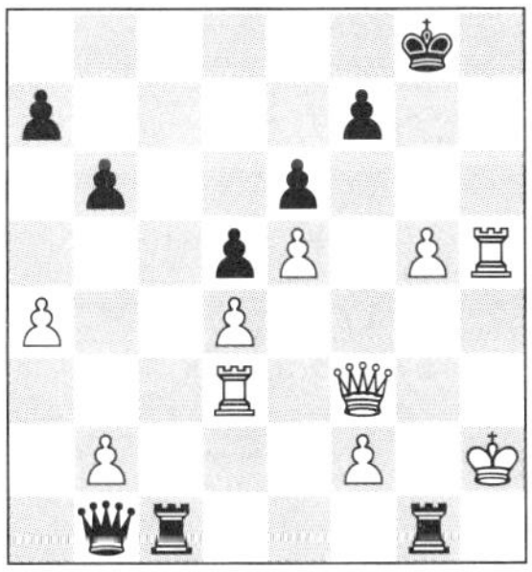

... veranschaulicht meine Engine plastisch, wie wertvoll für Schwarz der Zutritt zur Grundreihe ist. Weiß muss mit 37.♖h8+ ♔xh8 38.♕f6+ ♔g8 39.♕d8+ ♔g7 40.♕f6+ ein Dauerschach erzwingen.

30...♕g7 31.♖f3

Bedroht f7 und versucht so, die schwarze Dame derweil eingepfercht zu lassen, als AlphaZero versucht, seinen Damenturm ins Spiel zu bringen.

31...♕g6

Peilt mit Blick auf e4 Gegenspiel an.

32.♖e1

Das wirkt auf mich zu langsam. Schwarz hatte nicht 32...♕e4 gedroht, da f7 hängt. Ich denke, mit 32.♔h2 hätte Weiß den Plan aus der Partie mit einem Mehrtempo durchführen können, wenngleich es keinen wesentlichen Unterschied macht: die Verteidigungsideen sind in beiden Fällen dieselben, und Schwarz scheint sich behaupten zu können.

32...♖ac8 33.♔h2 ♖8c7

Verteidigt ökonomisch f7 und behält zugleich die c-Linie unter schwarzer Kontrolle. Die schwarze Dame kann sich nun frei entlang der Diagonalen h7-b1 bewegen.

34.♖g1 ♖xa4

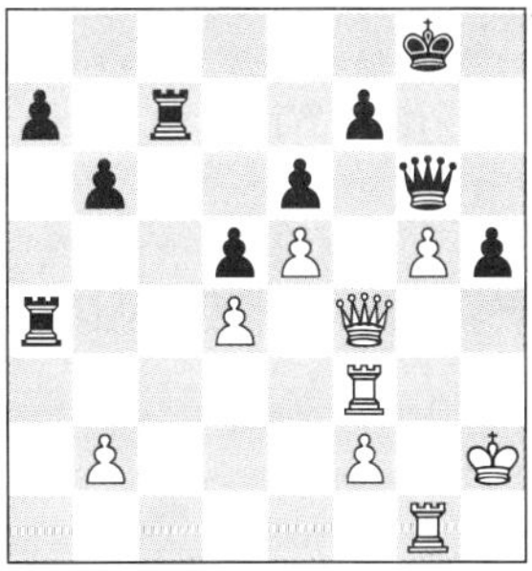

35.♕h4

35.♕e3 war der Zug, auf den ich scharf war, und mit dem sichergestellt wäre, dass ...♕e4 nicht wie in der Partie mit Tempogewinn folgt: 35...♕e4 36.g6 ♕h4+ 37.♖h3 ♕xd4

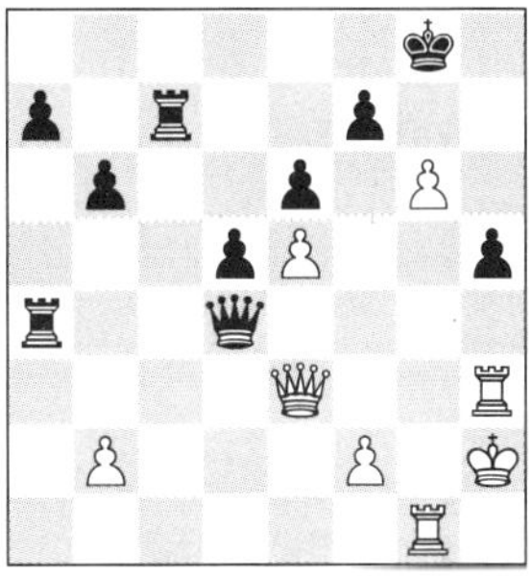

... lautet die Engine-Verteidigung. Mit diesem Manöver lenkt Schwarz den weißen Turm von der f-Linie ab (was die Wirkung von gxf7+ reduziert) und behält zugleich die Option auf den Damentausch. Wesentlich ist hier, dass mit dem Turm auf a4 und der Dame stets die Möglichkeit zum Damentausch mit ...♕f4+ besteht, falls die weiße Dame zu aktiv werden droht:

A) 38.♕h6 ♕f4+;

B) 38.gxf7+ ♔xf7 39.♖f3+ ♔e8 40.♖f8+ ♔d7 (40...♔xf8 41.♕h6+ ♔e8 42.♕xe6+ führt zum Matt) gewinnt für Schwarz: 41.♖g7+ ♔c6 42.♕c1+ ♖c4;

C) 38.♖xh5 ist laut Engine die beste Variante: 38...♕xe3 39.gxf7+ ♔xf7 40.♖h7+ ♔f8 41.♖h8+ ♔f7 42.♖h7+ mit Remis durch Dauerschach.

35...♖ac4 36.♖f6 ♕e4 37.♖f4 ♕g6 38.♖f6 ♕e4 39.♕xh5 ♕xd4 40.g6

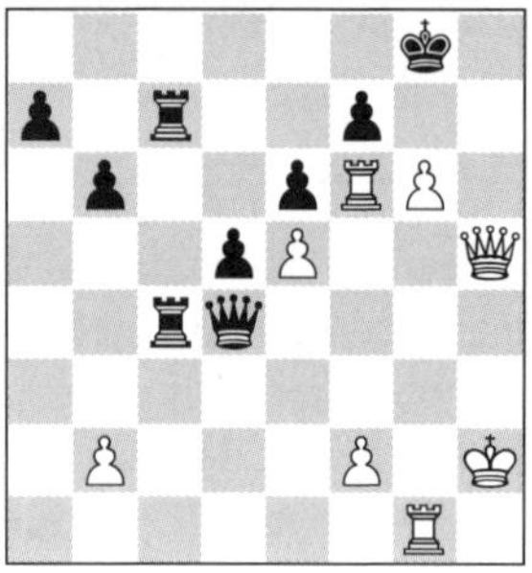

40...♕h4+

Erneut diese rettende Möglichkeit, mit der die Dame auf dem Höhepunkt des weißen Angriffs abgetauscht wird! Die entstehende Stellung ist bequemer für Weiß, doch Stockfish hält so etwas gegen jeden!

41.♕xh4 ♖xh4+ 42.♔g3 ♖b4 43.♔h3 fxg6 44.♖gxg6+ ♖g7 45.♖xe6 b5 46.♖a6 ♖xg6 47.♖xg6+ ♔f7 48.♖a6 ♖xb2 49.f4 d4 50.♔g4 d3 51.♖xa7+ ♔e6 52.♔f3 d2 53.♖a6+ ♔e7 54.♖d6 b4 55.♔e3 ♖b3+ 56.♔e4 ♖c3 57.♖xd2 b3 58.f5 ♖c6 59.♔d5 ♖b6 60.f6+ ♔f7 61.♖b2 ♖b4 62.♔c5 ♖b8 63.♔c4 ♖e8 64.♔d4 ♖b8 65.♔c4 ♖e8 66.♔d4 ♖b8 67.♔d5 ♖b4 68.♔c5 ♖b8 69.♔d4 ♖b4+ 70.♔d5 ♖b8 71.♖b1 b2 72.♔c5 ♔e6 73.♔d4 ♖b3 74.♔c4 ♖b8 75.♔d4 ♖b3 76.♔c4 ♖b7 77.♔d4 ♖b3 ½:½

Fabelhafte Verteidigung von Stockfish gegen ein Konzept von AlphaZero, dessen Giftigkeit mich überraschte!

Abschnitt B – AlphaZeros Verteidigungsfertigkeiten

Das Sprichwort „Angriff ist die beste Verteidigung" passt bestens auf AlpaZero: seine Hauptmethode ist, von vornherein zu vermeiden, überhaupt angegriffen zu werden.

Ein Spieler, der gegen ein Monster wie Stockfish derart selten verliert, muss schon ein paar gute Verteidigungsfertigkeiten haben, doch in den Partien aus der normalen Ausgangsstellung kommen diese kaum zum Vorschein. Dies zum Teil wegen AlphaZeros Geschick bei der Eröffnungswahl. Es ist nicht so, dass AlphaZero Widerlegungen üblicher Eröffnungssysteme entdeckt hätte, vielmehr hat AlphaZero ein ausgeprägtes Verständnis dafür, in welchen Stellungen es stark spielt: Stellungen mit einem festen Halt im Zentrum, genügend Raum für die eigenen Figuren sowie der Möglichkeit für Flügelangriffe. Mit diesem Verständnis gelingt es AlphaZero normalerweise, mit Weiß leichten Druck zu erreichen und ausgeprägte Gefahren mit Schwarz zu vermeiden. Anschließend zwingen AlphaZeros Fähigkeiten bei der Aktivierung und Mobilisierung seiner Figuren Stockfish oft genug auf die Hinterbeine. Dies spiegelt die alte menschliche Einsicht wider, dass die Erlangung von Wissen und Erfahrung mit dem eigenen Eröffnungsrepertoire es einem erleichtert, typische aus den eigenen Lieblingseröffnungen entstehende Stellungen zu gewinnen, da man diese besser versteht als der Gegner. Im nachfolgenden Kapitel sehen wir uns AlphaZeros Lieblingseröffnungen genauer an.

In den TCEC-Partien wird AlphaZero indes mit Eröffnungen konfrontiert, die es sich nicht selbst ausgesucht hat, und es sind Eröffnungen dabei, die seinem bevorzugten Spielstil nicht entsprechen. Zum Beispiel Eröffnungen, in denen es mit Schwarz keine Präsenz im Zentrum hat (wie AlphaZero sie gern in seinen 1.e4 e5-Eröffnungen hat) oder Eröffnungen, in denen die Aussichten auf aktives Gegenspiel minimal sind. In solchen Situationen fällt AlphaZeros Bewertung signifikant, und es spürt, dass es baldmöglichst zu konkreten Handlungen greifen muss, um die Situation so rasch wie möglich zu bereinigen.

Wo Stockfish ein Meister im Abfedern gegnerischen Drucks ist, stiftet AlphaZero lieber Verwirrung und Komplexität, und materielle Investitionen sind kein Thema, solange sie dazu beitragen, dass das Spiel sich in eine Richtung bewegt, in der sich AlphaZero normalerweise auszeichnet. Ganz allgemein hätte ich gedacht, dass das ganz allgemein eine Schwäche in AlphaZeros Spiel sein könnte – nicht jede schlechtere Stellung sollte auf diese Art verteidigt werden –, doch AlphaZero kommt gewöhnlich damit davon. Und wir können dem einige großartige taktische Begebenheiten verdanken!

Partie: „Nicht Ihr gewöhnliches Grünfeld"

Mit einer wohlbekannten theoretischen Stellung konfrontiert, trifft AlphaZero die radikale Entscheidung, einen Bauern zu opfern (10...f4) und lässt anschließend ein zweizügiges Springermanöver folgen (11...♘b4 und 12...♘c6) mit dem Zweck, die hellen Felder am weißen Damenflügel zu schwächen. Anschließend setzt AlphaZero Himmel und Hölle in Bewegung, um die Bauernbarriere vor dem weißen König wegzuräumen. Die Partie wird außergewöhnlich kompliziert und endet schließlich im 46. Zug mit einem Remis durch Zugwiederholung.

Themen der Partie:

1. Materialopfer, um Raum für Angriffsfiguren zu schaffen [10... f4]
2. Materialopfer, um Linien gegen den gegnerischen König zu öffnen [14...b5]

Stockfish 8
AlphaZero
London 2017

1.d4 ♘f6 2.c4 g6 3.f3 d5 4.cxd5 ♘xd5 5.e4 ♘b6 6.♘c3 ♗g7 7.♗e3 0-0 8.♕d2 ♘c6 9.0-0-0 f5

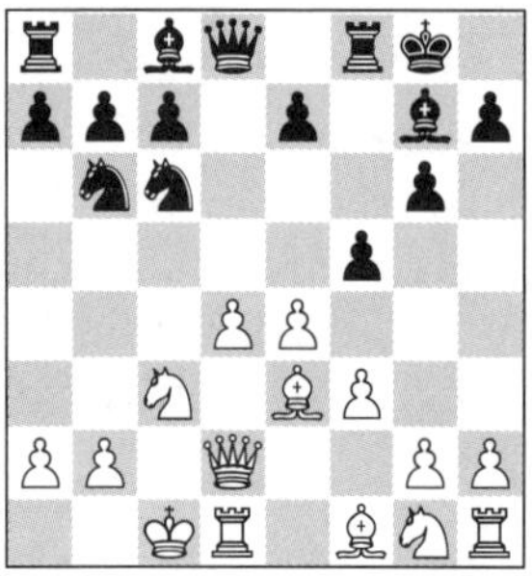

Das TCEC-Buch endete hier, und Stockfish wählt den besten Zug, der auf Topebene heutzutage fast ausschließlich gespielt wird:

10.e5

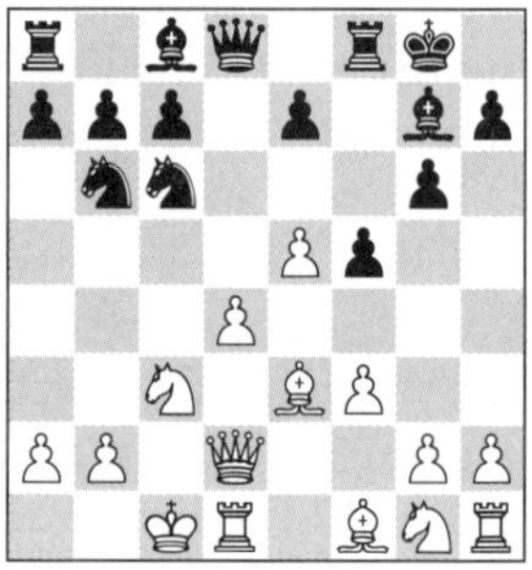

Weiß hat in dieser Stellung in den letzten Jahren eine gute Bilanz. Dass Schwarz sich das Feld d5 für einen seiner Springer sichern und er sehr agil auf den hellen Feldern um das schwarzfeldrige Bauernzentrum d4/e5 von Weiß herum agieren kann, scheint nicht ganz für den weißen Raumvorteil, den lebendig begrabenen Königsläufer sowie die weißen Angriffschancen mit h4-h5 wettzumachen.

Dies gesagt, ist die weiße Aufgabe alles andere als einfach, und fantastische Partien wie Carlsen - Li Chao zeigen, wie viel Gefahr von Schwarz ausgehen kann!

10...f4

Eine völlig neue Idee, die – da bin ich mir sicher – auch in menschlichen Partien versucht werden wird.

Es sieht nach einer Überreaktion aus, so frühzeitig einen Bauern zu opfern in einer Situation, in der Schwarz viele Gegenangriffsmöglichkeiten hat. Doch – wie so oft bei AlphaZeros aktiven Konzepten – erweist sich dies als schwierig handzuhaben. Ich könnte mir vorstellen, dass dieser

Zug AlphaZero darum zusagt, weil er das Feld f5 für den weißfeldrigen Läufer räumt und Schwarz somit zusätzliche Angriffsmöglichkeiten auf den hellen Feldern gegen den weißen König schafft. Der Umstand, dass der schwarze Turm nach 11.♗xf4 den schwarzfeldrigen Läufer von Weiß angreift, führt gleichfalls ein paar gelegentliche taktische Motive in die Stellung ein.

10...♘b4 ist bislang die automatische Wahl gewesen, die zu äußerst komplizierten Stellungen führt und die besonders bei den chinesischen Spielern Wang Yue und Li Chao beliebt ist. AlphaZero hatte diesen Zug gleichfalls erwogen: 11.♘h3 ♕e8 (11...a5 12.♔b1 c6 13.♖c1 ♔h8 war die Variante, die AlphaZero kurz erwogen hatte, mit einer Bewertung von 37,3% Gewinnerwartung für sich) 12.♔b1 a5 13.♗e2 c6 14.♖c1 ♔h8 15.♔a1 ♗e6 16.♘f4 ♕f7 17.h4.

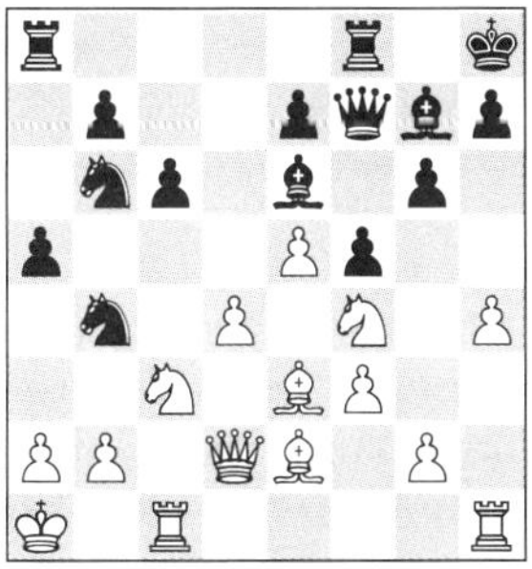

Wir folgen der fantastischen Partie Carlsen - Li Chao, Doha 2015. Magnus Carlsen ist besonders als technisch versierter Spieler bekannt, doch er ist zugleich auch ein begnadeter Taktiker!

17...♗xa2 18.h5 ♔g8 19.hxg6 hxg6 20.g4 ♗b3 21.♗d1 a4 22.♕h2 ♖fd8 23.♕h7+ ♔f8 24.d5 ♘c4 25.♘xg6+ ♔e8 26.e6 a3.

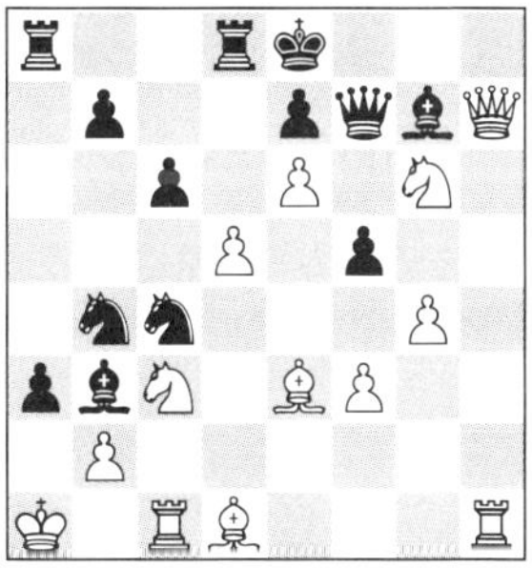

Dies sieht eher wie ein Hilfsmattproblem als eine praktische Partie aus! 27.exf7+ ♔d7 28.♘e5+ ♗xe5 29.♕xf5+ ♔c7 30.♕xe5+ (tötet das schwarze Gegenspiel am Damenflügel) 30...♘xe5 31.♗xb3 axb2+ 32.♔xb2 ♘bd3+ 33.♔b1 ♘xc1 34.♖xc1 ♔c8 35.dxc6 bxc6 36.f4 1-0, Carlsen - Li Chao, Doha 2015.

11.♗xf4 ♘b4 12.a3

12.h4. Wer sollte meinen, dass dies die beste Antwort auf den schwarzen Plan ist? Natürlich AlphaZero! Dies war seine Hauptvariante: 12...♗e6 13.h5 c5 14.hxg6 ♕c7 15.gxh7+ ♔h8 16.♗h6 cxd4.

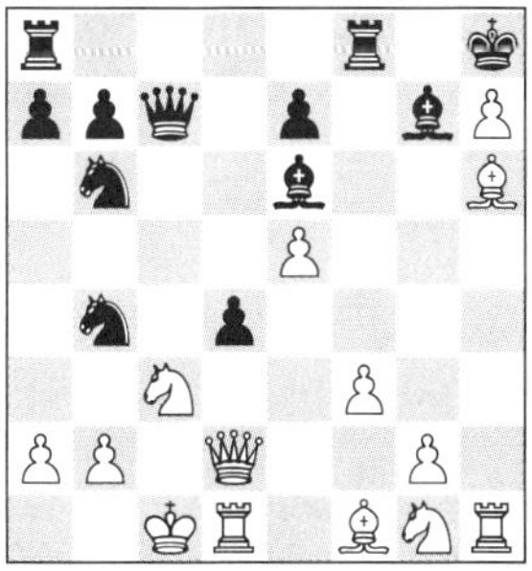

Es ist, als wolle AlphaZero Carlsen und Li Chao Konkurrenz machen! 17.♗xg7+ ♔xg7 18.♕h6+ ♔h8 19.♖xd4 ♘xa2+ 20.♔d2 ♕xe5 21.♕e3 ♕xe3+ 22.♔xe3 ♘xc3 23.bxc3 a5 24.♘h3 ♗xh3 25.♖xh3 a4 26.♖h1 ♖fd8, was mit einem Erwartungswert von 39,3% bewertet wird!

12...♘c6

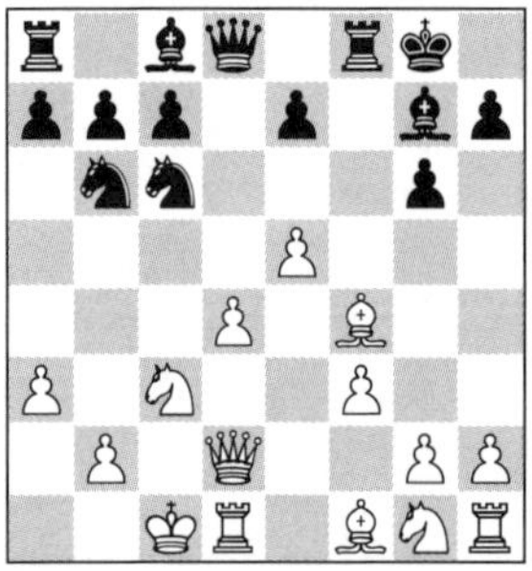

Ich finde diesen Folgezug erstaunlicher als das Bauernopfer selbst. Schwarz spielt in dieser Variante oft ...♘b4, doch es folgt stets entweder ...♘4d5 oder ...a7-a5 (versucht den Springer auf b4 zu behaupten und verleitet Weiß dazu, eine Figur zu gewinnen und die a-Linie zu öffnen). AlphaZero opfert einen Bauern und wendet dann ganz gelassen zwei Tempi auf, um eine kleine Schwächung der hellen Felder am weißen Damenflügel herbeizuführen (das Feld b3)!

13.♘ge2 ♘a5 14.♔b1 ♘bc4 15.♕c1 b5

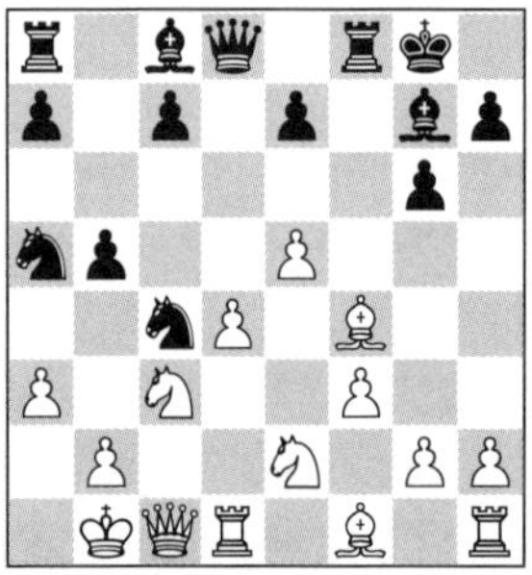

Inzwischen sind wir nicht mehr überrascht, einen solchen Zug von AlphaZero zu sehen. Schwarz bietet einen Bauern an, um eine auf den weißen König gerichtete Linie zu räumen. AlphaZero ist inzwischen auf einen Erwartungswert von 48,7% für Schwarz geklettert und beginnt sich pudelwohl zu fühlen.

16.♘e4 ♖b8 17.b4 ♘c6 18.♘2c3 ♘xa3+ 19.♕xa3 ♖xf4

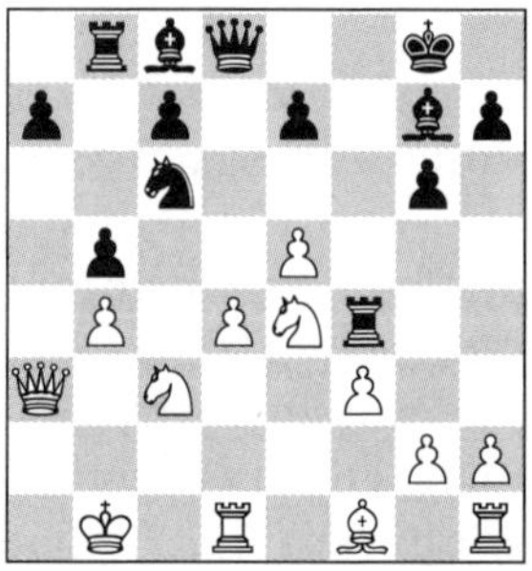

Nutzt den durch 10...f4 verursachten „zufälligen" Druck gegen den Läufer f4 aus. Stockfishs Bewertung in der anstehenden Partiephase war 0,00, während AlphaZero um einen schwarzen Erwartungswert von 49,0% oszillierte, mithin erachteten beide Kontrahenten die Stellung als ausgeglichen.

20.♗xb5

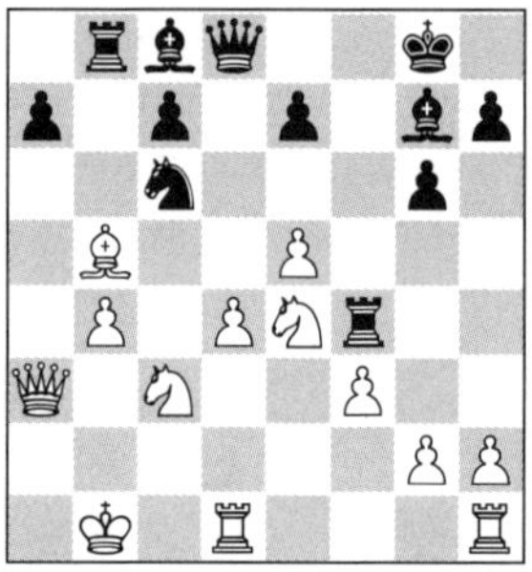

20...♘xb4

Das ist nicht die Wahl irgendeiner meiner Engines, doch ich bin nicht überrascht davon, dass AlphaZero alles Holz vor dem weißen König wegräumt!

21.♕xb4 ♔h8 22.♔c2 a6 23.♖a1 axb5 24.♘e2 ♖f7

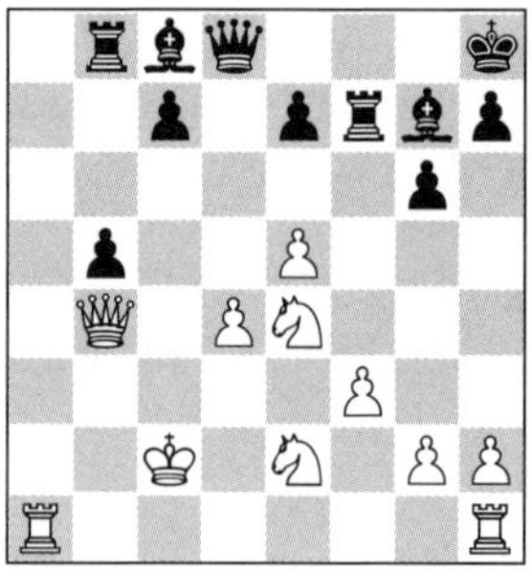

Die Stellung ist ein völliges Durcheinander: zwei Springer und ein solides Zentrum gegen zwei Läufer, die darum kämpfen, freizukommen. Auf jeden Fall darf AlphaZero mit dem Ergebnis seines Bauernopfers zufrieden sein. Die Partie bleibt weiterhin etwa ausgeglichen bis zur letztlichen Zugwiederholung im 46. Zug.
25.♔b2 ♗h6 26.♕b3 e6 27.h4 ♗b7 28.♘c5 ♗d5 29.♘xe6 ♕d7 30.♘c5 ♕d8 31.♘e6 ♕d7 32.♘c5 ♕d8 33.♕c2 ♗c4 34.h5 g5 35.♖hd1 ♕f8 36.♖a6 g4 37.f4 ♗xf4 38.e6 ♖f6 39.♕e4 ♖e8 40.♘xf4 ♖xf4 41.♕e5+ ♔g8 42.♔c3 ♖f5 43.♕e4 ♖f4 44.♕e5 ♖f5 45.♕e4 ♖f4 46.♕e5 ½:½
Beide Engines sind (ausnahmsweise) über die Zugwiederholung glücklich.

Seine wundervollen Fähigkeiten in der aktiven Verteidigung demonstrierte AlphaZero auch, als wir es mit einer Stellung aus dem Kandidatenturnier 2018 in Berlin fütterten. Es war die womöglich entscheidende Partie des Turniers, in der der junge Amerikaner Fabiano Caruana nach einer schweren Niederlage in der Runde zuvor zurückschlug, den wechselhaften Armenier Levon Aronjan niederrang und sich vor der letzten Runde Schluss die Führung zurückholte. Diese Partie gewann er dann gleichfalls brillant und sicherte sich damit seinen Platz als nächster Herausforderer von Magnus Carlsen im Kampf um die WM.
In der Partie gegen Aronjan stand Caruana die ganze Zeit besser, wählte aber eine komplizierte Methode der Vorteilsverwertung, wonach die Stellung völlig irrational wurde. Die Spannung wuchs ins Unermessliche, und schließlich wurde diese Stellung erreicht:

Fabiano Caruana 2784
Levon Aronjan 2794
Kandidatenturnier Berlin 2018 (13)

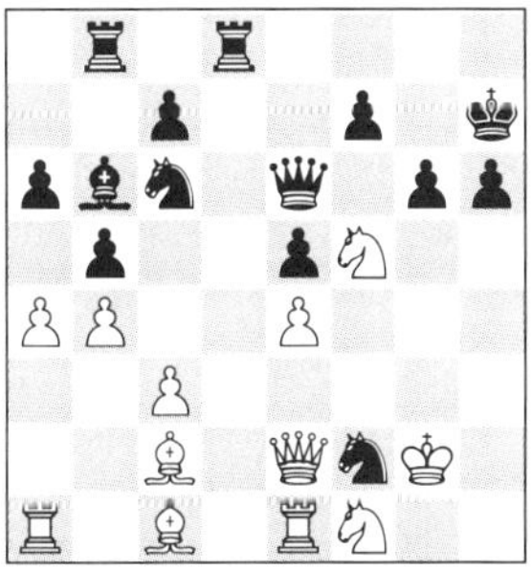

29.♘1e3
Weiß hat eine Figur mehr, und auch der Springer f2 scheint verloren. Mit ...g6xf5 wird Schwarz jedoch eine Figur zurückgewinnen und die g-Linie öffnen, wonach beide Könige in Gefahr schweben.
29...gxf5 30.exf5 ♕f6 31.♕xf2 e4
Auch andere Engines hatten auf das kraftvolle Opfer 31...♘xb4 hingewiesen. Was ich wirklich erstaunlich fand, war, dass dies praktisch die einzige Variante war, mit der AlphaZero sich beschäftigt hatte: 96% seiner Zeit waren der Analyse dieses Zuges gewidmet!

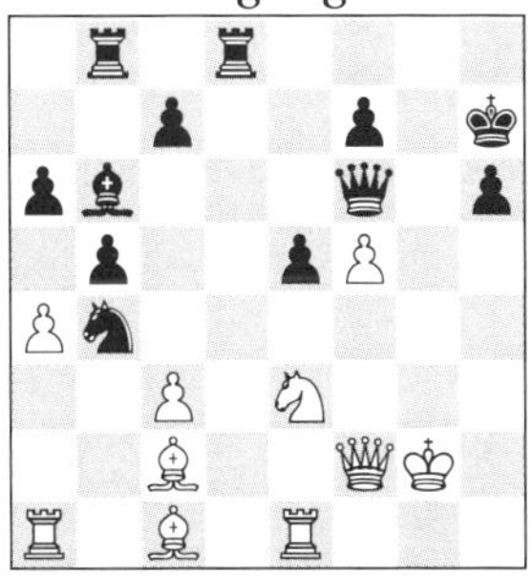

32.cxb4 ♖d4 (AlphaZero gibt Schwarz einen Erwartungswert von 49,3%) 33.a5 (33.♘d5 ♖xd5 34.♕f3 ♖d4 35.♗e4 ♕h4 36.f6+ ♔h8 37.♗xh6

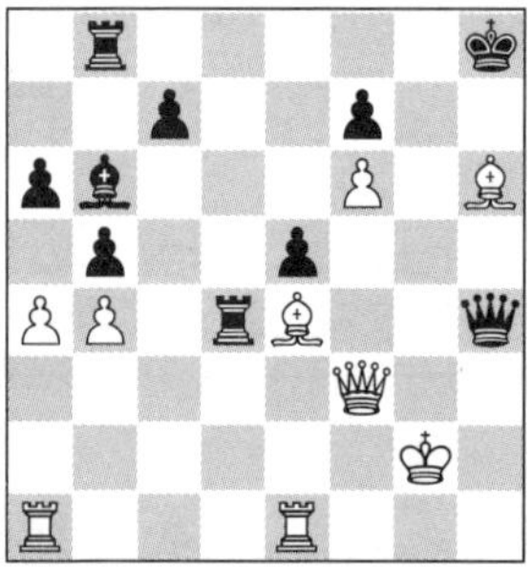

37...♕xh6 38.♖h1 ♖d2+ 39.♔f1 ♖h2 40.♖xh2 ♕xh2 41.♖a2 ♕h6 42.♖a3 war eine weitere von AlphaZero betrachtete Variante, mit ausgeglichenen Chancen) 33...♖g8+ 34.♔f1 ♖f4 35.axb6 ♖xf2+ 36.♔xf2 ♕h4+ 37.♔e2 (Weiß hat viel Material, dafür aber einen offenen König, und Schwarz ist am Zug!) 37...♕h2+ 38.♔d3 e4+ 39.♔d4 (39.♔c3 ♕e5+ 40.♔b3 ♕xa1 41.♗d2 ♕f6 42.b7

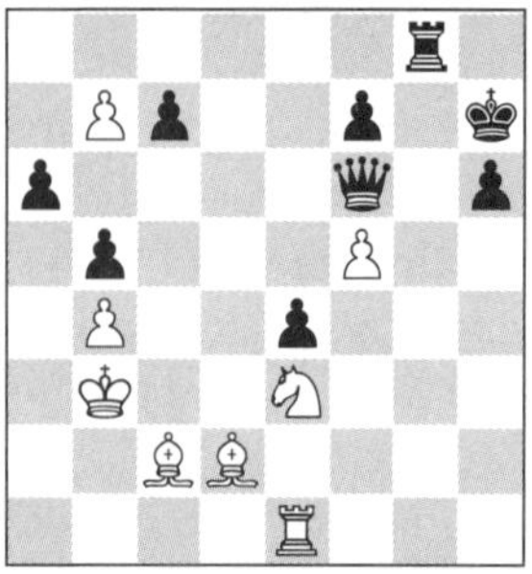

Was für eine Stellung! 42...a5 43.♗c3 ♕c6 44.♖g1 wird von AlphaZero als etwas besser für Schwarz erachtet – ein Erwartungswert von 51,4%) 39...♖d8+ 40.♔xe4

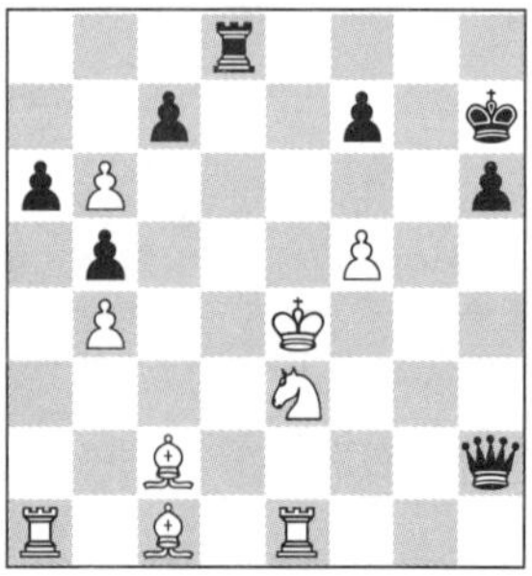

40...♕h4+ 41.♔f3 ♕xe1 42.♗b2 ♕h4 43.♖g1 ♕h3+ 44.♖g3 ♕h1+ 45.♔f4

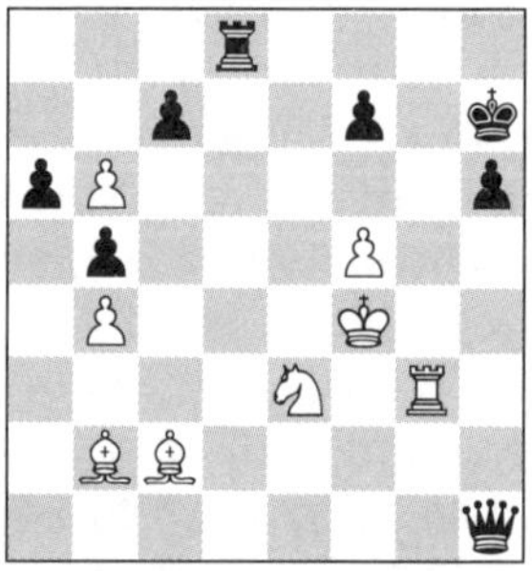

45...♖g8 46.f6+ ♔h8 47.♖g7

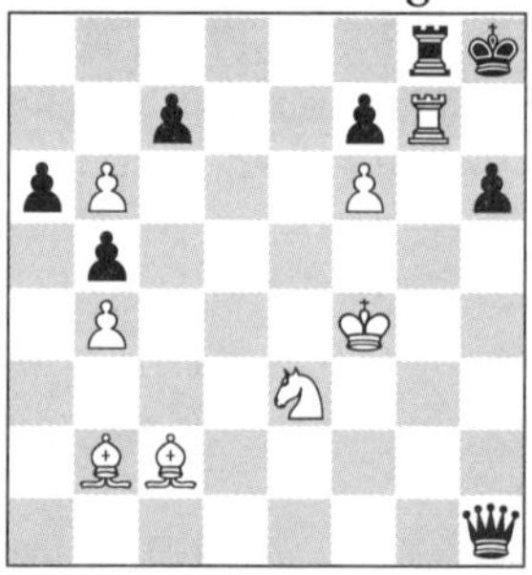

47...♕h2+ 48.♔f3 ♖e8, was AlphaZero erneut als etwa ausgeglichen bewertete! Zum Glück für Caruana wurde ihm dieser Ritt auf der Rasierklinge erspart!

32.♖h1 ♖d6 33.♗xe4 ♖g8+ 34.♔f1 ♘e5 35.♕f4 c6 36.axb5 ♖g5 37.bxa6 ♕d8 38.f6+ ♘g6 39.♖xh6+ 1:0

In den bislang gesehenen Beispielen war AlphaZero mit aktiver Verteidigung stets erfolgreich. Ein Desaster ereilte AlphaZero jedoch in der TCEC-Serie, als es die schwarze Seite im Aljechin-Chatard-Angriff verteidigen musste. Stockfish hatte mit Schwarz gleichfalls furchtbar zu kämpfen, krabbelte jedoch hinaus, wie nur Stockfish es vermag. AlphaZero war da weniger glücklich!

Partie: „Diese Stellung? Nein, danke!“

AlphaZeros schwerste Niederlage in der Partieserie gegen Stockfish.

Die vorgeschriebene Eröffnung ist recht unbefriedigend und scheint bemerkenswerterweise eine Unvollkommenheit der Verteidigungstechnik von AlphaZero zu veranschaulichen, zumindest im Vergleich zu Stockfish. Wenn AlphaZero direkt in eine Lage versetzt wird, in der aktives Gegenspiel schwer zu erlangen ist, hat es enorm damit zu kämpfen, den Druck in derselben Weise abzufedern wie Stockfish es kann.
Wie wir in den zwei vorhergehenden Beispielen gesehen haben, ist AlphaZero normalerweise bezüglich eines solchen Szenarios wachsam und opfert lieber Material, um selbiges ganz zu vermeiden. Hier ist es dazu jedoch zu spät, und Stockfish gelingt es, seine eigene Duftmarke als brandgefährlicher Angreifer zu setzen!

Stockfish 8
AlphaZero
London 2017

1.e4 e6 2.d4 d5 3.♘c3 ♘f6 4.♗g5 ♗e7 5.e5 ♘fd7 6.h4 ♗xg5 7.hxg5 ♕xg5 8.♘h3 ♕e7 9.♕g4
9.♘f4 wurde in einer berühmten historischen Partie gespielt, die, wie Sie sehen werden, von bestimmtem Interesse für uns ist: 9...a6 10.♕g4 g6 11.0-0-0 c5 12.♕g3 ♘b6 13.dxc5 ♕xc5 14.♗d3 ♕f8

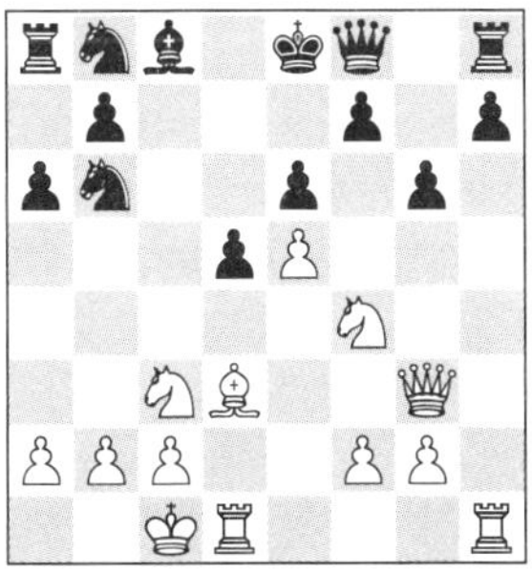

15.♗e4. Merken Sie sich dieses Motiv! Stockfish wird später etwas ganz Ähnliches tun! 15...dxe4 16.♘xe4 ♘8d7 17.♕h4 ♕e7 18.♘d6+ ♔f8 19.♕h6+ ♔g8 20.♘h5 ♕f8 21.♕f4 ♘d5 22.♖xd5 exd5 23.♘f5 h6 24.♕g3 ♔h7 25.♘hg7 ♘c5 26.♕g5 ♔g8 27.♘xh6+ ♖xh6 28.♖xh6 ♘e6 29.♘xe6 ♗xe6 30.♖xg6+ fxg6 31.♕xg6+ ♔h8 32.♕xe6 ♖e8 33.♕h3+ ♔g8 34.♕e3 ♕g7 35.f4 ♕xg2 0-1, Bogoljubow - Spielmann, Stockholm 1919.
9...g6

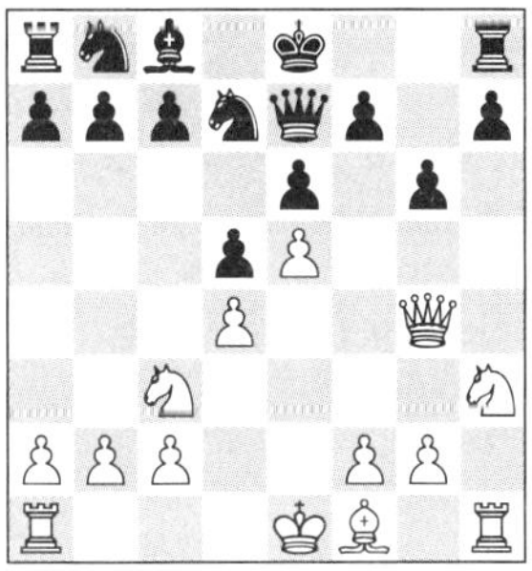

Das ist ganz allgemein eine recht eklige Stellung für Schwarz: schwache dunkle Felder, eine verkrampfte Stellung, die h-Linie für den weißen Angriff am Königsflügel und – am bedeutendsten – herzlich wenig Hoffnung für Schwarz auf rasche Einleitung eines Gegenspiels (...c7-c5 wird mit ♘b5 beantwortet). AlphaZero bewertet seine Chancen mit 31,3%, doch von der Plötzlichkeit des Angriffes von Stockfish scheint es doch ein wenig überrascht.
Nur als kleine theoretische Anmerkung, die Französisch-Experten nehmen heutzutage das Opfer lieber nicht mit 6...♗xg5 an, sondern drängen lieber mit 6...h6 den Läufer ab. In ihrer Partie gegen Maxime Vachier-Lagrave in Wijk aan Zee 2015 erlangte Hou Yifan –

die weltbeste Spielerin und bei den Männern unter den Top 100 – nach 7.♗xe7 (7.♗e3 c5) 7...♕xe7 8.♘b5 ♘b6 9.c3 a6 10.♘a3 c5 gefolgt von ...♘c6 ein komfortables Spiel.

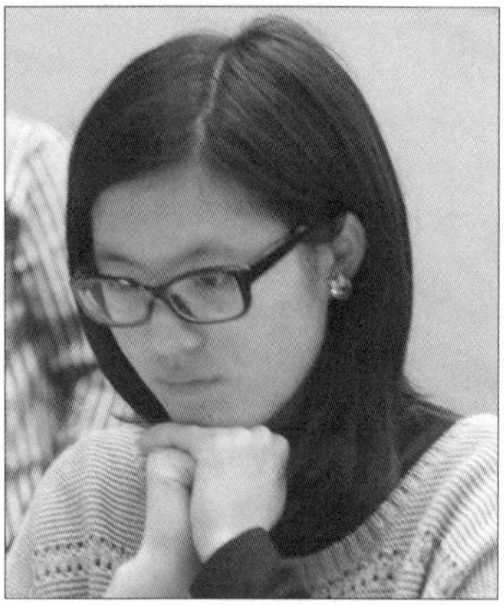

Die beste weibliche Spielerin der Welt, Hou Yifan, lehnte das Bauernopfer im Aljechin-Chatard-Angriff klugerweise ab.

10.♘g5 h6 11.0-0-0

Ein neuer, doch natürlicher Zug von Stockfish.

11...♘c6 12.♘b5 ♘b6 13.♖d3

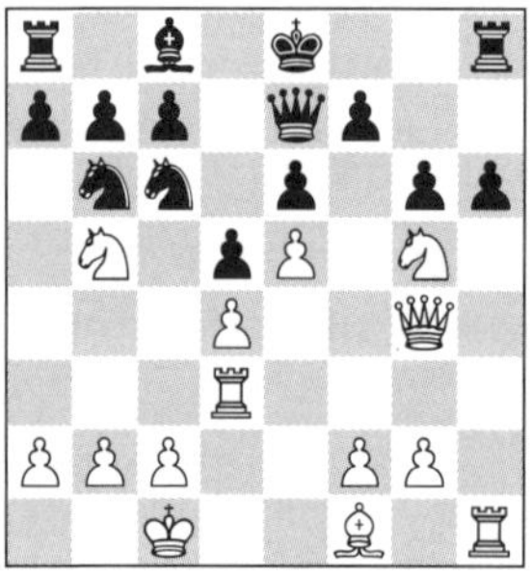

Eine Idee, die AlphaZero übersehen oder unterschätzt hat: der Turm geht nach f3, um den Angriff auf f7 zu unterstützen! Nach seinem nächsten Zug fällt AlphaZeros Bewertung auf 19,3%, und es wird weiterhin schlechter.

13...h5 14.♖f3 a6 15.♕g3 ♘d8

15...axb5 16.♖xf7 ♕xf7 17.♘xf7 ♔xf7 18.♕g5 ♘d7 19.♗d3 ♘e7 20.g4, und der zweite Turmschwenk mit ♖h1-h3-f3 wird die Partie beenden.

16.♘c3 ♘d7 17.♗d3 ♘f8 18.♖h4 ♖g8

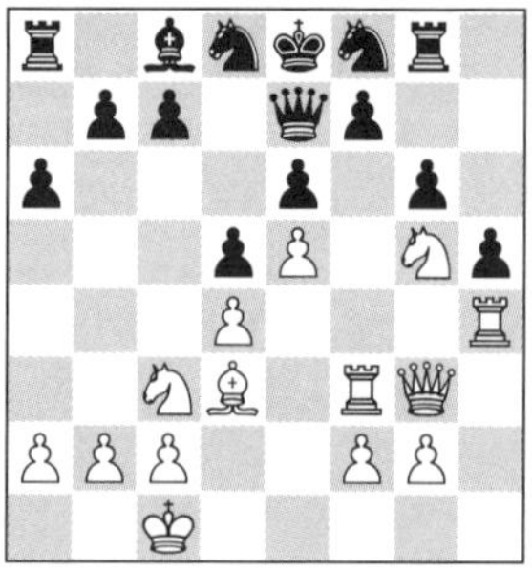

19.♗c4

Für die Galerie gespielt, und ein Echo von Bogoljubows berühmten 15.♗e4 in seiner Partie gegen Spielmann, Stockholm 1919. Der Zug strebt danach, einen Springer nach e4 zu bekommen, entweder indem man Schwarz den Läufer schlagen oder indem man ♗xd5 folgen lassen wird.

19...♕d7 20.♘ce4 dxe4 21.♘xe4 ♘h7 22.♖xh5

Und AlphaZero hatte genug gesehen.

TEIL IV

AlphaZeros Eröffnungsvorlieben

KAPITEL 14

AlphaZeros Eröffnungsrepertoire

AlphaZeros Eröffnungen sind (von ihm selbst) passgenau auf die Stellungstypen zugeschnitten, die ihm zusagen und die es gut versteht. Wir vergleichen die Herangehensweise menschlicher Spitzenspieler beim Aufbau ihres Eröffnungsrepertoires mit der von AlphaZero. Anschließend betrachten wir AlphaZeros Eröffnungsvorlieben.

Abschnitt A – Der moderne Ansatz bei der Gestaltung eines Eröffnungsrepertoires

Der übliche Ansatz derzeitiger Spitzenspieler ist die Pflege eines schmalen, gut ausgearbeiteten Repertoires mit Schwarz und ein ausgeprägtes Variieren mit Weiß. Dank der Hilfe von Engines mit übermenschlicher Stärke ist es leichter geworden, Weißeröffnungen zu neutralisieren als Schwarzeröffnungen zu widerlegen (anders ausgedrückt, es ist einfacher zu „zerstören" als zu erschaffen). Auf Spitzenturnieren, bei denen ein Remis mit Schwarz als positives Ergebnis betrachtet wird, hat es sich als effektiv erwiesen, sich als Nachziehender auf einen kleinen Satz an Varianten zu spezialisieren, die tief analysiert werden, wobei alle möglichen Fallstricke im Voraus gesehen werden.

Die Weißspieler neigen dazu, dem mit zwei Waffen entgegenzutreten: **1. Variabilität** und **2. Zugfolgen**.

1. Variabilität

Im Gegensatz zu vor zwanzig Jahren, als sich die meisten Topspieler auf nur einen Eröffnungszug konzentriert haben, haben heutzutage alle Spitzenspieler jeden der vier Haupteröffnungszüge – 1.d4, 1.e4, 1.♘f3 und 1.c4 – in ihrem Repertoire. Dies stellt dem Schwarzspieler im Hinblick auf sein Gedächtnis praktische Probleme, da es eine große Last ist, für jede Partie vier verschiedene Sätze tief analysierter Eröffnungen genau im Kopf zu behalten. Darüber hinaus neigen die Weißspieler dazu, viele verschiedene Systeme gegen die Hauptverteidigungen zu erproben. Magnus Carlsen ist beispielsweise großartig darin, sich aus harmlos aussehenden Weißsystemen kleine, aber dauerhafte Vorteile zu sichern, die er dann mit seiner phänomenalen Technik verwertet. Die Weißspieler setzen Engines ein, um tief in solch ruhige Systeme einzutauchen und verborgene taktische Möglichkeiten aufzuspüren, mit denen er einen unachtsamen Schwarzspieler erwischen kann.

2. Zugfolgen

Die Besonderheit von Damenbauerneröffnungen ist, dass diese oft auch nach 1.♘f3 oder sogar 1.c4 im ersten Zug erreicht werden können. Dies gibt Weiß vielerlei Möglichkeiten, den Schwarzen bloß durch eine Änderung der Reihenfolge seiner ersten drei Züge zu verwirren.

Damit kann Weiß letztlich eine Hauptvariante herbeiführen, wobei er aber einer bestimmten, von Schwarz beabsichtigten Verteidigung ausgewichen ist. Selbst wenn schließlich doch eine theoretische Standardstellung auf dem Brett steht, wird Schwarz bis dahin Zeit verbraten haben, um die Absichten von Weiß zu erraten oder um einen Weg zu finden, das Spiel dennoch zurück zu seiner beabsichtigen Variante zu steuern. Durch derartige Zugfolgentricks vergrößert sich der Umfang an Eröffnungen, die Schwarz beherrschen muss, und erhöht so auch das Potenzial für Gedächtnisfehler, frühzeitigen Bedenkzeitverbrauch und Fehler im späteren Partieverlauf.

Der Nachteil dieses flexiblen Ansatzes besteht darin, dass Weiß darauf eingestellt sein muss, nur 1.d4-Systeme mit der Springerentwicklung nach f3 zu spielen. Dies schließt Eröffnungssysteme aus, in denen Weiß die Festlegung auf Springer nach f3 zugunsten scharfer Angriffsstrukturen verschiebt. Die Sämisch-Variante im Königsinder, die im nächsten Kapitel vorgestellt wird, sowie Botwinniks zentrumsorientierte Angriffsformation gegen die Orthodoxe Verteidigung im Damengambit, die im Karlsbad-Kapitel folgt, sind zwei Beispiele hierfür.

Vom Blickwinkel einer langandauernden Karriere ist die in den ersten drei Zügen gewonnene Flexibilität freilich höher zu bewerten als die Möglichkeit, gegen bestimmte Eröffnungen die schärfsten Varianten zu spielen. Im Verlauf Ihrer Karriere werden Sie Phasen durchmachen, in denen bestimmte Hauptverteidigungen wie etwa der Nimzoinder oder die Grünfeld-Verteidigung auf Topniveau andauernd gespielt werden und Sie für Weiß keinerlei Vorteil finden können. In solchen Situationen kann ein Spieler mit einem flexiblen Eröffnungsrepertoire, anstatt schlicht Hauptvariantentheorie herunterzuleiern und in sterilen Stellungen zu landen, seine Eröffnungszüge variieren und den Gegner so in ihm weniger geläufige Strukturen zwingen. Eine solche Zugreihenfolge kann Ihnen über die Runden helfen, bis die Inspiration (die Ihrige oder die eines anderen Spielers!) wieder erwacht und Ihre Hauptvarianten wieder spielbar werden.

Abschnitt B – Wie AlphaZero sein Eröffnungsrepertoire gestaltet hat

Es ist aufschlussreich, dies mit AlphaZeros Eröffnungswahl zu vergleichen. Mit Schwarz schränkt AlphaZero sein Eröffnungsrepertoire stark ein, begegnet 1.e4 unablässig mit 1...e5 – der beliebtesten Wahl auf Topniveau – sowie 1.d4 mit 1...♘f6 2.c4 e6, um nach 3.♘c3 ♗b4 auf einen Nimzo-Inder zuzustreben bzw. nach 3.♘f3 d5 4.♘c3 ♗b4 auf die Ragosin-Verteidigung.

Mit Weiß bevorzugt es stark 1.d4-Eröffnungen und spielt fast ausschließlich Systeme, in denen der Springer nach f3 gestellt wird. Es eröffnet auch einigermaßen häufig mit 1.♘f3, und obgleich diese Partien oftmals zu Standard-1.d4-Eröffnungen überleiten, spielt es mit einiger Regelmäßigkeit auch die Anti-Nimzoindische Zugfolge 1.♘f3 ♘f6 2.c4 e6 3.♘c3 ♗b4 4.♕c2.

<u>Anti-Nimzoindische Zugfolge</u>

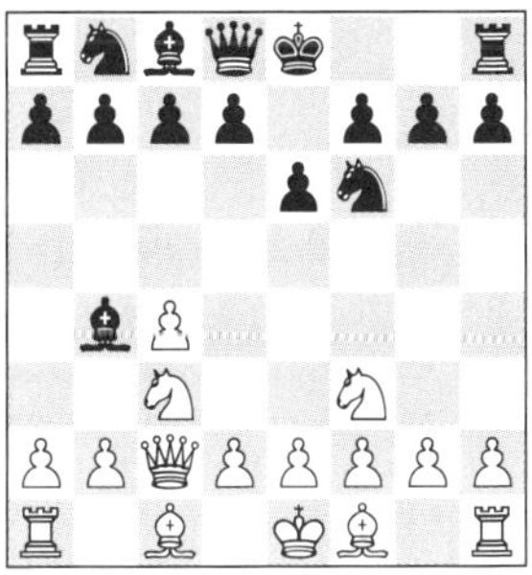

In dieser Variante erlangt Weiß nach anschließendem ...♗xc3, ♕xc3 das Läuferpaar – charakteristisch für den Nimzo-Inder –, doch ohne das Zentrum mit dem d-Bauern zu besetzen. Mit großem Erfolg beließ AlphaZero seine Bauern auf d3 und e3 und stellte seinen Damenläufer mit b2-b4 und ♗b2 auf die lange Diagonale: Zu dieser Struktur finden sich einige fantastische Beispiele in diesem Buch.

AlphaZero ist offenkundig mit einem Eröffnungsrepertoire in Erscheinung getreten, das sich mit den besten Gepflogenheiten der Topspieler deckt. Einzig seine bemerkenswerte Zurückhaltung, auch einmal 1.e4 zu wagen, unterscheidet sein Repertoire von einem kompletten modernen Spieler!

Abschnitt C – AlphaZeros Eröffnungen

AlphaZeros Eröffnungsspiel kann am ehesten als klassisch und zurückhaltend beschrieben werden. AlphaZero sichert sich in den ersten Eröffnungszügen gern Raum und ein festes Standbein im Zentrum, derweil es seine Figuren auf natürliche Weise entwickelt. Mit Blick auf seine Vorliebe, im Mittelspiel Linien und Diagonalen zwecks Angriff auf die gegnerische Stellung zu öffnen, mengt es seinem Eröffnungsspiel jedoch ein beachtliches Maß an Schärfe bei. Insbesondere mit den weißen Steinen ist AlphaZero mehr als gewillt, seinen Schutzschild abzuwerfen und das Spiel zu verschärfen, indem es zwecks Schwächung der gegnerischen Königsstellung einen Bauern opfert.

I AlphaZero mit Schwarz

In unserer Auswahl von dreißig Schwarzpartien sah sich AlphaZero 26 Mal 1.e4 gegenüber, und es antwortete beständig mit dem soliden 1...e5.

1.e4 e5

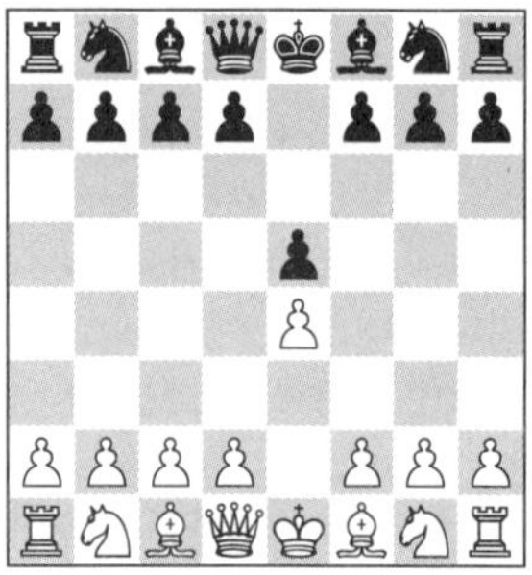

Der Spanischen Eröffnung begegnet es mit der Berliner Verteidigung (2.♘f3 ♘c6 3.♗b5 ♘f6).

Wahl von SF	Anzahl der Partien	SF gewinnt	Remis	AZ gewinnt
4.0-0	12	2	7	3
4.d3	5	0	5	0
4.♗xc6	1	0	1	0
Insgesamt	18	2	13	3

4.0-0 führt nach 4...♘xe4 5.d4 ♘d6 6.♗xc6 dxc6 7.dxe5 ♘f5 8.♕xd8+ ♔xd8 zum berühmt-berüchtigten Berliner Endspiel, das AlphaZero außerordentlich gut behandelt:

Das Berliner Endspiel

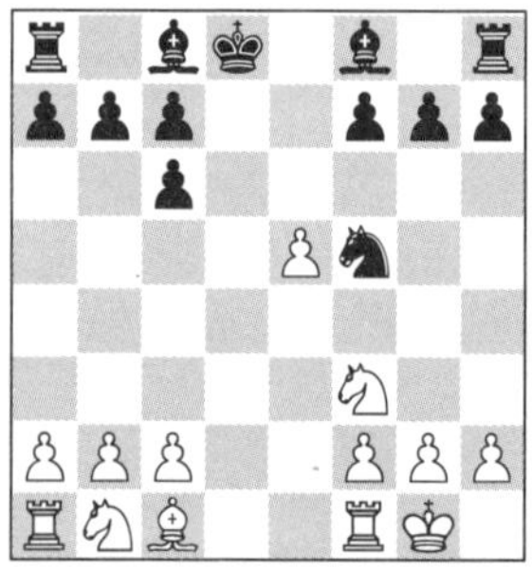

Bei den beiden Niederlagen hatte AlphaZero eher überzogen als dass es ausgespielt wurde. Es gewann hingegen eine mitreißende strategische Partie („Endspiellektion“). Stockfishs häufige Wahl 4.d3 nebst 5.♗xc6 führte zu einigen äußerst interessanten Partien. Ich habe das Gefühl, dass die entstehenden Stellungen AlphaZero gut liegen.

Der langsame Berliner
1.e4 e5 2.♘f3 ♘c6 3.♗b5 ♘f6 4.d3 ♗c5 5.♗xc6 dxc6 6.c3 ♗d6 7.0-0 ♗e6 8.b3 h6 9.♘bd2 ♘d7

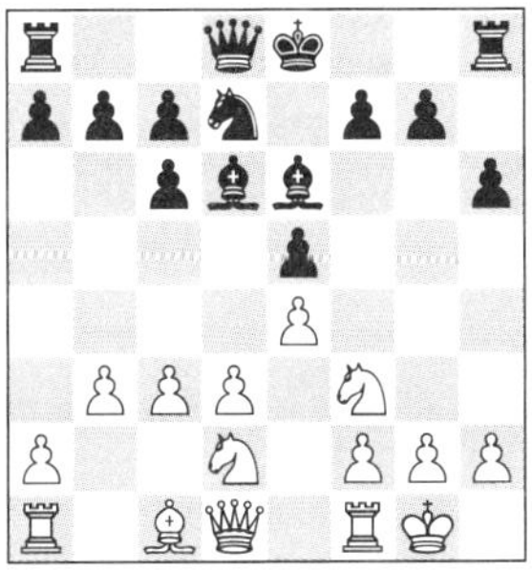

Ein solides Zentrum. AlphaZero kann seinen Springer um selbiges herumtanzen lassen, Linien für seine Figuren öffnen und stets auch lang rochieren, um anschließend dann seine Königsflügelbauern nach vorne zu werfen: AlphaZero muss sich doch die Hände reiben! Stockfish verteidigte sich hervorragend und hielt fünf Remis aus dieser Stellung.

Stockfishs andere Wahl war 1.e4 e5 2.♘f3 ♘c6 3.♗c4, was nach beiden Antworten von AlphaZero zu einigen wilden Partien führte:

Wahl von AZ	Anzahl der Partien	SF gewinnt	Remis	AZ gewinnt
3...♗c5	6	0	5	1
3...♘f6	2	0	1	1
Insgesamt	8	0	6	2

Einmal mehr bestimmte AlphaZero in diesen Partien das Tempo. Ein bemerkenswerter Aspekt war, dass AlphaZero nach 3...♗c5 4.d3 zwischen zwei seltsamen Zügen wählte – 4...a6 und 4...d6 –, wobei es sich entschied, den Bauern f7 nach 5.♘g5 auf zwei sehr kreative Weisen zu decken: 5...♘h6 und 5...♕f6 (mit Gegenangriff auf f2) gefolgt von ...♘d8. Das wirkt zwar ein wenig merkwürdig, doch AlphaZeros 5...♘h6 war der Auftakt zu einigen verblüffenden Angriffspartien!

Stockfish hat in dieser Partienauswahl nur viermal 1.d4 oder 1.♘f3 versucht, und AlphaZeros Antworten waren ein wenig irritierend. In einer Partie spielte AlphaZero die Ragosin-Verteidigung (1.♘f3 d5 2.d4 ♘f6 3.c4 e6 4.♘c3 ♗b4), was mir als eine ganz gute Wahl erschien: Eine solide zentrumsorientierte Eröffnung mit ein wenig Würze (4...♗b4 ist aktiver als das klassische 4...♗e7).

Ragosin-Verteidigung
1.d4 ♘f6 2.c4 e6 3.♘f3 d5 4.♘c3 ♗b4

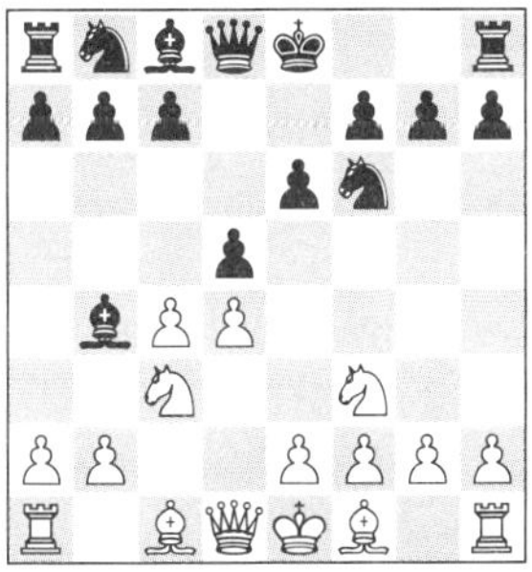

Dies war, als ich nach einer Partieserie verlangte, in der Stockfish 1.d4 spielen musste, tatsächlich die häufigste Wahl. Allerdings wählte AlphaZero diese Eröffnung nicht beständig und versuchte auch Slawisch (1.d4 d5 2.c4 c6) und deutete sogar mit 1.d4 ♘f6 2.♘f3 g6 auf einen Königsinder hin, was sich als völlig falsch für seinen Stil anfühlt: Der Raumnachteil und die Gefahr eines

Königsangriffs sind stets präsente Risiken für den Königsindisch-Spieler! Als ich später ein paar weitere Eröffnungszüge durchprobierte, sah ich allerdings, dass AlphaZero – ganz genau wie Stockfish – Grünfeld-artige Stellungen bevorzugt (indem es nach 1...♘f6 und 2...g6 später ...d7-d5 spielt), was mehr Aktivität und offene Linien garantiert und seinem Stil angemessener erscheint.
Als ich Stockfish zu 1.c4 gezwungen habe, antwortete AlphaZero unablässig mit 1...e5, was mir logisch erscheint: AlphaZero ergreift so viel Raum im Zentrum wie möglich.

II AlphaZero mit Weiß

AlphaZeros Weißrepertoire basiert auf Hauptvarianten nach 1.d4, wenngleich es gelegentlich auch einmal 1.♘f3 wagt.

Wahl von AZ	Anzahl der Partien	SF gewinnt	Remis	AZ gewinnt
1.♘f3	23	0	11	12
1.d4	57	1	38	18
Insgesamt	80	1	49	30

Ohne jetzt kleinlich zu sein, resultierte der einzige Verlust AlphaZeros daher, dass es in einer Remisstellung überzog.
1.♘f3 leitete meist zu Systemen mit 1.d4 über, doch ein paar Partien führten zu Englisch-artigen Stellungen:

<u>Englisch via 1.♘f3</u>

1.♘f3 ♘f6 2.c4 e6 3.♘c3 ♗b4 4.♕c2

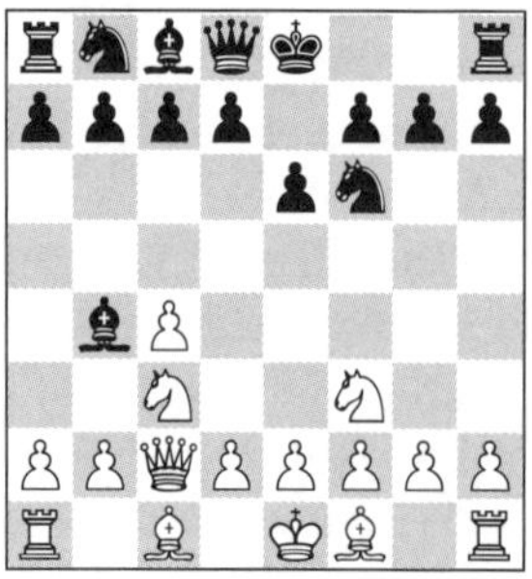

Wahl von AZ	Anzahl der Partien	SF gewinnt	Remis	AZ gewinnt
4.♕c2	11	0	6	5

Diese Stellungstypen, in denen Weiß das Läuferpaar erhält, ohne eine Schwächung seiner Struktur in Kauf nehmen zu müssen, liegen AlphaZero ganz besonders. Das Verlangen, frühzeitige strukturelle Zugeständnisse zu vermeiden, spiegelt sich auch in AlphaZeros Hauptantwort auf Stockfishs Eröffnung der Wahl gegen 1.d4 wider: 1...♘f6 gefolgt von 2...e6.

<u>1.d4 ♘f6 2.c4 e6</u>

1.d4 ♘f6 2.c4 e6

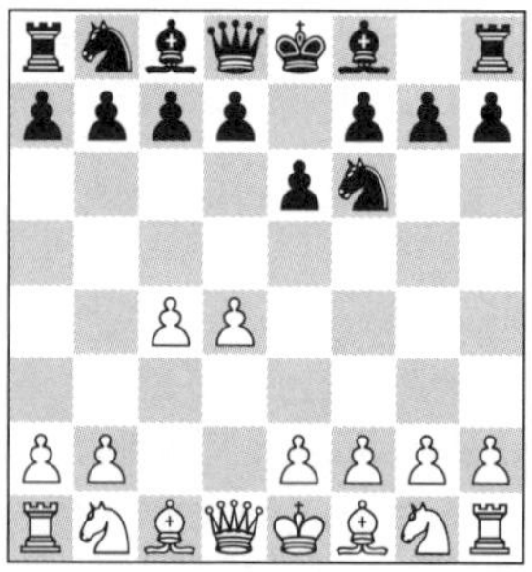

Der Übersichtlichkeit der Darstellung halber habe ich Partien, die mit

1.d4 ♘f6 2.c4 e6 3.♘f3 begannen, als identisch mit 1.d4 ♘f6 2.♘f3 e6 3.c4 betrachtet.

Wahl von AZ	Anzahl der Partien	SF gewinnt	Remis	AZ gewinnt
3.♘f3	37	1	24	12
3.♘c3	12	0	9	3
3.g3	4	0	2	2
Insgesamt	53	1	35	17

Die Pointe von 3.♘f3 (und 3.g3) ist, dass Schwarz nicht die Gelegenheit erhält, den Springer auf c3 mit …♗b4 zu fesseln (wie es Schwarz nach 3.♘c3 tut) und somit keine Chance erhält, dem Weißen mit …♗xc3+ Doppelbauern zu verpassen.
Ich bin tatsächlich sogar verblüfft über die Anzahl an Partien, in denen AlphaZero 3.♘c3 ♗b4 erlaubt hatte.

Nimzo-Indisch
1.d4 ♘f6 2.c4 e6 3.♘c3 ♗b4

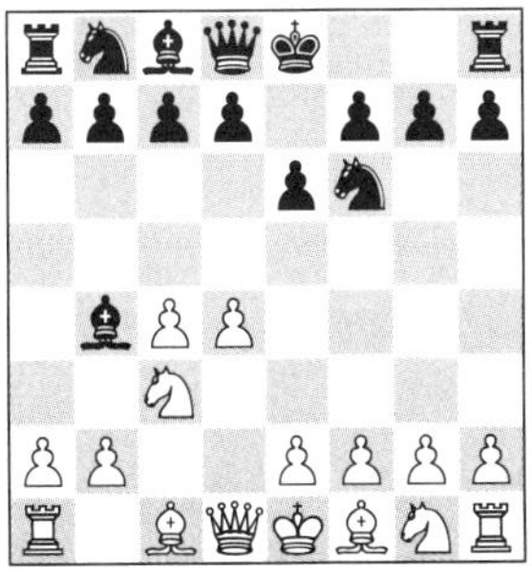

Ich habe nie gesehen, dass AlphaZero im Mittelspiel bereitwillig Schwächen am Damenflügel akzeptiert (nur am Königsflügel, um Linien gegen Stockfishs König zu öffnen). Ich hätte mir vorstellen können, dass es 4.♕c2 wählt, um der Möglichkeit von Doppelbauern vorzubeugen, doch dies war nicht der Fall:

Wahl von AZ	Anzahl der Partien	SF gewinnt	Remis	AZ gewinnt
4.e3	6	0	5	1
4.♘f3	4	0	3	1
Insgesamt	10	0	8	2

In den damenindischen Hauptvarianten nach 3.♘f3 b6 spielt AlphaZero ausnahmslos 4.g3:

Damenindisch
1.d4 ♘f6 2.♘f3 e6 3.c4 b6 4.g3

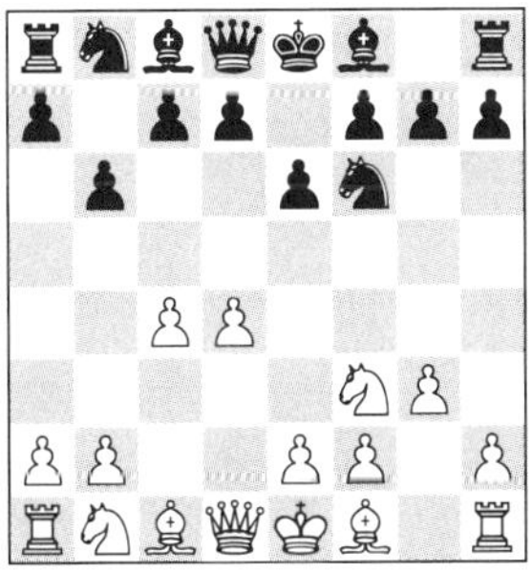

Diese solide Variante vermeidet jegliche strukturelle Schwäche am Damenflügel, neutralisiert den schwarzen Damenläufer auf der Diagonalen a8-h1, verstärkt die weiße Königsstellung und bereitet einigermaßen zügig die Rochade vor, um den König in Sicherheit zu bringen. Wie wir gesehen haben, bringt AlphaZero natürlich auch in dieser soliden Variante mit außerordentlichem Erfolg Würze ins Spiel, mittels des frühzeitigen Bauernopfers d4-d5 sowie Vorstößen des Randbauern (h4-h5-h6). Dies ist eine jener Varianten, die AlphaZero am eindrucksvollsten behandelt:

Wahl von AZ	Anzahl der Partien	SF gewinnt	Remis	AZ gewinnt
4.g3	31	0	20	11

AlphaZeros Repertoire gegen die andere Hauptwaffe von Stockfish – den Semi-Slawen – veranschaulicht gut, dass AlphaZero keinesfalls zaudert, seinen sicheren Schutzschild aufs Spiel zu setzen, wenn Mittelspielvorteile winken. Nichts Solides hier: AlphaZero bietet beständig die schärfsten und unergründlichsten Systeme an: Das Botwinnik-System und das Anti-Moskauer Gambit.

Semi-Slawisch

1.d4 d5 2.c4 c6 3.♘f3 ♘f6 4.♘c3 e6 5.♗g5

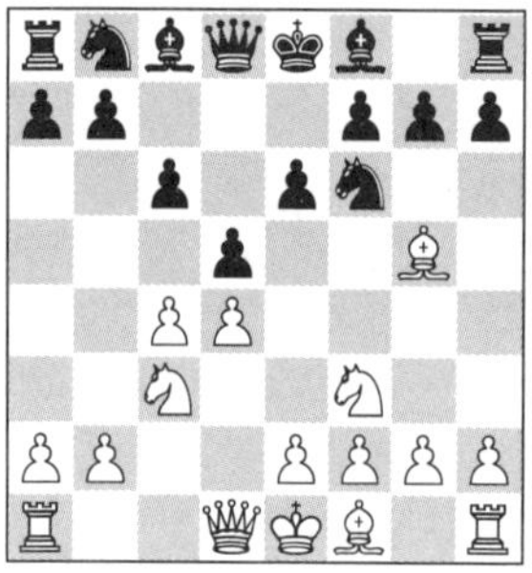

Wahl von SF	Anzahl der Partien	SF gewinnt	Remis	AZ gewinnt
5...♗e7	5	1	2	2
5...♘bd7	1	0	1	0
5...h6	1	0	0	1
5...dxc4	1	0	0	1
Insgesamt	8	1	3	4

Wie zu sehen, bevorzugt Stockfish meist das „langweilige" 5...♗e7, doch gegen 5...dxc4 folgen beide Seiten bis zum 19. Zug der messerscharfen Botwinnik-Theorie:

Partie: „Es mit dem Botwinnik-System aufnehmen"

AlphaZero
Stockfish 8
London 2018

1.d4 d5 2.c4 e6 3.♘c3 c6 4.♘f3 ♘f6 5.♗g5 dxc4 6.e4 b5 7.e5 h6 8.♗h4 g5 9.♘xg5 hxg5 10.♗xg5 ♘bd7 11.g3 ♖g8 12.h4 ♖xg5 13.hxg5 ♘d5 14.g6 fxg6 15.♕g4 ♕e7 16.♗g2 ♘7b6 17.♕xg6+ ♕f7 18.♕xf7+ ♔xf7 19.♘e4

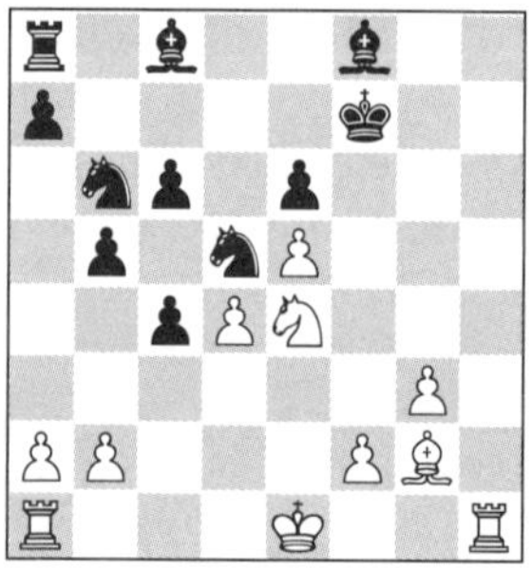

19...♗g7

Dies scheint ein neuer Zug von Stockfish zu sein, doch er ändert nichts an der Bewertung, dass Weiß in solchen Stellungen bequemer steht.

20.f4 ♔f8 21.♔f2 a5 22.g4 ♖a7 23.♘d6 ♖d7 24.♘xc8 ♘xc8 25.♗xd5 ♖xd5 26.f5 ♘b6 27.f6

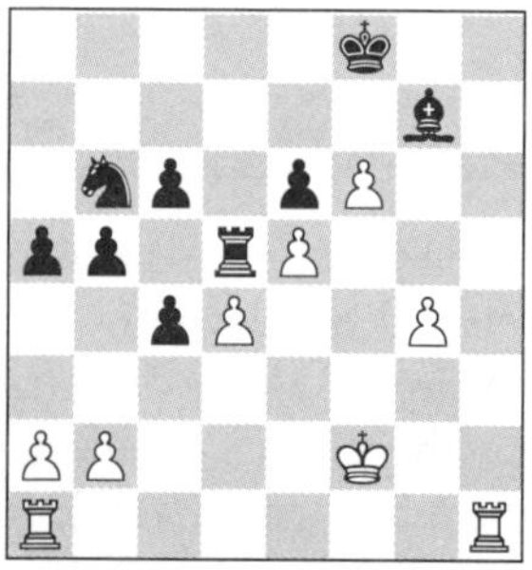

27...♖xd4 28.g5 ♖d2+ 29.♔e3 ♖d5 30.♔f4 ♖d4+ 31.♔e3 ♖d5 32.♔f4 ♖d4+ 33.♔f3 ♘d7 34.♖h7 ♘xe5+ 35.♔e3

♖d3+ 36.♔f4 ♖d7 37.♖xg7 ♘d3+ 38.♔e4 ♘c5+ 39.♔e5 ♘d3+ 40.♔e4 ♘c5+ 41.♔f3 ♖xg7 42.fxg7+ ♔xg7 43.♖e1 b4 44.♖e2 ♔f7 45.♖c2 ♘d7 46.♔e4 c5 47.♖xc4 ♔g6 48.♔f4 1-0

Die andere Eröffnung, gegen die ich AlphaZero getestet habe, war Grünfeld. AlphaZero neigte zur soliden 7.♗e3-Variante:

<u>Grünfeld mit ♗e3</u>
1.d4 ♘f6 2.c4 g6 3.♘c3 d5 4.cxd5 ♘xd5 5.e4 ♘xc3 6.bxc3 ♗g7 7.♘f3 c5 8.♗e3

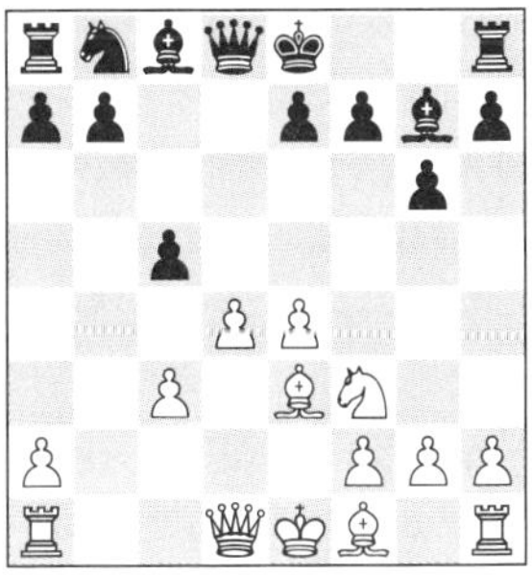

Dies wurde auch von Spielern wie Kramnik bevorzugt, und quer durch das Buch hinweg gelangen AlphaZero einige wundervolle Partien mit dieser Variante.

HISTORISCHES GEGENSTÜCK
Die eiserne Logik von Michail Botwinnik

Michail Botwinnik wurde 1948 Weltmeister und stand bis 1963 im Kampf um die Weltmeisterschaft, wobei er in dieser Periode zweimal seinen Titel verloren und zurückgewonnen hatte. AlphaZeros Spiel erinnert mich mit den weißen Steinen sehr stark an die Herangehensweise von Botwinnik. Botwinnik legte gern frühzeitig das Zentrum fest, hinderte so Schwarz an der Entwicklung von Gegenspiel im Zentrum, und verlegte das Spiel auf die Flügel. Botwinnik fühlte, dass Weiß bei einem derartigen Kampf den Vorteil haben würde, nicht zuletzt dank des Mehrtempos, weil er ja anfangen darf. Wir werden seine Lieblingsaufstellung gegen das Orthodoxe Damengambit im „Karlsbad"-Kapitel sehen, und hier werde ich zwei weitere Eröffnungen mit festgelegtem Zentrum zeigen, die Botwinnik großen Erfolg brachten. Zuerst die Slawische Abtauschvariante:

<u>Botwinniks Slawische Abtauschvariante</u>
1.d4 d5 2.c4 c6 3.cxd5 cxd5

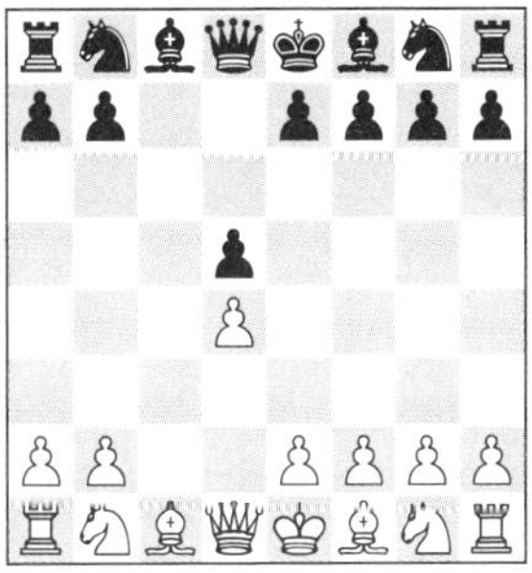

Zum zweiten, Botwinniks Patent in der Englischen Eröffnung: die Botwinnik-Variante.

<u>Die Botwinnik-Variante</u>
1.c4 e5 2.♘c3 ♘c6 3.g3 g6 4.♗g2 ♗g7 5.e4

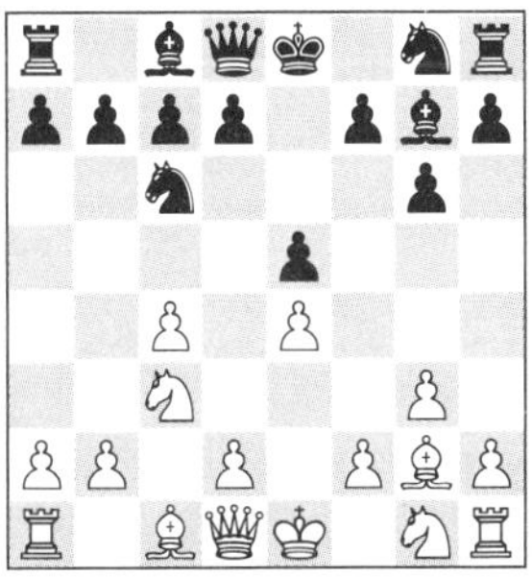

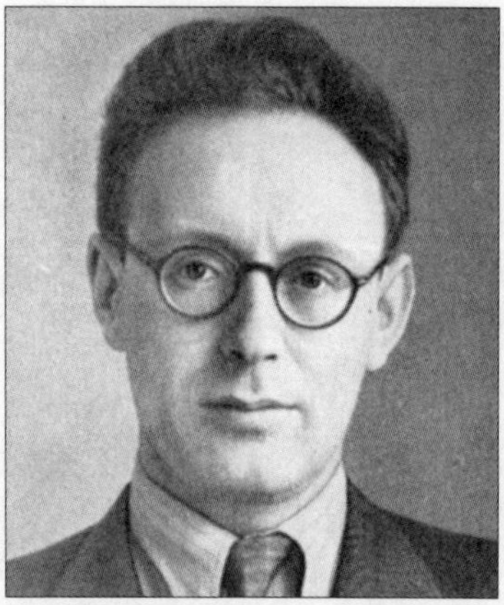

Genau wie AlphaZero legte der vormalige Weltmeister Michail Botwinnik gern frühzeitig das Zentrum fest, um anschließend auf den Flügeln zu spielen.

Die folgende Partie von Botwinnik, die dieser in noch jungen Jahren spielte, beschreibt dessen Stil und Philosophie besser als Worte es jemals könnten: Raumvorteil, ein festgelegtes Zentrum, welches seinem Gegner jegliches Gegenspiel verwehrt, unbarmherzige Expansion auf den Flügeln und Abtausch der aktiven Figuren des Gegners. Ich könnte mir auch vorstellen, dass hier AlphaZero gespielt hätte! Man fühlt sich auch an die (viel später gespielte) Partie Aronjan - Worobjow aus dem Kapitel „Der Marsch des Randbauern" erinnert.

Michail Botwinnik
Khrisogon Kholodkewitsch
UdSSR-Meisterschaft Moskau 1927

1.d4 ♘f6 2.c4 g6 3.♘c3 ♗g7 4.e4 d6 5.g3 0-0 6.♗g2 ♘bd7 7.♘ge2 c5 8.0-0 cxd4 9.♘xd4
Botwinnik suchte diese Struktur in vielen Eröffnungen zu erreichen.
Die Bauern auf c4 und e4 halten eine schwarze Zentrumsexpansion mit ...d6-d5 nieder.
9...♘e5 10.b3 ♗d7 11.♗b2 ♘c6
Und nun führt Botwinnik einen Plan durch, den er als archetypische Gewinnmethode in derartigen Stellungen erachtete.
12.♘d5 ♘xd5 13.exd5 ♘xd4 14.♗xd4 b5 15.♗xg7 ♔xg7 16.♕d4+ ♔g8 17.cxb5

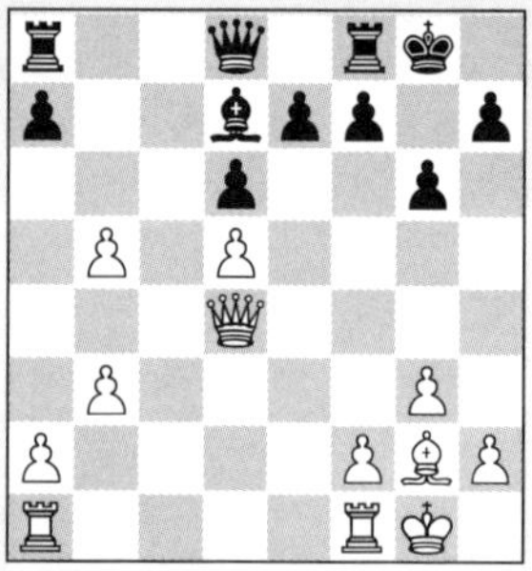

Der Kernpunkt von Botwinniks Plan und eine alles andere als offensichtliche Idee. Der weiße Bauer d5 braucht nicht die Unterstützung des Bauern c4, um seiner Aufgabe nachzukommen, nämlich den Bauern e7 festzuzurren.
17.cxb5 sichert sich die Mehrheit am Damenflügel und versetzt Weiß in die beneidenswerte Lage, das Spiel entweder am Damenflügel (wie in dieser Partie) oder am Königsflügel (mit einem Vorstoß des h-Bauern, so wie von Aronjan verwirklicht) zu entscheiden.
17...♗xb5 18.♖fe1 ♕d7 19.♖e3 f5 20.a4 ♗a6 21.♖ae1
Bindet die schwarzen Figuren an den schwachen Bauern e7.
Die weiße Überlegenheit an allen Fronten ist offensichtlich.
21...♖f7 22.b4 ♗b7 23.b5 a6 24.b6 ♖c8 25.a5 ♖c5 26.♖c3

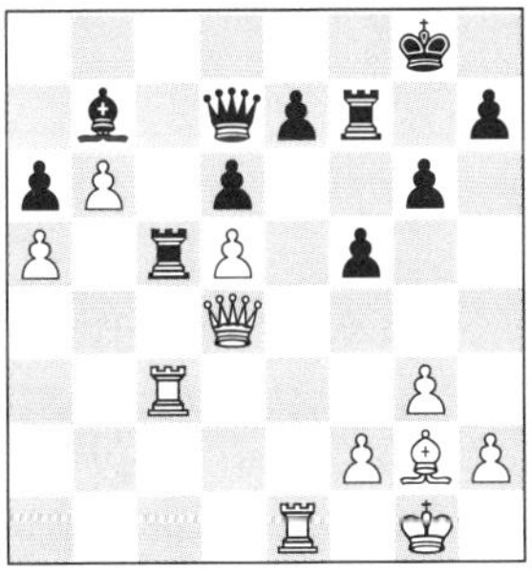

Hervorragend gespielt. Weiß tauscht die einzige aktive Figur des Gegners und lässt ihn auf seinen passiven Figuren sitzen.

26...♖xc3 27.♕xc3 ♖f8 28.♕e3 ♖e8 29.♖c1 ♖c8 30.♖xc8+ ♗xc8 31.♕e6+ ♕xe6 32.dxe6 ♔g7 33.b7 ♗xb7 34.♗xb7 ♔f6 35.♗xa6 ♔xe6 36.♗c8+ 1:0

Schlussfolgerung

Ich habe gegenüber dem englischen Großmeister Mark Hebden – bekannt für seine abseitigen und sehr gut ausgearbeiteten Eröffnungsschemata – einmal die Bemerkung gemacht, dass ich Angst hätte, dass eines Tages Computer das Schachspiel lösen würden und dabei dann der Beweis herauskäme, dass seine Eröffnungen schon immer die besten waren! „Woher weißt Du, dass ich nicht dieser Computer bin?“, lautete seine Entgegnung! So weit sind wir freilich noch lange nicht, und AlphaZeros selbstentwickeltes 1.d4-Repertoire ist erfrischend klassisch und mainstreamartig. Ich denke – und ich spreche hier als lebenslanger 1.d4-Spieler –, dass AlphaZeros 1.d4-Repertoire so in etwa das ideale Repertoire darstellt, welches Solidität, Flexibilität und gesunde Entwicklung mit der bei Bedarf notwendigen Schärfe verbindet.

KAPITEL 15

Der Sämisch-Königsinder

Ein faszinierender Teil der Begegnung zwischen AlphaZero und Stockfish waren jene Partien, die nicht der normalen Grundstellung, sondern einer Auswahl von Eröffnungsstellungen entsprangen. In dieser Serie spielten AlphaZero und Stockfish aus 50 verschiedenen Eröffnungsstellungen gegeneinander, je einmal mit Weiß und mit Schwarz. Stockfish hat anlässlich der TCEC-Computerweltmeisterschaften schon viele derartige Matches bestritten, AlphaZero natürlich nicht. Interessanterweise führen viele dieser Eröffnungen zu Stellungen, die AlphaZero – während seiner Millionen von Partien gegen sich selbst – entweder verworfen oder gar nicht erst entdeckt hatte. Zum Beispiel entscheidet sich AlphaZero, wenn es bei der Wahl der besten Züge aus der Ausgangsstellung sich selbst überlassen ist, mit Weiß unablässig für 1.d4 oder 1.♘f3, es beginnt niemals eine Partie mit 1.e4. Mit Schwarz würde sich AlphaZero gegen 1.d4 stets für 1...♘f6 2.c4 e6 oder 1... d5 entscheiden. Es würde niemals aus freien Stücken die Königsindische Verteidigung wagen ... und musste genau dies hier tun!

Eines der Gefechte, die mir das meiste Vergnügen bereiteten, waren die zwei in einer Variante des königsindischen Sämisch-Angriffs gespielten Partien, die fast durch meine ganze Karriere hindurch zu meinen Lieblingssystemen gehörte. Zu meiner Überraschung waren die entstehenden Mittelspielstellungen AlphaZero wie auf den Leib geschneidert. Mit Weiß fand es eine Spielweise, die mir während vieler Stunden Analyse niemals in den Sinn gekommen wäre. Mit Schwarz griff es an wie Kasparow (der größte aller Königsindisch-Spieler).

Partie: „Der typische Benoni-Durchbruch“

Der gebräuchlichste schwarze Versuch gegen den königsindischen Sämisch-Angriff (6...c5) führt das Spiel oft zurück in die Strukturen und Gewässer des Modernen Benoni. Diese Strukturen sind von Ungleichgewichten geprägt: Schwarz hat ernsthafte Schwachpunkte (insbesondere den Bauern d6), verfügt aber dank seines wunderbaren schwarzfeldrigen Läufers auf g7 über viele aktive Möglichkeiten. AlphaZero spielt auf die Austrocknung der schwarzen Aktivität, beginnend mit dem Abtausch des mächtigen schwarzfeldrigen Läufers. Während der nachfolgenden Manöver stabilisiert AlphaZero die sein Zentrum stützenden Figuren und überführt anschließend seinen Damenspringer auf einen starken Vorposten in Nähe des schwarzen Königs. Als die schwarzen Figuren schlecht koordiniert und passiv stehen (sowohl der Läufer auf b5 wie auch die Dame auf h6 nehmen kaum aktiv am Spielgeschehen teil), schlägt AlphaZero mit einem typischen Zentrumsdurchbruch zu, fällt schließlich in die schwarze Stellung ein und gewinnt ein langes Endspiel.

Themen der Partie:

1. Abtausch des Verteidigers eines Farbkomplexes [14.♗h6]
2. Weitläufige Springermanöver [16.♘d1, 19.♘f2, 24.♘h3, 25.♘g5]
3. Passive Figuren des Gegners

AlphaZero
Stockfish 8
London 2017

1.d4 ♘f6 2.c4 g6 3.♘c3 ♗g7 4.e4 d6 5.f3 0-0 6.♗e3 c5 7.♘ge2 ♘c6 8.d5 ♘e5 9.♘g3 e6 10.♗e2 exd5 11.cxd5

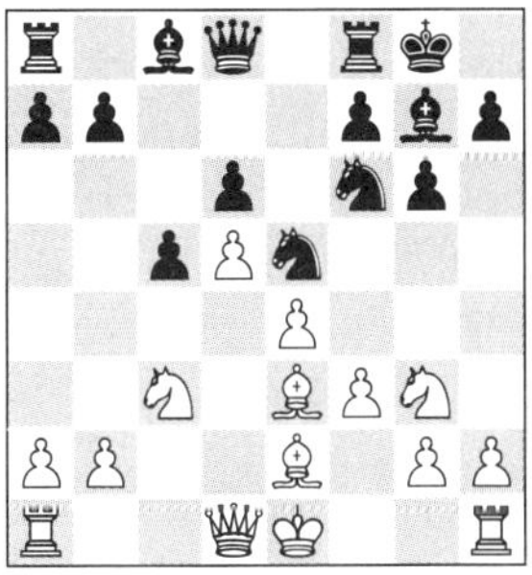

Der letzte vom TCEC-Eröffnungsbuch vorgegebene Zug. Die Eröffnung entwickelte sich aus einem Königsinder zu einer Struktur aus dem Modernen Benoni, Diese Strukturen sind äußerst komplex. Weiß erfreut sich eines starken und gut gestützten Zentrums mit Bauern auf e4 und d5 und setzt darauf, mit f3-f4 und e4-e5 voranzupreschen und Raum zu gewinnen; Schwarz wird darauf bauen, den Weißen zu bremsen, indem er die Stützen des weißen Zentrums (die Springer auf c3 und g3) von den Flügeln aus verdrängt (...h5-h4 und ...b5-b4). Schwarz hofft, dabei so viel Konfusion im weißen Lager zu stiften, dass sich neue taktische Möglichkeiten ergeben. Die schwarze Stellung ist angespannt, und man braucht viel Energie, um sie gut zu spielen; Weiß muss sich darüber im Klaren sein, welches Gegenspiel von Schwarz er bekämpft und welches er abfedert.

11...a6 12.♕d2

AlphaZero entscheidet sich gegen die Verhinderung der schwarzen Expansion am Damenflügel mit ...b7-b5, um seine Entwicklung zu vervollständigen und den König per Rochade in Sicherheit zu bringen.

12...b5 13.0-0 ♖e8 14.♗h6

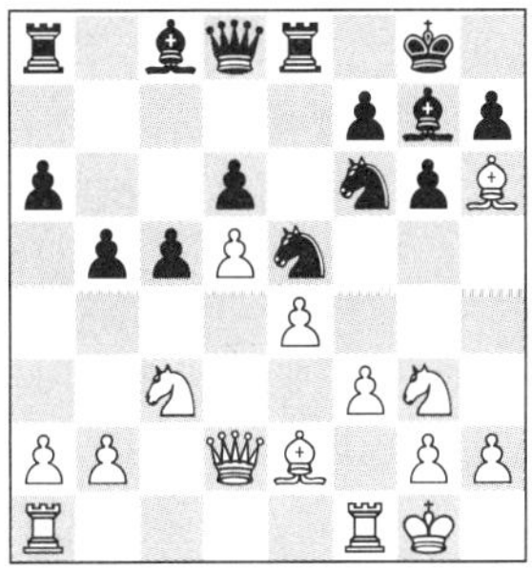

Der schwarze Königsläufer ist eine potenziell gefährliche Angriffsfigur auf der Diagonalen h8-a1 und verteidigt zugleich die durch 2...g6 geschwächten dunklen Felder am Königsflügel. AlphaZeros Entscheidung, diese Figur abzutauschen, ist mithin logisch. Wir diskutieren die möglichen Nachteile bei den Anmerkungen zum 17. Zug von Schwarz.

14...♗xh6

Ein neuer Zug von Stockfish. 14...♗h8 wurde in Haba - Krakops, Werfen 1995, gespielt, wonach ich mit 15.h3 fortsetzen würde, um schnellstmöglich f3-f4 vorzubereiten. Man beachte, dass der Einschub von ♗h6 und ...♗h8 die

Bewegungsfreiheit des schwarzen Königs eingeschränkt hat, worüber AlphaZero unzweifelhaft sehr glücklich wäre!

15.♕xh6 ♕e7 16.♘d1 ♕f8 17.♕d2 h5

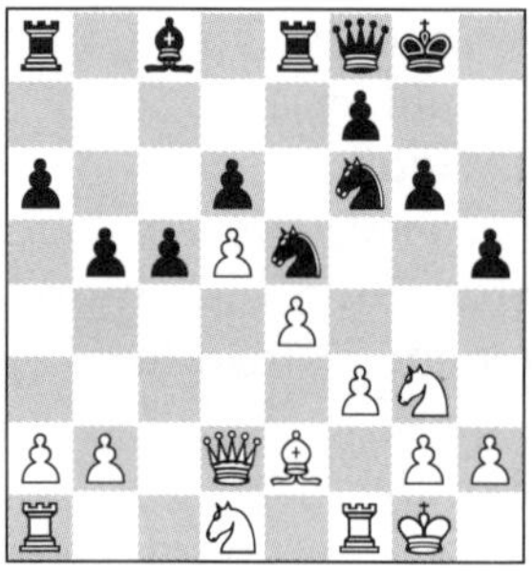

Diese typische Sämisch/ Modernes Benoni-Position birgt einige interessante Aspekte. Zunächst einmal hat Weiß die schwarzfeldrigen Läufer abgetauscht. Dies war keinesfalls eine unzweideutige Entscheidung, da der schwarzfeldrige Läufer der „gute" Läufer von Weiß ist, der die dunklen Felder rund um seine Bauern im Zentrum und am Königsflügel (g2/ f3/e4/d5) schützt, die sich allesamt auf hellen Feldern befinden. Nach diesem Abtausch bleibt Weiß auf seinem „schlechten" Läufer sitzen, dessen Bewegungsfreiheit durch die eigenen Bauern eingeschränkt ist. Allerdings war der Königsläufer, der freie Sicht auf der Diagonale h8-a1 genossen hat, der ganze Stolz von Schwarz, während sein weißfeldriger Läufer gleichfalls durch das solide weiße Zentrum stark behindert wird. Anders ausgedrückt, durch den Abtausch beeinträchtigt Weiß die Aktivität beider Parteien, in der Hoffnung, dass Schwarz mehr darunter leidet als Weiß. Die Konsequenz des Abtausches für Weiß ist, dass seine Kontrolle über Zentrumsfelder wie d4, e3 und f4 wie auch über die Diagonale g1-a7 geschwächt wird. Schwarz musste die Schwächung seiner Kontrolle über die dunklen Felder um seinen König (insbesondere f6 und h6) zulassen, was intuitiv besorgniserregender wirkt als das weiße Dilemma.

Ein weiterer interessanter Aspekt ist, dass Weiß seinem Gegner im 12. Zug die Expansion am Damenflügel mit ...b7-b5 gestattet hat, statt diese mit 12.a4 (der beliebteste und natürlichste Zug in dieser Stellung) zu bremsen. Indem er 12.a4 unterließ, vermied Weiß einen frühen Zusammenprall am Damenflügel (falls Schwarz ...b7-b5 dennoch durchgesetzt hätte) und erschwert dem Nachziehenden, dort Linien zu öffnen und sofortiges Gegenspiel zu initiieren. Der Raum, den Schwarz mittels ...b7-b5 gewinnt, gibt jedoch langfristige Chancen auf eine aktive und gefährliche Damenflügelmehrheit und bietet auch auf kurze Sicht zwei Wege, die weiße Position zu stören:

1. ...♘c4 (normalerweise in Antwort auf f3-f4)
2. ...b5-b4, was den weißen Springer von c3 vertreibt und ein wenig Konfusion in den weißen Reihen verursacht, während dies zugleich den weißen Rückhalt von e4 schwächt.

Wieso ist der weiße Rückhalt für den Bauern e4 so bedeutend? Nun, mittel- bis langfristig will Weiß seine zentrale Bauernmehrheit (Bauern e4 und d5 gegen den einzelnen schwarzen Bauern auf d6) in Bewegung setzen und mit f3-f4 und e4-e5 dazu seinen Raumvorteil ausbauen. Dies wäre in der gegenwärtigen Situation besonders

reizvoll, wo Schwarz seinen Springer ebenso aggressiv wie provozierend auf e5 postiert hat. Ein gut getimtes f3-f4 würde Weiß gestatten, sich mit Tempogewinn im Zentrum auszudehnen.
Mit seinem fünften Zug hat Weiß seinen Bauern auf e4 gestützt, um ein mögliches rasches Gegenspiel von Schwarz zur Destabilisierung der weißen Mitte zu vereiteln. Der weiße Bauer auf f3 muss jedoch keineswegs für immer auf diesem Platz verharren! Sobald die schwarze Initiative aufgefangen ist, wird Weiß danach streben, mit f3-f4 eine aggressive Struktur zu errichten. Es ist damit klar, warum die Drohung ...b5-b4 für Weiß lästig sein könnte: wenn Weiß e4 nicht zuverlässig schützen kann, wird er niemals risikolos f3-f4 verwirklichen können.
Wir beginnen jetzt zu verstehen, warum Schwarz mit 17...h5 seinen h-Bauern vorstößt. Der Springer g3 ist die andere weiße Stütze des e4-Bauern. Wenn Schwarz ...h5-h4 bewerkstelligt, ist der weiße Springer zum Rückzug gezwungen, womit ein weiterer Verteidiger von e4 vertrieben wäre.
Ein derartiges Spiel ist für solche Strukturen ganz typisch, doch beginnend mit 16.♘d1 setzt AlphaZero den Plan f3-f4 auf sehr unübliche Weise um. Obgleich ich diese Strukturen mein ganzes Leben lang gespielt habe, habe ich so etwas nie zu Gesicht bekommen, und ich fand auch nur eine einzige Partie mit einem ähnlichen Ansatz. AlphaZero gruppiert seinen Springer von c3 nach f2 um (wo dieser e4 stützt) und geht dann den ungewöhnlichen Schritt, den Bauern h5 mit h2-h4 zu stoppen (und so die Springerstellung auf g3 zu sichern). Dies wird kaum einmal gespielt: Weiß erlaubt normalerweise ...h5-h4 und lässt das Feld f2 via h1 für den Springer g3 frei. Da AlphaZero jedoch selbst so oft h4-h5-h6 (oder ...h5-h4-h3) spielt, verwundert es nicht, dass es einem gegnerischen h-Bauern Einhalt zu gebieten wünscht!
Dieser Plan ist sehr gut geeignet, um e4 geschützt zu halten (und so f3-f4 zu ermöglichen). Es gibt jedoch zwei Nachteile:

1. Die Schwäche von g4: nach f3-f4 hat Schwarz nun die Zusatzoption ...♘g4, wonach der Springer glänzend auf einem unangreifbaren Feld (kein weißer Bauer kann ihn von dort vertreiben) in der Nähe des weißen Königs postiert ist.
2. Die Schwäche des Bauern h4: Schwarz kann den h-Bauern mit einer Kombination der Züge ...♕e7 und ...♘h7 aufs Korn nehmen, was sich als recht unangenehm für Weiß erweisen kann.

18.h4

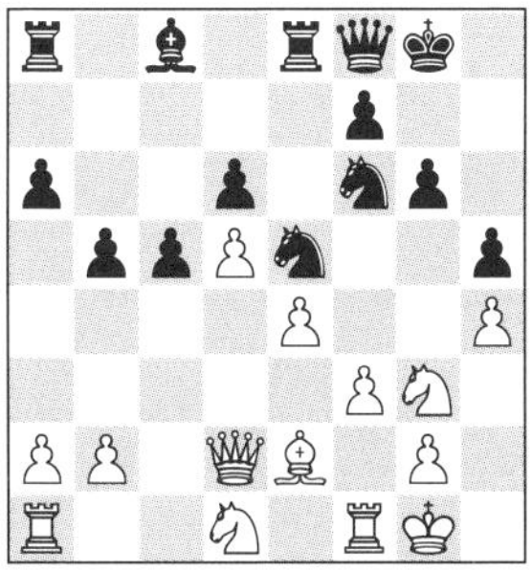

18...♗d7
18...♕e7 18...♘h7 19.f4. **19.♕g5 ♘h7**
Von AlphaZero in Betracht gezogen, aber nur als viertbeste Möglichkeit für Schwarz. Es bewertet den sich ergebenden Damentausch mit einer Gewinnerwartung von 62,5% für

Weiß. Für mich wirkt das wie die logischste Idee für Schwarz. 19...c4 20.b3 ♕a7+ 21.♕e3 ist AlphaZeros Hauptvariante, die es mit einer Gewinnerwartung von 60,0% für Weiß bewertet. **20.♕xe7 ♖xe7** Intuitiv sollten derlei Endspiele ganz vernünftig für Schwarz sein. Mit dem Damentausch sind alle Gefahren für den schwarzen König verschwunden, während viele der Varianten mit f3-f4 und e4-e5, in denen ein Bauer geopfert wird, die Schwäche des schwarzen Königs zur Grundlage haben. Darüber hinaus hat sich Schwarz ohne Störung durch die weißen Figuren am Damenflügel ausgedehnt: Schwarz wirkt auch auf diesem Flügel gesund.

Der starke Zug **21.a4** ringt dem Schwarzen allerdings ein Zugeständnis ab:

1. 21...bxa4 oder 21...b4 geben die Kontrolle über das Feld c4 preis. Dies macht den schwarzen Bauern d6 verwundbar für Angriffe, sobald Weiß einen Springer nach c4 bekommt (wohin der Springer d1 via e3 eine natürliche Route hat).
2. 21...♖b8 gibt die a-Linie preis.
3. 21...♖ea7 gibt einen Bauern für Gegenspiel.

Nach meinem Dafürhalten sollte zunächst das aktive 21...bxa4 geprüft werden, anschließend gefolgt von 21...♖b8. 21...b4 wirkt in positioneller Hinsicht sehr riskant: Schwarz gibt alle ernsthaften Hoffnungen auf aktives Gegenspiel am Damenflügel auf, in der Erwartung/Hoffnung, dass Weiß nicht in der Lage ist, mit f3-f4 etwas zu erreichen.

21.a4 (21.♘e3 droht 22.f4 und behält die Idee a2-a4 in der Hinterhand: 21...♖b8 22.f4 ♘d7 23.♗xh5 gxh5 24.♘ef5 war eine verblüffende, von meiner Engine vorgeschlagene Idee! Für die Figur gewinnt Weiß einige Bauern und verbleibt mit einem starken Zentrum. Einen Versuch wert!), und nun:

A) 21...♖ea7 gibt den b-Bauern für etwas Freiraum auf den offenen a- und b-Linien: 22.axb5 axb5 23.♖xa7 ♖xa7 24.♗xb5 ♗a6 (24...♘f6 25.♘c3 ♗d7 26.♗e2) 25.♗xa6 ♖xa6 26.♘e3. Schwarz hat etwas Spiel, doch Weiß behauptet seinen Mehrbauern. Meine Engines halten die schwarze Kompensation für minimal;

B) 21...♖b8 22.axb5 axb5 23.♘e3. Je länger ich mir das ansah, desto angenehmer erschien es mir für Weiß. Weiß hat verschiedene Wege, den Druck auf die Stellung von Schwarz zu erhöhen und seine eigene zu konsolidieren (Verdopplung der Türme auf der a-Linie, ♔f2), während die Drohung f3-f4 ständig in der Luft liegt. 23...♘f6 (23...f5 24.exf5 – Weiß sollte keine Angst vor Gespenstern haben: Schwarz hat hier keinen guten Abzug) 24.b3 ♘e8 25.♖a5 ♖eb7 26.♖fa1 lautet die Hauptvariante meiner Engine, und etwa so habe ich das mir auch vorgestellt. Der Springer g3 kann auch noch später umgruppiert werden;

C) 21...bxa4 22.♘e3 (ein präziser Zug, der sicherstellt, dass Weiß den Bauern b2 auf der halboffenen b-Linie so aktiv wie möglich verteidigt. 22.♖xa4 ♖b8 wirkt schwächer, da Weiß ein wenig darum kämpfen müssen wird, den Springer d1 zu aktivieren) 22...♗d7 (22...♘f6 23.♖xa4 ♖b8 24.♗xa6, und auch d6 ist schwach!; 22...♖b8 23.f4 ♘g4 24.♘c4) 23.f4 ♘g4 24.♘c4 ♗b5 25.♘xd6 ♗xe2 26.♘xe2 ♘e3 27.♖f3

♘xd5 28.♖xa4 mit leichtem weißen Vorteil gemäß meiner Engine.

19.♘f2

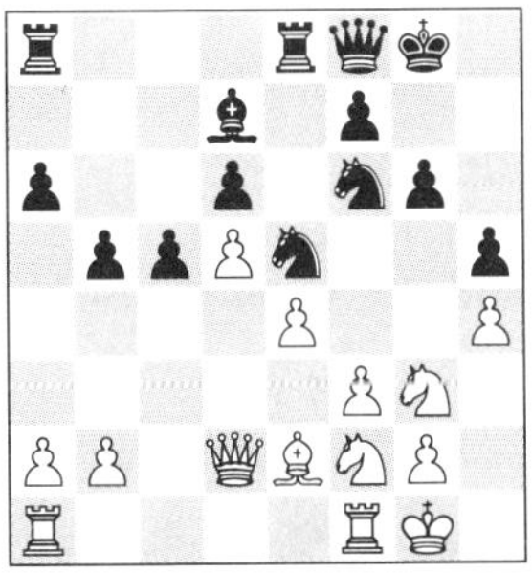

19...b4

Dieser Zug gefällt mir überhaupt nicht: Schwarz stellt seinen Läufer just zu dem Zeitpunkt auf den Damenflügel, als AlphaZero sich zum Vormarsch am Königsflügel bereitmacht. Auch das auf diese Weise geschaffene Loch auf c4 gefällt mir nicht.

19...♕e7 wirkt für mich sehr logisch. Schwarz nimmt den schwächsten Punkt im weißen Lager, den Bauern h4, aufs Korn, und behält die Kontrolle über das Feld g4 (um f3-f4 mit ...♘eg4 zu beantworten). Da der weiße Springer nach dem schwarzen Entwicklungszug ...♗d7 nach f2 gezogen ist, sollte der Damentausch nach ...♕e7, ♕g5 komfortabler für Schwarz als in der zuvor von uns untersuchten Variante sein. Indes ... 20.f4 ♘eg4 21.e5 sieht für mich sehr gefährlich aus, und war, wie ich später herausfand, auch die Absicht von AlphaZero!

A) 21...dxe5 22.d6 ♕f8 (22...♕e6 23.♘xg4 ♘xg4 24.f5) 23.♘xg4 ♘xg4 24.♗xg4 ♗xg4 25.♘e4 ist recht gefährlich für Schwarz;

B) 21...♘xf2 22.♖xf2 (22.exf6 ♘e4 – eine typische Engine-Ressource – 23.fxe7 ♘xd2 24.♖fd1 ♘c4 25.♗xc4 bxc4 26.♘e4 ♖xe7 27.♘xd6 ♖d8 28.♘xc4 ♖e4 ist ausgeglichen) 22...♘h7 ist äußerst scharf: Das weiße Zentrum ist eindrucksvoll, doch h4 wird fallen. 23.e6 (AlphaZero erwägt auch 23.♖af1, doch dies ist die Hauptvariante) 23...fxe6 24.dxe6 ♗xe6 25.f5 ♕xh4 (25...♗xf5 26.♘xf5 gxf5 27.♗xh5 ♖f8 28.♖f4 sieht aussichtsreich für Weiß aus, da Schwarz die Schwäche f5 wahrscheinlich nicht halten kann) 26.fxg6 ♕xg3 (26...♘g5 war die Variante, die ich betrachtet hatte: 27.♕xd6 ♖ad8 28.♕c7 ♖d7 29.♕f4 sieht gut für Weiß aus) 27.gxh7+ ♔h8. Ich hätte gedacht, dass dies gut für Schwarz sei, der seinen König hinter dem weißen Bauern h7 versteckt. AlphaZero gibt sich an dieser Stelle eine Gewinnerwartung von 59,3% und setzt die Analyse ein wenig weiter fort: 28.♗xh5 ♖f8 29.♖af1 ♖xf2 30.♖xf2 ♕e5 31.♖e2 ♕xh5 32.♖xe6 ♖e8 33.♕c3+ ♔xh7 34.♖xd6. Das ist wegen seines offenen Königs ein wenig unbequem für Schwarz, doch er sollte sich halten können.

20.♖fe1 ♗b5 21.f4 ♘ed7 22.♗f3 ♕h6 23.♖ad1 ♖ab8 24.♘h3

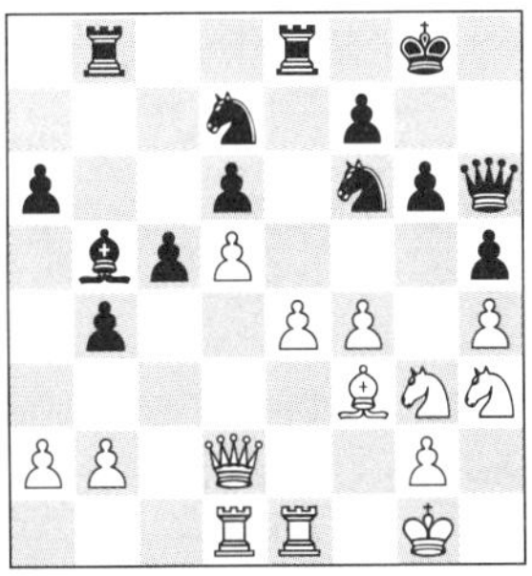

Ein typisches langwieriges Springermanöver von AlphaZero, das seinen Springer von dem stark gestützten Feld g5 aus in Kontakt mit dem schwarzen Königsflügel bringt. Im Gegensatz dazu ist Schwarz mit seinem auf b5 feststeckenden Läufer außerstande, die weiße Königsflügelschwäche g4 auszunutzen.

24...a5 25.♘g5

Einmal mehr ist Stockfishs Dame in einer extrem passiven Stellung gelandet, am Rande des Bretts auf den durch die Bauern auf f4 und h4 bestens verankerten weißen Springer starrend. Die schwarze Dame hat lediglich fünf legale Züge zur Verfügung (wovon zwei sie einstehen lassen würden).

25...a4

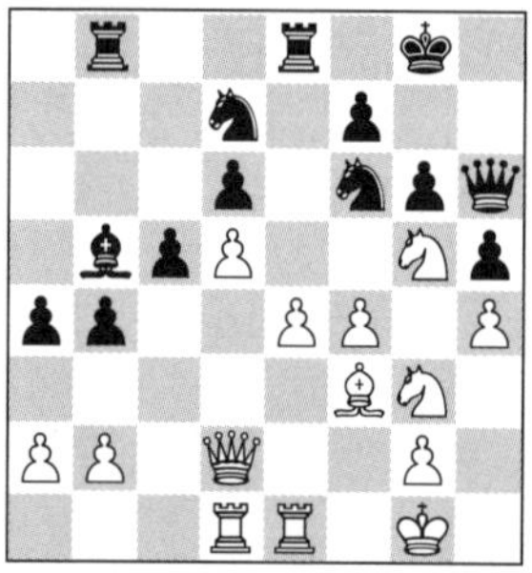

Die Partie wird nun mehr oder weniger durch einen für solche Strukturen typischen Durchbruch entschieden.

26.e5 dxe5

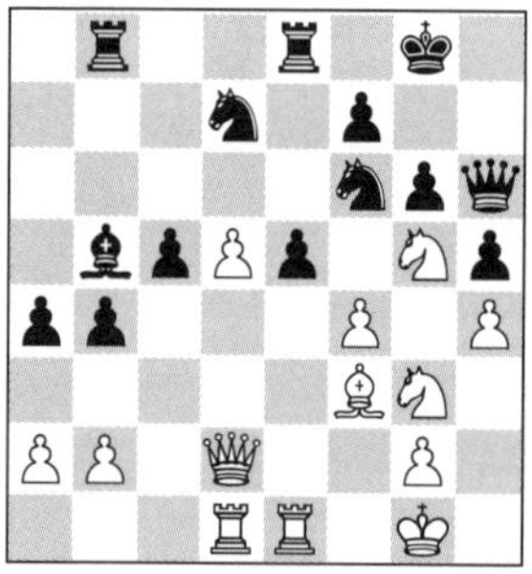

27.f5

Auf Kosten eines Bauern hat Weiß seinem Bauern d5 den Weg freigemacht und sich das wundervolle Feld e4 für seine Springer gesichert. Der schwarze Königsflügel kommt durch den Bauern f5 unter Druck, während der schwarze Bauer c5 ohne die Unterstützung des Bauern d6 anfällig wird. Oft genug habe ich selbst in dieser Variante einen analogen Durchbruch gespielt, und regelmäßig hat er sich als entscheidend erwiesen.

27...♗c4 28.d6 ♗xa2 29.♗c6 ♗b3 30.♖a1 ♖f8 31.♗xa4 ♗xa4 32.♖xa4 ♖be8 33.♖a7

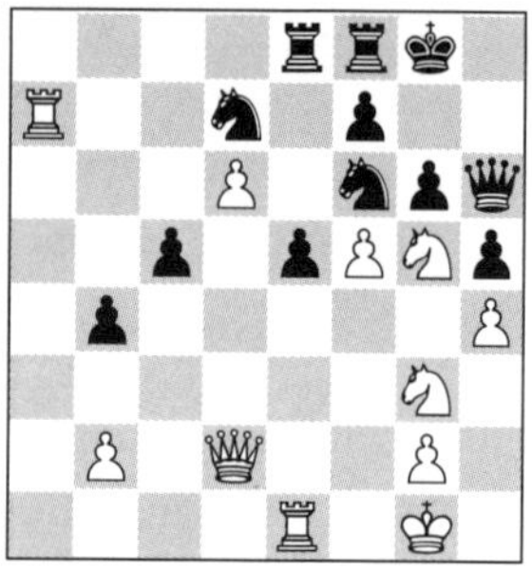

Schwarz kämpft weiterhin, doch alle Figuren von Weiß sind ihren Gegenspielern überlegen. Stockfish wirft seinen Mehrbauern über Bord, um etwas Spiel zu bekommen.

33...e4 34.♖c7 ♖e5 35.♘3xe4 ♘xe4 36.♖xe4 ♖xe4 37.♘xe4 ♕xd2

Der erste Damenzug in 15 Zügen!

38.♘xd2 ♖d8 39.fxg6 fxg6 40.♘e4 ♔f8 41.♔f1

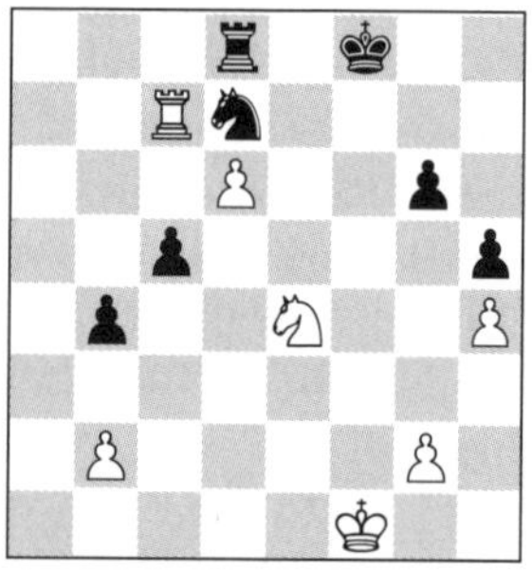

Das Endspiel ist sehr schwierig für Schwarz. AlphaZero macht bei der Verwertung seines Vorteils keinen Fehler.

41...b3 42.♔e2 ♖e8 43.♔d3 ♘e5+ 44.♔e3 ♘f7 45.d7 ♖e6 46.♖xc5 ♔e7

47.♖d5 ♖a6 48.♘c5 ♖a1 49.♖d2 ♖c1 50.♔d4 ♔d6 51.♘xb3 ♖c6 52.♘a5 ♖c1 53.♖f2 ♘d8 54.♘c4+ ♔xd7 55.♘e5+ ♔e6 56.♘xg6 ♘c6+ 57.♔e3 ♖e1+ 58.♔d3 ♖d1+ 59.♔e2 ♖h1 60.g3 ♖g1 61.♘f4+ ♔e7 62.♘xh5 ♘e5 63.♔d2 ♖a1 64.♔c3 ♔d6 65.♘f4 ♖c1+ 66.♖c2 ♖g1 67.♖g2 ♖c1+ 68.♔b3 ♖c8 69.♖d2+ ♔e7 70.♖d5 ♔f6 71.♔a2 ♖g8 72.♘e2 ♔e6 73.♖d4 ♖a8+ 74.♔b1 ♘c6 75.♖c4 ♔d6 76.♖e4 ♖c8 77.h5 ♖g8 78.♖h4 ♔e7 79.h6 ♔f7 80.h7 ♖h8 81.♔c2 ♘e7 82.♔d3 ♘g6 83.♖h6 ♔g7 84.♖h5 ♘f8 85.b4 ♘xh7 86.♘f4 ♖e8 87.♖f5 ♘f8 88.♔d4 ♖e1 89.b5 ♘d7 90.♔d5 1:0

Nun zum Rückkampf. Wird Stockfish mit vertauschten Farben ebenfalls die schwarzfeldrigen Läufer abzutauschen suchen? Und wird AlphaZero einen Damenflügelplan mit …b7-b5 versuchen?

Partie: „Sämisch, aber diesmal anders“

Als Schwarzer in derselben Eröffnung initiiert AlphaZero mit seinem Randbauern umgehend Aktionen am Königsflügel. Es legt der Aktivität von Weiß Schranken auf, indem es den Königsspringer zurück nach h1 treibt (12…h4) und dann umgehend mit 13…h3 den weißen König einengt. Die weiße Stellung bleibt solide, also beginnt AlphaZero ein Spiel auf dem anderen Flügel, wo es den weißen Damenspringer nach b1 zurücktreibt (17…b4). In diesem kritischen Augenblick opfert AlphaZero eine Figur, um dem weißen e-Bauern die Stütze wegzuschlagen und so das weiße Zentrum in die Luft zu jagen. AlphaZero erhält für die Figur nur einen Bauern, doch eine Vielzahl an weiteren Faktoren trägt zur Kompensation bei. Der wichtigste darunter ist die eingeengte Stellung des weißen Königs, der sowohl entlang der Diagonale a8-h1 wie auch auf der Grundreihe verwundbar ist. Trotz des Abtauschs vieler Figuren behindert dieser Umstand Weiß auch weiterhin, bis Stockfish die Gelegenheit ergreift, ein Dauerschach zu erzwingen.

Themen der Partie:

1. Einsatz eines Randbauern zur Schwächung der gegnerischen Königsstellung [12…h4]
2. Materialopfer zur Reduzierung der gegnerischen Aktivität [18…♘eg4]
3. Materialopfer zwecks Öffnung von Linien gegen den gegnerischen König [18…♘eg4]
4. Passive Figuren des Gegners
5. Sichererer König

Stockfish 8
AlphaZero
London 2017

1.d4 ♘f6 2.c4 g6 3.♘c3 ♗g7 4.e4 d6 5.f3 0-0 6.♗e3 c5 7.♘ge2 ♘c6 8.d5 ♘e5 9.♘g3 e6 10.♗e2 exd5 11.cxd5

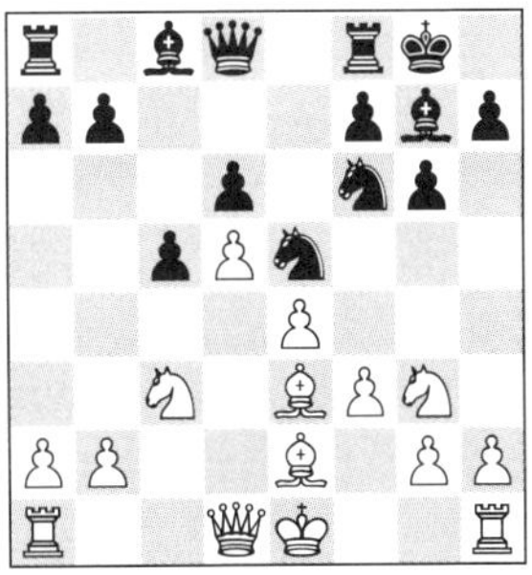

Da wären wir wieder, dieses Mal mit AlphaZero als Schwarzem am Zug. Während Stockfish sich dafür entschied, sich zunächst am Damenflügel auszudehnen, wählt AlphaZero – vielleicht nicht ganz überraschend – den Vorstoß am Königsflügel, wirft den weißen Springer von g3 zurück und unterminiert damit die weiße Unterstützung für den Vorstoß f3-f4. Weiß ist allerdings hierauf vorbereitet.

11...h5 12.0-0 h4 13.♘h1

Stockfishs Springer beabsichtigt, auf f2 wiederaufzutauchen, von wo aus er den Bauern e4 stützt. Von f2 aus kontrolliert der Springer das Feld g4 und verhindert ...♘eg4 in Antwort auf f3-f4. Schwarz hat seine Kontrolle über das Feld g4 durch das Vorrücken seines Bauern von h5 nach h4 geschwächt. Anders ausgedrückt, AlphaZero kann es sich nicht leisten, passiv zu bleiben. Solche Stellungen verlangen nach maximaler Aktivität, anderenfalls wird Weiß einfach ♘f2 und f3-f4 spielen und Schwarz mit seinem Bauernzentrum ersticken.

13...h3

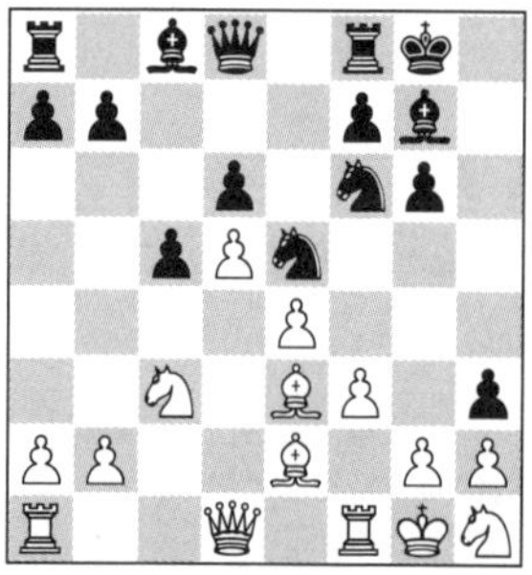

Ein für AlphaZero sehr natürlicher Vorstoß, vergleichbar mit seinem bevorzugten h4-h5-h6, das wir im Kapitel „Der Marsch des Randbauern" analysiert haben. Dieselben Erwägungen treffen auch hier zu: nach 13...h3 14.g3 sind die hellen Felder am weißen Königsflügel geschwächt sowie der König von Weiß in seiner Bewegungsfreiheit eingeschränkt. Weiß wird jedoch den Springer nach f2 bringen, womit er entweder g3-g4 droht, was die Deckung des Bauern h3 abschneidet und so diesen vorgepreschten Soldaten zu schlagen droht, oder f3-f4, was den Springer von e5 vertreibt.

AlphaZero muss noch weitere Aktivität in die Waagschale werfen, um Weiß von der Verfolgung seines Plans abzuhalten, und so wendet Schwarz seine Aufmerksamkeit nun aktiven Möglichkeiten am Damenflügel zu.

14.g3 ♗d7

Ein neuer Zug von AlphaZero, der nach direktem Gegenspiel mit ...b7-b5 strebt.

15.♖c1

15.♘f2 b5 16.f4 (16.♘xb5 ♘xf3+; 16.♗xb5 ♗xb5 17.♘xb5 ♖b8 18.♘xa7 ♖xb2 mit ganz vernünftiger Kompensation für Schwarz: 19.♘c6 ♘xc6 20.dxc6 ♕c7 21.♘xh3 ♕xc6 gibt dem Nachziehenden reichlich Spiel für den Bauern) 16...♘c4 17.♗xc4 bxc4 ist ein für diese Variante typisches Szenario. Die weiße Stellung fühlt sich in Abwesenheit des weißfeldrigen Läufers recht löchrig an, wodurch ein Durchbruch wie e4-e5 seinen Schrecken für Schwarz einbüßt.

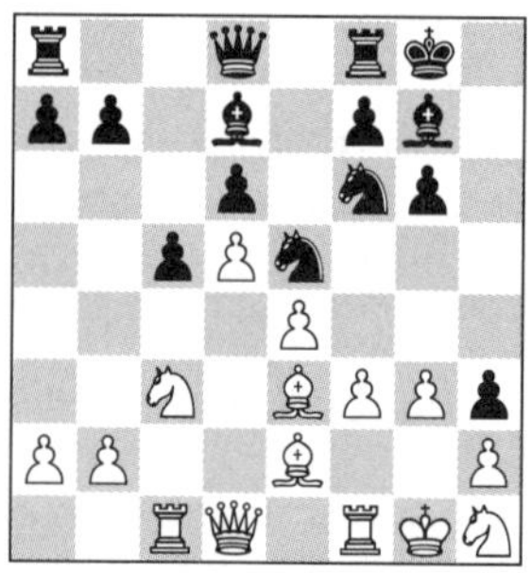

Stockfish wählt einen zurückhaltenderen Ansatz und erlaubt Schwarz, mit ...b7-b5 am Damenflügel vorzupreschen, genau wie AlphaZero es in seiner Weißpartie tat. Der Zug

15.♖c1 plant, ein künftiges ...b5-b4 mit ♘b1 zu beantworten, wobei sichergestellt wäre, dass der Turm nicht durch den Springerrückzug auf a1 eingesperrt wird. Weiß wird anschließend danach trachten, das auf c4 entstandene Loch durch ♘d2 auszunutzen.

15...b5 16.♘f2 ♖e8 17.♔h1

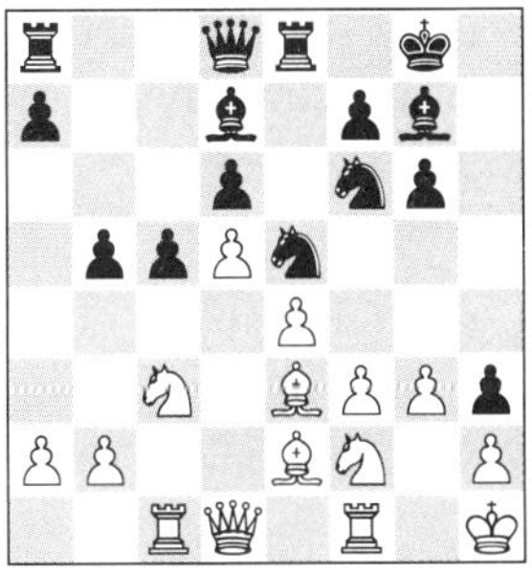

17...b4

Die Ouvertüre zu einem verblüffenden taktischen Einfall.

18.♘b1

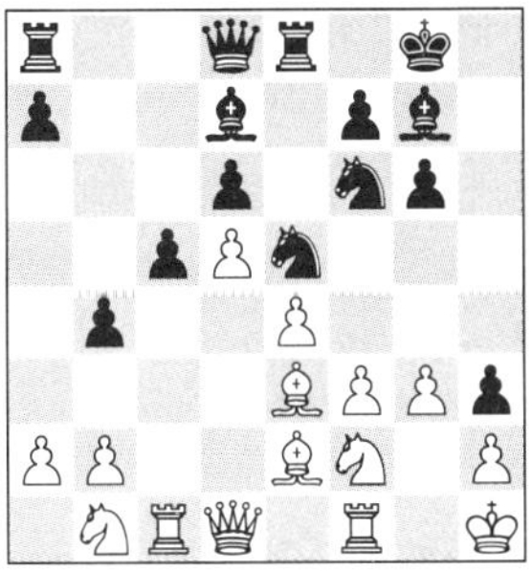

18...♘eg4

Eine erstaunliche Idee, die von meinen Engines ursprünglich mit etwa einer Bauerneinheit plus für Weiß eingeschätzt wird, während AlphaZero sich zu diesem Zeitpunkt eine Gewinnerwartung von 52,2% gibt – nicht schlecht für eine Schwarzpartie!

19.fxg4

Es gibt keinen überzeugenden Weg, das Figurenopfer abzulehnen. Zum Beispiel: 19.♗g5 ♘xf2+ 20.♖xf2 ♘xe4.

19...♘xe4 20.♘xe4 ♖xe4

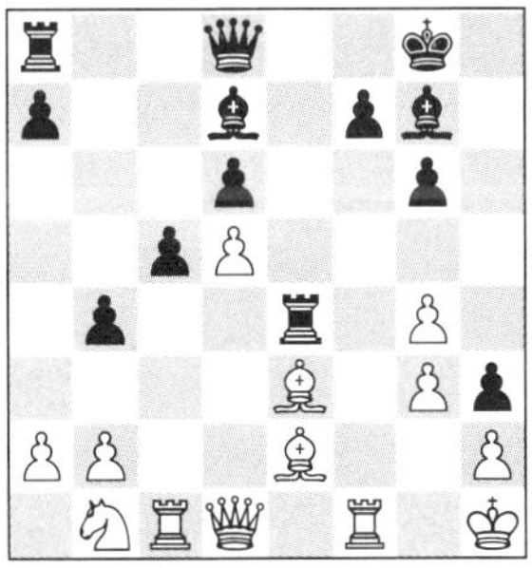

21.♗f4

Was ist nun das Ergebnis von 18...♘eg4 ? Schwarz hat die e-Linie geöffnet, und die Diagonale h8-a1 wurde für seinen schwarzfeldrigen Läufer geräumt. Schwarz hat Bauernschwächen in der weißen Stellung hervorgerufen: der isolierte Bauer d5 und der verdoppelte g-Bauer. Mit ...♗xb2 im 22. Zug erhält Schwarz einen zweiten Bauern für seine Figur, wobei er den a-Bauern isoliert und seinen eigenen c-Bauern zum Freibauern befördert hat. Eine Schlüsselkomponente der Kompensation wurde jedoch noch nicht genannt: der Bauer h3 in Verbindung mit der Öffnung des Zentrums bringt es mit sich, dass der weiße König auf zwei Wegen zum Angriffsziel wird:

1. Entlang der Diagonale a8-h1.
2. Entlang der Grundreihe (mit einer Invasion über die e-Linie).

Dies scheint ausreichend für Schwarz, um trotz des Figurendefizits die Balance zu halten. Tatsächlich muss sogar Weiß etliche Fallstricke umgehen!

21...♕e7 22.♗f3

A) 22.♖c2 sieht vernünftig aus, verteidigt e2 sowie den wackeligen Bauern b2, verliert aber! 22...♖e8 gewinnt glatt für Schwarz: 23.♗d3 ♖e1 24.♕f3 ♗xg4 25.♕xg4 ♕e4+. Diese Variante veranschaulicht plastisch die beiden Stränge der Kompensation durch den schwarzen Bauern h3: die Schwäche der Grundreihe sowie der Diagonale a8-h1!

B) 22.♗d3 ♗xb2 23.♖c2 ♗a4. Wenn ich meine Engines nur eine Minute laufen lasse, springen die Bewertungen wie wild Hin und Her. Doch nach einigen sechsstündigen Sitzungen zur Analyse dieser und verwandter Stellungen kamen meine Engines einträchtig zu dem Schluss, dass Schwarz mit zwei Bauern, einer Menge schwacher gegnerischer Bauern als Angriffsobjekte, reichlich Aktivität und einem schwachen weißen König absolut wohlauf ist. Jeder von mir unternommene Versuch, selbst Material zu opfern und dem schwarzen König beizukommen, endete mit Remis! 24.♘d2 ♖d4 25.♕f3 ♗c3 26.♖cc1 ♖e8 war eine derartige Variante. Nach 27.♗xd6 ♕xd6 28.♕xf7+ ♔h8 29.♗xg6 hat Schwarz 29...♕xd5+ 30.♕xd5 ♖xd5 31.♗xe8 ♗xe8 32.♖f8+ ♔g7 33.♖xe8 ♖xd2 (der weiße König ist nach wie vor das Problem!) 34.♖e7+ ♔g6 35.♖xa7 ♗d4 36.♖f1 c4 37.♖a6+ ♔g7 38.♖d6 c3 39.♖d7+ ♔h6 40.♖d6+ mit Remis durch Zugwiederholung.

22...♗xb2

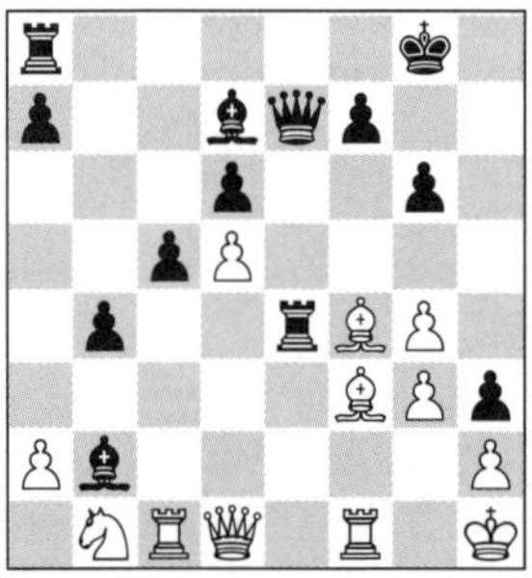

23.♗xd6

A) 23.♘d2 war meine bevorzugte Idee:

A1) Bei 23...♗xc1 gewinnt 24.♗xd6 auf der Stelle: 24...♕xd6 25.♘xe4 ♕e5 26.♕xc1;

A2) 23...♖xf4 24.gxf4 ♗xc1 25.♕xc1 ♖e8, und es ist schwierig für Weiß, den Gegner von seinem Territorium fernzuhalten.

B) 23.♕c2 ♗xc1 24.♗xe4 ♗xf4 25.♖xf4 ♖e8 26.♘d2 ♕e5 ist angesichts des Pfahles im Fleisch gleichsam unangenehm für Weiß: der Bauer auf h3.

23...♕xd6 24.♗xe4 ♗xc1 25.♕xc1 ♗b5

Ich war verblüfft, dass diese Stellung gut für Schwarz sein sollte: Hat Schwarz nicht einfach eine Figur weniger? Derweil Stockfish sich zu konsolidieren versucht, wird er die Probleme mit seinem König aber auch weiterhin nicht los.

26.♖e1

26.♕f4 ♕xf4 27.♖xf4 ♖e8 28.♘d2 c4 29.g5 a5 oder 29...c3 30.♘b3 a5 wirkte sehr gruselig, da der weiße Turm auf f4 und der weiße Läufer e4 sehr heikel stehen.

26...♖e8 27.♘d2

27.♗f3 ♖xe1+ 28.♕xe1 ♗c4 29.♘d2 ♗xd5 30.♘e4 ♕e6 ist wiederum heikel. Schwarz beginnt nun, eine schöne Anzahl von (Frei-)Bauern für die Figur einzusammeln: 31.g5 a5 32.♔g1 (32.♘f6+ ♔g7) 32...a4, und nun gewinnt 33.♘f6+ ♔g7 nach 34.♕xe6 ♗xe6 für Schwarz. Es gibt keine Möglichkeit, die Damenflügelbauern aufzuhalten.

27...c4 28.♘f3

28.♘xc4 ♕c5 29.♘d2 ♕f2.

28...c3

Der weiße Läufer ist auf e4 festgewurzelt, um den Bauern d5 zu decken, was wiederum den Turm von Weiß an e1 bindet, um den Läufer zu decken. In der Zwischenzeit nähern sich die schwarzen Damenflügelbauern ganz allmählich dem Umwandlungsfeld. Stockfish fasst den Entschluss, dass nun zur Abwechslung der schwarze König dran ist!

29.♕f4 ♕c5 30.♘e5

30.♘g5 ♕xd5.

30...♖e7

30...♖xe5 31.♕xe5 ♕f2 wäre ein sofortiges Remis: 32.♕b8+ (32.♖a1 ♗f1 33.♕e8+ ♔h7 (33...♔g7 34.♕e5+ ♔g8) 34.♗xg6+ fxg6 35.♕e7+ ist ein Remis durch Zugwiederholung) 32...♔h7 33.♗xg6+ (33.♖g1 ♗d3 34.♕xb4 ♕e2 mit Gewinn) 33...♔g7 34.♕e5+ ♔xg6 35.♕e4+ ♔g7, und das Unentschieden ist ein gerechtes Ergebnis! 36.♕e5+ ♔g6 37.♕e4+.

31.♕f6 c2

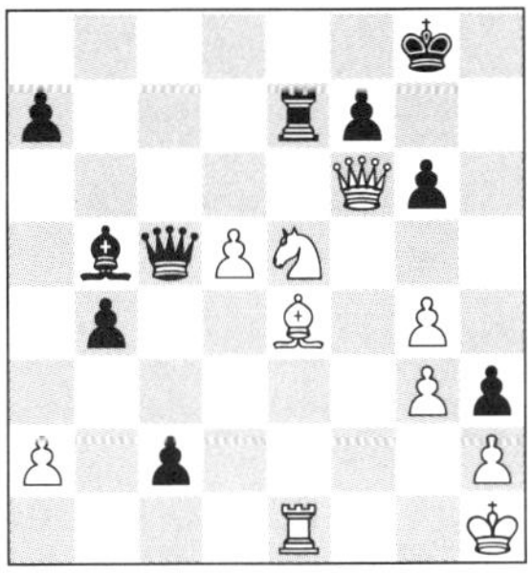

Beide Engines haben berechnet, dass ein Remis ausgemachte Sache ist. Sie tun aber ihr Bestes, um die Zuschauermassen zu unterhalten!

32.♘xg6 fxg6 33.♕xg6+ ♔f8 34.♕f6+ ♔g8 35.d6 c1♕

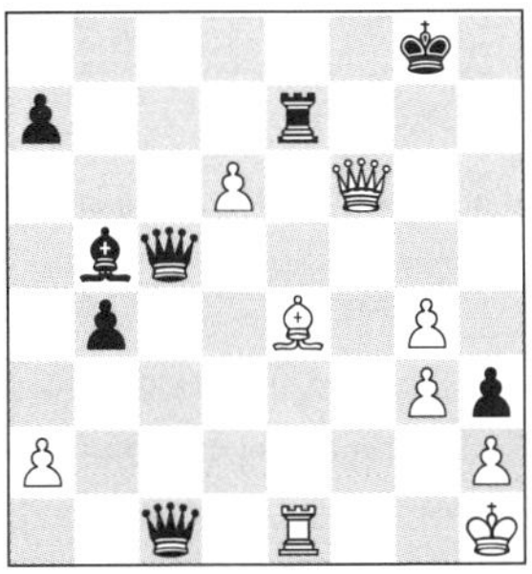

36.♗h7+ ♖xh7 37.♕d8+ ♔f7 38.♕e7+ ♔g6 39.♕e6+ ♔g5 40.♕g8+ ♔h6 41.♕e6+ ♔g7 42.♕e7+ ♔g6 43.♕e6+ ♔g5 44.♕g8+ ♔h6 45.♕e6+ ♔g7 46.♕e7+ ♔g8 47.♕d8+

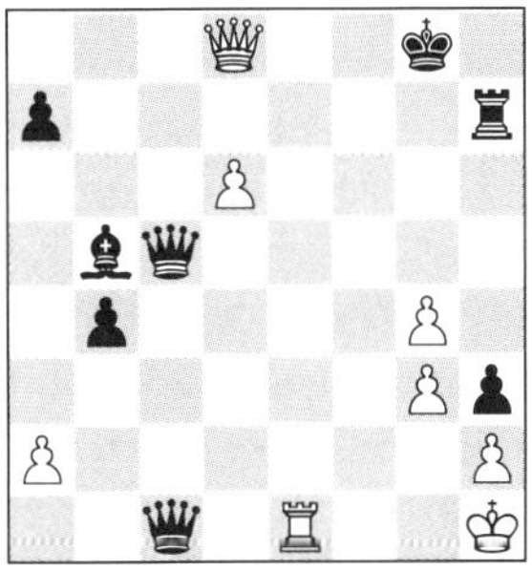

47...♗e8 48.♕xe8+ ♔g7 49.♕e7+ ♔g6 50.♕e6+ ♔g5 51.♕g8+ ♔h6 52.♕e6+ ♔g5 53.♕g8+ ♔h6 54.♕e6+ ♔g7 55.♕d7+ ♔g6 56.♕e6+ ♔g7 57.♕e7+ ♔g8 58.♕d8+ ♔g7 59.♕d7+ ♔g6 60.♕e6+ ½:½

HISTORISCHES GEGENSTÜCK

Kasparows Königsinder

Es erscheint angemessen, dieses Kapitel mit einer Partie des großen Königsindisch-Virtuosen Garri Kasparow abzuschließen. Als Weltmeister von 1985 bis 2000 ist Kasparow das Synonym für Königsindisch: er hat mit dieser Verteidigung viele brillante Siege eingefahren und sie auch auf der Ebene von WM-Kämpfen hochgehalten.

Ich habe einen persönlichen Bezug zu dieser Partie, da ich den französischen Großmeister Joel Lautier während dieses Turniers sekundierte. Joel war über viele Jahre der französische Spitzenspieler, ein sehr guter Rechner und regelmäßiger Gast auf den Eliteturnieren, wo er viele schöne Siege einfuhr. Ich arbeitete erstmals 1993 mit ihm zusammen, kurz vor seinem Kandidatenmatch zur Weltmeisterschaft gegen Jan Timman. Auch wenn das Ergebnis nicht exakt das war, auf was wir gehofft hatten – Joel verlor knapp mit 4½:3½, wobei er in der letzten Partie ein kompliziertes Endspiel hätte gewinnen müssen, um das Match in die Verlängerung zu bringen –, teilten wir dieselbe Arbeitsauffassung und arbeiteten einige Jahre lang erfolgreich zusammen.

Joel griff den Sämisch-Angriff gegen die Königsindische Verteidigung zu Beginn unserer Zusammenarbeit auf und hatte damit viele große Duelle mit Kasparow. Joel hatte eine starke Bilanz gegen Kasparow, und eine Partie mit Garri war stets der Höhepunkt eines jeden Turniers. Es ergab sich, dass sich Joels Hotelzimmer direkt neben dem von Kasparows Sekundanten Juri Dochojan befand. Joel war ein harter Zuchtmeister, und oft arbeiteten wir zusammen bis zwei oder drei Uhr morgens. Wenn wir in den frühen Morgenstunden dann aufhörten, hörten wir Stimmen sowie das laute Geräusch, wenn Figuren auf das Brett geknallt werden. Anscheinend konnten auch wir es nicht mit Kasparows Arbeitseinstellung während eines Turniers aufnehmen! Unglücklicherweise habe ich von dieser Partie nicht viel mitgekriegt, da ich mir ein wenig Schlaf gönnte, nachdem ich die ganze Nacht über an der Vorbereitung von Varianten gearbeitet hatte (man denke daran, damals noch ohne Computer!). Und natürlich, Garris Vorbereitung war tiefer, und er hatte uns erwischt!

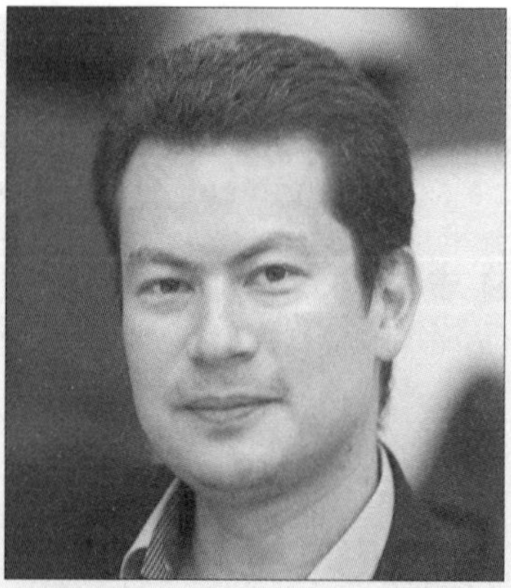

Der frühere französische Topspieler Joel Lautier hat stets sehr hart an seinen Eröffnungen gearbeitet, doch auch er wurde von Garri Kasparow überrascht.

Joel Lautier 2630
Garri Kasparow 2775
Amsterdam 1996 (8)

1.d4 ♘f6 2.c4 g6 3.♘c3 ♗g7 4.e4 d6 5.f3 0-0 6.♗g5

Über viele Jahre hinweg mein Lieblingszug, und Joel nahm ihn mit großem Erfolg auf.

6...c5 7.d5 a6 8.a4 h6 9.♗e3 e6 10.♕d2 exd5 11.cxd5 ♖e8

Wir haben dieselbe Struktur wie in den Partien zwischen AlphaZero und Stockfish erreicht. Weiß steht vor der Herausforderung, sowohl den Springer g1 wie auch den Läufer auf f1 wirksam zu entwickeln, da beide gern auf das Feld e2 ziehen würden! Wie wir in der Partie Stockfish-AlphaZero gesehen haben, ist das offensichtliche ♘g1-e2-g3 anfällig gegen störendes ...h5-h4, so dass die Weißspieler sich allerlei alternative Entwicklungsschemata haben einfallen lassen. Die in unserer Partie verwirklichte Idee ist langsam, was jedoch dank der soliden

Zentrumsstruktur von Weiß mit dem Bauern auf f3, der e4 stützt, möglich ist. Solange Schwarz keine Figur opfert – wie AlphaZero es getan hat –, kann das weiße Bauernzentrum die schwarzen Figuren doch eine ganze Weile fernhalten – hoffentlich so lange, bis Weiß seine Entwicklung vollendet hat und zum Vormarsch seiner Zentrumsbauern mit f3-f4 und e4-e5 bereitsteht.

12.♘ge2 ♘bd7 13.♘d1

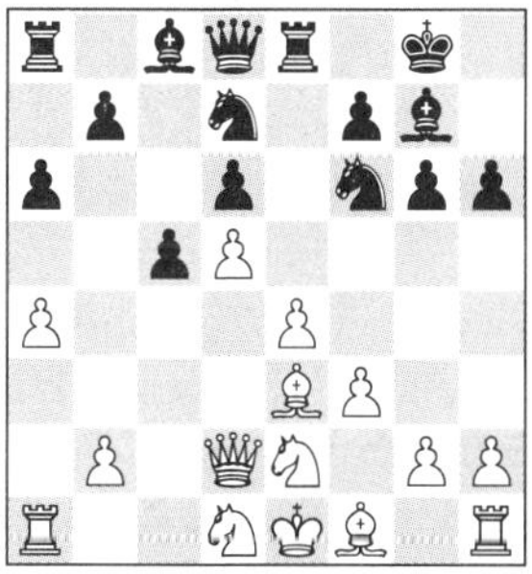

Was für eine herrliche Idee! Der Springer c3 wird nach f2 gebracht und c3 für den Königsspringer geräumt! Die Bilanz dieses Manövers wird perfekt sein!

13...♘e5 14.♘ec3

Ich erinnere mich, dass wir viel Zeit mit der Analyse von Systemen verbracht hatten, in denen Schwarz ...g6-g5 spielt (wie Kasparow es später gegen den russischen Großmeister Dreew tat), doch Kasparows Einfall kam völlig unerwartet für uns.

14...♘h5 15.♗xh6

Joel trifft die prinzipiellste Entscheidung und fordert Kasparow auf, seine Kompensation für den geopferten Bauern nachzuweisen.

15...♕h4+ 16.♘f2 ♗xh6 17.♕xh6 f5

Die Stellung von Weiß ist immer noch solide, doch nach Kasparows scharfen Spiel darf er nicht zu lange untätig bleiben.

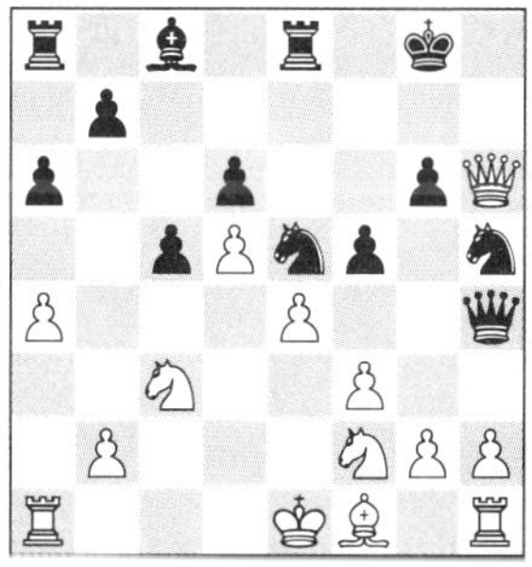

Die weiße Dame wirkt auf h6 gefährlich, doch auf sich allein gestellt kann sie nichts ausrichten. Der schwarze Springer auf e5 spielt eine glänzende Rolle, indem er g6 verteidigt und im weißen Lager die Felder f3 und d3 anvisiert. Derweil ist der weiße Springer auf f2 von der Dame h4 gefesselt, was den weißen König auf e1 festhält. Dies ist ein wenig beängstigend, da das schwarze 17...f5 die Einleitung zur Öffnung des Zentrums ist. Das ist in dieser Variante nicht sehr gebräuchlich, doch angesichts dessen, dass der schwarze Königsläufer – der normalerweise messerscharf die Diagonale h8-a1 kontrolliert und den Bauern b2 angreift – abgetauscht wurde sowie der luftigen schwarzen Königsstellung kann es um den weißen König auch nicht schlechter bestellt sein als um den schwarzen!

18.♕d2 ♖b8

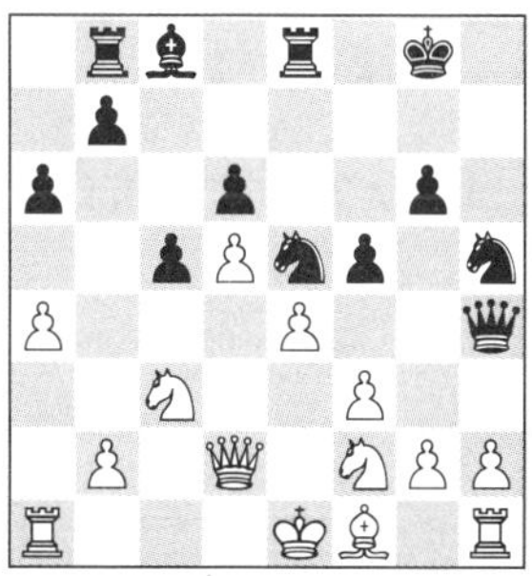

Kasparow zeigt seine Absicht, mit ...b7-b5 Linien am Damenflügel zu öffnen, sollte Weiß dorthin rochieren.

19.♗e2

Weiß deutet die kurze Rochade an. Dieser Zug deckt f3 und bereitet g2-g3 vor, was die schwarze Dame von h4 vertreibt. Kasparow verhindert dies.

19...f4

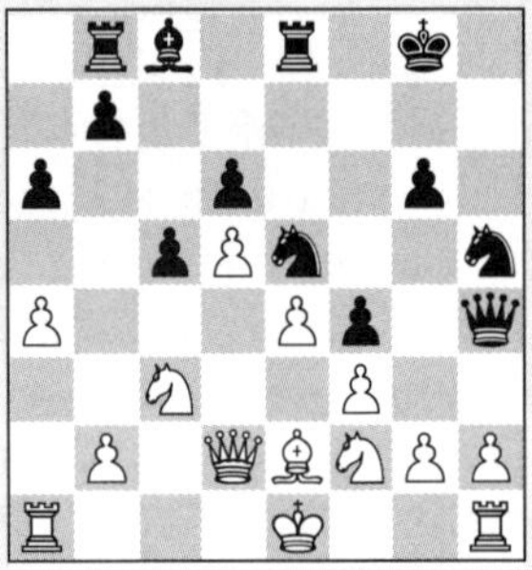

Es sieht so aus, als ob der letzte Zug von Weiß ein Fehler war: der Springer f2 ist nun ungedeckt, da der Läufer auf e2 den von der Dame gewährten Schutz verstellt. Joel hat indes eine Idee, wie man den Kampf noch weiter verschärfen und Feuer mit Feuer bekämpfen kann: der einzige Weg, um gegen Kasparow zu bestehen, und ein Stil, der Joel in der Natur liegt!

20.g3 fxg3 21.hxg3 ♕xg3 22.0-0-0

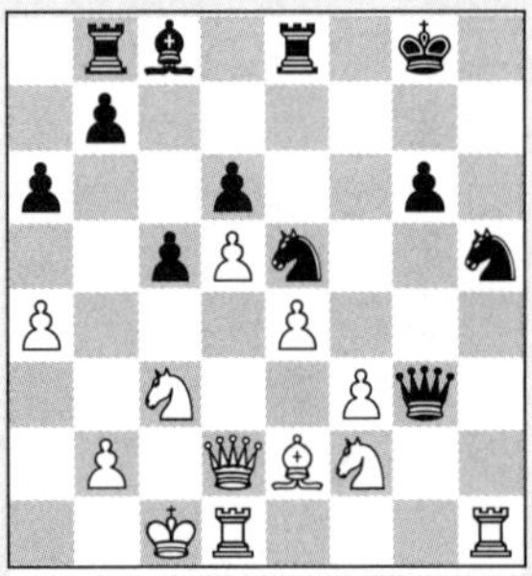

22...♕xf2 23.♕g5

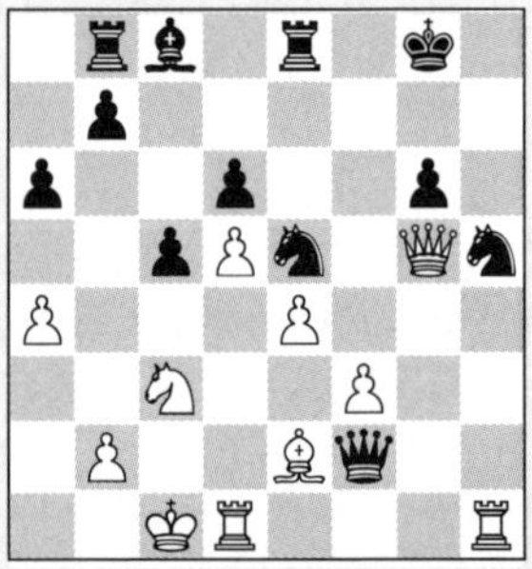

Ein großartiges Figurenopfer, nach dem Schwarz sehr achtsam sein muss. Der weiße König ist nun in Sicherheit, und es droht 24.♖xh5 mit Rückgewinn der Figur bei massivem Angriff.

23...♘g7 würde mit 24.f4 beantwortet. Kasparow betreibt daher Schadensbegrenzung und strebt auf eine Variante zu, die Remis durch Zugwiederholung erlaubt.

23...♗g4 24.♖df1

24.fxg4 ♕f4+ ist gut für Schwarz.

24...♕d4

Auf 24...♕g3 gewinnt 25.♖xh5.

25.♖d1

25.fxg4 ♘g3 26.♕h6 ♘xh1 27.♖xh1 ♘f7 28.♕xg6+ ♕g7 hält für Schwarz. Das ist auch der Grund, warum die schwarze Dame nicht zu weit am Damenflügel herumstreunern darf.

25...♕f2

Auf 25...♕b4 gewinnt 26.fxg4: die Dame ist zu weit entfernt.

26.♖df1 ♕d4 27.♖d1 ♕f2 ½:½

KAPITEL 16

Die Karlsbader Variante

Mark Dworetski und die Karlsbader Variante

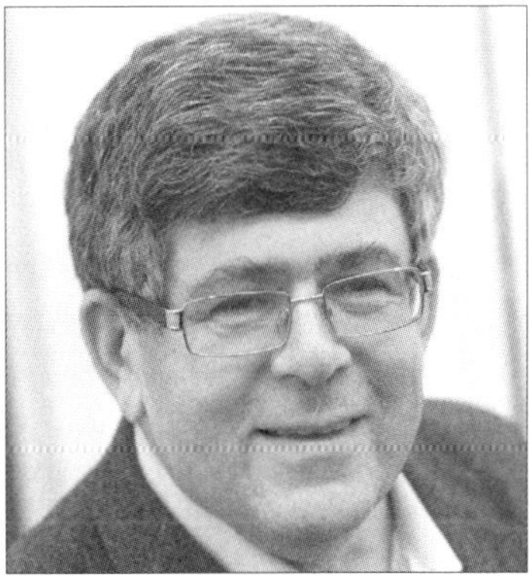

Die Trainerlegende Mark Dworetski hatte einige instruktive Dinge über die Karlsbader Struktur zu sagen.

Die lehrreichsten fünf Minuten meines Lebens hatte ich in einer Trainingssitzung mit dem – leider vor kurzem verstorbenen – russischen Trainer Mark Dworetski, der ich zu meinem großen Glück beiwohnen durfte. Als wir bei unseren gemeinsamen Analysen eine Karlsbader Struktur erreicht hatten, fragte mich Mark, was ich über die Pläne in diesen Stellungen wissen würde. Meine Antwort hat ihn offenkundig nicht zufriedengestellt, da er mir eine rasche Übersicht anbot. In nur fünf Minuten fasste er prägnant rund einhundert Jahre an praktischen Erfahrungen zusammen, erläuterte, welche Pläne von welchen Spielern angewandt wurden und welche Gegenmaßnahmen jeweils verfügbar seien, all dies vorgetragen in seinem ruhigen, leicht entschuldigenden Tonfall (diese Erläuterungen waren dann der Höhepunkt in einem Buch über das Orthodoxe Damengambit, das ich viele Jahre später schreiben sollte!).

Die Karlsbader Struktur wird von zahllosen Spielern aller Spielstärken wegen ihrer so angenehm ruhigen Partien geschätzt, was zweifellos durch dieses Kapitel belegt werden wird … (!) Weltmeisterliche Vertreter sind unter anderem Karpow, Petrosjan und Carlsen. Eine Schritt-für-Schritt-Erläuterung der Spielmethoden findet sich im Kapitel über Keith Arkell in unserem Buch von 2016, *Chess for Life*.

Der „Spiele-wie-Keith-Arkell"-Wahn

Im Verlauf der letzten Jahre haben die Autoren Hunderten von Spielern gezeigt, wie man à la GM Keith Arkell spielt. In diesen Vorträgen wurde die Handhabung der Pläne von Karlsbad-Aficionado Arkell rund um die Karlsbader Struktur dargestellt; in dessen Stil, den er über die letzten dreißig Jahre und mehr geschliffen hat. Genau wie AlphaZeros Angriffsschemata in diesem Buch sind Arkells positionelle Pläne relativ leicht zu erklären und zu erproben. Männer, Frauen und Kinder haben ihren b-Bauern vorgeprescht, die Damen und die richtigen Leichtfiguren abgetauscht und ihren Gegnern schwache Bauern im Turmendspiel verpasst; im Bemühen, so zu spielen wie der beliebte englische Großmeister.

Zurück zu AlphaZero

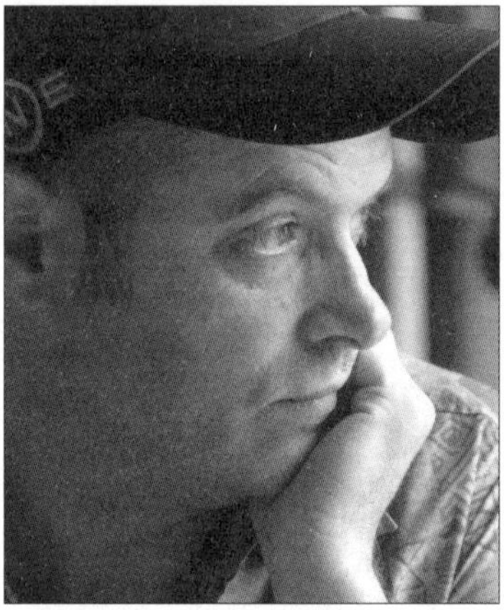

Der englische Großmeister Keith Arkell ist ein Spezialist in der Behandlung Karlsbader Strukturen.

Dann kam das selbstlernende AlphaZero. Plötzlich haben wir ganz neue Möglichkeiten. Wird eine autodidaktische Maschine mit denselben wohletablierten Plänen im Karlsbader daherkommen? Werden wir völlig neue Pläne lernen müssen? Wird die Maschine all das zum Teufel jagen und sich stattdessen beibringen, wie Keith Arkell zu spielen? (Letzteres wäre keinesfalls so weit hergeholt wie es sich anhört – bei den ersten Schachcomputern war man es gewohnt, dass diese damit vermarktet wurden, genau wie ein bestimmter Spieler zu spielen. Wenn wir uns entschließen würden, unsere autodidaktische Maschine mit Arkell-Partien zu füttern, auf dass sie genau spielen würde wie er, wäre dies wahrscheinlich möglich! Oder könnten wir eine autodidaktische Maschine darauf trainieren, genau so zu spielen wie unser nächster Gegner, um entsprechend gegen ihn zu üben?)

Der Rest des Kapitels werden wir den Erkenntnissen aus AlphaZeros Partien mit Stockfish im Karlsbader widmen. Es war faszinierend, den grundlegend verschiedenen Spielansatz der beiden Engines zu beobachten.

Die Karlsbader Struktur

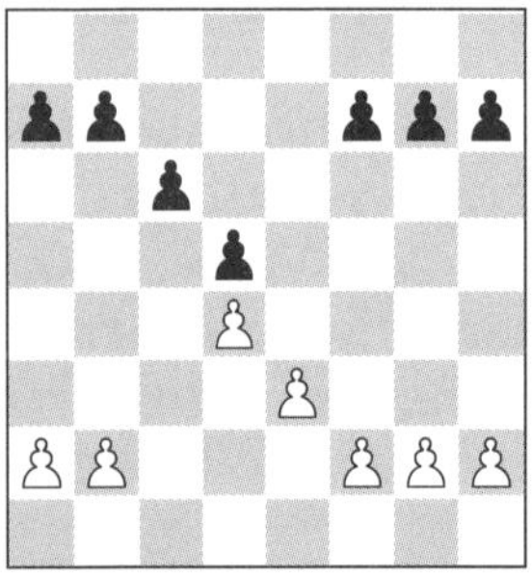

Diese Struktur wird typischerweise über das Orthodoxe Damengambit erreicht (obgleich sie sich auch aus anderen Eröffnungen ergeben kann), mit Zugfolgen wie 1.d4 d5 2.c4 e6 3.♘c3 ♘f6 4.cxd5 exd5 5.♗g5 c6.

Die Karlsbader Zugfolge

1.d4 d5 2.c4 e6 3.♘c3 ♘f6 4.cxd5 exd5 5.♗g5 c6

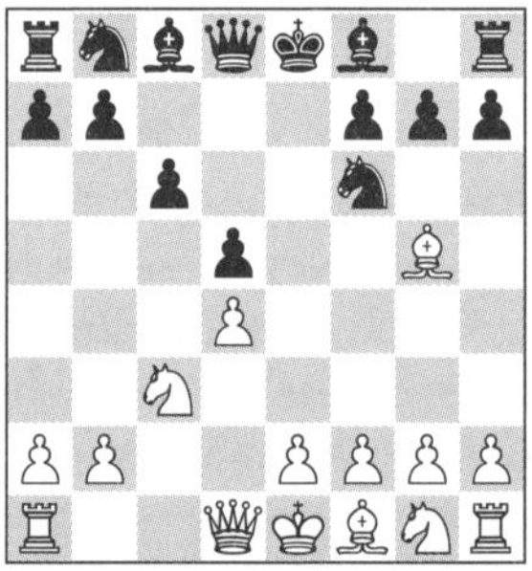

Ich war neugierig, wie AlphaZero diese Struktur in Partien mit dem Orthodoxen Damengambit behandeln würde. Einer der Hauptpläne für Weiß besteht im Spiel am Damenflügel (anders ausgedrückt, der gegnerische König wird nicht ins Visier genommen). Der archetypische Plan in derartigen Strukturen ist der Minoritätsangriff:

Minoritätsangriff (1)

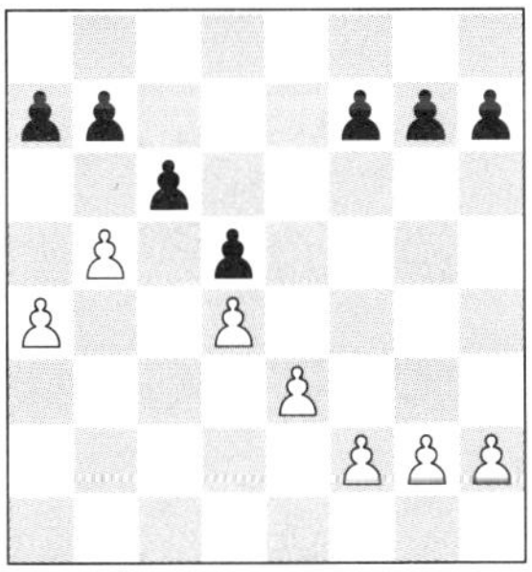

Minoritätsangriff (2)

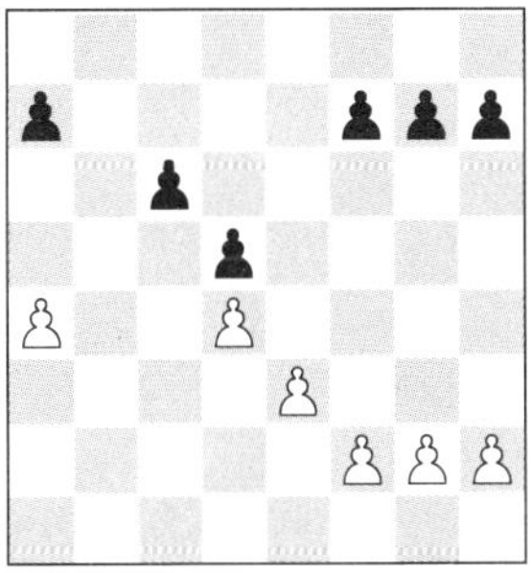

Der Minoritätsangriff wird so bezeichnet, weil die weiße Bauernminorität am Damenflügel die dortige schwarze Mehrheit angreift. Das Ziel von Weiß ist, die b-Bauern abzutauschen und Schwarz so auf einem rückständigen und schwachen c-Bauern sitzenzulassen, den Weiß dann entlang der halboffenen c-Linie angreifen kann. Der Haken bei der Sache ist, dass sobald der Bauer c6 fällt, auch der Bauer d5 schwach wird und häufig gleichfalls fällt.
Das ist natürlich der Idealfall für Weiß, der so in Hunderten von Arkell-Partien zu beobachten war. Dworetski hat allerdings die Vielfältigkeit dieser Strukturen aufgezeigt: zum Beispiel erklärte er, dass Schwarz versuchen kann, ...c6-c5 in Antwort auf b4-b5 vorzubereiten, etwa indem er einen Turm nach c8 stellt, ...

Minoritätsangriff Dworetski (1)

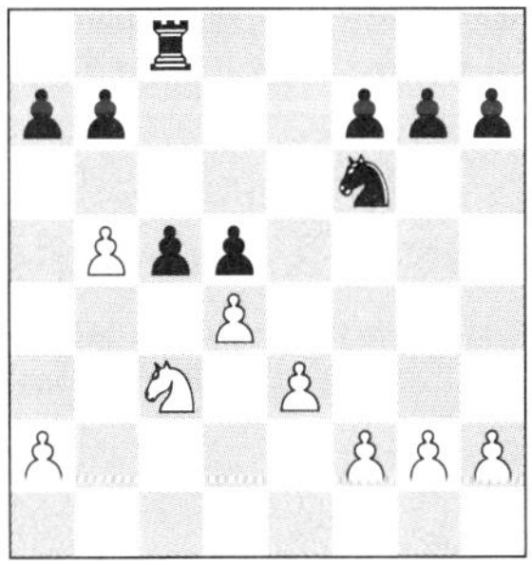

... was dann hierzu führt:

Minoritätsangriff Dworetski (2)

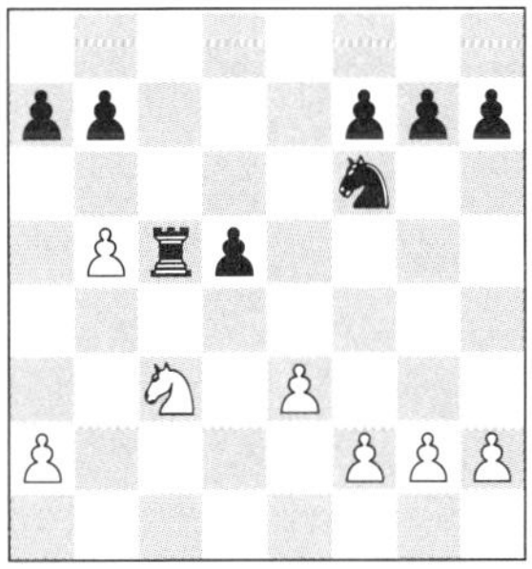

Der Reiz dieses Planes besteht darin, dass Schwarz im Gegenzug für die Bauernschwächen, die Weiß mit dem Minoritätsangriff herbeiführt, selbst etwas erhält. Hier nimmt Schwarz einen isolierten Bauern auf d5 in Kauf, erhält dafür aber im Gegenzug aktives Spiel auf der c-Linie. Ein nettes Detail ist der wackelige Springer auf c3 – dieser ist selbst nicht durch einen Bauern gedeckt und muss seinerseits den vorgerückten Bauern auf b5 decken. In dieser speziellen Struktur würde Weiß seinen b-Bauern lieber nach b2 zurückstellen!
Hat AlphaZero während seiner Millionen von Partien gegen sich selbst den Minoritätsangriff entdeckt? Gefällt AlphaZero dieser Plan, oder würde es lieber etwas

anderes versuchen? Spannende Fragen, doch sehen wir uns zunächst eine Partie an, in der Stockfish Weiß war und AlphaZero Schwarz. Ich kann mir vorstellen, dass Stockfish eine solche Strategie von Hand einprogrammiert wurde, jedenfalls ist der Minoritätsangriff in seinen Weißpartien sehr häufig zu sehen.

Partie: „Sinfonie für den Randbauern“

In einer unschuldig aussehenden Stellung, mit dem weißen König scheinbar sicher hinter einer jungfräulichen Bauernstruktur verschanzt, stößt AlphaZero zur Einleitung einer Königsflügelinitiative seinen Randbauern vor. Stockfish reagiert ein wenig schwerfällig und erlaubt AlphaZero, seine Kräfte am Königsflügel weiter zu entfalten. Als Stockfish schließlich seinen eigenen Durchbruch am Damenflügel durchführt, stößt AlphaZero seinen a-Bauern bis nach a3 vor, was die weiße Dame bindet. Mit wechselseitigen Drohungen am Königs- und Damenflügel spannt AlphaZero dann die weiße Stellung bis zu dem Punkt, an dem sie zerreißt. Ein unerwartetes Qualitätsopfer beendet die Partie. Eine Meisterleistung!

Themen der Partie:

1. Einsatz eines Randbauern zur Schwächung der gegnerischen Königsstellung [24...h4]
2. Eröffnung einer zweiten Front [32...g4]
3. Übernahme der ursprünglichen Angriffsfront des Gegners [35...♖gc8]
4. Sofortige Figurenumgruppierung nach Erreichen des Ziels [35...♖gc8]
5. Aufbrechen der Festung durch ein Opfer [44...♖xf4]
6. Sichererer König

Stockfish 8
AlphaZero
London 2018

1.d4 d5 2.c4

Der letzte vorgegebene Eröffnungszug. Beide Engines sind nun auf sich selbst gestellt.

2...e6

AlphaZeros Erwartungswert nach diesem Zug ist 43,2%; offenkundig hat es das Gefühl, dass Weiß gut begonnen hat. AlphaZeros Einschätzung verharrt bis zu dem Moment bei einem Erwartungswert unterhalb von 50%, an dem es seinen g-Bauern mit 25...g5 vorstößt und die Öffnung des Königsflügels vorbereitet. Danach gibt es nur noch eine Richtung: nach oben!

3.♘c3 ♘f6 4.cxd5 exd5 5.♗g5 ♗e7 6.e3 0-0 7.♗d3 h6

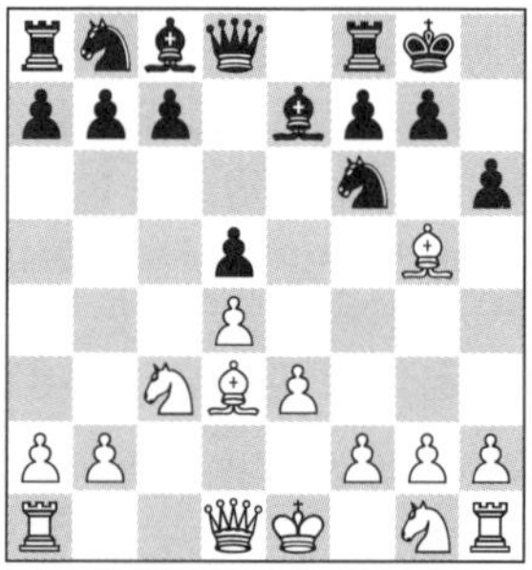

Seit ich mich erinnern kann, raten die Bücher dazu, die Schwächung des Königsflügels mit ...h7-h6 zu vermeiden, und zwar aufgrund der Schwierigkeiten, die Schwarz damit haben kann, einen weißen Springer von dem Vorposten auf e5 wieder herauszubefördern:

Die Schwäche von g6

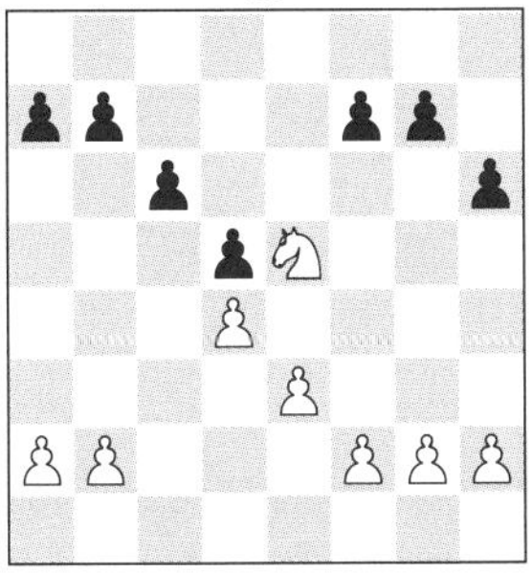

Mit bereits geschehenem ...h7-h6 ist ...f7-f6 nicht mehr wirksam, da der Springer von seinem Vorposten e5 auf das ungedeckte Feld g6 hüpfen kann. Wie wir jedoch in der Partie sehen werden, hat es sehr wohl eine strategische Pointe, den Bauern beizeiten einem vereinten Angriff einer Dame auf c2 und eines Läufers auf d3 zu entziehen, und stellt damit eine Möglichkeit dar, einen weißen Hauptplan in dieser Stellung zu vereiteln.

8.♗h4 c6 9.♕c2

9.♘f3 ♘e4 10.♗g3 ♗f5 11.♕c2 ♗b4 12.0-0 ♘xg3 13.hxg3 ♗xd3 14.♕xd3 ♘d7, und die weltbeste Spielerin – die 2018/19 an der Universität Oxford studiert hat – erlangte in Li Chao - Hou Yifan, Schardscha 2017, bequemes Spiel.

9...♖e8 10.♘ge2

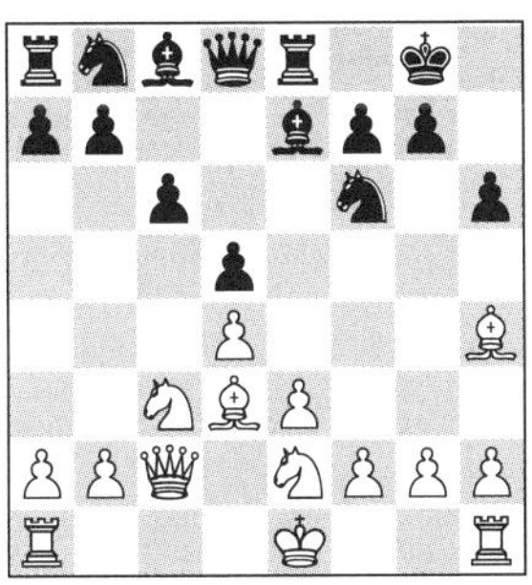

Stockfish wählt meinen Lieblingsplan mit der Entwicklung des Springers nach e2 anstatt nach f3, was die kurze Rochade samt Ausdehnung im Zentrum mit späterem f2-f3 und e3-e4 vorbereitet, ganz in den Fußstapfen von Botwinnik in seiner klassischen Partie gegen Keres (siehe später in diesem Kapitel). Der Nachteil dieses Zuges ist, dass er nicht versucht, die durch 7...h6 verursachte Schwächung auszunutzen, was nach einem Springer auf f3 und später auf e5 verlangt hätte.

10...♘bd7 11.0-0 ♘h5 12.♗xe7 ♕xe7

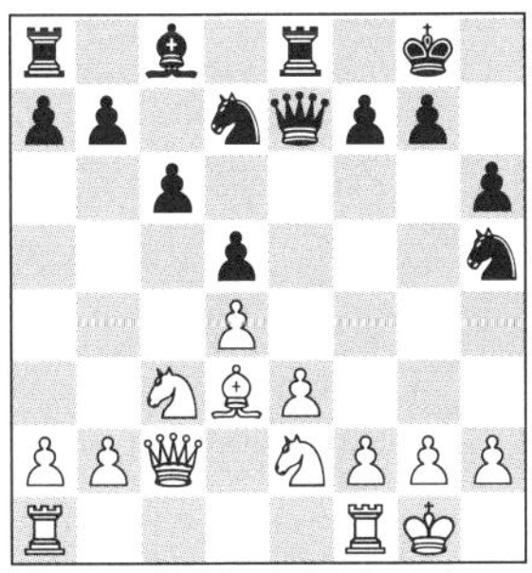

Das ist die Pointe des frühzeitigen ...h7-h6 ! Indem er den Bauern h7 dem Angriff der Dame auf c2 und des Läufers auf d3 entzieht, entbindet er den Springer f6 von seinen Verteidigungsaufgaben und ermöglicht Schwarz 11...♘h5, was die Läufer abtauscht und Druck auf den weißen Bauern e3 ausübt, bevor Weiß überhaupt die Chance hatte, f2-f3 zu spielen. Und wenn Weiß nicht in der Lage ist, f2-f3 und e3-e4 zu erstellen, ist der Springer auf e2 schlechter platziert als auf f3.
In einer Blitzpartie gegen Kramnik 2017 versuchte Nepomniaschtschi das kreative Manöver 13.♖ae1 ♘f8 14.♘c1 gefolgt von ♘b3 und f2-f3, um seinen Plan der Ausdehnung im Zentrum

nichtsdestotrotz zu verwirklichen, was ihm einen kleinen Vorteil gab. In unserer Partie täuscht Stockfish zunächst einen Plan im Zentrum an, um dann auf die Expansion am Damenflügel und den Minoritätsangriff zurückzukommen.

13.♖ae1 ♘f8 14.a3 ♗d7 15.b4 ♘f6 16.♖b1 ♘e6 17.a4 a6 18.♖fe1

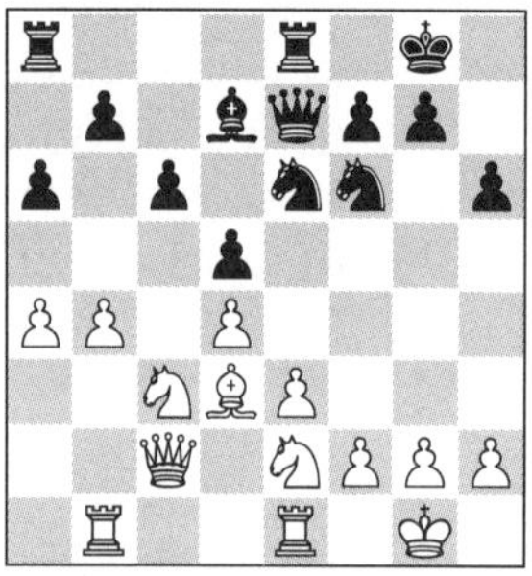

Die Stellung ist ruhig und man würde erwarten, dass Weiß einen kleinen, aber sicheren Vorteil hat. Weiß steht bereit, mit b4-b5 fortzufahren, derweil sein eigener König völlig in Sicherheit scheint. Im Verlauf der nächsten zehn Züge werden wir jedoch einen grundlegenden Wandel sehen, der zugleich perfekt illustriert, mit welchem Augenmerk und welcher Folgerichtigkeit AlphaZero seine Figuren mobilisiert. Sein innovativer Einsatz der Randbauern zur Schaffung von Angriffspunkten an einer unberührten und scheinbar sicheren Königsstellung bereitet Möglichkeiten zur Linienöffnung an dieser Front. Und wir alle kennen die Gefahr, die von AlphaZero mit einer auf Ihren König gerichteten Linie ausgeht!

18...h5

Der erste Schritt: AlphaZero fasst ...h5-h4 und ...h4-h3 ins Auge, um so g2-g3 zu erzwingen und anschließend mit ...♘g5 das geschwächte Feld f3 aufs Korn zu nehmen. Schwarz ist dann bereit zu ...♗g4, was die Kontrolle über die weißen Felder weiter erhöht. Aus diesem Grund spielt Stockfish lieber gleich h2-h3, um den h-Bauern auf h4 zu stoppen. Mit dem sofortigen 19.h3 hält Weiß AlphaZero von einem weiteren seiner Lieblingsmanöver ab: ...♘g4, was unterstützt von einem Bauern auf h5 die Punkte f2 und h2 attackiert.

19.h3 g6

Ein nützlicher Mehrzweckzug. Das typische Manöver ...♘g7 und ...♗f5 mit Abtausch der weißfeldrigen Läufer ist nun verfügbar, während Schwarz zugleich durch die Blockade der Diagonale b1-h7 jegliche Drohungen auf der Grundreihe ausschaltet.

20.♖a1

Ein typischer Enginezug. Keine der Engines ist sonderlich auf das sofortige 20.b5 erpicht wegen 20... axb5 21.axb5 c5. Der schwarze Springer ist auf e6 hervorragend zur Unterstützung dieses Gegenstoßes postiert, und nach 22.dxc5 ♘xc5 hat Schwarz wenig Probleme. Wie wir in der Einführung zu diesem Kapitel erklärt haben, ist der weiße Bauer auf b5 nunmehr eine Belastung, da er jenes Feld belegt, dass Weiß gern für den Springer c3 hätte, zugleich mangelt es den dunklen Feldern am weißen Damenflügel ein wenig an Festigkeit. Dies gibt Schwarz reichliche Möglichkeiten zum Gegenspiel, wobei er die von dem isolierten Bauern auf d5 bereitgestellten Springervorposten auf e4 und c4 nutzen kann. Das ist exakt der Plan, von dem mir Dworetski vor so vielen Jahren erzählt hat!

Mithin schiebt Stockfish ein wenig seine Türme hin und her, in der Hoffnung auf eine günstigere

Gelegenheit für seinen Durchbruch. Ich erkenne diesen Stil aus meinen Übungspartien gegen Stockfish wieder. In diesen Partien hatte ich das Gefühl, Fortschritte zu machen und allmählich meine Truppen zu formieren, derweil Stockfish herumtrödelte. Ich kam damit meist einigermaßen weit, doch es wäre ein Fehler anzunehmen, dass Stockfish gänzlich ohne Plan manövriert. Es steht stets eine gewaltige Portion konkreter Berechnung dahinter. Nach einem unachtsamen Zug meinerseits spielt Stockfish dann seinen ersehnten Vorstoß, und es stellt sich heraus, dass meine Figuren just zu diesem Zeitpunkt auf genau dem falschen Feld stehen. AlphaZero gelingt es, das menschliche Gefühl über Ziel und Richtung mit taktischen Fähigkeiten auf dem Niveau von Stockfish zu verbinden. Das macht ihn in solchen Stellungen so tödlich: wir haben auf dieses Szenario als „Zeitlupenangriff" bereits in früheren Kapiteln hingewiesen.

20...♘g5 21.♘f4 ♘ge4

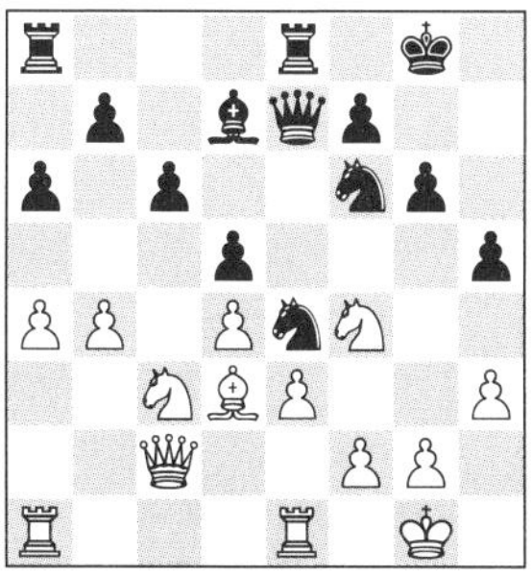

Besetzt den Stützpunkt e4 und macht dem g-Bauern den Weg für seinen Aufmarsch am Königsflügel mit ...g6-g5-g4 frei.

22.♘xe4 dxe4 23.♗c4 ♔g7 24.♖ec1

Stockfish stellt seine Türme nach b1 und c1, was gute Felder zur Vorbereitung des Durchbruchs b4-b5 sind, die sich aber in weiter Ferne zum aufziehenden Sturm am Königsflügel befinden!

24...h4

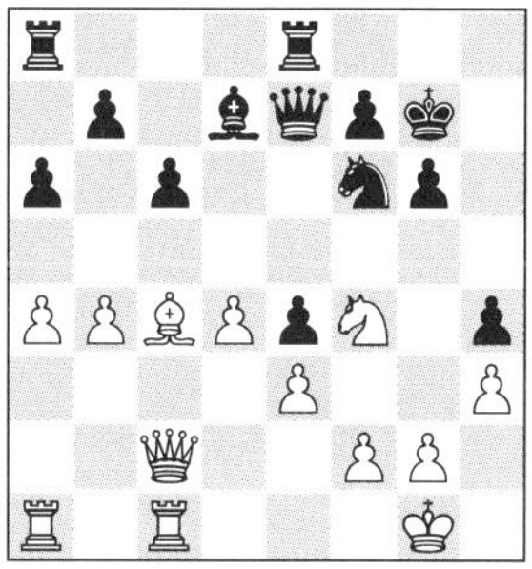

Ein weiterer typischer AlphaZero-Zug. Der weiße h-Bauer wird hierdurch auf h3 festgelegt sowie ...g5-g4 vorbereitet.

25.♖ab1 g5 26.♘e2 ♔h6 27.♔f1 ♖g8

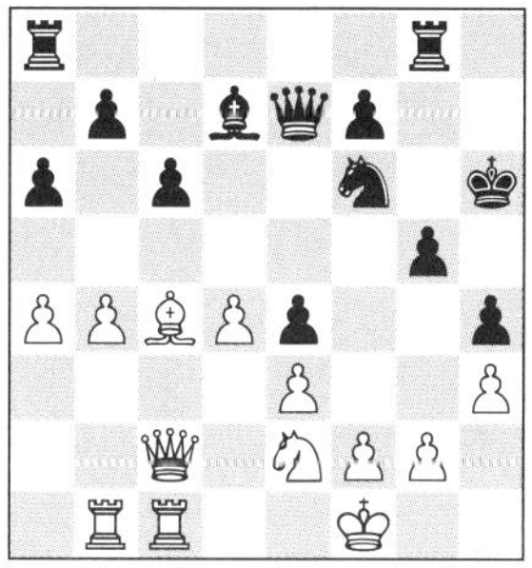

AlphaZeros Bewertung springt von 51,1% nach 26...♔h6 auf eine Gewinnerwartung von 65,5% für Schwarz nach 27...♖g8. Ein ähnlich großer Satz auf 75,5% geschieht nach 32...g4. AlphaZero ist bereit, seinen Angriff vom Stapel zu lassen, und dergleichen ist Stockfish ... wer wird schneller sein? Hm ..., um ehrlich zu sein, gibt es da in meinen Augen keinen Zweifel, weil sich Stockfishs König in der Schusslinie von AlphaZero befindet!

28.b5 cxb5 29.axb5 a5

Eine sehr hübsche Idee, die den weißen Durchbruch b4-b5 – gespielt in der Absicht, Weiß einen Vorteil am Damenflügel zu verschaffen und dort ein paar Kräfte von Schwarz zu binden – in eine Ablenkung für Weiß verkehrt! AlphaZero nützt seine Bauernaktivität am Damenflügel, um die Koordination der weißen Kräfte zu stören, die dann nicht mehr in der Lage sind, sich dem Schwarzen wirksam am Königsflügel entgegenzustellen.

30.b6 a4 31.♕a2 a3

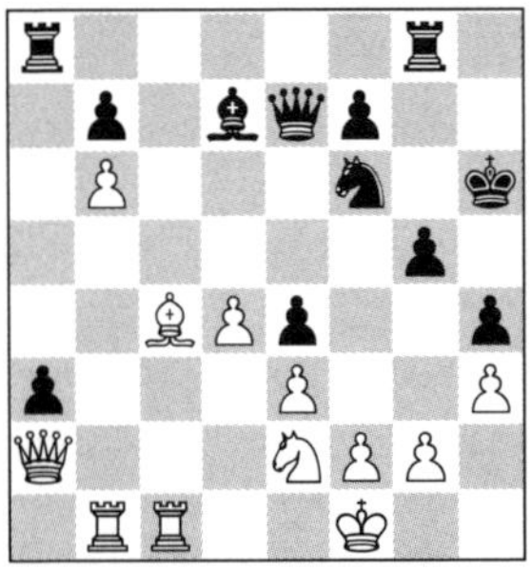

AlphaZero ist mit seinem anderen Randbauern so weit wie möglich ins weiße Territorium geprescht (er ist sogar weiter gekommen als der h-Bauer!). Der Bauer ist zwar prinzipiell zum Untergang verdammt – Weiß kann ihn mit ♖a1 und ♖c3 umzingeln, doch derweil Weiß das arrangiert, werden sich große Dinge am Königsflügel ereignen!

32.♖c3

32.♗xf7 öffnet schlicht mehr Linien für AlphaZero auf dem Königsflügel: 32...♖g7 33.♗b3 g4 34.hxg4 ♘xg4, und der Turm a8 wird auf die f-Linie kommen.

32...g4 33.hxg4 ♘xg4 34.♘f4 h3

Eine hübsche Idee: in dieser Partie werden die Randbauern zu Helden!

35.g3

Versucht den Königsflügel so geschlossen wie möglich zu halten.

A) 35.♘xh3 ♘h2+ 36.♔e2 ♖xg2 37.♘f4 ♗g4+ 38.♔e1 ♘f3+ ist schrecklich für Weiß;

B) 35.gxh3 ♘h2+ 36.♔e2 ♖gc8 ist die verblüffende Pointe. Ich habe eine ganze Weile gebraucht, um die Probleme zu erfassen, vor denen Weiß in dieser Stellung steht. Schwarz beabsichtigt, ...♘f3 und ...♕g5 folgen zu lassen.

Stellung nach den Extrazügen ...♘f3 und ...♕g5

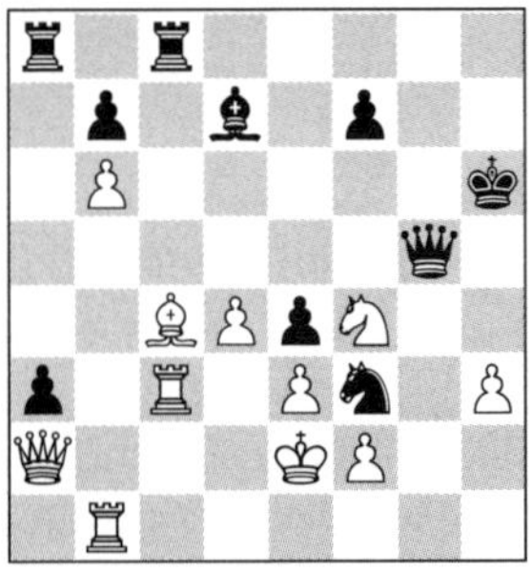

Wenn dies geschieht, wird der weiße Läufer auf c4 nirgendwo mehr hinziehen können, da ...♗b5+ folgen wird, sobald der Läufer die Diagonale a6-f1 verlässt:

Stellung nach den Extrazügen – W♗ verlässt die Diagonale a6-f1

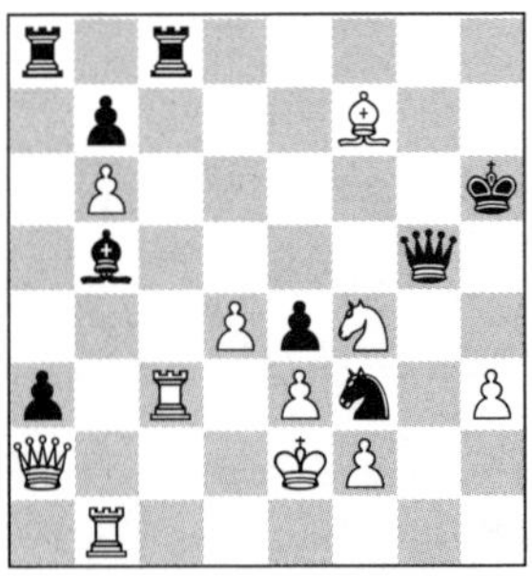

Wenn man das sieht, begreift man, wie eingeengt Weiß ist: den Läufer von c4 wegzuziehen, ist voller Gefahren, doch das bedeutet dann, dass Turm und Dame von Weiß den Läufer auf c4 gedeckt halten müssen. Dies bedeutet wiederum, dass der Bauer a3 am Leben bleiben wird, da Weiß unmöglich den Bauern schlagen und zugleich den Läufer c4 gedeckt halten kann. Und wenn der Bauer am Leben bleibt, muss Weiß die Dame – wie stets ein schlechter Blockeur – aller Voraussicht auf a2 halten, um einen weiteren Vormarsch des Bauern zu verhindern.

Genau wie in der Partie AlphaZero-Stockfish aus dem Kapitel „Der Sämisch-Königsinder“ ist Stockfish mit seiner Dame in einer völlig scheußlichen Lage gelandet, sowohl für sich genommen wie auch im Vergleich zur Dame von Schwarz, die völlige Bewegungsfreiheit genießt. Im Grunde ist es AlphaZero gelungen, Stockfish in eine Lage zu bringen, in der es nichts aktives unternehmen und nur abwarten kann, ob AlphaZero den entscheidenden Schlag findet.

Und man betrachte den König auf h6: offen und dennoch völlig sicher. Tatsächlich weitaus sicherer als der weiße König, der von Bauern umgeben ist. Wundervolles Urteilsvermögen!

35...♖gc8

Bindet den Läufer an c4, indem es diesen an den Turm c3 fesselt. Der Turm wird nach 35.g3 nicht mehr auf der g-Linie gebraucht, so dass AlphaZero ihn auf ein aktiveres Feld verlagert. Eben jene Linie, die Stockfish glaubte für sich selbst zu öffnen, wird nun zur Quelle seiner größten Sorgen! AlphaZero schätzt seine Chancen nun mit einem Erwartungswert von 75,5% ein.

36.♔g1

36.♘xh3 ♔g7 37.♘f4 ♖h8 ist eine erstaunliche Idee, auf ...♖h2 zielend. Meine Engines geben dem -2,56 (völlig gewonnen für Schwarz); eine Beispielvariante lautet 38.♔g1 ♖h2 39.♗f1 ♖xf2 40.♕d5 a2 41.♖a1 ♖b2 42.♘h5+ ♔h6 43.♘f4 ♘f6 44.♕xb7 ♖g8. Man beachte die Beweglichkeit der Türme: AlphaZero hat seinen Turm zunächst auf die c-Linie gestellt, anschließend ...♖h8 durch ...♔g7 vorbereitet sowie ...♖g8 durch ...♔h6! Fantastisches Spiel!

36...h2+

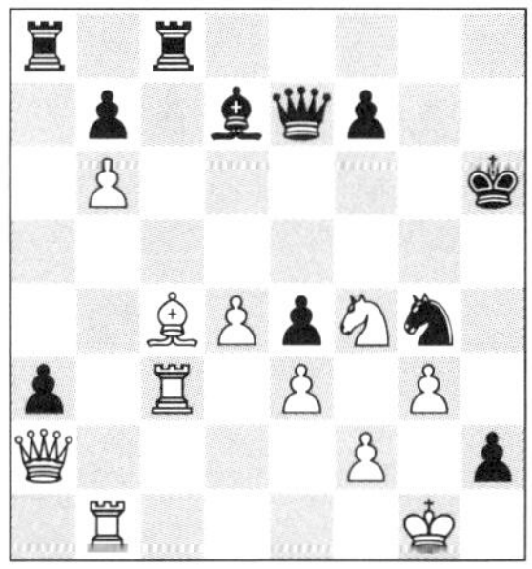

Man sehe diese Randbauern! Es ist als ob sie miteinander um die Wette laufen würden!

37.♔g2 ♔g7 38.♖cc1

Mir war nicht klar, wie Schwarz hiernach Fortschritte erzielen sollte, aber AlphaZero findet einen unglaublichen Weg, um den weißen Königsflügel entscheidend zu schwächen. Ich hatte nicht realisiert, wie gefährlich so eine Konstellation mit einem Springer auf g4 und einem Bauern auf h2 sein kann. Ich hätte angenommen, dass der Bauer auf h2 eher den weißen König von Gefahren abschirmt (indem er den schwarzen Schwerfiguren die Einbruchsfelder auf der h-Linie nimmt) als dass dieser selbst eine Gefahr darstellt.

38...♖a5

Mit einem Erwartungswert von 82,0% hiernach.

39.♗e2 ♖xc1 40.♖xc1 ♕b4

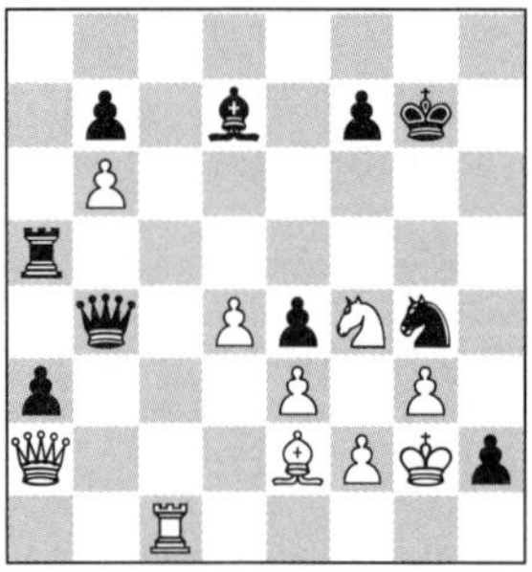

Unterstreicht die Stärke des a-Bauern: 41...♕b2 ist nun eine Drohung.

41.♖b1 ♕d6 42.♗c4 ♕h6 43.♔h1 ♖f5

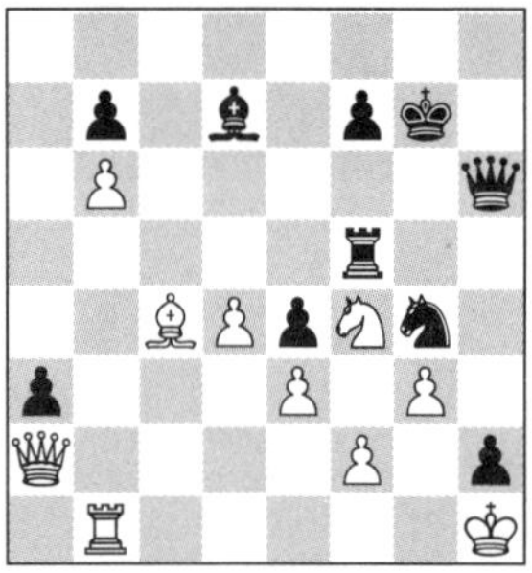

Die Engines sind bereits in Depressionen versunken, doch ich brauchte einige Zeit, um der Stärke von 44...♖xf4 gewahr zu werden.

44.♗d5 ♖xf4 45.exf4

Auf 45.gxf4 gewinnt 45...♕h4 46.♖f1 ♕h3 47.♕e2 ♗b5 !

45...♗f5

Damit droht 46...e3.

46.♖c1

46.♗xb7 e3 47.fxe3 ♗xb1 48.♕xb1 ♕h3 49.♕e1 a2 50.f5 ♘f2+ 51.♕xf2 a1♕+ 52.♕g1 hxg1♕#.

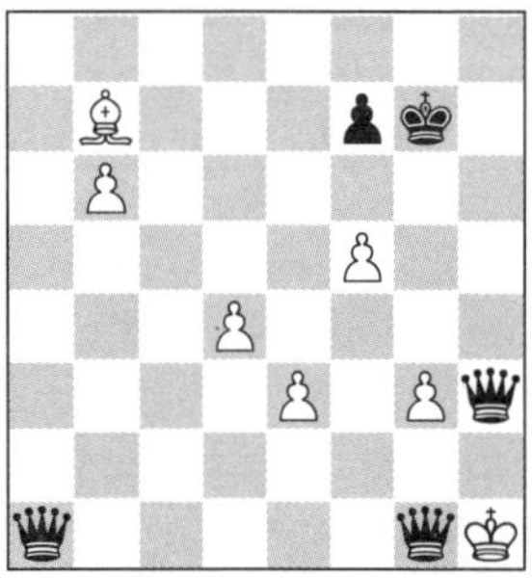

Diese Variante zollt den Anstrengungen der Randbauern voll und ganz Respekt!

46...♕xb6

Droht 47...♕b2.

47.♕xa3

47.♕d2 ♕b2 48.♕xb2 axb2 49.♖b1 e3 50.♖xb2 exf2 51.♗g2 ♗e4 ist ein Gewinn, und derer gibt es etliche mehr!

47...♘xf2+ 48.♔xh2 ♘g4+ 49.♔g2 ♕xd4 0:1

Es gibt keine Verteidigung gegen all die Drohungen von Schwarz, beginnend mit 50...♕f2+ und 50...♕xd5. 50.♕a2 wird einfach mit 50...♘e3+ und 51...♘xd5 beantwortet. Eine meisterhafte Partie von AlphaZero, eine seiner allerbesten.

Der Anblick von Stockfishs bemitleidenswerter Dame auf a2 ließ mich an die klassische Begegnung zwischen José Raul Capablanca (Weltmeister von 1921 bis 1927) und dem zweimaligen britischen Meister Sir George Thomas in Hastings 1934/35 denken.

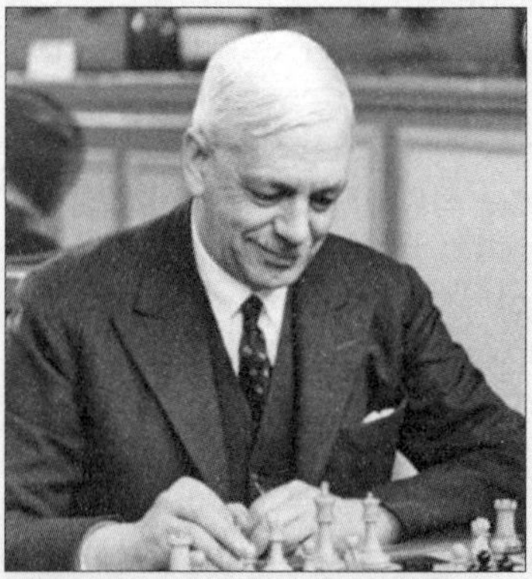

Der starke englische Amateur Sir George Thomas erteilte dem vormaligen Weltmeister José Raul Capablanca in dieser Partie eine positionelle Lehrstunde.

Erstaunlicherweise wurde Capablanca von dem englischen Amateur eine Lehrstunde erteilt. Dieser war auf dem Weg zum größten Triumph seiner Karriere, wobei er den ersten Platz mit Euwe und Flohr teilte und an zwei aufeinanderfolgenden Tagen Botwinnik und Capablanca schlug!

José Raul Capablanca
George Alan Thomas
Hastings 1934/35

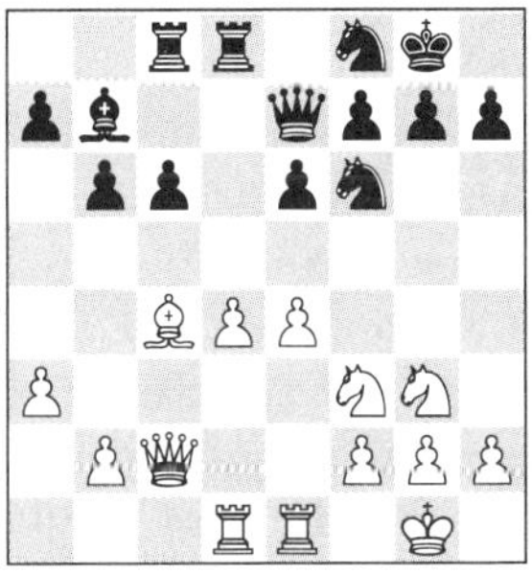

Diese Stellung entstand gleichfalls aus einem Orthodoxen Damengambit, wobei Capablanca sich gegen die Festlegung des Zentrums mit cxd5 entschied. Weiß beherrscht die Lage völlig, und eine Folge wie 17.b4 ♕c7 18.♕b3 würde den weißen Raumvorteil bewahren. Ein Befreiungsversuch wie 18... c5 würde mit 19.bxc5 bxc5 20.d5 samt kraftvollem Spiel für Weiß beantwortet. Capablanca strebt etwas Ähnliches an, geht dabei jedoch zu sorglos vor und deplatziert seine Dame auf a2 – genau wie Stockfish. Die Passivität der mächtigsten Figur von Weiß hat einen tiefgreifenden Einfluss auf die Einschätzung der Stellung.

18.♕b3 ♕c7 19.♕a2

Bereitet das einengende b2-b4 vor, doch zu spät: das hätte er im 18. Zug spielen sollen!

19...c5

Notwendig, doch auch schon sehr unangenehm für Weiß.

20.d5

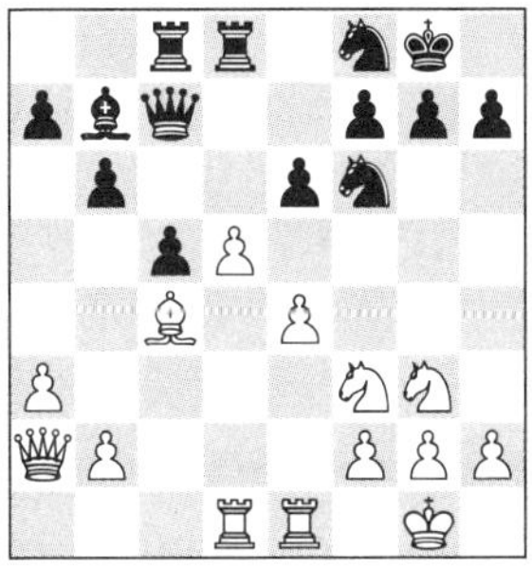

20...b5

Dieser Schlag dreht die Partie zugunsten von Schwarz. In den nachfolgenden Varianten ist die auf a2 abseits stehende Dame stets der Quell für die taktischen Probleme von Weiß!

21.♗xb5 exd5 22.e5

22.exd5 ♗xd5 attackiert die Dame auf a2! 23.♗c4 ♗xf3 24.gxf3 ♘g6 gefolgt von ...♘h4 ist wegen der weißen Schwächen am Königsflügel sehr angenehm für Schwarz.

22...♘e4 23.♘xe4 dxe4 24.♘d2

Verliert Material, doch die Alternativen sind auch nicht besser:

A) 24.♖xd8 ♕xd8 fängt den Springer auf f3! Wenn die weiße Dame noch auf c2 stehen würde, könnte der Springer einfach nach d2 zurückweichen;

B) 24.♘g5 ♖xd1 25.♖xd1 c4 schließt die Dame auf a2 aus und bereitet 26...♕xe5 vor, was einen Bauern gewinnt und den Läufer b5 sowie den Springer e4 aufgabelt. Da die weiße Dame nur vier legale Züge hat (darunter nur einen vernünftigen!), sind die anderen weißen Figuren auf sich allein gestellt und der Gnade der aktiven Dame von Schwarz ausgeliefert!

24...♖xd2

24...♕a5 war sogar noch stärker, doch Sir Georges Wahl gewinnt auch.

25.♖xd2 ♕a5

Gewinnt zwei Figuren für den Turm, mit entscheidendem Vorteil für Schwarz, den dieser nach 53 Zügen verwertete. Dieser taktische Streich hätte nicht funktioniert, wäre die weiße Dame auf c2 gestanden!

Letztes Jahr haben Natasha und ich das faszinierende Duell im Schach-960 zwischen Magnus Carlsen und Hikaru Nakamura verfolgt. Schach-960 ist eine vom vormaligen Weltmeister Bobby Fischer erfundene Schachvariante. Es wird mit demselben Brett und Figuren gespielt, doch die Ausgangsstellung der Figuren wird ausgelost (daher auch die ursprüngliche Bezeichnung Fischer-Random-Schach oder Fischerschach).

Dies war die Ausgangsstellung der ersten Blitzpartie in diesem Match:

Magnus Carlsen
Hikaru Nakamura
Schach-960 Blitz 2018

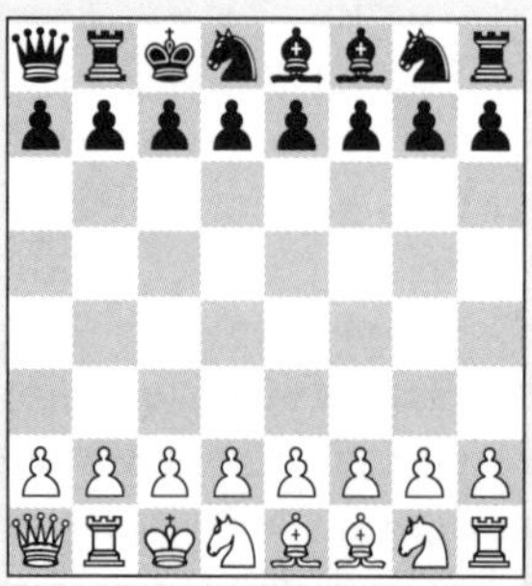

Während wir dem Kommentar lauschten, waren wir beide von einer Anmerkung des englischen Großmeisters Daniel King wie getroffen. Er sagte, dass Carlsen weit mehr als Nakamura auf die Stellung seiner Dame achte, insbesondere in Bezug auf den gegnerischen König. Zugegebenermaßen alles andere als ein Karlsbader, ist diese Partie eine prächtige Demonstration ungleicher Damenaktivität. Derweil beide Damen vom Eckfeld beginnen, bemüht sich Carlsen umgehend um die Erhöhung der Reichweite seiner Dame, während Nakamura damit zufrieden ist, sie Stockfish-artig in der Ecke zu belassen. Obgleich Carlsen Druck macht, bleibt die Partie in der Balance, bis eine taktische Ungenauigkeit Carlsen erlaubt, das Spiel zu öffnen. Plötzlich wird die Passivität von Nakamuras Dame, insbesondere im Vergleich zu der von Carlsen, zum entscheidenden Faktor, als die Partie mit einem blitzschnellen Mattangriff beendet wird.

1.a4

Das ist der Spaß beim Schach-960 – wann hat man je den weltbesten Spieler 1.a4 spielen gesehen?

1...e6 2.a5 a6

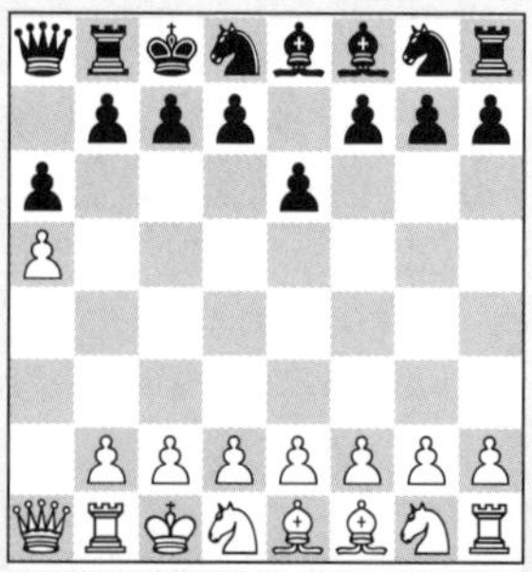

Die ersten beiden Züge setzen den Rahmen für den anschließenden Kampf. Der Vorstoß des Bauern nach a5 hat Raum für die Dame auf a1 geschaffen, während nicht damit zu rechnen ist, dass Schwarz ...b7-b6 spielt, um seine Dame zu befreien, da dies die Bauernstruktur um den schwarzen König schwächen würde.

3.e4 ♘f6 4.e5 ♘d5 5.♘f3 f6 6.exf6 gxf6 7.♘e3 ♘xe3 8.fxe3 ♗g6 9.b4

Öffnet der Dame a1 den Blick auf den Bauern f6.

9...♗e7 10.♗h4 ♖f8 11.♗e2 ♘c6 12.♕c3 b5

Schwarz ergreift die taktische Gelegenheit zur Öffnung der Diagonalen a8-h1, da 13.axb6 ♖xb6 die Schwäche des Bauern b4 bloßstellen würde.

13.0-0

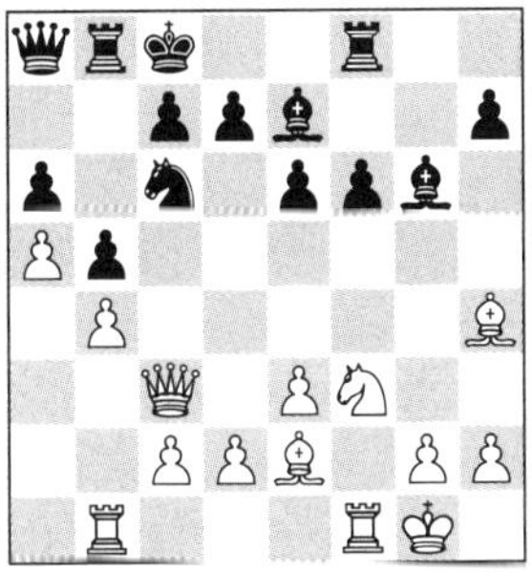

Die verblüffende Schach-960-Rochade, die Daniel King so gern in Zeitlupe wiederholt!

13...0-0-0

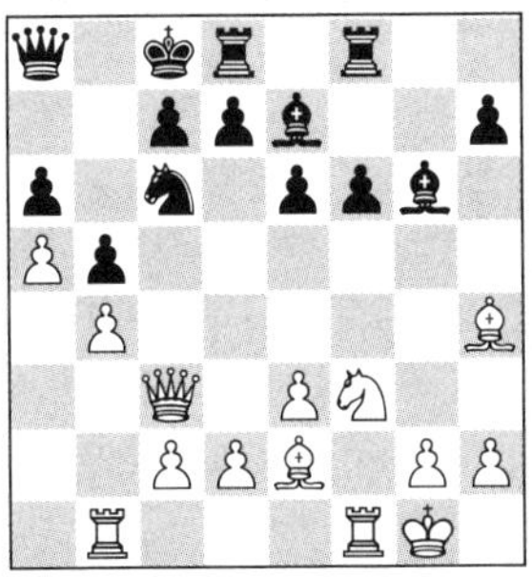

14.d4 ♗h5 15.♕d2 d5

Verhindert d4-d5, verstellt aber die Diagonale, die mit 12...b5 für die schwarze Dame geöffnet worden war.

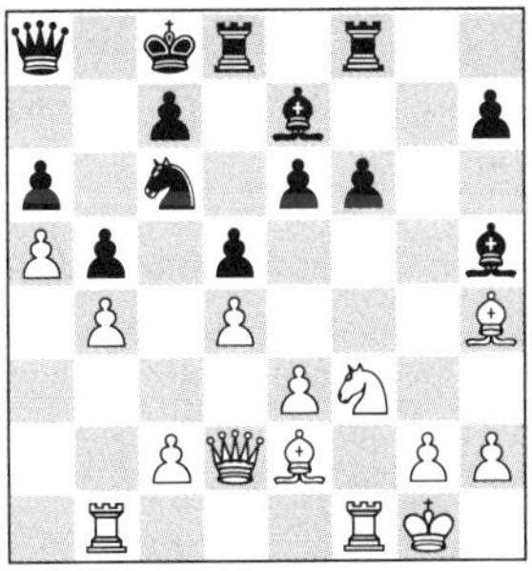

Wir haben nun wieder die Situation, in der die weiße Dame viel aktiver wirkt als die von Schwarz. Doch da die Stellung recht blockiert ist, ist Schwarz im Moment wohlauf.

16.c3 ♗xf3 17.♖xf3 f5 18.♖h3 ♖d7 19.♗g3 ♗g5 20.♗f4 h6 21.♗xg5 hxg5 22.♖h6 ♖e7

22...♖d6 wird von King als besser angegeben, gefolgt von 23...♔b7, und die schwarze Dame wird schließlich in Erscheinung treten! Nakamuras Zug sieht vernünftig aus, erlaubt aber eine scharfe taktische Entgegnung, durch die die weiße Dame mit Tempogewinn aktiviert wird. In dieser Situation beginnt sich die Passivität von Nakamuras Dame auf a8 bemerkbar zu machen.

23.e4 dxe4 24.♕xg5

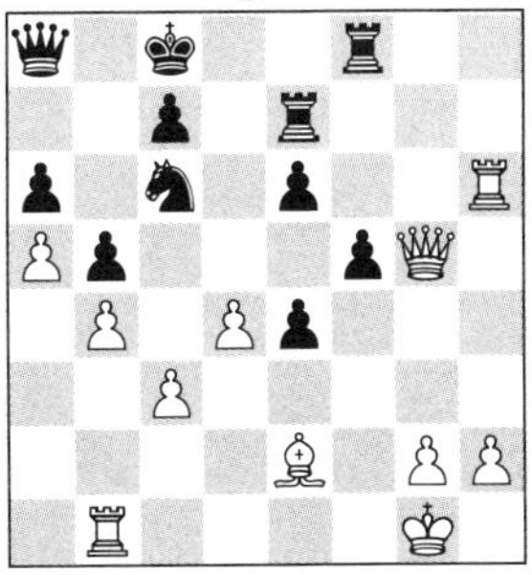

24...♔b7

Versucht verzweifelt, die Dame zu aktivieren, bevor es zu spät ist ... doch es ist bereits zu spät!

25.d5 exd5 26.♖xc6

Gewinnt eine Figur. Carlsen schließt mit einem netten Mattangriff ab.

26...♖ef7 27.♖c5 ♖d7 28.♕g6 ♕d8 29.♕c6+ ♔a7 30.♗xb5 axb5 31.♖xb5 ♕c8 32.a6 1:0
32...♖d6 33.♖b7+ ♔a8 34.♖b8+ ♔xb8 35.a7+ ♔xa7 36.♖a1+ ♔b8 37.♖a8#.

Zwei wunderschöne Beispiele für den lähmenden Effekt, den eine passive Dame auf die ganze Stellung ausüben kann – ein Thema, das mir so bewusst nicht klar war, bis ich die Partien von AlphaZero sah!

Zurück zum Karlsbader …

HISTORISCHES GEGENSTÜCK

Botwinniks klassischer Plan gegen die Orthodoxe Verteidigung

Der Plan mit f2-f3 und e3-e4 wurde in den Anmerkungen zur obigen Partie AlphaZero-Stockfish bereits gezeigt; untersuchen wir nun also eine Partie, die diese Idee demonstriert.
Michail Botwinnik wurde 1948 Weltmeister und blieb es die meiste Zeit bis 1963. AlphaZeros Spiel mit Weiß erinnert mich stark an den schematischen Ansatz Botwinniks, den dieser in vielen Eröffnungssystemen anbrachte: frühzeitige Festlegung des Zentrums, um das gegnerische Gegenspiel einzuschränken, dann kraftvolles Handeln auf einem oder beiden Flügeln. Und wenn der Gegner einmal unachtsam ist, schlage man im Zentrum zu – wie in dieser Partie!

Michail Botwinnik
Paul Keres
UdSSR-Meisterschaft Moskau 1952 (8)

1.d4 ♘f6 2.c4 e6 3.♘c3 d5 4.cxd5 exd5 5.♗g5 ♗e7 6.e3 0-0 7.♗d3 ♘bd7 8.♕c2 ♖e8 9.♘ge2 ♘f8 10.0-0 c6 11.♖ab1

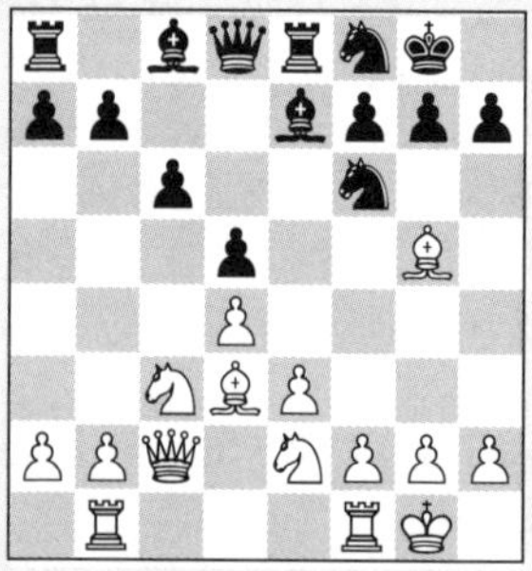

Botwinnik bereitet den Minoritätsangriff vor, doch nach dem (ebenso riskanten wie ambitionierten) nächsten Zug von Keres wechselt er zu einem kraftvolleren Plan, der zu einer klassischen Strategie in diesen Strukturen wurde.
11...♗d6
Dies droht 12...♗xh2+ nebst 13...♘g4+, was den ungedeckten Läufer auf g5 einsammelt, und beabsichtigt ...♘g6 gefolgt von ...h7-h6, um Weiß zu zwingen, seinen schwarzfeldrigen Läufer gegen den Springer f6 zu geben. Genötigt, gegen dieses Vorhaben etwas zu unternehmen, brachte Botwinnik etwas sehr Gefährliches aufs Tapet!
12.♔h1 ♘g6 13.f3

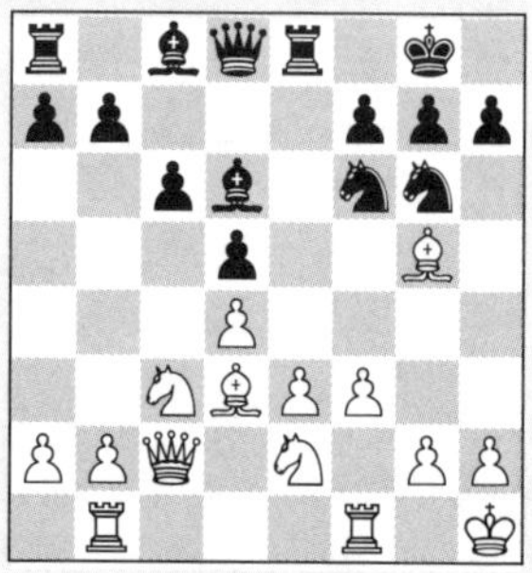

Und das ist unser Plan: e3-e4 wird folgen.
13...♗e7

13...h6 14.♗xf6 ♕xf6 15.e4. Die Stellung des Läufers auf d6 ist unglücklich, da er in der Bahn des weißen Bauernvorstoßes e4-e5 steht. Um es noch schlimmer zu machen, steht der Springer auf g6 in der Bahn des nachfolgenden Vorstoßes f4-f5. Keres entscheidet sich mithin, seinen elften Zug zurückzunehmen und seinen Läufer nach e7 zurückzubeordern, doch das ist nicht gerade das, was man gegen einen auf dem Kriegspfad befindlichen Botwinnik so wirklich will!

14.♖be1 ♘d7 15.♗xe7 ♖xe7 16.♘g3 ♘f6 17.♕f2

Deckt d4 mit der Dame und bereitet e3-e4 vor.

17...♗e6 18.♘f5

Ein sauberer thematischer Zug, der den weißen Läufer nach f5 befördert. Von f5 aus wirkt der Läufer bei der Vorbereitung von e3-e4 mit, indem er Ideen wie ...♖d7 oder ...♘g4 nach ...dxe4, fxe4 aus der Stellung nimmt.

Meine Engine weist auf 18.f4 ♘f8 19.f5 ♗d7 20.e4 dxe4 21.♘gxe4 hin, mit riesiger Initiative für Weiß angesichts der verkrampften Stellung von Schwarz und dessen perspektivlosen Figuren.

18...♗xf5 19.♗xf5 ♕b6 20.e4 dxe4 21.fxe4 ♖d8 22.e5

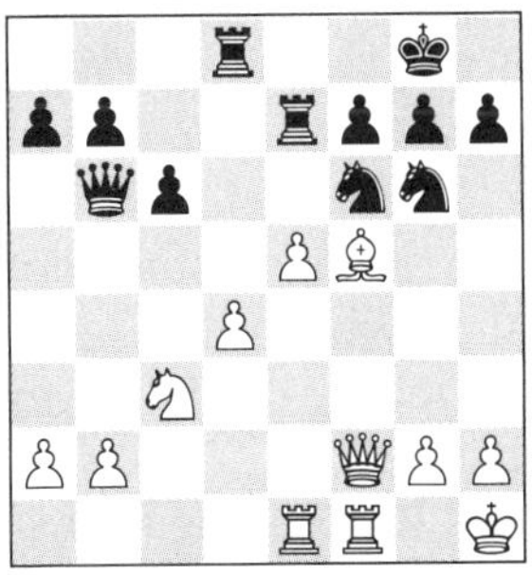

22...♘d5 23.♘e4

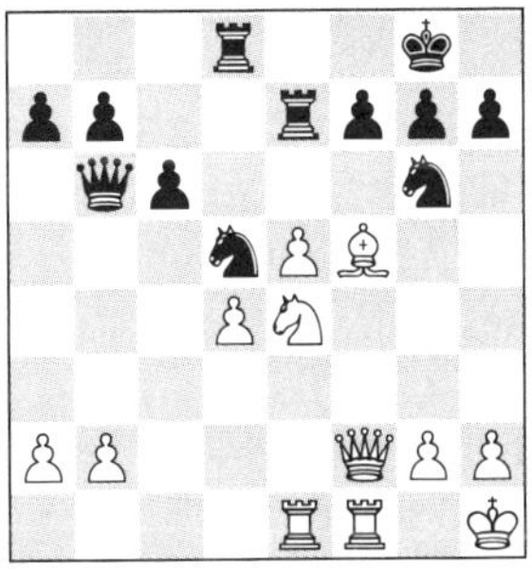

Klassisches Spiel von Botwinnik, der auf d6 einen vorgerückten Stützpunkt für seinen Springer schafft.

23...♘f8 24.♘d6 ♕c7 25.♗e4 ♘e6 26.♕h4 g6 27.♗xd5

Ein alles andere als offensichtlicher Abtausch, der die Kraft und den Einfluss des Springers d6 auf den Damenflügel ausnutzt. Da der Springer auf d6 das Feld c8 kontrolliert, kann Schwarz die weiße Vormacht über die c-Linie nicht herausfordern. Dies ist ein weiterer positioneller Pluspunkt für Weiß.

27...cxd5 28.♖c1 ♕d7 29.♖c3

Klassisches Spiel – durch die Kontrolle der offenen c-Linie erhält Weiß die Möglichkeit zum Turmschwenk auf der dritten Reihe in Richtung Königsflügel.

29...♖f8 30.♘f5 ♖fe8 31.♘h6+

Die Stellung ist zu gut, um die Qualität zu nehmen!

31...♔f8 32.♕f6 ♘g7 33.♖cf3

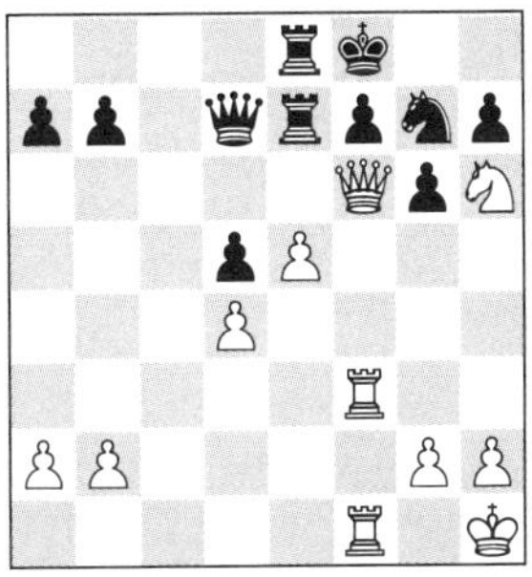

Mit dem Fall von f7 ist die Partie vorbei.

33...♖c8 34.♘xf7 ♖e6 35.♕g5 ♘f5 36.♘h6 ♕g7 37.g4 1:0

Eine ruhmreiche Partie von Botwinnik. Diese Partie, die ich als Jugendlicher in Raymond Keenes hervorragendem Buch An *Opening Repertoire for White* („Ein Eröffnungsrepertoire für Weiß") zu sehen bekam, inspirierte mich dazu, selbst diese Strategie gegen das Orthodoxe Damengambit aufzugreifen, und ich habe seitdem stets so gespielt!

Jetzt ist es Zeit für eine Partie mit AlphaZero auf der weißen Seite eines Karlsbaders. Wie wir sehen werden, hat auch Stockfish seine eigene unübliche Interpretation der schwarzen Seite in dieser Variante, und AlphaZeros Antwort können Sie sich vielleicht schon vorstellen... der Damenflügel kommt in seinen Plänen nicht großartig vor! Wir haben eine Partie in diesen Bahnen – ***„Kein Minoritätsangriff für AlphaZero"*** – bereits im Kapitel „Stützpunkte" gesehen, und hier betrachten wir ein weiteres großartiges Beispiel:

Partie: „AlphaZeros neuer Spielansatz im Karlsbader"

AlphaZero räumt Schwarz die Möglichkeit ein, die weiße Königsflügelstruktur im Austausch für eine offene g-Linie gegen den schwarzen König zu schwächen. Sobald diese geöffnet ist, mobilisiert AlphaZero seine Kräfte in gewohnter Weise: ein Läufer auf der Diagonalen b1-h7 und zwei Türme auf der g-Linie, assistiert von einer Dame auf der h-Linie. Wie wir schon oft gesehen haben, bringt die Hinzufügung eines Springers zum Angriff das Fass bei der schwarzen Stellung zum Überlaufen. AlphaZero gewinnt einen Bauern und schließlich die Partie.

Themen der Partie:

1. Preisgabe der Struktur zwecks Öffnung von Linien gegen den gegnerischen König [12.gxf3]
2. Langwierige Springermanöver [27.♘e2, 28.♘g3, 40.♘h5]
3. Passive gegnerische Figuren

AlphaZero
Stockfish 8
London 2018

1.d4 ♘f6 2.c4 e6 3.♘c3 d5 4.cxd5 exd5 5.♗g5 c6 6.e3 ♗d6 7.♗d3 0-0 8.♘f3 ♖e8 9.0-0 ♗g4

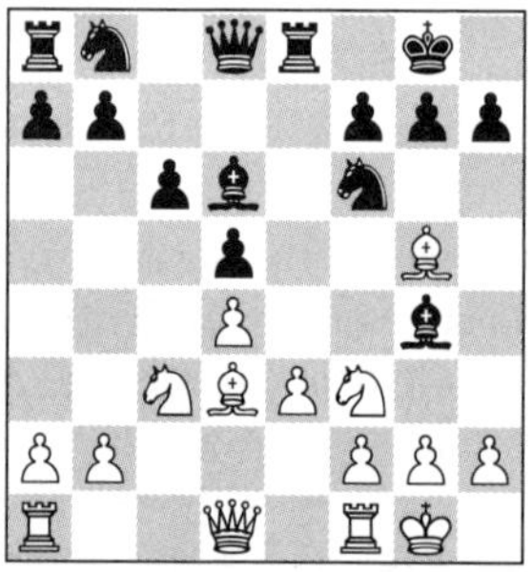

Beide Seiten haben sich in dieser Karlsbad-Struktur eines Orthodoxen Damengambits recht logisch entwickelt, wenngleich 6...♗d6 von Schwarz ehrgeiziger ist als normal (gewöhnlich wird 6...♗e7 gespielt, um die Fesselung des Springer f6 aufzuheben).
Mit seinem letzten Zug beabsichtigt Schwarz, seine Entwicklung mit ...♘bd7 zu vervollständigen, wonach

seine Stellung sehr harmonisch wäre. Einen Zug lang steht die Möglichkeit für Weiß offen, um die Situation aus dem Gleichgewicht zu bringen ... die AlphaZero (natürlich) auch wahrnimmt.

10.♕b3

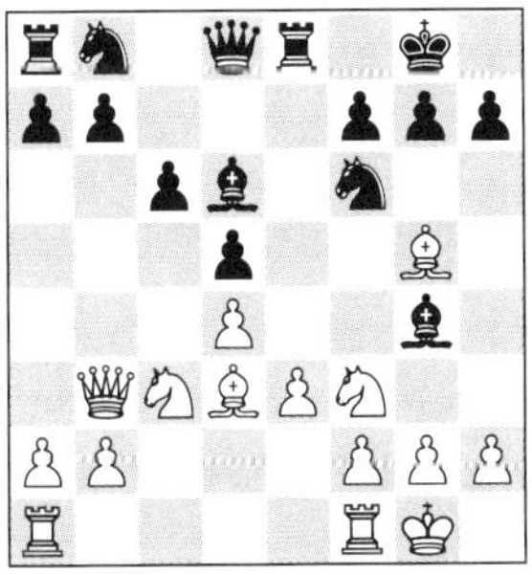

Weiß blickt auf den Bauern b7, und Schwarz muss sich schon ein wenig strecken, um ihn zu verteidigen. Die normale Reaktion mit 10...♕b6 würde Weiß erlauben, dem Schwarzen mit 11.♗xf6 gxf6 eine unangenehme Struktur am Königsflügel aufzubürden. Schwarz nimmt diese Struktur bisweilen auf sich, doch normalerweise zu einem früheren Zeitpunkt, an dem der Nachziehende noch die Möglichkeit hat, seine Figuren auf passende Felder zu stellen. Vor allem wird der Springer b8 üblicherweise schnellstmöglich nach d6 gebracht, um die weißfeldrigen Schwächen am Königsflügel zu stützen.
AlphaZero verlockt Schwarz dazu, mit 10...♗xf3 den Springer auf f3 zu schlagen. Dies gibt Weiß Doppelbauern und eine geschwächte Struktur am Königsflügel, gewährt Weiß aber auch eine Reihe von Vorteilen:

1. Weiß erhält das Läuferpaar.
2. Der weiße Bauer auf f3 kontrolliert e4, was dem schwarzen Springer auf f6 diesen Vorposten nimmt.
3. Die auf den schwarzen König gerichtete g-Linie ist geöffnet.

10...♘a6

Ein geistreicher taktischer Weg, b7 zu verteidigen.

11.♖fe1

11.♗xa6 (11.♕xb7 ♘b4) 11...bxa6 ist definitiv eine Möglichkeit.
Die Struktur von Schwarz am Damenflügel ist fürchterlich, doch seine Figuren sind aktiv, und die auf den dunklen Felder befindliche Bauernstruktur von Weiß wirkt ohne dass sein weißfeldriger Läufer die Löcher stopfen könnte porös. AlphaZero bietet lieber eine Struktur an, in der seine Figuren aktiver sind.
Die Stellung von Schwarz ist aktiv, doch es mangelt ihr ein wenig an Koordination. Der Läufer steht auf d6 aktiv, kümmert sich aber nicht um die unbehagliche Fesselung des Springer f6.
10...♘a6 ist der Drohung 11.♕xb7 mit der Entwicklung einer Figur begegnet, doch a6 ist ein armseliger Platz für den Springer. Der Läufer auf g4 greift den Springer f3 an, doch es ist nicht klar, ob Schwarz diesen auch schlagen will. Anders ausgedrückt, die schwarzen Figuren tun zwar alle etwas, aber es ist nicht klar, was sie gemeinsam tun.
Im Gegensatz dazu sind alle Figuren von Weiß, mit Ausnahme des Turms auf a1, auf die zentralen Felder d4, e4, d5 und e5 konzentriert, wodurch der Durchbruch e3-e4 definitiv möglich wird.
Stockfishs Entwicklungsschema war zwar kreativ, ist jedoch in meinen Augen nicht völlig zufriedenstellend.

11...♗xf3 12.gxf3

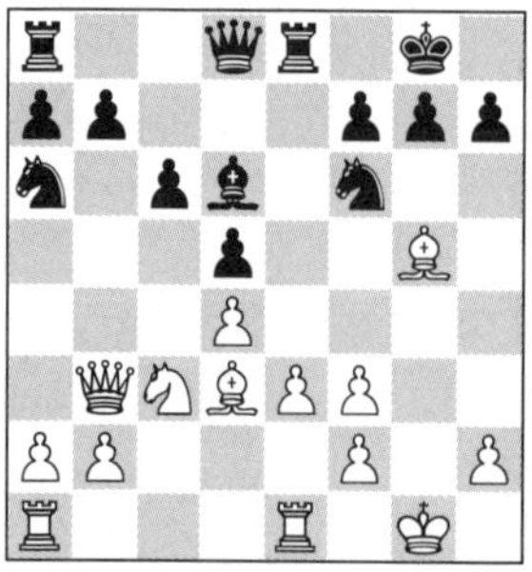

12...♖b8

Schwarz hat sich um die Bedrohung des Bauern b7 gekümmert und steht nun zu ...♘a6-c7-e6 bereit, um seinen Springer auf ein gutes Zentrumsfeld umzugruppieren. Weiß beginnt gleichfalls mit einer allgemeinen Umgruppierung, um die frisch geöffnete g-Linie auszunutzen. Genau wie wir es schon im Kapitel „Felderkomplexe derselben Farbe" gesehen haben, hat Weiß hier einen Läufer, der auf den schwarzen König zielt (der Läufer d3 auf der Diagonale b1-h7), eine offene Linie gegen den König (die g-Linie) und einen gegnerischen König, der sich in der Gefahrenzone befindet. Nun ist es für AlphaZero an der Zeit, Stärke am Königsflügel aufzubauen. AlphaZero beginnt mit der Überführung der Dame dorthin.

13.♕d1 ♘c7 14.f4 ♗e7 15.♕f3 ♘d7 16.♗xe7 ♖xe7 17.♕h3

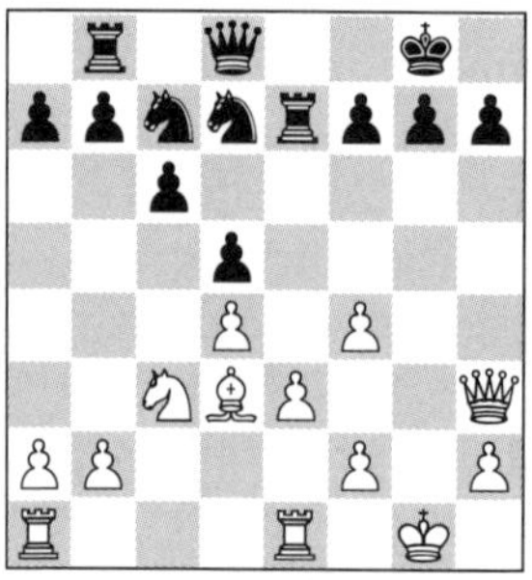

Tut sich mit dem Läufer gegen den Bauern h7 zusammen.

17...♘f6 18.♔h1

Nun ist es Zeit für die Türme, auf der g-Linie ins Spiel zu kommen.

18...♕d7 19.♗f5 ♕d6 20.♖g1

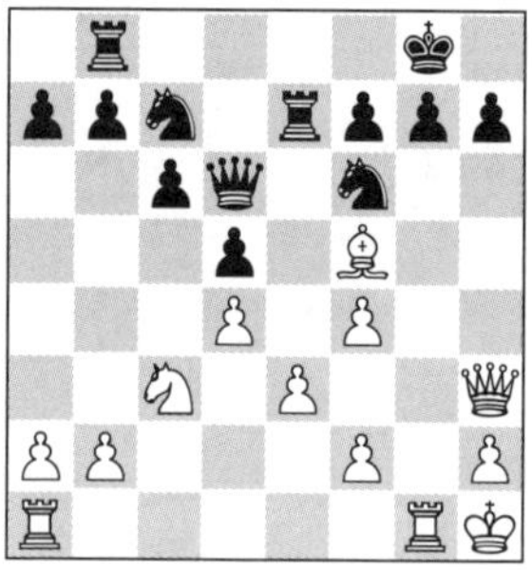

Da wären sie. Einmal mehr ist es Stockfish nicht gelungen, einen Weg zu finden, um am Damenflügel etwas zu erreichen, während AlphaZero am Königsflügel eine enorme Stellung aufgebaut hat.

20...♔h8 21.♗d3 ♖g8 22.♕h4 ♘ce8 23.♖g5 h6 24.♖ag1 ♖c7 25.a3 ♕e6 26.♖e5 ♕d6 27.♘e2

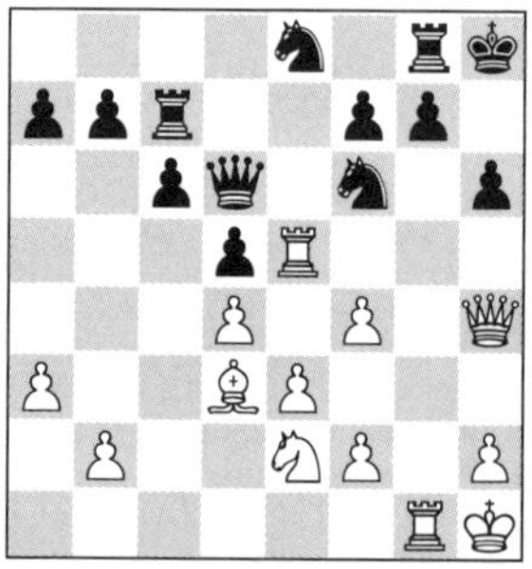

Ein für AlphaZero typisches langwieriges Springermanöver, mit dem der Springer von c3 auf das riesige Feld f5 überführt wird, von dem aus er die Königsflügelbauern auf g7 und h6 attackiert.

27...♘h7 28.♘g3 ♕f6 29.♕h3 ♘d6 30.f3 a6 31.a4 ♕d8 32.♖h5 ♕f6 33.a5

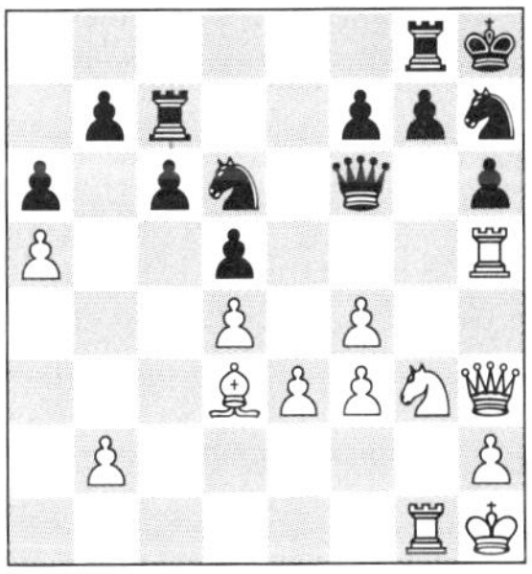

Das gefällt mir sehr: bevor es mit seinem Druckspiel am Königsflügel weitermacht, legt AlphaZero die schwarzen Damenflügelbauern auf den hellen Feldern fest, wo sie im Endspiel anfällig für Angriffe durch den weißfeldrigen Läufer sein können.

33...♖e7 34.♖e5 ♖c7 35.b3 ♖cc8 36.♗b1 ♖cf8 37.b4 ♕d8 38.♖h5 ♕f6 39.♖h4 ♖d8 40.♘h5 ♕e6 41.♕xe6 fxc6 42.♖hg4 ♘e8 43.♗xh7 ♔xh7 44.♖g6

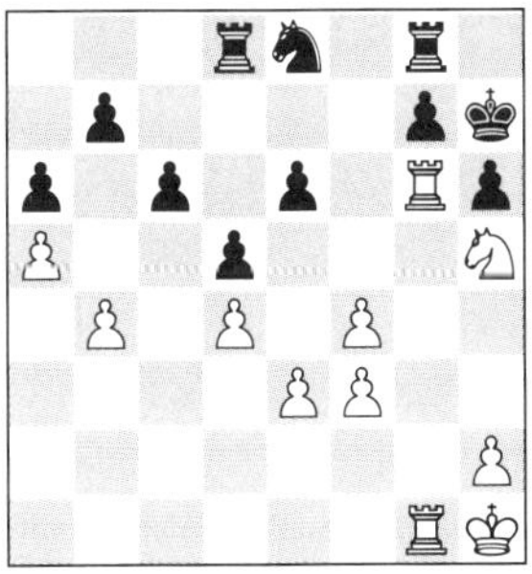

Wie von Zauberhand gewinnt Weiß einen Bauern, wonach der Ausgang nie mehr in Frage stehen wird.

44...♖d7

44...♖d6 hält am e-Bauern fest ..., doch der nächste Zug von Schwarz ist nicht leicht zu sehen! Tatsächlich verliert einzig ...♔h7-h8 keinen Bauern: 45.♖1g2 ♔h8 46.♔g1 ♔h7 47.♔f2 ♔h8 48.♔e2 ♔h7 49.♔d3 ♔h8 50.e4 nebst e4-e5 wird folgen, was den Bauern e6 letztlich dennoch gewinnt!

45.♖xe6 ♖f8 46.♔g2 ♘c7 47.♖e5 g6 48.♘g3 ♘e8 49.f5 ♖df7 50.fxg6+ ♔xg6 51.♘h5 ♔h7 52.f4 ♘d6 53.♔f2 ♘b5 54.♖g4 ♘c7 55.♔f3 ♘e8 56.♔e2 ♖f5 57.♔f2 ♖5f7 58.♖g2 ♘c7 59.h3 ♘e8 60.♖g1 ♘c7 61.♖g4 ♖d7 62.♔e1 ♖df7 63.♔f1 ♘b5 64.♔g2 ♘c7 65.♔f3 ♘b5 66.♘g3 ♘c7 67.♘e2 ♘e8 68.♘c1 ♘g7 69.♘d3 ♖f6 70.h4 ♖8f7 71.h5 ♖c7 72.♔f2 ♖cf7 73.♘c5 ♔h8 74.♖g6 ♘xh5 75.♖e8+ ♔h7 76.♖xf6 ♘xf6 77.♖b8 ♘e4+ 78.♘xe4 dxe4 79.♖e8 ♔g6 80.♖xe4 ♔f6 81.♖e5 ♖h7 82.♖h5 ♔g6 83.♖h4 b6 84.♖g4+ ♔f6 85.♖g1 bxa5 86.bxa5 ♖d7 87.♖c1 ♖d6 88.♖c5 ♔e7 89.♔f3 1:0

TEIL V

Fazit

KAPITEL 17

Epilog

Ich hoffe, Sie konnten die sensationellen Partien zwischen AlphaZero und Stockfish genießen, inklusive unserer Eindrücke über den neuartigen Spielansatz, den diese zutage fördern. Wir schließen mit einer Rekapitulation dessen, was wir über Schach gelernt haben, ab, geben unsere Gedanken, wie es war, mit KI zu arbeiten, und sinnieren über das Potenzial jener Technologien, mit denen AlphaZero erschaffen wurde.

Was wir von AlphaZero über Schach gelernt haben

AlphaZero hat sich selbst auf eine einzigartige Weise Schach beigebracht, indem es Millionen blitzschneller Partien gegen sich selbst gespielt hat. Ihm wurde keinerlei Wissen über etablierte Schachstrategien mitgegeben. Im Ergebnis war AlphaZero frei, seine eigenen Schachtechniken und Stile zu entwickeln.

Schach wäre natürlich ein zu einfaches Spiel, wenn das Ergebnis einer jeden Entscheidung unmittelbar zutage treten würde. Wir sind dazu nicht in der Lage, und die Anzahl der Möglichkeiten ist so groß, dass es die Maschinen auch nicht können. So finden Computer, ganz gleich wie wir, nur durch eine Kombination von Berechnung und Strategie durch das Labyrinth.

Wie **Demis** es ausdrückte:

> „Sie können sich AlphaZero wie folgt vorstellen. Sie haben einen riesigen Suchraum, der zu groß ist, um jemals von irgendeinem Computer innerhalb einer beliebigen Zeitspanne mit roher Rechenkraft durchforstet werden zu können. Man hat begrenzte Zeit und Ressourcen und muss den richtigen Weg durch den Dschungel der Möglichkeiten finden. Die meisten Wege sind furchtbar, aber einige wenige sind gut. Es ist wirklich ein intelligenter Suchprozess. Und es ist dieselbe Struktur, wie man sie auch bei vielen wissenschaftlichen Fragestellungen vorfinden wird."

Die Menschen haben sich schon lange daran gewöhnt, von Computern zu lernen. Vereins- wie Turnierspieler setzen regelmäßig Engines ein, um ihre Varianten zu überprüfen und um ihre Partien nach Beendigung zu begutachten. Traditionelle Schach-Engines wie Stockfish oder Houdini sind unglaublich stark darin, taktisch verworrene Situation in einem Bruchteil der Zeit zu entwirren, die wir dafür benötigen würden.

Es kommt jedoch nur selten vor, dass man aus ihrem rechenintensiven Spielstil grundsätzliche Erkenntnisse herausfiltern könnte. Im Gegensatz dazu spürt man bei der Spielweise von AlphaZero beständig Sinn und Zweck. Dies erklärt, warum AlphaZeros Partien einen so fruchtbaren Boden für das intuitive Lernen menschlicher Spieler darstellen.

Wie **Demis** es erläutert:

> „Es gibt Grenzen beim Lernen von Maschinen, weil es bestimmte Dinge gibt, die Maschinen tun, die man so nicht nachmachen kann, z.B. das Berechnen von Millionen von Zügen. Was wir bei AlphaZero feststellen, ist, dass einige der Verbesserungen und Weiterentwicklungen strategischer Natur sind, und das ist sehr aufregend, weil dies etwas sein könnte, was wir vielleicht in unser eigenes Spiel einbauen können."

Viel Freude beim Schreiben dieses Buches bereitete die Suche nach Merkmalen in AlphaZeros Spiel, die an große Spieler der Vergangenheit und Gegenwart erinnern, sowie das Aufdecken der neuen Spieltechniken, die AlphaZero entwickelt hat. Indem wir die wichtigsten Lehren aus Hunderten von Jahren menschlicher Bestrebungen (die AlphaZero auf seiner eigenen Entdeckungsreise reproduziert hat) mit den originalen AlphaZero-Themen verbinden, die wir in diesem Buch beschrieben haben, hoffen wir, dem Leser zu einem tieferen Verständnis des Schachspiels zu verhelfen.

Es gibt viele Bereiche, in denen wir aus den Partien von AlphaZero gelernt haben, oder bei denen wir glauben, dass AlphaZero das schachliche Denken zukünftig beeinflussen wird:

Wahl des Eröffnungsrepertoires

AlphaZero zeigt bei seiner Eröffnungswahl ausgeprägte Vorlieben: mit Weiß vermeidet es 1.e4 (wegen der Antwort 1...e5) und gibt eindeutig 1.d4 oder 1.♘f3 den Vorzug.

Es ist anzunehmen, dass AlphaZeros Eröffnungsvorlieben Profis wie Clubspieler gleichermaßen beeinflussen werden, insbesondere da AlphaZeros Eröffnungsvarianten hervorragend auf sein allgemeines strategisches Konzept abgestimmt sind. Man kann durch das Studium von AlphaZeros Partien nicht nur sein allgemeines schachliches Niveau erhöhen, nein, man bekommt dazu auch ein gebrauchsfertiges Eröffnungsrepertoire geliefert, um das Gelernte gleich nutzbringend anzuwenden!

Neue Entdeckungen bei der Eröffnungsvorbereitung

Wie wir im Kapitel „ZeroZeroZero" gesehen haben, kann AlphaZeros Einschätzung unausgewogener Stellungen – beispielsweise solcher, in denen eine Seite den einen oder anderen Bauern für die Initiative geopfert hat – stark von der traditioneller Engines abweichen. Beim Blick durch unsere eigenen Eröffnungsanalysen ist beiden Autoren aufgefallen, dass sich in vielen gewagt aussehenden Situationen die Engines auf eine 0,00-Bewertung versteifen. Wir werden diese Varianten überarbeiten und uns dabei vorzustellen versuchen, wie AlphaZero diese spielen würde! Wir sind uns sicher, dass professionelle Spieler mit ihren Analysen dasselbe machen werden, und dies wird einen signifikanten Einfluss auf die theoretische Bewertung bestimmter komplexer Eröffnungsvarianten haben.

Neubewertung von Kompensation und Initiative

Im Zusammenhang mit dem obigen Punkt glauben wir, dass die Partien von AlphaZero eine Neubewertung dessen bewirken werden, was Menschen als akzeptable langfristige Kompensation für ein Opfer ansehen. AlphaZeros Ansatz hat gezeigt, dass viele Materialopfer für die Initiative sich auch gegen das herausragendste Verteidigungsspiel als korrekt erweisen können.

Eine Reihe neuer Angriffstechniken

AlphaZero baut seine Königsangriffe oft in schematischer Weise auf, indem es Druck entlang einer auf die gegnerische Königsstellung gerichteten Linie mit Druck auf einer entsprechenden Diagonale kombiniert. Es unterstützt seine Angriffskräfte, sofern möglich, durch Überführung eines Springers auf einen drohenden Stützpunkt. Dies wird in den Partien ***„Kein Minoritätsangriff für AlphaZero!“*** und ***„Wenn ein Plan perfekt aufgeht“*** demonstriert, um nur zwei zu nennen. AlphaZero hat reichlich vom Marsch des Randbauern zwecks Schwächung der gegnerischen Königsstellung und Einengung dessen Königs Gebrauch gemacht, und seine Handhabung von Angriffsstellungen mit ungleichfarbigen Läufern ist äußerst eindrucksvoll. Diese Techniken können dem eigenen Arsenal hinzugefügt werden, und wir werden sicherlich zahlreiche solcher Angriffe im AlphaZero-Stil von menschlichen Spielern zu sehen bekommen.

Neue auf Figurenbeweglichkeit basierende Strategien

Das beeindruckendste Merkmal von AlphaZeros Spiel – und da stehen viele zur Auswahl – ist sein Verständnis der Mobilität und Aktivität der eigenen Figuren im Vergleich zu denen des Gegners. Dies hat zu erstaunlichen Spielpassagen geführt: zum Beispiel die wunderschöne ***„Würgeschlange“***, in der AlphaZero nahtlos von einem Bauernsturm am Königsflügel zu einer Strategie umschaltet, die die Einkerkerung des passiven schwarzen Turms auf h8 zum Thema hat. Die Klarheit und Zielgerichtetheit, mit der AlphaZero dieses Thema umsetzt, sollte ein lehrreiche Anleitung dafür sein, dieses fortgeschrittene Konzept massentauglich zu machen.

Neue Wege für den Unterricht des Spiels

Schließlich eröffnen die Partien von AlphaZero neue Möglichkeiten, das Spiel sowohl jungen Nachwuchsspielern als auch älteren Erwachsenen zu vermitteln. Sein kreatives Spiel enthält Elemente, die wir mit unserem althergebrachten Wissen wiedererkennen können, und wird mit einem Rhythmus und einer Zielgerichtetheit durchgeführt, die sich intuitiv menschlich anfühlt. Wir können uns keinen besseren Ratgeber zum Lernen und Verbessern unseres Spiels vorstellen!

Wie war die Erfahrung, mit KI zu arbeiten?

Bei dem Füllhorn an Ideen in diesem Buch könnte leicht in Vergessenheit geraten, dass es bei AlphaZero um mehr als nur um Schach geht. AlphaZero ist ein *Machbarkeitsnachweis*, der die Fähigkeit der KI demonstriert, komplexe Probleme ohne die Verwendung menschlichen Strategiewissens zu lösen. Anders ausgedrückt, Schach ist ein Testfeld.

Während des Schreibens dieses Buches haben wir uns öfters gefragt, ob DeepMind hätte AlphaZero noch stärker machen können, indem man ihm traditionelles Schachwissen wie etwa Endspiel-Tablebases oder Eröffnungsbücher mitgegeben hätte. Vielleicht versucht das jemand in der Zukunft – und es wäre interessant, die Ergebnisse zu sehen –, aber damit würde man den Sinn von DeepMinds Beschäftigung mit dem Schach missverstehen.

Sowohl von der erreichten Stärke wie auch von den gemachten Entdeckungen her war dieser Machbarkeitsnachweis ein großer Erfolg, und das Projekt AlphaZero ist ein wichtiger Meilenstein des maschinellen Lernens sowie der Entwicklung der KI.

Wie wäre es, wenn Menschen und Algorithmen zusammenarbeiten würden? Unser Fachwissen wurde bei diesem Projekt nicht dafür genutzt, um AlphaZero stärker zu machen. Vielmehr war es unsere Aufgabe, bestmöglich zu verstehen, was AlphaZero beim Schach entdeckt hatte, und ansprechend zu erläutern, was Menschen von ihm lernen können, wobei die Freude auch nicht zu kurz kommen sollte.

Auf Grundlage unserer Erfahrungen können wir uns jedoch gut vorstellen, dass Wissenschaftler und Forscher in anderen Bereichen mit der KI zusammenarbeiten werden, um vielversprechende Forschungsansätze für komplexe Probleme wie Krankheitsvorsorge und Klimawandel zu finden. Oder wie Demis es in einem Artikel für die *Financial Times* vom 21. April 2017 beschrieben hat: „Die KI ist analog zum Hubble-Teleskop in vielerlei Hinsicht ein wissenschaftliches Werkzeug, das es uns ermöglicht, weiter zu sehen und das Universum um uns herum besser zu verstehen."

Wir haben bereits darüber gesprochen, was man von AlphaZero zur Verbesserung seines eigenen Spiels lernen könnte. Es gibt jedoch eine weitere interessante Frage, die für Wissenschaftler, die künftig ihr eigenes Fachgebiet mit Hilfe von KI erforschen wollen, von Bedeutung sein mag: Wie war die Erfahrung, mit KI zusammenzuarbeiten?

Natasha:

Praktisch unmittelbar, nachdem im Dezember 2017 die zehn AlphaZero-Partien veröffentlicht wurden, schlug ich Matthew vor, dass wir über AlphaZero ein schönes Buch schreiben könnten. Wir hatten zuvor schon bei dem Buch *Chess for Life* zusammengearbeitet und hatten auch über ein neues Buch zum Lernen von Schachcomputern diskutiert. Matthews erste Reaktion war etwas skeptisch („das hört sich nach verdammt viel Arbeit an!"), doch ich erinnerte ihn daran, dass er ja eigentlich gern hart arbeitet und dass

AlphaZero mitsamt der KI derzeit den großen Paradigmenwechsel im Schach einläutet. Wir sind mit dieser Idee dann an Demis herangetreten, und sie gefiel ihm – es kommt ja seinem Wunsch entgegen, den Menschen zu zeigen, was sie von der KI lernen können –, und bald darauf war das Projekt geboren.

Es war so etwas wie das Whirlwind-Projekt aus dem Kalten Krieg. Wir hatten alles vertraulich zu halten, da DeepMind das von Experten begutachtete Nachfolgepapier zu AlphaZero veröffentlichte. Zur selben Zeit machte Matthew Entdeckungen wie etwa langfristige Opfer, den Marsch des Randbauern oder 0,00, was wir gern unseren Freunden erzählt hätten. Daneben hatte ich hart zu arbeiten, um sicherzustellen, dass unsere Ergüsse stets einfach und logisch sowie innerhalb des vorgegebenen Umfangs bleiben würden.

Eine kleine Warnung an all diejenigen Leser, deren schachliche Stärke näher bei meiner als der von Matthew liegt: man muss das gesamte eigene Schachwissen einsetzen, anstatt blind einzelnen Motiven von AlphaZero nachzueifern. Glauben Sie mir, ich habe es ausprobiert! In meiner Euphorie während der ersten Monate des Jahres 2018 habe ich einige zwar interessante, doch letztlich vom Misserfolg geprägte Partien gespielt, in denen ich unabhängig von der konkreten Situation blindwütig meine Randbauern vorgeschoben hatte, um zu sehen, was passiert. Das Ergebnis war dann für gewöhnlich, dass mir mein Gegner in der nachträglichen Analyse geduldig erklärte, dass es doch nicht der richtige Plan war, den Randbauern vorzustoßen, da dies meinen Königsflügel geschwächt hatte!

Höhepunkte dieser für mich unvergesslichen Monate waren die Interviews mit Demis und dem DeepMind-Team sowie das Entwickeln eines Verständnisses dafür, wie AlphaZero denkt. Es ist ganz ähnlich verdrahtet wie unsere Gehirne; ein Gedanke, den ich als fesselnd, aber auch etwas beängstigend empfand! Zweifellos ist diese Technologie extrem leistungsfähig, und sie wird sich rasch weiterentwickeln und damit auch Erkenntnisse bezüglich komplexer Entscheidungen im Alltagsleben liefern.

Matthew:
Ich hatte das Gefühl, mit einem intelligenten Wesen zu arbeiten, das stets den Blick auf das Ganze hatte, mit einer durchgängigen Konzeption, was sich schon in der Art zeigte, wie es das Spiel eröffnete, und das diese ersten Züge dann mit seinen Lieblingskonzepten im Mittelspiel verband. Ich habe keine Ahnung, ob dieses Konzept auch die letztgültige Wahrheit darstellt – ist 1.d4 wirklich besser als 1.e4 ? –, aber die Arbeit mit dieser Art von intelligentem Wesen war genauso bereichernd wie eine enge Zusammenarbeit mit einem hochkompetenten Spezialisten. [Natasha: „Danke Dir!“ Matthew: „Mit Dir zu arbeiten ist auch toll, doch ich habe jetzt AlphaZero gemeint!“]

Ich hatte auch das Gefühl, dass mein komplettes Wissens, das ich mir in jahrelanger akribischer Arbeit angeeignet habe, von einer starken, unparteiischen Instanz validiert worden war. Viele der grundlegenden Dinge, die ich kannte und konsequent anwandte, schienen richtig zu sein (z.B. der Wert der Zentrumskontrolle). Faszinierend war jedoch, dass andere Konzepte, die ich als beiläufig und vielleicht nur in einer begrenzten Anzahl von Situationen als nützlich erachtet habe – zum Beispiel die Fugurenbeweglichkeit, insbesondere die relative Beweglichkeit der Figuren beider Parteien – von AlphaZero als grundlegende Bausteine für eine dauerhaft erfolgreiche Strategie angesehen wurden. Nach vielen Stunden der Analyse konnte ich stets nur zustimmen. Dies hat zu einer tiefgreifenden Veränderung der Faktoren geführt, die ich bei der Bewertung eines Schlachtplans berücksichtigen werde.

Beim Rückblick auf das gesamte Geschehen wurde mir plötzlich klar, wie einzigartig diese Gelegenheit war. Ich hatte viele Monate damit verbracht, mein Fachgebiet mit Hilfe einer leistungsfähigen künstlichen Intelligenz zu erforschen. Und ich denke, dass mein Schachverständnis durch diesen Prozess verändert und unermesslich bereichert worden ist.

Vom Schach in die weite Welt

Nach AlphaZeros Abenteuern im Schach sind die Autoren gespannt, welche Spuren AlphaZero in der weiten Welt hinterlassen wird. **Demis** sagte zu uns:

> „Ich glaube, dass sich die KI als eine der größten Erfindungen der Menschheitsgeschichte erweisen wird. DeepMind arbeitet gemeinsam mit anderen Organisationen an der Entwicklung dieser Technologie, damit diese uns als Gesellschaft letztendlich helfen kann, die größten und kompliziertesten Herausforderungen unserer Zeit zu bewältigen. AlphaZero ist ein wichtiger Schritt zur Erreichung dieses Ziels und es bedeutet mir sehr viel, dass wir sein Potenzial an einem der ältesten und faszinierendsten Spiele, dem Spiel meiner Kindheit, nämlich dem Schach, testen konnten. Wenn wir jetzt mit dieser Herangehensweise die größten Probleme der Menschheit anpacken, könnten wir im Begriff stehen, in ein neues wundervolles Zeitalter einzutreten!“

Mit diesen Worten möchten wir unser Buch abschließen, mit dem wir hoffentlich unsere Leser (wie auch uns selbst!) mit faszinierendem neuartigen Wissen versorgt und mit Inspiration für die Zukunft ausgestattet haben, sowohl für die größten Herausforderungen, vor denen die Menschheit steht, wie auch für unsere kleineren Kämpfe am Schachbrett!

KAPITEL 18

Technische Anmerkungen

I Partien

Die hier präsentierten Partien von AlphaZero wurden von DeepMind zur Verfügung gestellt und entstammen den folgenden Quellen:

1. Ein Match, das im Januar 2018 zwischen AlphaZero und Stockfish aus der normalen Grundstellung heraus gespielt wurde

Aus diesem Match wurden uns 110 Partien zur Untersuchung zur Verfügung gestellt. In diesen spielte AlphaZero 80 Partien mit Weiß und 30 Partien mit Schwarz (es gab eine signifikante Anzahl von Dubletten, insbesondere wenn Stockfish Weiß hatte; daher rührt die kleinere Anzahl uns zur Verfügung gestellter Schwarzpartien). In diesem Match gewann AlphaZero gegen Stockfish, bei 155 Siegen und sechs Niederlagen aus 1000 Partien.

2. Ein Match, das im Januar 2018 zwischen AlphaZero und Stockfish mit den im vorangegangen TCEC-Wettbewerb verwendeten Eröffnungsstellungen gespielt wurde

100 Partien aus diesem Match wurden uns zur Untersuchung zur Verfügung gestellt.

Aus den Partien, die aus der normalen Ausgangsstellung begonnen wurden, wurde aus jeder spezifischen, über 30 Halbzüge reichenden Eröffnungszugfolge eine Partie zufällig ausgewählt; ebenso wurden alle Niederlagen von AlphaZero eingeschlossen. Aus dem TCEC-Match wurde aus jeder der Eröffnungsstellungen je eine Partie mit Weiß und mit Schwarz zufällig herausgepickt. In dieser Serie gewann AlphaZero 17, remisierte 75 und verlor 8 Partien.

3. Partien, die als Teil des Begutachtungsprozesses für die Veröffentlichung des DeepMind-Papers über AlphaZero in der Zeitschrift *Science* gespielt wurden

Für die Veröffentlichung in *Science* wurde eine Serie von Matches aus beliebten Eröffnungsstellungen, wie sie auf einer populären Webseite spezifiziert wurden, ausgetragen. 2000 Partien wurden uns zugänglich gemacht.

Bei diesen Matches lief AlphaZero auf einer Einzelmaschine mit vier TPUs der ersten Generation. Alle Zweikämpfe wurden mit Zeitkontrollen von drei Stunden für die Partie, zuzüglich 15 Sekunden für jeden Zug, ausgetragen. Stockfish wurde genau wie beim Superfinale der 2016er TCEC-Weltmeisterschaft konfiguriert: 44 Threads mit 44 Kernen, Hashtabellen von 32 GB Größe, Endspiel-Tablebases von Syzygy.

4. 140 Partien, die AlphaZero und Stockfish auf unser Gesuch aus bestimmten Eröffnungsstellungen gespielt haben

Wir wollten wissen, welche Eröffnungsschemata AlphaZero als Schwarzer gegen 1.c4 sowie gegen Systeme mit 1.d4 und 2.c4 (die Stockfish selten spielt) wählt. Wir wollten auch sehen, welche Systeme AlphaZero mit Weiß wählen würde, wenn es mit der Königsindischen oder der Grünfeld-Indischen Verteidigung konfrontiert wird. Diese Partien wurden mit viel kürzeren Zeitkontrollen mit 18 Minuten pro Spieler plus 1,5 Sekunden pro Zug ausgetragen.

Von jeder dieser Partien erhielten wir die gespielten Züge wie auch die Bewertungen von AlphaZero und von Stockfish nach jedem Zug.

II Analyse der AlphaZero-Partien

Während der Vorbereitungen zu diesem Buch wurde die Analyse der Partien zwischen AlphaZero und Stockfish auf folgende Weise durchgeführt:

1. Originalanalyse ohne Engineunterstützung

Die Analyse von Partien, in denen eine Seite zum Erfolg kommt, weil sie die Bewertungen der landläufigen Engines infrage stellt, ist aus Sicht des Kommentators eine ungewöhnliche Aufgabe. Für dieses Buch habe ich weit mehr enginefreie Analysearbeit vollbracht als jemals zuvor, hauptsächlich um AlphaZeros Angriffsabsichten zu enträtseln!

2. Echtzeit-Überprüfung durch Engines

Ich habe meine Analysen mit dem folgenden System überprüft:

CPU	Intel Core i7-7660U CPU @2.50Ghz (2 Kerne)
RAM	8GB

Die folgenden Engines wurden während dieses Projekts benutzt:

Engine	Version
Komodo	11.2.2
Komodo	11.3.1
Stockfish	8
Stockfish	9
Houdini	6.02

3. Fehlersuche

Die Partien wurden mit der Funktion „Fehlersuche“ der Fritz-Benutzeroberfläche nach groben Fehlern durchsucht, wobei maximal zehn

Minuten pro Partie eingeräumt wurden. Die Partien wurden auf einem System mit den folgenden Spezifikationen nach Fehlern durchforstet:

CPU	Intel Xeon CPU E5-2667 v3 @3.20Ghz (6 Kerne)
RAM	8GB

4. Tiefe Analyse von Stellungen
Bestimmte Stellungen wurde mindestens 240 Minuten lang mit der Funktion „Tiefe Analyse" der Fritz-Benutzeroberfläche analysiert. Diese Analysen fanden auf einem System mit den folgenden Spezifikationen statt:

CPU	Intel Xeon CPU E5-2667 v3 @3.20Ghz (6 Kerne)
RAM	8GB

5. Ausspielen von Stellungen
Ich habe auch zwischen AlphaZero und Stockfish entstandene Stellungen ausgespielt, hauptsächlich um Stockfishs Verteidigungsressourcen zu beurteilen. Ich habe diese Partien mit 15 Minuten zuzüglich 5 Sekunden Inkrement gegen folgendes System gespielt:

Plattform	iPhone 7 Plus
Engine	Smallfish (Stockfish 9 Engine)

6. Analyse durch AlphaZero
Stellungen wurde zu Analysezwecken an AlphaZero übermittelt, und ich erhielt den Output in Form einer graphischen Präsentation des Variantenbaums (ein Beispiel für diesen wurde im Kapitel „Wie AlphaZero denkt" vorgestellt). AlphaZero hat jede übermittelte Stellung 60 Sekunden lang analysiert. Die Analyse wurde auf derselben Hardware durchgeführt, die auch im Match gegen Stockfish eingesetzt wurde: eine Einzelmaschine mit vier TPUs der ersten Generation.

III TCEC-Hardware für das Match zwischen Stockfish und Houdini
TCEC-Hardware gemäß den Informationen auf der TCEC-Webseite (http://tcec.chessdom.com/live.php).
CPUs: 44 Kerne – > 2 x Intel Xeon E5 2699 v4 @ 2,8 GHz – Motherboard: Supermicro X10DRL-i – RAM: 64 GB DDR4 ECC – SSD: Crucial CT250M500 240 GB – Tower: Supermicro – OS: Windows Server 2012 R2

Glossar

A

Alpha-Beta-Suchalgorithmus
Eine Methode, um einen Baum von Möglichkeiten effizient zu durchsuchen, indem die Anzahl der betrachteten Optionen reduziert wird. Ein neuer Zug muss nicht weiter untersucht werden, sobald eine einzige Entgegnung gefunden worden ist, die zeigt, dass der Zug einem zuvor gefundenen unterlegen ist. Man vergleiche dies mit einer typischen praktischen Situation, in der man sich zwischen einem sicheren Zug und einer brillanten, aber risikoreichen Idee entscheiden muss. Glücklicherweise merken Sie rasch, dass die brillante Idee umgehend eine Figur verliert! Sie können die brillante Idee verwerfen und Ihre Bemühungen auf sicherere und bessere Möglichkeiten konzentrieren.

AlphaGo
Das erste Computerprogramm, das einen professionellen Go-Spieler bezwingen konnte, und zugleich das erste Computerprogramm, das einen Go-Weltmeister schlug. Es lernt zunächst vom Spiel menschlicher Experten und anschließend durch selbstbestärkendes Lernen und erreicht so übermenschliche Stärke im Go.

AlphaGo Zero
Ein System, dass vollständig durch Spielen gegen sich selbst übermenschliche Stärke im Go erlangte, ohne hierfür menschliches Expertenwissen zu benötigen.

AlphaZero
Ein einzelner Algorithmus, der – Tabula rasa – in vielen anspruchsvollen Spielen übermenschliche Leistung erbringen kann. Mit Zufallspartien beginnend und ohne fachspezifisches Wissen außer den Regeln, erreichte AlphaZero innerhalb von 24 Stunden in den Spielen Schach, Shogi (Japanisches Schach) und Go übermenschliche Stärke und besiegte die jeweiligen Weltmeisterprogramme überzeugend.

B

Bewertungsfunktion
Eine Funktion, die von Spielprogrammen benutzt wird, um den Wert einer Stellung einzuschätzen bzw. um zu bestimmen, wie gut eine Stellung ist.

Brute-Force-Methode
Alle möglichen Lösungskandidaten werden durchnummeriert und dann wird für jeden einzelnen Kandidaten geprüft, ob dieser die optimale Lösung darstellt. Im Kontext eines Spiels: eine erschöpfende Untersuchung aller möglichen

Züge und aller möglichen sich anschließenden Zugfolge.

C

CPU (Central Processing Unit)
Ein Chip, der als Prozessor für den Computer arbeitet und der gewöhnlich in allen modernen Computern zu finden ist.

D

Dan-Grade, Go
Siehe unter „Go“.

E

Elo
Das Elo-Wertungssystem berechnet die relative Stärke von Spielern in Nullsummenspielen (wie etwa Schach).

Endspiel-Tablebases
Eine Endspieldatenbank, die kreiert wurde, indem man sich von der Schlussstellung (schachmatt) rückwärts hangelt. Ausgearbeitet und dokumentiert sind die Bewertungen von Stellungen mit bis zu sieben auf dem Brett befindlichen Steinen – die Syzygy-Tablebases.

Engine
Ein Computerprogramm, das sehr gut Schach spielt! Bekannte Vertreter sind Stockfish – AlphaZeros Gegenspieler in diesem Buch –, Houdini und Komodo.

Eröffnungsbuch
Eine Datenbank mit Zügen aus der Grundstellung heraus, häufig von traditionellen Engines bei ihren Partien verwendet. In den Hunderten von Jahren menschlicher Praxis wurden viele Wege erforscht, um eine Partie anzufangen. Diese wurden umfangreich dokumentiert, zunächst in Büchern – Eröffnungsbücher sind unter den beliebtesten Schachbüchern – und in jüngerer Zeit in Computer-Datenbanken.

F, G

Go
Go ist ein trügerisch einfaches Strategiespiel, das vor etwa 3000 Jahren in China entstand. Die Spieler setzen abwechselnd schwarze und weiße Steine auf einem 19x19-Brett; im Bemühen, gegnerische Steine zu schlagen und mehr unbesetzten Raum zu umzingeln als der Gegner. Trotz der simplen Regeln ist Go außerordentlich komplex, mit mehr als 10 hoch 170 möglichen Brettstellungen.

Go, Dan-Grade
Go-Spieler werden nach Kyü- und Dan-Graden eingeteilt; demselben System, das auch bei den Kampfsportarten angewandt wird. Anfänger hangeln sich durch die Kyü-Grade, welche mit wachsendem Spielniveau niedriger werden, bis der Spieler den 1. Kyü erreicht. Darauf folgen die Dan-Grade der Amateure, die vom 1. Dan bis zum 6. oder 7. Dan reichen. Professionelle Go-Spieler haben ein eigenes Ranglistensystem, das vom 1. (Profi-)Dan bis zum 9. Dan geht.

GOFAI (Good Old-Fashioned Artificial Intelligence)
Gute altmodische KI – oder symbolgestützte KI – war ein ursprünglicher

Ansatz bei der Schaffung intelligenter Systeme, der auf Logik und symbolgestütztem Denken beruhte. Dies steht im Gegensatz zu den heutigen lernenden Systemen.

GPU (Graphics Processing Units)
Grafikprozessor – spezielle Computerchips, die eigens für die grafische Verarbeitung entwickelt wurden.

H, I, J, K

Künstliche Intelligenz
Ein Feld, das der Schaffung intelligenter Maschinen gewidmet ist, die ihre Umwelt wahrnehmen und Handlungen tätigen können, und zwar so, dass die Erfolgschance größtmöglich ist.

L, M

Maschinenlernen
Maschinenlernen ist ein Teilbereich der Künstlichen Intelligenz. Hierbei geht es um statistische Verfahren, die das Computersystem in die Lage versetzen, aus Erfahrung zu lernen, ohne gezielt programmiert werden zu müssen.

Monte-Carlo-Suchalgorithmus
Eine machtvolle Alternative zur Alpha-Beta-Baumsuche, die den zusätzlichen Vorteil hat, dass vorausgehendes Wissen darüber, welche Züge aussichtsreich sind und welche nicht, berücksichtigt werden kann. Des Weiteren ist die MCTS (Monte Carlo tree search) tolerant in Bezug auf Ungenauigkeiten der Bewertungsfunktion, da sie die Bewertung über viele verschiedene Positionen mittelt.

N

Neurales Netzwerk
Ein Computersystem, das ganz grob nach den Verknüpfungen und Neuronen des menschlichen Gehirns modelliert ist.

O, P, Q, R, S

Selbstbestärkendes Lernen
Ein Verfahren, das bei der KI-Forschung inzwischen regelmäßig angewandt wird. Das System lernt durch Versuch und Irrtum, mit Belohnungen und Strafen (Quelle: https://deepmind.com/blog/deep-reinforcement-learning/). Das System soll seine Belohnungen maximieren und dadurch die Aufgabe lernen. Im Falle von Schach ist die Belohnung 1 Punkt für den Sieg.

Shogi
Shogi ist auch als Japanisches Schach bekannt. Es ist ein strategisches Brettspiel für zwei Spieler. Geschlagene Shogi-Steine können später wieder eingesetzt werden, was zu faszinierenden taktischen Sequenzen führen kann.

Spiele mit vollständiger Information
Als Spiele mit vollständiger Information werden Spiele bezeichnet, in denen jeder Spieler vollständig über das bisherige Geschehen informiert ist, einschließlich der Ausgangssituation. Hierunter fallen beispielsweise Go, Schach, Shogi und Backgammon.

Stockfish
Eine Schach-Engine mit offenem Quellcode, die in der Rangliste

der Schach-Engines stets an erster Stelle oder knapp dahinter stand und viele unoffizielle Computerweltmeisterschaften gewonnen hat.

T

Tabula rasa
Eine lateinische Phrase, die „unbeschriebenes Blatt“ bedeutet, d.h. man beginnt vom Nullpunkt.

TCEC (Top Chess Engine Championship)
Derzeit der bedeutendste Computerwettbewerb. Während die Top-Engines nicht regelmäßig bei der Computerweltmeisterschaft dabei sind, sind Stockfish, der Star dieses Buches, wie auch die anderen großen Nummern wie etwa Houdini oder Komodo ständige Gäste der TCEC. Dreißig Engines mit einer Elozahl über 2800 nehmen an diesem Wettbewerb teil, der in fünf Ligen unterteilt ist (mit Auf- und Abstieg), und es gibt ein Superfinale zwischen den beiden besten Engines der obersten Liga. Alle Engines laufen auf identischer hochkarätiger Hardware.

Tiefgehendes Lernen (Deep Learning)
Eine Subdisziplin des Maschinenlernens, das neuronale Netze verwendet, um abstrakt verfügbares Wissen zu verarbeiten.

Tiefgehendes selbstbestärkendes Lernen (Deep Reinforcement Learning)
Eine machtvolle Kombination von tiefem und selbstbestärkenden Lernen. Wegbereiter war hier DeepMind, das damit Systeme wie AlphaZero geschaffen hat.

TPU (Tensor Processing Units)
Tensor-Prozessoren – spezielle Computerchips, die von Google eigens für das Maschinenlernen entwickelt wurden.

U, V, W, X, Y, Z

Partienverzeichnis

Partien zwischen AlphaZero und Stockfish 8: Themen

Übrige Partien

Namensregister

Die Ziffern verweisen auf die Seitenzahl

Über die Autoren

GM Matthew Sadler:
Der zweifache britische Meister ist einer von Englands stärksten Schachspielern. Er stand im Juli 1997 an 14. Stelle der Weltrangliste, bevor er dem professionellen Schach den Rücken kehrte und 1999 eine Karriere in der Informationstechnologie begann. Im Jahr 2010 kehrte er als Amateur zum Spiel zurück, und im Juli 2018 war er die Nr. 48 der Welt. Matthew ist Autor von sechs Schachbüchern, von denen zwei den prestigeträchtigen Preis der ECF (Englische Schachföderation) für das Buch des Jahres gewonnen haben, zuletzt 2016 *Chess for Life*, geschrieben zusammen mit der Internationalen Frauen-Meisterin (WIM) Natasha Regan.

WIM Natasha Regan:
Als studierte Mathematikerin von der Universität Cambridge University arbeitet Natasha im Versicherungs- und Risikomanagement. Sie ist eine passionierte und versierte Spielerin. Sie hat England sowohl im Schach (Olympiaden Manila 1992 und Moskau 1994) wie auch im Go (World Mind Games, Peking 2008) vertreten und ist siebenfache britische Go-Meisterin.
Natasha lebt mit ihrem Partner und ihren drei Kindern. Ihr Sohn Oscar teilt ihre Spielleidenschaft und gewann kürzlich Bronze bei der U16-Europameisterschaft im Bridge (Paarwettbewerb).

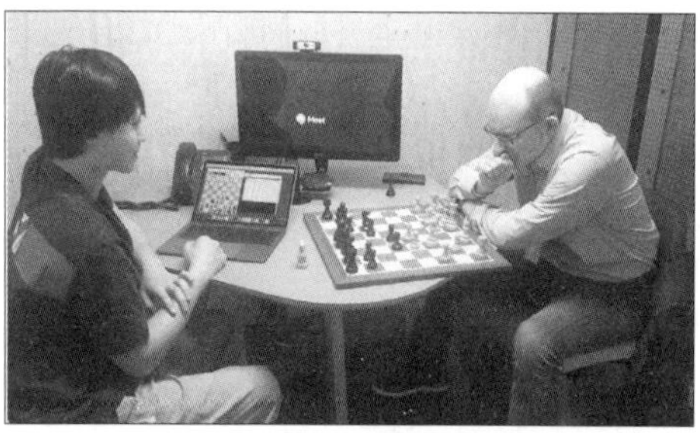

Matthew Sadler (rechts) nimmt es mit AlphaZero auf, 18. Mai 2018. Matthew Lai (links) von Deep Mind bedient das Programm.

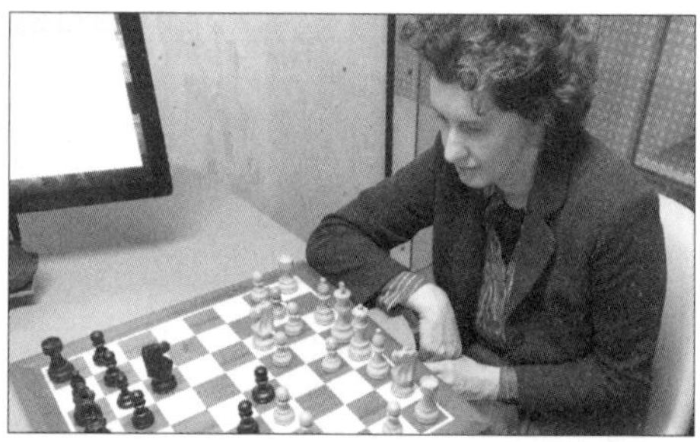

Natasha Regan spielt die Réti-Eröffnung gegen AlphaZero, 18. Mai 2018.